DROIT DES SOCIÉTÉS

Maurice Cozian
Professeur à l'Université
de Bourgogne

Alain Viandier
Professeur à l'Université
René Descartes (Paris V)

DROIT DES SOCIÉTÉS

Quatrième édition

litec

Libraire de la Cour de cassation
27, place Dauphine, 75001 Paris

ISBN 2-7111-2073-2

Dans la même collection :

Introduction au droit - B. Starck, par H. Roland et L. Boyer

Droit civil

Obligations - B. Starck, par H. Roland et L. Boyer :

T. I - Responsabilité délictuelle

T. II - Contrat et quasi-contrat

T. III - Régime général

Les biens, par C. Atias :

Les personnes, par B. Teyssié

Les régimes matrimoniaux, par A. Colomer

La famille, par A. Bénabent

Voies d'exécution et procédures de distribution, par M. Donnier

Successions, par M. Grimaldi

Droit commercial

Acte de commerce, commerçants, fonds de commerce, par Y. Reinhard

Droit budgétaire, par J.-Cl. Martinez et P. Di Malta

Droit fiscal contemporain, par J.-Cl. Martinez et P. Di Malta

T. I - L'impôt, le fisc, le contribuable

T. II - Les impôts, le droit français, le droit comparé

Droit fiscal international, par B. Plagnet

Droit pénal général, par M. Puech

Droit constitutionnel et institutions politiques, par Cl. Leclercq

Histoire économique de l'Europe des dix, par M.-O. Piquet-Marchal

Droit des sûretés, par M. Cabrillac et C. Mouly

Droit social européen, par N. Catala et R. Bonnet

Chez le même éditeur :

Travaux dirigés de droit des sociétés, 20 études de cas, par M. Germain (éd. 1990)

Autres ouvrages des auteurs

Maurice Cozian

— *Précis de fiscalité des entreprises,* Litec, réédition annuelle.

— *Exercices de fiscalité des entreprises*
(en collaboration avec Martial CHADEFAUX), Litec, réédition annuelle.

— *Annales de fiscalité du DECF*
(en collaboration avec Martial CHADEFAUX), Litec, réédition annuelle.

— *Les grands principes de la fiscalité des entreprises,* Litec, 2e éd., 1986.

— *Comptabilité générale de l'entreprise*
(en collaboration avec Jean-Pierre CASIMIR et Bernard CASPAR), Litec, 2e éd., 1990.

Alain Viandier

— *La notion d'associé,* LGDJ, Bibl. de dr. privé, 1978.

— *Code annoté des sociétés,* Litec, 1990 (nouvelle édition à paraître, Litec 1992).

— *La société en commandite, entre son passé et son avenir,*
Creda, Litec, 1983 (ouvrage en collaboration).

— *Droit comptable,* Dalloz, 1984.

— *Actes de commerces, commerçants et activité commerciale,*
PUF (Droit fondamental), 1986.

— *Redressement et liquidation judiciaire* (avec Gilles ENDREO), Litec, 1986.

— *Recherche de légistique comparée,* Heidelberg, Springer, 1988.

— *OPA-OPE, Garantie de cours et de retrait,* Litec, 1991.

AVANT - PROPOS

Qui, souhaitant acheter un complet, irait se procurer la veste chez un tailleur et le pantalon chez un autre ? Personne assurément. Et pourtant, la pédagogie du droit des sociétés relève souvent d'un comportement aussi irrationnel. On étudie en détail l'anatomie des sociétés tout en faisant l'impasse sur la physiologie fiscale. Or les deux sont inséparables. D'où l'idée de cet ouvrage qui, bien que de droit des sociétés, mêle les implications fiscales aux analyses juridiques. Idée maîtresse, mais aussi acte de foi ; l'enseignement du droit des affaires a une vocation œcuménique, il est de synthèse plus que d'analyse et chaque problème doit être étudié dans sa totalité.

D'autres convictions étayent cet ouvrage. D'abord, le droit n'est pas seulement la pathologie, l'étude des accidents, c'est aussi l'action ; en ce sens, dussions-nous choquer quelques idéalistes, le droit des sociétés est et n'est qu'un instrument de gestion, une technique d'organisation, un moyen plus qu'une fin. De là les développements de caractère stratégique. Ensuite, le droit des sociétés, comme le droit pénal d'ailleurs, est un droit vivant par excellence ; il a aussi "ses faits divers", à portée d'œil de tout lecteur curieux des choses de l'économie et qu'il serait fâcheux de laisser à la porte d'un ouvrage de droit des sociétés.

Ces préférences, pour le concret, l'action et la synthèse, gouvernent la composition de cet ouvrage, les développements principaux comme les "encadrés", les exemples chiffrés et les "coins des amateurs", jardins propices à la méditation de ceux qui, par goût ou par nécessité, souhaitent pousser plus loin leurs investigations.

Puissent les lecteurs trouver autant de plaisir à le lire que nous avons eu à le concevoir.

M. C. – A.V.

Remarque importante concernant les numéros réservés

Le droit des sociétés subit diverses modifications d'une année à l'autre. D'où les inévitables développements nouveaux de chaque édition par rapport à la précédente. Aussi bien, afin de n'avoir pas à remanier chaque année la numérotation de l'ouvrage, un certain nombre de numéros sont-ils laissés en réserve à la fin des différents chapitres ou sections. Ces numéros réservés ne traduisent en rien la fatigue des auteurs face à des développements embarrassants qu'ils entendent remettre à plus tard ; l'ouvrage, malgré les trous dans la numérotation, n'est pas un édifice incomplet, avec des pièces inachevées ; il comporte seulement des terrains réservés pour d'éventuelles extensions.

INTRODUCTION GÉNÉRALE

1. — Pour financer la publication des *Mémoires d'outre-tombe*, une société en participation fut fondée (1)... Afin de gérer leurs contrats publicitaires, les footballeurs français sélectionnés pour le *Mundial* constituèrent une société. Tel jeune et brillant joueur de tennis a été "acheté" par un groupe d'investisseurs réunis au sein d'une société qui, en contrepartie d'une aide financière pendant trois ans, reçoivent les deux tiers des gains dudit joueur...

Cette revue des créations de sociétés est loin d'être complète et l'imagination ou l'expérience du lecteur viendront utilement l'enrichir ; il suffisait ici de montrer la grande variété des circonstances donnant naissance à des sociétés.

Leur nombre dépasse le million ; elles ne sont pas toutes coulées dans le même moule ; au 1er juillet 1990, la répartition était la suivante (2) :

Type de société	Nombre	Pourcentage
Sociétés à responsabilité limitée	572 229	48,26
Sociétés civiles	351 443	29,64
Sociétés anonymes	158 342	13,36
Sociétés non immatriculées	42 698	3,60
Sociétés en nom collectif	28 096	2,37
Sociétés coopératives	21 169	1,79
Groupements d'intérêt économique	10 180	0,86
Sociétés en commandite	1 470	0,12
TOTAL	1 185 627	100

2. — Pareille richesse conduit à s'interroger sur leurs mérites : pourquoi créer une société (section II) ? C'est la question majeure ; elle en implique une autre : qu'est-ce qu'une société (section I) ? De plus, droit et fiscalité étant intimement liés, on se doit de présenter un *vade mecum* (section III) à l'intention des non-initiés avant de rechercher les sources du droit des sociétés (section IV).

(1) V. A. Maurois, *René ou la vie de Chateaubriand*, Grasset, 1938.
(2) Statistiques fournies aux auteurs par l'INSEE.

SECTION I

QU'EST-CE QU'UNE SOCIÉTÉ ?

3. — La définition de la société est donnée à l'article 1832 du Code civil ; en voici la teneur dans sa dernière version remontant à la loi du 11 juillet 1985 (1) :

La société est instituée par deux ou plusieurs personnes qui conviennent par un contrat d'affecter à une entreprise commune des biens ou leur industrie, en vue de partager le bénéfice ou de profiter de l'économie qui pourra en résulter.

Elle peut être instituée, dans les cas prévus par la loi, par l'acte de volonté d'une seule personne.

Les associés s'engagent à contribuer aux pertes.

4. — Plusieurs personnes... en commun... bénéfice... économie... pertes ; tels sont les mots clés ; ils expriment bien ce qu'est la société : un groupement de personnes à but lucratif.

§ 1. — La société est un groupement de personnes

A. — La règle : les sociétés sont pluripersonnelles

5. — Etymologiquement, la société évoque la pluralité de personnes, au même titre que d'autres groupements : associations et syndicats, partis et congrégations, tribus et familles. Mais tout groupement n'est pas une société ; la spécificité de certains de ces groupements facilite le repérage : la foi politique, syndicale ou religieuse sépare nettement la société du parti, du syndicat ou de la congrégation ; l'appartenance de la tribu et de la famille au domaine du sociologue invite le juriste à considérer qu'elles relèvent d'un autre système. La distinction entre société et association, reposant sur l'existence ou non d'un but lucratif, est plus délicate et appelle de plus amples développements (V. *infra*, n. 10 et s.).

(1) La version originelle de 1804 était plus sobre : "La société est un contrat par lequel deux ou plusieurs personnes conviennent de mettre quelque chose en commun dans la vue de partager le bénéfice qui pourra en résulter". Elle a été complétée en 1978 afin d'y intégrer la recherche d'économies (V. *infra*, n. 15 et s.) et remaniée enfin en 1985 pour tenir compte de la possibilité de créer des sociétés personnelles (V. *infra*, n. 9).

B. — L'EXCEPTION : CERTAINES SOCIÉTÉS PEUVENT ÊTRE UNIPERSONNELLES

6. — Il faut distinguer entre le fait et le droit. Certaines sociétés se présentent en droit comme pluripersonnelles, mais sont en fait unipersonnelles, parce que dominées par une seule et même personne, les autres associés n'étant que de simples comparses, voire des prête-noms ; il n'est pas facile de vérifier dans quelle mesure de telles sociétés sont régulières ou atteintes du vice de fictivité (V. *infra*, n. 215). Dans d'autres cas, c'est la loi qui tolère que la société soit unipersonnelle.

7. — Ainsi, certaines sociétés nationalisées (la Banque de France par exemple) ont conservé le moule de la société anonyme, mais avec un actionnaire unique qu'est l'Etat (V. *infra*, n. 1882 et s.) ; l'unipersonnalité tient alors à un privilège régalien.

8. — Dans d'autres cas, la société, d'abord pluripersonnelle, devient unipersonnelle par accident ; il en est ainsi lorsque toutes les parts sociales se trouvent réunies entre les mains d'un seul associé ; la société n'est pas automatiquement dissoute pour autant ; elle peut survivre pendant au moins un an, délai pendant lequel il appartient à Robinson de trouver un Vendredi ; en ce sens, ce n'est qu'une admission temporaire de la société unipersonnelle (V. *infra*, n. 565).

9. — L'exception la plus remarquable date de la loi du 11 juillet 1985 qui a introduit en droit français *l'entreprise unipersonnelle à responsabilité limitée* (EURL), qui est une société fonctionnant avec un seul associé. Désormais on peut être associé seul ; c'est l'idée de patrimoine d'affectation enfin traduite dans notre droit. Cependant cette reconnaissance demeure limitée à la SARL, dont l'EURL n'est qu'une variante ; il n'est pas possible par exemple de créer une société anonyme ou une société en nom collectif unipersonnelle.

§ 2. — La société est un groupement à but lucratif

10. — Les groupements de personnes sont de deux sortes : les groupements à but lucratif et les groupements à but non lucratif. Les premiers relèvent du domaine de l'argent ; ce sont des groupements intéressés, des groupements à but économique ; telle est la vocation des *sociétés*. Les groupements à but non lucratif ne sont pas affaires d'argent ; ce sont des groupements à but désintéressé, qui poursuivent la réalisation d'un idéal ; telle est la vocation des *associations* (2).

---

(2) On fera pour l'instant abstraction des groupements d'intérêt économique (GIE) créés en 1967; ce sont des groupements d'entreprises qui mettent en commun certaines de leurs activités ; leur vocation normale est d'améliorer la compétitivité de leurs membres par la recherche d'économies d'échelle ; formellement, ce ne sont ni des sociétés, ni des associations ; en réalité, elles fonctionnent sur un mode fort proche de celui des sociétés de personnes ; il serait aujourd'hui logique de faire l'économie de cette troisième catégorie juridique (V. *infra*, n. 1530 et s.).

La netteté de cette ligne de démarcation n'est qu'illusoire car dans la pratique il est parfois délicat de distinguer les sociétés et les associations (3). La notion même de but lucratif a évolué dans le temps et la distinction actuelle du secteur lucratif et du secteur non lucratif n'est plus celle d'hier ; il ne faut pas en tout cas sous-estimer l'importance des associations ; on évalue leur nombre à environ 600 000 et leur poids économique est loin d'être négligeable.

A. — L'ÉVOLUTION DE LA NOTION DE BUT LUCRATIF

1° L'ancien critère : la recherche de bénéfices

11. — Au début du siècle, c'est le critère de la recherche et du partage des bénéfices qui permettait de distinguer la société et l'association. La loi était formelle sur ce point ; l'article 1832 du Code civil (avant sa modification en 1978) définissait la société comme un contrat "par lequel deux ou plusieurs personnes conviennent de mettre quelque chose en commun dans la vue de partager le bénéfice qui pourra en résulter". La loi du 1er juillet 1901 - qui n'a pas été modifiée - définit au contraire l'association comme un groupement de personnes "formé dans un but autre que de partager des bénéfices"; ainsi la finalité de l'association est tout *sauf* le partage des bénéfices.

Mais la loi n'a pas défini ce qu'il fallait entendre par bénéfices. La Cour de cassation a tranché cette délicate question dans un célèbre arrêt des Chambres réunies, rendu le 11 mars 1914 à propos de la Caisse rurale de Manigod.

12. — L'arrêt de la *Caisse rurale de Manigod*

Le droit fiscal oblige parfois à prendre parti sur certaines qualifications juridiques ; c'est ainsi que la distinction des sociétés et des associations fut dessinée à propos d'un problème d'enregistrement. La Caisse rurale de Manigod était une coopérative de crédit d'un village de Haute-Savoie prêtant - au taux de 2,60 % (heureuse époque) - à ceux de ses adhérents qui avaient besoin de capitaux, alors qu'elle empruntait - au taux de 2,50 % - auprès de ceux qui avaient des fonds à placer. La légère différence de taux servait à couvrir les frais généraux et à alimenter un compte de réserve. Les statuts prévoyaient que les excédents éventuels n'étaient pas répartis entre les adhérents.

---

(3) Pour ajouter à la confusion, certaines associations portent le nom de sociétés ; ainsi les sociétés de courses de chevaux sont des associations, de même que les sociétés dites savantes ; la Société française de droit fiscal, la Société française de finances publiques ne sont pas des sociétés, mais des associations. Une société, à l'inverse, ne saurait faire figurer le mot "association" dans sa dénomination sociale ; ce serait une tromperie propre à égarer les tiers. De même la "fondation" est une dénomination juridiquement protégée ; elle ne saurait être utilisée par une simple association, encore moins par une société (V. *infra*, n. 27).

L'acte de constitution de la caisse rurale fut présenté à l'enregistrement en 1905; l'administration fiscale réclama un droit d'apport de 0,20 % calculé sur un capital de 2 500 F, ce qui donnait un total de 5 F. La caisse refusa de payer ce droit proportionnel qui ne s'appliquait qu'aux créations de *sociétés*. Elle estimait qu'étant une association et non une société seul le droit fixe de 3,75 F était exigible. Et l'on plaida pendant près de dix ans pour cette différence de 1,25 F. Comme on peut s'en douter, c'est l'ensemble des caisses rurales qui par ce procès-témoin entendaient obtenir une décision de principe sur leur nature juridique.

Dans son arrêt du 11 mars 1914, la Cour de cassation a jugé que la Caisse de Manigod était une *association* et non une société (*D.P.* 1914, I, 257, note L.S.). Pour cela, elle a défini le bénéfice comme étant "un gain pécuniaire ou un gain matériel qui ajouterait à la fortune des associés"; en obtenant des prêts à des taux avantageux les adhérents n'augmentaient pas leurs revenus, ils diminuaient seulement l'incidence de leurs charges financières ; il en aurait été autrement si la caisse avait distribué ses excédents sous forme de dividendes.

13. — Le critère retenu par la Cour de cassation n'a pas fait l'unanimité ; s'il correspondait à une certaine vision du Code civil, il s'accommodait mal de l'esprit du droit commercial et encore moins du droit comptable, pour qui le bénéfice résulte aussi bien d'une diminution des charges que d'une augmentation des produits ; aussi n'est-il pas étonnant que ce critère ait rapidement été battu en brèche.

Certains praticiens, faisant plus confiance aux sociétés qu'aux associations, n'ont pas hésité à choisir les premières pour des activités désintéressées. A l'inverse, des activités lucratives ont été confiées à de simples associations.

14. — Le législateur a emboîté le pas ; en 1947, il qualifie les coopératives de sociétés tout en limitant leur activité à la recherche d'économies ; ultérieurement il proclame que les sociétés immobilières d'attribution (V. *infra*, n. 2050) peuvent être constituées sous les différentes formes prévues par la loi "même si elles n'ont pas pour but de partager un bénéfice" (C. const., art. L. 212-1). On ne pouvait marquer plus d'indifférence à la définition arrêtée par la Cour de cassation ; le terrain était prêt pour une réforme de plus grande ampleur.

2° Le nouveau critère : la recherche de bénéfices ou d'économies

15. — La loi du 4 janvier 1978, qui a conçu les dispositions générales du droit des sociétés, a réformé l'article 1832 du Code civil et a fait de la recherche d'économies une finalité de la société au même titre que la poursuite d'un but lucratif au sens de l'arrêt de la Caisse rurale de Manigod. Ainsi, depuis 1978, la simple recherche d'économies, fussent-elles fiscales, n'interdit pas la constitution d'une société.

Au vrai, le sens du mot “lucratif” n’est pas altéré car la réalisation d’économies équivaut à la recherche d’un gain : les compositeurs réunis au sein de la SACEM perçoivent à meilleur coût leurs droits d’auteur ; non associés, ils devraient assurer seuls cette perception ainsi que la lutte contre les braconniers d’œuvres musicales et dépenseraient des sommes considérables ; la réduction de cette dépense constitue un gain. De la même manière, les experts-comptables qui, dans le cadre d’une société civile de moyens (V. *infra*, n. 2043) mettent en commun leurs moyens techniques, documentaires, immobiliers... divisent ainsi les frais d’exploitation et l’associé réalise un gain, en forme d’une moindre dépense, par rapport au non-associé qui assume seul l’achat et l’entretien d’un ordinateur, les abonnements, le loyer d’un local professionnel... C’est une constatation de bon sens : on peut s’enrichir en faisant des économies.

B. — La distinction actuelle

1° Le secteur non lucratif

16. — Le secteur non lucratif est vaste ; il englobe les activités religieuses, politiques, artistiques, sportives, charitables... En ce sens, le droit des *sociétés* ne se préoccupe que des *gains terrestres* et laisse de côté les gains spirituels, religieux ; le paradis, l’enfer et le purgatoire ont jusqu’alors réussi à échapper au droit. Par suite, les groupements de personnes, cercles mystiques et cellules de piété, dont les membres travaillent pour “après”, ne sont pas tendus vers une fin lucrative. Ce ne sont pas des sociétés. De la même manière, la recherche sympathique d’une “jouissance d’affection”, si elle procure des bénéfices psychologiques et permet de réaliser des économies d’idées noires, ne saurait être qualifiée de lucrative ; les communautés formées pour échapper aux ennuis de l’isolement... ou de la monogamie ne sont pas censées poursuivre un but lucratif. En bref, les associations n’ont pas pour vocation de faire gagner de l’argent à leurs membres.

Cela ne signifie pas que tout commerce avec l’argent leur soit interdit ; même désintéressée, une association dispose d’un budget et ce n’est pas le signe d’une déviation que de présenter un budget en équilibre, voire en excédent (par pudeur, on parle d’excédents et non de bénéfices). Mais les excédents accumulés ne sont pas distribuables aux sociétaires et seront, en cas de dissolution, attribués à une association poursuivant un but analogue. Le cas échéant, l’association réalise des opérations lucratives : vente aux membres d’articles divers ou fourniture de services. Il n’est d’ailleurs pas interdit à une association de procurer certains avantages matériels à ses membres ; encore faut-il que ces opérations, qui peuvent être de véritables actes de commerce, présentent un caractère accessoire et soient liées à la mission de l’association. Hors de là, l’association, ayant perdu son âme, risque d’être requalifiée de société (4).

---

(4) Le fisc se livre fréquemment à ce genre de requalification pour soumettre une prétendue association aux impôts mis à la charge des sociétés. Pour une secte (l’Association internationale pour la conscience de Krishna) qui se livrait à de fructueuses opérations commerciales, C. adm. ap. Bordeaux 19 oct. 1989 : *Dr. fisc.* 1990, n. 10, com. 653.

2° Le secteur lucratif

a) Le domaine réservé de la société : le partage des bénéfices

17. — A ceux qui souhaitent s'enrichir en se partageant le bénéfice d'une entreprise commune, il n'est d'autre solution que de créer une société. Ici un seul but anime les membres du groupement : réaliser et partager un profit. Aucune association ne devrait être présente sur ce théâtre d'opérations. Si une association, directement ou indirectement, distribuait les excédents qu'elle dégage dans sa gestion, elle serait requalifiée de société.

Ceci étant, le législateur s'ingénie à brouiller les genres et n'hésite pas à proclamer que certaines sociétés ne doivent pas poursuivre d'activité lucrative ; ainsi la loi du 5 août 1960 (art. 15) dispose que les SAFER (sociétés d'aménagement foncier et de remembrement) "ne peuvent avoir de but lucratif"; elles sont seulement autorisées à distribuer un intérêt statutaire à leurs actionnaires. Mieux encore, les sociétés anonymes à objet sportif sont tenues de mettre en réserve la totalité de leurs bénéfices (V. *infra*, n. 24). Voilà d'étranges sociétés à qui il est interdit de partager les bénéfices qu'elles réalisent.

b) Le domaine commun à l'association et à la société : la recherche d'économies

18. — La recherche d'économies entre dans la vocation de l'association depuis 1901, du GIE depuis 1967 et de la société depuis 1978. Ainsi des commerçants qui entendent réaliser une action commune de façon à en diminuer le coût (création d'une centrale d'achat, mise sur pied d'un service informatique, animation d'une rue dans le cadre d'une quinzaine commerciale...) ont le choix entre les trois formules juridiques ; c'est reconnaître que l'association peut être un instrument de collaboration à la disposition des entreprises.

19. — Mieux encore, les associations peuvent exercer des activités qui traditionnellement relèvent du secteur commercial, c'est-à-dire du monde des entreprises (5). Par exemple, une clinique, une maison de retraite, une agence

---

(5) Ceci démontre bien qu'une même activité peut être exercée dans des cadres juridiques différents. Ainsi, sur le territoire d'une même ville, peuvent coexister différents courts de tennis :
- *courts privés*, appartenant à des particuliers pour leur satisfaction personnelle et celle de leur famille, de leurs voisins et amis ; l'activité est hors commerce quand bien même une participation aux frais serait demandée aux utilisateurs ou la politesse inviterait-elle à faire quelques cadeaux ;
- *courts commerciaux*, appartenant à des sociétés ; le prix demandé doit couvrir à la fois le coût d'exploitation et la rémunération qu'en attendent ceux qui y ont placé leurs capitaux (recherche d'un bénéfice) ;
- *courts associatifs*, appartenant à des associations ; le prix demandé doit seulement couvrir le coût d'exploitation (recherche de l'équilibre) ;
- *courts publics*, appartenant à des collectivités locales ; le prix demandé ne couvre généralement pas le coût d'exploitation, le déficit étant comblé par une subvention de la collectivité (pas de recherche de l'équilibre).

de voyages, un club de sport, un établissement d'enseignement... peuvent être exploités aussi bien par une société que par une association. Certaines associations manient des capitaux considérables, réalisent un chiffre d'affaires énorme, emploient des centaines, voire des milliers de salariés ; en bref, elles se comportent comme de véritables entreprises. Ce qui les différencie des sociétés, ce n'est pas la nature ou l'importance de l'activité exercée, mais la "philosophie" qui anime ses membres (c'est une question d'état d'âme).

La société est d'essence "capitaliste"; son but est la recherche et le partage du profit. L'association — et la remarque vaut pour les satellites que sont les coopératives et les mutuelles — est d'essence "non capitaliste"; sa vocation n'est pas la recherche du profit, mais la satisfaction au meilleur coût des besoins de ses membres. Son domaine s'étend à tout le secteur de l'économie sociale, lequel explore une troisième voie entre le secteur marchand et le secteur étatique (6).

20. — Par-delà cette différence de philosophie, l'intrusion des associations dans le domaine de l'économie pose au juriste de redoutables problèmes. Sans doute le statut des associations est-il moins ouvert que celui des sociétés (V. *infra*, n. 23). Mais là n'est pas le plus grave. Exerçant une activité de nature économique, les associations n'accomplissent-elles pas des actes de commerce au sens de l'article 632 du Code de commerce? Si elles le font à titre habituel, ne faut-il pas leur reconnaître la qualité de commerçant avec les droits et les obligations qui y sont attachés? Quel est le statut de la para-commercialité par rapport à la commercialité (7) ? Ici tout a été dit et jugé dans la plus grande confusion. Le contentieux et la littérature suscités par les péripéties de certains clubs de football en sont un exemple édifiant (V. *infra*, n. 24). Résumons l'état actuel de la jurisprudence de la Cour de cassation :

- une association peut légitimement accomplir des actes de commerce tout en restant dans les limites de son statut juridique (8) ;

- une association ne peut pour autant invoquer la qualité de commerçant, ce qui lui interdit de demander le renouvellement d'un bail commercial ou de donner un fonds de commerce en location-gérance (9).

Quand les difficultés juridiques (et fiscales) rendent acrobatique la gestion de l'association, on peut lui conseiller d'apporter son activité économique à une société commerciale qui deviendra sa filiale (sur cet aspect, V. *infra*, n. 544).

(6) H. BLAISE, *Esquisse de quelques idées sur la place des associations dans l'activité économique : Mélanges* R. HOUIN, 1985, p. 35.

(7) O. SIMON, *La commercialité de l'association du 1er juillet 1901 : D.* 1977, chron. p. 153. — S. CASTRO, *Les associations qui exercent une activité commerciale*, thèse, Paris I, 1987. — M. LE ROY, *La para-commercialité : JCP* 81, éd. C.I., 13587.

(8) Cass. com. 17 mars 1981 : *Rev. soc.* 1982, p. 124, note G. SOUSI. Dans cette affaire, *l'Institut musulman de La Mosquée de Paris* exploitait une boucherie permettant à ses fidèles de se procurer de la viande abattue conformément aux rites religieux.

(9) Cass. com. 19 janv. 1988 : *Rev. soc.* 1988, p. 565, note S. CASTRO.

21. — A l'évidence, une remise en ordre s'impose. Il faudra un jour créer un véritable droit économique qui dépasse le clivage suranné des actes civils et des actes de commerce.

22. — La loi s'est déjà engagée dans cette voie en imposant certaines contraintes aux personnes morales de droit privé exerçant une activité économique ; les associations y figurent en bonne place ; contentons-nous de rappeler ces règles communes :

- la loi du 1er mars 1984 sur la prévention des difficultés des entreprises impose la désignation d'un commissaire aux comptes, organise la procédure d'alerte et exige la confection de documents prévisionnels, ceci pour les personnes morales les plus importantes, sans considération de leur nature juridique (V. *infra*, n. 427 et s.) ;
- la loi du 25 janvier 1985 a étendu la procédure du redressement et de la liquidation judiciaires aux associations exerçant une activité économique ; certains clubs de football en ont fait la triste expérience (V. *infra*, n. 24) ;
- la loi du 11 juillet 1985 autorise certaines associations à faire appel à l'épargne publique par émission d'obligations ; elles doivent dans ce cas être immatriculées au registre du commerce et des sociétés et obtenir le visa de la COB (10).

23. — Comparaison du statut juridique de l'association et de la société

Termes de comparaison	Association	Société
Personnalité morale	OUI, si déclarée à la préfecture ; personnalité plus complète si l'association est reconnue d'utilité publique (peut recevoir alors dons et legs)	OUI, si immatriculée au registre du commerce et des sociétés
Objet	Civil en principe, mais peut accomplir des actes de commerce	Civil ou commercial
But	Désintéressé ou lucratif (uniquement la réalisation d'économies)	Lucratif
Capital	Aucune exigence	Exigence variable selon le type de société
Patrimoine	Cotisations, local, immeubles strictement nécessaires à l'accomplissement du but social	Aucune limitation

(10) Les exemple sont encore rares : Agence de liaison pour le développement d'une économie alternative (mai 1986), OCACER (oct. 1986) ; Association éducative et culturelle des anciens et des amis de Don Bosco (déc. 1986), Relais Soleil (janv. 1988), Institution Saint-Jude (oct. 1988).

Apports	Facultatifs (connaissances, activité, biens...)	Obligatoires
Droits financiers des membres	Néant ; ne peuvent se partager ni d'éventuels excédents ni le boni de liquidation	Partage des bénéfices et du boni de liquidation
Responsabilité des membres	Limitée à ce qu'ils ont éventuellement apporté	Responsabilité limitée ou illimitée selon le type de société
Responsabilité des dirigeants	Application des articles 180 et 182 de la loi du 25 janvier 1985 si l'association a un objet économique et un but lucratif (V. *infra*, n. 438 et s.)	Application dans tous les cas des articles 180 et 182 précités

LE COIN DES AMATEURS

1) Les clubs de football professionnels

24. — Jusqu'en 1984 tous les clubs de football, de l'amicale du village à l'Olympique de Marseille, choisissaient le vêtement juridique de l'association. Ce vêtement convient à l'évidence pour les petits clubs dont la vocation est l'exercice désintéressé de leur sport favori. C'est plus contestable pour les grands clubs achetant et rémunérant à grands frais des joueurs professionnels de classe internationale, encaissant lors des matchs des droits d'entrée substantiels, gérant un ample budget publicitaire... Ne réunissent-ils pas les caractéristiques de l'entreprise de spectacles publics visée à l'article 632 du Code de commerce? Si le club professionnel accomplit des actes de commerce, ne convient-il pas de lui attribuer la qualité de commerçant ? (A. VIANDIER, *Actes de commerce, commerçants et activité commerciale*, 1986, n. 61).

Pour le fisc, la réponse est évidente ; les clubs professionnels doivent payer l'impôt sur les sociétés, la TVA et la taxe professionnelle comme n'importe quelle société commerciale (Pour le Racing-Club de Strasbourg, V. Cons. d'Etat, 21 juill. 1970 : *Dr. fisc.* 1970, n. 27, com. 982, concl. DELMAS-MARSALET). Il n'empêche que les clubs se résignent mal à cette fatalité et la série de contrôles fiscaux diligentés en 1990 s'est le plus souvent traduite par des redressements vertigineux (déclaration du ministère du Budget, Michel Charasse, à l'Assemblée nationale le 16 nov. 1990 ; V. *Le Monde* des 18-19 nov. 1990).

La gestion financière est trop souvent à l'image de la gestion fiscale et les dépôts de bilan ne sont pas rares. Ainsi le club des Girondins de Bordeaux a été mis en redressement judiciaire le 22 février 1991, avec un passif de 242 millions de francs. Les inculpations pour escroqueries et autres délits du même genre se succèdent. Les scandales financiers des caisses "noires" des "Verts" de Saint-Etienne ont défrayé la chronique en leur temps. Les principaux dirigeants du Club de Toulon ont été inculpés en octobre 1990 (jeux douteux de fausses factures, de comptes bancaires, à l'étranger...) A croire que les dirigeants de clubs sont au mieux des incompétents, au pire des malhonnêtes (V. Ph. Broussard, *L'argent caché du ballon rond : clubs en situation financière difficile, contrôles fiscaux, le football français est en crise : Le Monde*, 2 juin 1990).

Le droit ne pouvait rester indifférent devant pareille dérive. Le cadre de l'association était manifestement inadapté en raison du volume des capitaux investis et de l'insuffisance des contrôles. Le législateur est intervenu en 1984, obligeant les grands clubs à se couler à l'avenir dans le moule de la société anonyme (Loi du 16 juillet 1984). La Fédération française et la Ligue nationale du football ont boudé la loi du 16 juillet 1984; elles ont obtenu par la loi du 7 décembre 1987 que les clubs professionnels puissent garder leur statut d'association, mais "renforcée". Le match n'est pas terminé et une nouvelle réforme de la loi de 1984 est envisagée par le Secrétaire d'Etat aux sports.

Les clubs les plus importants (ceux dont les recettes annuelles excèdent 2,5 millions de francs et qui versent des rémunérations excédant le même seuil) ont dû, avant le 18 janvier 1991, adapter leurs structures en choisissant l'un des trois modèles suivants :

- *société anonyme à objet sportif*; dans ce cas la majorité du capital doit appartenir à l'association sportive, le reste étant souscrit par des investisseurs privés ; c'est ainsi que jusqu'en 1990 le Racing-Club de Paris est tombé sous la coupe de Matra, d'où l'appellation de Matra-Racing (le club était une filiale à 49 % de Matra) ; la saison 1988-1989 ayant été particulièrement décevante, Matra a décidé de se retirer du football ; Bernard TAPIE envisagerait cette formule pour l'Olympique de Marseille ;

- *société anonyme d'économie mixte ;* la majorité du capital doit alors appartenir à l'association sportive et aux collectivités locales ; cette formule a été choisie par les clubs de Lille et de Mulhouse par exemple ;

- *l'association "renforcée"*; il s'agit d'une association fonctionnant un peu sur le modèle de la société anonyme : mêmes documents comptables, mêmes prérogatives des commissaires aux comptes, mêmes responsabilités personnelles des dirigeants, présence d'un conseil d'administration ; c'est la formule préférée des clubs professionnels.

Au fond, les différences sont ténues entre la société anonyme sportive et l'association "renforcée", si l'on excepte le principe de la cessibilité des actions. La loi du 16 juillet 1984 a même prévu que les sociétés anonymes à objet sportif et les sociétés anonymes d'économie mixte ne sont pas autorisées à distribuer des bénéfices, ceux-ci étant obligatoirement mis en réserve. Drôles de sociétés anonymes à qui il est interdit de distribuer des dividendes à leurs actionnaires ! Dernière remarque : quand on dit qu'une association sportive se transforme en association, c'est un raccourci de langage ; l'association continue de vivre et est qualifiée d'"association-support"; elle crée seulement pour les besoins de la cause une société anonyme dont elle possède l'essentiel du capital et qui est donc sa filiale (sur cet aspect, V. *infra*, n. 544). Comme quoi, dans le secteur du *show-business*, société et association ne sont pas des institutions étrangères l'une à l'autre... Et l'on verra peut-être bientôt des clubs cotés en bourse, comme cela existe déjà en Angleterre. Les clubs peuvent dès maintenant émettre des obligations, lesquelles sont des valeurs mobilières susceptibles d'être cotées en bourse (V. *supra*, n. 22).

2) La tontine

25. — La tontine a des airs de ressemblance avec la société. Au départ, elle désigne un groupement de personnes qui constituent en commun un capital destiné à l'échéance à financer une rente viagère aux survivants ; en cela elle relève de l'assurance (C. ass., art. R 322-139 et s.). L'expression désigne également d'autres formes de collaboration fondées sur le même aléa de la survie. On appelle par exemple tontine la clause d'accroissement stipulée dans un acte d'acquisition en commun par deux personnes (des conjoints ou des concubins par exemple) ; par cette clause, il est convenu que le survivant sera considéré comme seul propriétaire de façon rétroactive à compter de la date d'acquisition ; cette clause, qui peut porter sur des droits sociaux, pose de redoutables problèmes juridiques et fiscaux (V. J.-C. RAFFRAY, *Tontine et société : JCP* 88, I, 3327).

Bien que ne reposant pas sur l'aléa de la survie, d'autres groupes sont également qualifiés de tontines, notamment en Afrique (Cameroun) et en Asie. Certaines tontines asiatiques ont été importées en France ; l'idée de base est celle de la solidarité : chaque membre verse chaque mois une certaine somme d'argent, le total des cotisations mensuelles étant utilisable à tour de rôle par chacun des partenaires. Le financement de l'acquisition de restaurants chinois ou vietnamiens, l'achat de licences de taxis devraient beaucoup à ce système. La qualification de société est ici difficilement soutenable, en raison de l'absence de bénéfices communs, chaque tontinier utilisant à tour de rôle le fonds de la tontine. Cependant, un arrêt ancien a qualifié la tontine de "sorte de coopérative de crédit mutuel" (Hanoï, 4 déc. 1933 : *Rec. Penant* 1934, p. 104, note J. HAMEL. — *Adde*, J. MORICE, *Contrat asiatique de crédit mutuel : Rev. jur. pol. int. comp.* 1982, t. 36, n. 2, p. 813. — J. NANMOUDJEU, *Les groupements tontiniers en droit camerounais*, thèse Paris X, 1987).

3) Les associations d'actionnaires

26. — Association et société peuvent faire bon ménage : il y a des associations de sociétés (plusieurs sociétés exercent une activité commune, un centre de recherche par exemple, au sein d'une association), des associations actionnaires (rien n'interdit à une association d'acquérir des actions, voire de créer des filiales, V. *infra*. n. 544) et des associations d'actionnaires. Pour se contenter du dernier échantillon, observons que le contrat d'association représente un excellent instrument juridique aux actionnaires souhaitant défendre leurs intérêts (il existe une Association nationale des actionnaires français, l'ANAF, 13, av. de Lattre-de-Tassigny, 94100 Saint-Maur). Ce sont les "petits" actionnaires qui sont concernés, les "gros" usant plutôt du pacte d'actionnaires (V. *infra*, n. 897). En ce sens l'association ou consortium d'actionnaires est un mode de protection de la minorité. Ainsi, en cas de crise, l'association permet de regrouper les actionnaires en vue d'une action en responsabilité contre les administrateurs, d'une action en nomination d'un expert de l'article 226 (V. *infra*, n. 487 et s.) ou d'une action en nullité contre une décision d'assemblée. Mais qu'on ne s'y trompe pas, ce n'est pas l'association elle-même qui agit en de telles circonstances, car, sauf exception prévue par la loi, une association n'a pas qualité pour agir au nom et à la place de ses membres ; elle favorise uniquement le regroupement des actionnaires, le partage des frais, voire la mise en œuvre d'un mandat de représentation qui permettra à l'un des associés d'agir au nom de l'assemblée (D. art. 99). L'action en justice de l'actionnaire demeure, sous la réserve du mandat de représentation, une initiative individuelle et on peut poser que le droit des sociétés connaît les actionnaires et méconnaît les associations d'actionnaires.

Les exceptions légales se multiplient ; l'une des plus notables est celle des associations de consommateurs qui peuvent agir en justice pour la défense des intérêts collectifs des consommateurs (L. 5 jan. 1988). Le même privilège a été accordé aux associations agréées d'investisseurs par la loi du 23 janvier 1989. Ces dernières ont pour objet la défense des épargnants qui ont placé leurs fonds en valeurs mobilières ou en produits financiers. Du moment que la société fait appel à l'épargne publique, elles peuvent agir en justice pour la défense des intérêts collectifs des investisseurs. Elles peuvent ainsi agir en responsabilité contre les dirigeants (V. *infra,* n. 747). Elles sont même autorisées à demander qu'ils mettent fin à certains de leurs agissements irréguliers ; il s'agit d'une remarquable action en injonction qui doit être portée devant le tribunal de grande instance, statuant en forme des référés.

Les associations agréées d'actionnaires doubleront ainsi la COB, dont le rôle est précisément de veiller à la protection de l'épargne investie en valeurs mobilières (V. *infra,* n. 1112).

4) Les actions de bienfaisance des sociétés : le mécénat et les fondations d'entreprises

27. — La société n'est pas une œuvre de bienfaisance et sa vocation n'est pas de faire la charité. Il ne lui est cependant pas interdit de s'intéresser aux bonnes œuvres. Non seulement la loi ne l'interdit pas, elle l'encourage. Tel est le vœu de la loi du 23 juillet 1987 sur le mécénat : les entreprises sont invitées à prendre le relais des princes d'autrefois dans leur rôle de mécènes. Mais le fisc exerce sa police et freine les élans de générosité excessive : les dons et subventions aux œuvres d'intérêt général (on entend par là les œuvres à caractère philanthropique, éducatif, scientifique, humanitaire, sportif, familial, culturel) ne sont déductibles des résultats imposables que dans la limite de 3 ‰ (trois pour mille) du chiffre d'affaires annuel : la charité est encouragée, mais elle est tarifée. Le droit des sociétés complète cette police fiscale : dans les sociétés par actions (rien n'est prévu pour les autres sociétés), les actionnaires peuvent exercer un droit de regard sur ces actions de bienfaisance ; ils peuvent notamment demander à tout moment communication de la liste des actions de parrainage et de mécénat (V. *infra,* n. 824) ; voilà qui doit garantir une certaine "transparence" de ce type d'actions.

Les sociétés peuvent souhaiter aller au-delà et créer elles-mêmes leur propre œuvre de bienfaisance. La loi du 4 juillet 1990 leur offre pour ce faire un cadre juridique approprié : la fondation d'entreprises (M.-H. MALEVILLE, *Premières remarques sur la fondation d'entreprise : JCP* 90, éd. E, II, 15901). Il s'agit de susciter en France la constitution de fondations privées à l'image des grandes fondations américaines (Fondations Ford, Rockefeller, IBM...) ou allemandes (Fondations Mercedes, BMW...). Aux termes de l'article 18 de la loi du 23 juillet 1987 sur le mécénat, "la fondation est l'acte par lequel une ou plusieurs personnes physiques ou morales décident l'affectation irrévocable de biens, droits ou ressources à la réalisation d'une œuvre d'intérêt général et à but non lucratif". La fondation est une personne morale à but non lucratif, dotée d'une capacité juridique plus large que celle d'une simple association. Il existe désormais deux catégories de fondations : les fondations reconnues d'utilité publique et les fondations d'entreprises. La Fondation de France, la Fondation Pasteur, la Fondation Maeght... relèvent de la première catégorie.

Les sociétés, mais non les personnes physiques, peuvent créer des fondations d'entreprises, portant leur nom et magnifiant donc leur image. De telles "fondations" existaient déjà avant la loi du 4 juillet 1990, mais sous la forme d'associations : Fondations d'Electricité de France, Vuitton, Cartier... Elles devront désormais se couler dans le moule de la fondation d'entreprise ; le terme "fondation" est d'ailleurs protégé et il est interdit de baptiser une œuvre quelconque de ce label si elle n'est ni une fondation reconnue d'utilité publique, ni une fondation d'entreprises. Du coup la loi pose de strictes conditions à la fondation d'entreprises ; elle doit obtenir une autorisation administrative, donnée par le préfet et publiée au *Journal officiel ;* la dotation apportée par l'entreprise doit être au minimum d'un million de francs ; la fondation doit tenir une comptabilité de type commercial avec bilan, compte de résultat et annexe ; un commissaire aux comptes doit être désigné ; un rapport d'activité doit être adressé chaque année à l'autorité administrative de tutelle (le préfet)... Il s'agit de vérifier que la fondation se consacre bien à la réalisation d'une œuvre d'intérêt général et se comporte en personne morale à but non lucratif.

(n. 28 à 49 réservés)

SECTION II

POURQUOI CRÉER UNE SOCIÉTÉ ?

50. — Par-delà sa fonction normative, le droit - et particulièrement le droit des affaires - est également une science d'organisation (1). Aussi bien créer une société, quelles que soient les autres considérations, répond-il à un souci d'organisation. Même si la classification est réductrice, on distinguera à cet égard entre trois vocations possibles de la société selon qu'elle est conçue comme une technique d'organisation du partenariat, comme une technique d'organisation de l'entreprise ou comme une technique d'organisation du patrimoine (2) .

§ 1. — La société, technique d'organisation du partenariat

51. — Ce fut la vocation première de la société que d'offrir un cadre d'organisation à des partenaires désirant participer à une œuvre commune. Sous cet angle, la définition première du Code civil de 1804 reste actuelle : "la société est un contrat par lequel deux ou plusieurs personnes conviennent de mettre quelque chose en commun dans la vue de partager le bénéfice qui pourra en résulter". La société est un groupement de partenaires. Sans doute peuvent-ils œuvrer ensemble sans créer de société ; la pratique connaît des

(1) J. PAILLUSSEAU, *Le droit est aussi une science d'organisation (et les juristes sont parfois des organisateurs juridiques)* : *Rev. trim. dr. com.* 1989, p. 1.

(2) Pour les aigrefins, la société avant tout est un merveilleux instrument d'organisation de la fraude. Elle permet d'agir en coulisse sans apparaître en nom sur la scène juridique ; il suffit de créer une société, anonyme de préférence, dont les associés ne seront que des prête-noms dociles. La société permet de leurrer l'entourage : les clients, les créanciers, voire les coassociés et... sa concierge, sans compter le fisc et la Sécurité sociale (V. *infra*, n. 215).

contrats de collaboration qui ne sont pas d'essence sociétaire (V. *infra*, n. 1860 et s.). Mais l'expérience démontre qu'en général mieux vaut conclure un contrat de société en bonne et due forme.

La société peut ainsi réunir des associés qui souhaitent exercer leur profession en commun ; des médecins, des notaires, des avocats créent des sociétés civiles professionnelles (V. *infra*, n. 2042), des agriculteurs se réunissent au sein d'un GAEC (groupement agricole d'exploitation en commun) (V. *infra*, n. 2045). Mais une société de partenaires n'est pas nécessairement une communauté de travail d'inspiration kolkozienne. L'apport de chacun peut être différencié. Supposons trois amis désirant tenter l'aventure d'un film d'amateur ; le premier, ayant une expérience d'impresario, apportera son savoir-faire et ses relations ; le second, acteur connu, apportera son talent et sa notoriété ; le troisième, nanti d'une bonne fortune, apportera l'indispensable financement. La société de partenaires repose sur la confiance réciproque, la volonté de participer à l'œuvre commune ; en latin, on parle d'*intuitus personae* et d'*affectio societatis*.

§ 2. — La société, technique d'organisation de l'entreprise (3)

52. — La société, en tant que technique d'organisation de l'entreprise, peut être l'œuvre d'une seule personne ; l'EURL et les sociétés publiques dont l'Etat est l'unique actionnaire en sont des exemples ; il en va de même lorsqu'une société filialise un département qui n'était doté auparavant d'aucune autonomie juridique. Il faut ajouter les multiples sociétés apparemment pluripersonnelles qui sont la chose d'une seule personne, les autres associés n'étant là que pour faire nombre (il faut au moins être sept dans une société anonyme).

Mais toute entreprise n'est pas une société, à preuve les entreprises individuelles dont le nombre dépasse celui des sociétés. Il n'empêche que tout entrepreneur individuel se pose la question de la mise en société de son entreprise. Intimement liée à la personne de son propriétaire, l'entreprise individuelle présente une fragilité congénitale ; elle est en quelque sorte invertébrée, sans personnalité propre ; la société, avec la personnalité morale, lui offre le vêtement juridique approprié.

La société est par ailleurs dotée d'une structure de financement qui lui permet d'ouvrir son capital à d'autres partenaires, voire de faire appel au marché financier. A un certain stade de développement, la fortune d'une personne ou d'une famille ne suffit plus ; à cet égard, la société est une merveilleuse technique de financement de l'entreprise. La société offre de même à l'entreprise l'indispensable structure de management, tandis qu'elle facilite son mode de

(3) J. PAILLUSSEAU, *La société anonyme, technique d'organisation de l'entreprise*, Sirey, 1967. Du même auteur, *Les fondements du droit moderne des sociétés* : *JCP* 84, éd. E, 14193.

transmission. La société assure ainsi la croissance et la pérennité de l'entreprise. Elle est enfin un remarquable instrument de concentration qui trouve son aboutissement dans la constitution de puissants groupes de sociétés (4). Par opposition aux sociétés de partenaires qui sont des sociétés de personnes, on est en présence cette fois de sociétés de capitaux dont la vocation est de rassembler les énormes fonds qu'exige la croissance des entreprises.

§ 3. — La société, technique d'organisation du patrimoine

53. — L'indivision est un état précaire, mal organisé, en dépit des améliorations apportées par la loi du 31 décembre 1976. Si les indivisaires souhaitent pérenniser cet état tout en l'organisant, il leur suffit de transformer l'indivision en société en troquant leur qualité contre celle d'associés (5).

En dehors de toute indivision, la société est une technique commode pour faire échec au principe de l'unité et de l'indivisibilité du patrimoine ; si l'on souhaite isoler juridiquement certains biens, il est facile d'en faire apport à une société. Les nombreuses sociétés immobilières que l'on rencontre dans la pratique répondent à ce souci (V. *infra*, n. 1483) ; il en est de même des sociétés civiles de portefeuille dont l'objet est de rassembler des valeurs mobilières (V. *infra*, n. 1484). Ces sociétés ne coiffent aucune entreprise et se contentent de gérer leur patrimoine comme le feraient de simples particuliers (6) ; en cela elles sont des sociétés patrimoniales par opposition aux sociétés des deux types précédents, qui sont des sociétés professionnelles (7).

---

(4) Cl. Champaud, *Le pouvoir de concentration de la société par actions*, Sirey, 1962.

(5) C. Saint-Alary-Houin, *Les critères distinctifs de la société et de l'indivision depuis les réformes récentes du Code civil* : *Rev. trim. dr. com.* 1979, p. 645 et s. — F. Caporale, *Société et indivision* : *Rev. soc.* 1979, p. 265 et s.

(6) La société peut être un moyen de préparer une transmission successorale ; en voici un exemple : les parents apportent, en nue-propriété, les immeubles dont ils sont propriétaires à une société civile immobilière ; la réserve d'usufruit leur garantit la perception des revenus ; par donation-partage, ils répartissent les parts sociales entre leurs enfants qui deviennent ainsi associés de la société civile immobilière ; l'originalité d'une telle société mérite d'être soulignée ; elle n'a pas pour vocation initiale de réaliser des bénéfices, n'étant que nue-propriétaire ; les associés ont au fond une âme d'indivisaires ; ce n'est donc pas une société de partenaires ; ce n'est pas davantage l'organisation d'une entreprise ; la société n'est en fin de compte que l'enveloppe juridique d'une nue-propriété, destinée au décès des parents à se muer en pleine propriété ; sa vocation est exclusivement patrimoniale.

(7) La réalité est toujours plus riche que les classifications professorales ; l'aspect patrimonial n'est pas absent dans les deux premiers types de société. Dans toute société de partenaires, il y a une entreprise sous-jacente, tandis que le partenariat est souvent présent dans la société conçue comme technique d'organisation de l'entreprise. L'organigramme d'un groupe fait éclater le mélange des genres ; on y rencontre des sociétés qui exploitent des entreprises, d'autres qui gèrent des patrimoines immobiliers ou mobiliers, d'autres enfin qui organisent des actions conjointes avec des partenaires extérieurs au groupe (les filiales communes par exemple).

LE COIN DES AMATEURS

1) Histoires de "taxis" et de sociétés fictives

54. — Il est mille façons de frauder le fisc ; en matière de TVA on distingue la fraude "primaire" par ventes sans factures et la fraude "savante" par factures sans ventes. Cette dernière technique a été mise au point aux alentours de 1960 par des gangs qui s'étaient reconvertis dans la "vente" de TVA, d'où le nom de "détaxeurs", puis de "taxeurs" et enfin de "taxis". Le "taxi" est le personnage qui "vend" de la taxe, au travers d'une société fictive, à des entreprises complices, dûment prospectées, en mal de finances (V. l'ouvrage parfaitement documenté de J. COSSON, *Les industriels de la fraude fiscale*, Le Seuil, 1971).

Voici le scénario de base. Un "taxi" crée une société de façade qui n'est évidemment pas enregistrée et fait imprimer un stock de papiers commerciaux d'excellente qualité (la seule mention exacte concerne le compte en banque). Un homme de paille est désigné comme président de la société (il est arrivé que ce soit un clochard) dont l'unique rôle consiste à signer papiers et factures et à retirer de la banque en espèces le montant des chèques encaissés (sous escorte discrète). L'entreprise qui désire "acheter" de la taxe commande à la société de façade des marchandises fictives ; au vu de la facture, elle récupère la TVA qui y est mentionnée, passe le montant hors taxe en frais généraux et effectue un règlement par chèque ; l'argent, sous déduction de la légitime commission du "taxi", est restitué à l'entreprise où il alimente une "caisse noire". La comptabilité est irréprochable : bon de commande, facture, règlement (il n'est pas d'usage d'aller vérifier le détail de la consistance des stocks). Ce mécanisme permet de réaliser une triple fraude fiscale : récupération d'une TVA qui n'a pas été versée au Trésor, diminution de l'impôt sur les sociétés, encaissement de l'argent sorti sans avoir à payer l'impôt sur le revenu. Le cas échéant, il permet de "blanchir" les recettes provenant de trafics inavouables.

La presse s'en fait régulièrement l'écho. Ainsi en octobre 1985 (*Le Monde* du 2 oct. 1985) le tribunal correctionnel de Paris a eu à juger d'un énorme dossier de fausses factures dans la confection asiatique (localisée dans le 13e arrondissement), portant sur 200 millions d'escroquerie à la TVA, visant 104 inculpés dont 18 cadres de banque ; il était reproché à ces derniers d'avoir fermé les yeux devant ces étranges comptes qui n'enregistraient que des remises de chèques aussitôt suivies de retraits en espèces, des "décaissements sur indisponible" selon le jargon bancaire (*Le Monde* du 7 août 1985). Il s'agissait de filières complexes menant à des ateliers clandestins de confection ; les magasins de vente qui s'approvisionnaient auprès de ceux-ci étaient couverts par les factures de complaisance qu'émettaient les sociétés de façade (*Adde, La fausse facture dans la confection : Gaz. Pal.* 30-31 juill. 1986).

Le "milieu", on s'en doute, est grand consommateur de sociétés en tous genres. Une centaine de truands notoires (96 exactement) avaient créé deux prétendues sociétés de films vidéo, l'"Eden Club" et les "Films d'Avoriaz", auprès desquelles ils émargeaient en qualité de cadres. Leur "génie" les amena à déposer peu de temps après le bilan des deux sociétés afin de bénéficier de la garantie de l'AGS ; les ASSEDIC prirent le relais. La brigade des stupéfiants et du proxénétisme a tout de même réussi à percer le mystère de ces curieux "cadres en chômage" et les a fait traduire devant le tribunal correctionnel de Paris (V. *Le Monde* du 18 oct. 1985).

2) Taxinomie ou jeu des classifications

55. — L'un des passe-temps favoris des professeurs est le jeu des classifications, jeu qu'ils élèvent au rang d'une véritable science, la taxinomie, définie comme étant la science des lois de la classification. Les sociétés s'y prêtent merveilleusement, car il y a presque autant de formes de sociétés que de sortes de fromages, surtout si au jeu juridique on mêle le jeu fiscal.

a) Les classifications des juristes

1. *Sociétés à risque illimité et sociétés à risque limité ;* le risque, c'est la responsabilité personnelle des associés, illimitée dans un cas, limitée au montant des apports dans l'autre ; les premières comprennent les sociétés de personnes : société civile, société en nom collectif, société en participation, société créée de fait et groupement d'intérêt économique ; les secondes rassemblent les SARL, les sociétés anonymes et les sociétés en commandite.

2. *Sociétés civiles et sociétés commerciales* (V. *infra*, n. 296 et s.).

3. *Sociétés de personnes et sociétés de capitaux*; dans les premières, l'élément essentiel réside dans la personne de l'associé (l'*intuitus personae*) ; dans les secondes, la personne de l'associé compte moins que les capitaux qu'il apporte. Au vrai, seules les sociétés par actions faisant publiquement appel à l'épargne méritent le qualificatif de sociétés de capitaux ; l'*intuitus personae* est primordial dans les SARL et même dans les sociétés anonymes fermées ne faisant pas appel à l'épargne publique, car elles comportent généralement des clauses d'agrément permettant de filtrer l'entrée de nouveaux arrivants (V. *infra*, n. 888 et s.) ; c'est un abus de langage, mais consacré par la pratique, que de qualifier les sociétés anonymes fermées et les SARL de sociétés de capitaux.

4. *Sociétés par intérêts et sociétés par actions ;* seules les sociétés anonymes et les commandites par actions peuvent émettre des actions, lesquelles sont des valeurs mobilières négociables ; dans les autres sociétés, y compris les SARL, les droits des associés sont représentés par des parts sociales, qui ne sont pas négociables.

5. *Sociétés avec ou sans personnalité morale ;* les sociétés en participation et les sociétés créées de fait sont dépourvues de la personnalité morale ; les autres acquièrent la personnalité juridique à compter de leur immatriculation au registre du commerce et des sociétés ; d'où l'opposition faite entre sociétés immatriculées et sociétés non immatriculées.

6. *Sociétés de droit et sociétés créées de fait* (V. *infra*, n. 1580 et s.).

7. *Sociétés de droit privé et sociétés de droit public* (V. *infra*, n. 2060).

8. *Sociétés françaises et sociétés étrangères* (V. *infra*, n. 293 et s.).

9. *Sociétés de droit commun et sociétés à statut spécial*; il existe une multitude de sociétés à statut spécial à raison de la forme (coopératives) et surtout à raison de l'objet (sociétés spécialisées du monde agricole, financier, immobilier...) ; le *lexique* figurant à la fin de l'ouvrage donne le minimum d'informations sur les principales sociétés à statut spécial (V. *infra*, n. 2040 et s.).

10. *Sociétés professionnelles et sociétés patrimoniales* (V. *supra*, n. 53).

b) Les classifications des fiscalistes

56. — Les sociétés à risque limité sont dotées de la pleine personnalité fiscale ; elles sont redevables d'un impôt qui leur est spécifique, l'impôt sur les sociétés. La personnalité fiscale des sociétés à risque illimité est plus ténue ; elles échappent à l'impôt sur les sociétés, ce qui ne signifie pas que les bénéfices qu'elles réalisent soient exonérés ; ils sont imposés mais directement entre les mains des associés. D'où l'image classique des *sociétés opaques* et des *sociétés transparentes*. Au vrai, le groupe des sociétés dites transparentes - dont la caractéristique est d'échapper à l'impôt sur les sociétés - est loin d'être homogène. Si l'on tient aux images, il faut affiner le vocabulaire ; les fiscalistes distinguent ainsi les *sociétés transparentes* (ce sont les sociétés d'attribution ou de copropriété, V. *infra*, n. 2050) et les *sociétés translucides* (c'est le régime de droit commun des sociétés de personnes).

3) Éloge de l'entreprise individuelle

57. — Surtout depuis l'institution de l'EURL, on conseille de plus en plus aux créateurs d'entreprise d'adopter d'emblée la forme de société. Cette précaution facilite son organisation, son développement et le cas échéant sa transmission. Sans doute est-il toujours possible de transformer ultérieurement une entreprise individuelle en société, mais il faudra en supporter le coût fiscal (V. *infra*, n. 176).

Certains tombent parfois dans le travers inverse et créent une société là où elle n'a pas raison d'être ; la société n'est ni une mode, ni une panacée. Lorsqu'on exploite seul une toute petite entreprise réalisant un chiffre d'affaires modeste et dégageant un bénéfice permettant juste de satisfaire ses besoins personnels, mieux vaut demeurer seul maître à bord, n'ayant de compte à rendre à personne. C'est la formule de loin la plus simple et la plus économique pour les entreprises de subsistance, par opposition aux entreprises de croissance (V. *infra*, n. 122). Elle convient aux artisans et commerçants qui exercent un métier ou tiennent une "boutique" (sans que l'expression ait une connotation péjorative) plus qu'ils n'exploitent une entreprise au sens vrai du terme ; elle convient de même aux membres des professions libérales qui exercent leur art à titre individuel. Les avantages sont évidents :

- *sur le plan juridique*, aucun coût de fonctionnement et aucune précaution particulière à prendre du fait de la confusion du patrimoine personnel et du patrimoine professionnel ;

- *sur le plan fiscal*, limitation au minimum des tracasseries administratives surtout si l'on bénéficie du régime de forfait (le forfait est applicable lorsque le chiffre d'affaires annuel n'excède pas 500 000 F pour les entreprises de ventes et 150 000 F pour les prestataires de services) ;

- *sur le plan social*, les cotisations à payer sont réduites parce que calculées sur le bénéfice, lequel par hypothèse est peu élevé.

C'est une aberration que de créer une SARL, *a fortiori* une société anonyme dans de telles hypothèses quel que soit l'attrait mondain pour la position de P-DG ; l'on sait pourtant que de telles sociétés sont légion ; ainsi au 1er janvier 1984, 16 % des sociétés anonymes et 22 % des SARL n'employaient aucun salarié (chiffres publiés au *JCP* 84, éd. E, I, p. 397. — *Adde*, F. DUTOUR, *Mettre son affaire en société, le pactole? La ruine ?* : *JCP* 82, éd. N, doctr. p. 287). Indépendamment de la présence des associés de complaisance, il faut compter (à tous les sens du terme) avec le coût juridique (rémunération du conseil chargé du secrétariat de la société), le coût comptable (rémunération d'un expert-comptable, voire d'un commissaire aux comptes s'il s'agit d'une société anonyme), du coût fiscal et surtout du coût social (les doubles cotisations patronales et ouvrières sont calculées sur les rémunérations allouées à l'exploitant même si les résultats de la société sont déficitaires). Certes l'EURL peut être une solution de compromis, encore qu'il faille subir les contraintes de toute SARL : respect de la frontière séparant le patrimoine personnel et le patrimoine social, formalités juridiques, dépôt chaque année des comptes sociaux (bilan, compte de résultat et annexe) au greffe du tribunal de commerce (V. *infra*, n. 1400 et s.).

4) Combien a-t-on créé de sociétés en 1988?

58. — La vogue des sociétés ne se dément pas : on en crée toujours plus d'une année sur l'autre, même si le nombre des entreprises individuelles continue de l'emporter. Ainsi, pour 1990, on compte 117 369 sociétés nouvelles pour 146 291 créations d'entreprises individuelles. Mais le nombre ne fait pas le poids : il est évident qu'en termes de puissance économique (fonds propres, chiffres d'affaires, nombre de salariés...) le groupe des sociétés pèse autrement lourd que celui des entreprises individuelles.

Le monde des sociétés est toujours aussi bariolé ; en voici la décomposition au 31 décembre 1990 :

Type de société	Nombre	Pourcentage
Sociétés à responsabilité limitée	82 717	70,48
Sociétés anonymes	12 380	10,39
Sociétés civiles	12 194	10,39
Sociétés en nom collectif	4 409	3,75
Sociétés non immatriculées	3 996	3,40
Groupements d'intérêt économique	1 056	0,90
Sociétés coopératives	413	0,35
Sociétés en commandite	204	0,18
TOTAL	**117 369**	**100**

L'attrait des SARL ne faiblit pas : elles représentent plus des deux tiers des créations nouvelles et presque sept fois plus que les sociétés anonymes ; là encore, il ne faut pas être obnubilé par le nombre : 12 380 sociétés anonymes pèsent plus que 82 717 SARL. Les sociétés civiles tiennent une place honorable avec plus de 10 % au total. On notera qu'à eux seuls ces trois types de société dépassent 90 % du total (91,42 % exactement). Les sociétés en commandite viennent en queue avec 204 créations. Il ne faut pas confondre création juridique et création économique. Il n'y a création au sens économique que si une entreprise apparaît *ex nihilo*, sans résulter ni de la transformation en société d'une entreprise individuelle, ni de la scission d'une société déjà constituée, ni de la filialisation d'activités antérieures, ni de la reprise d'une entreprise préexistante. L'INSEE regroupe ces dernières opérations sous le terme générique de reprises ; elles sont évaluées en moyenne à 20 % des créations juridiques (*Sources* : informations communiquées aux auteurs par l'INSEE).

(n. 59 à 99 réservés)

SECTION III

VADE-MECUM FISCAL

100. — Pour le droit des sociétés, le fisc est un partenaire obligé, encombrant sans doute, mais qu'il serait imprudent de méconnaître. D'où ce *vade-mecum* à l'usage de ceux qui n'ont pas été initiés aux arcanes de la fiscalité (1).

Certains impôts, la TVA et la taxe professionnelle notamment, sont dus à raison de l'activité exercée, sans considération de la structure juridique de l'entreprise ; l'idéal de neutralité fiscale est alors atteint.

Il en va autrement d'autres impôts (impôts frappant les bénéfices, droits d'enregistrement et impôt sur la fortune notamment) qui varient en fonction de la structure juridique adoptée ; il n'y a plus neutralité et tout l'art consiste à faire de bons choix juridiques et de bons choix fiscaux ; ce n'est pas toujours facile. Il serait en tout cas aussi périlleux de faire des choix juridiques en négligeant les incidences fiscales que de faire des choix fiscaux sans penser aux incidences juridiques ; un bon choix prend en compte toutes les données, lesquelles ne se limitent d'ailleurs pas, tant s'en faut, aux seuls aspects juridiques ou fiscaux.

§ 1. — L'imposition des bénéfices

101. — Si l'on s'en tient à la technique fiscale, on oppose la fiscalité des entreprises et la fiscalité des ménages, encore qu'il existe des passerelles entre les deux, ce qui oblige à donner quelques éléments d'information sur l'une et sur l'autre.

A. — Eléments de fiscalité des entreprises

102. — Selon qu'elles appartiennent au secteur commercial, agricole ou libéral, les entreprises relèvent du régime des bénéfices industriels et commerciaux, du régime des bénéfices agricoles ou du régime des bénéfices non commerciaux ; le premier fait toutefois figure de droit commun, auquel les deux autres empruntent l'essentiel des règles, sous réserve de quelques aménagements.

En outre, selon la structure juridique choisie, les bénéfices réalisés sont soumis à deux types différents d'impôt, *l'impôt sur le revenu* pour les sociétés de personnes, *l'impôt sur les sociétés* pour les sociétés de capitaux. Enfin, il ne faut pas oublier, parce qu'il est intimement lié à la fiscalité des entreprises, le statut des dirigeants de société.

---

(1) Pour une initiation, V. M. Cozian, *La fiscalité des entreprises*, Litec (réédition annuelle). — Pour un approfondissement, *Les grands principes de la fiscalité des entreprises*, Litec, 2e éd., 1986.

1° Le statut des sociétés de personnes

103. — Le statut des sociétés de personnes est comparable à celui des entreprises individuelles, les unes et les autres relevant de l'impôt sur le revenu. Les bénéfices réalisés ne sont taxés qu'une seule fois au nom des associés à raison de la quote-part de bénéfices qui leur revient ; tel est le régime de la translucidité (V. *supra*, n. 56). Autrement dit, la société n'a pas la qualité de contribuable, en ce sens que ce n'est pas elle qui paiera l'impôt. Par ailleurs, il n'est pas fait de distinction selon que les bénéfices sont distribués ou mis en réserve ; les sommes affectées à l'autofinancement subissent le même prélèvement fiscal que celles qui sont consommées ; on verra que l'autofinancement est mieux traité dans les sociétés de capitaux (V. *infra*, n. 122). En contrepartie, la distribution ultérieure des réserves n'entraîne pas d'imposition complémentaire, à la différence de ce qui se passe dans les sociétés de capitaux (V. *infra*, n. 106).

2° Le statut des sociétés de capitaux

104. — Les sociétés de capitaux, plus précisément celles qui relèvent de l'impôt sur les sociétés (sociétés anonymes et SARL), sont fiscalement opaques, ce qui entraîne une double imposition des bénéfices réalisés, puis distribués.

a) L'imposition des bénéfices réalisés

105. — Jusqu'en 1985, le taux de l'impôt sur les sociétés était de 50 %, le Trésor se trouvant ainsi associé égalitaire dans toutes les sociétés, du moins quand il y avait des bénéfices. Sa position est désormais minoritaire, puisque le taux a été abaissé à 34 % si les bénéfices sont mis en réserve ; il est cependant porté à 42 % s'ils sont distribués sous forme de dividendes ; on pénalise de huit points les bénéfices distribués par rapport à ceux qui sont mis en réserve.

b) L'imposition des bénéfices distribués

106. — Les bénéfices distribués sous forme de dividendes constituent un revenu imposable au nom des associés. Toutefois, afin d'atténuer la double imposition, l'Etat leur accorde une ristourne de l'impôt sur les sociétés égale à la moitié du dividende mis en distribution ; cette ristourne prend la forme d'un avoir fiscal matérialisé par un certificat établi par la société. L'avoir fiscal constitue un élément du revenu imposable en même temps qu'un instrument de paiement de l'impôt (c'est une sorte de chèque fiscal tiré sur le Trésor).

En supposant que le bénéfice réalisé par une société anonyme soit de 100 et que le bénéfice disponible après impôt soit distribué à un associé, soumis lui-même à l'impôt sur le revenu au taux maximum de 56,8 %, la présentation sera la suivante :

- Bénéfice réalisé	100,00
- Impôt sur les sociétés au taux de 42 % (puisque le bénéfice est distribué)	42,00

- Bénéfice disponible distribué sous forme de dividende	58,00
- Avoir fiscal (la moitié du dividende perçu)	29,00
- Revenu global imposable	87,00
- Impôt sur le revenu au taux marginal de 56,8 %	49,41
- Imputation de l'avoir fiscal	29,00
- Impôt à payer au percepteur	20,41

Pour l'actionnaire le dividende net d'impôt sera de :
58 — 20,41 = 37,49

Le total des deux impositions (société et associé) s'élèvera à :
42 + 20,41 = 62,41

Le même régime s'applique que les dividendes soient prélevés sur les bénéfices de l'exercice ou sur les réserves des exercices précédents.

107. — Certains bénéfices échappent à l'impôt sur les sociétés ; il en est ainsi notamment des bénéfices provenant de l'étranger puisqu'ils y ont déjà été imposés. Dans ce cas, la société doit verser un précompte égal au tiers des sommes mises en distribution de façon à financer le montant de l'avoir fiscal. Si par exemple une société française distribue 300 F de bénéfices provenant d'une succursale étrangère, les calculs seront les suivants :

- sommes mises en distribution	300
- précompte de 33,33 %	100
- dividendes versés aux associés	200
- avoir fiscal attaché aux dividendes (la moitié de ceux-ci)	100

On voit par là que l'avoir fiscal, à défaut d'impôt sur les sociétés, est financé par le précompte. On signalera enfin que le précompte est exigible lorsque les dividendes sont prélevés sur des réserves ayant subi l'impôt au taux normal, mais datant de plus de cinq ans ; la triple imposition frise alors la spoliation (impôt sur les sociétés, précompte, impôt sur le revenu) ; de là vient notamment l'aspect confiscatoire des dissolutions de sociétés relevant de l'imposition sur les sociétés (V. *infra*, n. 578).

3° Le statut des dirigeants de société

108. — On ne saurait reprocher aux dirigeants d'être attentifs à leur propre statut. Aussi n'est-il pas rare, surtout dans les sociétés familiales, que la forme de la société soit choisie en fonction des avantages fiscaux et sociaux qu'en retirent les dirigeants. Il existe à cet égard un abîme entre les sociétés de personnes relevant de l'impôt sur le revenu et les sociétés de capitaux relevant de l'impôt sur les sociétés ; à l'intérieur de ce dernier groupe il faut encore distinguer entre les dirigeants de société anonyme et les gérants minoritaires de SARL d'une part, les gérants majoritaires des SARL d'autre part..

a) Le statut des dirigeants de sociétés de personnes relevant de l'impôt sur le revenu

109. — Dirigeants et simples associés sont soumis au même régime que les entrepreneurs individuels ; les rémunérations qu'ils perçoivent à raison des fonctions qu'ils exercent dans la société, de même que la quote-part des bénéfices qui leur revient, sont imposées selon le barème progressif de l'impôt sur le revenu ; il n'est pas fait de différence selon que les bénéfices sont distribués ou sont laissés à la disposition de la société au titre de l'autofinancement. En cas d'adhésion à un centre agréé de gestion, la part revenant à chaque associé bénéficie d'un abattement de 20 % et de 10 % dans les limites qui sont réévaluées chaque année. Pour les bénéfices réalisés en 1990, les abattements sont calculés de la façon suivante :

- jusqu'à 426 400 F de bénéfice, abattement de..................... 20 %
- pour la fraction de bénéfice
  comprise entre 426 400 F et 607 000 F, abattement de........ 10 %
- au-dessus de 607 000 F de bénéfice .... pas d'abattement

Ce régime convient aux sociétés qui réalisent des bénéfices peu élevés, permettant en réalité d'assurer la subsistance des associés exerçant leur activité professionnelle au sein de la société (V. *supra*, n. 57).

Le régime social est celui des travailleurs indépendants non salariés non agricoles (régime dit des "non-non") ; sans doute est-il moins protecteur que le régime général des salariés, mais son coût est nettement moins élevé si du moins les résultats de la société sont modestes ; les cotisations sont calculées sur la part de bénéfice net revenant à chaque associé et on n'y retrouve pas le cumul de cotisations patronales et de cotisations ouvrières.

b) Le statut des dirigeants de société anonyme et des gérants minoritaires de SARL

110. — C'est le statut rêvé des dirigeants puisqu'ils bénéficient des mêmes avantages fiscaux que les salariés :

- *déduction forfaitaire de 10 % au titre des frais professionnels ;* elle est cependant plafonnée (pour 1990, la déduction maximale est de 66 950 F) ; cette déduction a des allures de cadeau fiscal car la plupart des frais engagés par les dirigeants sont pris en charge ou remboursés par la société ;

- *abattement de 20 %*, également plafonné ; l'abattement cesse de s'appliquer au-delà d'un certain plafond (607 000 F en 1990) ; toutefois si les dirigeants possèdent plus de 35 % du capital (directement ou indirectement par famille interposée), l'abattement est ramené à 10 % au-delà d'une certaine limite (pour 1990, l'abattement est de 10 % pour la rémunération comprise entre 426 400 F et 607 000 F) ; autrement dit, les dirigeants possédant plus de 35 % du capital social sont traités de la même façon que les adhérents à un centre de gestion agréé (V. *supra*, n. 109).

Sur le plan social, les cotisations patronales (dues par la société) et les cotisations ouvrières (dues par le dirigeant) sont calculées comme dans le régime général de sécurité sociale ; les dirigeants bénéficient des mêmes prestations que les salariés, à l'exception toutefois de la protection contre le chômage (V. *infra*, n. 687).

111. — Exemple de calcul des déductions fiscales

On prendra l'exemple d'un président-directeur général, possédant plus de 35 % du capital de la société anonyme, qui en 1990 a perçu une rémunération nette de 800 000 F après déduction des différentes cotisations sociales. La détermination du revenu imposable se fera de la façon suivante :

- rémunération nette de cotisations sociales	800 000
- déduction forfaitaire de 10 % pour frais professionnels, plafonnée au montant maximum	66 950
- rémunération nette de frais	733 050
- abattement de 20 % sur la fraction de rémunération n'excédant pas 426 400 F	85 280
- abattement de 10 % sur la fraction comprise entre 607 000 et 426 400 F	18 060
- rémunération nette imposable	629 710

Le montant maximum de déductions pour les salaires les plus élevés est donc de 170 290 F pour l'année 1990 (66 950 + 85 280 + 18 060).

c) Le statut des gérants majoritaires de SARL

112. — Ce sont les mal aimés de la fiscalité. Certes, depuis 1988, bénéficient-ils des abattements de 20 % et de 10 % applicables aux dirigeants de société anonyme et aux gérants minoritaires possédant plus de 35 % du capital social (V. *supra*, n. 110). Malgré ce lot de consolation, leur sort demeure peu enviable :

- la déduction forfaitaire de 10 % pour frais professionnels leur est refusée ; seule est autorisée la déduction des frais réels dûment justifiés, dans la mesure où ils n'ont pas été pris en charge par la société (par exemple, les cotisations sociales) ;

- surtout, leur régime social est celui des travailleurs non salariés non agricoles.

B. — Éléments de fiscalité des ménages

113. — L'impôt sur le revenu est à l'intersection de la fiscalité des entreprises et de la fiscalité des ménages. Dans les sociétés de personnes, le béné fice est calculé au niveau de la société (c'est un problème de fiscalité des entreprises), mais il est imposé entre les mains des associés dans le cadre de l'impôt sur le revenu (c'est un problème de fiscalité des ménages). Dans les sociétés de capitaux, si le calcul et l'imposition du bénéfice relèvent de la fiscalité des entreprises, les rémunérations de dirigeants, de même que les dividendes mis en distribution, sont imposées dans le cadre de l'impôt sur le revenu, c'est-à-dire selon les modes de la fiscalité des ménages. L'impôt sur le revenu se caractérise par deux traits essentiels : il frappe le revenu global et il est calculé selon un barème progressif.

1° L'impôt sur le revenu frappe le revenu global

114. — En fin d'année, on fait le total des revenus et bénéfices réalisés par un même contribuable, qu'ils relèvent de la fiscalité des entreprises (bénéfices industriels et commerciaux, bénéfices agricoles ou bénéfices non commerciaux) ou de la fiscalité des ménages ; à ce dernier titre, on distingue :

- *les fruits du travail*, à savoir les traitements et salaires ;
- *les fruits du capital*, c'est-à-dire les revenus fonciers provenant de la location d'immeubles et les revenus mobiliers provenant du placement de capitaux ;
- *les gains en capital* correspondant à des plus-values immobilières ou mobilières (2).

La globalisation porte sur les éléments positifs et sur les éléments négatifs, les déficits s'imputant ainsi sur les autres sources de profits. On signalera enfin que la globalisation se fait dans le cadre du ménage, lequel comprend le conjoint et les enfants à charge, avec un mécanisme compensateur par le jeu du quotient familial.

Le mois de février est celui des déclarations fiscales (l'administration fournit les imprimés à remplir) ; c'est en général au début de l'automne que le contribuable reçoit du percepteur un *avis d'imposition* indiquant la note à payer.

2° L'impôt sur le revenu est calculé selon un barème progressif

115. — La progressivité est considérée comme l'idéal de justice fiscale, faisant participer chacun aux charges communes selon ses capacités contributives. Il s'agit d'une progressivité par tranches, les taux allant de 0 % à 56,80 %.

§ 2. — Les droits d'enregistrement

116. — A l'origine, l'enregistrement d'un acte, tout en permettant la perception de droits substantiels, était une formalité juridique. Le receveur de l'enregistrement procédait à une analyse juridique de l'acte qui lui était présenté et dont il résumait l'essentiel sur un registre spécial ; c'était une sorte de registre d'état civil des actes juridiques. De là vient que l'enregistrement confère date certaine aux actes sous seing privé (C. civ., art. 1328) ; ceci explique que même si elle n'est pas obligatoire, il est toujours possible de

(2) On aura noté les variations terminologiques ; les bénéfices se rattachent aux résultats d'une entreprise, les salaires au travail, les revenus à un capital (revenus fonciers, revenus mobiliers), les plus-values à un gain en capital (plus-values immoblières ou mobilières).

soumettre volontairement un acte à la formalité de l'enregistrement ; il en coûte seulement un droit fixe (430 F) ; c'est par exemple une mesure de prudence que d'enregistrer certains actes tels que procurations ou reconnaissances de dettes, s'ils ne revêtent pas la forme notariée.

S'agissant des enregistrements *obligatoires*, on distingue entre les droits portant sur les mutations et les droits portant sur les actes de société.

A. — Les droits d'enregistrement portant sur les mutations

117. — Les mutations à titre gratuit (successions et donations) relèvent de la fiscalité des ménages. Les droits qui portent sur les mutations à titre onéreux sont communs aux entreprises et aux ménages ; ils frappent essentiellement les mutations d'immeubles, de fonds de commerce et de droits sociaux.

118. — Les droits d'enregistrement portant sur les *ventes d'immeubles* prennent le nom de taxes de publicité foncière et sont payés à la conservation des hypothèques au moment des formalités de publicité ; les taux sont fixés par les collectivités locales à l'intérieur de certaines limites ; les taux les plus usuels sont de 18,20 %, abaissés à 7 % pour les immeubles à usage d'habitation.

Les ventes de fonds de commerce sont imposées selon un taux progressif (0 % jusqu'à 100 000 F, 7 % entre 100 000 F et 300 000 F, 14,20 % au-delà de 300 000 F).

Quant aux cessions de droits sociaux, elles sont imposées au taux de 4,80 %, les cessions d'actions étant en principe exonérées (V. *infra*, n. 1189). D'où cette discrimination souvent dénoncée :

- la cession d'une entreprise individuelle supporte le droit de 14,20 % pour la partie du prix qui excède 300 000 F ;

- la cession d'une entreprise exploitée sous forme de SARL ne met en jeu que le droit de 4,80 % frappant les cessions de parts sociales ;

- la cession d'une entreprise exploitée sous forme de société anonyme, c'est-à-dire la cession des actions, échappe le plus souvent aux droits d'enregistrement.

B. — Les droits d'enregistrement portant sur les actes de sociétés

119. — Tous les actes touchant à la structure des sociétés, c'est-à-dire entraînant une modification de leurs statuts (constitution, modification du capital, transformation...) doivent être soumis à la formalité de l'enregistrement dans le mois qui suit.

Le montant des droits à payer est variable. Parfois, il ne s'agit que d'un droit fixe (par exemple acte constatant une transformation). Le plus souvent, les droits sont proportionnels ; parmi ces derniers, certains sont légers (le droit d'apport de 1 %), d'autres sont plus lourds, notamment les droits frappant les apports d'immeubles et de fonds de commerce au profit d'une société de capitaux (V. *infra,* n. 173 et s.). C'est un domaine embrouillé qui mériterait d'être simplifié. Signalons que les droits payés constituent des charges déductibles, ce qui en limite l'incidence financière.

§ 3. — L'impôt de solidarité sur la fortune

120. — L'impôt de solidarité sur la fortune ne doit frapper, à un taux progressif allant de 0,5 % à 1,5 %, que les plus riches, ceux dont la fortune au 1er janvier 1991 dépasse le seuil d'imposition fixé à 4 260 000 F. En 1990, le fisc n'en a trouvé que 135 400, ce qui est peu quand on sait l'importance de certains portefeuilles de valeurs mobilières ou le prix du mètre carré à Paris (les résidences principales sont prises en compte comme les résidences secondaires). L'explication réside dans l'exonération dont bénéficient les biens affectés à l'exercice d'une activité professionnelle, c'est-à-dire l'outil de travail. D'où l'importance de la notion de biens professionnels, étant entendu que l'exonération ne joue qu'à l'égard de la profession principale.

Il n'y a pas de difficulté lorsque le contribuable exerce sa profession dans le cadre d'une entreprise individuelle. C'est en revanche plus délicat lorsqu'il l'exerce au sein d'une société. Le fisc fait un tri sévère en la matière, exonérant certaines et imposant les autres ; le tout dégage un relent désagréable d'arbitraire.

Si l'on est en présence d'une société de personnes relevant de l'impôt sur le revenu, l'exonération est accordée à tous les associés qui exercent leur profession principale dans un tel cadre. Ainsi les autres membres des professions libérales (avocats, médecins...) qui s'associent au sein d'une société civile professionnelle peuvent considérer les droits sociaux dont ils sont titulaires comme leur outil de travail, exonéré par conséquent.

Le fisc est moins généreux à l'égard de ceux qui exercent leur profession dans le cadre d'une société de capitaux relevant de l'impôt sur les sociétés, SARL et société anonyme essentiellement. Pour bénéficier de l'exonération attachée à l'outil de travail, il faut être à la fois dirigeant, "capitaliste" et bien payé :

- *être dirigeant*, c'est-à-dire exercer des fonctions de direction générale ; dans une société anonyme, ceci vise le président, mais non les administrateurs (V. *infra*, n. 678) ;

- *être "capitaliste"*, c'est-à-dire posséder au moins 25 % du capital, le calcul de ce seuil se faisant dans le cadre familial (on prend en compte les droits possédés par le conjoint, les ascendants et les descendants, les frères et sœurs) ;

- *être bien payé*, ce qui signifie que les rémunérations versées par la société doivent représenter plus de la moitié de la totalité des revenus professionnels du dirigeant ; ne sont pas exonérés ceux qui exercent leurs fonctions à titre bénévole ou moyennant une rémunération peu élevée (V. *infra,* n. 684).

LE COIN DES AMATEURS

1) Les options fiscales

121. — Le droit fiscal n'est pas un jeu d'automatismes ; il repose sur un jeu d'options, ce qui fait le charme, mais aussi la difficulté, de la stratégie fiscale, le tax-planning des Anglo-Saxons (A. AGOSTINI, *Les options fiscales,* LGDJ, 1983). Les options sont d'abord de nature juridique ; si l'on choisit tel ou tel type de société, les considérations fiscales y sont souvent pour quelque chose.

Les options ont ensuite une portée directement fiscale. Ainsi, en matière d'imposition des bénéfices, on échappe ou non à l'impôt sur les sociétés selon que l'on opte pour la forme d'une société de personnes ou celle d'une société de capitaux, l'exonération d'impôt sur les sociétés ne valant pas toutefois exonération tout court (V. *supra,* n. 56).

Là encore, il est possible de changer de camp, celui de l'impôt sur les sociétés étant cependant le plus accueillant. Les sociétés de personnes, qui relèvent normalement de l'impôt sur le revenu, peuvent se placer sous l'empire de l'impôt sur les sociétés (le choix est refusé aux groupements d'intérêt économique et aux sociétés civiles professionnelles) ; en pratique, l'option est rare ; elle présente un intérêt dans certaines situations particulières (les sociétés civiles de portefeuille par exemple) ; elle est en outre dangereuse parce qu'irrévocable ; une fois que l'on quitte le camp de l'impôt sur le revenu, c'est sans esprit de retour...

A l'inverse, les sociétés de capitaux sont prisonnières de l'impôt sur les sociétés ; elles ne sont pas autorisées à passer dans le camp adverse. Il existe tout de même deux exceptions en faveur des SARL ne comprenant que des membres d'une même famille (V. *infra,* n. 1279) et des EURL créées par des personnes physiques ; ces dernières sont par principe soumises à l'impôt sur le revenu mais peuvent opter pour le régime de l'impôt sur les sociétés (V. *infra,* n. 1411) ; au contraire, les EURL créées par des personnes morales sont soumises d'office à l'impôt sur les sociétés et ne peuvent opter pour le régime de l'impôt sur le revenu (V. *infra,* n. 1413).

2) Autofinancement et fiscalité

122. — En schématisant, on peut distinguer entre les entreprises de subsistance et les entreprises de croissance. Les premières, de modèle pré-capitaliste (que l'on pense aux petits commerçants et artisans), assurent la subsistance de l'exploitant qui en tire de quoi vivre et parfois de quoi alimenter une modeste épargne. Les secondes, de modèle capitaliste, ont pour vocation de dégager un profit qui dépasse la seule susbistance de l'exploitant ; elles sont vouées à la croissance, ce qui implique des besoins de financement de plus en plus importants.

L'impôt sur le revenu convient aux entreprises du premier type, qu'il s'agisse d'entreprises individuelles ou de sociétés de personnes. Les bénéfices, qui souvent ne dépassent pas la mesure d'un salaire moyen, sont imposés selon une progressivité modérée après les abattements de 20 % et de 10 % en cas d'adhésion à un centre de gestion agréé (V. *supra,* n. 109). Les bénéfices épargnés, qui sont affectés à l'autofinancement de l'entreprise, sont taxés de la même façon que les bénéfices consommés.

Les sociétés de croissance sont condamnées à dégager un profit qui non seulement assure la subsistance des dirigeants, mais encore finance le développement de l'entreprise, au moins en partie, grâce aux bénéfices mis en réserve. L'impôt sur les sociétés convient mieux à ce type d'entreprise. Les rémunérations perçues par les dirigeants sont des charges qui viennent en déduction du bénéfice imposable, réduisant d'autant l'assiette de l'impôt sur les sociétés. Le bénéfice disponible après paiement de l'impôt sur les sociétés est généralement mis en réserve ; il est rare que l'on distribue des dividendes dans les petites et moyennes entreprises. Ainsi, les sommes affectées à l'autofinancement ne subissent qu'un prélèvement de 34 % au titre de l'impôt sur les sociétés. Si l'on avait été dans le cadre d'une société de personnes relevant de l'impôt sur le revenu, les bénéfices mis en réserve auraient subi une ponction de 56,80 %, car la tranche maximale de l'impôt sur le revenu est vite atteinte ; l'écart dépasse 20 points.

Il existe des logiciels qui, en fonction du type d'entreprise, permettent de déterminer à partir de quel niveau de bénéfices une entreprise a intérêt à opter pour le régime de l'impôt sur les sociétés ; il ne reste alors qu'à choisir le type de société, SARL ou société anonyme. Ceci explique que les forces vives de l'économie sont concentrées entre ces deux types de société, étant observé que les grandes entreprises sont nécessairement exploitées sous forme de sociétés par actions, lesquelles permettent seules de faire appel à l'épargne publique et d'accéder en conséquence au marché financier. ——————

(n. 123 à 126 réservés)

SECTION IV

LES SOURCES DU DROIT DES SOCIÉTÉS

127. — Lorsque l'on aime un fleuve, il n'est pas indifférent d'en connaître la source ; c'est une expédition analogue qu'il faut tenter en choisissant comme date de référence 1966, année de la transformation profonde du droit des sociétés commerciales (L. n. 66-537 du 24 juill. 1966).

§ 1. — Avant 1966

128. — La matière est trop riche ; il faut se contenter des stations suivantes :

- le droit romain pratiqua la société, en distinguant nettement le consortium d'héritiers ou d'amis où tout est mis en commun et la société de publicains, véritable société financière ;

- le Moyen Age italien voit l'apparition de la personnalité morale, qualifiée de *corpus mysticum*, et l'enrichissement de la panoplie des sociétés, spécialement avec la commandite italienne ;

- la société par actions ou compagnie naît au XVIIe siècle ; elle annonce la société anonyme d'aujourd'hui, son capital est divisé en sols appartenant à des "actionnistes".

La réglementation a toujours suivi de très loin la pratique et il faut attendre la loi du 24 juillet 1867 pour connaître un ensemble cohérent de dispositions relatives aux sociétés commerciales. Ce texte fut enrichi en 1925 par la loi du 7 mars qui créa la société à responsabilité limitée, puis par des décrets-lois (en 1935 et 1937) et la loi du 16 novembre 1940.

§ 2. — La réforme de 1966

129. — Pratiquement cent ans après la loi de 1867, la loi du 24 juillet 1966 (ci-dessous "L.") a rénové le droit des sociétés ; elle a été complétée par le décret n. 67-236 du 23 mars 1967 (ci-dessous "D").

A. — CE QU'EST LA RÉFORME DE 1966

1° La protection des tiers

130. — Avant la réforme, les sociétés étaient dotées de la personnalité juridique à dater de la signature des statuts (1). La notion d'engagement social s'enveloppait d'incertitudes et la porte de la nullité était largement ouverte. Or, sur ces trois points, le changement de cap est radical, pour le plus grand avantage des tiers contractant avec la société.

Désormais, la date de naissance est précise, c'est celle de l'immatriculation au registre du commerce et des sociétés ; de plus la société — à responsabilité limitée ou par actions — est engagée même par les actes de ses dirigeants qui ne relèvent pas de l'objet social ; enfin, la nullité n'est plus qu'accidentelle à raison tout à la fois d'une réduction des causes de nullité, de la mise en batterie de parades efficaces et de nombreuses sanctions pénales.

2° La protection des associés

131. — Sur ce chapitre, les innovations sont moins marquantes. Il faut toutefois signaler le développement considérable du droit d'information des associés (V. *infra*, n. 822 et s. pour la société anonyme). Parallèlement, le commissariat de sociétés est devenu commissariat aux comptes et les fonctions comme les responsabilités du commissaire ont été précisées, son indépendance étant en outre renforcée.

B. — CE QUE N'EST PAS LA RÉFORME DE 1966

132. — La loi n'est pas un code des sociétés. Ainsi, la loi de 1966 traite-t-elle uniquement des sociétés commerciales et laisse de côté les sociétés civiles qui demeurent régies par le Code civil, code qui continue à porter les dispositions communes à toutes les sociétés. Une semblable démarche, qui

(1) Sur ces discordance, cons. B. OPPETI, *La codification du droit commercial français : Etudes*, R. RODIÈRE, Dalloz, 1982, p. 197.

aboutit à réformer le particulier avant le général, a été critiquée. Fallait-il renoncer à réformer le droit des sociétés civiles?

Une autre lacune de la loi de 1966 concerne les groupes de sociétés (V. *infra*, n. 1946 et s.). Il est de fait que ce texte ne dispose pas expressément sur les concentrations de sociétés. Cependant, une lecture plus attentive permet, ici et là, de découvrir des règles qui montrent que les rédacteurs de la loi ont bien eu conscience du phénomène, ainsi des articles 354 à 359 sur les filiales et participations, de l'article 229 qui autorise le commissaire aux comptes de la mère à enquêter auprès de la fille et réciproquement... Aussi ne peut-on reprocher au législateur d'avoir exclu les groupes de sa vision ; ce qui est vrai, en revanche, c'est qu'il ne leur a pas accordé une attention spécifique.

§ 3. — Après 1966

133. — Deux courants dominent l'histoire législative récente des sociétés. Le premier est français et n'est que le prolongement de 1966; le second, européen, apporte l'air du large.

A. — Les réformes de la réforme

134. — La loi de 1966 se révéla, à certains égards, incomplète ou imparfaite ; il fallut donc la retoucher, près de vingt fois (et le mouvement continue, à un rythme trimestriel). En outre, dans la ligne de l'esprit de la loi de 1966 ou en considération de certaines de ses lacunes, des textes importants créèrent de nouvelles institutions qui allaient être appelées à jouer un rôle considérable : groupements d'intérêt économique (Ord. n. 67-821 du 23 sept. 1967) et Commission des opérations de bourse (Ord. n. 67-833 du 28 sept. 1967). Enfin et surtout, la loi n. 78-9 du 4 janvier 1978 bouleversa les articles 1832 et suivants du Code civil.

Cette dernière réforme était attendue ; elle n'alla pas sans mal et cinq années furent nécessaires pour que le Parlement adopte le texte définitif. La restauration du droit civil des sociétés s'éternisa à cause de la difficulté à prendre conscience de l'originalité de la société civile et à forger un corps de règles communes à toutes les sociétés.

Car la réforme de 1978 n'intéresse pas uniquement les sociétés civiles mais toutes les sociétés, à moins qu'il n'en soit "autrement disposé par la loi en raison de leur forme ou de leur objet" (C. civ., art. 1834). Depuis 1978 donc, des questions aussi fondamentales que la naissance de la personnalité morale, la dissolution et la nullité sont réglées par le Code civil. Cela crée d'ailleurs parfois des difficultés d'harmonisation avec certains articles de la loi de 1966 (1), même si ce dernier texte a largement inspiré les rédacteurs de la loi du 4 janvier 1978.

D'autres vagues de réformes sont intervenues ultérieurement, spécialement en 1983 (création des certificats d'investissement et des titres participatifs), en

1985 (loi du 3 janvier sur la consolidation, loi du 11 juillet sur l'entreprise unipersonnelle, loi du 12 juillet sur l'auto-contrôle), en 1988 (lois du 5 janvier, l'une sur le développement et la transmission des entreprises et l'autre sur les fusions et les scissions ; loi du 22 janvier sur les bourses de valeurs) et en 1989 dans le sillage du scandale *Triangle* (loi du 2 août 1989 sur la sécurité et la transparence des marchés financiers).

B. — L'HARMONISATION EUROPÉENNE

135. — Les règles juridiques ou fiscales sont l'un des termes de la concurrence inter-étatique et de même qu'il est des pavillons de complaisance, il est des législations sociétaires de complaisance (*blue sky laws*), qui placent la barre des exigences minimales suffisamment bas pour attirer les sièges sociaux et les immatriculations. Le Traité de Rome posant le principe de la libre concurrence, il était inévitable qu'il postule la coordination des "garanties qui sont exigées, dans les Etats membres, des sociétés pour protéger les intérêts tant des sociétés que des tiers" (art. 54, 3, g.). Plusieurs directives du Conseil des ministres de la Communauté ont ainsi vu le jour, qui ont conduit à une modification de la loi française.

On notera que les directives concernent essentiellement les sociétés par actions ; mais le législateur français n'hésite pas à étendre aux SARL les dispositions nouvelles issues des directives européennes ; on le constatera à maintes reprises, le fonctionnement de la SARL emprunte beaucoup aux règles gouvernant la société anonyme (V. *infra*, n. 1252).

136. — Les directives européennes en droit des sociétés (2)

A. — DIRECTIVES ADOPTÉES

- première directive, 9 mars 1968 : *JOCE*, L. 65, 14 mars (publicité, validité des engagements sociaux, nullité ; le droit français a été mis en harmonie par l'ordonnance n. 69-1176 du 20 déc. 1969) ;
- deuxième directive, 13 décembre 1976 : *JOCE*, L. 26, 31 janvier 1977 (constitution des sociétés anonymes et modification du capital ; le droit français a été mis en harmonie par la loi n. 81-1162 du 30 déc. 1981) ;
- troisième directive, 9 octobre 1978 : *JOCE*, L. 295, 20 octobre (fusion des sociétés anonymes ; le droit français a été mis en harmonie par la loi n. 88-17 du 5 janv. 1988) ;
- quatrième directive, 25 juillet 1978 : *JOCE*, L. 222, 14 août (comptes annuels ; le droit français a été mis en harmonie par la loi n. 83-353 du 30 avril 1983) ;
- sixième directive, 17 décembre 1982 : *JOCE*, L. 378, 31 décembre (scissions ; le droit français a été mis en harmonie par la loi n. 88-17 du 5 janv. 1988) ;

(2) L. GALTIER et J.-M. LE BOLZER, *Récapitulatif de la législation communautaire en matière de droit des sociétés* : *Rép. Defrénois* 1988, p. 1421 et s.

- septième directive, 13 juin 1983 : *JOCE,* L. 193, 18 juillet (comptes consolidés ; le droit français a été mis en harmonie par la loi n. 85-11 du 3 janv. 1985) ;
- huitième directive, 10 avril 1984 : *JOCE,* L. 126, 12 mai (contrôleurs des comptes) ;
- directive du 12 décembre 1988 : *JOCE,* L. 348, 17 décembre (informations à publier lors de l'acquisition et de la cession d'une participation importante dans une société cotée en bourse) ;
- directive du 13 novembre 1989 : *JOCE,* L. 334, 18 novembre (opérations d'initiés) ;
- directive du 21 décembre 1989 : *JOCE,* L. 395, 30 décembre (sociétés à responsabilité limitée à un seul associé).

B. — DIRECTIVES PROPOSÉES

- cinquième directive (structure des sociétés anonymes, pouvoir des organes) : *JOCE,* C. 131, 13 déc. 1972;
- dixième directive (fusions transfrontalières) : *JOCE,* L. 23, 25 janv. 1985.

C. — DIRECTIVES A L'ÉTUDE

- neuvième directive (groupes de sociétés) ;
- treizième directive (offres publiques d'achat et d'échange).

LE COIN DES AMATEURS

Comment faire des recherches en droit des sociétés

137. — Les méthodes de recherche en droit des sociétés ne diffèrent pas de celles que l'on emploie en droit des affaires. Avant toute chose, il faut se référer aux textes ; bien qu'il n'existe pas à proprement parler de Code des sociétés comme il existe un Code civil ou un Code de commerce, les maisons d'édition publient sous le nom de Code des sociétés des recueils qui rassemblent les principaux textes intéressant la matière des sociétés, complétés par des analyses jurisprudentielles et des références doctrinales ; les plus utilisés sont le code (bleu) de Litec par A. VIANDIER et le code (rouge) de Dalloz. Ce sont des instruments de travail qu'il convient d'avoir à portée de main et dont la consultation est généralement autorisée le jour de l'examen (à l'Université tout au moins). Pour le reste, il faut savoir consulter les traités et les manuels, les encyclopédies, les recueils de jurisprudence, les recueils d'études de cas et les revues, sans compter les ouvrages spécialisés et les thèses se rapportant à des points particuliers ; ceux qui y ont accès interrogeront les banques de données *(Jurisdata* par exemple aux Editions techniques). Enfin, il faut être attentif aux "choses de la vie"; quotidiennement les journaux financiers ou à plus large diffusion apportent leur moisson de faits de droit des sociétés (OPA, assemblées, conflits entre actionnaires, résultats, émissions de valeurs mobilières...) qui valent pour un esprit curieux les meilleurs cours magistraux.

a) Les traités et les manuels

Il est toujours instructif de comparer les traités et les manuels, car chacun apporte un éclairage personnel sur chaque question examinée. Voici les plus importants de ceux qui ont été publiés ces dernières années :

- Y. CHARTIER, *Les sociétés commerciales*, Thémis, 2e éd., 1988.
- Y. GUYON, *Droit des affaires*, Economica, 6e éd., 1990.
- J. HAMEL, G. LAGARDE et A. JAUFFRET, *Sociétés, groupements d'intérêt économique, entreprises publiques*, Dalloz, 2e éd., 1980.
- J. HÉMARD, F. TERRÉ et P. MABILAT, *Sociétés commerciales*, Dalloz, t. 1 (1972), t. 2 (1974), t. 3 (1978).
- B. MERCADAL et Ph. JANIN, *Mémento pratique : Sociétés commerciales*, Ed. Francis Lefebvre (réédition annuelle).
- M. JEANTIN, *Droit des sociétés*, Montchrestien, 1989.
- Ph. MERLE, *Sociétés commerciales*, Précis Dalloz, 2e éd., 1990.
- J. MESTRE et S. FAYE, *Lamy Sociétés commerciales* (réédition annuelle).
- J. MOREAU, J. GUYENOT et *alii*, *Les sociétés commerciales*, Librairie J. notaires et avocats, 8 vol. (1974 à 1981).
- B. OPPETIT et A. SAYAG, *Les structures juridiques de l'entreprise*, Litec, 3e éd., 1981.
- E. DU PONTAVICE et J. DUPICHOT, *Traité de commercial* de M. DE JUGLART et B. IPPOLITO, Montchrestien, 3e éd., 2 vol, 1981.
- R. ROBLOT, *Traité élémentaire de droit commercial* de G. RIPERT, LGDJ, t. 1, 13e éd., 1989.

On ajoutera deux brillants "Que sais-je?" :

- Cl. CHAMPAUD, *Le droit des affaires*, PUF.
- P. DIDIER, *Les sociétés commerciales*, PUF.

b) Les encyclopédies

Ce sont de véritables monuments, en plusieurs volumes, régulièrement mis à jour :

- *Dictionnaire Joly des SA et des SARL*, sous la direction de D. LEPELTIER.
- *Dictionnaire permanent de droit des affaires*, sous la direction de M. VAILLANT.
- Jurisclasseur *Traité des sociétés*, sous la direction de F. TERRÉ et de M. GERMAIN; le bulletin mensuel *Droit des sociétés* sert de mise à jour à ce Jurisclasseur.
- Encyclopédie Dalloz, *Répertoire Sociétés*, sous la direction de G. LAGARDE.

c) Les recueils de jurisprudence

- Y. CHARTIER ET J. MESTRE, *Les grandes décisions de la jurisprudence, Les sociétés*, PUF, 1988.
- R. HOUIN et B. BOULOC, *Les grands arrêts de la jurisprudence commerciale*, Sirey, 1976.
- Ph. MERLE, *L'application jurisprudentielle de la loi du 24 juillet 1966 sur les sociétés commerciales*, Dalloz, 1976.

d) Les recueils d'études de cas

- M. GERMAIN, *Etudes de cas de droit des sociétés*, Litec, 1990.
- C. PENHOAT, *Droit des sociétés*, Clet, 4e éd., 1987.

e) Les revues

Les revues juridiques générales comportent des études doctrinales et reproduisent des décisions jurisprudentielles touchant au droit des sociétés : *Dalloz, Gazette du Palais, Les Petites Affiches, Revue de jurisprudence commerciale, Semaine juridique* (éd. E. tout spécialement)... En plus de la *Revue trimestrielle de droit commercial et de droit économique* qui comporte plusieurs chroniques consacrées au droit des sociétés, il existe trois revues entièrement consacrées à cette discipline : le *Bulletin Joly* (mensuel), la *Revue des sociétés* (mensuelle) et la *Revue de droit bancaire et de la bourse* (bimestrielle). On signalera également le bimensuel *Nota Bene, Repères juridiques pour l'entreprise*, rédigé par le professeur Claude CHAMPAUD et édité par *La Vie Judiciaire*. Il ne faut pas hésiter à consulter les revues spécialisées de comptabilité qui comportent souvent d'intéressantes études sur le droit des sociétés : *Economie et comptabilité, Bulletin du Conseil national des commissaires aux comptes, Revue française de comptabilité*. Pour la fiscalité des sociétés, on se reportera notamment à *Droit fiscal* et à la *Revue de jurisprudence fiscale* (*RJF*).

PREMIÈRE PARTIE

LE DROIT COMMUN DES SOCIÉTÉS

138. — On discute de l'existence d'un droit commun des sociétés, mais en poussant l'effort de synthèse, on discerne des règles générales, applicables à toutes les sociétés. Le législateur en a d'ailleurs tenu compte lors de la réforme de 1978 et a pu dessiner des dispositions gouvernant toutes les formes de sociétés, qu'elles soient civiles ou commerciales (C. civ., art. 1832 à 1844-17). Ces prescriptions communes viennent parfois d'autres horizons que le droit des sociétés ; la fiscalité, la comptabilité, les procédures collectives apportent leur pierre à l'édifice. L'examen de la naissance (titre I), de la vie (titre II) et de la disparition des sociétés (titre III) offre l'occasion de retrouver ces différentes alluvions.

LE COIN DES AMATEURS

Le droit commun des sous-ensembles : sociétés à risque limité et sociétés à risque illimité

139. — Le droit commun peut être plus ou moins large selon qu'il s'étend à un ensemble ou à un sous-ensemble. Ainsi il existe un droit commun des sociétés, qui sera étudié dans la première partie de l'ouvrage (V. H. BONNARD, *Le droit commun des sociétés,* thèse Paris II, 1981). La deuxième partie, consacrée au droit spécial des sociétés, opposera les sociétés à risque limité et les sociétés à risque illimité. Il y avait une dizaine d'autres classifications possibles (V. *supra,* n. 55). Celle-là a été retenue précisément parce que chacun des deux blocs constitue un sous-ensemble homogène, régi par son propre droit commun.

On aura souvent l'occasion d'opposer ces deux blocs dès la première partie ; autant dégager dès maintenant le droit commun de chacun d'eux. Commençons par l'inventaire ; les sociétés à risque limité regroupent les sociétés par actions (sociétés anonymes et sociétés en commandite par actions) et les SARL Elles sont toutes commerciales à raison de leur forme. Ce sont les plus importantes en nombre et en poids économique, puisqu'elles représentent les deux tiers du total des sociétés. Il faut isoler dans ce bloc les sociétés par actions faisant appel à l'épargne publique, qui sont soumises à des sujétions particulières, disons à un droit commun spécifique ; il existe en effet un abîme entre une société anonyme cotée en bourse et une société anonyme familiale, alors qu'une société anonyme familiale et une SARL familiale présentent de grandes ressemblances.

La liste des sociétés à risque illimité est plus bariolée ; on y trouve des sociétés dotées de la personnalité morale (sociétés civiles, sociétés en nom collectif, sociétés en commandite simple, groupements d'intérêt économique) et des sociétés sans personnalité morale (sociétés créées de fait et sociétés en participation) ; par ailleurs, certaines sont civiles et d'autres commerciales.

140. — Comparaison des deux blocs de sociétés

Eléments de comparaison	**Sociétés à risque limité**	**Sociétés à risque illimité**
I - Morphologie		
- taux de rigidité	sociétés rigides au caractère institutionnel marqué	sociétés plastiques à prédominance contractuelle
- caractère civil ou commercial	sociétés commerciales par la forme	la société en nom collectif et la commandite simple sont commerciales par la forme ; les autres sont civiles ou commerciales en fonction de leur objet
- capital	minimum imposé par la loi (50 000 F pour la SARL et 250 000 F pour la société anonyme) ; apports en industrie interdits	pas de minimum imposé ; apports en industrie autorisés
- comptes sociaux	publicité par dépôt au greffe du tribunal de commerce	pas de publicité des comptes
- fiscalité	régime de l'impôt sur les sociétés (sociétés opaques)	régime de l'impôt sur le revenu (sociétés semi-transparentes)
II - Statut des associés		
- responsabilité	responsabilité limitée au montant des apports	responsabilité illimitée
- qualité de commerçant	pas de qualité de commerçant	qualité de commerçant si la société présente un caractère commercial par la forme ou par l'objet

III - Statut des dirigeants		
- statut fiscal et social	régime fiscal et social des salariés (sauf pour les gérants majoritaires de SARL et les gérants des commandites par actions)	statut fiscal et social des travailleurs indépendants
- cumul avec un contrat de travail	cumul possible, mais réglementé	cumul impossible, sauf dans certaines sociétés civiles
- pouvoirs	engagent la société en cas de dépassement de l'objet social	n'engagent pas la société en cas de dépassement de l'objet social
- responsabilité pénale	existence de délits spécifiques : abus de biens sociaux, présentation de comptes infidèles...	pas de délits spécifiques, mais attention aux délits de droit commun : escroquerie, abus de confiance

TITRE I

LA NAISSANCE DES SOCIÉTÉS

141. — Par société, on entend le contrat de société, mais aussi la personne juridique qui va naître du contrat sous réserve de l'observation d'un rite particulier, l'immatriculation au registre du commerce et des sociétés. Aussi bien l'attention du juriste porte-t-elle sur ces deux éléments : le contrat (les statuts, le pacte social) et la personne morale.

Cependant, si toute personne morale suppose un contrat originel, tout contrat de société ne donne pas le jour, via l'immatriculation, à une personne juridique. En ce sens, certaines sociétés restent purement contractuelles ; c'est le cas de la société en participation et de la société créée de fait (V. *infra*, n. 1560 et s.). Pour de telles formes, la naissance s'achève avec la signature du contrat — hypothèse de la société en participation — ou s'induit d'un comportement — hypothèse de la société créée de fait. Mais ces situations sont minoritaires et le plus souvent les deux étapes, celle du contrat, puis celle de la personne, sont franchies.

CHAPITRE PREMIER

LE CONTRAT DE SOCIÉTÉ

142. — Lorsqu'elle est unipersonnelle, la société est créée par acte unilatéral de l'unique associé. L'hypothèse reste marginale (V. *supra*, n. 6 et s.) et les sociétés, dans leur immense majorité, sont pluripersonnelles ; leur création implique alors la conclusion d'un contrat. L'article 1832 du Code civil, en son premier alinéa, fournit le point de départ de la démonstration. Relisons-le : "la société est instituée par deux ou plusieurs personnes qui conviennent *par un contrat* d'affecter à une entreprise commune des biens ou leur industrie, en vue de partager le bénéfice ou de profiter de l'économie qui pourra en résulter...". Encore faut-il distinguer ce contrat des autres conventions ; d'où la nécessité de dessiner des critères ; outre les conditions générales communes à tous les contrats, les éléments spécifiques du contrat de société sont la mise en commun d'apports, la vocation aux résultats et l'*affectio societatis ;* le défaut de l'une de ces conditions conduit à s'interroger sur le régime des nullités.

SECTION I

LES CONDITIONS GÉNÉRALES

§ 1. — Le consentement

A. — Le consentement vicié

143. — Le consentement ne retient l'attention que par ses accidents. Le défaut de consentement est une hypothèse d'école ; en revanche, le consentement peut être vicié ; l'erreur est rarement retenue ; le dol est plus plausible et un associé peut par exemple invoquer les manœuvres frauduleuses (voire le silence mensonger) dont il a été victime et sans lesquelles il n'aurait pas contracté (1).

(1) Cass. com. 27 nov. 1972 : *Gaz. Pal.* 1973, I, 259.

B. — LE CONSENTEMENT SIMULÉ

144. — Le consentement simulé est plus fréquent que le consentement vicié. Par la simulation, on fait semblant de s'associer, mais en réalité on trompe son monde. La simulation peut porter sur l'existence même du contrat (l'acte est fictif), sur la nature du contrat (il y a dans ce cas déguisement) ou sur la personne du contractant (c'est l'hypothèse de l'interposition de personne) :

- *simulation portant sur l'existence même du contrat* : les prétendus associés n'ont eu aucune intention de s'associer ni de coopérer ensemble ; la société est fictive, c'est-à-dire le néant juridique (V. *infra*, n. 215) ;

- *simulation portant sur la nature du contrat* : cette fois les parties ont entendu conclure un contrat, mais le contrat est tenu secret ; il n'apparaît aux yeux des tiers que sous l'apparence d'une société (2) ; généralement, c'est une volonté de fraude qui conduit les parties à déguiser en société une opération qui est réprimée par la loi ; par exemple la société masque un contrat de travail dont la conclusion est interdite à raison de la nationalité du salarié (3) ; le contrat de société peut encore cacher une donation qui porte atteinte aux droits des héritiers du donateur (4) ;

- *simulation portant sur la personne de l'associé* : celui qui se présente comme associé n'est en réalité que le prête-nom du véritable associé qui préfère agir en coulisse.

Quels sont les effets de la simulation ? Comme en droit commun, il faut distinguer entre les tiers et les parties. Les premiers ont le choix ou de s'en tenir à l'acte ostensible ou d'invoquer l'acte secret (5) . En revanche, c'est l'acte secret qui régit en principe les relations des parties entre elles ; la simulation n'est pas en effet une cause de nullité des conventions ; ainsi l'interposition de personnes n'est pas illicite en elle-même (V. *infra*, n. 216), ce qui explique par exemple l'efficacité juridique des conventions de croupier (V. *infra*, n. 1454). Encore faut-il que l'acte secret soit licite, ce qui est rarement le cas ; la fraude entraîne alors la nullité de l'acte secret (le contrat du travail interdit par exemple) et de l'acte ostensible (la société créée).

---

(2) L'inverse est également concevable, un contrat d'association, de travail, de vente ou de prêt dissimulant une véritable société. Ainsi à une époque où il leur était interdit de s'associer, des architectes avaient masqué une société sous le couvert de contrats de travail (Cass. soc. 11 janv. 1968 : *D.* 1968, p. 499).

(3) Cass. civ. 13 fév. 1946 : *S.* 1946, 1, 124. — V. également Cass. soc. 30 avril 1985 (*BRDA* 1985, n. 17, p. 9) visant un employeur qui avait dissimulé un contrat de travail sous la forme d'une société afin de se soustraire aux lois sociales.

(4) Paris, 14 fév. 1946 : *JCP* 46, II, 3036.

(5) Ainsi, quand bien même la société serait fictive, le fisc peut s'en tenir aux apparences et réclamer les impôts correspondants (Cons. d'Etat, 12 mai 1976 : *Rev. soc.* 1976, p. 647, note M. COZIAN). — Pareillement, un actionnaire ne saurait se prévaloir de sa qualité de prête-nom, même confirmée dans une décision pénale, pour se soustraire à une demande de libération de capital présentée par la société, les actions n'ayant été libérées à la souscription qu'à concurrence du quart (Nancy 25 nov. 1988 : *Bull. Joly* 1989, p. 885).

§ 2. — La capacité

A. — La capacité générale

145. — La capacité requise des associés est modelée par le type de société. Les sociétés dans lesquelles les associés ont la qualité de commerçant (la société en nom collectif par exemple) exigent la capacité commerciale, ce qui en réserve l'accès aux majeurs, à condition qu'ils ne soient frappés d'aucune mesure d'interdiction ou d'incompatibilité. La porte des sociétés ne conférant pas à leurs associés la qualité de commerçant (société anonyme et SARL essentiellement) est plus largement ouverte : les mineurs émancipés peuvent y accéder par eux-mêmes ; l'entrée des mineurs non émancipés et des incapables majeurs implique au contraire l'intervention de leur représentant légal. Il existait autrefois des interdits frappant les époux ; ils ont disparu (V. *infra*, n. 155).

B. — La capacité des étrangers

146. — La position des étrangers appelle quelques précisions. S'ils peuvent entrer librement dans une société anonyme, une SARL ou encore une société civile, ils ne peuvent être associés d'une société exigeant la capacité commerciale que s'ils sont titulaires de la carte de commerçant ; la même obligation est imposée pour accéder aux fonctions de président ou de directeur général d'une société anonyme ou de gérant d'une SARL ; les ressortissants des pays membres de la CEE et les titulaires d'une carte de résident sont dispensés de la carte de commerçant.

C. — La capacité des personnes morales

147. — Les personnes morales de droit privé (sociétés, associations, syndicats...) peuvent avoir la qualité d'associé. La situation des personnes morales de droit public est plus complexe ; l'Etat peut souscrire au capital d'une société quelconque ; une loi est cependant nécessaire s'il entend acquérir la majorité du capital, *a fortiori* en cas de nationalisation de la société ; les collectivités publiques, sauf autorisation accordée par décret en Conseil d'Etat, ne peuvent prendre des participations que dans les sociétés qui ont pour objet l'exploitation de services publics locaux ou des activités d'intérêt général (L. 2 mars 1982, art. 5 et 48) ; elles peuvent en revanche créer librement des sociétés d'économie mixte locales.

§ 3. — L'objet social

148. — L'objet social ne se confond pas avec l'objet du contrat de société ; l'objet du contrat correspond, selon la définition donnée à l'article 1832 du Code civil, à la mise en commun d'apports en vue de partager les bénéfices ou les économies qui pourront en résulter. C'est une notion abstraite appartenant au droit commun des obligations. Le droit des sociétés a une vue plus concrète de l'objet social, défini comme le type d'activité choisi par la société dans ses statuts (on parle également d'objet statutaire). L'objet social ne se confond pas avec d'autres notions, telles que la cause, l'intérêt social ou l'activité sociale :

- *la cause* correspond au pourquoi de la création de la société ; ce n'est pas son existence qui pose problème (on ne s'associe pas pour le seul plaisir de s'associer : le contrat de société n'est pas un jeu de société), mais sa licéité ; l'objet social peut être licite alors que la cause ne l'est pas ; ainsi du débiteur aux abois qui apporte frauduleusement ses biens à une société afin de soustraire aux poursuites de ses créanciers (V. *infra*, n. 177) ;
- *l'intérêt social* est un impératif de conduite qui s'impose aux organes de la société ; il ne leur suffit pas de respecter l'objet social ; ils doivent en outre ne rien faire qui contrarie l'intérêt de la société (V. *infra*, n. 466 et s.) ;
- *l'activité sociale* est l'activité réellement exercée par la société, alors que l'objet social correspond aux programme qu'elle s'est fixé ; l'objet social peut être défini de façon très large (par exemple : exploiter toutes activités hôtelières et de restauration sous toutes leurs formes), alors que l'activité réelle est plus modeste (l'exploitation d'une petite auberge de campagne) ; en cas de conflit entre l'objet social et l'activité sociale, les tribunaux s'en tiennent à celle-ci, notamment s'il s'agit d'en apprécier la licéité.

149. — L'objet social doit être licite, c'est-à-dire n'être pas contraire à l'ordre public et aux bonnes mœurs (C. civ., art. 1833). Serait par exemple nulle la société créée pour exploiter une maison close (6), ou une société d'encouragement des mères porteuses (7). Il en serait de même du GIE dont l'objet déguiserait une entente illicite (V. *infra*, n. 1538, note 8). Bien que ne heurtant pas les bonnes mœurs, un objet social peut se révéler contraire à la délicatesse requise de certaines professions ; ainsi l'objet comprenant "la restauration, l'épicerie fine, bar, hôtel, salle de jeu, *night club*, cave de vins, lavomatic..." a été jugé contraire à la dignité de l'avocat, décision bien sévère au demeurant qui justifierait une vigoureuse protestation des professions intéressées (8).

150. — L'objet social doit non seulement être licite, il doit encore être déterminé. Les sociétés n'ont pas vocation à faire n'importe quoi ; elles doivent afficher un objet social qui constitue en quelque sorte le programme qu'elles entendent réaliser (9) ; leur sphère d'activité est limitée à l'objet en vue duquel elles ont été créées ; tel est le principe de la spécialité des sociétés ; la capacité de jouissance des personnes morales n'a pas l'étendue de celle des

---

(6) Le droit pénal complète le cas échéant les sanctions civiles ; ainsi le simple fait de posséder des parts dans une société exploitant un hôtel fréquenté par des prostituées vaut délit de proxénétisme (Cass. crim. 14 mai 1968 : *Gaz. Pal.* 1968, II, p. 184).

(7) Comp. pour une association dont l'objet est la gestion des problèmes pratiques posés par les prêts d'utérus (*sic*), Cass. civ. 13 déc. 1989 : *JCP*, 90, II, 21526, note A. SERIAUX.

(8) Cass. civ. 1re, 13 déc. 1988 : *JCP* 89, IV, p. 59.

(9) Y. GUYON, *Droit des affaires*, n. 189.

personnes physiques. Les praticiens s'ingénient à formuler l'objet social de la façon la plus extensive qui soit (pour un exemple, V. *infra*, n. 153) ; cela évite d'avoir à modifier les statuts lorsque la société doit étendre ou diversifier son activité. Cette méthode n'est cependant pas sans risques, notamment lorsque la responsabilité des associés est illimitée ; un objet social mieux délimité est alors un garde-fou ; il met par exemple les associés à l'abri de mauvaises surprises telles que la vente inopinée par le dirigeant du fonds de commerce constituant l'activité de la société (V. *infra*, n. 710).

151. — Indépendamment de l'existence de la société, il convient de se référer à l'objet social pour vérifier son bon fonctionnement :

- c'est l'objet social qui permet de déterminer si une société est civile ou commerciale, lorsque la forme ne dicte pas la solution (V. *infra*, n. 296 et s.) ;
- la plénitude des pouvoirs des dirigeants trouve une limite dans l'objet social ; cependant, si l'on est en présence d'une société à risque limité, le dépassement de l'objet social ne saurait être opposé aux tiers contractants de bonne foi (V. *infra*, n. 357) ; on note, dans ce cas, un déclin de l'objet social ;
- la réalisation ou l'extinction de l'objet social entraînent en principe la dissolution de la société (V. *infra*, n. 527 et s.) ;
- le changement complet d'objet social, ou plus précisément d'activité réelle, vaut cessation d'entreprise au regard du droit fiscal (V. *infra*, n. 541).

LE COIN DES AMATEURS

1) La société : contrat ou institution?

152. — L'interrogation est aujourd'hui quelque peu académique. Il n'y a pas un, mais plusieurs modèles de sociétés ; selon les cas, c'est l'aspect contractuel ou l'aspect institutionnel qui l'emporte, sans toutefois être exclusif ; autrement dit, il est vain d'espérer une vue moniste de la société. Au départ, la société n'était qu'une variété de contrat, les associés réglant librement le cadre de leur action commune. Cet aspect contractuel ne doit pas être minimisé de nos jours ; la création d'une société relève par principe de la rencontre de plusieurs volontés ; certes, dans la société unipersonnelle (mais ce n'est qu'un modèle marginal) il n'y a pas contrat, mais acte unilatéral, ce qui est encore une manifestation de la volonté ; les sociétés de personnes sont avant tout des mécanismes contractuels, les règles impératives étant réduites au minimum; même dans les SARL et les sociétés anonymes, le rôle de la volonté est loin d'être négligeable ; le mécanisme légal est sans doute plus rigide, mais les adaptations restent possibles, si les créateurs ont quelque imagination (pour un exemple original d'aménagement, V. l'organigramme du *Monde*, *infra*, n. 1278. — Sur la permanence de l'aspect contractuel, V. CL. CHAMPAUD, *Le contrat de société existe-t-il encore?* in *Le droit contemporain des contrats*, Economica, 1987, p. 125 et s. — *Adde*, B. SAINTOURENS, *La flexibilité du droit des sociétés* : *Rev. trim. dr. com.* 1987, p. 457. — V. également les notations originales d'A. COURET, *Les apports de la théorie micro-économique moderne à l'analyse du droit des sociétés* : *Rev. soc.* 1984, p. 243).

Mais la société est plus qu'un contrat, ne serait-ce que parce qu'elle donne naissance à une personne juridique nouvelle ; en outre, surtout dans les sociétés de capitaux, le mode de fonctionnement de la société est minutieusement réglementé par la loi et il n'est pas du pouvoir des associés de bouleverser l'agencement légal ; ils ne peuvent pas par exemple modifier les prérogatives que la loi attribue aux différents organes de la société anonyme (V. *infra*, n. 701 et s.). La société a enfin un intérêt propre qui se distingue de celui des associés (V. *infra*, n. 466 et s.). C'est pour tenter d'expliquer ce dépassement du rôle de la volonté et de l'intérêt des associés que l'on recourt à la théorie, vague au demeurant, de l'institution ; relèvent de cette catégorie des communautés privées comme la famille ou publiques comme la commune. L'article 1832 du Code civil paraît cautionner l'analyse institutionnelle (la société est *instituée* par deux ou plusieurs personnes...) ; mais il ne faut pas prêter à la terminologie légale une portée qu'elle ne saurait avoir, l'analyse juridique étant une préoccupation de professeur, non de législateur (V. G. FLORES et J. MESTRE, *Brèves réflexions sur l'approche institutionnelle de la société* : *Les Petites Affiches*, 14 mai 1986).

2) L'objet social peut-il être universel ?

153. — Il est des sociétés qui se disent universelles, telle la "Compagnie universelle du canal de Suez" laquelle, malgré la nationalisation dudit canal, n'en a pas moins continué une brillante carrière, puisque outre l'exploitation du canal, les statuts prévoyaient que la société pouvait s'adonner à diverses activités financières (Trib. com. 22 juin 1959 : V. *infra*, n. 530). Il existe de même à Marseille un groupe bancaire intitulé "Crédit universel".

Afin de prévenir toute limite, ne pourrait-on prévoir dans les statuts que l'objet social sera universel en décidant par exemple que "la société pourra tout faire, n'importe où, sous quelque forme que ce soit ?". C'est, dit-on, la solution du droit fédéral canadien (E. du PONTAVICE et J. DUPICHOT, *Traité*, préc., vol. 2, 1980, n. 371, note 8). Ce n'est pas celle du droit français qui pose le principe de la spécialité statutaire selon lequel une société ne peut exercer que l'activité prévue dans ses statuts, ce qui implique que son objet soit délimité (D. RANDOUX, *La spécialisation des sociétés* : *Mélanges* A. WEILL, 1983, p. 471). L'objet n'est parfois universel qu'en apparence ; en voici un exemple relevé dans *Les Petites Affiches* du 19 mai 1986 visant la SARL Jacatex : "Objet : dans tous pays, la vente, l'achat, l'import, l'export et le négoce de tous produits"; cette société peut sans doute s'adonner à tous commerces de tous genres en tous lieux, mais ne saurait exploiter un hôtel ou construire des avions.

Voici, comme exemple d'objet social à rallonge, celui figurant dans les statuts de *Darty* :

"La fabrication et le commerce de tous vêtements, ainsi que le commerce de tous articles ménagers, radios, phonos, photos, tous appareillages électriques et de télévision, ainsi que le commerce de tous ustensiles de pêche, de chasse, l'importation, l'exportation des produits ci-dessus indiqués ainsi que de toutes marchandises se rattachant aux objets ci-dessus indiqués et, généralement, toutes opérations mobilières, immobilières ou financières se rattachant directement ou indirectement à l'objet précité et à tous objets connexes ou similaires ou susceptibles de faciliter l'exploitation ou le développement de l'objet social de la société, le tout, tant pour elle-même que pour le compte de tiers ou en participation sous quelque forme que ce soit, notamment par voie de création de sociétés, de commandites, de fusion ou d'absorption, de souscription, d'avance, d'achat ou de vente de titres et droits sociaux et cessions et locations de tout ou partie de ces biens, droits mobiliers ou immobiliers ou par tout autre mode".

La COB surveille la rédaction de l'objet social dans les sociétés qui font appel à l'épargne publique ; elle a fustigé par exemple la société dont l'objet statutaire était la réalisation de "toutes opérations commerciales, industrielles ou financières"; elle a de même enjoint à une société industrielle qui s'était transformée en holding de modifier son objet social (*Bull.* janv. 1980, p. 7).

Certes, un objet social en millefeuille est une commodité dans les sociétés dont la stratégie repose sur la diversification des activités ; la formule est en revanche à déconseiller dans les sociétés à risque illimité, car il est prudent que les associés s'y protègent, grâce à un objet social strictement délimité, contre les fantaisies aventureuses des dirigeants (V. *infra*, n. 710).

3) Une société d'ameublement peut-elle vendre des fleurs ?

154. — Une société, dont l'objet social était limité à l'ameublement, décide, pour améliorer ses résultats, d'adjoindre à son activité statutaire celle de vente de fleurs. Le syndicat des fleuristes du Territoire de Belfort lui cherche querelle au nom du principe de la spécialité des personnes morales (V. *supra*, n. 149). Son action est rejetée pour le motif que voici : "Attendu qu'en constatant que l'activité de vente de fleurs reprochée à la société BAM n'était ni soumise à autorisation préalable, ni interdite, ni contraire à l'ordre public et aux bonnes mœurs et que le non-respect des formalités prescrites pour les mentions au registre du commerce et des sociétés n'avait aucune incidence sur le caractère licite ou non d'une activité commerciale, la cour d'appel a par ces seuls motifs légalement justifié sa décision" (Cass. com. 18 juill. 1989 : *Rev. trim. dr. com.* 1990, p. 36, obs. Cl. CHAMPAUD). Ainsi, en cas de conflit entre le principe de la liberté du commerce et de l'industrie et la réglementation du registre du commerce et des sociétés, c'est le premier qui l'emporte, sauf lorsque l'ordre public est en cause (activités illicites ou réglementées). Voilà qui réduit considérablement la portée juridique d'un objet social dûment publié. C'est d'autant plus vrai que pour les deux tiers des sociétés (les SARL et les sociétés anonymes), la société se trouve engagée par les actes de ses dirigeants, quand bien même ils ne relèveraient pas de l'objet social ; cette règle ne joue pas en revanche dans les sociétés de personnes (V. *infra*, n. 356 et s.). Le moins que l'on puisse dire, c'est que le principe de spécialité des personnes morales n'est qu'un rempart ténu contre les débordements extra-statutaires...

4) Les sociétés entre époux

155. — Pendant longtemps, au nom de l'immutabilité des conventions matrimoniales, la jurisprudence s'est opposée à ce que deux époux puissent faire partie d'une même société, sauf s'il s'agissait d'une société par actions. Cette solution vieillotte a heureusement disparu. Désormais, deux époux, seuls ou avec d'autres, peuvent être associés dans une même société, leur responsabilité serait-elle indéfinie et solidaire et leurs apports proviendraient-ils de biens communs (C. civ., art. 1832-1). Ainsi, deux époux peuvent former ensemble, seuls s'ils le souhaitent, une SARL, une société en nom collectif ou une société civile. Il leur est simplement recommandé de constituer la société par acte authentique, ce qui la met à l'abri d'une annulation pour donation déguisée (C. civ., art. 1832-1, al. 2). — Pour un exemple de nullité d'une donation déguisée entre époux réalisée par le biais d'une société civile immobilière, V. Cass. Civ. 1re, 17 mars 1987 : *JCP* 88, I, 20959, note M. DAGOT.

Lorsque l'un des époux participe seul à la société, son conjoint peut-il revendiquer la qualité d'associé ? Certainement pas s'ils sont mariés sous un régime de séparation de biens ou, en cas de communauté, si l'apport (à la création de la société) ou l'acquisition (lors du rachat des droits sociaux) a été financé par des biens propres. La réponse est plus complexe si l'apport ou l'acquisition ont été faits grâce à des biens communs. Dans les sociétés par actions (une société anonyme par exemple) seul l'apporteur ou l'acquéreur a la qualité d'associé ; lui seul peut voter dans les assemblées générales, ce qui n'empêche pas les actions d'être des biens communs. Dans les autres sociétés (SARL ou sociétés de personnes), l'apporteur ou acquéreur a en principe seul la qualité d'associé ; son conjoint peut toutefois revendiquer la même qualité pour la moitié des parts s'il notifie à la société son intention en ce sens ; c'est pour permettre l'exercice de ce droit de revendication que le projet d'apport ou d'acquisition doit, à peine de nullité, être notifié au conjoint. Si celui-ci exerce son droit de revendication postérieurement à la réalisation de l'apport ou de l'acquisition, il sera soumis à l'agrément des autres associés, mais seulement si les statuts le prévoient (F. DEKEUWER-DEFOSSEZ, *Mariage et société*, in *Etudes R. Roblot*, LGDJ, 1984, p. 271).

Dans un tout autre contexte, on verra que lorsque deux époux participent à une même activité commerciale, leur collaboration peut le cas échéant être qualifiée de société créée de fait (V. *infra*, n. 1586). Précisons enfin que la cession de parts entre époux est licite depuis l'abrogation de l'article 1595 du Code civil qui limitait les cas de vente entre époux (M. DAGOT, *La vente entre époux* : *JCP* 87, I, 8272).

(n. 156 à 159 réservés)

SECTION II

LES CONDITIONS SPÉCIFIQUES

SOUS-SECTION I

LA MISE EN COMMUN D'APPORTS

§ 1. — L'exigence d'apports

160. — Sans apport, il n'est pas de société. Tout aspirant associé doit apporter une somme d'argent, un bien ou son talent, d'où la distinction des apports en numéraire, en nature ou en industrie. Par l'acte d'apport, les associés scellent le pacte social et manifestent leur désir d'œuvrer ensemble, autrement dit leur *affectio societatis ;* ils rendent également possible l'accomplissement du but lucratif. C'est dire le caractère fondamental de l'apport, qui porte en lui les autres traits spécifiques de la société ; notamment le total des apports donne la mesure du capital social, lequel est un instrument essentiel du fonctionnement des sociétés (V. *infra*, n. 310 et s.).

On comprend la vigueur de la sanction prévue en l'absence d'apports : la nullité de la société (C. civ., art. 1844-10). Au vrai, le défaut d'apport ne se rencontre pas à l'état pur ; on rencontre en revanche des apports fictifs, dénués de toute valeur et de toute utilité ; ainsi de l'apport d'un brevet périmé, d'une créance sur un débiteur insolvable ou encore d'un fonds de commerce supportant un passif supérieur au double de sa valeur (1) ; c'est la même chose de ne rien apporter ou d'apporter quelque chose qui ne sert à rien. Il ne faut pas confondre la fictivité de l'apport et sa surévaluation (V. *infra*, n. 167). L'apport n'est pas non plus fictif lorsque l'associé a dû emprunter, même auprès de ses coassociés, pour financer sa mise initiale ; c'est en effet l'associé et non la société qui supportera les charges financières (2).

§ 2. — Les types d'apport

A. — L'APPORT EN NUMÉRAIRE

161. — L'apport en numéraire est un apport de somme d'argent ; il ne doit pas être confondu avec l'avance en compte courant qui représente un prêt consenti par l'associé à la société (V. *infra*, n. 326 et s.) ; dans les deux cas il y a remise d'une somme d'argent, mais dans le premier l'associé reçoit en contrepartie des droits sociaux (actions dans les sociétés par actions, parts sociales dans les autres sociétés), tandis que dans l'autre il ne peut faire valoir que sa qualité de prêteur.

162. — Il faut distinguer entre la souscription et la libération de l'apport en numéraire. Par la souscription, l'associé s'engage à effectuer un apport d'un montant déterminé ; la société n'est créée qu'autant que la totalité du capital a été souscrite ; par la libération, l'associé exécute son engagement, c'est-à-dire verse la somme promise (on comparera utilement avec la conclusion du contrat de vente et le paiement du prix qui peut être immédiat ou s'échelonner dans le temps). Le délai de libération varie selon le type de société ; dans les SARL, la libération doit être immédiate (V. *infra*, n. 1274) ; dans les sociétés anonymes, la libération doit être au moins du quart de l'apport, le solde devant être versé dans les cinq ans (V. *infra*, n. 608) ; aucun délai n'est en revanche imposé dans les sociétés de personnes, d'où la possibilité de prévoir que les apports seront libérés au fur et à mesure de la réalisation des bénéfices (V. *infra*, n. 1489) ; voilà qui, dans ce type de société, tempère le principe de l'exigence des apports.

163. — L'associé qui ne respecte pas les dates prévues pour la libération de son apport devient de plein droit débiteur des intérêts et peut être condamné à des dommages-intérêts si la société subit un préjudice (C. civ., art. 1843-3) ; le

(1) Cass. com. 18 juin 1974 : *Bull. Joly* 1974, p. 709.
(2) Cass. com. 23 janv. 1963 : *Bull. civ.* III, n. 57.

droit des sociétés se montre ici plus draconien que le droit civil ; de fait, le débiteur ordinaire de sommes d'argent ne doit les intérêts qu'à compter de la mise en demeure et il n'est condamné à réparer le préjudice causé par son retard qu'en cas de mauvaise foi (C. civ., art. 1150).

B. — L'APPORT EN NATURE

164. — L'apport en nature est l'apport d'un bien autre que de l'argent ou une industrie ; ce peut être un bien corporel (immeuble, matériel...) ou incorporel (fonds de commerce, brevet, marché, créance...) (3). La mise à disposition que réalise l'apport peut être de propriété ou de jouissance.

1° L'apport en propriété (4)

165. — L'apport tangente ici la vente et ce dernier contrat prête certaines de ses règles, que l'on regarde l'apport en propriété sous l'angle de la société, de l'apporteur ou de ses créanciers.

a) Pour la société

166. — Telle un acheteur, la société devient propriétaire du bien apporté. Propriétaire, elle peut en user et en abuser ; elle en supporte également les risques ; que la chose disparaisse, par vol ou accident, et la société perdra l'apport sans que cela ait de conséquence sur la situation de l'apporteur. Une limite : le transfert de propriété implique que la société soit dotée de la personnalité juridique ; l'apport en propriété est donc exclu dans les sociétés en participation et dans les sociétés créées de fait, lesquelles sont dénuées de personnalité morale ; dans ces hypothèses, les biens mis à la disposition de la société sont soit la propriété d'un seul associé, soit la propriété indivise de l'ensemble des associés (V. *infra*, n. 1571).

b) Pour l'apporteur

167. — L'apporteur reçoit des droits sociaux à hauteur de la valeur du bien mis à la disposition de la société. Reste, ce qui est loin d'être aisé, à évaluer ce bien ; aucune recette n'est élue par le droit des sociétés, soucieux de demeurer en dehors des querelles des comptables ; il appartient donc aux parties et à leurs experts d'arrêter la valeur des biens apportés. Le danger en cette matière est surtout de surévaluation ; le scénario est connu : désireux d'asseoir le crédit de leur société, les associés majorent la valeur des biens apportés, ce qui gonfle artificiellement le capital social et fortifie la confiance des banquiers et des fournisseurs, lesquels voient parfois la valeur de la société se dégonfler

(3) L'apport d'une créance est un apport en nature ; il doit être siginifié au débiteur ou accepté par lui dans un acte authentique (C. civ., art. 1690) ; l'apporteur ne garantit que l'existence de la créance, sauf s'il s'est engagé à garantir la solvabilité du débiteur.

(4) Les apports se font le plus souvent en pleine propriété ; rien n'interdit de faire apport de la nue-propriété ou de l'usufruit d'un bien ; dans ce cas, la société exercera les prérogatives de nu-propriétaire dans un cas, de l'usufruitier dans l'autre.

comme un ballon de baudruche. Dans d'autres hypothèses, l'apporteur en nature tente d'améliorer sa position au détriment de ses co-associés. Pour éviter de tels mécomptes, des règles ont été posées par la loi dans les sociétés anonymes et les SARL ; ainsi la désignation d'un commissaire aux apports et l'institution du délit de majoration frauduleuse d'apport en nature viennent-ils dissuader les associés d'embellir leur apport (V. *infra*, n. 609) ; la loi n'organise en revanche aucun système de protection dans les sociétés de personnes.

168. — L'apporteur est vis-à-vis de la société dans la position d'un vendeur ; le Code civil (art. 1843-3) l'énonce de façon expresse : "l'apporteur est garant envers la société comme un vendeur envers son acheteur"; il est tenu par la garantie d'éviction et par la garantie des vices cachés ; ainsi l'apporteur d'un fonds de commerce ne saurait contribuer, par des actes de concurrence, à la dépréciation du fonds apporté.

c) Pour les créanciers de l'apporteur

169. — Tout créancier est indiscret : il aime avoir constamment dans son champ visuel la fortune de son débiteur ; il passe régulièrement devant l'immeuble de celui-ci, il s'inquiète de l'état de son parc automobile, de sa vêture... C'est assez dire son désarroi si ce même débiteur transfère à autrui la propriété de son immeuble et de ses automobiles, sinon de ses vêtements. Par un coup de baguette magique, des biens matériels, dont la consistance et la valeur pouvaient s'apprécier immédiatement, sont transmués en droits sociaux, invisibles et volatiles. Le débiteur était propriétaire, il n'est plus qu'associé et entre lui et ses biens d'hier, le rideau de la personne morale est tombé, qui fait obstacle à l'indiscrétion et aux poursuites des créanciers de l'apporteur. L'apport en société figure en bonne place dans la panoplie des techniques utilisées par les débiteurs pour organiser leur insolvabilité (V. *infra*, n. 178). Aussi a-t-on accordé aux créanciers des armes variables selon les circonstances et l'objet des apports :

- pour certains biens, un régime de publicité et d'opposition alerte les créanciers et leur évite de se trouver devant le fait accompli ; c'est notamment le cas lorsque l'apport a pour objet un fonds de commerce (V. *infra*, n. 170) ;

- si le débiteur est en état de cessation des paiements au moment de l'apport, ses créanciers peuvent, en cas de redressement ou de liquidation judiciaires, faire tomber l'apport et le réintégrer dans le patrimoine du débiteur aux fins de vente ultérieure (L. 25 janv. 1985, art. 108) ;

- restent enfin les armes classiques de l'action paulienne et de l'action en déclaration de simulation (V. *infra*, n. 177).

170. — L'apport d'un fonds de commerce

L'apport d'un fonds de commerce se rencontre classiquement lorsqu'un entrepreneur "se met en société"; l'opération fait courir des risques aux autres associés et surtout aux créanciers de l'apporteur. Ceci explique que la loi du 17 mars 1909 soumette au même formalisme les cessions et les apports de fonds de commerce (art. 3 et 7). Comme l'acte de vente, l'acte d'apport, c'est-à-dire les statuts, doit mentionner d'une part l'état des privilèges et nantissements grevant le fonds, d'autre part le montant du chiffre d'affaires et du bénéfice réalisés au cours des trois dernières années ; les livres comptables par ailleurs doivent être visés ; ces précautions sont destinées à protéger les autres associés contre le danger d'une surévaluation.

Quant aux créanciers, ils sont avertis grâce à la double publicité faite dans un journal d'annonces légales et au *BODACC* ; dans les dix jours de la dernière publicité ils doivent déclarer leurs créances au greffe du tribunal de commerce ; la société devient alors solidairement responsable avec le débiteur principal du paiement du passif ainsi déclaré ; cette solidarité s'explique par le fait qu'à la différence de la cession, l'apport ne dégage aucun prix que les créanciers pourraient se partager. Voilà qui ne fait pas l'affaire des co-associés qui peuvent apprendre que la valeur du fonds est absorbée par le montant des créances déclarées ; c'est pourquoi la loi leur offre la possibilité de demander, dans la quinzaine qui suit, l'annulation de la société ; c'est la sanction logique tenant au défaut d'apport (V. *supra*, n. 160).

2° L'apport en jouissance

171. — Si l'apporteur en propriété ressemble au vendeur, l'apporteur en jouissance évoque le loueur, et le Code civil peut énoncer que cet apporteur "est garant envers la société comme un bailleur envers son preneur" (C. civ., art. 1843-3, al. 4). Autant dire qu'il doit, sauf convention contraire, entretenir la chose en état de servir à l'usage pour lequel elle a été apportée (C. civ., art. 1719, 2°) et qu'il a le devoir d'en faire jouir paisiblement la société (C. civ., art. 1719, 3°). Propriétaire du bien apporté, l'apporteur en jouissance de l'immeuble ou du navire en assume en outre les risques ; que le bien disparaisse et l'apport est frappé de caducité, ce qui pousse l'apporteur vers la sortie, à moins qu'il ait réalisé d'autres apports. Une précision s'impose toutefois : lorsque l'apport est de choses fongibles — choses de genre, non individualisées — l'acte d'apport transfère à la société la propriété des biens apportés "à charge (pour elle) d'en rendre une pareille quantité, qualité et valeur" (C. civ., art. 1843-3, al. 4). L'apport est donc en jouissance, mais il agit, au moins partiellement, comme un apport en propriété dans la mesure où la société a l'usage du bien apporté. Alors que l'apporteur en propriété, quel que soit l'attachement qu'il éprouve pour le bien mis à disposition, n'est nullement assuré de "rentrer dans ses meubles" le jour de la reprise des apports, l'apporteur en jouissance retrouve la jouissance d'un bien dont il n'a jamais cessé d'être propriétaire. Malgré cet avantage, l'apport en jouissance reste rare en pratique.

3° L'apport en usufruit

171 *bis*. — L'apport en usufruit est à mi-chemin entre l'apport en propriété et l'apport en jouissance ; comme le premier, c'est un droit réel qui est transmis, mais ce droit n'est que jouissance (C. civ., art. 578). L'apport en usufruit est souvent l'apport des veuves (ou des veufs) ; le propriétaire d'un fonds de commerce décède, son conjoint hérite de l'usufruit et les enfants de la nue-propriété ; afin de poursuivre l'exploitation, la mise en société du fonds est décidée, le conjoint apportant l'usufruit et les enfants la nue-propriété. Il va de soi qu'une personne quelconque, même si elle n'est pas veuve, peut faire un apport en usufruit ; s'il n'est pas viager, l'usufruit ne peut être concédé à une personne morale pour une durée supérieure à trente ans (C. civ. art. 619). Il est possible de faire un apport en nue-propriété, l'apporteur se réservant l'usufruit (pour un exemple, V. *supra*, n. 53, note 6) ; à l'extinction de l'usufruit, la société recouvre la pleine propriété.

Il faut bien distinguer l'apport en usufruit ou en nue-propriété et l'usufruit ou la nue-propriété portant sur les parts sociales ; ainsi, au décès d'un associé, ses droits peuvent être démembrés, certains héritiers récupérant l'usufruit et d'autres la nue-propriété. Raisonnons à partir de l'usufruit :

- *en cas d'apport en usufruit*, la société dispose de tous les droits d'un usufruitier sur les biens apportés ; l'apporteur reçoit en contrepartie des droits sociaux en pleine propriété, à raison de la valeur de l'usufruit ;

- *si l'usufruit porte sur les droits sociaux*, cette circonstance n'a aucune incidence sur la société ; il y a en revanche dédoublement de la qualité d'associé (V. *infra*, n. 846).

C. — L'APPORT EN INDUSTRIE

172. — A défaut de fortune personnelle, un associé peut apporter son industrie, c'est-à-dire son talent, qu'il exercera au profit de la société ; l'apport en industrie n'est pas un apport de "capitaliste"; il n'est d'ailleurs pas pris en compte pour le calcul du capital social (C. civ., art. 1843-2). On peut ainsi apporter son crédit (5), son expérience, son savoir-faire (exemple du maître de chai dans le Bordelais, d'un styliste dans une maison de couture, d'un "nez" dans l'industrie du parfum), en un mot son travail, car l'apporteur en industrie est un travailleur (en latin, *industria* signifie travail) ; le contrat de travail n'est d'ailleurs pas loin ; c'est *l'affectio societatis* et l'absence de lien de subordination qui permettent de faire le départ entre l'associé et le salarié.

L'apport en industrie est rarissime dans le secteur industriel et commercial ; il est d'ailleurs interdit dans les sociétés anonymes et les SARL (6). Si l'on souhaite s'attacher les services d'une personne, l'on recourt plus volontiers au contrat de travail ou au contrat de prestation de services, assortis le cas échéant d'une participation aux bénéfices. L'apport en industrie se conçoit en revanche dans des sociétés de personnes qui sont des communautés de travail ; ainsi de la société civile professionnelle pour les membres des professions libérales (V. *infra*, n. 2042) ou du GAEC (groupement agricole d'exploitation

(5) Mais non son pouvoir politique, car ce serait un trafic d'influence, pénalement répréhensible.

(6) Il existe cependant une exception lorsque deux époux créent une SARL à laquelle l'un d'eux apporte un fonds de commerce ou un fonds artisanal, V. *infra*, n. 1273, note 1.

en commun) pour les agriculteurs (V. *infra*, n. 2045). Il présente enfin un intérêt quand il s'agit de détecter l'existence d'une société créée de fait, permettant à celui qui par son travail a participé à l'œuvre commune de participer au partage du boni de liquidation même s'il n'a pas effectué de mise initiale en espèces ou en nature (V. *infra*, n. 1581).

Le régime juridique de l'apport en industrie est singulier :

- il ne compte pas, on l'a vu, pour la détermination du capital social ; sa libération est en effet successive au fur et à mesure des services rendus et un tel apport ne saurait être saisi par les créanciers ; il est donc inapte à servir comme droit de gage des créanciers (V. *infra*, n. 318) ;

- la part de bénéfices réservée à l'apporteur en industrie est égale à celle de l'associé qui a le moins apporté (C. civ., art. 1844-1) ; mais il est possible de prévoir une répartition différente ;

- les droits de l'apporteur en industrie sont incessibles ; il ne saurait donc monnayer son départ à la différence des autres associés qui peuvent tirer argent comptant de la cession de leurs parts ; c'est une faiblesse congénitale de l'apport en industrie.

§ 3. — La taxation des apports

173. — L'acte constitutif de la société doit être enregistré dans le mois de sa date, ce baptême fiscal s'accompagnant du versement de droits d'apport. Ceci peut poser problème dans la mesure où les fonds provenant des apports sont bloqués jusqu'à l'immatriculation (V. *infra*, n. 276). Aussi est-il prévu, du moins pour les sociétés commerciales, que la formalité de l'enregistrement pourra être effectuée gratuitement, le paiement des droits devant intervenir dans les trois mois de la signature de l'acte constitutif (CGI, art. 1717 *bis*). La sollicitude fiscale va jusqu'à exonérer les statuts des sociétés commerciales du droit de timbre de dimension ; c'est une exception à la règle selon laquelle les actes à enregistrer doivent être couchés sur du papier timbré (à 32 F la feuille) (7). Quant aux droits à payer, ils varient selon que les apports sont en numéraire ou en nature.

A. — La taxation des apports en numéraire

174. — Le droit d'apport est théoriquement de 1 %, mais il est plafonné à 430 F. L'immense majorité des sociétés nouvelles étant des SARL ou des sociétés anonymes au capital souscrit en numéraire, on ne saurait prétendre que ce droit de 430 F soit un frein à la création des sociétés.

(7) Les sociétés civiles ne bénéficient pas des mêmes sollicitudes : les statuts à enregistrer doivent être établis sur du papier timbré et le paiement des droits est toujours immédiat.

A titre de comparaison, les frais de publicité (immatriculation au registre du commerce et des sociétés) sont moins symboliques ; il faut compter 5 000 F pour une SARL et 6 500 F pour une société anonyme ; il faut y ajouter les honoraires des conseils, lesquels ne sont pas tarifés.

B. — La taxation des apports en nature

175. — La situation est ici plus complexe et le taux des droits varie selon le statut fiscal de la société (8) :

- si la société relève de l'impôt sur le revenu (régime des sociétés de personnes), les apports sont soumis au droit de 1 %, non plafonné ; tel est le cas lorsque des immeubles sont apportés à une société civile immobilière ;
- si la société relève de l'impôt sur les sociétés (régime des SARL et des sociétés anonymes), les apports de fonds de commerce sont soumis au droit de 11,40 % (au-delà de 300 000 F ; en deçà, le tarif est dégressif) et les apports d'immeubles au droit de 13 %; ces droits sont respectivement abaissés à 1,50 % et à 2,10 % en cas de mise en société d'une entreprise individuelle à condition que l'apporteur s'engage à conserver les droits sociaux reçus en échange de son apport pendant une durée d'au moins cinq ans.

LE COIN DES AMATEURS

1) La transformation de l'entreprise individuelle en société

176. — Le fisc regarde d'un œil suspicieux les transformations d'entreprises individuelles en sociétés ; il soupçonne (ce en quoi il n'a pas toujours tort) que certaines transformations répondent moins au souci d'adapter la structure juridique de l'entreprise qu'à des préoccupations de convenance personnelle, l'exploitant préférant troquer son vieil habit de travailleur indépendant contre celui, plus flatteur et plus avantageux, de gérant minoritaire de SARL ou de président de société anonyme. Par une loi du 12 juillet 1965, le fisc décida d'exiger le prix fort en analysant la transformation, comme la Pâque judéo-chrétienne, en un enterrement suivi d'une résurrection :

- *l'enterrement*, c'est la liquidation fiscale de l'entreprise individuelle avec imposition immédiate des plus-values qui jusque-là étaient simplement latentes ;
- *la résurrection*, c'est l'apparition de la société nouvelle avec exigibilité de lourds droits d'enregistrement sur les apports d'immeubles et de fonds de commerce.

Le coût fiscal de la transformation devenait prohibitif. Mais les praticiens trouvèrent rapidement la parade en recourant à la location-gérance ; au lieu de

(8) Il existe des régimes particuliers ; ainsi les apports de brevets ou de procédés de fabrication sont exonérés (hommage rendu à la propriété industrielle) ; quant aux apports de marchandises, de terrains à bâtir ou d'immeubles neufs, ils sont soumis à la TVA ; comme la société récupère la taxe qui lui a été facturée, l'incidence financière est nulle ; remarque générale : le monde des affaires préfère la TVA aux droits d'enregistrement.

transformer l'entreprise individuelle en société, l'exploitant se contente de la donner en location-gérance à une société spécialement créée à cet effet, dont il devient le dirigeant en bénéficiant du statut fiscal et social de salarié ; comme il n'y a pas apport de fonds de commerce, aucune imposition n'est due au titre des plus-values ou des droits d'enregistrement. De là vient la prolifération, parfois malsaine, des sociétés d'exploitation.

On ne déplorera jamais assez les effets pervers de cette pénalisation des transformations d'entreprises individuelles en sociétés ; il est temps que la fiscalité renonce à ces discriminations de mauvais aloi et revienne à une saine conception de la neutralité à l'égard des structures juridiques de l'entreprise. Mais le fisc n'est pas pressé ; au lieu d'un traitement de choc, il préfère agir par doses homéopathiques, chaque loi de finances entraînant ainsi un mieux-être, mais pas la guérison complète ; voici le point à la fin de l'année 1990 :

- s'agissant du traitement des plus-values latentes, la loi s'est inspirée du régime de faveur existant en matière de fusion (V. *infra*, n. 1762) : sursis d'imposition pour les plus-values sur immobilisations non amortissables, étalement sur cinq ans de l'imposition (sur la tête de la société) des plus-values sur immobilisations amortissables, l'apporteur étant donc libéré de tout souci fiscal sur ce point ; ce régime donne satisfaction dans l'ensemble ;

- en matière de droits d'enregistrement, les apports d'immeubles sont imposés au taux de 2,10 % et les apports de fonds de commerce au taux de 1,50 % lorsque l'apporteur prend l'engagement de conserver les titres pendant au moins cinq ans (V. *supra*, n. 175).

2) Apport en société et fraude aux droits des créanciers

177. — Un débiteur aux abois, sentant son exécution prochaine, tente d'organiser son insolvabilité, classiquement par des donations ou des ventes, plus subtilement par des apports en société. Ainsi les immeubles sont apportés à une société civile immobilière composée de membres de la famille. Les créanciers réagissent par l'action en déclaration de simulation ou par l'action paulienne de l'article 1167 du Code civil. Les deux actions suivent des régimes différents, mais leurs résultats sont comparables (Ph. MALAURIE et L. AYNÉS, *Les obligations*, éd. Cujas, 2e éd., 1990, n. 646). Si l'apport est fictif, la société l'est tout autant ; l'action en déclaration de simulation aboutit donc à la nullité de la société, ce qui amène la réintégration des biens dans le patrimoine de l'apporteur (sur le régime des sociétés fictives, V. *infra*, n. 215).

Dans la fraude paulienne, il faut prouver la complicité des co-associés ; ce n'est généralement pas difficile ; elle est même présumée si ce sont des proches du débiteur. Il faut également prouver l'appauvrissement de ce dernier. Mais s'est-il appauvri en faisant apport à la société ? La jurisprudence reçoit aisément le grief, voyant dans les difficultés d'exécution la manifestation d'une insolvabilité.

A titre d'illustration, voici une affaire de fraude aux droits du banquier organisée par une caution ; M. Allemand, directeur de la société MIB, s'était porté caution des engagements de cette société envers la *Société générale*. Avant que la société MIB ne dépose le bilan, il s'était empressé de créer avec son épouse une société civile immobilière à laquelle fut apporté l'unique immeuble commun. La Cour de cassation (Civ. 1re, 21 juill. 1987 : *JCP* 87, éd. E, I, 16959, n. 4, obs. A. VIANDIER et J.-J. CAUSSAIN) a reçu l'action paulienne de la banque pour les motifs suivants : "Attendu que les juges du second degré ont considéré que l'immeuble apporté à la SCI Les Romanies était devenu le gage exclusif des créanciers de celle-ci de telle sorte que les créanciers de M. Allemand, qui pouvaient auparavant faire saisir et vendre l'immeuble commun, n'avaient d'autre recours que d'appréhender et de réaliser des droits mobiliers représentant la moitié du capital social ; qu'ils ont ainsi relevé que la valeur des parts sociales est fonction non seulement de celle de l'immeuble composant son actif mais aussi des engagements de ladite société et qui constituent son passif ; qu'ils ont ainsi souverainement estimé qu'un tel apport constituait un appauvrissement du patrimoine de la caution".

Il n'est pas rare que l'action en déclaration de simulation et l'action paulienne soient exercées par le fisc à l'encontre de contribuables tentant d'échapper à ses poursuites (V M.-C. Bergerès et A. du Cheyron, *L'action paulienne du fisc* : *Dr. fiscal* 1982, n. 48, p. 138).

3) Les apports à titre onéreux

178. — On utilise parfois le terme d'apport à tort et à travers ; ainsi des prétendus apports en compte courant (V. *infra*, n. 326) ; les fiscalistes parlent également d'apports à titre onéreux, qui sont de faux apports. Dans la pratique, on rencontre surtout des apports mixtes ; si un associé apporte à une société anonyme un immeuble évalué à 1 000 000 F, mais grevé d'un emprunt hypothécaire de 400 000 F pris en charge par la société, le régime fiscal est le suivant :

— à concurrence de 600 000 F, l'apport est dit à titre pur et simple ; c'est l'apport tout court du droit des sociétés ; le droit de 13 % s'applique sur cette valeur ; si l'apport de l'immeuble avait été réalisé dans le cadre de la transformation d'une entreprise individuelle en société, le droit de 13 % aurait été abaissé à 2,10 % (V. *supra*, n. 175).

— à concurrence de 400 000 F, l'apport est dit à titre onéreux ; juridiquement et fiscalement, l'opération s'analyse comme une vente, le paiement du prix devant être effectué entre les mains du créancier hypothécaire ; aussi est-ce le droit de 18,20 %, propre aux ventes d'immeuble, qui s'applique (V. *supra*, n. 118).

Si l'apport avait été fait au profit, non d'une société relevant de l'impôt sur les sociétés, mais d'une société relevant de l'impôt sur le revenu (une société civile immobilière), l'apport à titre pur et simple n'aurait été imposé qu'au taux de 1 % (V. *supra*, n. 175), tandis que le droit de 18,20 % aurait continué de s'appliquer à l'apport à titre onéreux. On déplorera une fois encore ces discriminations fiscales fondées sur des considérations juridiques datant d'un autre siècle.

4) Le commodat ou l'art de "prêter" une clientèle civile en cas de mise en société

179. — La fiscalité oblige parfois à des contorsions juridiques dont l'audace force l'admiration. Pour échapper à l'imposition des plus-values latentes et aux droits d'enregistrement dus en cas de mise en société d'une entreprise individuelle, les praticiens conseillaient de longue date le recours à la location-gérance (V. *supra*, n. 176). Les membres des professions libérales, n'étant titulaires d'aucun fonds de commerce, ne sauraient évidemment emprunter un tel détour lorsqu'ils décident, eux aussi, de se mettre en société. Des esprits fertiles ont alors déniché dans le grenier des vieilleries juridiques le contrat de commodat, ou prêt à usage, que l'article 1875 du Code civil définit comme "un contrat par lequel l'une des parties livre une chose à l'autre pour s'en servir". Chez les Romains, le commodat correspondait à un service d'ami, ce qui explique qu'il soit gratuit ; le monde des affaires ne répugne pas aujourd'hui à s'en servir à l'occasion (Ph. Malaurie et L. Aynes, *Les contrats spéciaux*, 4e éd., Cujas, 1990, n. 881 et s.).

Un ingénieur-conseil exerçait son art à titre individuel ; il décide de se mettre en société, plus précisément en SARL dont il est évidemment le gérant minoritaire. La perspective d'avoir à payer l'impôt sur la plus-value et les droits d'enregistrement le chagrine ; aussi bien, au lieu de faire apport de sa clientèle à la SARL, il la lui prête, comme d'autres prêtent leur bicyclette à un ami ou à un voisin ; faute d'apport, aucun droit n'est exigible. Le fisc, devant cet exercice de prestidigitation juridique, plaide l'abus de droit (sur cette notion, V. *infra*, n. 246), prétendant que le commodat déguise à peine l'apport de la clientèle ; le Conseil d'Etat ne trouve rien à redire (Cons. d'Etat, 11 mai 1984 : *JCP* 86, éd. E, 14788, note J. MONEGER). Le fisc n'a pas plus de chance devant la Cour de cassation, laquelle est compétente en matière d'enregistrement ; elle a estimé que des experts-comptables qui avaient concédé à une SARL la jouissance de leur clientèle à titre de commodat n'avaient réalisé aucun apport dès lors qu'ils n'avaient pas reçu de droits sociaux en contrepartie (Cass. com. 12 nov. 1986 : *RJF* 1987, p. 373). Ces manipulations sur clientèles civiles, que l'on dit hors commerce, laissent rêveur et appellent sans doute des réserves au regard du droit propre aux professions concernées (V. les propos sceptiques de P. LE CANNU, *Le prêt d'une clientèle civile à une société* : *Bull. Joly* 1987, p. 161). Toutes ces acrobaties juridico-fiscales ont aujourd'hui perdu l'essentiel de leur attrait, depuis que le fisc a enfin décidé d'alléger le coût des mises en société : sursis d'imposition pour les plus-values et abaissement des droits frappant les apports de fonds de commerce ou de clientèle (V. *supra*, n. 176).

(n. 180 à 185 réservés)

SOUS-SECTION II

LA VOCATION AUX BÉNÉFICES, AUX ÉCONOMIES ET AUX PERTES

186. — Les notions de bénéfices et d'économies ont déjà été précisées (V. *supra*, n. 10 et s.) ; celle de pertes leur est corollaire ; c'est déjà une perte que de ne pas réaliser les bénéfices ou les économies escomptés ; si les affaires tournent mal, les associés risquent de ne pas récupérer leur mise initiale ; dans les sociétés à risque illimité, ils peuvent même être acculés à la ruine. Le contrat de société est donc un contrat à risque.

187. — La vocation aux bénéfices, aux économies et aux pertes est incluse dans la définition même du contrat de société ; à défaut, on n'est pas en présence d'une société, mais d'un autre contrat, un prêt ou un contrat de travail par exemple (V. *infra*, n. 1565 et s.). Si la vocation doit exister au profit de tous les associés, il n'est pas nécessaire qu'elle soit égale pour tous. L'égalité n'est pas l'âme du contrat de société, d'où la validité des clauses d'inégalité de traitement ; certaines limites ne sauraient toutefois être franchies, d'où la prohibition des clauses léonines.

§ 1. — La validité des clauses d'inégalité de traitement

188. — Le plus souvent les statuts prévoient que la répartition des bénéfices et des pertes se fera proportionnellement aux apports ; en cas de silence, c'est d'ailleurs la solution retenue par la loi (C. civ., art. 1844-1). Mais il ne s'agit pas là d'une règle d'ordre public et les statuts peuvent organiser un mode de répartition inégalitaire, certains associés recevant une part de bénéfices plus importante que leur participation au capital, ou à l'inverse participant aux pertes dans une proportion moindre. On verra par exemple que les sociétés anonymes peuvent émettre des actions privilégiées donnant droit à un dividende prioritaire (V. *infra*, n. 868). On peut prévoir de la même façon un traitement inégalitaire de participation aux pertes ou de répartition du boni de liquidation.

§ 2. — La prohibition des clauses léonines

189. — La clause léonine permet à un associé de réclamer "la part du lion", par allusion à la fable de La Fontaine : *La génisse, la chèvre et la brebis en société avec le lion*, fable qui donne, au passage, une poétique définition du contrat de société :

"La génisse, la chèvre, et leur sœur la brebis,
Avec un fier lion, seigneur du voisinage,
Firent société, dit-on, au temps jadis,
Et mirent en commun le gain et le dommage".

Le Code civil (art. 1844-1) dispose que "la stipulation attribuant à un associé la totalité du profit procuré par la société ou l'exonérant de la totalité des pertes, celle excluant un associé totalement du profit ou mettant à sa charge la totalité des pertes sont réputées non écrites". On ne rencontre guère dans la pratique de clauses aussi radicales, mais des clauses plus subtiles dont l'effet indirect est de prémunir un associé contre les aléas de la société. A ainsi été qualifiée de léonine la clause permettant à un président-directeur général, au moment où il cesserait ses fonctions, d'obliger la société anonyme à lui racheter ses actions à un prix minimum; grâce à cette promesse d'achat à un prix-plancher, ce dirigeant est assuré de récupérer sa mise même si la société tombe ultérieurement en déconfiture (1). Il importe peu que la clause soit contenue dans les statuts ou dans un acte séparé, qu'elle soit temporaire ou sans durée définie.

(1) Paris, 30 oct. 1976 : *Rev. soc.* 1977, p. 695, note D. SCHMIDT. — En revanche, n'a pas été jugée léonine la clause qui limitant le risque d'un associé à une certaine somme, n'a pas prévu une exonération quasi totale des pertes et ne lui a pas conféré une vocation quasi exclusive aux bénéfices, Cass. civ. 1re, 16 oct. 1990 : *Bull. Joly* 1990, p. 1029.

190. — L'article 1844-1 du Code civil dispose que les clauses léonines "sont réputées non écrites", ce qui signifie qu'elles sont nulles et ne produisent aucun effet (V. *infra*, n. 217). Mais si la clause léonine a été l'une des conditions déterminantes de la création de la société, ne pourrait-on demander la nullité de la société elle-même ? L'article 360 de la loi de 1966 l'interdit en ce qui concerne les sociétés par actions et les SARL. *A contrario*, les sociétés de personnes pourraient-elles être annulées ? Il ne le semble pas, la seule nullité de la clause léonine s'accordant le mieux avec la lettre et l'esprit de l'article 1844-1; ne convient-il pas de punir l'associé "léonin" par là où il a péché ?

LE COIN DES AMATEURS

Promesse de cession de droits sociaux et clause léonine

191. — Une promesse de cession de droits sociaux, pour un prix convenu à l'avance, peut-elle être annulée sous le prétexte qu'elle contiendrait une clause léonine ? La réponse est certainement négative si la promesse est faite au profit d'un tiers, car elle ne met pas en cause le contrat de société lui-même ; le cessionnaire déçu par le prix à payer devra trouver autre chose (V. *infra*, n. 902). La réponse est à l'inverse affirmative s'il s'agit d'une clause de rachat des droits sociaux par la société même (V. Paris, 30 oct. 1976 : *Rev. soc.* 1977, p. 695, note D. SCHMIDT). La réponse est moins évidente si la promesse est faite par un associé au profit d'un autre associé.

Il est fréquent qu'en cas de prise de contrôle d'une société, les nouveaux maîtres s'engagent à racheter à terme les droits restant aux mains des anciens associés ; le prix est généralement convenu à l'avance, ne serait-ce que par la fixation d'un prix-plancher. Si la société fait de mauvaises affaires et si le prix convenu excède la valeur réelle des droits, le cessionnaire tentera de faire juger que la clause de rachat à prix déterminé est léonine, car elle met le cédant à l'abri des aléas sociaux en le dispensant de participer aux pertes. Dans un premier temps, les tribunaux n'ont pas hésité à prononcer la nullité demandée. Puis, la Chambre commerciale de la Cour de cassation a refusé de faire jouer l'article 1844-1 du Code civil à l'égard de pareilles conventions extra-statutaires ; elle a par exemple jugé que : "la cour d'appel n'avait pas à vérifier si la fixation au jour de la promesse d'un prix minimum avait pour effet de libérer le cédant de toute contribution aux pertes sociales, dès lors que la convention litigieuse constituait une cession ; qu'en effet est prohibée par l'article 1844-1 du Code civil la seule clause qui porte atteinte au pacte social dans les termes de cette disposition légale ; qu'il ne pouvait en être ainsi, s'agissant d'une convention, même entre associés, dont l'objet n'était autre, sauf fraude, que d'assurer, moyennant un prix librement convenu, la transmission de droits sociaux" (Cass. com. 20 mai 1986 : *JCP* 86, éd. E, I, 15846, n. 1, obs. A. VIANDIER et J.-J. CAUSSAIN. — Dans le même sens, Cass. com. 10 janv. 1989 : *JCP* 89, éd. E, 15492, note A. VIANDIER — *Adde,* LE BRAS, *Les promesses de cession de droits sociaux et la prohibition des clauses léonines* : *Bull. Joly* 1986, p. 587). Malheureusement, la Chambre civile de la Cour de cassation persiste à confirmer la nullité de telles clauses, conformément à l'ancienne jurisprudence (Cass. civ. 1re, 7 avril 1987 : *JCP* 88, éd. E, II, 15133, note M. GERMAIN. — *Adde,* Caen 16 jan. 1990 : *JPC* 90, éd. E, 15784, n. 3, obs. A. VIANDIER et J.-J. CAUSSAIN).

La solution dépend en fin de compte de la répartition des dossiers entre les chambres de la Cour de cassation... Le jeu des promesses d'achat de droits sociaux est essentiel dans la vie des affaires ; elles ne sont en rien attentatoires à la "morale" des sociétés ou des associés ; il est urgent de leur garantir un minimum de sécurité juridique en les mettant à l'abri de demandes en nullité fondées sur de prétendues clauses léonines. La même insécurité frappe les conventions de portage qui contiennent généralement un prix de sortie déterminé à l'avance (V. *infra*, n. 1837).

(n. 192 à 199 réservés)

SOUS-SECTION III

L'AFFECTIO SOCIETATIS

§ 1. — L'ambiguïté de l'*affectio societatis*

200. — L'*affectio societatis*, à savoir l'intention de s'associer, ne figure pas expressément dans la définition de l'article 1832 du Code civil ; la tradition en fait cependant une composante du contrat de société. Sa définition et son rôle n'apparaissent pas de façon lumineuse et le recours à une locution latine ajoute encore au mystère. L'*affectio societatis* est plus un sentiment qu'un concept juridique (1) ; son intensité varie selon le type de société ; c'est dans les sociétés de partenaires qu'elle est la plus vive (V. *supra*, n. 51) ; elle exprime alors la volonté de collaborer ensemble, sur un pied d'égalité, au succès de l'entreprise commune ; c'est le "coude à coude" — sinon le corps à corps — entre associés, qui finissent parfois dos à dos.

A l'inverse, quand la société n'est qu'une technique d'organisation de l'entreprise ou du patrimoine, l'*affectio societatis* s'évanouit. C'est évident dans l'EURL, l'associé unique n'ayant aucune intention de s'associer, dans un premier temps du moins. C'est également vrai lorsqu'un entrepreneur "se met en société" avec le concours de comparses qui lui prêtent leur nom plus que leur âme. La situation n'est pas différente dans les sociétés faisant appel à l'épargne publique ; ceux qui placent leur épargne sous forme d'actions n'ont aucunement le sentiment de participer à l'exaltation d'une œuvre menée en commun ; ils ont seulement fait un placement financier (V. *infra*, n. 1161).

§ 2. — Le rôle de l'*affectio societatis*

201. — On en appelle à l'*affectio societatis* en cas de doute ou de crise, c'est-à-dire dans des situations pathologiques. Si une société est régulièrement constituée en apparence, l'*affectio societatis* est la pierre de touche qui permet de déceler le vice de fictivité ; si les comparses ont participé à une mascarade

(1) A. VIANDIER, *La notion d'associé*, LGDJ, 1978, n. 75.

de société, sans aucune implication personnelle, uniquement pour rendre service au maître de l'affaire, la société est fictive (V. *infra*, n. 215). Si aucune convention en bonne et due forme n'a été passée, l'*affectio societatis* permet encore d'isoler la société créée de fait, laquelle suppose une véritable collaboration sur un pied d'égalité, et de la distinguer de formes voisines de collaboration comme le contrat de travail ou le prêt (V. *infra*, n. 1581 et s.).

En cas de crise grave, lorsque la mésentente paralyse le fonctionnement de la société, lorsque l'animosité des associés a chassé toute *affectio societatis*, le juge pourra être amené à prononcer la dissolution de la société (V. *infra*, n. 561 et s.) ; la disparition de l'*affectio societatis* vaut alors arrêt de mort de la société.

(n. 202 à 209 réservés)

SECTION III

LE RÉGIME DES NULLITÉS

210. — La société est un contrat complexe qui implique la réunion de plusieurs éléments constitutifs ; que l'un fasse défaut et la société est théoriquement nulle. Pareil anéantissement est grave, d'autant que la société affectée vit souvent de façon normale, sans que rien ne puisse laisser deviner aux associés comme aux tiers le germe de mort qui l'infeste. Aussi, en considération des nombreux inconvénients de l'anéantissement d'une société, le plus souvent viable sur le plan économique, le législateur a-t-il réduit les opportunités d'annulation, en pesant sur les causes, les conditions et les effets.

§ 1. — Les causes de nullité

211. — Les causes de nullité sont énumérées de façon limitative à l'article 1844-10 du Code civil : "La nullité de la société ne peut résulter que de la violation des dispositions des articles 1832 et 1833 ou de l'une des causes de nullité des contrats en général" (1).

L'éventail des causes de nullité est ainsi renfermé et le candidat à l'annulation est contraint de choisir l'une des armes suivantes :

- absence de pluralité de personnes, défaut d'apport ou de participation aux résultats, carence de l'*affectio societatis* (C. civ., art. 1832) ;

- illicéité de l'objet ou absence d'intérêt commun des associés (C. civ., art 1833) ;

---

(1) La loi de 1966 (art. L. 361) ajoute que le défaut d'accomplissement des formalités de publicité est une cause de nullité des sociétés en nom collectif et des sociétés en commandite simple. — Sur les incidences du droit communautaire, V. B. SAINTOURENS, *Les causes de nullité des sociétés : l'impact de la première directive CEE de 1968 sur les sociétés, interprétée par la Cour de Justice des communautés européennes : Bull. Joly* 1991, p. 123.

- incapacité, vice de consentement (2) objet ou cause ou contraires à l'ordre public ou aux bonnes mœurs (causes de nullité des contrats en général) ;

- fraude, en vertu de l'adage : *fraus omnia corrumpit* (l'adage s'applique sans texte).

En dehors de ces différents cas, il n'est pas de nullité possible ; les clauses contraires à une disposition impérative de la loi sont seulement réputées non écrites (C. civ., art. 1844-10, al. 2) ; tel est le cas des clauses léonines (V. *supra*, n. 190).

§ 2. — L'action en nullité

212. — La pesée sur les causes se double d'une pesée sur l'action en nullité, qui fait ressembler l'instance en nullité à un parcours du combattant :

- *premier obstacle* : *la brièveté de la prescription* : trois ans à compter du jour où la nullité est encourue (C. civ., art. 1844-14) ; il n'y a pas de prescription si la nullité est fondée sur l'illicéité de l'objet ou sur la fraude ou encore lorsque la loi répute certaines clauses non écrites (V. *infra*, n. 217) ;

- *deuxième obstacle*, le plus menaçant : *la régularisation*, c'est-à-dire la suppression de la cause de nullité ; semblable purge est impossible dans une seule circonstance : l'illicéité de l'objet social ; dans tous les autres cas de figure, la régularisation est possible et "l'action en nullité est éteinte lorsque la cause de la nullité a cessé d'exister le jour où le tribunal statue sur le fond en première instance" (C. civ., art. 1844-11) ; le tribunal, même d'office, peut accorder un délai pour permettre la régularisation ; lorsque l'action est fondée sur un vice de consentement ou l'incapacité, la couverture de la nullité est même facilitée ; celui par qui la nullité risque d'arriver peut être mis en demeure d'agir en nullité ou de régulariser (C. civ., art. 1844-12) ; cette réglementation peut paraître complexe ; elle n'a qu'un mérite : tenter l'impossible pour que la nullité ne soit pas prononcée.

§ 3. — Les effets de la nullité

213. — Règle d'or : si la nullité de la société est prononcée, c'est sans rétroactivité (C. civ., art. 1844-15), ce qui est une exception remarquable au droit commun des nullités ; pour le passé, la société a fonctionné comme une société de fait et les actes qu'elle a conclus ne sauraient être remis en cause. La dissolution ne vaut que pour l'avenir (sur le régime de la dissolution et du partage, V. *infra*, n. 568 et s.).

---

(2) Dans les sociétés par actions et dans les SARL, l'incapacité et le vice du consentement n'entraînent pas la nullité de la société, à moins que l'incapacité n'atteigne tous les associés fondateurs (L., art. 360) ; est ainsi visée l'hypothèse d'école où une société anonyme ou une SARL serait fondée par des bambins en culotte courte ou par les pensionnaires d'un asile psychiatrique.

Les associés dont le comportement est à l'origine de l'annulation engagent leur responsabilité civile et même, si la société est commerciale, leur responsabilité pénale en cas de fausse déclaration de conformité (V. *infra*, n. 261).

LE COIN DES AMATEURS

1) La nullité et l'inexistence

214. — Le régime très strict des nullités a fait naître la tentation de fonder sur l'inexistence l'anéantissement des sociétés ; les tribunaux y ont parfois succombé (Lyon, 11 déc. 1973 : *Bull. Joly* 1975, p. 275. — Cass. civ. 3e, 22 juin 1976 : *D.* 1977, 619, note P. DIENER. — *Contra* : Paris 22 mars 1977 : *D.* 1978, 157, note G. GOURLAY). Le problème s'est surtout posé à propos des sociétés fictives qui ne sont que des apparences de société : on ne demande pas la nullité de quelque chose qui n'existe pas ; on constate seulement son inexistence. Le concept d'inexistence est connu ; il regroupe des vices tels qu'une simple nullité, fût-elle absolue, paraît insuffisante ; le vice est *essentiel* en ce sens qu'il touche à l'essence de l'institution ; ainsi du mariage entre deux personnes de sexe identique (V. G. DURRY, *Rapport sur l'inexistence, la nullité et l'annulabilité des actes juridiques en droit français* in *Trav. Ass. H. Capitant*, t. XIX, p. 628. — *Adde,* J. MESTRE, obs. à la *Rev. trim. dr. civ.* 1987, p. 535). A la différence de l'union précitée, le détour par l'inexistence est fécond : l'acte inexistant l'est en soi, sans qu'il y ait à faire appel à une décision de justice, aucune régularisation n'est possible, le vice est imprescriptible. Et c'est d'ailleurs au regard de cette dernière qualité que les décisions citées plus haut ont pu anéantir des sociétés pour défaut d'*affectio societatis*, alors que l'action était prescrite.

Que vaut le recours à l'inexistence ? Il est condamnable en tant qu'il heurte l'esprit de la loi de 1966 comme du droit commun des sociétés (C. civ., art. 1844 - 7 et s.) qui est de réduire le plus possible les cas d'annulation. En outre, la première directive européenne (du 9 mars 1968), de laquelle est issue le régime des nullités, a clairement exclu le recours à l'inexistence : "En dehors des cas de nullité, les sociétés ne sont soumises à aucune cause d'inexistence, de nullité absolue, de nullité relative ou d'annulabilité". Enfin, les tribunaux ne sont pas démunis en face de situations aussi contraires à l'essence du contrat de société ; ainsi, pour le défaut d'*affectio societatis*, une lecture des articles 1832 et 1833 permet de trouver le chemin d'une prescription trentenaire de la simulation (V. *infra*, n. 215).

Il convient enfin de distinguer l'inexistence en soi tenant à la nature des choses et l'inexistence par détermination de la loi concernant les clauses réputées non écrites (V. *infra*, n. 217).

2) La nullité et la fictivité

215. — Une société fictive (on parle aussi de société de façade, de société-écran) n'est qu'une apparence de société, manipulée par un seul personnage qui est le maître de l'affaire ; ses comparses ne sont que des prête-noms (des hommes de paille), à qui il a généralement pris soin de faire signer à l'avance des cessions de parts en blanc (V. *infra*, n. 1356). Une telle société est nulle faute de pluralité d'associés et faute d'*affectio societatis* (J. STOUFFLET, *Sociétés fictives et frauduleuses* : *J.-Cl. Sociétés*, Fasc. 7 *ter*). La société fictive n'est qu'un fantôme juridique. La société fictive étant par ailleurs une société frauduleuse (sinon pourquoi créer un simulacre de société ?), elle est également nulle en application de l'adage *fraus omnia corrumpit ;* ainsi de la personne qui, par le biais d'une société fictive, passerait outre à l'interdiction d'exercer toute activité commerciale (Cass. com. 6 mai 1969 : *Bull. cass.* IV, n. 157) ou tenterait, en créant une société civile immobilière, de sauver les immeubles des griffes d'un créancier (Cass. civ. 1re, 20 mars 1989 : *Bull. Joly* 1989, p. 423).

Tout comme les personnes physiques, certaines personnes morales peuvent être tentées par la fictivité ; a par exemple été considérée comme fictive une filiale dépourvue de toute autonomie envers sa société mère, laquelle prenait toutes les décisions, même les plus quotidiennes (Cass. com. 6 mars 1978 : *Gaz. Pal*. 11 juin 1978, pan., p. 18).

La fictivité d'une société est fréquemment invoquée dans les procédures collectives, car elle permet de reconnaître la confusion des patrimoines entre la société mise en liquidation et le maître de l'affaire (F. GISSEROT, *La confusion de patrimoine est-elle source autonome d'extension de la faillite ? : Rev. trim. dr. com.* 1979, p. 49).

Malgré les préférences de certains auteurs (V. par exemple J.-P. SORTAIS, note à la *Rev. soc.* 1974, p. 741 sous Rouen 6 juin 1973), on rejettera le recours à l'inexistence (V. *supra*, n. 214) ; l'action en dénonciation de fictivité, qui n'est autre que l'action en déclaration de simulation, n'est pas pour autant une action en nullité soumise à la prescription de trois ans, mais une action de droit commun soumise à la prescription trentenaire ; elle tend seulement à établir que l'apparence n'est pas conforme à la réalité. Elle peut être exercée par toute personne y ayant intérêt, y compris l'auteur de la fictivité. Comme dans le droit commun de la simulation, les tiers, dont le fisc, peuvent s'en tenir à l'apparence de société. A l'encontre d'un contribuable qui prétendait opposer à l'administration qu'une SARL avait cessé d'exister du fait qu'il avait réuni, grâce à deux prête-noms, l'ensemble des parts sociales, il fut jugé que "les conventions de prête-nom grâce auxquelles le sieur X... a réuni entre ses mains l'ensemble des parts sociales de la SARL sont restées occultes à l'égard de l'administration fiscale...; qu'en raison de la position ainsi prise par le contribuable, ces conventions ne sont pas opposables à l'administration" (Cons. d'Etat, 2 mai 1976 : *Rev. soc*. 1976, p. 646, note M. COZIAN).

Il ne faudrait pas pécher par pruderie juridique et crier à la fictivité dès qu'un personnage possède l'essentiel du capital d'une société et apparaît comme en étant le véritable maître ; à ce compte, on pourrait annuler comme fictives (elles sont légion) toutes les sociétés dont le capital appartient à plus de 90 % à une même personne, qu'elle soit physique ou morale. La déclaration de fictivité demeure quelque chose d'exceptionnel qui suppose la réunion d'un faisceau d'indices concordants ; ainsi la Cour de cassation a rappelé que "la seule existence de liens familiaux entre les associés d'une société n'est pas de nature à donner un caractère fictif à la société" (Cass. com. 21 déc. 1982 : *Rev. trim. dr. com.* 1983, p. 476, obs. Ph. MERLE). Sauf volonté de fraude, doit être considérée comme valide la société dominée par une même personne, dès lors que les coassociés ne sont pas de pures potiches (on n'est pas trop regardant sur l'*affectio societatis*) et que le rituel social est scrupuleusement respecté. La reconnaissance des sociétés unipersonnelles (EURL) ne fait que renforcer la marginalité des sociétés fictives.

De même, celui qui par complaisance accepte de faire partie de la société ne saurait par la suite, sous le couvert trop facile de la fictivité, se soustraire à ses engagements. En voici un exemple : une société anonyme dont le capital n'avait été libéré qu'à concurrence du quart avait été mise en liquidation judiciaire et le liquidateur agissait contre les associés en paiement du solde non libéré ; une associée prétendait échapper à cette obligation sous le prétexte qu'elle n'était qu'une actionnaire fictive, n'ayant participé à la constitution de la société que pour rendre service au fondateur dont elle était à l'époque la concubine ; les tribunaux sont restés insensibles à ce type d'argument ; peu importent les motifs du moment qu'on a signé le contrat de société en connaissence de cause (Versailles 27 sept. 1990 : *Bull. Joly* 1990, p. 1033, note P. Le Cannu).

3) La fictivité et l'interposition de personnes

216. — La formule "personne interposée" est souvent employée dans la loi du 24 juillet 1966 (art. 51, 101, 106, 217, 220, 431, 440, 463, 478...), d'où l'utilité d'une rapide mise au point.

L'interposition de personne est une "simulation consistant, dans un acte ostensible, à faire figurer en nom, comme titulaire apparent du droit, une personne qui se prête au jeu alors qu'en vertu de la volonté réelle des parties... le véritable intéressé est une autre personne tenue secrète" (*Vocabulaire juridique* Capitant, 2e éd. par G. Cornu). Appliquée aux sociétés, l'interposition "suppose qu'une société intervienne, non pour réaliser son propre intérêt... mais pour réaliser l'intérêt d'autrui" (B. Vial-Pedroletti, *L'interposition de personnes dans les sociétés commerciales*, thèse, Aix-en-Provence, 1986, p. 69).

Les deux notions ne sont pas équivalentes. La fictivité procède de la confusion des patrimoines, d'une absence de réalité de la personne morale, ainsi d'une filiale traitée comme une simple succursale (Cass. com. 27 avril 1970 : *Bull. civ.* IV, n. 136) ou d'une société inséparable de son animateur (Cass. soc. 29 oct. 1957 : *Bull. civ.* IV, n. 733). L'interposition procède simplement de l'absence d'intérêt propre d'une société dans une opération déterminée, sans qu'il y ait à prouver une imbrication de patrimoine ou l'irréalité de ladite société, qui peut être une société importante et prospère.

Une illustration — d'ailleurs critiquable — du concept d'interposition de personne est fournie par la COB dans son *Bulletin mensuel* d'avril 1975 : elle fulmine contre la Régie Renault suspectée d'être intervenue par personne interposée dans un vote lui réservant indirectement l'augmentation de capital décidée par une tierce société ; deux des filiales de la Régie étaient associées de cette société ; l'une des filiales bénéficie d'une suppression du droit préférentiel de souscription à son profit ; elle ne vota pas lors de cette décision conformément à la loi (L., art. 186-3), mais l'autre filiale, vota, d'où la critique de la COB qui tient cette dernière pour une société interposée.

L'interposition de personne est, en soi, neutre ; ce n'est pas une cause de nullité de l'acte ou de l'opération (Ph. Malaurie et L. Aynes, *Droit civil, Obligations*, éd. Cujas, 2e éd., 1990, n. 415). C'est le principe. Mais il faut le tempérer par la considération habituelle à la fraude et rappeler, avec Josserand, que "l'on peut faire en cachette ce que la loi permet de faire ostensiblement, mais rien au-delà" (*Les mobiles dans les actes juridiques du droit privé*, 1928, n. 195). D'où l'intérêt des prohibitions prévues dans la loi du 24 juillet 1966 (art. 51, 106, 148...) ou d'autres textes, ainsi de la loi du 1er août 1986 sur le régime juridique de la presse (art. 3).

4) Les clauses réputées non écrites

217. — Une bonne règle se reconnaît notamment à la qualité des sanctions qui en assurent l'efficacité. De ce point de vue, la technique législative des clauses réputées non écrites est tout à fait remarquable. Le droit des sociétés en fait grand usage. Sont ainsi réputées non écrites :

- les clauses léonines (C. civ., art. 1844, al. 1. — V. *supra*, n. 190) ;
- les clauses attribuant aux administrateurs une rémunération non prévue par la loi (L., art. 107. — V. *infra*, n. 644) ;
- les clauses stipulant un intérêt fixe ou intercalaire au profit des associés (L., art. 348. — V. *infra*, n. 864) ;
- les clauses restreignant le libre droit de révocation du président du conseil d'administration (L., art. 110. — V. *infra*, n. 672) ;
- les clauses prévoyant que le conseil d'administration délibère valablement avec moins de la moitié de ses membres (L., art. 100. — V. *infra*, n. 640) ;
- les clauses contrevenant à la compétence exclusive de l'assemblée extraordinaire pour modifier les statuts (L., art. 153. — V. *infra*, n. 845) ;
- les clauses restreignant le droit de tout actionnaire de voter par correspondance (L., art. 161) ou de participer aux assemblées (L., art. 166. — V. *infra*, n. 847) ;
- les clauses restreignant l'exercice de l'action sociale (L., art. 246. — V. *infra*, n. 747).

Même inscrites dans les statuts, de telles clauses sont censées ne pas exister ; c'est un cas d'inexistence juridique par la seule volonté de la loi, ce qui le distingue de l'inexistence tenant à la nature des choses (V. *supra*, n. 214). Comme on l'a justement fait remarquer, "la sanction d'une clause réputée non écrite ne relève pas de la théorie classique de l'inexistence. Par l'effet d'une fiction légale, elle se trouve anéantie dans son énonciation ; il s'agit pourrait-on dire d'une forme particulière d'inexistence : *l'inexistence par détermination de la loi* par opposition à *l'inexistence en soi* seule envisagée par la théorie classique. Elle ne résulte nullement d'une constatation du néant ; elle n'est qu'une sanction spéciale créée par le législateur et consistant à nier fictivement l'existence de ce qui est écrit : car il est du pouvoir de la loi de définir ce qui n'existe pas en dotant cette inexistence d'un régime propre. L'inexistence par détermination de la loi appartient à la face négative de la réalité juridique" (Ch. HANNOUN, *Remarques sur la prescription de l'action en nullité en droit des sociétés* : *Rev. sociétés* 1991, p. 51). Cette analyse n'est pas sans conséquences ; elle explique notamment que la prescription de trois ans visée à l'article 1844-4 du Code civil ne joue pas (V. *supra*, n. 212) ; la sanction est imprescriptible et elle n'a pas à être officialisée par une décision de justice (Cass. Civ., 2 déc. 1987 : *Bull. civ.* III, n. 198. — Cass. civ. 26 avril 1989 : *Bull. civ.* III, n. 93).

(n. 218 à 239 réservés)

CHAPITRE 2

LA PERSONNALITÉ MORALE

240. — La personne morale n'est pas une personne ; ni souffrante, ni aimante, sans chair et sans os, la personne morale est un être artificiel. Et Casanova le savait bien, qui poursuivit nonnes et nonnettes, mais ne tenta jamais de séduire une congrégation ; on n'a jamais troussé une personne morale (1).

Pourquoi parler alors de personne ? A la vérité, la terminologie se comprend aisément : qui dit personnalité morale dit patrimoine distinct ; or, selon la théorie classique, seules les personnes peuvent être titulaires d'un patrimoine et puisque cette personne est pur esprit, elle sera qualifiée de morale et non de physique. Au reste, le masque est devenu visage et il n'est pas rare aujourd'hui de voir la personne morale traitée comme une véritable personne dont l'intérêt sublime celui de ses membres (V. *infra*, n. 466 et s.). Cette tendance est frappante en droit des sociétés et l'on connaît des sociétés par actions, dirigées par des professionnels de la gestion ne détenant qu'un pourcentage infime du capital social, qui paraissent vivre de leur propre vie, sans secours extérieur. En revanche, en dehors du monde des sociétés et des associations, la personnalité juridique est restée un artifice.

C'est là une division supplémentaire entre les sociétés et les autres groupements ; les unes et les autres connaissent la personnalité morale, mais cette personnalité a une épaisseur et une énergie dans les sociétés que l'on rencontre rarement ailleurs. Dans certaines sociétés conviendrait-il de dire ; d'abord il est des sociétés qui sont dénuées de personnalité juridique propre, telles la société créée de fait et la société en participation. Ensuite, la fracture entre les sociétés à risque limité et les sociétés à risque non limité coupe également le plan de la personnalité morale ; la notion de personne morale

---

(1) Un esprit inventif et prudent a cependant fait un pas utile dans cette direction, en tentant d'attribuer un sexe à la personne morale (BLUNTSCHLI, cité par B. OPPETIT, *Les rapports des personnes morales et de leurs membres*, thèse Paris, 1963, p. 334).

est hétérogène (section I). Toutefois, l'homogénéité est retrouvée lorsqu'il s'agit de la conception (section II), de l'individualisation (section III) et de la dotation de la personne morale (section IV) (2).

SECTION I

LA NOTION DE PERSONNE MORALE

§ 1. — Réalité ou fiction ?

241. — L'école de la fiction est la première en date ; elle ne reconnaît comme sujets de droit que les êtres humains, faits de chair et de sang; elle constate que des groupements de personnes ou de biens existent en fait ; elle accepte de les personnifier et de les traiter *comme* des sujets de droit, à la condition que l'Etat autorise cette personnification, car seul l'Etat peut créer des fictions.

242. — L'école de la *réalité* fait justement l'économie de cette autorisation étatique. Pour ses partisans, seule importe la réalité des choses ; ils observent que des groupements singent les personnes physiques ; ils en déduisent qu'il y a lieu de leur reconnaître la personnalité juridique ; c'est le degré de ressemblance avec la personne physique qui conduit vers la personnalité morale. Cette position a été clairement exprimée en 1954 dans un arrêt de la Cour de cassation relatif aux comités d'établissement, qui affirme que... "la personnalité civile n'est pas une création de la loi, qu'elle appartient, en principe, à tout groupement pourvu d'une possibilité d'expression collective pour la défense d'intérêts licites, dignes, par suite, d'être juridiquement reconnus et protégés" (3).

---

(2) Bibliographie générale : P. COULOMBEL, *Le particularisme de la condition juridique des personnes morales de droit privé*, thèse Nancy, 1949. — J.-P. GASTAUD, *Personnalité morale et droit subjectif*, LGDJ, 1976. — P. DURAND, *L'évolution de la condition juridique des personnes morales de droit privé* : *Mél.* G. RIPERT, t. I, p. 138. — G. LAGARDE, *Propos de commercialiste sur la personnalité morale* : *Mél.* A. JAUFFRET, Aix, 1974, p. 429. — B. OPPETIT, *Les rapports des personnes morales et leurs membres* : thèse Paris, 1963. — J. PELLERIN, *La personnalité morale et la forme des groupements volontaires de droit privé* : *Rev. trim. dr. com.* 1981, p. 471. — R. PERCEROU, *La personne morale de droit privé, patrimoine d'affectation*, thèse Paris, 1951. — J. VALÉRY, *Comment s'est formée la théorie sur la personnalité des sociétés commerciales ?* : *Mél.* F. GÉNY, t. I, p. 100. — G. GOUBEAUX, *Personnalité morale, droit des personnes et droit des biens* : *Mél.* R. ROBLOT, LGDJ, 1984, p. 199. — Ch. FREYRIA, *La personnalité morale à la dérive :* *Mél.* A. BRETON et F. DERRIDA, Dalloz, 1991, p. 121.

(3) Cass. civ. 2e, 28 janv. 1954 : *D.* 1954, 2, 217, note LEVASSEUR.

243. — La lutte entre les deux écoles est terminée, au moins pour les sociétés et les associations, au grand dam des partisans de la réalité ; il suffit, pour s'en convaincre, de lire l'article 1842 du Code civil : "les sociétés... jouissent de la personnalité morale à compter de leur immatriculation". Sans immatriculation, il n'est pas de personnalité juridique pour les sociétés ; or l'immatriculation n'est pas une simple inscription sur un registre, c'est l'occasion d'un contrôle de conformité de la société et c'est des résultats de ce contrôle que dépend l'octroi de la personnalité morale. De même, pour les associations, l'octroi de la personnalité morale est subordonné à une déclaration faite à la préfecture et à une publication au *Journal officiel.* A leur égard, le système est celui de la *fiction* .

En revanche, pour les groupements autres que les sociétés et les associations, la Cour de cassation maintient sa jurisprudence de 1954, validant ainsi la théorie de la réalité ; elle a ainsi jugé qu'un comité de groupe possédait la personnalité civile et pouvait donc agir en justice (4).

§ 2. — Transparence ou opacité ?

244. — La personnalité morale institue un écran qui interdit de voir ou de prendre en considération les autres sujets de droit vivant ou travaillant à l'intérieur de la société personnalisée. De même que les habitants d'une maison de verre sont visibles, tout en étant protégés des agressions extérieures, de même les associés sont connus, mais la personnalité morale les place, par exemple, hors d'atteinte des poursuites des créanciers sociaux. Telle est l'opacité ; la transparence va consister à ouvrir des brèches dans l'écran. Ainsi, en matière de nationalité, plutôt que de déterminer celle-ci en fonction de la seule situation de la société, il arrive que l'on prenne en considération la nationalité des associés et des dirigeants pour en induire celle de la société (V. *infra*, n. 295). Ainsi, encore, les créanciers de certaines sociétés (les sociétés en nom collectif par exemple) sont autorisés, en cas de défaillance de ces dernières, à agir en paiement contre les associés, comme si ceux-ci avaient conclu eux-mêmes l'engagement dont l'exécution est poursuivie. Dans toutes ces situations, la personnalité morale est mise entre parenthèses, elle est partiellement transparente. La conclusion s'impose : la personnalité morale est relative ; toutes les sociétés immatriculées ont la personnalité morale, mais ce n'est pas la même personnalité morale qui leur est attribuée.

La même image de transparence se retrouve dans le domaine fiscal avec tout un jeu de nuances puisque l'on y distingue l'opacité, la transparence et la translucidité (V. *supra*, n. 56).

---

(4) Cass. soc. 23 janv. 1990, aff. *Bendix* : *Rev. soc.* 1990, p. 144, note R. VATINET. — Sur d'autres implications de l'affaire *Bendix,* V. *infra*, n. 1888.

LE COIN DES AMATEURS

1) L'abus de la personnalité morale et le droit privé

245. — Si l'on devait forger une théorie de l'abus en droit des sociétés, il y aurait lieu de ne pas oublier l'abus de la personnalité morale à côté de l'abus de majorité ou de minorité, de l'abus de biens ou de pouvoirs, de la démission ou de la révocation abusives... Qu'est-ce que l'abus de la personnalité morale? On désigne d'abord par là les cas dans lesquels la société personnifiée a été créée dans la vue d'une fraude à la loi ou d'une fraude aux droits des créanciers. *Fraude à la loi?* C'est l'exemple de l'entreprise morcelée en petites sociétés de 49 salariés afin d'éviter la constitution d'un comité d'entreprise ou la désignation de délégués syndicaux (V. Cass. crim. 23 avril 1970 : *Bull. civ.* n. 144. — Cass. soc. 8 juin 1972 : *Bull. civ.* V, n. 418. — *Adde*, N. CATALA, *L'entreprise*, Dalloz, 1980, n. 774). *Fraude aux droits des créanciers ?* C'est l'essaim de sociétés confectionné par un brasseur d'affaires, afin de diviser les risques et d'empêcher les créanciers d'une entité d'atteindre les autres parties du corps (V. Cass. req. 13 mai 1929 : *S.* 1929, 1, 289, note ROUSSEAU. — Cf. cependant D. SCHMIDT : *Rev. soc.* 1981, p. 731). Dans les deux cas, la réaction est de même nature et les tribunaux rétablissent la réalité, faisant l'impasse sur l'abstraction que constitue alors la personnalité morale des différentes sociétés : on tient l'ensemble pour une entreprise unique et on organise la représentation du personnel ; on supprime les cloisons étanches entre les différentes sociétés afin de permettre aux créanciers de l'une de poursuivre les autres sociétés (V. *infra*, n. 1757 et s.) — *Bibliographie* : N. FADEL RAAD, *L'abus de la personnalité morale en droit privé,* LGDJ, 1991.

2) L'abus de la personnalité morale et le droit fiscal

246. — Tout comme le droit privé, le droit fiscal est attentif aux abus de la personnalité morale. Il est vrai que les fraudes les plus efficaces, parce que les plus discrètes, passent par de savants montages de sociétés, en France, à l'étranger le cas échéant, surtout s'il s'agit de paradis fiscaux (Ch. PENNERA, *Les sociétés-relais et l'évasion fiscale internationale* : *JCP* 75, éd. C.I., 11315). L'administration utilise l'arme redoutable de l'abus de droit (malheureusement, l'abus de droit des fiscalistes n'a pas la même acception que celui des commercialistes), telle qu'elle est décrite à l'article L. 64 du Livre des procédures fiscales :

> "Ne peuvent être opposés à l'administration des impôts les actes qui dissimulent la portée véritable d'un contrat ou d'une convention à l'aide de clauses :
>
> a) qui donnent ouverture à des droits d'enregistrement ou à une taxe de publicité foncière moins élevés ;
>
> b) ou qui déguisent soit une réalisation, soit un transfert de bénéfices ou de revenus ;
>
> c) ou qui permettent d'éviter, en totalité ou en partie, le paiement des taxes sur le chiffre d'affaires correspondant aux opérations effectuées en exécution d'un contrat ou d'une convention.
>
> L'administration est en droit de restituer son véritable caractère à l'opération litigieuse."

La portée exacte de cette disposition n'est pas évidente (M. COZIAN, *Les grands principes de la fiscalité des entreprises...*, Doc. 3, "La théorie de l'abus de droit"). Elle ne condamne certainement pas l'habileté fiscale, le droit qu'a tout contribuable, tout comme le bon père de famille du Code civil, de gérer sa fiscalité au mieux de ses intérêts. Il n'est donc pas interdit de créer une société pour réaliser une économie d'impôt ou se forger un statut fiscal avantageux ; il a été jugé que la création d'une société uniquement pour des raisons fiscales n'est pas contraire à l'ordre public (Paris 21 nov. 1976 : *Jurisdata*, n. 665). S'il est permis d'être malin en fiscalité, c'est à condition de ne pas trop "faire le malin" sous peine de tomber sous le coup de l'article L. 64 précité. Le Conseil d'Etat et la Cour de cassation interprètent ce texte comme réprimant en réalité deux comportements que le droit privé distingue nettement : la simulation et la fraude à la loi. L'inopposabilité de la simulation n'a rien d'original ; une société fictive n'a pas plus d'existence fiscale que d'existence juridique (V. *supra*, n. 215) ; il existe sur ce point une jurisprudence considérable. Il est en revanche exceptionnel qu'une société, exempte de fictivité, soit considérée comme l'instrument d'une fraude à la loi fiscale ; ce n'est possible que si seules des préoccupations de nature fiscale expliquent la création d'une telle société (pour un exemple récent visant des sociétés civiles immobilières créées uniquement pour dégager des déficits fonciers imputables sur le revenu global, V. Cons. d'Etat, 9 déc. 1987 : *Dr. fiscal* 1988, n. 20-21, comm. 1034, concl. LE ROY).

(n. 247 à 254 réservés)

SECTION II

LA CRÉATION DE LA PERSONNE MORALE

255. — La société, civile ou commerciale, naît du jour de son immatriculation ; c'est à cette date seulement qu'elle jouit de la personnalité juridique (C. civ., art. 1842). Avant, c'est le néant, au moins en théorie. Car en fait la société n'est pas le fruit de la génération spontanée, mais le résultat d'une chaîne d'opérations qui la tirent petit à petit de l'ombre pour finalement la révéler à la lumière juridique ; la gestation peut être plus ou moins longue (1).

§ 1. — Les différentes étapes de la conception

A. — L'IDÉE

256. — Un homme (ou une femme) d'affaires, voulant créer sa propre entreprise en bénéficiant d'un statut fiscal et social favorable, décide de se mettre en société. Des pourparlers s'engagent avec des partenaires ; un accord de principe est établi, soit de façon tacite, soit de façon formelle (signature d'un protocole d'accord). Tant que les statuts ne sont pas signés, les parties ne sont pas irrémédiablement engagées ; toutefois, celui qui de manière abusive ne donnerait pas suite à une promesse de société engagerait sa responsabilité,

(1) M. GERMAIN, *Naissance et mort des sociétés : Mélanges* R. ROBLOT, 1984, p. 217.

un peu comme en cas de rupture abusive de fiançailles (2) ; mais on ne saurait forcer le récalcitrant à entrer de force dans la société, pas plus qu'on ne saurait le contraindre à se marier ; la sanction n'est donc que de dommages-intérêts.

B. — Les statuts

257. — On pourrait tout aussi bien parler de pacte social ou de contrat de société. Ils sont nécessairement établis par écrit (C. civ., art. 1835) ; le contrat de société est empreint de formalisme : pas d'écrit, pas d'immatriculation (à l'exception évidemment des sociétés non immatriculées que sont la société en participation et la société créée de fait). Les statuts ne sont le plus souvent que le décalque de formulaires prérédigés que l'on adapte à l'objet et à la taille de la société envisagée ; les cabinets les mieux organisés manient logiciels et machines à traitement de texte.

Les statuts doivent déterminer "outre les apports de chaque associé, l'objet, l'appellation, le siège social, le capital social, la durée de la société et les modalités de son fonctionnement" (C. civ., art. 1835). A partir du projet établi par les spécialistes, une négociation s'engage sur les points les plus importants, politiquement sinon juridiquement ; qui aura la majorité du capital social, qui dirigera la société, quelle sera, le cas échéant, l'importance des avances en compte courant demandées à chacun ?

Vient le moment de la signature des statuts, date importante, car elle marque la constitution de la société. Un contrat de société existe, qui produit des obligations, notamment en matière d'apports.

C. — La réalisation des apports

258. — Par le contrat de société (les statuts), les associés se sont engagés à apporter un bien ou leur industrie ; ils devront donc réaliser cet apport à une date et selon des modalités qui varient en fonction du type de société. Toutefois, la société n'étant pas encore immatriculée, l'apport en propriété ne pourra pas produire tous ses effets avant cette immatriculation, mais les publicités nécessaires, immobilières notamment, pourront être effectuées (C. civ., art. 1843-1).

Les apports en numéraire seront bloqués sur un compte bancaire au nom de la société en formation pour devenir disponibles après l'exécution des formalités d'immatriculation (*V. infra*, n. 276).

D. — L'immatriculation

259. — L'immatriculation, c'est à la fois l'accouchement (la société, jusque-là en gestation, accède à la vie juridique) et la déclaration à l'état civil, à ceci près que la naissance résulte de la déclaration qui en est faite. Dans un

(2) Encore faut-il que le stade des simples pourparlers ait été dépassé. — V. Cass. com. 28 avril 1987 : *Rev. soc.* 1988, p. 59, note F. Benac-Schmidt.

monde de bureaucratie, cela implique beaucoup de paperasse, beaucoup de bureaux... et de perte de temps. Pendant longtemps, on s'est lamenté sur l'air du refrain bien connu : “Aux Etats-Unis, quelques jours suffisent pour créer une société ; en France, il faut patienter plusieurs mois”. Le défi a été relevé ; grâce à un dépoussiérage de la réglementation et à la création du *guichet unique* qu'est le centre de formalités des entreprises, il est désormais possible en France de créer une société en quelques jours (3).

Si le législateur est intervenu pour forcer les bureaux à accélérer l'immatriculation une fois que la demande a été déposée, il n'impose en revanche aucun délai aux fondateurs ; certains attendent ainsi des mois, voire des années, ce qui pose la délicate question de la qualification de ces sociétés qui exercent une activité sans être immatriculées (V. *infra*, n. 277).

1° Les formalités parallèles à l'immatriculation

260. — Elles sont au nombre de deux :

— *l'insertion d'un avis dans un journal d'annonces légales*, mentionnant les caractéristiques essentielles de la société ; il s'agit là d'une formalité désuète dont l'utilité n'est pas prouvée (4) ;

— *l'enregistrement de l'acte de société* avec paiement des droits d'apport (V. *supra*, n. 173 et s.).

Avant 1981, ces deux formalités devaient être effectuées préalablement à l'immatriculation ; on leur a ôté ce caractère préalable dans un souci de rapidité.

2° La constitution du dossier d'immatriculation et la déclaration de conformité

261. — Le dossier, à peine d'irrecevabilité, doit comprendre un certain nombre de pièces à joindre en double exemplaire, parmi lesquelles figurent nécessairement :

- les statuts ;
- les actes portant désignation des organes de direction et de contrôle ;
- la déclaration de conformité (elle n'est pas exigée pour les sociétés civiles).

Cette dernière pièce est à la fois inventaire et serment ; les fondateurs y énumèrent les différentes opérations effectuées et affirment qu'elles l'ont été en conformité de la loi et des règlements (L., art. 6) ; les déclarations mensongères ou incomplètes engagent la responsabilité civile, voire pénale, de leurs

(3) Il existe des exploits en tous genres, y compris créer une société en moins d'une heure ; voici la recette : déposer soi-même le dossier au centre de formalités, puis, muni du récépissé, courir au greffe du tribunal pour immatriculation sur le champ ; l'exploit a été réalisé par deux fondateurs du ressort de Versailles, en présence, il est vrai, du ministre de l'Industrie de l'époque, M. Alain Madelin, et avec le concours de ses motards (*Le Figaro*, 16 fév. 1988).

(4) Ceci explique que cette formalité n'est pas imposée en cas de création d'un GIE.

auteurs ; la déclaration de conformité est le substitut retenu en 1966 en remplacement du projet qui aurait confié à une autorité administrative ou judiciaire le soin de contrôler la régularité de constitution des sociétés.

3° Le passage obligé par le centre de formalités des entreprises

262. — Ces centres ont été institués en 1981 auprès des chambres de commerce et d'industrie (pour les sociétés civiles, c'est le greffe du tribunal de commerce qui en fait office). Le passage par un tel centre, qualifié de guichet unique, permet "aux entreprises de souscrire en un même lieu et sur un même document les déclarations auxquelles elles sont tenues par les lois et règlements dans les domaines juridique, administratif, social, fiscal et statistique, afférentes à la création, à la modification de leur situation et à la cessation de leur activité" (D. 18 mars 1981, art. 3).

Le déclarant remplit une "liasse unique", valable pour toutes les administrations, accompagnée des pièces justificatives exigées par les organismes destinataires. Le centre se livre à un contrôle purement formel, puis adresse dans les 24 heures un exemplaire de la "liasse unique" à chacun des organismes intéressés (5) :

- greffe du tribunal de commerce, pour immatriculation ;
- INSEE, pour inscription sur le répertoire national des entreprises et attribution d'un numéro SIREN ;
- administration fiscale, qui tient à être informée de l'apparition de tout contribuable potentiel ;
- organismes sociaux : URSSAF, caisses de retraite, ASSEDIC.

En cas de modification ultérieure des statuts, l'ensemble des pièces devra de la même façon être déposé au centre de formalités, qui saisira le greffe du tribunal pour la mise à jour du dossier d'immatriculation.

4° La mission du greffier

263. — Le greffier doit faire diligence, puisqu'il est tenu dans les cinq jours ouvrables qui suivent la réception du dossier ou d'immatriculer la société ou de refuser l'inscription par une décision motivée ; à défaut, l'immatriculation est réputée acquise à l'expiration de ce délai (D. 30 mai 1984, art. 31).

Le greffier vérifie d'abord que le dossier est complet et comporte la totalité des pièces requises. Il vérifie de même que les conditions de fond sont bien respectées, spécialement s'il s'agit d'une profession réglementée impliquant diplômes ou autorisations spéciales (le greffier refoulera par exemple la demande de celui qui prétendrait ouvrir une société d'optique sans être titulaire du diplôme d'opticien).

---

(5) Les personnes qui estiment excessif ce délai de 24 heures ont la possibilité, après être passées au centre des formalités et d'en avoir obtenu un récépissé, de déposer elles-mêmes leur dossier d'immatriculation au greffe du tribunal. — V. *supra*, note 3.

Les contrôles achevés, le greffier procède à l'immatriculation au registre du commerce et des sociétés et attribue à la société nouvelle un numéro d'immatriculation.

264. — Comment décrypter un numéro d'immatriculation

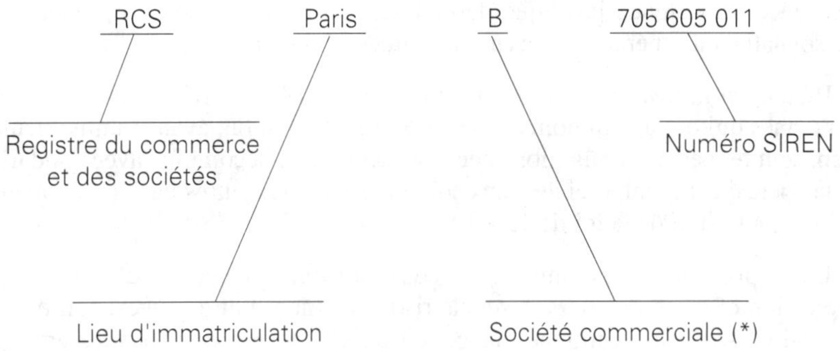

(*) La lettre C identifie les GIE, la lettre D les sociétés civiles, la lettre A étant réservée aux personnes physiques.

265. — Dans les huit jours de l'immatriculation, le greffier annonce la nouvelle par la voie du *BODACC* (*Bulletin officiel des annonces civiles et commerciales*). Quant au déclarant, il reçoit le précieux "récépissé K *bis*" qui est aux personnes morales ce que la carte nationale d'identité est aux personnes physiques.

§ 2. — Le sort des actes passés pendant la période de conception

266. — L'immatriculation ne marque pas toujours le commencement des activités sociales ; certains actes, en raison de leur urgence, ont dû être passés bien avant (la prise à bail d'un local par exemple) ; dans d'autres cas, c'est l'insouciance qui explique que l'entreprise fonctionne avant toute immatriculation ; on rencontre parfois des sociétés contraintes de déposer le bilan avant même d'être immatriculées (V. *infra*, n. 277).

Quel est dès lors le sort de ces actes passés pendant la période de conception, de gestation pourrait-on dire ? On distinguera selon qu'ils sont passés avec des tiers (actes externes) ou entre associés (actes internes).

A. — Les actes externes passés avec des tiers

1° Le principe : la responsabilité des personnes qui ont passé les actes

267. — On désigne par actes externes les actes accomplis avec des tiers (banquiers, fournisseurs, salariés...) au nom de la société en formation ; en l'absence d'existence juridique de celle-ci, certains associés lui prêtent leur personnalité en espérant ne servir que d'intermédiaires.

Rien n'est moins sûr, à preuve l'article 1843 du Code civil selon lequel "les personnes qui ont agi au nom d'une société en formation, avant l'immatriculation, sont tenues des obligations nées des actes ainsi accomplis, avec solidarité si la société est commerciale, sans solidarité dans les autres cas" (V. la même solution à l'art. 5 de la loi de 1966).

La responsablité personnelle de ceux qui ont agi permet d'assurer une protection efficace des tiers, lesquels risquent sinon d'être grugés, soit que la société ne soit jamais immatriculée, soit qu'elle ne reprenne pas les engagements souscrits en son nom.

268. — La loi ne vise que "les personnes qui ont agi", c'est-à-dire celles qui ont passé personnellement les actes ou encore qui ont donné mandat de les passer. Ce ne sont pas nécessairement les fondateurs : on peut être fondateur sans avoir passé d'actes, comme on peut en avoir passé sans être fondateur. Les associés qui n'ont pas contracté avec les tiers ne peuvent donc être poursuivis, sauf par le jeu du mandat.

2° L'exception : la reprise des actes accomplis pour le compte de la société en formation

a) Les formes de la reprise

269. — L'article 1843 du Code civil dispose que "la société régulièrement immatriculée peut reprendre les engagements souscrits qui sont alors réputés avoir été dès l'origine contractés par celle-ci". L'article 6 du décret du 3 juillet 1978 prévoit trois modalités distinctes de reprise des engagements :

- *pour les actes conclus avant la signature des statuts*, la reprise est automatique s'ils ont été recensés dans un état annexé aux statuts ; la signature de ceux-ci vaut ratification des engagements antérieurs ;

- *pour les actes passés entre la signature des statuts et l'immatriculation*, la reprise est également automatique lorsqu'ils ont été accomplis en vertu d'un mandat accordé par les associés à l'un d'eux soit dans les statuts, soit par acte séparé ; l'immatriculation emporte alors reprise des engagements conclus au nom de la société en vertu de ce mandat ; encore faut-il que le mandat précise la nature des actes à passer ; il ne saurait s'agir d'un mandat général, encore moins d'un mandat implicite (6) ;

- *quelle que soit la date des actes*, la reprise peut enfin intervenir postérieurement à l'immatriculation à la suite d'une décision spéciale prise à la majorité des associés ; avant le décret du 3 juillet 1978, les tribunaux admettaient certaines formes de reprise implicite à partir du comportement des associés ; la Cour de cassation a jugé que désormais la reprise ne pouvait résulter que d'une décision expresse des associés (7).

270. — Cette dernière forme de reprise après immatriculation, que l'on a pu qualifier de "reprise balai" (8), permet de "rattraper" après coup, à condition que la majorité y consente, des engagements passés antérieurement à l'immatriculation. Cette faculté garantit à la fois les tiers contractants et les fondateurs ; elle ne sacrifie pas pour autant les coassociés, puisque leur accord exprès est désormais exigé.

b) La portée de la reprise

271. — "Reprendre les engagements" : la formule est interprétée comme ne visant que les actes juridiques, à l'exclusion des délits ou quasi-délits ; la société ne saurait par exemple, même volontairement, assumer les conséquences de faits de concurrence déloyale perpétrés par les fondateurs pendant la période de conception (9). Enfin, la reprise ne s'applique qu'aux engagements souscrits pour le compte de la société et non aux engagements personnels des fondateurs.

c) Les effets de la reprise

272. — Ainsi qu'en dispose l'article 1843, la reprise, quelle qu'en soit la forme, place sur la tête de la société les actes antérieurs à son immatriculation "qui sont alors réputés avoir été dès l'origine contractés par celle-ci" (10).

---

(6) Cass. com. 21 juill. 1987 : *Rev. soc.* 1987, p. 590, note P. Le Cannu (inefficacité d'une clause générale stipulant que "tous les engagements qui devraient être pris par le gérant dans le cadre de l'objet social pour le compte de la société en formation seraient repris par celle-ci dès son immatriculation au registre du commerce"). De même les actes accomplis doivent respecter les limites posées par le mandat ; a par exemple été déclaré inopposable à la société un coûteux contrat d'assistance juridique et administrative (45 000 F par mois) alors que le mandat ne visait que l'accomplissement des formalités légales et administratives de constitution (Lyon, 8 déc. 1988 : *Bull. Joly* 1989, p. 173).

(7) Cass. com. 20 janv. 1987 : *Bull. Joly* 1987, p. 90, note PLC.

(8) Y. Guyon, *Droit des affaires*, n. 170.

(9) Paris, 24 fév. 1977 : *JCP* 78, II, 18957, note Y. Chartier (des cadres démissionnent d'une société, dont ils débauchent une partie du personnel, pour créer leur propre société).

(10) La conséquence est intéressante sur le plan fiscal, puisque le fisc ne saurait percevoir un double droit de mutation.

L'associé qui a passé l'acte se trouve ainsi rétroactivement déchargé de toute obligation personnelle (11). Le résultat est celui d'un changement de débiteur : la société immatriculée succède à la personne des fondateurs de la même manière, ou presque, que les héritiers succèdent à la personne du défunt. Le créancier n'a aucune initiative ni aucun avis à donner, bien que la reprise ne lui soit pas toujours profitable et qu'à la responsabilité solidaire des personnes ayant agi soit par exemple substituée la responsabilité limitée d'une société anonyme (12) .

273. — Cette absence de rôle du créancier se retrouve lorsque la société refuse ou omet de reprendre les actes passés en son nom; le créancier n'a pas le pouvoir d'obliger la société à reprendre expressément telle ou telle opération ; en cas de refus, il ne peut agir que contre l'associé avec lequel il a contracté. Aussi peut-on affirmer que la technique de la reprise est entièrement entre les mains du débiteur supposé, la société immatriculée.

B. — Les actes internes passés entre associés

1° Avant la signature des statuts

274. — Tant que les statuts ne sont pas signés, aucune relation contractuelle n'unit les aspirants associés ; leur qualité future, qui n'est qu'une éventualité, ne produit aucune conséquence spécifique, sauf à plaider la rupture abusive de promesse de société (V. *supra*, n. 256).

2° Après la signature des statuts

275. — Après la constitution de la société, un contrat existe qui génère des obligations pour chaque associé. “Jusqu'à l'immatriculation, les rapports entre les associés sont régis par le contrat de société et par les principes généraux du droit applicables aux contrats et obligations”, énonce l'article 1842, alinéa 2, du Code civil. Cette affirmation ne supprime pas les occasions de querelle ; en voici une : avant l'immatriculation, les décisions sont-elles prises à la majorité comme le prévoient les statuts, ou à l'unanimité comme cela est la règle, sauf clause contraire, dans les contrats? La personne morale n'étant pas encore née, les majorités prévues par les statuts ne peuvent être mises en oeuvre, si bien que toute modification apportée aux statuts est subordonnée à l'accord unanime des associés.

---

(11) Encore faut-il que l'associé ait bien indiqué sa qualité en précisant qu'il agissait pour le compte de la société en formation ; à défaut, le tiers conserve son recours contre lui quand bien même la société aurait repris l'engagement (Cass. com. 27 oct. 1975 : *Rev. soc.* 1976, p. 297, note D. Randoux).

(12) Comme toujours, il faut réserver le cas de fraude ; constitue par exemple une fraude aux droits des créanciers l'immatriculation tardive d'une société en formation et la reprise des engagements des actes des associés, postérieure à une action en demande formulée à leur encontre par les créanciers : la société étant insolvable, la reprise des engagements a été déclarée inopposable aux créanciers (Paris, 22 nov. 1988 : *Bull. Joly* 1989, p. 313).

LE COIN DES AMATEURS

1) La personnalité bancaire de la société en formation

276. — Les opérations sociales précédant parfois l'existence sociale, il est indispensable d'aménager le circuit de financement de la société ; voici quelques aspects de cet aménagement.

Les fonds apportés par les associés sont placés sur un compte bloqué en attendant l'immatriculation ; aussi les premières affaires ne sont-elles rendues possibles que grâce aux fonds avancés en compte courant, qui eux ne sont pas indisponibles comme le sont les apports (V. *infra*, n. 326 et s.). Le banquier se protège en faisant souscrire une convention de compensation entre le compte bloqué et le compte recevant le prêt, convention licite dès l'instant où ses effets sont reportés à la date de l'immatriculation de la société (Aix-en-Provence, 21 nov. 1980 : *D.* 1981, IR, 499). Le cautionnement des fondateurs est demandé, cautionnement d'une dette future, dans la mesure où la société remboursera le capital du crédit de lancement dès son immatriculation ou peu de temps après (Cass. civ. 1re, 3 déc. 1980 : *D.* 1981, IR, 504, obs. M. VASSEUR).

Malgré ces deux garanties, le banquier n'est pas à l'abri de tout danger : on peut lui reprocher d'avoir prêté, avec légèreté, à une société constituée pour la réalisation d'un projet peu crédible (V. Aix-en-Provence, 21 nov. 1980, préc.). On peut aussi, le cas échéant, essayer de démontrer que le banquier a été fautivement naïf en mettant un chéquier à la disposition des animateurs d'une société n'ayant conduit aucune activité, sur la simple vue d'une copie des statuts, les collaborateurs de la banque donnant de surcroît de bons renseignements sur la société aux bénéficiaires des chèques (Cass. com. 15 janv. 1980 : *JCP* 80, IV, 120 ; *Rev. fr. compt.* 1980, p. 513. — V. également Cass. com. 31 mai 1988 : *Rev. soc.* 1989, p. 39, note J. STOUFFLET). En revanche, la banque n'est pas responsable des manipulations frauduleuses du fondateur d'une société civile immobilière déposant sur son compte personnel les fonds des souscripteurs (Cass. com. 16 nov. 1981 : *JCP* 82, C.I., 10355). (Cons. BAUDELET, *Les banques et l'activité de la société en formation* : *Banque* 1986, p. 66).

On notera que la responsabilité de la banque s'étend parfois au-delà de la période de formation, comme en témoigne l'affaire suivante ; une banque avait remis plusieurs carnets de chèques à une société sans aucune surface financière exerçant l'activité de marchand de bestiaux ; elle ne pouvait ignorer que la société achèterait le bétail au comptant et qu'un délai s'écoulerait nécessairement entre le paiement des achats et l'encaissement du produit des reventes ; comme aucune mesure n'avait été prise pour financer l'inévitable découvert, les chèques émis ne pouvaient être que sans provision ; la banque fut condamnée à réparer le préjudice subi par les vendeurs à qui de tels chèques avaient été remis (Cass. com. 23 oct. 1990).

2) Société en formation, société en participation et société créée de fait

277. — On sait qu'aucun délai n'est imposé aux fondateurs pour immatriculer la société (V. *supra*, n. 259). Si elle a déjà entamé une activité, comment vérifier si la société en formation ne s'est pas muée en société en participation ou en société créée de fait? En allant du plus simple au plus compliqué, on peut d'abord faire un sort à la société en participation, les associés de celle-ci ne voulant pas de la personnalité juridique ; aussi bien le départ se fait aisément avec la société en formation qui marche vers l'immatriculation et la société en participation dont la caractéristique est le refus d'immatriculation.

Reste le plus délicat, la séparation de la société en formation et de la société créée de fait. Il est des gestations qui se prolongent du fait de la passivité des fondateurs et l'hésitation peut naître entre les deux qualifications. Le choix n'est pas seulement une manifestation supplémentaire de la manie de rangement des juristes, il déclenche des conséquences pratiques importantes : seuls ceux qui ont passé les actes juridiques sont responsables dans la société en formation (V. *supra*, n. 267 et 268) ; les associés, tous les associés, le sont dans la société créée de fait ; or les deux catégories ne se recouvrent pas. Le critère de sélection paraît devoir être trouvé dans la combinaison d'un élément subjectif - l'intention des protagonistes - et d'un élément objectif - la durée de la période dite de formation (comp. M. GERMAIN, *Société en formation et société créée de fait* : *Droit des sociétés*, mai 1982) ; l'allongement de la période de conception fortifie le sentiment que les associés ont changé de direction et qu'ils ont renoncé à la société projetée initialement - SARL, société en nom collectif - pour le charme discret de la société créée de fait (Cons. J.-F. PILLEBOUT, *Société en participation, société créée de fait en agriculture* : *JCP* 86, éd. N, I., p. 418).

Comme on s'en doute, la difficulté est de preuve ; en voici un exemple : diverses personnes signent les statuts d'une société anonyme ; avant même qu'elle ne soit immatriculée, l'animateur dépose le bilan de la société qui avait commencé à fonctionner ; la cour d'appel déclare deux des signataires responsables solidairement des obligations contractées par l'animateur pour avoir créé l'apparence d'une société commerciale de fait : l'arrêt est cassé pour le motif suivant : "Attendu qu'en statuant ainsi alors que sont tenues solidairement et indéfiniment des actes accomplis au nom d'une société en formation les seules personnes qui les ont effectués à défaut d'éléments établissant l'existence d'une société de fait, la cour d'appel qui a relevé que MM. René Crouzil et Rosenkranz avaient effectué les actes juridiques auxquels ils étaient tenus par la réglementation avant l'immatriculation de la société et qui a énoncé qu'ils n'avaient pas eu de rapport avec les tiers, sans relever qu'ils aient participé à l'activité d'une société en formation qui aurait pris, au regard des tiers, l'apparence d'une société de fait pour avoir développé d'une manière durable et importante une activité dépassant l'accomplissement de simples actes nécessaires à sa constitution, n'a pas tiré les conséquences légales de ses constatations" (Cass. com. 9 nov. 1987 : *Les Petites Affiches* du 14 déc. 1987). La rédaction compliquée de cet Attendu montre bien la subtilité des distinctions à opérer (*Adde*, J.-Cl. HALLOUIN, *Les sociétés non immatriculées face au redressement et à la liquidation judiciaires* : *JCP* 89, éd. E, 15416).

3) Les actes extra-statutaires

278. — L'accord des associés déborde parfois le cadre des statuts pour s'exprimer dans des actes extra-statutaires, ce qui démontre bien la vitalité du phénomène contractuel dans l'organisation de la société. Les actes sont de nature diverse et on peut distinguer les protocoles d'accord, les règlements intérieurs et les pactes adjoints ; ils suscitent diverses interrogations, notamment quant à leur relation avec les statuts, seul acte saisi par la loi du 24 juillet 1966.

a) Le protocole d'accord

279. — Le protocole d'accord est dressé par deux ou plusieurs partenaires, arrêtant les conditions de leur collaboration au sein de l'entreprise commune : répartition des coûts, fonctionnement du comité de direction, nomination et salaires des cadres supérieurs, stratégie, objectifs, programme d'investissement... Le protocole d'accord se recommande notamment lorsque les partenaires ont une force équivalente (filiale à 50-50) ou disproportionnée (majoritaire et minoritaire).

Du protocole d'accord, on pourrait dire qu'il est *méta-statutaire*, en tant qu'il englobe les statuts. Le protocole d'accord est généralement secret, il est élaboré avant même la constitution de la société ; s'il est modifié, ce qui est rare, il le sera à l'unanimité. Il engage seulement ses signataires ; les tiers, fussent-ils associés, ne connaissent et n'appliquent que les statuts. On rapprochera du protocole le préambule dans lequel les associés déposent leurs intentions, leurs espoirs, leurs convictions (Rennes, 26 sept. 1984 : *JCP* 87, éd. E, I, 16122, n. 1, obs. A. VIANDIER et J.-J. CAUSSAIN).

b) Le règlement intérieur

280. — Le règlement intérieur a pour objet habituel d'organiser la vie quotidienne de la société : politique commerciale commune d'un magasin collectif de commerçants indépendants (L. n. 72-651 du 11 juill. 1972, art. 9), relations entre les organes sociaux (pour la société à directoire, D. 23 mars 1967, art. 99), répartition des coûts dans un GIE, mise en oeuvre d'un programme dans une société de promotion immobilière, vie financière dans une coopérative agricole (C. rural, art. R. 523-1)...

En tant qu'il règle le détail du fonctionnement de la société, dont les bases sont arrêtées par les statuts, le règlement intérieur est *infra-statutaire* (P. LE CANNU, *Le règlement intérieur des sociétés* : *Bull. Joly* 1986, 723 et s.). Il est subordonné aux statuts et sa validité doit être appréciée par rapport à ces derniers, ce qu'a fait justement la Cour de cassation dans un arrêt récent (Cass. com. 2 juin 1987 : *Rev. soc.* 1988, p. 223, note J. MESTRE). Le règlement intérieur n'est pas public ; il a un caractère social et non contractuel en tant qu'il est élaboré par les organes sociaux, l'assemblée, voire les dirigeants ; cette dernière voie se recommande par sa souplesse, elle n'est pas critiquable dès lors que les questions traitées relèvent du pouvoir des dirigeants. Acte social, le règlement intérieur s'impose donc aux associés, comme à leurs héritiers ; le cessionnaire y est assujetti au même titre que l'était le cédant.

Les juges font parfois référence au règlement intérieur. Ainsi lors du conflit LVMH (*Louis Vuitton - Moët Hennesy*), la cour de Paris statuant en matière de convocation d'une assemblée à la demande d'un actionnaire fit expressément référence au règlement intérieur du directoire de la société LVMH : «... le directoire de LVMH, dans sa séance du 9 novembre 1988, a adopté à l'unanimité un règlement intérieur rappelant notamment que la conduite du groupe est fondée sur une grande autonomie de gestion, les responsabilités opérationnelles de chacune des sociétés étant pleinement confiées à leurs dirigeants respectifs, dans le cadre de grandes orientations données au groupe» (Paris, 10 avril 1989 : *Bull. Joly* 1989, p. 529).

Les membres des professions libérales qui exercent leur activité en commun au sein d'une société établissent parfois une *charte associative* qui définit les obligations et les droits de chaque professionnel : emploi du temps, évolution de la répartition du capital, modalités d'acquisition d'actions ou de parts sociales par un nouvel associé, retrait d'un ancien associé...

c) Le pacte adjoint

281. — C'est dans un pacte adjoint que sont le plus souvent consignés les droits et obligations des associés : agrément ou préemption (Angers, 20 sept. 1988 : *Bull. Joly* 1988, p. 850), vote dans les assemblées et les conseils (Rapp. A. VIANDIER, *Observations sur les conventions de vote* : *JCP* 86, éd. E, I, 15405), contribution aux bénéfices et aux pertes (Cass. com. 13 juin 1978 : *Rev. soc.* 1979, 843, obs. F.T.).

Le pacte adjoint est *para-statutaire* ; il est contractuel et sa portée est limitée à ses signataires. Sa transmission aux ayants cause de ces derniers - tels les héritiers - suivra donc les règles dessinées par le droit des obligations. Les ayants cause à titre universel, devenus associés au décès de leur auteur, seront tenus par le pacte, sauf volonté contraire des parties ou démonstration du caractère strictement personnel des engagements souscrits (V. S. PRAT, *Les pactes relatifs au transfert des valeurs mobilières*, thèse Paris V, 1991).

(n. 282 à 289 réservés)

SECTION III

L'INDIVIDUALISATION DE LA PERSONNE MORALE

§ 1. — L'appellation

290. — Toute société dotée de la personnalié juridique doit avoir une appellation, déterminée par les statuts (C. civ., art. 1835) ; c'est le nom de la société. Le choix de l'appellation est librement fait par les associés et les limites de cette liberté sont minimes : interdiction de choisir plusieurs appellations pour une seule société, proscription des noms contraires à l'ordre public ou aux bonnes mœurs, défense d'imiter l'appellation d'une société concurrente ou de reproduire un patronyme autre que celui d'un des associés. Afin d'éviter tout risque de confusion entraînant la riposte de la société concurrente, il est prudent de consulter l'Institut national de la propriété industrielle qui garde en mémoire la totalité des appellations des sociétés.

Ces règles valent également en cas de changement d'appellation, opération laissée à la discrétion des associés, ce qui tranche avec l'immutabilité du patronyme des personnes physiques. Le changement équivaut à une modification des statuts avec l'exigence d'une majorité qualifiée ; il y a lieu d'avertir les tiers de la rectification, d'où, notamment, une inscription modificative au registre du commerce et des sociétés.

Afin que les tiers soient dûment renseignés sur le type de société auquel ils ont affaire, la dénomination doit être suivie ou précédée de la mention de la forme sociale :

- tantôt la mention peut être indiquée en clair ou en abrégé ; ceci vaut pour la société en nom collectif (SNC), la société à responsabilité limitée (SARL), la société anonyme (SA) et le groupement d'intérêt économique (GIE) ;

- tantôt l'abréviation est interdite ; la mention doit figurer en toutes lettres pour la société en commandite simple et pour la société civile.

291. — Le nom des fondateurs est-il la propriété de la société (l'affaire *Bordas*)?

Pierre et Henri Bordas créent en 1946 une SARL qu'ils dénomment "Editions *Bordas*", laquelle est ultérieurement transformée en société anonyme. Les fondateurs cèdent plus tard à un groupe financier la majeure partie du capital social. Pierre Bordas demeure président, mais à la suite d'un désaccord avec les nouveaux maîtres, il doit démissionner. Le conflit se déplace alors sur le terrain judicaire, Pierre Bordas demandant qu'il soit ordonné à la société de cesser toute utilisation du patronyme *Bordas ;* juridiquement, l'action est fondée sur le principe de l'inaliénabilité du nom patronymique ; autrement exprimé, la société n'est pas nue-propriétaire du nom des fondateurs. Réussite devant la cour de Paris, échec devant la Cour de cassation : "le principe de l'inaliénabilité... du nom patronymique, qui empêche son titulaire d'en disposer librement pour identifier au même titre une autre personne physique, ne s'oppose pas à la conclusion d'un accord portant sur l'utilisation de ce nom comme dénomination sociale du nom commercial ; ce patronyme (*Bordas*) est devenu, en raison de son insertion dans les statuts, un signe distinctif qui s'est détaché de la personne physique qui le porte, pour s'appliquer à la personne morale qu'il distingue, et devenir ainsi objet de propriété incorporelle" (Cass. com. 12 mars 1985 : *Rev. soc.* 1985, p. 607, note G. Parléani). La solution a été ultérieurement confirmée dans une affaire relative à une société de commissariat aux comptes (Paris 1re Ch. A, 9 oct. 1985 : *Bull. Joly* 1986, 761, aff. *Société de Bois Dieterlé et associés*). — V. également à propos d'une autre maison d'édition, Cass. com. 16 juin 1987 : *BRDA* 30 sept. 1987, p. 18 (aff. *Maisonneuve*) et à propos d'une banque, Paris, 22 juin 1988 : *Bull. Joly*, 1988, p. 761 (aff. *Worms*).

§ 2. — Le siège social

292. — *Mutatis mutandis*, c'est le domicile de la personne morale, le lieu de son principal établissement (Comp. C. civ., art. 102, al. 1). Comme l'appellation, les statuts doivent le mentionner, d'où le qualificatif de siège statutaire. La société ancrée dans un lieu déterminé ; ce peut être temporairement un local d'habitation, pour une période maximale de deux années. Au vrai le siège statutaire ne correspond pas toujours à la réalité ; les statuts fixent le siège à Cannes, chez la grand-mère du principal associé, alors que l'usine est située à Mulhouse, et le centre de décision à Deauville. Des trois localisations, c'est la dernière qui exprime la réalité ; le siège réel est le lieu où la société est gouvernée, le lieu de sa direction financière et administrative. En cas de discordance, le Code civil pose une option au profit des tiers : ils peuvent, selon leur intérêt, se contenter du siège statutaire ou préférer le siège réel (C. civ., art. 1837, al. 2).

La personne morale change de domicile, comme elle change de nom, par une simple modification de ses statuts ; c'est donc l'assemblée générale extraordinaire, statuant à la majorité qualifiée, qui est compétente pour décider un tel transfert ; signalons les deux particularités suivantes :

- dans les sociétés anonymes, le conseil d'administration peut décider seul le déplacement du siège social à l'intérieur du département ou dans un département limitrophe sous réserve de la ratification par l'assemblée générale ordinaire (L., art. 99) ;

- le transfert du siège au-delà des frontières emporte changement de nationalité de la société, ce qui implique une décision prise à l'unanimité des associés (V. *infra*, n. 304).

§ 3. — La nationalité (1)

293. — "Toute société dont le siège est situé sur le territoire français est soumise aux dispositions de la loi française" (C. civ., art. 1837) ; mais cela n'exprime pas un critère de nationalité. On comparera avec l'article 3 du Code civil qui dispose que "les lois de police et de sûreté obligent tous ceux qui habitent le territoire"; ce n'est pas parce que les étrangers résidant en France sont soumis aux lois françaises de police qu'ils ont la nationalité française.

Alors que la nationalité des personnes physiques est un attribut fixe et indélébile, celle des personnes morales est à contenu variable, une société pouvant être considérée comme française à tel égard et comme étrangère à tel autre, ainsi que l'a décidé le Tribunal des conflits dans l'arrêt *Mayol Arbona* du 29 novembre 1959 (V. *infra*, n. 303). Il n'empêche qu'il existe un principe (le critère du siège social), tempéré par une exception (le critère du contrôle).

A. — Le principe : le critère du siège social

294. — En règle générale, c'est le siège social qui détermine la nationalité de la société, ce qui est une différence supplémentaire avec les personnes physiques. La solution a été rappelée en matière de baux commerciaux ; la société Shell-France avait son siège social aux Champs-Elysées ; le propriétaire refusa de renouveler le bail et de payer une indemnité de non-renouvellement, en excipant de la qualité d'étrangère de la locataire ; la Cour de cassation lui répondit que la société était française à raison de son siège social, peu important que l'essentiel des parts sociales, ainsi que les leviers de commande, soient aux mains d'étrangers (2).

B. — L'exception : le critère du contrôle

295. — L'exception est connue sous le nom de "jurisprudence du temps de guerre". Quand il s'est agi, après la première guerre mondiale, de faire le départ entre biens amis et biens ennemis et afin d'étendre le champ des

(1) Cons. Frossard, *Un vide législatif : la nationalité des sociétés* : *D.* 1969, chron. 9. — L. Lévy, *La nationalité des sociétés* , Paris, LGDJ, 1984.
(2) Cass. com. 8 fév. 1972 : *Bull. civ.* IV, p. 61.

séquestres et confiscations, il a été fait appel au critère du contrôle. Cela revient à prendre en compte la nationalité des personnes contrôlant et dirigeant la société considérée ; furent ainsi réputées allemandes les sociétés dont le capital était, en majorité, la propriété d'Allemands, alors que leur siège était en France.

De plus, et cette fois de manière permanente, il est également fait appel au critère du contrôle pour déterminer la nationalité des sociétés appartenant à des secteurs sensibles : banque, concession de service public, transport maritime, presse...

§ 4. — La qualité civile ou commerciale

296. — La qualité d'une société demeure un élément essentiel de son individualisation. Certes la fracture entre les actes civils et les actes de commerce tend à s'estomper et les cartes paraissent désormais battues dans un autre ordre, qui privilégie la division des actes économiques et des actes désintéressés. De plus, le régime des sociétés civiles et celui des sociétés commerciales se sont rapprochés du fait d'influences mutuelles. Néanmoins, l'arête, bien que moins vive, est toujours importante et il n'est pas indifférent de connaître le caractère civil ou commercial d'une société.

A. — L'exposé des critères

297. — Il existe deux critères de distinction, la forme de la société et l'objet social. Celui de la forme l'emporte souvent sur celui de l'objet ; l'article 1er de la loi du 24 juillet 1966 précise en effet que "sont commerciales à raison de leur forme et quel que soit leur objet, les sociétés en nom collectif, les sociétés en commandite simple, les sociétés à responsabilité limitée et les sociétés par actions". C'est un bloc qui représente environ les deux tiers du total des sociétés (V. *supra*, n. 1).

298. — Reste le dernier tiers constitué, en dehors des sociétés civiles proprement dites, par les sociétés en participation, les sociétés créées de fait et les groupements d'intérêt économique ; ces sociétés sont civiles si leur objet est civil et commerciales dans le cas contraire ; le critère de l'objet prime cette fois celui de la forme ; il existe par exemple des GIE qui sont civils et d'autres qui sont commerciaux (V. *infra*, n. 1534). On relèvera l'ambiguïté de la terminologie, car par société civile on peut entendre trois choses distinctes :

- *le genre* : c'est la société civile par opposition à la société commerciale (en ce sens, une société en participation peut être une société civile) ;

- *l'espèce* : c'est le type de société tel qu'il est régi par les articles 1845 et suivants du Code civil ; tel est le cas des sociétés civiles agricoles ou des sociétés civiles immobilières soumises au régime général du Code civil ;

- *la sous-espèce* : il s'agit cette fois des sociétés civiles spéciales soumises à un statut particulier : sociétés civiles professionnelles, sociétés civiles d'attribution… (V. *infra*, n. 2041 et s.).

B. — LES CONFLITS DE CRITÈRES

1° Les sociétés à forme commerciale et à objet civil

299. — Une société à forme commerciale (société anonyme, SARL, société en nom collectif, société en commandite) peut régulièrement avoir un objet civil ; dans ce cas, le régime est dicté par la forme et non par l'objet. La société anonyme d'expertise comptable, d'ingénieurs-conseils, ou d'architectes est donc commerciale (3). Il en est de même des sociétés d'exercice libéral (V. *infra*, n. 2043). Par suite, tous ses actes sont des actes de commerce, d'où la compétence du tribunal de commerce. Une exception, coutumière, existe toutefois, qui concerne les actes immobiliers - vente ou location d'immeubles -, réputés conserver leur nature civile, quelle que soit la qualité - civile ou commerciale - de la société qui les accomplit (4). Par ailleurs, le régime des baux commerciaux est refusé aux sociétés commerciales par la forme, mais exerçant une activité civile.

2° Les sociétés à forme civile et à objet commercial

300. — Si une société commerciale par la forme peut exercer une activité de caractère civil, la réciproque n'est pas vraie ; une société civile par la forme (immatriculée en tant que telle) ne saurait exercer une activité commerciale, exploiter un fonds de commerce par exemple. Selon l'opinion dominante, une telle société est nulle et doit être traitée comme une société de fait. Le fisc ajoute une méchanceté supplémentaire, puisqu'il soumet d'office une telle société soumise au régime de l'impôt sur les sociétés (V. *infra*, n. 1488).

LE COIN DES AMATEURS

1) La forme des sociétés et la compétence en cas de contestation entre associés

301. — Certaines hypothèses ne souffrent pas de difficulté : si la société est civile, les litiges entre associés relèvent de la compétence des tribunaux civils ; à l'inverse si elle est commerciale et que les associés aient la qualité de commerçant (exemple de la société en nom collectif), les tribunaux de

(3) Cons. A. VIANDIER, *La commercialité des sociétés d'expertise-comptable* : *Rev. fr. compt.* 1979, p. 542 et s.

(4) Cons. W. JEANDIDIER, *L'imparfaite commercialité des sociétés à objet civil et à forme commerciale* : *D.* 1979, chron. 7 et s.

commerce sont compétents. La solution est moins évidente pour les SARL et les sociétés anonymes qui sont commerciales par la forme, mais dont les associés n'ont pas qualité de commerçant ; elle est donnée à l'article 631 du Code de commerce qui dispose que "les tribunaux de commerce connaîtront... des contestations entre associés, pour raison d'une société de commerce". Sont visés non seulement les litiges opposant les associés entre eux, mais encore ceux qui opposent la société et les associés ; encore faut-il qu'ils trouvent leur origine dans la création, le fonctionnement ou la liquidation de la société ; relèvent par exemple de la compétence des tribunaux de commerce les actions en responsabilité intentées contre les dirigeants sociaux ; à l'inverse, les litiges relatifs à une cession de droits sociaux ne mettent pas en cause le pacte social et échappent pour cette raison à la compétence des tribunaux de commerce ; on verra que cette solution est toutefois rejetée, car la cession présente alors un caractère commercial, lorsque l'opération entraîne cession de contrôle de la société (V. *infra*, n. 885 et n. 1347).

2) La forme des sociétés et la fiscalité

302. — Tout autant que le commercialiste, le fiscaliste s'intéresse à la forme des sociétés, surtout quand il s'agit de sociétés à forme commerciale exerçant une activité de nature civile. En matière d'imposition des bénéfices, c'est la forme qui l'emporte, tandis que le fond dicte les solutions en matière de TVA et de taxe professionnelle.

a) La prédominance de la forme en matière d'imposition des bénéfices

Les sociétés à risque limité (sociétés anonymes et SARL essentiellement), quelle que soit la nature de l'activité exercée, relèvent de l'impôt sur les sociétés, lequel renvoie au régime des bénéfices industriels et commerciaux. Si une société anonyme exploite un domaine agricole, les bénéfices seront calculés selon le mode commercial et non selon le mode agricole.

b) La prédominance du fond en matière de TVA et de taxe professionnelle

Avant 1979, la TVA ne frappait que les affaires de nature commerciale. Dans un célèbre arrêt *Elsa* du 20 février 1974 (*Dr. fiscal* 1974, n. 24, comm. 738, concl. Mme LATOURNERIE) le Conseil d'Etat a jugé qu'une société anonyme exploitant un cabinet de décoration et d'architecture intérieures (activité civile par nature) devait être assujettie à la TVA pour la raison que : "quel que soit l'objet social, les prestations de service qu'accomplit une société anonyme et qui sont pour elle génératrices de recettes d'exploitation, relèvent d'une activité industrielle et commerciale, même lorsqu'il s'agit de prestations qui, accomplies par une personne physique, relèveraient d'une activité non commerciale".

Cette jurisprudence, qui faisait prédominer la forme commerciale de la société anonyme, est désormais caduque du fait de la nouvelle rédaction de l'article 256-A du Code général des impôts qui décide que "sont assujetties à la TVA les personnes qui effectuent d'une manière indépendante, à titre habituel ou occasionnel, une ou plusieurs opérations soumises à la TVA, *quel que soit le statut juridique de ces personnes*, leur situation au regard des autres impôts et la forme ou la nature de leur intervention". De même que "l'habit ne fait pas le moine", l'habit juridique ne fait pas la TVA. Ainsi, les activités d'enseignement général ne sont pas soumises à la TVA, quand bien même elles seraient exercées dans le cadre d'une société anonyme ou d'une SARL.

Quant à la taxe professionnelle elle est due par toute personne exerçant une activité professionnelle indépendante, qu'elle soit civile ou commerciale ; les agriculteurs en sont toutefois exemptés, quel que soit le statut juridique de l'exploitation ; une société anonyme exploitant un domaine agricole échappera ainsi à la taxe professionnelle.

3) La nationalité des sociétés : l'arrêt *Mayol Arbona*

303. — La fiscalité agit souvent comme un révélateur de qualification, à preuve l'arrêt de la *Caisse rurale de Manigod* déjà rencontré (V. *supra*, n. 12). L'arrêt *Mayol Arbona* offre une autre illustration. La société *Mayol Arbona*, qui avait son siège social en France, avait été assujettie en 1948 à un prélèvement exceptionnel de lutte contre l'inflation. Estimant avoir comme ses actionnaires la nationalité espagnole, elle invoqua les dispositions de la convention franco-espagnole du 7 janvier 1862 qui la faisait échapper aux impositions de caractère exceptionnel. Les tribunaux administratifs, voyant dans la nationalité une question préjudicielle relevant de la compétence des tribunaux judiciaires, prononcèrent le sursis à statuer. Ces derniers déclinèrent également leur compétence, la nationalité des sociétés étant d'une toute autre nature que celle des personnes physiques. Devant ce conflit négatif (chacun des juges refusant sa compétence), le Tribunal des conflits a jugé que "la nationalité des sociétés n'est définie par aucun texte général, dont l'application ressortirait à la compétence de l'autorité judiciaire ; qu'elle ne peut être déterminée qu'au regard des dispositions législatives ou réglementaires dont l'application ou la non-application à la société intéressée dépend du point de savoir si celle-ci est ou n'est pas française ; que, dans ces conditions, la question de la nationalité d'une société doit être tranchée par la juridiction qui a compétence pour connaître de l'action à l'occasion de laquelle elle est soulevée et ne saurait constituer une question préjudicielle imposant à ladite juridiction l'obligation de surseoir à statuer" (Trib. conf. 23 nov. 1959 : *JCP* 60, II, 11430, note P. AYMON). C'était reconnaître la mobilité du critère de la nationalité. En matière fiscale, les tribunaux administratifs ont donc compétence pour statuer sur la nationalité des sociétés ; ce n'est pas une question préjudicielle qui doit être nécessairement tranchée par les juges de l'ordre judiciaire. En matière fiscale, comme en matière commerciale, la nationalité est liée au siège social ; les sociétés dont le siège est en France sont donc soumises aux impôts français, quelle que soit la nationalité des associés.

Une société dont le siège social est en Suisse a nécessairement la nationalité suisse ; la Cour de cassation, dans un arrêt rendu en Assemblée plénière le 21 décembre 1990 (arrêt société *Roval* : *RJF* 1991, p. 10, concl. H. DONTEVILLE) a dû rappeler cette évidence que contestait l'administration fiscale ; dans cette affaire, la société *Roval*, dont le siège social est à Lausanne, possédait une villa en France ; l'administration entendait lui appliquer la taxe de 3 %, calculée sur la valeur vénale, due par les sociétés étrangères implantées dans des paradis fiscaux, à raison des immeubles qu'elles possèdent en France (CGI, art. 990 D) ; la société *Roval* lui a opposé la clause de non-discrimination figurant dans la convention fiscale franco-suisse du 9 septembre 1966 qui interdit de traiter différemment une société de nationalité française (non soumise à la taxe de 3 %) et une société de nationalité suisse ; la taxe de 3 % ne saurait donc s'appliquer aux sociétés dont le siège social réel est en Suisse, contrairement à ce que prétendait l'administration.

4) Le changement de nationalité

304. — Rien de plus simple *a priori* que de changer la nationalité d'une société ; il suffit de transférer le siège social hors de France. Manifestation de chauvinisme ou non, le droit des sociétés et le droit fiscal se conjuguent pour contrecarrer de telles expatriations ; le changement de nationalité implique l'unanimité des associés (L., art. 31). Certes, il est prévu que dans les sociétés anonymes et les sociétés en commandite par actions la décision pourra être prise à la majorité qualifiée en assemblée générale extraordinaire, à condition que le pays d'accueil ait signé une convention en ce sens (L., art. 154 et 251) ; mais il s'agit d'une lettre morte, aucune convention de cette nature n'ayant été conclue jusqu'à présent. Sur le plan fiscal, le changement de nationalité entraîne la disparition de la personnalité morale, d'où l'exigibilité de tous les impôts liés aux opérations de liquidation.

(n. 305 à 309 réservés)

SECTION IV

LA DOTATION DE LA PERSONNE MORALE

310. — La société a un objet social qui correspond au programme qu'elle se propose d'exécuter et qu'elle se doit de financer (V. *supra*, n. 149) ; comme toute organisation, elle peut compter soit sur des fonds propres soit sur des fonds d'emprunt. Il ne sera question ici que des fonds propres, du “haut de bilan” pour reprendre l'expression des financiers. La dotation initiale, fournie par les associés, correspond au capital social ; d'autres ressources viendront ensuite compléter cette dotation ; il conviendra alors de bien distinguer le capital social des capitaux propres, *a fortiori* des quasi-fonds propres.

§ 1. — Le capital *stricto sensu*

311. — Au jour de la constitution de la société, le capital social est égal au montant des apports des associés, à l'exclusion des apports en industrie (V. *supra*, n. 172). Son montant est inscrit au passif du bilan, en première ligne. C'est une notion qui relève à la fois du droit des sociétés et du droit comptable, sans compter la gestion financière ; aussi est-il éclairant de raisonner à partir d'un exemple chiffré (1).

312. — Présentation du bilan d'une société nouvelle

Max Zeller a le génie de l'informatique ; il crée des logiciels qui connaissent un franc succès. Travaillant en "artiste" avec des moyens limités, il est débordé de commandes qu'il ne peut honorer. L'un de ses amis, Antoine Larosière, qui est féru de gestion et dispose d'une bonne fortune

(1) S. DANA-DEMARET, *Le capital social*, Litec, 1989. — M. GERMAIN, *Le capital de la société commerciale* : *Rev. jurisp. com.*, nov. 1987, p. 29.

personnelle, le convainc de "passer la vitesse supérieure" en créant une véritable entreprise avec des collaborateurs de haut niveau, un service de recherche actif et un réseau de commercialisation. Pour le démarrage, les besoins financiers sont estimés à 2 000 000 F ; Antoine Larosière les apportera. La création d'une SARL dénommée *Logimax*, est décidée dont chacun possèdera la moitié du capital ; Max Zeller en sera le gérant minoritaire de façon à bénéficier du statut fiscal et social des salariés.

Max Zeller apportera les éléments de son entreprise actuelle dont la valeur nette est estimée à 1 000 000 F. L'actif se décompose de la façon suivante :

- clientèle	300 000
- droit au bail	200 000
- matériel et mobilier	400 000
- valeurs d'exploitation (logiciels en cours de commercialisation)	350 000
- créances sur clients	150 000
	1 400 000

Le passif, qui sera pris en charge par la société, comprend les deux lignes suivantes :

- emprunt bancaire	300 000
- dettes envers fournisseurs	100 000
	400 000

Afin de respecter l'égalité des participations en capital, Antoine Larosière apportera 1 000 000 F en capital et 1 000 000 F en compte courant, ce dernier étant rémunéré au taux de 8 % l'an.

Le bilan de départ de la SARL *Logimax* se présentera de la façon suivante :

ACTIF		PASSIF	
Clientèle	300 000	Capital	2 000 000
Droit au bail	200 000	Capitaux propres	2 000 000
Matériel et mobilier	400 000		
Valeurs d'exploitation	350 000	Compte courant d'associé	1 000 000
Créances sur clients	150 000	Emprunt bancaire	300 000
Trésorerie	2 000 000	Dettes envers fournisseurs	100 000
Total	3 400 000	**Total**	3 400 000

A. — La signification du capital social

313. — Le droit des sociétés attache une grande importance au capital ; son montant doit être précisé dans les statuts et être rappelé sur les papiers administratifs et commerciaux ; c'est un peu comme si l'on imposait aux particuliers d'afficher le montant de leur fortune sur leur carte d'identité et leurs cartes de visite. Mais le capital n'est pas la fortune de la société.

314. — Le capital est une représentation abstraite dont la valeur est inscrite au passif du bilan, à la première ligne, alors que les éléments apportés par les associés, qui ont une existence concrète, sont répertoriés à l'actif du bilan. Il faut en effet distinguer actif social et capital social. L'actif, placé à gauche du bilan, renseigne sur la composition du patrimoine de la société ; on apprend ainsi que la SARL *Logimax* possède des biens incorporels (la clientèle et le droit au bail), des biens corporels (le matériel et le mobilier), un stock de "marchandises" destinées à la vente (les logiciels), des créances et de la trésorerie. Le passif, le côté droit du bilan, renseigne sur l'origine des ressources de la société ; il peut paraître paradoxal de placer le capital au passif, au même titre que les dettes ; en réalité, il correspond bien à une dette de la société envers les associés ; seulement son exigibilité est reportée à la dissolution de la société ; tant qu'elle est en vie, les associés ne peuvent réclamer le montant de leur créance ; il s'agit par ailleurs d'une créance de dernier rang ; si par exemple la société est liquidée à la suite d'un dépôt de bilan, les associés ne récupéreront leur mise qu'une fois que tous les créanciers sociaux, y compris les créanciers chirographaires, auront été désintéressés ; les associés ont ainsi la position de créanciers sous-chirographaires (hypo-chirographaires dit-on aussi). Le bas du bilan (la ligne de séparation étant celle des capitaux propres) détaille le passif externe de la société : dettes envers les banques, les fournisseurs, le fisc, voire les associés qui ont consenti des avances en compte courant. Le haut du bilan c'est-à-dire les capitaux propres, représente le passif interne de la société (les relations entre elle et ses associés), le reste correspondant au passif externe.

315. — Le capital social n'a pas la même signification dans les sociétés de capitaux et les sociétés de personnes ; c'est un élément essentiel des premières et la loi impose d'ailleurs un minimum (50 000 F pour les SARL, 250 000 F pour les sociétés anonymes). Dans les secondes, aucun minimum n'est imposé ; à la limite une société pourrait être créée sans capital ; tel serait le cas d'une société en nom collectif ou d'une société civile professionnelle dont les associés ne feraient que des apports en industrie ; c'est bien la démonstration que dans les sociétés de personnes ce n'est pas le poids des capitaux apportés qui compte. La même opposition se retrouve si l'on examine les fonctions du capital social.

B. — Les fonctions du capital social

316. — Le capital exerce d'abord une fonction de garantie : il est affecté au droit de gage des créanciers ; il exerce ensuite une fonction politique : il donne la clé de répartition du pouvoir entre les associés.

1° Le capital : gage des créanciers

a) L'ambiguïté du mot "gage"

317. — Il ne faut pas prendre l'expression au sens de sûreté spéciale, synonyme de nantissement, mais au sens de droit de gage général que possède tout créancier sur les biens de son débiteur (C. civ., art. 2093). Même de ce point de vue, l'expression n'est pas heureuse, car le droit de gage des créanciers porte non sur la valeur abstraite qu'est le capital, mais sur les différents éléments qui composent l'actif social ; on ne saisit pas le capital, mais des machines, des marchandises, des créances...

b) L'intangibilité, conséquence du gage

318. — Ce droit de gage est important dans les sociétés à risque limité (sociétés anonymes et SARL), car les créanciers n'ont pas en principe de recours contre les associés ; la société est leur seul débiteur. Aussi bien bénéficient-ils d'une garantie complémentaire avec la règle de l'intangibilité du capital social (on parle aussi de fixité du capital). Ce principe ne doit pas être pris à la lettre, car il est possible d'augmenter ou de réduire le capital en respectant le formalisme lié aux modifications statutaires (V. par ex. n. 990 et s. pour les sociétés anonymes) (2). La règle signifie seulement que les associés n'ont pas le droit de demander le remboursement de leur *créance* tant que la société n'est pas dissoute ; d'où l'interdiction de principe du retrait de l'associé (V. *infra*, n. 376) et l'interdiction du rachat de ses propres actions par la société (V. *infra*, n. 1016). Le principe de l'intangibilité interdit également aux associés de *manger* le capital en le mettant en distribution sous forme de dividendes ; ils se rendraient alors coupables, du moins dans les sociétés de capitaux, du délit de distribution de dividendes fictifs. Le capital est le gage exclusif des créanciers sociaux ; c'est le minimum de garantie que la loi leur réserve.

Ce droit de gage n'entraîne aucun blocage des biens figurant à l'actif ; si les affaires vont mal, ces éléments peuvent fondre, alors que le montant du capital social reste inchangé au passif ; ce n'est donc pas une garantie contre l'évaporation des éléments d'actif ; aussi bien est-ce le montant des capitaux propres qui donne la mesure réelle de la garantie des créanciers. Rappelons enfin que dans les sociétés de personnes la meilleure garantie réside dans la responsabilité personnelle et illimitée des associés, sauf évidemment s'ils sont eux-mêmes insolvables.

2° Le capital : source du pouvoir des associés

319. — Le pouvoir appartient à ceux qui contrôlent le capital ; d'où la prééminence des associés majoritaires. La participation au capital donne la clé du pouvoir politique (le nombre de voix dont on dispose dans les assemblées), de

(2) On verra que la prolifération récente des instruments financiers complexes fait voler en éclat le principe de l'intangibilité (V. *infra*, n. 1160) ; mais le principe fait toujours partie du droit positif.

même que la clé de répartition des droits financiers quand il s'agit de répartir les bénéfices. Sous réserve de la nullité des clauses léonines (V. *supra*, n. 190), la règle de la proportionnalité n'est pas d'ordre public ; il est possible de prévoir des vocations prioritaires aux bénéfices ; les sociétés anonymes connaissent même les actions à vote double (V. *infra*, n. 869).

Dans la pratique, on rencontre deux catégories d'associés : ceux qui ont une âme de *bailleur de fonds* (ils font un simple placement financier dont ils attendent dividendes et plus-values) et ceux qui recherchent le pouvoir politique, c'est-à-dire le contrôle de la société (on les appelle parfois les *contrôlaires*). C'est la raison pour laquelle il est souvent difficile d'apprécier à qui appartient réellement le pouvoir dans une société ; si les droits sont disséminés entre une multitude de petits porteurs, on peut contrôler la société avec une simple participation minoritaire. En tout cas c'est l'aspect politique qui explique que toute modification du capital social exige l'intervention d'une assemblée générale extraordinaire statuant à une majorité qualifiée.

§ 2. — Les capitaux propres

320. — Alors que le capital est une notion abstraite caractérisée par son intangibilité, les capitaux propres représentent une réalité concrète, soumise à variation. Ils donnent la mesure de la fortune de la société. Cette notion est désormais appropriée par le droit comptable et le droit des sociétés. L'article 9 du Code de commerce dispose que "le bilan décrit séparément les éléments actifs et passifs de l'entreprise, et fait apparaître, de façon distincte, les capitaux propres". Ceux-ci comprennent, outre le montant du capital social, les réserves antérieurement constituées ou, en négatif, les pertes qui n'ont pu être apurées. Le montant des capitaux propres peut être négatif : c'est le signe de la ruine et de l'insolvabilité.

Les capitaux propres correspondent également à l'actif net social, c'est-à-dire à l'actif brut diminué du passif externe (3) ; ainsi dans le bilan de *Logimax*, l'actif brut s'élève à 3 400 000 F, le passif externe à 1 400 000 F, ce qui donne un actif net de 2 000 000 F, correspondant au montant des capitaux propres (V. *supra*, n. 312).

321. — Ce sont les capitaux propres qui donnent la mesure de la situation financière réelle de la société. S'ils dépassent le montant du capital social, c'est un signe de prospérité puisque l'excédent provient de la mise en réserve de bénéfices antérieurs. Dans le cas contraire, la société "mange" son capital, ce qui n'est pas bon signe ; aussi, dans les sociétés anonymes et les SARL, en cas de perte de la moitié du capital social, les associés doivent-ils se concerter sur les mesures à prendre : dissoudre la société ou poursuivre l'activité en reconstituant les capitaux propres (V. *infra*, n. 1012 et s.).

---

(3) Y. REINHARD, *L'actif net des sociétés - Les capitaux propres* : *Mélanges* ROBLOT, LGDJ, 1984, p. 297. — J. STOUFFLET, *Les capitaux propres* : *Rev. soc.* 1986, p. 541. — B. CORDIER, *Le renforcement des fonds propres dans les sociétés anonymes*, LGDJ, 1989.— H. BLAISE, *Les fonds propres de l'entreprise : Mélanges* J. DERRUPÉ, Litec, 1991, p. 215.

§ 3. — Les quasi-fonds propres

322. — Les quasi-fonds propres ne correspondent ni à des apports des associés, ni à des réserves provenant de bénéfices antérieurs ; ils représentent de véritables dettes envers des tiers, que la société devra rembourser ; aussi leur place au bilan se situe-t-elle en dessous de la ligne des capitaux propres ; ils font en effet partie du passif externe. On parle de quasi-fonds propres parce qu'il s'agit de ressources stables, que la société n'est tenue de rembourser qu'à son gré, parfois à la dissolution de la société ; par ailleurs, ce sont des créances de dernier rang, ce qui améliore le crédit de la société. La loi (mais est-ce le rôle du législateur que de donner des leçons de gestion financière?) assimile à des fonds propres les prêts participatifs (V. *infra*, n. 327) et les titres participatifs (V. *infra*, n. 1158) ; mais cette assimilation ne vaut que pour l'analyse financière, non pour l'analyse juridique (4). Les analystes financiers rangent généralement les comptes courants d'associés parmi les quasi-fonds propres, du moins quand ils font l'objet d'une mesure de blocage (V. *infra*, n. 326) ; la même analyse vaut pour les titres subordonnés à durée indéterminée (V. *infra*, n. 1159).

LE COIN DES AMATEURS

1) Les sociétés à capital variable

323. — Par exception au principe de l'intangibilité du capital social, il est possible de créer des sociétés à capital variable (titre III de la loi du 24 juill. 1867) ; la clause de variabilité du capital doit être inscrite dans les statuts et être régulièrement publiée, afin que nul n'en ignore. Cette clause peut être introduite dans n'importe quel type de société, à l'exception des sociétés anonymes ; c'est la deuxième directive européenne du 13 décembre 1976 qui a imposé au droit français cette interdiction propre aux sociétés anonymes ; les négociateurs français ont seulement réussi à arracher deux entorses à cette interdiction en faveur des SICAV et des sociétés coopératives. La formule de variabilité du capital permet l'entrée de nouveaux associés et la sortie, volontaire ou forcée (exclusion), d'anciens associés sans qu'il y ait à modifier les statuts. Ceux-ci doivent prévoir un capital statutaire correspondant au maximum de parts sociales pouvant être émises ; le capital réel est évolutif par nature ; il ne saurait cependant descendre en dessous du dixième du capital statutaire. Cette clause se rencontre classiquement dans les coopératives, les magasins collectifs de magasins, les SICAV (V. également les sociétés civiles à capital variable gravitant autour de la SARL *Le Monde*, *infra*, n. 1278).

2) La responsabilité pour insuffisance de capital

324. — On ne se lance pas dans les affaires avec son seul enthousiasme sans un minimum de fonds ; les inconscients ne sont pas à l'abri d'une action en responsabilité s'ils créent une entreprise sur des bases financières trop fragiles et le fait que la société soit dite à risque limité n'est pas un obstacle à cette action. Les candidats à l'aventure, de même que leurs conseils, feront

(4) Ainsi selon le ministre de la Justice, les prêts participatifs ne sauraient être pris en compte pour déterminer si les capitaux propres sont ou non inférieurs à la moitié du capital social (Rép. min. : *JO* déb. Ass. nat. 8 août 1983, p. 3488 ; *Rev. soc.* 1983, p. 865).

bien d'y prendre garde. Ainsi, lancer un nouveau journal ou un nouveau magazine est une aventure financière. Et le législateur est bien naïf qui, sous couvert de bons sentiments, autorise la création de sociétés de presse (société anonyme ou SARL) au capital symbolique de 2 000 F (L., art. 491).

Des esprits rêveurs avaient créé une SARL (la société SOREP) au capital de 17 300 F (soit plus de huit fois le minimum légal de l'époque) pour le lancement d'un magazine. Faute de fonds nécessaires, la société dut rapidement déposer le bilan ; les animateurs furent poursuivis pour avoir créé une entreprise au capital insuffisant. Voici la leçon de gestion financière qui leur fut infligée (Rouen, 20 oct. 1983 : *Rev. soc.* 1984, p. 764, note N. LEGRAND ; *D.* 1983, p. 163, note J.-J. DAIGRE) : "Attendu qu'il apparaît à l'évidence que l'extrême modicité du capital social portait en elle-même les germes des difficultés qui allaient être révélées aux associés dès la première assemblée générale... ; que la mise en fonctionnement de la société dans de telles conditions témoigne d'une légèreté certaine ; que l'audace à entreprendre, louable en soi, devient imprudence fautive si elle n'est pas suivie par de rigoureuses qualités de gestion appliquées à un minimum de moyens". La fortune ne sourit pas toujours aux audacieux...

Par ailleurs, créer une société au capital minimum, avec un financement complémentaire par comptes courants d'associés, n'est pas nécessairement de bonne stratégie fiscale ; en effet, en cas de cession ultérieure des droits sociaux, la plus-value imposable sera calculée à partir de la valeur nominale des parts sociales ou des actions ; les fiscalistes recommandent en conséquence de prévoir dans la mesure du possible un capital maximum (pour une illustration en matière de société civile immobilière, V. *infra*, n. 1489).

3) Vers une économie de fonds propres

325. — En finance, comme en habillement, il y a des modes. Pendant longtemps, la mode fut celle de l'économie de l'endettement ; aujourd'hui, c'est celle de l'économie de fonds propres. C'est que les temps ont changé, du fait de la maîtrise de l'inflation.

En période d'inflation, on ne jurait que par l'*effet de levier*, lequel entraînait une meilleure rentabilité lorsque les investissements étaient financés par emprunts plutôt que par fonds propres. La fiscalité y était pour quelque chose ; les frais financiers entraînent une économie d'impôt sur les sociétés, à l'inverse des dividendes qui ne constituent pas des charges déductibles. C'était surtout la période des intérêts négatifs (on empruntait par exemple à 12 % avec une inflation à 14 %) ; quant au remboursement du principal, il se faisait en "monnaie de singe". D'où l'endettement systématique des entreprises ; certains gourous préconisaient même l'avènement d'un capitalisme sans capital.

Avec une inflation de 3 %, les intérêts redeviennent positifs et l'*effet de levier* joue en négatif. L'on découvre alors les vices de l'endettement et les vertus des fonds propres. Une modification des textes s'imposait. Le droit fiscal donna un coup de pouce : déductibilité temporaire des dividendes, gratuité des augmentations de capital... (V. J.-P. LE GALL, *Quelques réflexions sur la fiscalité des capitaux propres des sociétés* : *Rev. soc.* 1986, p. 375). Le droit des sociétés fut adapté : simplification des augmentations de capital, création de nouveaux instruments financiers...

Les comportements se modifient en conséquence : les petites et moyennes entreprises hésitent moins à ouvrir leur capital à de nouveaux partenaires : sociétés de capital-risque, organismes financiers spécialisés ; l'injection d'argent frais se fait par le haut du bilan. Les avantages sont évidents : la structure financière est consolidée, les charges d'intérêts diminuent... Ce n'est pas que les fonds propres n'aient pas à être rémunérés ; les nouveaux actionnaires comptent sur une distribution de dividendes ; le coût en est réduit les premières années du fait de leur déductibilité ; si les résultats sont déficitaires, le service des dividendes est suspendu, tandis que celui des intérêts continue ; il n'y a pas à rembourser le principal comme dans un emprunt (V. Ph. LAGAYETTE, *L'intérêt du financement des entreprises par le haut de bilan* : *Banque* 1988, p. 268. — D. NOUVELLET, *Pour une approche différente des fonds propres* : *Banque* 1985, p. 493. — D. PENE, *Va-t-on vers l'apparition d'un effet de levier des fonds propres ?* : *Banque* 1983, p. 571). Le ratio capitaux empruntés sur fonds propres s'améliore, même s'il n'est pas aussi satisfaisant que chez nos voisins ; pour 1986, ce ratio était de 36 au Royaume-Uni, de 76 en Italie, de 90 en RFA, de 106 au Japon et de 118 en France (D. NOUVELLET et O. PASTRÉ, *Les entreprises doivent renforcer leurs fonds propres* : *Le Monde*, 13 sept. 1988). C'est la glorification du capital, quoi qu'en pense une certaine idéologie...

4) Un succédané du capital : les comptes courants d'associés

326. — Les associés participent nécessairement au financement de la société par leurs apports en capital ; ils peuvent également y participer par ce que l'on appelle des apports en compte courant (V. *supra*, n. 161). La terminologie est doublement fallacieuse, car il ne s'agit ni d'apports, ni de compte courant. Et les difficultés ne se réduisent pas — tant s'en faut — à ces simples querelles de langage (V. I. URBAIN-PARLÉANI, *Les comptes courants d'associés*, LGDJ, 1986).

a) L'avance en compte courant n'est pas un apport, mais peut constituer un quasi-apport

Il n'est pas rare qu'à la création de la société des avances en compte courant complètent et prolongent les apports en capital des associés ; elles peuvent être prévues, voire imposées, par les statuts. De même, ultérieurement, les associés peuvent être amenés à combler les besoins de financement de la société par de nouvelles avances au lieu de souscrire à une augmentation de capital. On pourrait parler de quasi-apports, sans les contraintes des vrais apports (V. M. GENET, *Les quasi-apports en société* : *Rev. soc.* 1987, p. 25).

Les avantages reconnus aux comptes courants d'associés sont les suivants : absence de formalisme alors que l'augmentation de capital implique une décision de l'assemblée générale et une modification des statuts, possibilité de retrait à tout moment alors que le capital reste bloqué du fait de son intangibilité, neutralité fiscale de ces retraits alors que la fiscalité des réductions de capital peut être pénalisante, versement d'un intérêt même si les résultats sont déficitaires alors que les dividendes ne peuvent être versés que s'il y a bénéfices. On rencontre ainsi des sociétés créées avec un capital minimum, dont le financement est assuré pour l'essentiel par des avances en compte courant. N'a-t-on pas cité le cas d'une société au capital de 13 F, dont les comptes courants d'associés atteignaient 20 millions de francs ? (*JO* déb. Sénat, 25 juin 1970, p. 1071).

b) L'avance en compte courant n'est pas un compte courant, mais peut fonctionner comme un compte en banque

Il y a compte courant lorsque deux personnes en relations d'affaires se font des versements réciproques avec compensation immédiate de leurs créances et de leurs dettes ; ainsi en est-il du compte courant qui lie une entreprise à sa banque ou encore une filiale à sa société mère ; il peut être créditeur ou débiteur selon les cas. Gare aux associés qui feraient fonctionner leur "compte courant" de cette façon ! Sans doute n'ont-ils rien à craindre tant que le solde reste créditeur ; mais s'ils ponctionnent leur compte au point de rendre le solde débiteur, ils risquent tout bonnement la correctionnelle sous l'inculpation d'abus de biens sociaux ; dans les sociétés anonymes et dans les SARL du moins, c'est un délit pénal que de boucler des fins de mois difficiles grâce à des avances consenties par la société (V. *infra*, n. 753).

Il est exact que certains comptes courants d'associés, ceux des dirigeants notamment, fonctionnent parfois à la manière d'un compte en banque. Il en est ainsi lorsque les sommes qui leur sont dues (rémunérations, dividendes, jetons de présence, redevances...) sont portées au crédit du compte qui est ouvert à leur nom dans les livres de la société ; pour celle-ci, c'est un moyen commode d'alimenter sa trésorerie ; le dirigeant n'est pas perdant puisque cet argent dormant est rémunéré à un taux confortable (le taux est fixé en fonction des contraintes fiscales). En cas de besoin, le dirigeant prélève les sommes nécessaires à son train de vie comme il le ferait dans n'importe quel "distribanque". Mais connaît-on d'autres dépôts à vue qui soient rémunérés à près de 10 %, d'autant que le dépositaire n'est autre que sa propre entreprise ? Il faut cependant compter avec le monopole des établissements de crédit et de banque, lesquels sont seuls habilités à recevoir des dépôts à vue, plus précisément des dépôts à moins de deux ans. La loi bancaire du 24 janvier 1984 règle heureusement cette difficulté en permettant aux sociétés de recevoir des dépôts à vue de la part de leurs associés dans les conditions suivantes :

- dans les sociétés de personnes, aucune restriction n'est posée ;
- dans les sociétés par actions et dans les SARL seuls sont admis les dépôts à vue consentis par les dirigeants d'une part, par les associés détenant au moins 5 % du capital d'autre part ;
- dans les groupes de sociétés, des pools de trésorerie peuvent être constitués sans que cela blesse le monopole des banques (V. *infra*, n. 1952).

Outre les prescriptions de la loi bancaire, les comptes courants d'associés doivent respecter celles du droit des sociétés. Or un prêt rémunéré par un intérêt constitue une convention réglementée, laquelle doit être approuvée quand elle est passée par un dirigeant dans une société anonyme (V. *infra*, n. 725 et s.) ou par un simple associé dans une SARL (V. *infra*, n. 1351 et s.). On vérifie ainsi qu'une avance en compte courant est autre chose qu'une simple écriture comptable.

On observera que dans les sociétés d'exercice libéral le montant maximal des avances en compte courant et les conditions applicables à leur retrait sont réglementées (loi du 31 déc. 1990, art. 14).

c) L'avance en compte courant correspond à un dépôt à vue, mais des modalités de remboursement peuvent être prévues

Le principe de l'intangibilité du capital social ne s'applique pas aux comptes courants d'associés ; ces derniers peuvent donc à leur gré en demander le remboursement ; c'est une commodité pour eux, mais ce peut être une servitude pour la société qui, dans certains cas, risque d'être mise en difficulté financière. Le risque est important dans les petites sociétés au capital réduit au minimum, lorsque les comptes courants représentent l'essentiel des ressources propres de la société ; ce peut même être un instrument de chantage entre les mains de certains associés en conflit avec les dirigeants.

Les tribunaux n'en jugent pas moins que lorsque les avances sont à durée indéterminée les associés peuvent en demander le remboursement à tout moment, quelle que soit la situation financière de la société (Paris 9 juin 1989 : *Rev. trim. dr. com.* 1990, p. 45, obs. Cl. CHAMPAUD). Aussi, pour conforter la situation de la société, est-il prudent de prévoir des modalités de remboursement et de stipuler à tout le moins un délai suffisant de préavis.

On peut même prévoir une convention de blocage interdisant à l'associé de réclamer le remboursement de sa créance avant l'arrivée d'un terme convenu, l'échéance d'un prêt bancaire par exemple. De telles conventions sont souvent imposées par les banquiers comme condition de leur concours. Dans ce cas, le compte courant présente la même vertu d'intangibilité que le capital, ce qui est de nature à renforcer le droit de gage des créanciers ; ceci justifie qu'au regard de l'analyse financière, les comptes bloqués soient assimilés à des quasi-fonds propres (V. *supra*, n. 322).

d) L'avance en compte courant consacre la qualité de créancier de l'associé, mais des clauses de déclassement peuvent être prévues

Quand la société est en difficulté, l'associé vient en concours avec les autres créanciers sociaux pour le remboursement de son compte courant, ce qui entraîne parfois des résultats surprenants. En voici un exemple topique : un repreneur rachète une société moribonde pour un franc symbolique en s'engageant à y injecter par voie de compte courant une somme de quatre millions de francs (peut-on rêver meilleur exemple de compte courant assurant, à défaut de capital, le financement d'une société ?). A la suite du dépôt de bilan de la société, le repreneur demande le remboursement privilégié de son avance (actuellement, art. 40 de la loi du 25 janv. 1985). Estimant la solution par trop inique, la cour d'appel requalifie l'apport en compte courant d'apport en capital ; son arrêt est cassé pour le motif suivant : "Attendu qu'en statuant ainsi, après avoir relevé qu'il avait été arrêté avec les anciens associés, aux termes d'accords dépourvus d'ambiguïté, que la somme en litige serait apportée en compte courant d'associé... la cour d'appel n'a pas tiré de ces constatations les conséquences légales qui en résultaient et a violé le texte susvisé (Cass. com. 18 nov. 1986 : *Rev. soc.* 1987, p. 581, note I. URBAIN-PARLÉANI).

La situation de l'apporteur en compte courant est moins confortable quand on lui a imposé une clause de déclassement de rang (également appelée clause de subordination) par laquelle il accepte que sa créance ne soit remboursée qu'après règlement de tous les créanciers, privilégiés ou chirographaires. Ce sont les banques qui le plus souvent aménagent en leur faveur les avances en compte courant, imposant à la fois une convention de blocage et un déclassement du rang; si la liquidation de la société est prononcée, l'apporteur en compte courant sera payé le dernier après désintéressement de tous les autres créanciers ; autrement dit, il est en position de créancier hypo-chirographaire (L. FAUGÉROLAS, *La subordination des créances : Mél.* J. DERRUPÉ, Litec, 1991, p. 227).

e) L'avance en compte courant bénéficie d'une fiscalité adaptée

Si dans les petites et moyennes entreprises les comptes courants d'associés sont si prisés, la fiscalité y est pour quelque chose. Côté société, les intérêts, à la différence des dividendes, constituent des charges déductibles, ce qui entraîne une économie d'impôt sur les sociétés. Côté associés, les intérêts bénéficient d'un prélèvement libératoire de 36 %, à comparer avec le taux maximum de l'impôt sur le revenu (56,80 %). Cet engouement pour le financement en compte courant n'a pas manqué de déséquilibrer la structure financière de certaines sociétés. Le fisc fait la police à sa façon. Pour éviter les abus, le taux des intérêts déductibles a été plafonné ; il ne saurait dépasser la moyenne du rendement des obligations des sociétés privées ; en 1990, le maximum déductible était de 10,24 %, ce qui reste un taux attrayant.

Une autre limitation, tout aussi contraignante, existe dans les sociétés relevant de l'impôt sur les sociétés, à l'encontre des dirigeants d'une part et des associés possédant plus de 50 % du capital d'autre part ; en ce qui concerne ce groupe d'associés influents, les intérêts déductibles sont calculés sur un plafond global d'avances égal à une fois et demie le montant du capital social ; par exemple, si le capital social est de 500 000 F, seul est pris en compte un total d'avances plafonné à 750 000 F. Cette mesure a pour objet de lutter contre la pratique de la sous-capitalisation des sociétés françaises ; elle incite les maîtres de l'affaire, qu'ils soient dirigeants ou qu'ils possèdent plus de la moitié du capital, à respecter un rapport raisonnable (de un à un et demi) entre le montant du capital et celui des avances au compte courant.

5) Les prêts participatifs

327. — Il ne faut pas confondre prêts participatifs et titres participatifs (V. *infra*, n. 1158) ; certes, ils présentent plusieurs points de comparaison : participation aux bénéfices, prêts à long terme et de dernier rang, assimilation à des fonds propres. La différence essentielle tient à ce que les titres participatifs sont une variété d'obligations, donc de valeurs mobilières négociables, tandis que les prêts participatifs constituent une variété de prêts bancaires.

Les prêts participatifs ont été créés par la loi n. 78-741 du 13 juillet 1978 sur le modèle anglais des *subordinated loans* (d'où parfois la traduction littérale de *prêts subordonnés*) ; selon l'article 25 de la loi, ils "sont, au regard de l'appréciation financière des entreprises qui en bénéficient, assimilés à des fonds propres". Ce sont des quasi-fonds propres qui ont pour but d'accroître la capacité d'endettement des entreprises auprès des établissements financiers (D. CRÉMIEUX-ISRAËL, *L'assimilation des prêts participatifs à des fonds propres* : *Rev. soc.* 1983, p. 751). Les caractéristiques en sont les suivantes :

- ce sont des prêts à long terme (minimum de sept ans) ;
- ils sont rémunérés par un intérêt et par une participation aux bénéfices ;
- ce sont des créances de dernier rang, des créances subordonnées, selon la terminologie anglo-saxonne ; elles ne sont remboursées, en cas de "faillite", qu'après désintéressement complet des autres créanciers, même chirographaires (ce sont des créances hypo-chirographaires) ; la loi interdit au prêteur de prendre des sûretés sur le patrimoine du débiteur ; cette interdiction ne s'étend pas toutefois au cautionnement de la dette par un tiers (Cass. civ. 19 avril 1988 : *JCP* 89, éd. G, 21176, note Ph. DELEBECQUE ; *JCP* 89, éd. E, II, 15517, obs. A. VIANDIER et J.-J. CAUSSAIN).

La technique des prêts participatifs a eu sa vogue : prêts de l'Etat en 1978 aux sociétés sidérurgiques, prêts des banques en 1982 aux groupes industriels nationalisés, prêts à des petites et moyennes entreprises. Depuis 1985, ils ne peuvent être accordés que par des banques, sans enthousiasme (A. COURET, *Le déclin des prêts participatifs* : *Bull. Joly* 1986, p. 659).

Le créancier qui consent un prêt participatif a des allures d'associé : participation aux bénéfices et aux pertes (position hypo-chirographaire) ; mais il est dépourvu de tout pouvoir politique (pas de droit de vote). Aussi bien, sur le plan juridique, le prêt participatif a la nature d'une dette et non d'un titre d'associé (V. *supra*, n. 322) ; le régime fiscal est en accord avec l'analyse juridique : les intérêts constituent une charge déductible pour la société et sont imposés comme les intérêts d'emprunt chez le prêteur ; l'imposition des dividendes est toute différente (V. *supra*, n. 106).

(n. 328 à 349 réservés)

TITRE II

LA VIE DES SOCIÉTÉS

SECTION I

LES ACTEURS

§ 1. — Les organes de gestion

351. — La théorie de la réalité des personnes morales, dans son approche sociologique, met en lumière le rôle des organes (V. *supra*, n. 242) ; il n'est pas de société sans organe, pas plus qu'il n'est d'Etat sans pouvoir exécutif. Si la collectivité des associés est pleinement compétente pour désigner les organes de gestion, elle ne l'est pas entièrement pour déterminer leurs pouvoirs, dont l'essentiel est défini par la loi, encore moins pour dessiner le régime de leur responsabilité.

A. — LA DÉSIGNATION DES ORGANES DE GESTION

1° Le mode de désignation des dirigeants

352. — De même que dans une démocratie le peuple désigne ses représentants, de même dans une société l'assemblée des associés désigne ses dirigeants ; c'est l'une de ses prérogatives politiques. Les modalités varient selon le type et la taille de la société.

Dans les petites sociétés dominées par une personne ou par une famille, c'est le maître de l'affaire (le principal associé) qui est généralement désigné comme dirigeant ; le possesseur du capital est en même temps patron de l'entreprise ; propriété et pouvoir vont alors de pair.

Dans les grandes sociétés faisant appel à l'épargne publique, comportant plusieurs milliers d'actionnaires, les dirigeants sont choisis en raison de leurs compétences techniques ; ce sont des *managers* professionnels ne possédant qu'une part infime du capital ; les sociologues parlent de *technostructure* ; il y a alors dissociation de la propriété et du pouvoir.

Le pouvoir de désignation entraîne celui de révocation ; c'est peut-être théorique lorsque le dirigeant possède l'essentiel du capital, mais non s'il est un *manager* soumis au bon vouloir des associés ; ceux-ci peuvent le remercier s'il a cessé de plaire, un peu comme on remercie un ministre au gré des fluctuations politiques.

2° La publicité de la nomination des dirigeants

353. — Les tiers doivent être avertis de la nomination mais aussi de la révocation ou de la démission des dirigeants ; la publicité est assurée selon les modes habituels : journal d'annonces légales, registre du commerce, *BODACC.* Ni la société, ni les tiers ne peuvent se prévaloir d'une irrégularité dans la désignation des dirigeants lorsque cette nomination a été régulièrement publiée (L., art. 8) ; la publicité entraîne purge des vices de désignation, ce qui est un facteur de sécurité pour les tiers ; le même souci de protéger les tiers se retrouve en matière de pouvoirs de dirigeants.

B. — Les pouvoirs des organes de gestion

354. — Dans l'analyse contractuelle de la société, les pouvoirs sont attribués et délimités par les associés par une sorte de mandat ; les dirigeants ne sont-ils d'ailleurs pas qualifiés de mandataires (V. *infra*, n. 673) ? Cette thèse ne correspond plus à la réalité puisque l'essentiel des pouvoirs des dirigeants résulte de la loi ; à cet égard, l'analyse institutionnelle a une valeur plus explicative. Encore faut-il distinguer les relations vis-à-vis des associés et les relations vis-à-vis des tiers.

1° Vis-à-vis des associés

355. — Les organes de gestion ont tous pouvoirs pour diriger la société dans l'intérêt de celle-ci. Ces pouvoirs sont considérables ; les dirigeants exercent d'abord les missions de tout chef d'entreprise : embaucher les salariés, assurer la production et la commercialisation des stocks, gérer la trésorerie, établir les plans de financement... ; sur le plan juridique, ils représentent la société, passent et signent les contrats, engagent les actions en justice... ; il s'agit d'un pouvoir quotidien alors que le contrôle des associés n'est qu'épisodique.

Les pouvoirs des dirigeants ne sont cependant pas absolus. Les *statuts* peuvent leur interdire de passer certains actes d'une gravité exceptionnelle (vendre un fonds de commerce, contracter des emprunts dépassant un certain montant...) ou leur imposer l'autorisation préalable des associés ou d'un organe de contrôle. La *loi* les oblige dans tous les cas à respecter les prérogatives des autres organes ; ainsi seule l'assemblée des associés a compétence pour approuver les comptes ou modifier les statuts. Ils sont enfin soumis à un impératif déontologique qui leur impose d'agir dans l'intérêt de la société (sur l'importance de l'intérêt social, V. *infra*, n. 466 et s.).

2° Vis-à-vis des tiers

356. — Le souci de la loi est d'assurer la sécurité des tiers qui contractent avec la société en la personne de ses dirigeants puisque ceux-ci, par principe, ont tous pouvoirs pour agir en son nom; les tiers n'ont pas à consulter les statuts ou le registre du commerce pour vérifier si tel ou tel acte relève de la compétence du dirigeant. Il existe tout de même des limites qui diffèrent selon que l'on est en présence d'une société à risque limité ou d'une société à risque illimité.

a) Dans les sociétés à risque limité

357. — Dans les sociétés à risque limité (sociétés anonymes et SARL), la sécurité des tiers est assurée avec le maximum d'efficacité au détriment le cas échéant des intérêts de la société. Celle-ci se trouve en effet engagée par tous les actes passés par les dirigeants, quand bien même ils ne relèveraient pas de l'objet social ; la sanction de la violation de l'objet social n'est pas la nullité de l'acte ou son inopposabilité à la société, mais la responsabilité personnelle du dirigeant qui a outrepassé sa mission.

La même solution vaut pour les clauses limitatives de pouvoirs : elles sont inopposables aux tiers. Encore faut-il que ceux-ci soient de bonne foi, c'est-à-dire qu'ils n'aient pas eu connaissance des limites apportées à l'objet social ou aux pouvoirs des dirigeants, sans qu'on puisse cependant leur reprocher de n'avoir pas consulté les statuts.

b) Dans les sociétés à risque illimité

358. — Dans les sociétés à risque illimité (les sociétés de personnes), les clauses statutaires qui limitent les pouvoirs des dirigeants sont inopposables aux tiers de bonne foi. La solution est différente en cas de dépassement de l'objet social ; les dirigeants n'engagent en effet la société que par les actes entrant dans l'objet social ; si le gérant d'une société en nom collectif dont l'objet social se limite à l'exploitation d'un fonds de pâtisserie fait l'acquisition d'un studio d'agrément à Megève, la société ne sera pas engagée ; le vendeur éconduit pourra seulement agir en responsabilité contre le gérant pris à titre personnel. Les tiers, à l'égard de ce type de société, sont donc contraints de consulter les statuts pour vérifier que l'acte projeté entre dans l'objet social. L'ampleur des risques courus par les associés dont la responsabilité est illimitée justifie qu'ils soient protégés contre les agissements inconsidérés des dirigeants.

C. — La responsabilité des organes de gestion

359. — La direction d'une société est rarement une sinécure et malheur à celui qui, trop confiant dans l'habileté et l'honnêteté de ses collaborateurs, plane sur son petit nuage, insouciant des réalités de la gestion quotidienne ; un jour vient où l'orage se déclare et le dirigeant redescendu sur terre fait l'apprentissage de la responsabilité, qu'elle soit civile, pénale ou fiscale.

1° La responsabilité civile

360. — L'article 1850 du Code civil pose le principe de la responsabilité civile des dirigeants dans les termes les plus larges qui soient : "Chaque gérant est responsable individuellement envers la société et envers les tiers, soit des infractions aux lois et règlements, soit de la violation des statuts, soit des fautes commises dans sa gestion". La même formulation est reprise dans la loi de 1966 (V. par exemple l'article 244 pour les administrateurs de sociétés anonymes). Les dirigeants doivent donc répondre des manquements aux lois, de la violation des statuts et de leurs fautes de gestion (Pour de plus amples développements, V. *infra*, n. 744 et s.). La mise en œuvre de la responsabilité diffère selon que la demande en réparation émane de la société, d'un associé ou des tiers.

a) La responsabilité envers la société

361. — L'action en responsabilité contre les dirigeants est normalement diligentée par les organes sociaux, c'est-à-dire par les dirigeants eux-mêmes. On conçoit leur répugnance à demander justice contre eux-mêmes. Aussi la loi est-elle intervenue pour lever les éventuelles entraves (C. civ., art. 1843-5) :

- en cas d'inaction ou d'obstruction des dirigeants, l'action peut être engagée par les associés eux-mêmes au nom de la société ; on parle alors d'action *ut singuli* (V. *infra*, n. 747 pour la société anonyme) ;

- est réputée non écrite toute clause des statuts qui aurait pour effet de subordonner l'action en responsabilité à l'avis ou à l'autorisation préalable de l'assemblée générale ;

- est de même réputée non écrite toute clause des statuts par laquelle les associés renonceraient par avance à une telle action en responsabilité ;

- enfin, le *quitus* donné aux dirigeants par l'assemblée générale ne fait pas obstacle à une action ultérieure en responsabilité.

b) La responsabilité envers un associé

362. — Lorsqu'un associé estime que par ses agissements fautifs un dirigeant lui a causé un préjudice personnel, distinct du préjudice collectif subi par la société, il peut lui en demander réparation. On applique dans le cas le droit commun de la responsabilité civile, à ceci près que l'action se prescrit par trois ans. Les hypothèses d'un tel préjudice individuel sont relativement rares (V. *infra*, n. 748).

c) La responsabilité envers les tiers

363. — Il est fréquent que le dirigeant s'engage comme caution de sa société, notamment à l'égard des banques. Dans ce cas, il accepte par avance de se substituer à la société si celle-ci ne fait pas face à ses engagements. C'est un point qui soulève d'épineuses difficultés (V. *infra*, n. 374). Hors de là, il faut distinguer selon que la société a déposé le bilan ou est *in bonis*.

C'est généralement en cas de dépôt de bilan de la société, lorsqu'est ouverte une procédure de redressement ou de liquidation judiciaires, que la responsabilité personnelle des dirigeants est recherchée à raison des fautes de gestion qu'ils ont pu commettre ; tel est l'objet de l'action en comblement du passif et *a fortiori* de l'action en extension du règlement ou de la liquidation judiciaires (Pour plus de développements, V. *infra*, n. 434 et s.). C'est alors l'épreuve de vérité, et les dirigeants risquent de payer cher leurs indélicatesses, voire leur simple insouciance ou leur impéritie.

En revanche, lorsque la société est *in bonis*, la responsabilité personnelle du dirigeant est plus difficile à mettre en œuvre. Le dirigeant n'est en effet que l'organe social et sa responsabilité s'efface devant celle de la société. Les tiers doivent donc en principe exercer leur action en responsabilité contre la société elle-même, la responsabilité étant soit contractuelle (mauvaise exécution d'un contrat) soit délictuelle (acte de concurrence déloyale). La personnalité morale de la société sert ainsi de bouclier aux dirigeants contre les actions intempestives des tiers. Encore faut-il que le dirigeant n'ait pas outrepassé les limites normales de sa mission ; sinon, il commet une faute personnelle, détachable de l'exercice de son mandat ; il engage alors sa responsabilité personnelle, qui est nécessairement de nature délictuelle. On retrouve ainsi à propos des dirigeants la distinction qu'opère le Conseil d'Etat entre faute personnelle et faute de service quand il s'agit d'apprécier la responsabilité des fonctionnaires publics. Le rapprochement n'est pas artificiel ; ne qualifie-t-on pas les dirigeants de fonctionnaires sociaux ? L'arrêt *Le Poivre* du 4 octobre 1988 donne une bonne illustration de la distinction entre les deux types de faute (V. *infra*, n. 364).

Le rapprochement avec la responsabilité des fonctionnaires met également en lumière la possibilité d'une action récursoire de la société contre le dirigeant qui a commis une "faute de service"; si elle se trouve condamnée, elle peut se retourner contre le dirigeant dès lors qu'on peut lui reprocher une faute de gestion ; "la faute de service" n'est pas exclusive en effet de la faute de gestion ; au besoin, les minoritaires utiliseront l'action *ut singuli* (V. *infra*, n. 747).

364. — Un exemple de faute non détachable de la mission du dirigeant : l'arrêt *Le Poivre* du 4 octobre 1988

> C'est assurément une vilénie que de faire payer deux fois à un client le prix de ce qu'il a commandé. Le dirigeant qui s'est prêté à cette machination peut-il être poursuivi personnellement par le client ou celui-ci n'a-t-il de recours que contre la société ? Telle était la question posée dans l'affaire *Le Poivre*.

La société Loridan commande une pelle hydraulique à la société Sometrap, présidée par M. Le Poivre ; elle accepte, comme mode de règlement, une lettre de change tirée par Sometrap. A l'échéance de la lettre de change, comme elle connaît des difficultés financières, la société Loridan demande un délai de grâce, puis elle adresse à Sometram deux chèques destinés, selon elle, à remplacer la lettre de change.

La société Sometram, qui n'était pas davantage florissante, avait encaissé les deux chèques tout en faisant escompter la traite par sa banque. Celle-ci demande à la société Loridan d'exécuter son engagement cambiaire. Comme la société Sometram a été entre-temps mise en redressement judiciaire, la société Loridan poursuit M. Le Poivre, le tenant personnellement responsable du manquement à la loyauté ayant consisté à encaisser les chèques et à escompter la traite. La cour d'appel reçoit la demande en constatant que l'attitude de la société Sometrap est bien un manquement à la loyauté ayant permis à cette société d'être payée deux fois et "que cette question ne pouvait échapper à M. Le Poivre qui était tenu de veiller à la régularité de l'opération".

L'arrêt est cassé : "Attendu qu'en statuant ainsi, sans relever aucune circonstance d'où il résulterait que M. Le Poivre ait commis une faute extérieure à la conclusion ou à l'exécution du contrat conclu entre la société Sometrap et la société Loridan, la cour d'appel n'a pas donné de base légale à sa décision" (Cass. com. 4 oct. 1988 : *Rev. soc.* 1989, p. 213, note A. VIANDIER). Autrement dit, M. Le Poivre a peut-être commis une faute, mais elle n'était pas détachable de l'exercice de ses fonctions, d'où son impunité.

On citera dans le même sens un autre arrêt de la Chambre commerciale du 22 janvier 1991 (*Rev. fr. de compt.*, mai 1991, p. 62, note Ph. REIGNE) cassant la décision d'une cour d'appel qui avait condamné *in solidum* une société anonyme et son directeur général dans une affaire de trouble du voisinage : "Attendu qu'en retenant la responsabilité personnelle de M. Braida, sans relever aucune circonstance d'où il résulterait une faute qui soit séparable de ses fonctions de dirigeant et lui soit imputable personnellement, la cour d'appel n'a pas donné de base légale à sa décision".

Certains tribunaux se résignent mal à cette distinction entre faute personnelle et faute de service. Ainsi la cour d'appel de Paris, dans un arrêt du 9 mai 1990 (*JCP* 91, éd. E, II, 22, n. 5, obs. A. VIANDIER et J.-J. CAUSSAIN), n'a pas hésité à condamner à titre personnel le dirigeant qui avait engagé la caution de la société sans respecter les formalités de l'article 98 de la loi du 24 juillet 1966 imposant l'autorisation préalable du conseil d'administration. Cet irrespect hiérarchique ne relève-t-il pourtant pas de la catégorie des fautes de service ? (V. également *infra*, n. 711).

2° La responsabilité pénale

365. — Le dirigeant est responsable pénalement. Dans les sociétés à risque limité, des délits spécifiques ont été conçus pour donner une morale des affaires à ceux qui n'en ont pas, ainsi de la présentation de comptes infidèles, de l'abus de biens... (V. *infra*, n. 751 et s.). Dans les sociétés à risque illimité, il n'existe pas de délits spécifiques et l'abus des biens, par exemple, n'est pas réprimé en tant que tel dans les sociétés en nom collectif ; mais le droit commun s'applique et le gérant déloyal qui détourne les actifs sociaux est en grand danger d'être poursuivi pour abus de confiance au titre de la violation de son mandat.

366. — Le dirigeant social prête également sa personnalité à la société au point d'être parfois responsable des délits commis pour le compte de celle-ci... par d'autres que lui. Ainsi en est-il en matière de délit d'initié : "Dans le cas où les opérations (d'initiés) auront été réalisées par une personne morale, les dirigeants de droit ou de fait de celle-ci seront pénalement responsables des infractions commises" (Ord. 28 sept. 1967, art. 10-1, al. 2).

Enfin le dirigeant social assume la responsabilité pénale du chef d'entreprise et répond à ce titre des infractions à la réglementation générale des entreprises (droit du travail, droit de l'environnement, code de la route, droit de la consommation) et aux réglementations spécifiques gouvernant le secteur d'activité de l'entreprise (1) et des infractions révélant un défaut de surveillance ou une imprudence ayant entraîné un dommage (ex. : homicide involontaire du fait d'un accident pharmaceutique).

367. — Cette responsabilité pénale du chef d'entreprise est écartée en cas de délégation de pouvoir, le délégataire assumant alors la responsabilité et encourant les sanctions pénales correspondantes. Caractéristique est le cas d'un accident survenant sur un chantier de travaux publics (éboulement d'une tranchée mal étayée, chute d'un ouvrier d'un échafaudage démuni des protections requises...). Le président de la société est responsable pénalement au titre de sa qualité de chef d'entreprise et il peut être condamné pénalement au titre par exemple d'un homicide involontaire, sauf à prouver qu'il avait délégué ses pouvoirs à un collaborateur — chef de chantier, directeur régional — doté des pouvoirs et de la compétence nécessaires pour faire observer la réglementation. Aussi M. Bouygues n'est-il pas pénalement responsable des accidents survenant sur les centaines de chantiers de son entreprise à l'un des milliers de salariés de celle-ci et le président de la SNCF n'est pas davantage responsable des accidents ferroviaires (2). De ce point de vue, les cadres supérieurs, voire moyens, son bien plus exposés.

3° La responsabilité fiscale

368. — Les dirigeants (de droit ou de fait) qui, par des manœuvres frauduleuses ou simplement par l'inobservation grave et répétée de leurs obligations fiscales, rendent impossible le recouvrement des impôts sociaux risquent de le

(1) Ainsi en est-il par exemple du droit pharmaceutique : Cons. M. Tisseyre-Berry et G. Viala, *Législation et déontologie de l'industrie pharmaceutique*, éd. Masson, 2e éd., 1984.

(2) En cas de catastrophe ferroviaire, le président de la SNCF peut cependant encourir une sanction de nature politique, à savoir sa révocation ; c'est ainsi que le président de l'époque fut tenu pour responsable (politiquement) des accidents survenus en 1987 et fut révoqué par son ministre de tutelle ; M. Bouyghes est à l'abri de ce genre de limogeage.

payer cher ; l'article L. 267 du Livre des procédures fiscales prévoit en effet qu'ils peuvent être rendus solidairement responsables du paiement des impositions et des pénalités infligées à la société ; cette solidarité n'est pas automatique ; elle doit être prononcée par une ordonnance du président du tribunal de grande instance (3). Il n'existe pas de procédure analogue pour le recouvrement des cotisations sociales ; les dirigeants n'encourent de responsabilité personnelle que s'ils ont commis une faute détachable de l'exercice de leurs fonctions.

§ 2. — Les associés

369. — Le statut des associés n'est pas uniforme ; on se contentera ici d'évoquer leurs droits politiques, financiers et patrimoniaux, ces questions devant être approfondies lors de la présentation de chaque type de société :

— *les droits politiques ;* l'associé est citoyen de cette cité qu'est la société ; d'où les prérogatives politiques ; tout d'abord cette citoyenneté ne peut lui être retirée contre son gré (V. *infra*, n. 375 sur l'exclusion de l'associé) ; ensuite, "tout associé a le droit de participer aux décisions collectives" (C. civ., art. 1844) ; cette prérogative revêt deux formes ; la première est le droit d'information de l'associé sur les comptes et la politique sociale ; la seconde est le droit de vote qui lui permet de participer aux décisions stratégiques et d'exercer son droit de contrôle sur les dirigeants ; le principe d'égalité est une vertu d'ordre politique encore qu'elle n'ait pas la même portée qu'en droit constitutionnel ; le droit de vote est en effet attaché aux parts sociales et un associé a autant de voix que de parts ; de ce point de vue, le régime est inégalitaire ; la règle républicaine selon laquelle un homme vaut une voix se retrouve dans des groupements d'essence non "capitaliste" : les associations, les coopératives (V. *infra*, n. 2059) et, sauf clause contraire, dans les GIE (V. *infra*, n. 1450) ; enfin la société anonyme permet des fantaisies qui seraient nulles dans les autres types de société ; on peut en effet y trouver des formules aussi insolites que les actions à vote double (V. *infra*, n. 832) et même des actions sans droit de vote (V. *infra*, n. 869) ;

- *les droits financiers ;* ils s'expriment essentiellement par la perception de dividendes en cours de société et par la répartition du boni de liquidation à la dissolution ;

- *les droits patrimoniaux ;* les droits sociaux (parts sociales ou actions) ont une valeur vénale et font partie du patrimoine de l'associé ; celui-ci peut les monnayer en tirant argent comptant de leur cession ; mais une telle cession sera plus ou moins aisée selon le type de société, selon que les titres sont ou non cotés en bourse.

---

(3) F. Pillet, *La responsabilité fiscale des dirigeants de société, personnes morales et groupements : JCP* 89, éd. E, 15429.

§ 3. — Les organes de contrôle

370. — L'assemblée des associés constitue le premier organe de contrôle ; mais sa compétence technique n'est pas toujours évidente. D'où l'idée d'imposer la présence d'un contrôleur spécifique, le commissaire aux comptes, dans les sociétés les plus importantes, celles notamment qui font appel à l'épargne publique. Leur désignation est obligatoire dans les sociétés par actions (sociétés anonymes et commandites par actions), quelle que soit leur taille. Dans les autres personnes morales de droit privé exerçant une activité économique, qu'il s'agisse d'associations ou de sociétés, la désignation d'un commissaire aux comptes n'est obligatoire que si deux des trois seuils suivants se trouvent dépassés :

- dix millions pour le total du bilan ;
- vingt millions pour le chiffre d'affaires hors taxe ;
- cinquante pour le nombre de salariés.

Le statut et la mission des commissaires aux comptes seront examinés en détail dans le cadre de la société anonyme (V. *infra*, n. 960 et s.). En dehors des associés et de cet organe institutionnel qu'est le commissaire aux comptes, d'autres organismes sont investis d'une mission de contrôle plus épisodique : comité d'entreprise, ministère public, COB sans compter l'arbitrage des tribunaux en cas de crise (V. *infra*, n. 465 et s.).

§ 4. — Les salariés

371. — Les salariés sont-ils vraiment des acteurs sociaux? Autrefois, la réponse était négative sans conteste ; ils étaient seulement considérés comme liés par contrat à la société, lui fournissant leur force de travail comme d'autres fournissent des matières premières ou des services. Les progrès du droit tendent à les intégrer de plus en plus à la vie de la société ; s'ils n'ont pas la plénitude des prérogatives des associés, ce ne sont pas non plus des tiers étrangers à la manière des créanciers ; en témoignent les différents aspects de leur participation à la vie de la société : *participation aux résultats* avec le régime de l'intéressement, *participation à la gestion* par le biais notamment du comité d'entreprise, *participation au capital* le cas échéant. Ces différents aspects de la participation seront étudiés avec la société anonyme, puisque c'est dans ce type de société qu'elle est le plus développée (V. *infra*, n. 920 et s).

LE COIN DES AMATEURS

1) Le dirigeant de fait

372. — Le masque est devenu visage et celui qui singeait les organes légitimes de la société subit leur sort ; le dirigeant de fait est assimilé au dirigeant de droit du moins en ce qui concerne les aspects contraignants :

responsabilité et fiscalité. Il peut être recherché en responsabilité, civile ou pénale, comme le dirigeant de droit ; quant au fisc, il taxe de la même façon dirigeant de fait et dirigeant de droit (V. *infra*, n. 1316 et s.).

Reste à définir le dirigeant de fait : "La qualité de gérant de fait est caractérisée par l'immixtion dans les fonctions déterminantes pour la direction générale de l'entreprise, impliquant une participation continue à cette direction et un contrôle effectif et constant de la marche de la société en cause" (Paris,11 juin 1987 : *Bull. Joly* 1987, p. 719). Mérite cette qualité quiconque s'immisce dans la direction d'une société. Doit ainsi être considéré comme dirigeant de fait celui qui donne des instructions aux salariés, traite avec les banques, définit la politique sociale, perçoit des règlements au nom de la société (Paris, 3e ch. B, 6 mars 1991 : *Juris Data*, n. 20432). C'est bien sûr à l'associé majoritaire que l'on pense immédiatement ; il y a toutefois lieu de préciser que la position majoritaire ne présume pas l'ingérence et que l'associé majoritaire qui s'est borné à exercer le droit de contrôle et d'intervention attaché à ses titres ne saurait être tenu pour un dirigeant de fait (Paris, 7 mai 1975 : *D*. 1975, somm. 121). Dépassant le cercle des associés, on rencontre d'autres dirigeants en puissance. Le premier spécimen, le banquier, tente quelquefois de piloter lui-même la société ; il est alors qualifié de dirigeant de fait (Paris, 3 mars 1978 : *Gaz. Pal.* 1978, II, somm. 394; un établissement financier avait placé auprès des dirigeants de droit de la société débitrice un préposé qui prenait seul les décisions importantes). Cependant, tout créancier, même puissant, ne saurait être qualifié *a priori* de dirigeant ; il peut demander des explications et des comptes sans changer de statut ; ce qui lui est interdit, c'est de se substituer aux dirigeants régulièrement nommés ou de participer à la réalisation des décisions de gestion (Cf. Aix-en-Provence, 22 mai 1979 : *D*. 1980, IR, 186). La frontière entre le contrôle et la direction peut être franchie par d'autres que le banquier, comme le concédant, le franchiseur ou le maître de l'ouvrage (V. Rouen, 23 mai 1978 : *JCP* 79, II, 19235; franchiseur), voire l'Etat... (V. dans l'affaire *SCOPD Manufrance*, Trib. conflits 23 janv. 1989 : *D*. 1989, p. 367, note P. AMSELEK et F. DERRIDA; *Gaz. Pal.* 21-22 juill. 1989, note D. PLANTAMP).

Cons. G. NOTTÉ, *Les dirigeants de fait de personnes morales de droit privé*, thèse Paris I, 1978. — J.-L. RIVES-LANGE, *La notion de dirigeant de fait* : *D* 1975, chron., p. 41. — L. LEVENEUR, *Situations de fait et droit privé*, LGDJ, 1991.

2) La variété des statuts de dirigeant

373. — Les dirigeants ne se ressemblent pas, tant s'en faut. Leur titre déjà varie : président, directeur, administrateur, gérant... On connaît les jalousies fiscales qui opposent les "privilégiés" aux "pestiférés" selon qu'ils sont ou non assimilés aux salariés (V. *supra*, n. 108 et s.). Il existe bien d'autres clivages ; en voici quelques-uns sur le seul plan juridique :

1) *Associé ou non?* Dans les sociétés anonymes, les dirigeants, à l'exception des directeurs généraux et des membres du directoire, sont nécessairement choisis parmi les associés ; dans les autres sociétés, la direction peut être confiée à un tiers non associé ; une particularité insolite : dans les commandites, les commanditaires ne peuvent avoir la qualité de gérant (V. *infra*, n. 1524).

2) *Personne physique ou personne morale?* Dans les sociétés anonymes, le président du conseil d'administration et les membres du directoire sont nécessairement des personnes physiques ; il en est de même des gérants dans les SARL Les membres du conseil d'administration ou du conseil de surveillance dans les sociétés anonymes et les gérants des sociétés de personnes peuvent être des personnes morales.

3) *Révocable ou irrévocable?* Il n'existe pas en droit de dirigeant irrévocable (V. cependant la position curieuse du gérant, associé unique d'une EURL) ; les dirigeants sont révocables sur décision des associés ; certains sont révocables *ad nutum*, c'est-à-dire de façon discrétionnaire et sans indemnité ; tel est le sort des membres du conseil d'administration et du conseil de surveillance dans la société anonyme ; les autres catégories de dirigeants sont révocables pour justes motifs ; ceci ne signifie pas qu'ils ne peuvent être révoqués en l'absence de justes motifs, mais que leur révocation justifie alors l'octroi de dommages-intérêts.

4) *A durée déterminée ou à durée indéterminée?* Dans les sociétés anonymes, la loi fixe elle-même la durée du mandat des dirigeants ; dans les autres sociétés ce sont les statuts qui organisent cette durée ; ils peuvent prévoir que le gérant est désigné pour la durée de la société, ce qui est une sorte d'irrévocabilité ; reste cependant la possibilité d'une révocation judiciaire pour cause légitime.

5) *Commerçant ou non?* Lorsque la direction est confiée à un tiers non associé, celui-ci a la position de mandataire, ce qui exclut la qualité de commerçant. Dans la société en nom collectif et dans la commandite, les gérants associés acquièrent automatiquement la qualité de commerçant. Dans la société anonyme et la SARL, les dirigeants n'ont pas la qualité de commerçant, mais comme ils ne sont pas à l'abri des conséquences d'un redressement ou d'une liquidation judiciaires, sans compter qu'ils sont éligibles au tribunal et à la chambre de commerce, ils ont des allures de quasi-commerçants.

6) *"Cumulard" ou non?* Dans les sociétés anonymes et les SARL le cumul des fonctions de dirigeant et de salarié est possible sous certaines conditions ; dans les sociétés de personnes, en revanche, un tel cumul est interdit (sauf dans certaines sociétés civiles) pour les associés et *a fortiori* pour les dirigeants.

7) *Rémunéré ou bénévole?* Dans toutes les sociétés, les fonctions de dirigeant sont normalement rémunérées, mais rien n'interdit qu'elles soient gratuites (V. *infra*, n. 684).

3) Les affres du dirigeant qui s'engage comme caution

374. — On conçoit que les banques demandent aux dirigeants, voire aux principaux associés, des petites et moyennes entreprises de garantir en qualité de caution le remboursement des emprunts et crédits qu'elles accordent à la société. Plusieurs raisons à cela. C'est tout d'abord l'insuffisante surface financière de la société ; quel crédit accorder à une SARL au capital de 50 000 F ou à une société anonyme au capital de 250 000 F lorsque les fonds d'emprunt sont sans aucune commune mesure avec les fonds propres ? La réaction des banques est autre à l'égard des grandes sociétés fortement capitalisées ; elles ne demandent pas à M. Calvet, le président-directeur général, de s'engager comme caution quand elles accordent des crédits à Peugeot ; il est vrai qu'elles ne se privent pas d'imposer à la société mère de garantir le remboursement des emprunts contractés par les filiales (V. *infra*, n. 1987).

Les banques sont de même échaudées par les lois sur les procédures collectives, la dernière du 25 janvier 1985 notamment, qui ne font pas grand cas des créanciers, quels qu'ils soient. Le dépôt de bilan de la société n'entrave pas le droit de poursuivre à titre personnel le dirigeant qui s'est engagé comme caution ; s'il est à la tête d'une bonne fortune, le gage de la banque est conforté d'autant. Certaines banques se méfient à tel point des procédures collectives qu'elles préfèrent parfois que le prêt soit accordé au dirigeant personnellement, quitte à celui-ci à mettre les fonds à la disposition de la société par voie de compte courant ; le dirigeant prête alors son nom — et son crédit — quand il s'agit de financer la société.

Il ne faut pas enfin minimiser la portée psychologique de l'engagement du dirigeant, car son sort est désormais lié à celui de la société.

C'est dire l'extrême gravité juridique d'un tel engagement ; les dirigeants n'en mesurent pas toujours l'ampleur quand, par leur signature, ils scellent leur dépendance vis-à-vis de la banque. Il y a pourtant de quoi être saisi d'effroi, surtout si aux affres juridiques on mêle les affres fiscales ! Les contentieux sont fréquents ; ils ne sont pas rassurants dans l'ensemble (Pour une étude approfondie, V. P. Ancel, *Le cautionnement des dettes de l'entreprise,* Dalloz, 1989 — R. Roblot, *Le cautionnement des dettes d'une société commerciale par ses dirigeants : Mél.* J. Derrupé, Litec, 1991, p. 343.).

a) Les affres juridiques

La loi se veut protectrice des intérêts de la caution. Elle exige que l'engagement soit constaté par écrit, le titre devant comporter outre la signature de celui qui s'engage la mention manuscrite en lettres et en chiffres de la somme garantie (C. civ., art. 1326). Cela ne pose pas problème lorsque le dirigeant cautionne une dette dont le montant est déterminé, tel emprunt à moyen ou long terme par exemple. Mais quelle forme doit prendre la mention manuscrite lorsque le dirigeant s'engage à garantir toutes les dettes, actuellement indéterminées, que la société pourrait avoir envers la banque, dans le cadre d'un compte courant par exemple ? On parle alors de cautionnement "omnibus". Au terme d'une évolution cahotique, la jurisprudence dans son dernier état se montre peu exigeante. Elle analyse la mention manuscrite de l'article 1326 du Code civil comme une simple formalité probatoire ayant pour finalité la protection de la caution ; elle estime en conséquence que le dirigeant, de par sa qualité, connaît suffisamment la portée de son engagement quand il appose sa signature sur un acte de cautionnement "omnibus". Il ne saurait désormais se dérober au prétexte que la mention manuscrite n'est pas suffisamment explicite (Cass. com. 19 juin 1990 : *JCP* 90, II, 21578, note D. Legeais).

D'autres querelles se sont élevées quant à la durée de l'engagement. Elle est parfois déterminée dans l'acte ; le dirigeant reste alors tenu pendant toute cette période quand bien même il aurait cessé ses fonctions ; c'est une situation à ne pas recommander. Le plus souvent, le dirigeant s'engage sans indication de durée, c'est-à-dire à durée indéterminée. Il peut alors, car nul ne peut s'engager de manière perpétuelle, révoquer son engagement quand bon lui semble, notamment quand il cesse ses fonctions ; c'est un avantage appréciable. Encore faut-il que la révocation soit explicite. Notamment, à moins de stipulation contraire figurant dans l'acte, le départ du dirigeant, par démission, révocation ou retraite, ne met pas fin de plein droit à son engagement (Cass. com. 24 avril 1990 : *D* 1991, p. 177, note P. Morvan). Dès lors, le dirigeant qui souhaite éviter d'être "piégé" doit stipuler expressément que son engagement prendra fin avec le terme de ses fonctions ; à défaut, il ne doit pas oublier, lors de son départ, de révoquer formellement son engagement de caution ; bien évidemment, cette stipulation comme cette révocation n'ont d'effet que sur l'avenir, le dirigeant continuant de garantir les dettes nées antérieurement à son départ.

Qu'en est-il lorsque la société modifie sa structure juridique ? La transformation proprement dite (le passage de la SARL à la société anonyme par exemple) est sans incidence, puisqu'elle n'entraîne pas création d'un être moral nouveau (V. *infra*, n. 530). En cas de fusion, il faut distinguer (V. *infra*, n. 1740) :

- si la société garantie est l'absorbante, elle reste elle-même et l'engagement de caution continue de produire ses effets, même à l'égard des dettes futures ;

- si la société garantie est absorbée, elle disparaît de la scène juridique et le dirigeant, qui n'a pas cautionné la société absorbante, se trouve libéré pour l'avenir ; il reste bien sûr tenu des dettes antérieures à la fusion (Cass. com. 17 juillet 1990 : *JCP* 91, E, II, 143, note V. GRELLIERE).

Les mêmes solutions valent quand la fusion affecte la banque cautionnée ; l'engagement tombe si la banque se fait absorber ; c'est ce qui a été jugé à l'encontre de la BNP quand elle a été créée par absorption de deux banques préexistantes (Cass. com. 20 janv. 1987 : *JCP* 88, II, 20844, note M. GERMAIN).

Signalons enfin qu'en cas de décès du dirigeant, l'engagement du moins pour les dettes antérieures, passe aux héritiers ; il est vrai que les banques se prémunissent généralement contre cet aléa en imposant à la caution de souscrire une assurance-décès.

b) Les affres fiscales

Le contentieux fiscal est presque aussi fourni que le contentieux juridique ; de fait, les enjeux ne sont pas minces. Le dirigeant qui a dû s'exécuter estime avoir subi une perte de caractère professionnel et entend en conséquence la déduire de ses rémunérations imposables. Pour le fisc, à l'opposé, il s'agit d'une perte en capital qui doit rester sans incidence fiscale. L'interrogation est d'ordre psychologique : en acceptant de s'engager comme caution, le dirigeant a-t-il eu en vue la conservation de ses revenus professionnels, c'est-à-dire des rémunérations que lui verse la société, ou au contraire la conservation de son capital, c'est-à-dire de la valeur patrimoniale de sa participation dans la société ?

Pendant longtemps, c'est cette dernière analyse qui a prévalu, au grand dam des dirigeants. Puis le Conseil d'Etat a admis que, sous certaines conditions, la perte subie puisse venir en déduction des rémunérations imposables (Cons. d'Etat, 29 avril 1977 : *Rev. soc.* 1977, p. 433, note M. COZIAN). Le fait que le dirigeant possède l'essentiel du capital n'est pas un obstacle, ce qui est assez remarquable. En revanche, le Conseil d'Etat exige que l'engagement ne soit pas hors de proportion avec les émoluments perçus ; un rapport de un à trois est jugé raisonnable ; au-delà, on estime que le dirigeant a en vue la conservation de son capital et non celle de ses revenus. En voici un exemple ; le gérant majoritaire d'une SARL avait au cours des années 1966, 1971 et 1973 perçu des rémunérations allant de 90 000 F à 150 000 F ; il avait pendant les mêmes années signé des engagements de caution pour des montants de 150 000 F, 62 000 F et 142 000 F ; le Conseil d'Etat a admis la déductibilité des sommes versées en exécution de ces engagements ; en revanche, le dirigeant n'avait perçu en 1975 qu'une rémunération de 21 571 F (la société était à la veille d'une mise en liquidation), alors qu'il s'était engagé envers la banque à hauteur de 542 787 F ; les pertes liées à ce dernier engagement n'ont pas été admises en déduction (Conseil d'Etat 5 octobre 1990 : *RJF* 1990, n. 11, p. 755).

Recommandation importante : lorsque le dirigeant bénéficie du statut fiscal des salariés (présidents-directeurs généraux et gérants minoritaires de SARL), il doit veiller à renoncer à la déduction forfaitaire de 10 %, faute de quoi la déduction des frais réels serait interdite (cf. J. TUROT, *La prise en charge du passif social par un dirigeant : charge déductible ou perte en capital ? : RJF*

1989, n. 10, p. 543). Quand ils s'engagent comme caution, les dirigeants feront bien de songer aux éventuelles incidences fiscales ; ce devrait être un frein à opposer aux appétits de garantie des banques.

4) L'exclusion de l'associé

375. — Dans les clubs et les associations, il existe des procédures d'exclusion à l'encontre des membres devenus indésirables ; on peut même retirer sa nationalité à un citoyen à titre de sanction dans des circonstances exceptionnelles (V. P. Mayer, *Droit international privé*, Montchrestien, 3e éd., 1987, n. 912 et s.). En revanche dans une société, sauf clause contraire des statuts, il n'existe pas de déchéance de citoyenneté, quelle que soit la conduite de l'associé (la solution inverse est admise en droit allemand et en droit suisse)... Les tribunaux n'hésitent pas à annuler les décisions d'exclusion qui aboutissent à une expropriation pour cause d'utilité privée, sanction qui est contraire aux principes régissant le droit de propriété (C. civ., art. 545). Ainsi, devant une insuffisance de trésorerie, les associés d'une société civile immobilière avaient décidé à la majorité que chacun devrait renflouer la société à peine d'exclusion sans indemnité ; trois associés furent exclus pour cette raison, mais les tribunaux annulèrent la sanction prise à leur encontre ; cette solution est par ailleurs conforme à l'interdition d'augmenter les engagements des associés (V. *infra*, n. 376) (Paris 7 juin 1988 : *Rev. soc.* 1989, p. 246, note S. Dana-Demaret).

Mais tout principe comporte des exceptions et la loi autorise l'exclusion de l'associé dans les hypothèses suivantes :

- en cas de nationalisation ; c'est alors une expropriation pour cause d'utilité publique ;
- dans les sociétés à capital variable (V. *supra*, n. 323) ;
- en cas de règlement ou de redressement judiciaires, lorsque le tribunal enjoint aux dirigeants de céder leurs droits (V. *infra*, n. 436) ;
- en cas d'action en annulation de la société lorsque le tribunal accueille la proposition de rachat des droits sociaux de l'associé demandant la nullité de la société (L., art. 365).

En dehors de ces exceptions prévues par la loi, le débat est ouvert (Cons. J.-P. Storck, *La continuation d'une société par l'élimination d'un associé* : *Rev. soc.* 1982, p. 332). D'un côté, on peut estimer que l'exclusion, sanction disciplinaire appliquée par l'assemblée des associés à un associé rebelle, en vertu ou non d'une clause statutaire conférant une telle compétence à l'assemblée, est incompatible avec le droit de rester associé, droit reconnu dans la société à capital fixe (En ce sens : Paris, 25e ch., B, 26 mai 1989 : *JCP* 90, éd. E, 15677, n. 1, obs. A. Viandier et J.-J. Caussain. — *Contra* : Reims, 1re ch., 24 avril 1989 : *JCP* 90, éd. E, 15177, n. 2, obs. A. Viandier et J.-J. Caussain ; *Les Petites Affiches* 31 mai 1991, note S. Majerowicz. — *Adde*, J.-M. Bermond de Vaulx, *La mésentente entre associés pourrait-elle devenir un juste motif d'exclusion d'une société ? : JCP* 90, éd. E, II, 15921). D'un autre côté, un associé peut, par avance, en vertu d'une stipulation statutaire claire et précise, s'engager à céder ses parts ou actions à ses coassociés ou à l'un d'entre eux si telle ou telle condition se réalise. Il ne faut plus alors parler d'exclusion, terme qui a une connotation morale, mais de promesse de cession, figure juridique parfaitement licite y compris dans les sociétés à capital fixe.

5) Le retrait de l'associé

376. — L'entrée en société vaut-elle entrée en religion avec prononcé de vœux perpétuels? L'associé est-il à tout jamais prisonnier de son titre? Au contraire, la porte de la société est-elle toujours ouverte, permettant à l'associé qui s'ennuie de se retirer à son gré? La réponse ne peut être que nuancée (Ch. LAPOYADE DESCHAMPS, *La liberté de se retirer d'une société* : *D.* 1978, chron., p. 123 — I. SAUGET, *Le droit de retrait,* thèse Paris X, 1991). Tout dépend de la conception que l'on se fait de la société. Si elle n'est qu'un contrat, on appliquera le principe du *mutuus dissensus* de l'article 1134 du Code civil : "Les conventions légalement formées tiennent lieu de loi à ceux qui les ont faites. Elles ne peuvent être révoquées que de leur consentement mutuel"; l'associé ne pourra dès lors se retirer qu'avec l'accord unanime de ses associés. Si au contraire la société est autre chose qu'un contrat, si elle est une institution impliquant une constante *affectio societatis,* l'associé qui a perdu la foi doit pouvoir se retirer librement ; telle est la solution que consacre la loi de 1901 sur les associations : "tout membre d'une association qui n'est pas formée pour un temps déterminé peut s'en retirer en tout temps... nonobstant toute clause contraire". Mais la société n'est pas une association et toutes les sociétés ne sont pas construites sur le même modèle affectif ou idéologique. Au reste, il faut distinguer entre deux variétés de retrait, selon qu'il s'accompagne ou non du remplacement par un successeur.

La fracture est nette dans la première hypothèse entre les sociétés de capitaux et les sociétés de personnes ; dans les premières, surtout si elles sont cotées en bourse, on peut entrer et sortir à sa guise dès qu'on a trouvé un acheteur, puisque les actions sont librement négociables (V. *infra*, n. 822 et s.) ; les sociétés anonymes qui ne font pas appel à l'épargne publique peuvent cependant insérer dans leurs statuts une clause d'agrément (V. *infra*, n. 888 et s.). Dans les SARL et dans les sociétés de personnes, l'entrée du nouvel arrivant est toujours soumise à l'agrément des autres associés statuant à des majorités variables selon le type de société (dans les sociétés en nom collectif, l'unanimité est exigée) ; le retrait n'est pas de droit ; il faut trouver un successeur et le faire agréer.

Il y a retrait à l'état pur lorsqu'un associé, sans avoir à proposer de remplaçant, exige le remboursement de son apport initial. Le principe de l'intangibilité du capital social s'oppose à ce qu'un associé puisse s'en aller ainsi à sa guise en récupérant sa mise. Il existe tout de même quelques exceptions :

- si la société refuse l'agrément du successeur présenté par le candidat à la retraite, elle doit lui racheter ses droits et réduire le capital en conséquence, à moins qu'elle ne trouve elle-même un remplaçant qui ait ses faveurs (V. *infra*, n. 894 pour les sociétés anonymes et n. 1349 pour les SARL) ;
- dans les sociétés à capital variable et les coopératives, les associés entrent et sortent librement (V. *supra*, n. 323) ;
- dans les sociétés civiles, à défaut d'accord des autres associés, le juge peut autoriser le retrait en cas de justes motifs (C. civ., art. 1869) ;
- dans les GIE, chaque membre a le droit de se retirer dès lors qu'il a exécuté ses engagements (V. *infra*, n. 1543).

On rapprochera du retrait l'obligation faite au nouveau majoritaire qui prend le contrôle d'une société cotée de racheter au même prix les actions des minoritaires si ceux-ci le souhaitent (V. *infra*, n. 1836 et n. 1988) ; ce peut être pour eux une opportune porte de sortie à prix avantageux. Un droit de retrait comparable est accordé aux actionnaires en cas de transformation d'une société anonyme en commandite par actions (V. *infra*, n. 1204).

6) L'augmentation des engagements de l'associé

377. — En entrant dans la société, l'associé connaît la nature et l'étendue des risques qu'il encourt. On ne saurait les aggraver par la suite. Telle est la leçon qu'énonce l'article 1836 du Code civil : "En aucun cas, les engagements d'un associé ne peuvent être augmentés sans le consentement de celui-ci ". Des modifications statutaires sont toujours possibles, à condition de ne pas aggraver sa situation. La règle de l'intangibilité des engagements justifie notamment les conséquences suivantes :

- l'assemblée ne peut imposer à un associé de souscrire à une augmentation de capital contre son gré ;

- la transformation d'une société anonyme ou d'une SARL en société en nom collectif ou en société civile exige l'accord unanime de tous les associés (V. *infra*, n. 1038 et n. 1387) ;

- dans une société en nom collectif, l'assemblée ne peut imposer aux associés le versement de fonds complémentaires pour faire face aux exigences de certains créanciers (Cass. com. 7 mars 1989 : *Rev. soc.* 1989, p. 473, note Y. CHARTIER).

(n. 378 à 389 réservés)

SECTION II

LES RÉSULTATS

390. — Que la société ait pour objet la recherche de bénéfices ou d'économies, il convient à la fin de chaque année, plus précisément à la clôture de chaque exercice, de faire le point, de mesurer le résultat, de rechercher s'il est bon ou mauvais. C'est le problème de la détermination du résultat ; reste ensuite à s'interroger sur son imposition, puis sur son affectation.

§ 1. — La détermination du résultat

391. — Déterminer le résultat est une affaire de comptabilité, puisque le résultat social n'est autre que le résultat comptable. D'où les obligations comptables pesant sur les sociétés, sans compter les prescriptions spécifiques sur l'approbation et, dans certaines sociétés, la publication des comptes annuels.

A. — LES OBLIGATIONS COMPTABLES DES SOCIÉTÉS

1° L'obligation de tenir une comptabilité

392. — Les sociétés commerciales, comme n'importe quel commerçant, doivent tenir une comptabilité que l'on qualifie précisément de *commerciale* (C. com., art. 8). Il ne s'agit pas de n'importe quelle comptabilité d'apothicaire, mais d'une comptabilité minutieusement réglementée, reposant sur l'enregistrement des produits et des charges, des créances et des dettes, des amortissements et des provisions, ce que l'on désigne parfois par *comptabilité d'engagement* par opposition à une simple *comptabilité de caisse*. Le droit comptable est désormais une discipline autonome, entièrement rénovée ; ce fut l'œuvre de la grande loi comptable du 30 avril 1983, complétée par un décret comptable du 29 novembre 1983, prenant appui sur un nouveau Plan comptable général approuvé par un arrêté du 27 avril 1982 (1). Les articles comptables du Code de commerce (art. 8 à 17) et de la loi du 24 juillet 1966 (art. 340 et s.) ont été remaniés en conséquence.

Ne pas tenir de comptabilité ou en tenir une de façon frauduleuse ou fantaisiste est une faute grave ; commerçants et dirigeants de sociétés encourent les sanctions pénales de la banqueroute et les sanctions civiles de la faillite personnelle (L. 25 janv. 1985, art. 185 et 197-4°) ; les dirigeants des sociétés par actions et des SARL encourent des sanctions pénales spéciales s'ils n'ont pas établi de comptes annuels ou s'ils n'ont pas présenté des comptes fidèles (V. *infra*, n. 760 et s.). A défaut de comptabilité, le fisc reconstitue le résultat à sa façon, qui en général n'est pas tendre. En bref, une société doit se doter d'un service comptable à la mesure de son importance. Si ce n'est ici le lieu de présenter un cours de comptabilité, quelques indications sommaires sur les livres comptables et les comptes annuels ne seront sans doute pas superflues.

a) Les livres comptables

393. — L'article 2, alinéa 1er, du décret comptable du 29 novembre 1983 dispose que "tout commerçant tient obligatoirement un livre journal, un grand livre et un livre d'inventaire" :

- *le livre journal* constitue la mémoire de l'entreprise ; toutes les opérations y sont reportées dans l'ordre chronologique, jour par jour (d'où son nom) ;

- *le grand livre* regroupe l'ensemble des comptes de l'entreprise ; toute opération inscrite au livre journal est aussitôt reportée sur le grand livre à chacun des comptes mis en jeu ; autrement dit, chaque opération est enregistrée sur deux livres distincts, une première fois par ordre chronologique sur le livre journal, une deuxième fois par ordre logique sur le grand livre ;

- *le livre d'inventaire* regroupe les informations suivantes : le bilan, le compte de résultat et l'annexe, c'est-à-dire les comptes sociaux, puis l'inventaire proprement dit, c'est-à-dire le relevé et l'évaluation de tous les éléments actifs et passifs de l'entreprise.

b) Les comptes annuels (2)

394. — Les comptes annuels comprennent trois documents de synthèse (bilan, compte de résultat et annexe), qui sont établis à la clôture de l'exercice

(1) Cons. A. VIANDIER, *Droit comptable*, Précis Dalloz, 1984.

(2) Il faut prendre garde à l'amphibologie du mot *compte*. Au singulier, il désigne l'unité comptable d'enregistrement des opérations : le plan comptable donne la nomenclature officielle des comptes, le grand livre récapitule chacun des comptes utilisés par l'entreprise ; il existe par exemple autant de comptes qu'il y a de fournisseurs ou de clients. Au pluriel, les comptes désignent les documents de synthèse que sont le bilan, le compte de résultat et l'annexe.

(C. com., art. 8, al. 3). L'article 9 du Code de commerce indique la fonction de ces trois documents :

- *le bilan* est une photographie du patrimoine de l'entreprise ; il présente à gauche les éléments actifs et à droite les éléments passifs ; les capitaux propres doivent apparaître de façon distincte au passif (V. *supra*, n. 320) ;

- *le compte de résultat* récapitule les produits et les charges de l'exercice de façon à faire apparaître, compte tenu des amortissements et des provisions, le bénéfice ou la perte de l'exercice ;

- *l'annexe* complète et commente l'information donnée par le bilan et le compte de résultat ; elle apporte les compléments nécessaires au respect du principe de l'image fidèle.

2° L'obligation de respecter les principes comptables

a) Le dogme de l'image fidèle

395. — L'article 9, alinéa 5, du Code de commerce précise que “les comptes annuels doivent être réguliers, sincères et donner une image fidèle du patrimoine, de la situation financière et du résultat de l'entreprise”. Ce dogme de l'image fidèle — traduction de la *true and fair view* des Anglais — a été introduit dans le droit français par la loi du 30 avril 1983 à la suite de la quatrième directive européenne. Sa portée véritable demeure débattue (3).

396. — L'image fidèle résulte en principe du plein respect des consignes de sincérité (l'application de bonne foi des règles comptables) et de régularité (la conformité aux préceptes de la comptabilité). Il peut arriver que la stricte observance des règles comptables ne suffise pas à donner une image fidèle ; dans ce cas, l'annexe fournira le complément d'information nécessaire. Dans des cas exceptionnels, le respect des normes juridiques peut même refléter une image infidèle ; la primauté du dogme de l'image fidèle peut justifier alors que l'on écarte l'application de la norme ; à l'évidence, sacrifier ainsi la régularité sur l'autel de la fidélité doit rester quelque chose d'exceptionnel et l'annexe doit fournir à cet égard tous apaisements.

b) Le principe de spécialisation des exercices

397. — Il faut dégager un résultat chaque année ; c'est ce qui résulte indirectement de l'article 8, alinéa 2, du Code de commerce, lequel impose à tout commerçant de “contrôler par inventaire, au moins une fois tous les douze mois, l'existence et la valeur des éléments actifs et passifs du patrimoine de l'entreprise”. Fréquemment, par routine, les entreprises s'en tiennent à l'année civile, l'exercice comptable commençant le 1er janvier pour s'achever au 31 décembre. D'autres entreprises, souvent mieux inspirées, décalent l'exercice comptable par rapport à l'année civile, afin de mieux prendre en compte

(3) V. A. Viandier, *Droit comptable*, préc., n. 361 à 365.

les spécificités de leur activité ; ainsi un magasin d'articles de sport et de camping aura intérêt à arrêter sa comptabilité en fin de saison, au 30 septembre par exemple.

c) Le principe de permanence des méthodes

398. — Les résultats doivent être calculés à chaque fois selon les mêmes règles ; il est évident que si l'on change constamment les règles du jeu, les résultats n'ont plus de signification et toute comparaison devient impossible. D'où le principe de permanence des méthodes ; il ne doit cependant pas devenir un carcan interdisant toute amélioration du système comptable ; les changements éventuels doivent être justifiés et l'entreprise doit s'en expliquer dans l'annexe (C. com., art. 11).

d) Le principe de prudence

399. — La comptabilité est un instrument d'information financière qui se projette nécessairement dans l'avenir ; cette projection peut être optimiste ou pessimiste. Selon la règle de prudence, mieux vaut être pessimiste qu'optimiste, mieux vaux pécher par sous-évaluation que par surévaluation. Ainsi, au moment de l'inventaire, pour l'évaluation des titres du portefeuille, l'entreprise doit pratiquer des provisions pour dépréciation si certains titres baissent de valeur ; la règle de prudence interdit à l'inverse de prendre en compte les plus-values potentielles des titres dont la valeur a augmenté ; pis encore, il est interdit de compenser des moins-values latentes (lesquelles doivent être provisionnées) et des plus-values latentes (lesquelles ne doivent pas être comptabilisées). Il n'est pas sûr que ce principe de non-compensation donne une image vraiment fidèle de la situation financière de l'entreprise.

e) Le principe de continuité de l'exploitation

400. — Faire le point à la fin de chaque exercice ne signifie nullement *remettre le compteur à zéro*. On n'arrête pas l'exploitation ; on ne liquide pas l'entreprise. Les évaluations à retenir ne sont donc pas celles de la casse ou des soldes, mais celles du rythme de croisière. En revanche, lorsqu'il découvre des faits qui sont de nature à compromettre la continuité de l'exploitation, le commissaire aux comptes doit exercer son devoir d'alerte à l'égard des dirigeants (V. *infra*, n. 427 et s.).

B. — L'APPROBATION DES COMPTES ANNUELS

401. — Les associés ne sont pas nécessairement des experts en comptabilité, encore moins des experts comptables ; leur mission n'est pas de vérifier le détail de la comptabilité ; au demeurant, dans les sociétés par actions et les SARL, l'accès à la comptabilité leur est interdit : c'est le domaine réservé des dirigeants, sauf nomination d'un expert de l'article 226 (V. *supra*, n. 487

et s.) ; dans les sociétés de personnes au contraire les associés ont le droit, deux fois par an, de venir consulter sur place l'ensemble des livres comptables et des pièces justificatives (L., art. 17 pour les sociétés en nom collectif).

En revanche, l'approbation des comptes sociaux, c'est-à-dire de l'ensemble constitué par le bilan, le compte de résultat et l'annexe, est du ressort des associés. Les comptes doivent être établis à la diligence des dirigeants sociaux, lesquels doivent en outre rédiger un rapport de gestion (L., art. 340).

L'assemblée générale ordinaire doit être appelée, dans les six mois de la clôture de l'exercice, à statuer sur les comptes annuels. Ces comptes et le rapport de gestion sont adressés aux associés quinze jours au moins avant la tenue de l'assemblée générale, d'office dans les sociétés de personnes, sur demande dans les sociétés de capitaux et les SARL. Les mêmes documents doivent le cas échéant être communiqués au commissaire aux comptes et au comité d'entreprise, si ces organes existent.

402. — Inventaire et droit de communication des associés

Le mot *inventaire* désigne trois choses :

- l'opération de récolement des stocks à la clôture de l'exercice (*le magasin est fermé pour cause d'inventaire*) ;

- l'état énumératif et estimatif des éléments actifs et passifs composant le patrimoine de l'entreprise ;

- le livre (V. *supra*, n. 393) récapitulant l'inventaire proprement dit et les comptes sociaux (bilan, compte de résultat et annexe).

Le droit de communication des associés porte sur l'inventaire en tant qu'état énumératif et estimatif des éléments actifs et passifs ; ils ne peuvent exiger que l'inventaire leur soit expédié à leur domicile (ce privilège est limité aux comptes sociaux proprement dits) ; en revanche, ils peuvent venir le consulter sur place au siège de la société :

- dans les sociétés de personnes, ils peuvent en prendre copie (L., art. 17 et D., art. 13, pour les sociétés en nom collectif) ;

- dans les sociétés de capitaux et les SARL, les associés n'ont pas le droit de prendre copie de l'inventaire (D., art. 142 pour les sociétés anonymes et D., art. 33 pour les SARL).

C. — La publication des comptes annuels

403. — Les maniaques du secret exploiteront leurs affaires dans des sociétés à risque illimité (les comptes n'y sont pas divulgués), mais non dans des sociétés à risque limité dont n'importe quel curieux, bien ou mal intentionné, peut connaître le montant du chiffre d'affaires ou du bénéfice. Les dirigeants des sociétés anonymes et des SARL doivent en effet, dans le mois qui suit l'assemblée générale ordinaire annuelle, déposer au greffe du tribunal de commerce en deux exemplaires les documents suivants : comptes annuels, rapport de gestion, rapport du commissaire aux comptes et proposition d'affectation du résultat ; mention du dépôt est porté au *BODACC* à la diligence du greffier. Le défaut de publication des comptes est sanctionné par une amende pénale. La pratique enseigne que l'obligation est parfois ignorée.

§ 2. — L'imposition du résultat

404. — Les comptables doivent calculer deux résultats qui ne coïncident pas nécessairement : le résultat comptable et le résultat fiscal ; le premier est déterminé selon les canons de la comptabilité auxquels renvoie le droit des sociétés ; le second procède du premier moyennant divers ajustements en moins ou en plus ; quelques produits sont exonérés d'impôt (V. *infra*, n. 2006) ; plus fréquemment, certaines charges, régulièrement engagées et comptabilisées, ne sont pas prises en compte pour le calcul du résultat imposable ; celui-ci est alors plus élevé que le résultat comptable. Ce problème du passage comptable au résultat taxable relève de la technique fiscale et non du droit des sociétés ; on renverra donc aux ouvrages de fiscalité des entreprises. On donnera seulement quelques indications sur la façon dont est calculé l'impôt exigible en distinguant selon que la société relève de l'impôt sur le revenu ou de l'impôt sur les sociétés.

A. — La société relève de l'impôt sur le revenu

405. — On raisonnera à partir d'un exemple simple, celui de trois médecins exerçant à égalité leur activité au sein d'une société civile professionnelle ; sur le plan juridique, on est en présence d'une société de personnes, d'une société de partenaires exerçant une profession commune (V. *supra*, n. 51) ; sur le plan fiscal, il s'agit d'une société relevant de l'impôt sur le revenu (V. *supra*, n. 56). A la fin de l'exercice, qui coïncide avec l'année civile dans les professions libérales, on arrête la comptabilité et on dégage le résultat comptable puis, moyennant quelques ajustements, le résultat fiscal ; on supposera que ce dernier s'élève à 1 200 000 F. La société civile ne paie pas d'impôt à ce titre ; elle n'a pas la qualité de contribuable au regard de l'impôt sur le revenu. Ce sont les associés qui paieront l'impôt à raison de leur quote-part dans le résultat imposable, soit 400 000 F pour chacun ; chaque médecin rajoutera cette somme à ses autres revenus et sera imposé selon le barème progressif de l'impôt sur le revenu (V. *supra*, n. 114 et 115) ; cela signifie que l'impôt dû par chacun sera différent, puisqu'il est tenu compte de la situation familiale et du montant des autres revenus de chaque intéressé.

A l'opposé, si les résultats sont déficitaires, le déficit remonte directement jusqu'aux associés, chacun imputant la quote-part qui lui revient sur ses revenus personnels ; il y a ainsi *consommation* fiscale immédiate du déficit de la société.

B. — La société relève de l'impôt sur les sociétés

406. — On supposera que l'on est en présence d'une SARL regroupant trois experts-comptables ; à égalité d'affaires avec la société civile professionnelle précédente, le résultat comptable et fiscal de la SARL sera nettement moins élevé. Dans le premier cas, en effet, les prélèvements mensuels des médecins ne constituent pas des charges déductibles des résultats de la société civile ; ce sont des avances sur le bénéfice à venir (V. *supra*, n. 109). Dans le second, au contraire, les experts-comptables ont la qualité de salariés de la SARL et les rémunérations mensuelles qui leur sont allouées constituent en conséquence des charges déductibles des résultats de la société. Ce sont ces salaires qui permettent aux associés d'assurer leur subsistance ; ils sont imposés en tant que salariés sur les sommes qu'ils perçoivent à ce titre.

Le bénéfice de la société ne représente en fin de compte qu'un solde résiduel, après rémunération des associés travaillant dans la société. Si le bénéfice est mis en réserve, il subit l'impôt sur les sociétés au taux de 34 % (V. *supra*, n. 105) ; s'il est distribué sous forme de dividendes, le taux de l'impôt est de 42 %; quant aux dividendes, ils sont imposés au nom des associés avec le régime de l'avoir fiscal (V. *supra*, n. 106).

Si les résultats sont déficitaires, l'opacité fiscale des sociétés de capitaux s'oppose à la remontée du déficit jusqu'aux associés ; il n'est pas perdu pour autant ; il pourra seulement être imputé sur les bénéfices ultérieurs de la société, mais uniquement au cours des cinq exercices suivants. Il y a *consommation* différée du déficit, étant entendu qu'il s'agit d'une *denrée périssable*, à consommer dans les cinq ans.

Si l'on s'en tient à la statistique, la persistance de résultats déficitaires n'est pas un état pathologique et n'empêche pas de vivre ; une société sur deux en effet ne paie pas l'impôt sur les sociétés. La situation est la même pour les personnes physiques puisqu'un contribuable sur deux ne paie pas l'impôt sur le revenu. De ce point de vue, les personnes physiques et les personnes morales sont logées à la même enseigne ; l'impôt sur le revenu et l'impôt sur les sociétés n'atteignent que la moitié de la population fiscale.

§ 3. — L'affectation du résultat

407. — En même temps qu'ils statuent sur les comptes sociaux, les associés décident de l'affectation du résultat en fonction des propositions faites par les dirigeants. Ils peuvent décider soit la mise en réserve du résultat (il grossira alors les fonds propres et alimentera l'autofinancement de la société), soit sa mise en distribution (il financera dans ce cas les dividendes distribués aux associés).

A. — La mise en réserve du résultat

1° Les réserves obligatoires

408. — L'obligation de constituer des réserves peut résulter soit de la loi, soit des statuts. Dans les deux cas, elles sont indisponibles, en ce sens qu'elles ne peuvent pas être distribuées aux associés ; elles comportent la même intangibilité que le capital social (V. *supra*, n. 318) ; elles représentent du *quasi-capital*. Les associés peuvent décider l'incorporation des réserves obligatoires au capital social : le quasi capital devient alors capital tout court.

a) La réserve légale

409. — La loi impose la constitution d'une réserve légale uniquement dans les sociétés par actions et dans les SARL ; pareille obligation ne se rencontre pas dans les sociétés de personnes. Elle se calcule sur le bénéfice net de l'exercice, diminué, le cas échéant, des pertes antérieures. Son taux est de 5 % (le vingtième du bénéfice, dit la loi) ; le prélèvement cesse d'être obligatoire dès que les sommes inscrites à la réserve légale atteignent le dixième du capital.

b) La réserve statutaire

410. — Il s'agit de la mise en réserve d'un pourcentage du bénéfice, imposée par les statuts ; la réserve statutaire complète dans ce cas la réserve légale ; elle est rare dans la pratique.

2° Les réserves facultatives

411. — Une fois que la réserve légale, voire la réserve statutaire si elle est imposée, a été dotée, les associés peuvent librement décider que tout ou partie du bénéfice disponible sera porté à un compte de réserve facultative, également appelée réserve ordinaire. Les réserves facultatives ne sont pas indisponibles ; les associés peuvent décider ultérieurement leur mise en distribution sous forme de dividendes. Comme la réserve légale ou les réserves statutaires, les réserves facultatives peuvent être imputées sur des pertes ou être incorporées au capital.

3° Le report à nouveau

412. — Le report à nouveau représente la partie des bénéfices qui n'a été ni mise en réserve, ni distribuée ; il s'agit d'une somme, assez faible en général, qui est laissée en instance d'affectation jusqu'à la prochaine assemblée. Elle sera alors ajoutée au bénéfice disponible après dotation de la réserve légale et l'assemblée aura à statuer sur le total ainsi formé. Lorsque le résultat est déficitaire, la perte figure au passif du bilan en report à nouveau négatif (affecté par conséquent du signe *moins*).

B. — La mise en distribution du résultat

413. — Seule la mise en distribution du *bénéfice distribuable* tel qu'il est entendu au sens de l'article L. 346 est autorisée. Il s'agit du bénéfice comptable de l'exercice, diminué de l'impôt sur les sociétés, des pertes antérieures, de la dotation à la réserve légale (et à la réserve statutaire si elle existe) et augmenté du report à nouveau. Si le bénéfice distribuable n'est pas suffisant, l'assemblée peut arrondir le dividende par prélèvement sur les réserves antérieures, autres que la réserve légale ou la réserve statutaire.

LE COIN DES AMATEURS

Mise en réserve systématique des bénéfices et abus de majorité

414. — De par sa définition, la société est instituée en vue de partager le bénéfice qui pourra en résulter. Une société qui, à la façon d'une association, ne distribuerait jamais les bénéfices qu'elle réalise ne respecterait pas *a priori* sa finalité, qui n'est pas celle d'une machine à thésauriser. Au vrai, il faut distinguer entre les grandes sociétés faisant appel au marché financier et les petites sociétés à caractère familial. Les premières sont condamnées, lorsque les bénéfices sont suffisants, à distribuer des dividendes significatifs de façon à soutenir le cours de leurs actions en bourse et à ne pas *désespérer* leurs actionnaires. L'arbitrage entre mise en réserve et distribution est fonction de la politique financière suivie ; les grincheux qui estiment trop belle la part faite à l'autofinancement (la mise en réserve) peuvent élever la voix dans les assemblées générales, mais non dans les prétoires, les juges se gardant bien de se poser en censeurs de la gestion financière, même prudente, des dirigeants.

Il peut en aller autrement dans les petites sociétés, lesquelles s'abstiennent de distribuer le moindre dividende. Les majoritaires ne sont pas frustrés, qui perçoivent par ailleurs de confortables rémunérations ou jetons de présence ; mais ceci ne fait pas le compte des minoritaires qui n'émargent pas sur le registre des salaires. Cependant les tribunaux ne prononcent la nullité des mises en réserve qu'exceptionnellement lorsque la décision a été prise "contrairement à l'intérêt social et dans l'unique dessein de favoriser les membres de la majorité au détriment des membres de la minorité" (V. *infra*, n. 470 et s.). On illustrera le propos par deux décisions rendues en sens opposé.

a) Un exemple de mise en réserve abusive : l'affaire Langlois et Peters

Une SARL comprenait trois associés, deux majoritaires (95 %) percevant de substantielles rémunérations et un minoritaire (5 %) n'exerçant aucune activité dans la société et n'en tirant donc aucun avantage. Depuis 1969, celui-ci réclamait la mise en distribution des réserves accumulées, sans succès, les majoritaires s'y opposant ; ces derniers entendaient continuer la politique de mise en réserve systématique commencée en 1948. Résultat : les réserves représentaient les deux tiers du chiffre d'affaires... et 161 fois le montant du capital ; les sommes en cause étaient simplement portées au crédit des comptes bancaires de la société. Les juges virent dans ce comportement une pure thésaurisation, contraire à l'intérêt social, car ces sommes avaient subi les conséquences des fluctuations monétaires et n'avaient pas contribué au développement de la société. D'où abus de majorité et annulation des assemblées que permettait encore d'atteindre la prescription (Cass. com. 22 avril 1976 : *Rev. soc.* 1976, p. 479, note D. Schmidt).

b) Un exemple de mise en réserve non abusive : l'affaire Le Manoir Murisaltien

L'affaire présentait des ressemblances avec la précédente : mise en réserve systématique des bénéfices pendant dix ans (vingt ans dans l'affaire *Langlois et Peters*), majoritaires percevant d'importantes rémunérations. Mais la politique suivie, loin d'être une simple thésaurisation, avait permis de financer à bon compte le développement de la société. Voici la motivation de la décision : "Attendu que l'arrêt relève que si la situation de la société est favorable, c'est en raison de la politique prudente constamment menée...; qu'il précise que cette politique a consisté en particulier à assurer un financement important de la société sans qu'il soit besoin de faire appel à des avances de fonds extérieurs et qu'elle a conduit, à défaut de distribution de dividendes, à une progression de la valeur des actions qui profite à tous les actionnaires, qu'il ajoute que les rémunérations versées aux dirigeants ne sont pas anormales ; qu'en l'état de ces constatations et énonciations, la cour d'appel a pu retenir que les décisions litigieuses n'ont pas été prises contrairement à l'intérêt social et dans le dessein de favoriser les actionnaires majoritaires au détriment de Mme Philip" (Cass. com. 23 juin 1987 : *JCP* 87, éd. E, I, 16959, n. 8, obs. A. VIANDIER et J.-J. CAUSSAIN).

On se gardera de raisonner uniquement en termes de durée ; ainsi une mise en réserve pendant sept années a pu être qualifiée d'abusive (Rouen, 23 janv. 1986 : *JCP* 87, éd. E, 16122, n. 13, obs. A. VIANDIER et J.-J. CAUSSAIN). Ce qui importe, c'est la situation financière de la société et l'usage qui est fait des sommes mises en réserve : que la société soit florissante et étouffe sous les réserves, libres, extraordinaires, exceptionnelles, latentes ou cachées... et la mise en réserve, même une seule année, pourrait s'avérer abusive.

Certes, l'intérêt social — pierre de touche de la gestion des sociétés — justifie pleinement la politique d'autofinancement suivie par les majoritaires. Mais n'est-ce pas sur le dos des minoritaires non appointés, qui font figure de laissés pour compte? Dans les assemblées, ils n'ont guère voix au chapitre ; privés de dividendes, ils sont condamnés à une épargne forcée. Peuvent-ils au moins espérer une plus-value en capital? Encore faudrait-il qu'ils trouvent preneur de leurs titres, ce qui faute de marché, reste problématique (V. *infra*, n. 883). Triste sort des minoritaires dans les petites sociétés familiales, qui, trop souvent, sont des *otages* prisonniers de leurs titres.

La jurisprudence la plus récente confirme que les tribunaux n'hésitent pas à fustiger, au nom de l'abus de droit, les majoritaires (largement appointés) pratiquant des mises en réserve systématiques, qui ne sont nullement justifiées par l'intérêt social. En voici deux illustrations se rapportant à l'année 1990 qui ont le mérite d'apporter des précisions complémentaires :

- dans la première affaire (Cass. com. 10 mars 1989 : *Rev. fr. compt.*, avril 1990, p. 82, note Ph. REIGNE), les majoritaires avaient, en cours de procédure, cru trouver *in extremis* une parade en décidant l'incorporation au capital des réserves jusque là accumulées sans aucun profit pour la société ; la décision de l'assemblée générale extraordinaire fut annulée pour le motif que voici : "Attendu qu'il est évident que l'incorporation au capital de l'ensemble des réserves en cours de procédure a été faite pour empêcher la répartition de ces réserves ; — Attendu que la SARL Pyrénées-Diesel ne soutient même pas que cette décision ait été prise dans l'intérêt de la société ; — Attendu que pour les mêmes raisons que celles exposées précédemment, elle constitue un abus de droit et doit être annulée";

- dans la seconde affaire (Cass. com. 6 juin 1990 : *Bull. Joly* 1990, p. 782, note P. LE CANNU), les minoritaires demandaient l'annulation, pour abus de droit, des décisions des assemblées générales ayant décidé la mise en réserve des bénéfices, ce qu'ils ont obtenu ; ils réclamaient en outre à la société la réparation du préjudice qu'ils avaient subi ; leur prétention fut rejetée sur ce point, car ils s'étaient trompés de défendeur ; il leur a en effet été répondu que "seuls les actionnaires majoritaires qui avaient commis cet abus devaient en répondre à l'égard des demandeurs et qu'en conséquence l'action dirigée contre la société Huber n'était pas recevable"; il ne faut donc pas se tromper de cible ; si l'action tend à l'annulation d'une décision de l'assemblée, elle doit être dirigée contre la société ; si elle tend à la réparation du préjudice subi, elle doit être exercée contre les majoritaires.

(n. 415 à 424 réservés)

SECTION III

LES CRISES

SOUS-SECTION I

LES CRISES FINANCIÈRES

425. — Les mauvais résultats, s'ils se multiplient, peuvent conduire au dépôt de bilan de la société, qui ouvre une des deux procédures suivantes : le redressement judiciaire ou la liquidation judiciaire. Mais la situation peut être mauvaise sans être désespérée ; il en est des entreprises comme des êtres humains, on peut souffrir d'une maladie chronique sans être moribond. Le tri se fait en fonction d'un critère simple, celui de la cessation des paiements, c'est-à-dire l'impossibilité de faire face au passif exigible avec l'actif disponible.

§ 1. — L'absence de cessation des paiements

426. — Plusieurs traitements sont envisageables afin de remédier aux mauvais résultats ; leur efficacité dépend de la date de la prise de conscience des difficultés de l'entreprise ; plus tôt l'alerte est donnée, plus grande est la chance de guérison.

A. — L'ALERTE

427. — La loi du 1er mars 1984, dite de prévention des difficultés des entreprises, s'est préoccupée de leur détection afin que dès les premiers signes de faiblesse une défense immunitaire soit activée ; elle a notamment créé un devoir d'alerte pour le commissaire aux comptes et un droit d'alerte pour le comité d'entreprise et pour le président du tribunal de commerce (1).

(1) On évoquera seulement, car elle sera examinée ultérieurement, l'alerte particulière propre aux sociétés anonymes et aux SARL ; en cas de perte de la moitié du capital social, les associés doivent être réunis pour décider des mesures à prendre : dissolution de la société ou reconstitution des capitaux propres (V. *infra*, n. 1012 et s.).

1° Le devoir d'alerte des commissaires aux comptes

428. — Raisonnons sur le cas des sociétés anonymes. Le commissaire aux comptes doit demander des explications au président du conseil d'administration dès lors qu'il constate un ou plusieurs faits de nature à compromettre la continuité de l'exploitation (L., art. 230-1). Ces faits peuvent être d'origines variées : détérioration de la situation financière, perte de marchés importants, destruction de l'outil de travail, redressement fiscal majeur, grèves à répétition...

Le président répond dans le mois. A défaut de réponse ou si celle-ci n'est pas satisfaisante, le commissaire aux comptes invite le président à faire délibérer le conseil d'administration sur les faits relevés. Faute d'une telle délibération ou de décisions prises pour écarter les menaces pesant sur la continuité de l'exploitation, le commissaire fait rapport à la prochaine assemblée générale, voire, en cas d'urgence, convoque lui-même l'assemblée. Là s'arrête l'alerte ; le dernier mot appartient aux actionnaires, à eux d'apprécier la gravité des périls et la nécessité des remèdes (2).

429. — Pareille mission impartie au commissaire aux comptes le conduit en fait à apprécier la gestion de la société, d'où une dérive de ses fonctions du contrôle des comptes vers la surveillance de la gestion. Son importance, comme mode de protection des associés et des tiers, implique que la responsabilité civile du commissaire aux comptes puisse être engagée s'il omet, par myopie ou par complaisance, de déclencher l'alerte.

2° Le droit d'alerte du comité d'entreprise

430. — Aux termes de l'article L. 432-5 du Code du travail, "lorsque le comité d'entreprise a connaissance de faits de nature à affecter de manière préoccupante la situation économique de l'entreprise, il peut demander à l'employeur de lui fournir des explications". On mesure les particularités de ce mécanisme : d'un côté, le critère de déclenchement est plus large, d'où une intervention plus précoce ; d'un autre côté, l'alerte est facultative.

Si le comité d'entreprise n'obtient pas de réponse satisfaisante ou si la réponse obtenue confirme le caractère préoccupant de la situation, il établit un rapport qui est communiqué au commissaire aux comptes et à l'employeur. Le cas échéant, le comité peut provoquer une délibération de l'organe d'administration ou de surveillance de la société.

---

(2) Dans les sociétés de personnes et dans les SARL, la procédure ne comporte que deux phases : le commissaire aux comptes adresse sa demande au gérant, puis, si celui-ci refuse de répondre ou si sa réponse est insuffisante, établit un rapport spécial qui sera présenté à la prochaine assemblée des associés.

3° Le droit d'alerte du président du tribunal de commerce

431. — Lorsque la société n'est pas astreinte à la confection de documents comptables prévisionnels, le président du tribunal de commerce dispose d'un droit d'alerte qui lui est propre ; s'il constate que les pertes de l'exercice représentent plus du tiers des capitaux propres, il peut convoquer les dirigeants pour leur faire part de ses préoccupations (3) ; ce droit d'alerte n'est assorti d'aucune mesure coercitive ; le président ne peut compter que sur ses qualités de persuasion.

B. — Les traitements

1° L'accord informel

432. — Il s'agit de faire patienter les créanciers les plus puissants, de faire taire les dettes criardes. Contact est pris avec les créanciers à qui il est demandé de consentir des délais supplémentaires, voire des remises partielles. Des alliances peuvent encore être recherchées auprès d'investisseurs ou repreneurs.

Les opérations sont rarement gratuites, celui ou ceux qui viennent en aide demandant aux dirigeants et/ou aux associés principaux de fournir leur caution lorsque cela n'a pas encore été fait, de réduire leurs appointements, de comprimer les frais généraux, d'augmenter le capital... Le sauvetage est ici informel en tant qu'il n'appelle pas l'intervention du tribunal de commerce ; c'est la différence avec l'autre type de voie amiable.

2° Le règlement amiable

433. — Les technocrates du droit n'aiment guère que des opérations se déroulent en dehors des cadres réglementaires ou législatifs et ils ont tôt fait de canaliser vers le droit positif des comportements mis en marge. L'institution du règlement amiable par la loi du 1er mars 1984 illustre cette tendance. Les articles 35 et suivants organisent la possibilité pour une entreprise d'obtenir la nomination d'un conciliateur dès lors que les besoins de financement excèdent ses capacités (4).

Ce conciliateur après une étude de la situation de l'entreprise peut suggérer la conclusion d'un accord — le règlement amiable — entre tout ou partie des créanciers et le débiteur, accord qui prévoit par exemple des délais, des remises, des abandons de sûretés, un plan de restructuration... Pendant la durée de l'accord les créanciers renoncent à tout droit de poursuite. Si le règlement amiable échoue, le débiteur n'exécutant pas les engagements souscrits, une procédure collective est automatiquement ouverte à son égard, quand bien

---

(3) Cela suppose que les comptes sociaux sont déposés au greffe du tribunal de commerce, ce qui est le cas des sociétés anonymes et des SARL (V. *supra*, n. 403).

(4) M. Bayle, *De l'intérêt du règlement amiable* : *Rev. trim. dr. com.* 1988, p. 1. — Y. Chaput, *Le règlement amiable* : *JCP* 85, éd. E, II, 14455.

même il ne serait pas en cessation des paiements. C'est cette sanction qui fait l'intérêt de cette voie amiable. Amiable et secrète — le crédit de l'entreprise est à ce prix — puisque toutes les parties sont astreintes au secret professionnel, toute violation mettant en jeu une responsabilité pénale. Mais le procédé est loin d'avoir comblé l'attente de ses inventeurs et le règlement amiable est très rare.

§ 2. — La cessation des paiements

434. — La société ne peut plus faire face à son passif exigible avec son actif disponible ; elle est réputée en cessation des paiements (L. 25 janv. 1985, art. 3). Le passif exigible est le passif *échu*, passif *échu et exigé*, la tolérance et la patience des créanciers qui n'appellent pas le paiement de leur dû excluent la cessation des paiements. L'actif *disponible* est l'actif réalisable immédiatement ou à quelques jours. *Faire face* : la formule atteste que la cessation des paiements est plus qu'un déséquilibre momentané des ratios de liquidité, c'est l'incapacité à retrouver dans un avenir proche un équilibre durable.

Dès que la cessation des paiements est constatée, la société doit demander l'ouverture d'une procédure collective, procédure dite de redressement judiciaire. La procédure commence par une période d'observation de trois mois, renouvelable jusqu'à douze mois, en vue de l'établissement d'un bilan économique et social et de propositions de plan de redressement. A l'issue de cette période, si un plan de redressement — de cession ou de continuation de l'entreprise — a pu être mis au point, il est soumis au tribunal. A défaut, il est procédé à la liquidation judiciaire de l'entreprise qui disparaît ainsi. Quant aux créanciers, le plan peut prévoir les modalités de règlement du passif, des remises et/ou des délais leur étant parfois imposés. En cas de liquidation, ils sont — partiellement — désintéressés grâce à la vente des biens de l'entreprise. *Quid* du sort de la société, des dirigeants et des associés?

A. — Le sort de la société

435. — Le problème est celui de la survie de la société en état de cessation de paiement (5) ; tout dépend de la procédure retenue par le tribunal :

- s'il prononce le *redressement judiciaire*, c'est que la société est viable ; elle subsiste donc ;

- s'il prononce la *liquidation judiciaire*, c'est que la société n'est pas viable ; la décision vaut arrêt de mort ; elle entraîne la dissolution de la société (V. *infra*, n. 567).

---

(5) Observons que si la société n'a pas la personnalité juridique, aucune procédure ne lui est applicable ; ce sont les associés qui sont mis en redressement judiciaire (J.-Cl. Hallouin, *Les sociétés non immatriculées face au redressement et à la liquidation judiciaires* : *JCP* 89, éd. E, II, 15416).

B. — Le sort des dirigeants

1° Les pouvoirs des dirigeants

436. — Les dirigeants demeurent en fonction. Tel est le principe ; il connaît une exception : si la survie de l'entreprise le requiert, le tribunal peut exiger le remplacement d'un ou plusieurs dirigeants sociaux, ou, ce qui revient au même, subordonner l'adoption du plan de redressement à un tel remplacement (L. 25 janv. 1985, art. 23).

Les prérogatives des dirigeants sont affectées dans la mesure où, dès la période d'observation et pendant tout le temps de la procédure, divers organes, tels le juge-commissaire et l'administrateur désignés par le tribunal de commerce, exercent une tutelle sur la société. Ainsi, les actes les plus importants sont soumis à l'autorisation du juge-commissaire (nantissement du fonds de commerce, constitution d'hypothèques sur les immeubles sociaux...). Quant à l'administrateur, ses pouvoirs sont modelés, sur mesure, par le tribunal ; tantôt l'administrateur surveille seulement la gestion, tantôt il assure seul la direction de la société, les dirigeants étant mis sur la touche.

Le tribunal peut ordonner d'autres mesures à l'encontre des dirigeants dans l'intérêt de la société :

- privation du droit de vote dans les assemblées, le droit de suffrage étant alors exercé par un mandataire de justice ;

- interdiction de céder leurs droits sociaux ;

- obligation de céder leurs droits sociaux à un prix fixé par expert (c'est un exemple d'exclusion d'un associé, V. *supra*, n. 375) ;

437. — Les graves entorses à l'ordonnancement institutionnel de la société se justifient par le souci de sauvegarder l'entreprise. Telle est la proclamation solennelle qui figure à l'article 1er de la loi du 25 janvier 1985 : "Il est institué une procédure de redressement judiciaire destinée à permettre la sauvegarde de l'entreprise, le maintien de l'activité et de l'emploi et l'apurement du passif". A l'évidence, en cas de crise financière débouchant sur une procédure judiciaire, l'intérêt social *stricto sensu* s'efface devant l'intérêt de l'entreprise, puisque ce sont les intérêts des salariés et des créanciers qui priment (sur l'intérêt social en général, V. *infra*, n. 466 et s.).

2° Les sanctions des dirigeants

438. — Il existe un régime sévère à l'encontre des dirigeants qui ne remplissent pas leur mission avec la conscience et la compétence nécessaires (V. notamment *infra*, n. 740 et s., à propos des dirigeants de la société anonyme). Ce régime est aggravé si par leurs fautes ou leur impéritie ils ont contraint la société au dépôt de bilan. Les sanctions qu'ils encourent sont à la fois civiles (ils doivent participer au dédommagement du naufrage), pénales (le juge leur inflige amende et/ou prison) et professionnelles (on leur enlèvera le permis de diriger).

a) Les sanctions civiles

1) L'action en comblement du passif

439. — Lorsque la procédure révèle une insuffisance d'actif et donc l'impossibilité de désintéresser les créanciers sociaux, le tribunal peut décider "que les dettes de la personne morale seront supportées, en tout ou en partie, avec ou sans solidarité, par tous les dirigeants de droit ou de fait, rémunérés ou non, ou par certains d'entre eux" (L. 25 janv. 1985, art. 180). Une double exigence doit cependant être satisfaite : la preuve d'une faute de gestion et la démonstration d'une causalité entre ce comportement fautif et l'insuffisance d'actif. Sur ces deux points, la loi du 25 janvier 1985 marque une rupture très nette avec le droit antérieur, car l'article 99 de la loi du 13 juillet 1967 instituait une *présomption* de faute et de causalité.

La faute de gestion, qui peut être simplement légère, est variée ; *faute d'action* : aventurisme ou témérité, lancement de projets d'investissement démesurés, entêtement dans une diversification malheureuse ; *faute d'omission* : défaut de surveillance des cadres supérieurs ou du président, lancement d'opérations sans étude préalable sérieuse, absence de comptabilité analytique...

L'action en comblement est lancée par le représentant des créanciers, le procureur de la République ou le tribunal lui-même. Elle se prescrit par trois ans à compter du jugement arrêtant le plan de redressement ou prononçant la liquidation judiciaire.

Le ou les dirigeants condamnés doivent supporter une partie du passif ; les sommes qu'ils versent entrent dans le patrimoine de la société et sont réparties entre les créanciers sociaux. Faute de s'exécuter, les dirigeants condamnés courent le risque de se voir mis eux-mêmes, comme de simples commerçants, en redressement judiciaire.

2) L'action en extension de règlement ou de liquidation judiciaires

440. — La condamnation au comblement du passif ne conduit pas inéluctablement à l'ouverture d'une procédure collective à l'encontre des dirigeants sociaux ; elle n'a cet effet que si ces derniers ne s'exécutent pas. Tout autre est la conséquence d'une action en extension qui étend au dirigeant concerné la procédure ouverte à l'encontre de la société. Déjà prévue par la loi du 13 juillet 1967 (art. 101), l'action en extension a subi peu de modifications en 1985 (art. 182). L'énergie des effets de l'action en extension commande de réserver cette sanction aux cas particulièrement graves. L'action en extension, comme l'action en comblement, se prescrit par trois ans.

441. — Voici les faits qui sont de nature à fonder une action en extension, tels qu'ils sont énumérés à l'article 182 de la loi du 25 janvier 1985 :

- avoir disposé des biens de la personne morale comme des siens propres ;

- sous le couvert de la personne morale, masquant ses agissements, avoir fait des actes de commerce dans un intérêt personnel ;

- avoir fait des biens ou du crédit de la personne morale un usage contraire à l'intérêt de celle-ci à des fins personnelles ou pour favoriser une autre personne morale ou entreprise dans laquelle il était intéressé directement ou indirectement ;

- avoir poursuivi abusivement dans un intérêt personnel une exploitation déficitaire qui ne pouvait conduire qu'à la cessation des paiements de la personne morale ;

- avoir tenu une comptabilité fictive ou fait disparaître des documents comptables de la personne morale ou s'être abstenu de tenir toute comptabilité conforme aux règles légales ;

- avoir détourné ou dissimulé tout ou partie de l'actif ou frauduleusement augmenté le passif de la personne morale.

b) Les sanctions pénales

442. — L'ouverture d'une procédure révèle parfois des faits particulièrement reprochables et la sanction civile se double alors d'une sanction pénale au titre du *délit de banqueroute*. L'article 197 de la loi du 25 janvier 1985 qualifie ainsi le détournement ou la dissimulation d'actif, l'augmentation frauduleuse du passif, l'emploi de moyens ruineux pour se procurer des fonds afin d'éviter ou de retarder l'ouverture de la procédure de redressement judiciaire. Le tarif est dissuasif : trois mois à cinq ans d'emprisonnement et/ou 10 000 à 200 000 F d'amende (C. pén., art. 492, sur renvoi de l'article 197, préc.).

c) Les sanctions professionnelles

443. — La faillite personnelle et l'interdiction de diriger ou de contrôler une entreprise sont des *déchéances*, donc des *incapacités-sanctions*, d'ampleur variable, qui peuvent frapper le dirigeant d'une société mise en redressement judiciaire.

1) La faillite personnelle

444. — Ce sont les articles 185 et suivants qui définissent le régime de la faillite personnelle. Voici les faits qui peuvent justifier le prononcé de cette déchéance (L. 25 janv. 1985, art. 189) :

- avoir exercé une activité artisanale ou commerciale ou une fonction de direction ou l'administration d'une personne morale contrairement à une interdiction prévue par la loi ;

- avoir, dans l'intention d'éviter ou de retarder l'ouverture de la procédure de redressement judiciaire, fait des achats en vue d'une revente au-dessous du cours ou employé des moyens ruineux pour se procurer des fonds ;

- avoir souscrit, pour le compte d'autrui, sans contrepartie, des engagements jugés trop importants au moment de leur conclusion, eu égard à la situation de l'entreprise ou de la personne morale ;

- avoir payé ou fait payer, après cessation des paiements et en connaissance de cause de celle-ci, un créancier au préjudice des autres créanciers ;

- avoir omis de faire, dans le délai de quinze jours, la déclaration de l'état de cessation de paiements.

Le prononcé de la déchéance est à la discrétion du tribunal, lequel est saisi d'office par le représentant des créanciers ou par le procureur de la République.

En conséquence de la faillite personnelle, le dirigeant est privé — pour un temps qui ne peut être inférieur à cinq ans — du droit de diriger, gérer, administrer ou contrôler, directement ou indirectement, toute entreprise commerciale ou artisanale et toute personne morale ayant une activité économique (L. 25 janv. 1985, art. 186). Le dirigeant condamné qui viole l'interdit prononcé à son égard encourt un emprisonnement de six mois à deux ans et/ou une amende de 10 000 à 2 500 000 F. La faillite personnelle charrie avec elle d'autres incapacités : privation des droits politiques, exclusion des fonctions publiques, administratives ou judiciaires.

2) L'interdiction de diriger ou contrôler une entreprise ou une personne morale

445. — L'article 192 de la loi du 25 janvier 1985 autorise le tribunal, dans des cas justiciables de la faillite personnelle, à prononcer une mesure plus douce : l'interdiction de diriger ou contrôler une entreprise — commerciale ou artisanale — ou une personne morale. L'intéressé échappe alors aux déchéances politiques, publiques et administratives. De plus, le tribunal peut cantonner l'interdiction à certaines entreprises, par exemple celles dans lesquelles le dirigeant a des intérêts.

C. — Le sort des associés

1° Dans les sociétés à risque limité

446. — Les associés ne sont pas mis eux-mêmes en redressement judiciaire, la personnalité morale jouant pleinement son rôle de paroi étanche. Cependant ils subissent le contrecoup de l'ouverture de la procédure : ils ne peuvent plus espérer ni distribution de dividendes, ni récupération de leur apport, car ils seront servis après les créanciers, tous les créanciers.

2° Dans les sociétés à risque illimité

447. — Le sort des associés n'est pas enviable. L'article 178 de la loi du 25 janvier 1985 prévoit en effet l'extension automatique de la procédure collective aux associés de la personne morale indéfiniment et solidairement responsables du passif social ; tel est notamment le cas des associés des sociétés en nom collectif et des membres des GIE, mais non des associés des sociétés civiles (V. *infra*, n. 1485). Une procédure est donc ouverte à l'égard de chacun des associés et ces derniers courent un risque bien plus important que la perte de leur apport, puisqu'ils vont devoir supporter les dettes sociales de la même manière que s'ils étaient des entrepreneurs individuels.

(n. 448 à 464 réservés)

SOUS-SECTION II

LES CRISES POLITIQUES

465. — Les extravagances des dirigeants ou les dissensions entre les associés peuvent amener des crises institutionnelles affectant l'existence même de la société ; la crise peut être mortelle ; il est des mésintelligences qui conduisent à la dissolution de la société (V. *infra*, n. 562). Le suicide collectif reste une issue heureusement exceptionnelle et le plus souvent des mesures d'apaisement permettent de retrouver la sérénité. L'intérêt social est la "boussole" qui indique la conduite à suivre et permet de détecter les déviations, notamment les abus de majorité ou de minorité. Le juge est fréquemment sollicité lors des guérillas entre associés et son rôle est loin d'être négligeable en cas de crise de la société ; parfois, il lui suffit de trancher entre les prétentions des protagonistes ; le cas échéant, il est amené à placer lui-même des "tuteurs" auprès des organes sociaux en place.

§ 1. — La "boussole" de l'intérêt social

A. — La notion d'intérêt social

466. — L'intérêt social est longtemps passé inaperçu ; il est vrai qu'il n'est évoqué dans la loi que de façon exceptionnelle et détournée (1). C'est un concept qui a été forgé par la jurisprudence au gré des besoins, ce qui explique sa malléabilité, mais aussi son ambiguïté. Les organes sociaux doivent agir dans l'intérêt de la société, de même que les contrats doivent être exécutés de bonne foi (C. civ., art. 1134) ou encore que les époux doivent respecter l'intérêt de la famille (C. civ., art. 220-1). Comme la bonne foi ou l'intérêt de la famille, l'intérêt social est un *standard*, un *concept à contenu variable*. C'est un impératif de conduite, une règle déontologique, voire morale, qui impose

(1) Ainsi dans la société civile, la société en nom collectif et la SARL, "le gérant peut faire tous actes de gestion dans l'intérêt de la société" (C. civ., art. 1848, L., art. 13 et 49; pour la société civile). Dans les SARL et les sociétés anonymes, se rendent coupables du délit d'abus de biens sociaux ou d'abus de crédit social les dirigeants qui dans leur intérêt personnel "auront fait, des biens ou du crédit de la société, un usage qu'ils savaient contraire à l'intérêt de celle-ci" (L., art. 425 et 437. — V. *infra*, n. 752).

de respecter un intérêt supérieur à son intérêt personnel. La menace de l'intérêt social, *a fortiori* sa violation, appellent l'intervention du juge, alors que par principe celui-ci n'a pas à s'immiscer dans le fonctionnement de la société (2).

467. — Mais qu'est exactement l'intérêt social ? L'article 1833 dispose que "toute société doit... être constituée dans l'intérêt commun des associés"; néanmoins, il est admis que l'intérêt social ne se confond pas nécessairement avec l'intérêt des associés, qu'ils soient majoritaires ou minoritaires ; la société a un intérêt propre qui *transcende* celui des associés, diraient les philosophes. Pour emprunter la célèbre formule de Maurice MAETERLINCK à propos des abeilles, mais qui paraît écrite pour les sociétés, l'intérêt social est "l'esprit de la ruche" (3) :

> "L'abeille est avant tout... un être de foule. Elle ne peut vivre qu'en tas. Elle plonge un moment dans l'espace plein de fleurs..., mais sous peine de mort il faut qu'à intervalles réguliers elle revienne respirer la multitude.
> L'accumulation, la cité, dégage pour elle un élément invisible aussi indispensable que le miel. C'est à ce besoin qu'il faut remonter pour fixer l'esprit des lois de la ruche".

468. — Si l'on pousse plus avant, des divergences doctrinales apparaissent. Selon certains (4), l'intérêt social ne serait autre que l'intérêt de l'entreprise, ce qui permettrait de prendre en compte non seulement l'intérêt des associés, mais encore celui des salariés, des créanciers, des fournisseurs, des clients, voire de l'Etat. Malgré l'arrêt *Fruehauf-France* du 22 mai 1965 (V. *infra*, n. 496) que l'on ne manque pas d'invoquer en faveur de cette conception *œcuménique*, la jurisprudence s'en tient à une vue plus classique, plus limitée, de l'intérêt social, entendu comme l'intérêt propre de la société en tant qu'institution hiérarchisée, dans laquelle dirigeants et associés ne sauraient agir en négligeant l'intérêt commun et supérieur qui les domine (5). Comme on peut s'en douter, les difficultés sont décuplées au sein des groupes ; l'interrogation est redoutable : existe-t-il un intérêt de groupe devant lequel devrait s'incliner l'intérêt de chaque filiale? (V. *infra*, n. 1953 et s.).

---

(2) J. MESTRE, *Réflexions sur les pouvoirs du juge dans la vie des sociétés* : *Rev. jurisp. com.* 1985, p. 81.

(3) *La vie des abeilles*, éd. Charpentier, 1901, p. 21.

(4) V. notamment J. PAILLUSSEAU, *La société anonyme, technique d'organisation de l'entreprise*, Sirey, 1967, p. 173 et s. — *Les fondements du droit moderne des sociétés : JCP* 84, éd. E, 14193.

(5) Cela explique que les actions judiciaires engagées pour la défense de l'intérêt social se rencontrent surtout dans les sociétés anonymes (J. SCHAPIRA, *L'intérêt social et le fonctionnement de la société anonyme* : *Rev. trim. dr. com* . 1971, p. 970) et dans les SARL à un moindre degré. Elles ne sont cependant pas absentes dans les sociétés de personnes, même si l'opposition entre intérêt social et intérêt des associés y est moins vive que dans les sociétés de capitaux ; pour un exemple d'abus de majorité dans une société civile immobilière, V. *infra*, n. 473.

B. — La fonction de l'intérêt social

469. — L'intérêt social domine le fonctionnement de la société et sa violation appelle la réaction du droit des sociétés, du droit pénal et du droit fiscal. Sur le plan pénal, les dirigeants peuvent être poursuivis pour abus de biens sociaux ou abus du crédit social s'ils font passer leur intérêt personnel avant celui de la société (V. *infra*, n. 751 et s.). Sur le plan fiscal, la théorie de l'acte anormal de gestion permet au fisc d'ignorer les évaporations de matière imposable dues aux agissements contraires à l'intérêt social (V. *infra*, n. 495).

Mais c'est au premier chef le droit des sociétés qui assure la police du fonctionnement de la société au nom du respect dû à l'intérêt social. En voici les principales manifestations :

- il y a abus de majorité ou abus de minorité lorsque, dans leur intérêt personnel, les associés agissent ou s'abstiennent, contrairement à l'intérêt social (V. *infra*, n. 470 et s.) ;
- les dirigeants engagent leur responsabilité civile, et parfois leur responsabilité pénale, lorsqu'ils méconnaissent l'intérêt social (V. *infra*, n. 740 et s.) ;
- c'est au nom de l'intérêt social que le juge accepte de désigner un administrateur provisoire qui se substituera aux organes de gestion en place (V. *infra*, n. 479 et s.).

§ 2. — L'abus de majorité ou de minorité

A. — L'abus de majorité

470. — Dans une société, comme dans une démocratie, les décisions se prennent à la majorité, devant laquelle la minorité doit s'incliner ; c'est un gage d'efficacité par rapport au droit commun des contrats ou de l'indivision, lequel ne connaît que la règle de l'unanimité. La minorité n'est pas pour autant livrée pieds et mains liés aux caprices de la majorité et à l'instar des régimes politiques le droit des sociétés est confronté au redoutable problème de la protection de minorités (6). L'organisation institutionnelle de la société avec la séparation des pouvoirs, la responsabilité des dirigeants et la présence éventuelle d'un commissaire aux comptes constituent déjà une garantie. Les minoritaires bénéficient en outre de prérogatives légales propres : poser des questions écrites, demander l'inscription d'une question à l'ordre du jour, solliciter la désignation d'un expert de gestion ou d'un administrateur provisoire.

471. — Les tribunaux prennent le relais quand la majorité se rend coupable d'abus. Mais qu'est-ce qu'un abus de majorité ? C'est la transposition en droit des sociétés (avec tout de même des nuances) de la théorie civiliste de l'abus de droit (on peut user de son droit, mais non en abuser dans le seul dessein de nuire

(6) D. Schmidt, *Les droits de la minorité dans la société anonyme*, Sirey, 1969.

à autrui) ; autant dire que son application ne peut être qu'exceptionnelle, car il n'y a pas faute *a priori* à user de son droit et la minorité, même mécontente, ne peut contester à tout bout de champ le principe du vote majoritaire, à peine de paralysie de la société. L'abus n'est caractérisé qu'en cas de détournement de fonction, si la décision ne s'explique que par un intérêt égoïste contraire à l'intérêt social et aboutit à sacrifier les intérêts légitimes des minoritaires. Selon la formule employée par la Cour de cassation, il y a abus de majorité lorsque la résolution litigieuse a été prise "contrairement à l'intérêt général et dans l'unique dessein de favoriser les membres de la majorité au détriment de ceux de la minorité" (7) ; l'abus de majorité implique donc la réunion de deux éléments : la violation de l'intérêt social et la rupture d'égalité entre les associés.

472. — La sanction peut consister dans l'octroi de dommages-intérêts, mais les tribunaux n'hésitent pas à prononcer la nullité de la décision abusive ; voici quelques exemples d'annulation que l'on retrouvera par la suite :

- annulation d'une mise en réserve systématique de bénéfices (V. *supra*, n. 414) ;
- annulation de la transformation d'une société anonyme en commandite (V. *infra*, n. 1041) ;
- annulation de la mise en location-gérance de magasins (8) .

473. — Un exemple d'abus de majorité dans une société civile immobilière (l'arrêt *Flandre*)

Ce sont essentiellement les sociétés anonymes et les SARL qui fournissent les exemples d'abus de majorité ou de minorité. Les sociétés à risque illimité ne sont cependant pas à l'abri de tels abus. En voici un exemple. Deux vétérinaires et leur salarié (M. Flandre) créent à égalité une société civile immobilière ; l'immeuble dont elle est propriétaire est loué à la société civile professionnelle composée des deux vétérinaires. A la suite de dissensions, M. Flandre cesse sa collaboration mais refuse de céder sa participation dans la société immobilière aux deux autres associés. D'où des mesures de rétorsion. Les deux associés majoritaires, contre l'opposition de M. Flandre, votent une réduction du loyer de près des deux tiers (il passe de 44 000 F à 15 600 F par an). Du coup, les résultats de la société civile immobilière deviennent déficitaires, privant M. Flandre du moindre espoir de dividende. Il plaide avec succès l'abus de majorité : "Attendu qu'ayant constaté que la réduction de loyer très excessive et anormale consentie à la société civile professionnelle avait fait bénéficier celle-ci d'une réduction de ses charges en créant pour la société civile immobilière un déficit d'exploitation que M. Flandre devait contribuer à couvrir, la cour d'appel... a pu déduire de ces constatations que la délibération critiquée, contraire à l'intérêt de la société et prise dans le dessein de favoriser les deux associés majoritaires au détriment du troisième, constituait un abus de droit" (Cass. civ. 20 mars 1989 : *Bull. Joly* 1989, p. 411, note LE CANNU.).

---

(7) Cass. com. 18 avril 1961 : *JCP* 61, 12164, note D.B.

(8) Paris, 26 mai 1987 : *JCP* 87, éd. E, 16959, n. 7, obs. A. VIANDIER et J.-J. CAUSSAIN.

B. — L'ABUS DE MINORITÉ

474. — Face à la superbe des forts, il faut compter avec la tyrannie des faibles, d'où la notion, presque symétrique, d'abus de minorité (9). Il y a abus de minorité lorsque les minoritaires portent atteinte à l'intérêt social en bloquant une décision de manière injustifiée, dans le dessein de nuire aux majoritaires. Ce n'est pas une hypothèse d'école, certaines résolutions (modification des statuts par exemple) exigeant une majorité qualifiée : deux tiers dans les sociétés anonymes, trois quarts dans les SARL ; il suffit donc que les associés (ou l'associé) disposant d'une minorité de blocage votent contre pour que la résolution ne soit pas adoptée.

475. — Reste à tracer la frontière entre le droit de voter contre, qui est à l'évidence légitime, et l'opposition abusive. Les tribunaux tranchent au coup par coup, sans *a priori*, en fonction du contexte. L'augmentation de capital fournit un bon exemple ; l'opposition est abusive lorsque les minoritaires bloquent à trois reprises une augmentation de capital cruciale pour la survie de la société (10) ; l'opposition est légitime lorsqu'un minoritaire refuse d'approuver une restructuration du capital social en l'absence de projet sérieux en vue de rendre bénéficiaire une exploitation déficitaire (11).

476. — Lorsque l'abus de minorité est reconnu, ce qui est rare, la sanction n'est pas l'annulation puisque par hypothèse aucune décision n'a été prise, mais la condamnation à des dommages-intérêts. Les tribunaux pourraient-ils autoriser les majoritaires à passer outre à l'obstruction des minoritaires ? Certains, craignant l'instauration d'un gouvernement des juges, y sont hostiles ; d'autres n'éprouvent pas les mêmes appréhensions (12). Quelques tribunaux n'ont pas hésité à autoriser une augmentation de capital contre le vote des minoritaires (13). Il n'y a pas d'objection de principe à ce que les juges, qui peuvent annuler une délibération pour abus de majorité, autorisent les majoritaires à passer l'acte qu'implique l'intérêt de la société si l'opposition des minoritaires n'est dictée que par le dessein de nuire ; la doctrine cependant est divisée sur ce point (14).

477. — On rapproche utilement de l'abus des minoritaires celui de l'associé égalitaire d'une société comprenant deux associés ; son refus de toute transformation nécessaire à la vie de la société peut, à tout le moins, fonder une condamnation à des dommages-intérêts (V. *infra*, n. 478, l'affaire *Elane*).

---

(9) P. LE CANNU, *L'abus de minorité : Bull. Joly* 1987, p. 429. — M. BOIZARD, *L'abus de minorité : Rev. soc.* 1988, p. 365.

(10) Lyon, 20 déc. 1984 : *D.* 1986, p. 506, note Y. REINHARD.

(11) Paris, 18 déc. 1985 : *Rev. soc.* 1986, p. 112, obs. Y. GUYON.

(12) V. E. GAILLARD, *Le pouvoir en droit privé*, Economica, 1985, p. 109 et s.

(13) Trib. com. Pointe-à-Pitre, 9 janv. 1987 : *Rev. soc.* 1987, p. 285, obs. Y. GUYON. — Lyon, 25 juin 1987 : *Rev. trim. dr. com.* 1988, p. 70, obs. Y. REINHARD.

(14) En faveur d'une autorisation par le juge de passer outre au vote des minoritaires, V. J. MESTRE, article cité *supra*, note 2.

478. — Un exemple d'abus d'égalité : l'affaire *Elane*

La SARL *Elane* a été constituée en 1971 au capital de 20 000 F (le minimum de l'époque), à égalité entre deux associés, Jung et Simon, ce dernier exerçant les fonctions de gérant. L'objet social est le négoce de produits pétroliers. La société fait de bonnes affaires ; à preuve, le montant des réserves qui en 1982 s'élèvent à 1 200 000 F (60 fois le montant du capital social). Une ombre toutefois : les frais financiers et les coûts commerciaux sont en augmentation constante. Un remède existe : l'obtention d'une licence d'importation de produits pétroliers A3, qui permettrait de s'approvisionner à meilleur compte et d'augmenter les marges bénéficiaires. Seulement une telle licence ne peut être accordée qu'à des sociétés anonymes comportant un capital social en rapport avec le volume des affaires traitées. La solution est à portée de main : incorporer les réserves au capital et transformer la SARL en société anonyme. Il s'agit là de décisions extraordinaires, entraînant une modification des statuts et supposant l'accord du coassocié Jung. Celui-ci se réfugie dans une obstruction systématique ; il s'oppose à toute décision extraordinaire ou ordinaire ; il refuse l'approbation des comptes et même une distribution de dividendes. C'est l'impasse juridique et l'occasion d'un sévère contentieux qui aboutit à un arrêt de la cour d'appel de Dijon en date du 16 novembre 1983 (*Gaz. Pal.* 1983, II, p. 740, note A.P.S.).

Simon propose devant le juge de racheter les parts de Jung; sa demande est rejetée, car notre droit ne permet pas l'exclusion d'un associé, en dehors de quelques exceptions légales et sauf clause statutaire prévoyant une telle mesure (V. *supra*, n. 375). Jung contre-attaque en réclamant la dissolution de la société pour mésintelligence ; sa demande est également rejetée, puisque c'est son attitude qui est à l'origine de la situation de blocage (V. *infra*, n. 653) ; même rejet pour la demande de désignation d'un administrateur provisoire, car il n'y a pas paralysie des organes de gestion (V. *infra*, n. 582).

Simon plaide alors l'abus d'égalité et obtient gain de cause. Les juges constatent en effet que l'incorporation des réserves au capital et la transformation de la SARL en société anonyme n'imposent à Jung aucun sacrifice financier et ne portent pas atteinte à l'égalité entre les deux associés ; au vu des rapports remis par les experts, l'obtention d'une licence A3 ne présente aucun risque ; elle garantit au contraire le développement de l'entreprise et l'amélioration des résultats financiers. Jung est en conséquence condamné à de sévères dommages-intérêts ; à l'évidence, dans l'esprit des juges, c'est un moyen de pression pour forcer la main du récalcitrant.

Comme toute histoire, cette affaire a ses dessous ; voici la clé de l'énigme : recruté par la SARL en qualité de directeur commercial, Jung fut licencié par Simon en 1977; d'où les péripéties qui ont suivi... *Morale de l'histoire* : se méfier des SARL à égalité de parts et des sociétés au capital ridicule (V. *supra*, n. 324).

§ 3. — L'intervention de "tuteurs" judiciaires

A. — L'ADMINISTRATEUR PROVISOIRE

479. — La désignation par le juge d'un administrateur provisoire qui se substituera aux organes légaux de gestion le temps que se dénoue la crise est une mesure grave et exceptionnelle. Elle n'est ni prévue, ni organisée par la loi ; il s'agit d'une pure construction prétorienne, témoignage éclatant du pouvoir du juge de s'immiscer dans la gestion de la société lorsque la survie de celle-ci est en cause. Cette institution suscite un abondant contentieux, concernant surtout les conditions et la procédure de nomination de l'administrateur provisoire, mais aussi la mission qui lui est confiée.

1° Les conditions de nomination

480. — La nomination d'un administrateur provisoire ne se conçoit qu'en cas de crise grave mettant en péril la survie même de la société (15). Elle relève en cela de l'assistance à personne en danger ; par delà les intérêts égoïstes des protagonistes, le juge se fonde sur l'intérêt social ; aussi bien n'accède-t-il à la demande de nomination d'un administrateur provisoire qu'à la double condition que la preuve soit apportée d'une paralysie des organes sociaux ct d'un péril imminent.

a) La paralysie des organes sociaux

481. — La désignation d'un administrateur provisoire est indéniablement justifiée en cas de défaillance des organes. Voici une société anonyme dont tous les administrateurs, et donc le président qui est l'un des leurs, ont démissionné ou ont été révoqués ; les actionnaires, divisés en deux blocs rivaux, ne peuvent se mettre d'accord sur la désignation des remplaçants ; on peut craindre le pire pour une telle société, bateau ivre privé de tout organe de direction ; la désignation d'un administrateur provisoire s'impose à l'évidence. Il en va de même lorsque les organes sont en place, mais sont atteints de paralysie pour cause de mésintelligence ; ainsi de ces trois administrateurs composant le conseil d'une société anonyme qui, par leur hostilité agressive, entravent le fonctionnement normal de la société au point d'en compromettre la survie (16).

---

(15) La désignation d'administrateurs provisoires n'est pas propre au droit des sociétés ; on la rencontre dans toutes les institutions en cas de crise ; ainsi le ministre de l'Education nationale peut désigner un administrateur provisoire à la tête d'une université si celle-ci est dans l'incapacité d'élire un président ; le pape fait de même lorsque dans une abbaye en crise les religieux ne parviennent pas à élire un abbé accepté par tous.

(16) Cass. com. 26 avril 1982 : *Rev. soc.* 1984, p. 93, note J.-L. SIBON.

482. — En revanche, les dissensions entre les associés, si violentes soient-elles, ne justifient pas la désignation d'un administrateur provisoire tant que les organes sociaux fonctionnent normalement (17) ; le juge préfère dans ce cas laisser jouer les mécanismes sociétaires. L'administrateur provisoire n'est pas un arbitre chargé de trancher les conflits opposant minoritaires et majoritaires ; cette dernière proposition doit cependant être nuancée ; de plus en plus, les minoritaires sollicitent la désignation d'un administrateur provisoire alors même que les organes en place ne sont en rien paralysés ; certains juges du fond accèdent à leur demande si l'intérêt social est gravement menacé ; l'arrêt *Fruehauf-France* en est l'exemple le plus célèbre (V. *infra*, n. 496) ; c'est évoquer la deuxième condition qu'est le péril imminent (18).

b) Le péril imminent

483. — C'est seulement lorsque la société est exposée à un péril certain et imminent que le juge accepte d'intervenir au nom de l'intérêt social. Si le risque évoqué est simplement éventuel, la demande n'est pas recevable (19). La situation est plus embarrassante lorsque le préjudice, sans être actuel, risque de se réaliser si aucune mesure d'urgence n'est prise ; certains tribunaux ont ainsi accepté de désigner un administrateur provisoire à titre préventif pour conjurer un péril futur, par exemple les graves conséquences que l'annulation prévisible de la désignation des gérants ne manquera pas d'entraîner pour la société (20).

2° La procédure de nomination

484. — La demande est présentée devant le tribunal, le plus souvent par la voie du référé en raison de l'urgence. Les associés minoritaires sont les demandeurs naturels ; les dirigeants, notamment lorsqu'ils viennent d'être révoqués, peuvent également présenter une demande. Dans des situations exceptionnelles, surtout en cas d'inertie des associés, l'initiative peut être prise par le commissaire aux comptes, le comité d'entreprise, mais non par un créancier (21).

---

(17) Paris, 28 fév. 1989 : *JCP* 89, éd. E, I, 18383.

(18) Voici une affaire pittoresque dans laquelle les charmes d'une secrétaire ont entraîné une grave crise sociale ; le président d'une société anonyme devient amoureux de ladite secrétaire et licencie le mari encombrant ; la société est condamnée à lui verser de lourdes indemnités de licenciement ; pour empêcher le président de se livrer à d'autres extravagances qui pourraient être ruineuses pour la société, les minoritaires obtiennent la nomination en justice d'un administrateur provisoire (Rouen, 25 sept. 1969 : *JCP* 70, 16219, note Y. GUYON). On aurait tort d'en conclure que le président ne puisse pas être amoureux ; il suffit que ses pulsions ne troublent pas la paix sociale.

(19) V. dans l'affaire *Schneider,* Trib. com. Seine 9 mai 1969 : *JCP* 69, 16063, note Y. GUYON ; dans cette affaire le demandeur se contentait d'alléguer, sans en apporter la preuve, que le groupe étranger qui venait de prendre le contrôle de la société s'apprêtait à la démanteler.

(20) Cass. com. 17 janv. 1989 : *Bull. Joly* 1989, p. 321, note J.-J. DAIGRE.

(21) Cass. com. 14 fév. 1989 : *Bull. Joly* 1989, p. 323, note Y. STREIFF ; *JCP* 89, éd. E, II, 15517, n. 2, obs. A. VIANDIER et J.-J. CAUSSAIN; il n'appartient pas à un créancier "de se faire juge des intérêts de la société et de ses associés et d'agir en leur nom pour les préserver".

3° La mission de l'administrateur provisoire

485. — L'administrateur provisoire est généralement choisi sur la liste des mandataires judiciaires dont le statut est fixé par la loi du 25 janvier 1985 sur le redressement et la liquidation judiciaires. Selon l'article 1er de cette loi : "Les administrateurs judiciaires sont des mandataires chargés par décision de justice d'administrer les biens d'autrui ou d'exercer des fonctions d'assistance ou de surveillance dans la gestion de ces biens". La nomination doit être publiée au registre du commerce et des sociétés, s'agissant d'un nouvel organe de gestion (V. *supra*, n. 353).

486. — L'administrateur provisoire va se substituer temporairement aux dirigeants en place, voire aux dirigeants des sociétés du groupe (22). La décision du juge définit en principe l'étendue de sa mission ; il appartient notamment à l'administrateur désigné de prendre d'urgence les mesures nécessaires pour conjurer les dangers menaçant la société. Il doit également s'occuper de la gestion quotidienne, ce qui englobe à l'évidence les actes conservatoires. Mais peut-il prendre des actes de disposition engageant l'avenir de la société ? Tout dépend de ce que commande l'intérêt social (23). Un administrateur a pu par exemple donner le fonds de commerce de la société en location dès lors que cette situation permettait de résorber le passif social et de faire face aux échéances (24). Un arrêt de la Chambre commerciale (25) semble admettre que l'administrateur judiciaire est investi de tous les pouvoirs conférés par la loi aux organes de direction ; il ne saurait en revanche prendre des décisions qui relèveraient de la compétence des assemblées, dissoudre la société par exemple (26). A l'évidence, des zones d'ombre subsistent sur la mission des administrateurs provisoires.

B. — L'EXPERT DE GESTION

487. — A la différence de l'administrateur judiciaire, qui est une création des juges, l'expert de gestion est une création de la loi de 1966 (art. 226) qui, innovation remarquable, autorise les minoritaires, s'ils représentent au moins 10 % du capital (éventuellement en se regroupant), à demander en justice la désignation d'un expert chargé d'enquêter sur une ou plusieurs opérations de gestion ; d'où l'appellation à l'époque d'expert de minorité (ou encore d'expert de l'article 226). La loi du 1er mars 1984 sur la prévention des difficultés des entreprises a étendu la procédure, jusque-là réservée aux sociétés par actions, aux SARL Surtout, la demande peut désormais être présentée également par le ministère public, par le comité d'entreprise et par la COB dans les sociétés cotées. L'ancien expert de minorité est devenu expert de gestion.

(22) Cass. com. 5 fév. 1985 : *JCP* 85, éd. E, 14534, note A. VIANDIER.

(23) Y. GUYON, *La mission des administrateurs provisoires de sociétés*, in *Mélanges* D. BASTIAN, 1974, t. I, p. 103.

(24) Aix-en-Provence, 2 juill. 1982 : *Rev. jurisp. com.* 1983, p. 369, note Ph. DELEBECQUE.

(25) Cass. com. 6 mai 1986 : *Rev. soc.* 1987, p. 286, note Y. GUYON.

(26) Cass. com. 22 juin 1970 : *Bull. civ.* IV, n. 214.

488. — La désignation d'un tel expert est de plus en plus fréquemment sollicitée. La demande est portée devant le président du tribunal de commerce, statuant en la forme des référés. Le juge vérifie la qualité du demandeur et apprécie s'il y a lieu d'y donner suite. Il refuse de nommer si la requête est insuffisamment motivée, s'il estime le demandeur déjà renseigné sur l'opération litigieuse ou s'il considère que la requête dépasse le cadre de l'article 226, par exemple parce qu'elle vise à faire procéder à un contrôle ou à une critique de *l'ensemble* de la gestion de la société. L'expertise de gestion ne se conçoit que si le demandeur invoque des faits précis sur lesquels il demande que la lumière soit faite, c'est-à-dire s'il s'estime insuffisamment informé par les canaux ordinaires organisés par la loi. Ce n'est pas un moyen de faire procéder à un *audit* de la société afin d'y détecter d'éventuelles irrégularités ; l'expert de gestion ne saurait être un commissaire aux comptes *bis* (27) ; sa nomination suppose l'existence de présomptions d'irrégularité (28).

L'expertise ne peut porter que sur des actes de gestion, c'est-à-dire sur des actes passés par les dirigeants ; elle ne saurait s'étendre aux décisions prises par les associés dans le cadre des assemblées ; la Cour de cassation a par exemple jugé que la fixation par l'assemblée générale de la rémunération allouée au gérant d'une SARL ne constituait pas une décision de gestion et qu'elle ne pouvait donc pas faire l'objet d'une mesure d'expertise (29).

489. — Le juge détermine la mission exacte de l'expert et désigne les opérations sur lesquelles l'investigation doit porter. A l'issue de sa mission, l'expert fait un rapport, lequel est adressé au demandeur, aux dirigeants, au ministère public, au comité d'entreprise et à la COB si la société est cotée ; il est ensuite annexé au rapport du commissaire aux comptes pour être soumis à la prochaine assemblée des associés. Au vu de ce document, si les révélations sont compromettantes, les hostilités sont parfois déclenchées : action en responsabilité contre les dirigeants, demande de révocation... Il est dans la nature de l'expertise de gestion de fournir des armes à des associés recherchant l'affrontement avec les dirigeants en place.

490. — Exemples de missions confiées à un expert de gestion

- vérifier s'il n'y a pas eu de transfert de savoir-faire au profit d'une autre société (Cass. com. 20 déc. 1988 : *Les Petites Affiches* 13 fév. 1989, note P. MORETTI) ;
- enquêter sur l'opération par laquelle l'actionnaire majoritaire a décidé de céder l'ensemble des actifs de la société (Trib. com. Créteil, 13 avril 1988 : *Bull. Joly* 1988, p. 592) ;

(27) P. LE CANNU, *Eléments de réflexion sur la nature de l'expertise judiciaire de gestion* : *Bull. Joly* 1988, p. 553.
(28) Cass. com. 22 mars 1988 : *Bull. Joly* 1988, p. 366.
(29) Cass. com. 30 mai 1989 : *JCP* 89, éd. E, II, 15562, n. 9, obs. A. VIANDIER et J.-J. CAUSSAIN ; la fixation de la rémunération du gérant d'une SARL n'est pas une décision de gestion.

- établir les conditions d'une prise de participation dans une tierce société, le rôle joué à cette occasion par l'*Institut de développement industriel* et les perspectives de rentabilité de cet investissement (Paris, 12 janv. 1977 : *Bull. Joly* 1977, p. 190) ;
- se renseigner sur des opérations de prêt et d'augmentation de capital relatives à des sociétés contrôlées par un dirigeant social, afin de déterminer le point de départ de la prescription de l'action en responsabilité contre ce dernier (Cass. com. 21 oct. 1974 : *Rev. soc.* 1975, p. 113) ;
- enquêter sur les conditions de recouvrement des créances impayées, alors qu'aucune diligence n'a été faite sur ce point (Cass. com. 10 mai 1988 : *JCP* 88, éd. N, p. 613) ;
- déterminer les relations ayant existé entre deux sociétés et apprécier les raisons pour lesquelles la survenance d'un litige n'a pas donné lieu à la constitution d'une provision (Trib. com. Paris, 26 nov. 1973 : *Rev. soc.* 1975, p. 106) ;
- rechercher une information complète et objective sur les projets de rachat de l'entreprise par les salariés (RES) (Versailles 19 déc. 1989 : *Droit sociétés*, avril 1990, p. 8).

C. — Les autres intervenants

491. — Avec l'administrateur provisoire et l'expert chargé d'enquêter sur une ou plusieurs opérations de gestion le juge dispose des moyens de s'ingérer dans le fonctionnement des sociétés, faculté dont il n'use, par bonheur, qu'avec parcimonie, respectueux qu'il est de la nature de groupement privé des sociétés et du secret des affaires (30). Cette sagesse est d'autant plus nécessaire que la panoplie des moyens d'intervention ne se limite pas à ces deux moyens. Qu'on en juge.

1° L'expertise de l'article 145 du Code de procédure civile (31)

492. — Avant que l'expertise de gestion de l'article 226 ne soit étendue aux SARL, les juges utilisaient l'article 145 du Code de procédure civile pour parvenir au même résultat. Ce texte dispose que «s'il existe un motif légitime de conserver ou d'établir avant tout procès la preuve de faits dont pourrait dépendre la solution d'un litige, les mesures d'instruction légalement admissibles peuvent être ordonnées à la demande de tout intéressé, sur requête ou en référé». C'est bien "avant tout procès" que l'expertise peut être ordonnée et en cela elle se rapproche de l'expertise de l'article 226; elle s'en distingue toutefois dans la mesure où le secret des affaires peut faire obstacle à l'expertise de l'article 145 (32), ce qui ne paraît pas être le cas pour l'article 226, et ce qui justifie les conditions plus strictes auxquelles cette dernière mesure d'instruction est assujettie.

(30) G. Virassamy, *Les limites à l'information sur les affaires d'une entreprise* : *Rev. trim. dr. com.* 1988, p. 179 et s.
(31) S. Michelin-Finielz, *L'expertise de l'article 226 et l'expertise préventive dans la société anonyme* : *Rev. soc.* 1982, 43.
(32) Cass. com. 5 janv. 1988 : *D.* 1989, p. 354, note G. Virassamy.

2° Le contrôleur ou l'observateur de gestion

493. — Il est des cas dans lesquels les conditions de nomination d'un administrateur judiciaire ne sont pas réunies, mais le juge estime opportun de mettre en place une mesure d'information pour sauvegarder les droits du demandeur ; il désigne alors un observateur ou contrôleur de gestion. La solution apparaît dans un arrêt de la Cour de cassation de 1972 (33), et il en est régulièrement fait application (34). L'observateur ne gère pas, il regarde et écoute ; son rôle est en quelque sorte celui d'un "casque bleu". Voici quelques exemples de missions dévolues à l'observateur de gestion :

- assister aux délibérations des organes sociaux ;
- faire connaître aux créanciers tous actes qui seraient susceptibles de compromettre la valeur des actions nanties ;
- faire rapport au tribunal des manquements aux injonctions ordonnées par celui-ci.

Dans l'affaire *Pétrossian,* le tribunal de commerce de Paris a inventé un "tuteur" d'un type inédit, l'enquêteur ; c'est plus qu'un simple observateur, mais moins qu'un administrateur provisoire ; qualifions-le de sous-administrateur provisoire (au sens de sous-chef) ou encore d'administrateur au pied levé (V. *infra*, n. 497).

3° Le séquestre

494. — La mise sous séquestre est fréquemment demandée à l'occasion de conflits opposant deux actionnaires, voire un actionnaire à la société. Elle vise à placer dans les mains d'un séquestre les actions litigieuses, ce qui les rend indisponibles et aboutit à les figer pendant tout le temps du litige. Cette mesure conservatoire est fondée sur l'article 1961 du Code civil, lequel vise le litige sur la propriété d'un bien, mais a fait l'objet d'une interprétation extensive par les tribunaux. Aussi bien le séquestre est-il prononcé dans tous les cas où il convient d'assurer la conservation des droits des parties ; il permet notamment de bloquer une opération de restructuration pendant tout le temps de la procédure au fond.

Si le séquestre conserve, c'est en principe l'actionnaire qui vote ; dans les cas graves, le juge peut décider le contraire si l'intérêt social l'exige ; ceci revient à priver l'actionnaire en cause de son droit de vote (35). Voici des motifs justifiant une mise sous séquestre :

---

(33) Cass. com. 10 janv. 1972 : *JCP* 72, II, 17134, note Y. Guyon ; en l'espèce, un ancien actionnaire qui avait vendu ses titres sous la condition que la pérennité de la société soit assurée avait obtenu la nomination d'un contrôleur de gestion ayant pour mission de veiller à ce que la gestion des cessionnaires n'entraîne pas la liquidation de la société avant qu'il ne soit statué sur la résolution de la cession.

(34) Paris, 27 fév. 1980 : *Rev. soc.* 1981, p. 109.

(35) M. Guilberteau, *Le droit de vote du séquestre judiciaire d'actions litigieuses* : *Rev. soc.* 1971, p. 497.

- risque sérieux d'annulation d'une cession d'actions (36) ;
- sauvegarde de l'intérêt de la société dont la survie est en péril du fait du conflit entre deux groupes d'actionnaires (37).

LE COIN DES AMATEURS

1) L'intérêt social et la théorie fiscale de l'acte anormal de gestion

495. — Pas plus que le juge ou le commissaire aux comptes, l'administration fiscale n'a à s'immiscer dans la gestion des entreprises. Les dirigeants sont maîtres de la gestion et en supportent le cas échéant la responsabilité ; il n'appartient pas à l'administration de se faire *a posteriori* le censeur de la politique qui a été suivie, quand bien même des erreurs de gestion auraient été commises, quand bien même les résultats seraient désastreux. Les dirigeants ont un droit à l'erreur et c'est aux associés de les sanctionner si nécessaire ; le fisc n'a pas à faire la police à leur place. Ce coup de chapeau donné, il est entendu que les dirigeants ne sauraient faire n'importe quoi, n'importe quand, n'importe comment et que le fisc se refuse à supporter les conséquences de certaines de leurs fantaisies et notamment de ce qu'il est convenu d'appeler les actes anormaux de gestion ou, ce qui revient au même, les actes de gestion anormale (V. M. COZIAN, *Les grands principes de la fiscalité des entreprises*, Doc. 4, "La théorie de l'acte anormal de gestion").

Il est en effet tentant de réaliser de bonnes affaires sur le dos de la société. Le bénéfice dégagé est réduit d'autant, ce qui entraîne une économie d'impôt ; le fisc est donc perdant et on conçoit qu'il réagisse. Dès lors que l'acte est passé contrairement à l'intérêt de la société, dans l'intérêt personnel des dirigeants ou dans l'intérêt d'une personne extérieure à la société, les baisses de résultat sont déclarées inopposables au fisc. Celui-ci rattache donc au bénéfice imposable les charges indues ou excessives (les rémunérations exagérées allouées aux dirigeants par exemple) ou le manque à gagner (l'insuffisance du prix en cas de vente à un prix anormalement bas par exemple).

En voici une illustration qui n'est pas une hypothèse d'école ; une société anonyme met à la disposition de son président, pour ses déplacements professionnels, une somptueuse limousine financée par crédit-bail ; à l'expiration du contrat, le président lève l'option à son nom personnel pour un prix résiduel symbolique. Il réalise incontestablement une bonne affaire, mais au détriment de la société qui avait normalement vocation à lever l'option, quitte à revendre le véhicule avec une substantielle plus-value. Au regard du droit des sociétés, s'agissant d'une convention réglementée, les minoritaires peuvent demander la nullité de l'opération si l'autorisation préalable du conseil n'a pas été sollicitée (L., art. 101. — V. *infra*, n. 729) ; il s'agit par ailleurs d'un abus de biens sociaux que le commissaire aux comptes doit dénoncer au procureur de la République s'il en a connaissance (V. en ce sens, *Bull. CNCC,* 1984, p. 117) ; sur le plan fiscal, c'est enfin un acte anormal de gestion justifiant que la société soit imposée sur le manque à gagner dont elle a été indûment privée (Cons. d'Etat, 27 avril 1984, : *Dr. fiscal* 1984, n. 50, comm. 2242).

---

(36) Trib. com. Paris, 23 fév. 1988, inédit, affaire *Télémécanique* : *Rev. dr. bancaire* 1989, p. 100, n. 13, obs. M. JEANTIN et A. VIANDIER.

(37) Cass. com. 19 mai 1987 : *JCP*, éd. E, 16959, n. 13, obs. A. VIANDIER et J.-J. CAUSSAIN.

Cet exemple montre bien que la violation de l'intérêt social entraîne des sanctions civiles (annulation de l'acte ou responsabilité personnelle des dirigeants), des sanctions pénales et des sanctions fiscales. Malgré le principe de non-immixtion dans la gestion des entreprises, le juge (en cas de sanction civile ou pénale) et le fisc sont amenés à porter un jugement de valeur sur la qualité de la gestion au regard de l'impératif de l'intérêt social.

On éprouve tout de même un malaise sur le plan fiscal puisque c'est la victime qui se trouve sanctionnée ; dans notre exemple, la société subit un manque à gagner et elle se voit infliger un supplément d'impôt ; il lui est certes loisible de se retourner contre le dirigeant indélicat (V. *supra*, n. 363) ; il n'est pas sûr que pareille démarche soit courante dans la pratique...

2) L'arrêt *Fruehauf-France* (Paris, 22 mai 1965)

496. — La société *Fruehauf-France*, filiale du groupe américain *Fruehauf International*, a pour activité la fabrication et l'exportation de matériels de transport. En décembre 1964, la société *Berliet* lui commande 60 semi-remorques destinées à l'exportation vers la République populaire de Chine. Peu de temps après, *Fruehauf-France* reçoit du président de *Fruehauf International* l'ordre de ne pas exécuter ce contrat ; en réalité il ne faisait lui-même que répercuter l'ordre intimé par l'administration américaine qui avait décrété l'embargo à l'encontre de la Chine populaire. *Berliet* refuse cette rupture unilatérale. Les représentants des actionnaires minoritaires français au conseil d'administration démissionnent et demandent la désignation d'un mandataire de justice chargé de gérer la société pour une durée déterminée et d'exécuter les commandes en cours. Ils obtiennent gain de cause, au grand soulagement vraisemblablement des actionnaires américains. Voici le motif central de la décision rendue par la cour d'appel de Paris (*JCP* 65, 14274 *bis*, concl. NEPVEU; *D.* 1968, p. 147, note R. CONTIN) :

> "Considérant que les pièces versées aux débats démontrent sans contestation sérieuse, non seulement l'intérêt évident que présente pour la société *Fruehauf-France* la bonne exécution du contrat passé avec son principal client, la société *Berliet*, qui lui procure 40 % environ de ses exportations, mais surtout les incidences catastrophiques qu'aurait entraînées à la veille des livraisons promises, et qu'entraînerait encore aujourd'hui la résiliation de ce marché, puisque l'acheteur serait apparemment fondé à réclamer à son fournisseur la réparation intégrale de son préjudice commercial, évalué à plus de 5 millions de francs, consécutif à la rupture de ses négociations avec la Chine ; — Considérant que ces incidences, dont *Fruehauf Corporation* ou *Fruehauf International* (les actionnaires américains) n'ont point manifesté l'intention d'assumer la charge, seraient de nature à ruiner définitivement l'équilibre financier et le crédit moral de la société *Fruehauf-France* et à provoquer sa disparition et le licenciement de plus de six cents ouvriers ; que ces circonstances établissent suffisamment l'urgence et le bien-fondé de la mesure conservatoire prévue, étant observé que pour nommer un administrateur provisoire le juge des référés doit s'inspirer des intérêts sociaux par préférence aux intérêts personnels de certains associés, fussent-ils majoritaires, et qu'il n'est nullement certain, au surplus, que cette nomination soit contraire aux intérêts réels des appelants...".

Cet arrêt a été salué à l'époque pour sa hardiesse. Ne consacrait-il pas une nouvelle vision de l'intérêt social, désormais confondu avec l'intérêt de l'entreprise, prenant en compte l'intérêt des salariés, celui des créanciers, voire l'intérêt général ? (R. CONTIN, *L'arrêt Fruehauf et l'évolution du droit des sociétés* : *D.* 1968, chron. p. 45). En réalité, cette décision hors du commun s'explique par son contexte politique ; il ne faut donc pas en surestimer la portée. Les juges restent prudents et ne s'immiscent dans la gestion d'une société que si une crise grave la met en péril. Quelles que soient les dissensions entre les associés, du moment que les organes en place fonctionnent régulièrement, le juge refuse en général la nomination d'un administrateur provisoire.

3) L'apparition d'un "tuteur" inédit ; l'enquêteur (affaire *Pétrossian*)

497. — Les fins gourmets connaissent et apprécient la caviar Pétrossian. Ils seront sans doute attristés, voire inquiets, d'apprendre les querelles intestines divisant la célèbre maison. Est-ce la délicatesse du produit en cause qui a incité le tribunal de commerce de Paris à imaginer une mesure de protection inédite en la personne d'un enquêteur (Ord. référé 14 fév. 1990 : *JCP* 90, éd. E, II, 15826, note A. VIANDIER); l'ordonnance a été confirmée par un arrêt, inédit, de la Cour de Paris du 7 mars 1990). La société Caviar Pétrossian, l'une des sociétés du même groupe, est présidée par Christian Pétrossian, qui détient 16,66 % du capital. Des divergences apparaissent sur l'avenir de la société. Le 6 décembre 1989 Christian Pétrossian est révoqué de ses fonctions de président ; Anatride Papazian est désignée pour lui succéder. L'ancien président demande au fond l'annulation des décisions prises par le conseil d'administration. En référé, il sollicite la nomination d'un administrateur provisoire et subsidiairement une mesure d'enquête. La désignation d'un administrateur provisoire est refusée puisque les organes sociaux fonctionnent normalement et que la société n'est pas en péril. Le tribunal désigne en revanche un enquêteur eu égard notamment aux graves discussions existant entre les actionnaires et aux risques pour l'avenir que fait courir l'absence de dirigeant reconnu ; l'enquêteur est chargé de rechercher les causes des dissensions, d'en mesurer les incidences sur le groupe, de rechercher si les structures actuelles sont adaptées et d'inviter les parties, sous sa médiation, à trouver une solution amiable dans l'intérêt supérieur du groupe.

A défaut de pouvoir désigner un administrateur provisoire, puisque les conditions d'une telle nomination ne sont pas réunies, le tribunal désigne, par le truchement d'un enquêteur, une sorte de sous-administrateur provisoire, chargé d'une véritable mission d'audit (V. *supra*, n. 493) ; en cela, l'enquêteur dépasse — et de loin — l'expert de gestion. D'où une interrogation de bon sens : dès lors que le législateur a clairement restreint les possibilités d'enquête et d'expertise, est-il convenable, sous couvert d'enquêteur, d'évader ces restrictions et de faire avec cet enquêteur ce que l'on ne pourrait pas faire avec un expert de gestion ? N'est-ce pas une manifestation — inquiétante — de l'interventionnisme judiciaire dans le vie des sociétés ? Appelé à la rescousse dès qu'apparaissent des dissensions risquant de déboucher sur une crise, le juge se fait juge de paix des affaires sociales.

4) La nomination d'un administrateur provisoire en cas de préjudice futur : l'affaire *Les Vergers de Lalanne*

498. — La société anonyme Les Vergers de Lalanne est une société prospère ayant son siège à Marmande. Une querelle de famille oppose André Gazaniol, l'ancien président, à l'équipe dirigeants actuelle. Il s'ensuit un important contentieux qui apporte de précieux enseignements sur les conditions de désignation de l'administrateur provisoire. André Gazaniol fait valoir que certains administrateurs de la société l'ont amené à déposer entre leurs mains un certain nombre d'actions qu'ils refusent de lui restituer et que les procès-verbaux des délibérations du conseil qui avaient pris acte de sa démission sont des faux. L'accusation est grave. Il porte l'affaire au fond devant le juge civil et devant le juge pénal. Il demande en même temps en référé la désignation d'un administrateur provisoire. La demande est jugée recevable dans les termes suivants :

"Attendu que l'arrêt a constaté que la mésentente existant entre les associés rendait anormal le fonctionnement de la société et qu'il a considéré que l'annulation, prévisible à brève échéance, de la désignation des dirigeants sociaux entraînerait de très graves conséquences pour la société auxquelles il fallait immédiatement porter remède ; qu'en l'état de ces constatations, et abstraction faite de tout autre motif mais surabondant, la cour d'appel a justifié légalement sa décision" (Cass. com. 17 janv. 1989 : *Rev. soc.* 1989, p. 209, note Y. GUYON ; *Bull. Joly* 1989, p. 321, note J.-J. DAIGRE)".

Cet arrêt consacre bien la possibilité de désigner un administrateur provisoire à titre préventif pour conjurer un péril futur, en l'espèce les graves conséquences que l'annulation prévisible de la désignation des dirigeants ne manquerait pas d'entraîner pour la société.

(n. 499 à 509 réservés)

SOUS-SECTION III

LES CRISES JURIDIQUES

510. — Il y a crise juridique lorsque la décision prise par les organes sociaux n'est pas conforme aux lois et aux règlements. En effet, si le cap est donné par l'intérêt social (V. *supra*, n. 466 et s.), la société ne peut évoluer, en tout état de cause, que dans le chenal balisé par les lois et règlements en vigueur et principalement la loi du 24 juillet 1966 et le décret du 23 mars 1967. A défaut, le risque de mesures correctrices est important : nullité des actes et délibérations (§ 1), ou autres sanctions, telles les inopposabilités (§ 2).

§ 1. — La nullité des actes et délibérations

511. — Ainsi qu'on l'a vu à propos de la nullité de la société (V. *supra*, n. 210 et s.), la loi de 1966 et le Code civil (art. 1844-10) usent avec beaucoup de retenue de la sanction de la nullité. A la différence d'autres branches du droit privé, la nullité est une sanction exceptionnelle et cette caractéristique intéresse tout autant les causes (A) que le régime de la nullité (B).

A. — LES CAUSES DE NULLITÉ

512. — L'article 360 de la loi du 24 juillet 1966 distingue la nullité des actes ou délibérations modificatifs des statuts (1°) et celle des actes et délibérations non modificatifs des statuts (2°).

1° La nullité des actes ou délibérations modificatifs des statuts

a) La nullité du fait d'une disposition expresse de la loi du 24 juillet 1966

513. — La première série de cas de nullité d'un acte ou d'une délibération modifiant les statuts — changement de raison sociale, augmentation ou réduction de capital, prorogation, transformation… — procède de la loi du 24 juillet 1966 elle-même, laquelle affirme, expressément, que la sanction de telle ou telle règle est la nullité de la décision.

Ces cas sont rares ; voici quelques exemples :
- *pour les SARL*, non-respect des formes et délais de convocation des assemblées (L., art. 57, al. 5), non-respect des règles relatives à la transformation (L., art. 69, al. 4)… ;
- *pour les sociétés par actions*, non-respect des formes et délais de convocation (L., art. 159, al. 2), des conditions de quorum et de majorité des assemblées extraordinaires (L., art. 153, 173), défaut de rapport du commissaire aux comptes en cas de suppression du droit préférentiel de souscription (L., art. 186), modification de la répartition des bénéfices alors que la société a émis des obligations à bons de souscription d'actions en cours de validité (L., art. 194-8) ou des obligations convertibles (L., art. 198)…

Faute de texte énonçant la nullité, celle-ci ne peut pas affecter la décision (1).

b) La nullité fondée sur le droit des contrats

514. — L'article 360 prévoit que la nullité des actes et délibérations modificatifs des statuts peut résulter également des "dispositions régissant la nullité des contrats". En effet, le caractère collectif de la décision sociale ne saurait suffire à l'abstraire des contingences du droit des obligations. La délibération sera donc nulle pour illicéité de l'objet ou de la cause, ou pour vice du consentement. S'agissant de cette dernière occurrence, c'est le dol qui est le plus fréquemment rencontré, la victime pouvant être par exemple le souscripteur d'une augmentation de capital (2).

c) La nullité fondée sur la fraude ou l'abus de majorité

515. — La *fraude* corrompt tout, y compris les délibérations d'assemblée générale, même à défaut de disposition expresse de la loi. Il peut s'agir de la *fraude à la loi*, c'est-à-dire le fait de se placer artificiellement en dehors du domaine d'une loi impérative (3).

---

(1) V. par exemple Cass. com. 23 juin 1987 : *Bull. Joly* 1987, p. 632. (En l'espèce, il a été jugé que la sanction de l'omission des formalités de publicité concernant les cessions de parts de SARL est l'inopposabilité aux tiers et non la nullité de cette cession).

(2) Cass. com. 27 nov. 1972 : *Gaz. Pal.* 1973, I, 259.

(3) Un arrêt récent de la Cour de Justice des communautés européennes a écarté, à propos de l'annulation d'une société, cette cause de nullité non prévue par la première directive européenne, qui a inspiré l'article 360 (V. CJCE, 13 nov. 1990, arrêt *Marleasing* : *JCP* 91, II, 21658, note P. Level. — *Adde*, B. Saintourens, *Les causes de nullités des sociétés* : *Bull. Joly* 1991, p. 123).

Il peut s'agir encore de la *fraude aux droits des tiers*, ainsi d'une augmentation de capital par apport en nature motivée par le désir de l'apporteur d'éviter une saisie ou encore d'une émission de valeurs mobilières présentée comme réalisée par appel public à l'épargne alors qu'elle est faite au profit de quelques personnes.

516. — L'abus de majorité (V. *supra*, n. 470 et s.) peut également vicier une délibération d'assemblée extraordinaire, ce qui procède de la force de la théorie de l'abus des droits, analogue à la théorie de la fraude. En revanche, ni l'abus de minorité, ni l'abus d'égalité ne peuvent anéantir la décision, pour la simple et bonne raison qu'aucune décision n'a pu être prise (V. *supra*, n. 476).

2° La nullité des actes ou délibérations non modificatifs des statuts

a) La nullité sur la violation d'une disposition impérative de la loi du 24 juillet 1966

517. — Lorsqu'il s'agit de prononcer la nullité d'actes ou de délibérations non modificatifs des statuts — nomination d'un administrateur, rémunération du gérant, approbation des comptes... — l'article 360 de la loi du 24 juillet 1966 n'exige plus que la nullité procède d'une disposition expresse et se contente du non-respect d'une disposition impérative de la loi (4). Mais ce texte est difficile à interpréter. D'un côté l'hésitation est grande sur le caractère *impératif* de telle ou telle disposition ; par exemple doit-on estimer qu'une disposition sanctionnée pénalement est nécessairement impérative au sens de l'article 360 ? (5). Force est d'attendre que la jurisprudence fasse le tri au hasard des actions en nullité (6). D'un autre côté, alors que l'article 360 vise exclusivement la violation d'une disposition impérative "de la présente loi", autrement dit de la loi du 24 juillet 1966 (V. également C. civ., art. 1844-14), certains juges n'hésitent pas à aller plus loin et à sanctionner par la nullité certaines dispositions du décret de 1967 (7).

b) La nullité fondée sur le droit des contrats, la fraude ou l'abus de majorité

518. — Ce qui a été dit à propos des actes et délibérations modificatifs des statuts (V. *supra*, n. 514 et s.) vaut pour les actes et délibérations non

---

(4) Sur ce texte, V. D. GRILLET-PONTON, *La méconnaissance d'une règle impérative de la loi, cause de nullité des actes et délibérations des organes de la société* : *Rev. soc.* 1984, 259.

(5) Oui : Montpellier 7 janv. 1980 : *Rev. soc.* 1980, 737, note C. MOULY. — Non : MERCADAL et JANIN, *op. cit.*, n. 3749.

(6) Ont déjà été reconnues impératives : les règles relatives au cumul des fonctions d'administrateur et de celles de salarié (Cass. com. 7 mars 1989 : *Bull. Joly* 1989, 435), les règles interdisant à un commissaire aux comptes de diriger la société qu'il a contrôlée, et ce dans les cinq ans suivant la cessation de ses fonctions (Cass. soc. 20 octobre 1976 : *Rev. soc.* 1977, p. 277), l'interdiction du cautionnement par la société des engagements de ses administrateurs personnes physiques (Cass. ch. mixte, 10 juill. 1981 : *D.* 1981 : 637)...

(7) Versailles, 12e ch., 19 nov. 1986 : *JCP* 1987, éd. E, 16644, n. 23, obs. A. VIANDIER et J.-J. CAUSSAIN. — *Contra*, Aix-en-Provence 31 janv. 1979 : *Rev. soc.* 1980, 497, note M. GUILBERTEAU.

modificatifs ; la fraude — à la loi ou aux droits des tiers — l'abus — de majorité, mais non de minorité ou d'égalité — sont des causes d'annulation ; l'argumentation *a fortiori* justifie suffisamment cette solution. L'extension concerne également les nullités tirées du droit des contrats : vices du consentement, incapacités... (8).

B. — LE RÉGIME DE L'ACTION EN NULLITÉ

519. — Le législateur, outre qu'il limitait les causes de nullité, compliquait la tâche des demandeurs éventuels, transformant l'action en véritable course d'obstacles :

- obstacle de l'intérêt à agir (9) ;
- obstacle de la prescription de trois ans à compter du jour où la nullité est encourue (L., art. 367), délai abaissé à six mois pour les fusions et opérations assimilées (*ibid.*) ;
- obstacle de la régularisation, puisque toute décision nulle, sauf nullité fondée sur l'illicéité de l'objet, peut être régularisée (L., art. 362) ;
- obstacle du pouvoir d'appréciation des juges, même lorsque la loi prévoit purement et simplement, sans marge d'appréciation possible, la nullité de l'acte ou de la délibération (10).

§ 2. — Les autres sanctions

A. — L'INOPPOSABILITÉ

520. — Il est des cas dans lesquels la loi, loin d'édicter la nullité de l'acte querellé, se contente d'en proclamer l'inopposabilité à la société (11). Le défaut de conformité de l'acte au regard du droit des sociétés ne provoque donc pas son anéantissement, mais en limite seulement les effets à l'égard de la société. Spécialement la société ne saurait être débitrice du fait de cet acte. L'exemple le plus caractéristique est celui des cautions, avals et garanties non autorisés par le conseil d'administration d'une société anonyme ; il a été jugé que ces garanties sont inopposables à la société lorsqu'elles n'ont pas été dûment autorisées (12). La différence avec la nullité est sensible ; d'une part,

(8) La violation des statuts est-elle une cause de nullité ? La Cour de cassation semble l'admettre, malgré le silence de la loi sur ce point (Cass. com. 20 nov. 1990 : *D.* 1990, IR, p. 150. — *Adde*, J.-P. LEGROS, *La violation des statuts est-elle une cause de nullité ? : Dr. des sociétés*, avril 1991, p. 1).

(9) V. par exemple Paris, 1re ch. A, 26 avril 1990 : *Rev. soc.* 1990, 425 ; absence d'intérêt à agir de la part d'actionnaires minoritaires, faute d'intérêt matériel, alors que leur intérêt moral a donné lieu à une précédente décision judiciaire et que le bénéfice opéré de l'annulation d'une émission d'obligations à bons de souscription d'actions est purement hypothétique.

(10) V. par exemple Paris 30 avril 1981 : *Bull. Joly* 1981, 525.

(11) Comp. en droit des obligations, l'inopposabilité "individuelle", objet de l'action paulienne (V. Ph. MALAURIE et L. AYNES : *Droit civil*, Les obligations, Cujas, 2e éd., 1990, n. 1038).

(12) Cass. com. 28 avril 1987 : *JCP* 87, éd. E, 16644, n. 6, obs. A. VIANDIER et J.-J. CAUSSAIN. — Cass. com. 11 juill. 1988 : *Bull. Joly* 1988, p. 666, note P. LE CANNU. — V. *infra*, n. 711.

la société peut néanmoins s'estimer engagée par une délibération *ad hoc* de son conseil d'administration, d'autre part, la responsabilité personnelle des dirigeants peut être engagée vis-à-vis du créancier qui se croyait garanti.

B. — La responsabilité civile

521. — Faute de nullité, les victimes d'irrégularités peuvent rechercher la responsabilité civile des dirigeants sociaux. La loi l'a précisé pour les formalités des actes et délibérations modificatifs des statuts (L., art. 7), mais l'action est ouverte à toute victime d'une irrégularité, de quelque nature que ce soit. En effet, les dirigeants sociaux sont responsables "des infractions aux dispositions législatives et réglementaires" (V. *supra*, n. 360). Il reste cependant à prouver le préjudice et le lien de causalité entre cette faute et ce préjudice.

C. — La régularisation

522. — Ce n'est pas parce qu'une irrégularité n'est pas sanctionnée par la nullité qu'elle doit être considérée comme un fait intangible et acquis. D'où une possibilité d'action en régularisation, qui est ouverte à d'éventuels Don Quichotte ; l'action est prévue par l'article 6 de la loi dans les cas où les statuts ne contiennent pas toutes les énonciations requises par la loi, mais elle est également ouverte, selon nous, en dehors de cette occurrence.

(n. 523 à 529 réservés)

SECTION IV

LA TRANSFORMATION DES SOCIÉTÉS

530. — La transformation est le passage d'une forme de société à une autre forme de société : une société anonyme se mue en SARL, une société en nom collectif devient commandite simple, une société civile évolue en société anonyme...

Il n'y a pas en revanche transformation, mais simple changement de modalité, lorsque les modifications statutaires n'affectent pas la forme même de la société ; il en est par exemple ainsi lorsqu'une société anonyme passe du mode classique avec conseil d'administration au mode nouveau avec conseil de surveillance ou encore lorsqu'une EURL se mue en SARL pluripersonnelle.

Pourquoi transformer ? La décision est souvent fondée sur un souci d'acclimatation aux réalités économiques. Réalités heureuses : l'entreprise a passé le cap difficile de l'adolescence, elle est devenue bénéficiaire, alors la forme en nom collectif ne présente plus les mêmes avantages, notamment fiscaux, d'où le passage en SARL ; ou encore, la prospérité de la société est telle qu'une introduction en bourse est envisageable à moyen terme, d'où le choix de la société anonyme. Réalités malheureuses : la SARL exploitait un grand magasin au cœur d'une ville ; les affaires déclinant, les fondateurs abandonnent cette activité et se contentent de gérer le patrimoine immobilier de la société ; la forme initiale n'est plus justifiée et une transformation en société civile immobilière intervient (pour une illustration, V. *infra*, n. 543).

Phénomène d'adaptation, la transformation est vue d'un bon œil par le droit des sociétés, lequel admet la survie de la personnalité morale sous le nouveau déguisement : “La transformation régulière d'une société en une société d'une autre forme n'entraîne pas la création d'une personne morale nouvelle...” (C. civ., art. 1844-3) ; l'entreprise continue dans un autre cadre ; c'est l'image du bernard-l'hermite qui passe d'une coquille à l'autre au fur et à mesure de sa croissance.

§ 1. — Le mécanisme de la transformation

531. — La transformation aboutit à une modification du pacte originaire ; les associés avaient opté pour une forme donnée, c'est à eux et non aux dirigeants de prendre la décision de transformation. Ils sont donc conduits à se réunir en assemblée pour arrêtrer le principe et les conditions de la transformation. Semblable résolution exige une majorité qualifiée, qui varie selon le type de société et également selon la forme souhaitée : ainsi, dans les sociétés anonymes, la majorité est-elle des trois quarts du capital social pour une transformation en SARL et des quatre quarts — l'unanimité — pour une mutation en société en nom collectif (V. *infra*, n. 1038).

532. — Les tiers doivent être avisés du changement, lequel emporte parfois à leur égard des conséquences importantes : ils traitaient habituellement avec une société en nom collectif, bénéficiant ainsi de la garantie offerte par la responsabilité indéfinie et solidaire des associés, ils traiteront demain avec une SARL et, pour l'avenir, ladite garantie disparaîtra.

Cette publicité passe par les formalités comparables à celles de la constitution (V. *supra*, n. 262 et s.) : journal d'annonces légales, enregistrement, registre du commerce, *BODACC* ; la transformation n'est opposable aux tiers, aux créanciers notamment, qu'à la date d'exécution des mesures de publicité.

§ 2. — Les conséquences juridiques de la transformation

A. — Les conséquences a l'égard des associés

533. — A la date de la décision de transformation, ils sont réputés associés de la forme d'accueil ; s'ils étaient par exemple associés en nom, ils deviennent actionnaires et bénéficient *pour l'avenir* d'une limitation de responsabilité. Ils obéissent désormais aux règles gouvernant la forme d'adoption, et ce dans leur totalité : majorités, cessions de parts, prérogatives financières... ; pour tout cela c'est le droit de la nouvelle forme qui s'applique intégralement. Par suite, les associés qui pilotaient la société avant sa transformation perdent automatiquement cette position ; s'ils sont encore à la tête de la société transformée, c'est en vertu d'une désignation réalisée conformément aux règles propres à la nouvelle forme sociale (1) .

B. — Les conséquences a l'égard des salariés

534. — Le droit du travail règle le sort des salariés en cas de transformation ; tirant les enseignements de la survie de la personne morale, il pose le principe de la continuation des contrats de travail. En effet, l'article L. 122-12 (al. 2) du Code du travail dispose que "s'il survient une modification dans la situation juridique de l'employeur, notamment par succession, vente, fusion, transformation du fonds, mise en société, tous les contrats de travail en cours au jour de la modification subsistent entre le nouvel employeur et le personnel de l'entreprise".

La solution est différente si la transformation s'accompagne d'un changement d'activité, une activité de gestion immobilière succédant par exemple à une activité de production ; la constatation de la permanence de l'entreprise est en effet une condition de la continuation des contrats de travail (2) ; le droit du travail rejoint ainsi les solutions du droit fiscal (V. *infra*, n. 541).

Quant aux droits collectifs et aux accords d'entreprise, ils se maintiennent pareillement dans la nouvelle structure. Encore faut-il qu'ils soient compatibles avec cette structure : qu'une société anonyme se transforme en SARL ou en commandite simple et les représentants du comité d'entreprise au sein du conseil d'administration perdent *ipso facto* leur strapontin, du seul fait de la disparition du conseil d'administration.

C. — Les conséquences a l'égard des créanciers

535. — Leurs droits à l'égard de la société ne sont pas atteints par la transformation ; pas plus qu'un débiteur qui change d'état civil ne s'allège conséquemment de ses dettes, la société et ses associés ne sont autorisés à se prétendre libérés. Cela vaut pour la dette — en principal et intérêts — comme pour les garanties qui y sont attachées ; ainsi la transformation n'emporte pas caducité des cautionnements souscrits par les dirigeants au profit des créanciers de la société transformée (V. *supra*, n. 374) ; il en irait différemment si

(1) Incidemment, le résultat est le même pour les organes de contrôle : le commissaire aux comptes d'une société anonyme voit sa mission cesser du fait de l'adoption d'une forme sociale n'exigeant pas la présence d'un réviseur légal des comptes ; c'est là une sorte de suppression d'emploi.

(2) B. Teyssié, *Droit du travail*, Litec, n. 699. — Comp. Cass. soc. 16 déc. 1976 : *Gaz. Pal.* 1977, I, somm. p. 106.

l'engagement de caution prévoyait la chute de celle-ci en raison de la transformation de la société (Comp. en matière de fusion, *infra*, n. 1740). Toujours en matière de garanties, les créanciers conservent pour les créances antérieures à la transformation le bénéfice de la solidarité qui existait au jour de la naissance de leur créance ; le cas typique est celui de la mutation d'une société en nom collectif ou d'une société civile en SARL : pour les créances nées avant le changement, la responsabilité solidaire et indéfinie des associés de l'époque demeure, alors qu'en revanche, pour les créances apparues ultérieurement, cette garantie disparaît, sauf naturellement engagement exprès à l'égard d'un créancier donné. Les solutions sont évidemment inverses quand une société anonyme ou une SARL se transforme en société en nom collectif (3).

§ 3. — Le coût fiscal de la transformation

536. — Comme toute modification statutaire, la transformation est soumise à la formalité de l'enregistrement ; l'administration en profite pour percevoir un droit fixe de 430 F.

Comme la transformation, à condition qu'elle soit régulière n'entraîne pas création d'un être moral nouveau, elle est sans incidence fiscale ; il faut en revanche se méfier des transformations malencontreuses qui entraîneraient la création d'un être moral nouveau (V. *infra*, n. 542).

Toutefois, ce n'est pas parce qu'une transformation est régulière et n'entraîne pas la création d'une personne morale nouvelle que l'on est nécessairement quitte avec le fisc. La transformation peut s'accompagner, en effet, d'un changement de régime fiscal ou d'un changement d'activité réelle ; dans ces hypothèses, les incidences fiscales tiennent non à la transformation elle-même, mais au changement de régime fiscal ou d'activité réelle.

A. — Les incidences tenant au changement de régime fiscal

537. — Les sociétés pouvant relever de l'un ou l'autre camp fiscal (celui de l'impôt sur le revenu ou celui de l'impôt sur les sociétés), trois variantes sont possibles.

1° La société ne change pas de camp fiscal

538. — La transformation est fiscalement neutre lorsqu'elle laisse intact le mode d'imposition des bénéfices ; il en est ainsi dans les deux hypothèses suivantes :

(3) Une société anonyme s'était transformée en société en nom collectif puis avait fait l'objet d'un redressement judiciaire ; pour échapper aux avanies de leur propre mise en redressement judiciaire, les associés avaient demandé et obtenu l'annulation (avec rétroactivité) de la transformation (Paris, 11 juill. 1990 : *Rev. sociétés* 1991, p. 139). La solution n'est pas à l'abri de la critique ; certes, les actionnaires ne sont pas responsables de façon indéfinie et ne peuvent personnellement faire l'objet d'une procédure collective ; il n'empêche que les derniers créanciers ont traité avec une société en nom collectif ; l'article 369 de la loi de 1966 ne précise-t-elle pas que les associés ne peuvent se prévaloir d'une nullité à l'égard des tiers de bonne foi ?

- la société reste dans le camp de l'impôt sur les sociétés (SARL se transformant en société anonyme ou inversement) ;

- la société reste dans le camp de l'impôt sur le revenu (société créée de fait se transformant en société en nom collectif ou en EURL).

2° La société passe du camp de l'impôt sur les sociétés à celui de l'impôt sur le revenu

539. — Le Code général des impôts (art. 221-2, al. 2) commence par poser une règle rigoureuse : le passage de l'impôt sur les sociétés à celui de l'impôt sur le revenu entraîne les mêmes conséquences qu'une cessation d'entreprise, c'est-à-dire d'une dissolution de société dans notre cas ; mais il en atténue aussitôt la portée, en prévoyant que les plus-values latentes ne sont pas immédiatement imposées ; il faut en revanche prendre garde aux deux incidences suivantes :

- *les réserves* figurant au passif sont imposées comme si elles étaient distribuées (régime d'imposition des dividendes, avec bénéfice de l'avoir fiscal) ; il est possible d'éviter cette conséquence en incorporant les réserves au capital juste avant la transformation ;

- *les déficits* ne pourront être imputés sur les bénéfices ultérieurs de la société ; ils sont donc perdus, ce qui est fâcheux.

En fin de compte, la transformation d'une SARL ou d'une société anonyme en société de personnes relèvant de l'impôt sur le revenu n'est fiscalement indolore qu'à la condition qu'il n'existe pas de réserves (mais on peut les faire disparaître en les capitalisant) et surtout qu'il n'existe pas de déficits reportables (il n'y a pas cette fois de remède miracle).

3° La société passe du camp de l'impôt sur le revenu à celui de l'impôt sur les sociétés

540. — On retrouve la même rigueur de départ et la même atténuation que dans l'hypothèse précédente : la manipulation fiscale entraîne en principe les conséquences d'une cessation d'entreprise, mais les plus-values latentes bénéficient d'un sursis d'imposition ; il n'y a pas à craindre les autres incidences :

- *les réserves* figurant au bilan ont déjà été imposées au moment de la réalisation des bénéfices ; elles sont à l'abri d'une seconde imposition (V. *supra*, n. 103) ;

- *quant aux déficits*, ils ont déjà été imputés sur les revenus des associés ; ils ont donc été consommés sur le plan fiscal (V. *supra*, n. 405).

Il n'y a ainsi pas de frein fiscal à la transformation d'une société de personnes (une société en nom collectif) en SARL ou en société anonyme.

B. — Les incidences tenant au changement d'activité réelle

541. — Une société peut en principe se livrer en toute tranquillité fiscale à des modifications profondes et successives de sa structure juridique : augmenter ou réduire son capital, changer d'associés ou de dirigeants, déplacer son siège social, choisir une nouvelle forme juridique, aménager ses activités... Toutes ces modifications et adaptations ne mettent pas en cause la pérennité ni de sa personnalité morale, ni de sa personalité fiscale.

L'article 221-5 du Code général des impôts prévoit toutefois que le changement de l'objet social ou de l'activité réelle vaut cessation d'entreprise ; mais comme la tolérance de l'article 221 *bis* est applicable, cette disposition a essentiellement pour effet d'empêcher le report des déficits antérieurs sur les bénéfices à venir de l'activité nouvelle (V. *supra*, n. 539).

Encore faut-il que l'on soit en présence d'une activité entièrement nouvelle et non d'un simple aménagement de l'activité ancienne ou d'une adjonction à l'activité antérieure. Comme on peut s'en douter, la frontière n'est pas toujours facile à tracer. Donnons-en un exemple emprunté au domaine des restructurations ; si une société industrielle se transforme en holding en apportant ses actifs professionnels à des filiales d'exploitation, il est évident qu'elle change d'activité ; elle perd dans ce cas le droit d'imputer ses déficits antérieurs sur ses bénéfices à venir ; ce n'est plus la même entreprise au sens économique, ce qui montre bien qu'une même société peut exploiter successivement des entreprises distinctes.

LE COIN DES AMATEURS

1) Transformations malencontreuses entraînant création d'un être moral nouveau

542. — Il ne faut pas se tromper dans le mode d'emploi des transformations, car toute erreur entraînerait la création d'un être moral nouveau ; en clair, le fisc en profiterait pour percevoir toutes les impositions dues à raison de la dissolution de l'ancienne société et toutes celles qu'entraîne la naissance de la société nouvelle. Une irrégularité juridique peut ainsi déclencher un cataclysme fiscal.

La réalité est heureusement moins angoissante, car il convient de distinguer entre deux types d'irrégularités. Si la décision ne respecte pas les conditions prévues par la loi ou les statuts en matière de transformation, elle ne produit aucun effet et le problème de la survie de la personne morale ne se pose pas ; tel serait le cas d'une transformation décidée à la majorité simple là où la loi exige la majorité qualifiée ; le fisc ne pourrait se fonder sur cette irrégularité pour prétendre qu'il y a eu création d'un être moral nouveau.

En fin de compte, ce n'est que dans des situations exceptionnelles que la transformation irrégulière entraînera la création d'un être moral nouveau ; il faut supposer que l'opération réalisée est plus qu'une simple transformation. Tel serait le cas dans les hypothèses suivantes :

- *la société se transforme en autre chose qu'une société*, en association par exemple ; l'opération relève du transsexualisme et dépasse le cadre strict des transformations ; il existe heureusement des solutions de rechange (V. *infra*, n. 544) ;

- *la société transformée est nulle*; il est évident que l'opération de transformation ne saurait avoir la vertu de purger le vice de nullité dont est infectée la société (Cass. civ. 1re, 23 oct. 1974 : *JCP* 76, II, 18260, note M. DAGOT) ;

- *la société transformée est en liquidation*; il s'agit d'une société condamnée et elle ne peut espérer ressusciter par la grâce d'une transformation (V. *infra*, n. 570) ;

- *la transformation est interdite par la loi*; il est par exemple interdit à une société coopérative de se transformer en un autre type de société (V. *infra*, n. 2059) ; quant au GIE, il ne peut se transformer qu'en société en nom collectif (V. *infra*, n. 1548).

N.B. — Faut-il le préciser ? "La "transformation" d'une entreprise individuelle en société n'est pas une transformation au sens de l'article 1844-3 du Code civil ; en effet, l'opération donne naissance à la création d'un être moral nouveau ; il convient donc de respecter le rituel juridique des constitutions de société et payer les droits d'enregistrement sur la valeur des biens apportés (V. *supra*, n. 176). Les mêmes observations valent en cas de "transformation" d'une société en participation ou d'une société créée de fait ; l'opération donne naissance dans ce cas à un être moral nouveau.

2) La transformation d'une commandite simple en société civile immobilière (affaire *Le Joncour*)

543. — Pendant longtemps, les transformations ont constitué des opérations à haut risque fiscal si elles s'accompagnaient de modifications substantielles : changement d'associés, changement d'activité, changement de siège social... ; en se fondant sur la théorie de l'abus de droit (V. *supra*, n. 246), l'administration se réservait la possibilité de plaider qu'au regard du droit fiscal la transformation entraînait création d'un être moral nouveau, ce qui lui permettait de taxer et la prétendue dissolution de l'ancienne société et la prétendue création de la nouvelle ; autant dire qu'il s'agissait d'un *massacre* fiscal. Fort opportunément, la Cour de cassation a mis fin à de tels débordements dans un arrêt de principe rendu le 7 mars 1984 (*Rev. soc.* 1984, p. 804, note M. JEANTIN) ; on signalera que par l'arrêt *Beauvallet-Naturana* rendu le même jour la Chambre commerciale a de la même façon mis fin au *cauchemar* fiscal des cessions massives de droits sociaux requalifiées en cessions d'entreprises (V. *infra*, n. 1190).

La société *Le Joncour* exerçait à Brest une activité commerciale dans le cadre d'une commandite simple. Ayant vendu son fonds, elle se trouva à la tête d'un ensemble immobilier qu'elle donna en location ; son activité nouvelle étant de caractère civil, la commandite fut transformée en société civile immobilière, ce qui paraissait de bon aloi sur le plan juridique. Le fisc prétendit qu'il y avait là abus de droit aboutissant à la création d'un être moral nouveau. Le tribunal de grande instance de Brest lui donna raison, mais sa décision fut annulée par le motif lapidaire que voici : "Attendu qu'en se déterminant par ces motifs, alors que la transformation régulière d'une société en une société d'une autre forme, qu'elle soit civile ou commerciale, n'entraîne pas création d'une personne morale nouvelle, le tribunal a violé le texte susvisé (C. civ., art. 1844-3)".

Autrement dit, la Cour de cassation dénie en ce domaine toute autonomie au droit fiscal et s'en tient au principe énoncé à l'article 1844-3 du Code civil. Le fisc se rattrape s'il y a changement d'activité réelle de la société ; un tel changement vaut en effet cessation d'activité, avec toutes les conséquences fiscales que cela implique (V. *supra*, n. 541) ; les risques fiscaux tiennent alors non à la transformation elle-même, mais au changement d'activité (il peut y avoir changement d'activité sans qu'il y ait changement de forme, comme il peut y avoir changement de forme sans changement d'activité). Sous cette réserve tenant à l'éventuel changement d'activité, les transformations régulières de société sont désormais soustraites à toute hantise d'ordre fiscal.

3) Comment procéder pour transformer une association en société ?

544. — Certaines associations exerçant une activité économique se sentent mal à l'aise dans un statut qui se révèle trop étriqué et souhaiteraient se transformer en société. L'opération est impossible à la fois pour des raisons juridiques et pour des raisons fiscales du fait qu'elle aboutirait à la création d'un être moral nouveau (V. *supra*, n. 542). Sur le plan juridique, il faudrait passer par la dissolution de l'association, ce qui entraînerait aussitôt l'obligation de transférer l'actif à une autre association. Sur le plan fiscal, il faudrait compter avec une cascade d'impositions...

Mais les juristes (et les fiscalistes) ne sont pas en mal d'imagination ; ils sont à même de proposer des solutions de rechange. Puisque la transformation de l'association en société est impossible, il faut en conserver la coquille, quitte à la vider de sa substance économique. En clair, il suffit qu'elle fasse apport de son potentiel économique à une société commerciale qui pourra être une société anonyme, une SARL, voire une EURL. Sur le plan juridique, rien n'interdit à une association de vendre des éléments de son patrimoine ou d'en faire apport à une société ; ce qui est interdit, c'est la répartition du butin de guerre entre les sociétaires. Sur le plan fiscal, il suffit de placer l'opération sous l'égide accueillante des apports partiels d'actif, ce qui est possible puisque l'association relève par principe de l'impôt sur les sociétés (V. *infra*, n. 1748). La société créée sera une filiale de l'association. Une association peut de cette façon être à la tête d'un véritable empire commercial ; telle est par exemple la situation de l'Institut Pasteur, qui est une fondation, et dont les activités économiques (recherche, production de vaccins, commercialisation) ont été confiées à des sociétés anonymes dont elle a le contrôle. Quand un club sportif annonce qu'il se transforme d'association en société anonyme, en réalité l'association crée à ses côtés une société anonyme dont elle détient la majorité du capital (V. *supra*, n. 24).

(n. 545 à 549 réservés)

TITRE III

LA DISPARITION DES SOCIÉTÉS

550. — Quand on veut ôter la vie à une société, on en provoque la dissolution. C'est de dissolution qu'il s'agit, de retour à l'état indépendant d'éléments autrefois groupés (1). Pareil retour devrait être affaire privée ; les associés se sont associés librement, ils peuvent donc se *dissocier* tout aussi librement ; de fait, parmi les causes de dissolution, il en est qui tiennent à la volonté des associés (V. *infra*, n. 560). L'affirmation pèche cependant par académisme et les associés ne sont pas entièrement libres de dissoudre la société, ne serait-ce qu'en raison du coût fiscal d'une telle dissolution ; les aspects fiscaux sont tout aussi importants que les aspects juridiques. Déchargé de tout souci fiscal et uniquement préoccupé de voir vivre une dissolution, le juriste s'attache à décomposer cette mort sociale ; il est ainsi conduit à séparer les causes, puis les effets de la dissolution.

SECTION I

LES CAUSES DE DISSOLUTION

551. — L'article 1844-7 du Code civil porte le catalogue des causes de dissolution communes à tous les types de sociétés ; il en énumère huit : l'arrivée du terme, la réalisation ou extinction de l'objet, l'annulation, la dissolution anticipée décidée par les associés, la dissolution judiciaire pour justes motifs, la dissolution judiciaire consécutive à une réunion des parts en une seule main, le prononcé de la liquidation judiciaire, enfin toute autre cause prévue par les statuts. Encore ne s'agit-il là que des causes générales valant pour l'ensemble des sociétés ; il faut en effet compter avec les causes propres à certains types de société (V. *infra*, n. 552).

---

(1) Cf. A. Lalande, *Vocabulaire technique et critique de la philosophie*, PUF, V° *Dissolution*.

552. — Causes de dissolution propres à certains types de société

I — SOCIÉTÉ CIVILE

- absence de gérant depuis plus d'un an (C. civ., art. 1846-1) ;
- révocation du gérant, si les statuts prévoient dans ce cas la dissolution (C. civ., art. 1851, al. 3) ;
- décès d'un associé, si les statuts prévoient dans ce cas la dissolution (C. civ., art. 1870, al. 2).

II — SOCIÉTÉ EN NOM COLLECTIF

- décès d'un associé, sauf clause statutaire contraire (L., art. 21) ;
- interdiction ou incapacité d'un associé, sauf clause statutaire contraire (L., art. 22, al. 1er).

III — SOCIÉTÉ ANONYME

- nombre d'actionnaires inférieur à sept (L., art. 240, al. 1er) ;
- réduction du capital en-deçà du minimum légal (L., art. 71, al. 2) ;
- capitaux propres inférieurs à la moitié du capital social (L., art. 241, al. 4).

Ces causes valent sauf régularisation dans les délais prescrits.

IV — SOCIÉTÉ A RESPONSABILITÉ LIMITÉE

- dépassement du plafond de cinquante associés (L., art. 36) ;
- réduction du capital en deçà du minimum légal (L., art. 35, al. 2) ;
- capitaux propres inférieurs à la moitié du capital social (L., art. 68, al. 4).

Ces causes valent sauf régularisation dans les délais prescrits.

A. — L'ARRIVÉE DU TERME

553. — Les sociétés sont nécessairement conclues pour un terme, qui est au plus égal à 99 ans (C. civ., art. 1938). Le terme échu, la société est dissoute, sauf si la prorogation a été antérieurement décidée. Afin d'éviter que les associés ne laissent passer le terme, la loi impose qu'ils soient consultés un an au moins avant la date d'expiration ; "à défaut, tout associé peut demander au président du tribunal statuant sur requête la désignation d'un mandataire de justice chargé de provoquer la consultation prévue" (C. civ., art. 1844-6).

La décision de prorogation est prise à la majorité exigée pour la modification des statuts ; elle fait l'objet d'une publicité, via le centre des formalités des entreprises (V. *supra*, n. 262) ; elle doit de même être enregistrée, le fisc se contentant de percevoir un droit fixe de 1 220 F.

554. — Les associés peuvent décider de ne pas reconduire la société, qui est alors dissoute. Il en est de même si, par ignorance, ils laissent passer le terme sans s'être prononcés ; la société doit alors être traitée comme une société de fait dépourvue de la personnalité juridique et quiconque peut en demander la dissolution ; aucune régularisation n'est prévue par la loi, ce qui est fâcheux ; il n'existe pas davantage de prorogation tacite. Mais les associés peuvent toujours, à l'unanimité, décider de ressusciter la société dissoute comme s'ils créaient une société nouvelle ; en principe le fisc serait fondé, du fait qu'il y a création d'un être moral nouveau, à exiger les droits dus à raison de la liquidation de la première société et de la naissance de la seconde ; de façon opportune, il s'abstient de tirer les conséquences désastreuses de ce qui n'est que la régularisation d'un oubli (*Doc. adm.* 7 H-372).

555. — Il arrive que, par pure malveillance, les minoritaires refusent de voter la prorogation de la société, par ailleurs en pleine prospérité. Pour les associés, l'opération relève du *suicide fiscal*, la cascade d'impositions aboutissant à une quasi-confiscation (V. *infra*, n. 578) ; c'est la mort de l'entreprise, avec la dispersion de l'outil de travail et le licenciement du personnel. Peut-on s'opposer à un tel *scénario-catastrophe* ? On pense évidemment à l'abus de minorité, mais il se résout en principe à de simples dommages-intérêts (V. *supra*, n. 476) (2). La seule parade efficace — encore faut-il que les rédacteurs y aient songé — consiste à inclure dans les statuts une clause par laquelle, en cas de désaccord sur la prorogation, les opposants s'engagent à céder leurs parts aux associés voulant poursuivre l'aventure sociale (3) ; une telle exclusion d'un associé est licite si elle est prévue dans les statuts (V. *supra*, n. 375).

B. — La réalisation ou l'extinction de l'objet social

1° La réalisation de l'objet

556. — Cette cause de dissolution joue exceptionnellement, car elle suppose que les associés n'ont entendu se lier que pour la réalisation d'un programme précis et limité dans le temps. En voici un exemple : des promoteurs créent une société civile de construction-vente pour l'édification et la commercialisation d'un ensemble immobilier ; lorsque tous les lots sont vendus, il ne reste qu'à se partager le bénéfice de l'opération, puis à dissoudre la société qui a entièrement rempli son office (V. *infra*, n. 2049). C'est au fond le *succès* qui est ici cause de dissolution.

2° L'extinction de l'objet

557. — C'est plutôt d'*échec* qu'il faut parler : l'objet social ne peut plus être atteint pour des raisons extérieures à la volonté des associés. La société avait pour objet l'exploitation d'une concession ; plus de concession, plus de société. La difficulté majeure est ici de déterminer si l'extinction est totale ou non ; si elle ne l'est pas, le maigre filet d'activité suffit à maintenir en vie la société. Ainsi la nationalisation des installations du canal de Suez n'a pas occasionné la dissolution de la Compagnie du même nom, car depuis plusieurs années celle-ci s'était tournée vers d'autres opérations financières et industrielles (V. *infra*, n. 559).

---

(2) Pour un exemple opposant un usufruitier aux nus-propriétaires qui refusaient la prorogation de la société, V. Cass. civ. 8 mars 1988 : *Rev. soc.* 1988, p. 409, note A. VIANDIER.

(3) Rép. min. : *JO* déb. Sénat 19 sept. 1985, p. 1520 ; *Rev. soc.* 1985, p. 891.

En vérité, cette cause de dissolution est souvent théorique en raison de la rédaction de la clause relative à l'objet social ; cet objet a de plus en plus l'apparence d'un "millefeuille"; la société peut quasiment conduire toute activité, ce qui pallie les inconvénients de la disparition d'un des secteurs envisagés, fût-il majeur (V. *supra*, n. 153).

558. — Enfin, la cessation d'activité n'entraîne pas automatiquement la dissolution de la société, qui peut être *mise en sommeil* (V. *infra*, n. 579) ou encore changer d'activité. En voici un exemple : une société anonyme est créée pour exploiter l'hôtel dont elle est propriétaire ; même si la fermeture de l'hôtel est décidée, la société continue de survivre tant que les associés n'en prononcent pas la dissolution ; ils peuvent changer l'affectation des locaux, les donner en location par appartements par exemple, ce qui peut justifier la transformation de la société anonyme en société civile immobilière (V. *infra*, n. 543) ; ils peuvent encore vendre l'immeuble et investir les fonds dans une autre activité ; il suffit de modifier l'objet social en conséquence. Comme on le voit, la disparition de l'objet initial n'entraîne pas automatiquement la disparition de la société..

559. — L'épopée de la *Compagnie universelle du canal de Suez*

C'est une belle page de notre histoire. En 1854, Ferdinand de Lesseps obtient la concession de l'exploitation du canal de Suez pour une durée de 99 années à compter de son achèvement ; l'inauguration a lieu le 17 novembre 1868 en présence de l'impératrice Eugénie, ce qui reporte au 17 novembre 1967 l'expiration de la concession. Par une loi du 26 juillet 1956, le colonel Nasser nationalise le canal, moyennant une indemnité de 43 milliards de francs. Une assemblée générale extraordinaire du 25 juin 1957 modifie la dénomination de la société (elle devient la *Compagnie Financière de Suez*), son objet social (elle se transforme en société à vocation financière) et proroge sa durée jusqu'au 31 décembre 2050. Estimant que la société s'est trouvée dissoute de plein droit le 26 juillet 1956, un actionnaire impatient conteste la régularité des décisions prises et demande le partage immédiat des dépouilles (et du trésor de guerre) de la *Compagnie Universelle.* La perte de la concession ne traduit-elle pas "la consommation de la négociation" au sens de l'ancien article 1865 du Code civil (alors applicable) ? Au vrai, la société avait depuis longtemps diversifié ses activités, notamment dans le domaine financier. Par prudence, une loi du 1er juin 1957 confirma que la compagnie demeurait soumise aux règles du droit français et ne saurait être affectée par les dispositions d'une loi étrangère. Le tribunal de commerce de la Seine (22 juin 1959) rejeta en conséquence les prétentions gloutonnes de l'actionnaire trop pressé (*Gaz. Pal.* 1959, II, 222).

C. — LA DISSOLUTION ANTICIPÉE PAR DÉCISION DES ASSOCIÉS

560. — C'est sans doute, de toutes les causes de dissolution, la plus contractuelle, car cette dissolution anticipée n'est rien d'autre que la rupture du contrat de société ; on dirait ailleurs congé ou licenciement, voire divorce par consentement mutuel. Plus contractuelle mais pas totalement contractuelle, car dans la plupart des types de sociétés, la décision est prise à la majorité et non à l'unanimité, contrairement au précepte posé par l'article 1134, alinéa 2, du Code civil. La majorité décide, mais elle ne saurait à cette occasion porter préjudice à la société... ni aux minoritaires, car ces derniers trouveraient dans l'abus de majorité l'arme propre à détruire la dissolution. Quant aux dirigeants, ils ne sauraient de leur propre chef mettre fin à la société, même de façon indirecte, par exemple en vendant le fonds de commerce dont l'exploitation correspond à l'objet social (V. *infra*, n. 710).

Concrètement, c'est lorsque les affaires vont mal, lorsque les pertes ne cessent de s'accumuler que les associés, par calcul, décident de mettre fin à l'instrument de leur ruine : mieux vaut en général une liquidation à l'amiable décidée à temps qu'une liquidation judiciaire imposée après coup (V. *infra*, n. 566).

D. — LA DISSOLUTION JUDICIAIRE POUR JUSTES MOTIFS

561. — Judiciaire : la dissolution n'est pas le fait des associés, mais du tribunal saisi par l'un d'eux, excipant de justes motifs. Et en prolongeant le parallèle avec le droit des obligations, on trouve ici l'écho de la résolution des contrats pour inexécution (C. civ., art. 1184). Le premier des justes motifs exprimés par le Code civil est d'ailleurs l'inexécution par un associé de ses obligations. L'ancienne rédaction visait "l'infirmité habituelle rendant un associé inhabile aux affaires sociales"; ce peut être encore aujourd'hui une forme d'inexécution, cause de dissolution. A cette inexécution involontaire on ajoutera la malice et l'esprit têtu d'un associé refusant de remplir ses devoirs, preuve d'une absence d'*affectio societatis*.

562. — Une même carence traverse l'autre juste motif signalé par le Code civil : la "mésentente entre associés paralysant le fonctionnement de la société". C'est la cause le plus souvent invoquée : le conflit, notamment entre minoritaires et majoritaires, s'accompagne souvent d'actions de guérilla en forme de demande de dissolution pour mésintelligence. Le succès n'est pas garanti pour trois raisons ; d'abord, il est indispensable de faire la preuve de la gravité de la mésentente, facteur de paralysie et menace de ruine pour la société ; de simples divergences entre les minoritaires et les majoritaires sont insuffisantes (4) ; ensuite, pour que l'instance réussisse, il est indispensable que le demandeur ne soit pas lui-même l'auteur de la mésentente (5) ; enfin, soucieux d'éviter la mise à néant du groupement, surtout s'il est viable, les juges sont parfois séduits par d'autres voies :

- *provisoires* : désignation d'un administrateur judiciaire chargé d'une mission de médiateur (V. *supra*, n. 479 et s.) ;

---

(4) Cass. com. 28 fév. 1989 : *Rev. fr. compt.* 1989, p. 81, note Ph. REIGNE.

(5) Paris, 20 oct. 1980 : *Rev. soc.* 1980, p. 774, note A. VIANDIER. — Paris, 18 juin 1986 (aff. *Lustucru*) : *Bull. Joly* 1986, p. 853, note P. LE CANNU.

- *définitives* : refus de prononcer la dissolution lorsqu'une offre sérieuse de rachat de ses parts a été adressée au mécontent (6) ; en revanche, le juge ne saurait prononcer l'exclusion de l'associé trouble-fête sauf si les statuts contiennent une clause de rachat ; au vrai, certains tribunaux ne reculent pas devant une telle thérapie, proclamant que les associés n'ont pas un droit intangible à faire partie de la société (V. *supra*, n. 375).

Ainsi tout est mis en œuvre pour éviter la dissolution et ces efforts judiciaires rappellent les efforts législatifs pour réduire les cas de nullité des sociétés (V. *supra*, n. 211 et s.).

Ce n'est pas à dire que les tribunaux refusent systématiquement la dissolution lorsque la mésentente entraîne la paralysie et, à terme, la ruine de la société, sans aucun espoir de réconciliation des antagonistes. Il en est ainsi notamment dans les petites sociétés lorsque les associés se divisent en deux groupes égalitaires, s'attaquant et se neutralisant mutuellement au grand dam de l'intérêt social. La dissolution n'est pas alors la seule sanction de la mésentente ; les juges peuvent en outre condamner l'auteur de la mésentente à réparer le préjudice subi par ses coassociés (7). Ces différentes solutions pourraient fonder une obligation d'harmonie en droit des sociétés, laquelle n'implique pas le renoncement, mais impose de fonder la critique sur de justes motifs, par exemple l'intérêt social, "l'esprit de la ruche" (V. *supra*, n. 467).

563. — Un exemple de dissolution pour mésentente entre deux blocs égalitaires d'associés

La SARL *Atelier de la Cerisaie*, dont l'activité porte sur la réalisation de graphismes publicitaires, comprend deux blocs égalitaires d'associés, le clan Engelmann et le clan Fauvet ; Manuel Engelmann en est le gérant, tandis que Pierre Fauvet exerce les fonctions salariées de directeur artistique. La zizanie oppose rapidement les deux clans ; dans les assemblées ils se neutralisent, rendant impossible la prise de la moindre décision. Le gérant licencie Pierre Fauvet. Celui-ci contre-attaque en demandant la dissolution de la société pour mésintelligence ; le clan Engelmann propose un rachat de ses droits. Bien que la situation financière de la société ne soit pas encore dégradée, le juge prononce la dissolution demandée (Versailles, 19 janv. 1989 : *Bull. Joly* 1989, p. 327, note P. Le Cannu). Il constate que la cause de la mésintelligence ne peut être imputée exclusivement au clan Fauvet ; à défaut de clause statutaire, il refuse son exclusion. Voici la motivation de la décision : "Considérant que... les divers incidents graves survenus au cours des assemblées générales et cet état de fait manifestant sans ambiguïté que la volonté des deux groupes d'associés de collaborer sur un pied d'égalité à la poursuite de l'objet social a disparu et que la gestion du gérant a perdu sa légitimité ; que l'*affectio societatis* ayant disparu, la structure de la société rend impossible toute décision collective".

(6) Paris, 21 oct. 1976 : *Jurisdata*, n. 603.

(7) Cass. com. 21 mars 1989 : *JCP* 89, éd. E, n. 2, obs. A. Viandier et J.-J. Caussain.

Moralité : il faut se méfier de ces petites sociétés, composées de deux seuls associés à égalité et fondées sur un pressant *intuitus personae* ; elles sont fragiles, parce qu'à la merci du moindre dissentiment (pour une autre illustration, V. *supra*, n. 478, l'affaire *Elane*). Une mesure de précaution consiste à insérer dans les statuts une clause prévoyant, en cas de crise, le rachat pour un prix fixé à dire d'expert des droits de celui qui déclenche les hostilités ; la société sera ainsi à l'abri des demandes intempestives de mise en liquidation (V. *supra*, n. 375).

E. — L'ANNULATION DU CONTRAT DE SOCIÉTÉ

564. — On sait que l'annulation du contrat de société est rarement prononcée ; dans l'affirmative, elle entraîne la dissolution de la société, sans rétroactivité (V. *supra*, n. 213). Le rattachement de l'annulation aux cas de dissolution n'a rien d'incongru, puisque désormais le régime de la liquidation est identique dans tous les cas.

F. — LA RÉUNION DE TOUTES LES PARTS EN UNE SEULE MAIN

565. — Lorsqu'un associé réunit entre ses mains toutes les parts ou actions, la société n'est pas automatiquement dissoute pour autant ; tel est le principe proclamé à l'article 1844-5 du Code civil : "La réunion de toutes les parts sociales en une seule main n'entraîne pas la dissolution de plein droit de la société". L'insolite n'a toutefois qu'un temps et le droit tolère seulement de telles sociétés : "tout intéressé peut demander cette dissolution si la société n'a pas été régularisée dans le délai d'un an" (*ibid.*). La péremption du délai de régularisation n'interdit cependant pas le sauvetage de la société ; d'une part, si personne n'agit en dissolution, elle continue à vivre sur un seul pied ; d'autre part et surtout, un intéressé (on pense à un créancier) agirait-il, que l'associé survivant pourrait régulariser *in extremis* avant que le tribunal ne statue sur le fond de l'affaire ; mieux, l'associé unique peut solliciter au nom de la société un délai maximal de six mois pour régulariser la situation. Tout est donc fait pour que la société ne disparaisse pas, si tel est le vœu de l'associé unique.

Mais le vœu de celui-ci peut être précisément de mettre fin à la société ; dans ce cas, la dissolution de la société "entraîne la transmission universelle du patrimoine de la société à l'associé unique sans qu'il y ait lieu à liquidation" (*ibid.*). Sous cet angle, la réunion de toutes les parts en une seule main cesse d'être une situation pathologique ; c'est un état voulu, car il permet de mettre fin à une société en court-circuitant le lourd formalisme de la liquidation et du partage (V. *infra*, n. 571 et s.). La façon la plus expéditive de liquider une société consiste à faire racheter toutes les parts par le même associé ou encore de les faire racheter par un tiers qui, uniquement intéressé par les actifs sociaux, s'empressera de dissoudre la société ; le droit fiscal ne s'oppose désormais plus à cette combinaison (V. *infra*, n. 580). Signalons enfin que la SARL se mue en EURL si toutes les parts sociales se trouvent entre les mains de l'associé unique (V. *infra*, n. 1401).

G. — La liquidation judiciaire de la société

566. — La liquidation judiciaire de la société prononcée par le tribunal en cas de cessation des paiements entraîne la dissolution automatique de la société ; il en va de même lorsque le tribunal autorise la cession totale des actifs.

H. — Les autres causes statutaires

567. — Les associés peuvent prévoir dans les statuts d'autres causes de dissolution : changement de nationalité ou d'occupation d'un d'entre eux, nationalisation ou privatisation d'un client ou d'un fournisseur, baisse continue du résultat, passage d'un partenaire sous le contrôle d'un concurrent, rupture d'équilibre entre des participations des associés... La liberté des associés est bornée par leur imagination, laquelle est avivée par la considération de causes de dissolution d'hier : départ en croisade ou en pèlerinage, mort du roi, abjuration de telle ou telle foi religieuse... Au reste, des causes supplémentaires pourront être ajoutées au cours de la vie sociale, la volonté ultérieure ayant autant d'effet que la volonté initiale.

Pareilles clauses sont cependant à manier avec la plus grande circonspection ; si la société est prospère, l'acte de dissolution équivaudra à un suicide fiscal (V. *infra*, n. 578) ; il est en général plus judicieux de s'en tenir à une clause prévoyant le rachat des droits de l'associé cessant d'être *persona grata*. Tout au plus ne rejettera-t-on pas les clauses stipulant la dissolution de la société lorsque l'accumulation des déficits atteint un certain sommet ; si la société n'est que l'assurance de la ruine, mieux vaut y mettre fin quand il est encore temps.

SECTION II

LES EFFETS DE LA DISSOLUTION

§ 1. — La publicité de la dissolution

568. — Les tiers doivent être avertis de la dissolution de la société comme ils l'ont été de sa naissance ; les formalités sont identiques (V. *supra*, n. 262) :

- enregistrement de l'acte de dissolution avec paiement d'un droit fixe de 1 220 F ;

- insertion d'un avis dans un journal d'annonces légales ;

- dépôt des actes de dissolution et de désignation du liquidateur au centre des formalités des entreprises ; le centre transmet le dossier aux différents organismes intéressés et spécialement au greffe du tribunal de commerce, lequel en fait mention sur le registre du commerce et en assure la publicité par le canal du *BODACC* La dissolution ne produit ses effets à l'égard des tiers qu'à compter de sa publication (C. civ., art. 1844-8).

Sur tous les actes et papiers commerciaux destinés aux tiers (lettres, factures...), la dénomination sociale doit être suivie de la mention "*société en liquidation* " et du nom du liquidateur ; c'est une façon d'assurer la publicité permanente de l'état de liquidation.

§ 2. — La survie de la société en liquidation

A. — Le principe

569. — Aux termes de l'article 1844-8, alinéa 3, du Code civil, "la personnalité morale de la société subsiste pour les besoins de la liquidation jusqu'à la publication de la clôture de celle-ci" (8). Ainsi la société est dissoute, mais conserve sa personnalité juridique ; elle dispose toujours d'un patrimoine séparé de celui de ses associés ; les créanciers ne sont donc pas obligés de diviser leurs actions en paiement, la dette reste sociale et la société demeure leur seul débiteur ; de même les associés conservent la possibilité de céder leurs droits à des tiers.

B. — Les tempéraments

570. — Le premier tempérament est temporel : la survie se termine avec la publication de la clôture de la liquidation ; tant que celle-ci n'est pas terminée et publiée, la société survit. Dans la vue d'éviter des liquidations qui s'éternisent, le Code civil autorise tout intéressé à saisir le tribunal, qui fait alors procéder à la liquidation ou à son achèvement lorsque la clôture n'est pas intervenue dans un délai de trois ans à compter de la dissolution (C. civ., art. 1844-8, al. 4).

Le second tempérament est matériel : la société dissoute n'est qu'en sursis et le liquidateur ne saurait par exemple lancer des activités nouvelles ou poursuivre l'exploitation sociale ; s'il gère, c'est uniquement afin de mener à bien et dans les meilleures conditions les opérations de liquidation. Les images qui s'imposent ici sont celles de la bougie qui se consume ou du navire dont les machines sont arrêtées et qui continue à courir sur son erre (sa vitesse acquise) ; il est de moins en moins manœuvrable et s'immobilisera bientôt ; de façon moins poétique on a écrit que "la dissolution est une condamnation à mort de la personne morale, dont l'exécution peut être retardée mais non éludée" (9).

Il est toutefois un tempérament au tempérament ; une société, même en liquidation, peut fusionner ou se scinder (C. civ., art. 1844-4) ; c'est le seul cas dans lequel elle peut connaître une nouvelle vie ; les associés ne sauraient en

(8) Ch. Gavalda, *La personnalité morale des sociétés en voie de liquidation* : *Mélanges* J. Hamel, Dalloz, 1961, p. 253.

(9) J. Hamel et J. Lagarde, *Droit commercial*, t. 1, 1re éd. 1954, n. 428.

revanche, après la décision de dissolution, changer d'avis et ressouder la société ; la société dissoute est hors d'état de récupérer la plénitude de sa personnalité morale. Elle meurt au fur et à mesure des opérations de liquidation.

§ 3. — Les opérations de liquidation et de partage

571. — La matière fait l'objet d'une réglementation minutieuse qu'il serait fastidieux de reproduire ; on renverra aux textes pour le détail (C. civ., art. 1844-8 et 1844-9. — D. du 3 juillet 1978, art. 8 et s. — L. du 24 juillet 1966, art. 390 et s. — D. du 23 mars 1967, art. 266 et s.). On se limitera à l'essentiel en rappelant que les opérations de liquidation sont esquivées lorsque toutes les parts ou actions de la société dissoute se trouvent entre les mains d'un même associé (V. *supra*, n. 565).

A. — La nomination du liquidateur

572. — Le liquidateur est nommé conformément aux dispositions des statuts ou, à défaut, par décision des associés ; s'ils ne peuvent se mettre d'accord, c'est le juge qui procède à la nomination. Selon les cas, le liquidateur est un amateur (un ancien dirigeant par exemple) ou un professionnel (un administrateur judiciaire). Dans les affaires les plus complexes, plusieurs liquidateurs peuvent être désignés. La nomination fait l'objet d'une publicité pour être opposable aux tiers (V. *supra*, n. 568). Pour éviter que la liquidation ne s'éternise, la durée du mandat du liquidateur est limitée à trois ans, mais une prolongation est toujours possible.

B. — La mission du liquidateur

573. — Dès sa nomination, le liquidateur se substitue aux organes de direction qui perdent dès lors leurs pouvoirs de gestion et de représentation ; désormais il est le seul représentant de la société. Comme les anciens dirigeants, il agit sous le contrôle des associés ; il doit les convoquer régulièrement et leur présenter l'état d'avancement des opérations ; une première réunion a lieu dans les six mois de sa prise de fonction ; ensuite, tous les ans, dans les six mois suivant la clôture de l'exercice, il présente aux associés les comptes annuels et un rapport de liquidation ; la survie de la personnalité morale permet le respect des rites sociaux.

Le liquidateur commence par dresser un inventaire de l'actif et du passif. Ensuite interviennent les opérations proprement dites de liquidation. Liquider, dirait M. Prud'homme, est rendre liquide ; autrement exprimé, il s'agit de transformer en liquidités, en espèces, les biens et les créances composant l'actif de l'entreprise.

L'argent récolté sert à désintéresser les créanciers sociaux ; comme on est à l'écart d'une procédure collective, le liquidateur n'est pas tenu de respecter un ordre quelconque ; il règle les créanciers au fur et à mesure qu'ils se présentent ; c'est le *prix de la course*. Dans la pratique, surtout si les opérations sont menées par un liquidateur professionnel, les choses se passent autrement ; avant de procéder aux règlements, le liquidateur dresse un état estimatif en distinguant le passif privilégié et le passif chirographaire ; si les fonds sont suffisants, il désintéresse tous les créanciers ; dans le cas contraire, notamment si l'on est en présence d'une société à risque limité, il procède au dépôt de bilan et le tribunal ordonne la procédure collective de liquidation de l'entreprise.

C. — La clôture de la liquidation

574. — Sa mission achevée, le liquidateur convoque une dernière assemblée afin de présenter aux associés le compte final de liquidation ; sauf incident, l'assemblée lui donne *quitus* de sa gestion. La clôture de la liquidation est publiée selon les formes classiques (V. *supra*, n. 262) ; à partir de là, la société perd sa personnalité morale et le liquidateur son mandat. Les associés peuvent le cas échéant agir en responsabilité contre ce dernier, mais leur action est prescrite au bout de trois ans.

Comment faire lorsque après la clôture de la liquidation et les formalités de publicité un créancier, que l'on avait oublié, fait valoir ses droits? La jurisprudence admet dans ce cas que "la personnalité morale d'une société subsiste aussi longtemps que les droits et obligations à caractère social ne sont pas liquidés" (10) ; en revanche, la mission du liquidateur ne revit pas et la nomination d'un mandataire *ad hoc* doit être demandée en justice.

D. — Les opérations de partage

575. — De même que les héritiers ont vocation à se partager les biens du défunt, de même les associés sont appelés à se répartir les biens sociaux. Le parallèle est permis dans la mesure où, la personnalité morale ayant disparu du fait de la publication de la décision de clôture, les associés, comme les successibles, deviennent copropriétaires indivis des biens sociaux. C'est d'ailleurs en raison de cette ressemblance que "les règles concernant le partage des successions... s'appliquent aux partages entre associés" (C. civ., art. 1844-9, al. 2). Le cas échéant, surtout dans les affaires familiales, un associé pourra demander le bénéfice de l'attribution préférentielle.

Dans l'ordre, il faut distinguer entre la reprise des apports et le partage du boni de liquidation. Les associés reçoivent d'abord le montant nominal de leurs parts ou actions, si du moins il subsiste des fonds suffisants après désintéressement de tous les créanciers et paiement des honoraires du liquidateur ; dans le cas contraire, le remboursement se fait *au marc le franc*. La reprise des apports a généralement lieu en espèces ; cependant elle peut s'effectuer en nature à la double condition que les statuts l'aient prévu et que le bien apporté existe encore au sein de la société ; si tel est le cas, un associé pourra par exemple reprendre l'immeuble ou le fonds de commerce dont il a fait

(10) Cass. com. 15 mai 1984 : *Rev. soc.* 1985, p. 91, note J.-P. Sortais.

initialement apport ; dans les sociétés de personnes relevant de l'impôt sur le revenu, cette reprise en nature permet de faire jouer la théorie fiscale de la mutation conditionnelle (V. *infra*, n. 582).

Une fois que les associés ont récupéré le montant de leur mise initiale, le solde disponible, s'il y en a un, représente le boni de liquidation ; il est réparti entre les associés proportionnellement à leurs droits, à moins que les statuts n'aient prévu un autre mode de répartition.

§ 4. — Les aspects fiscaux de la dissolution

576. — Si créer une société ne coûte généralement pas une fortune, il n'en va pas de même des dissolutions, si du moins elles dégagent un boni de liquidation ; certes lorsque la société est en déconfiture, le partage dégage un mali de liquidation et les associés, ayant tout perdu, ont au moins la consolation de n'avoir pas d'impôt à payer. Si la société est prospère, le coût fiscal est supportable lorsque la société relève de l'impôt sur le revenu, mais risque d'être confiscatoire dans le cas contraire.

A. — La société relève de l'impôt sur le revenu

577. — Dissoudre une société de personnes ne coûte guère plus cher que liquider une entreprise individuelle. Le plus lourd provient généralement de la vente des immobilisations, avec l'imposition des plus-values qui jusque-là étaient latentes.

La reprise des apports ne constitue pas une opération imposable, pas plus que la répartition des réserves puisque celles-ci ont déjà été imposées au moment de la réalisation des bénéfices (V. *supra*, n. 103).

En matière d'enregistrement, pour la reprise des immeubles et fonds de commerce initialement apportés, on fait jouer la théorie de la mutation conditionnelle (V. *infra*, n. 582) ; sinon le partage des liquidités ou des acquêts entraîne la perception d'un droit de partage au taux de 1 %.

B. — La société relève de l'impôt sur les sociétés

578. — La dissolution d'une société prospère relevant de l'impôt sur les sociétés (société anonyme ou SARL) est une opération fiscalement coûteuse, tellement coûteuse que certaines sociétés ayant cessé toute activité renoncent à se dissoudre et demeurent en hibernation dans l'attente d'un régime plus favorable ; dans de telles conditions, la mise à mort de la société relève du *suicide fiscal*; il existe heureusement des palliatifs permettant de passer la main sans provoquer la dissolution de la société (V. *infra*, n. 580).

Les impôts à la charge de la société sont les suivants :

- *l'impôt sur les sociétés*, au taux de 42 %, qui est calculé sur le résultat de liquidation, lequel prend en compte notamment la cession globale des stocks et la reprise des provisions antérieurement constituées ; il faut y ajouter les plus-values sur cessions d'immobilisations (immeubles, fonds de commerce, matériel...) ; l'impôt est dû au taux de 42 % puisqu'il y aura distribution de la totalité du résultat de liquidation (V. *supra*, n. 105) ;

- *le précompte*, au taux de 33,33 %, qui s'applique sur les sommes qui n'ont pas été soumises à l'impôt sur les sociétés au taux normal (les réserves de plus-values à long terme par exemple) ou encore sur les réserves datant de plus de cinq ans (V. *supra*, n. 107).

Les associés ne subissent aucune imposition à raison de la reprise de leurs apports, puisqu'elle ne dégage aucun enrichissement. En revanche, la répartition du boni de liquidation est imposée comme une distribution de dividendes, avec application du régime de l'avoir fiscal ; le boni de liquidation est en effet le dernier dividende versé par la société.

LE COIN DES AMATEURS

1) La mise en sommeil des sociétés

579. — Il est des sociétés économiquement mortes, mais juridiquement vives ; ce sont les sociétés en sommeil (d'autres parlent de sociétés inactives, de sociétés nécropoles, de sociétés en hibernation, de sociétés dormantes, de coquilles vides...). L'espèce est mélangée, à la fois ossuaire et vivier. D'un côté, on trouve des sociétés infantiles, nées en sommeil, qui n'ont pas encore exercé d'activité. De l'autre, il y a les sociétés séniles, qui ont eu leur heure de gloire ; ayant abandonné toute activité, elles ont été mises en sommeil. Les problèmes juridiques ne sont pas les mêmes dans les deux cas (P. DIENER, *Un abus de la personnalité morale : la société en sommeil*, in *Dix ans de droit de l'entreprise*, Litec 1978, p. 81. — G. NOTTE, *Les sociétés en sommeil : JCP* 81, éd. C.I., 13499.

a) Les sociétés infantiles attendant d'être réveillées

Ce sont des sociétés regulièrement conçues et immatriculées, mais sans activité. On les trouve essentiellement dans les banques d'affaires et les groupes. Elles sont prêtes à fonctionner du jour au lendemain ; dotées d'un objet attrape-tout, elles sont aptes à conduire n'importe quelle activité économique ; elles constituent un corps de réserve, des pièces de rechange. Qu'une opportunité survienne et elles seront réveillées (telle la Belle au Bois dormant attendant le baiser du prince charmant), les délais et les tracas de l'immatriculation étant économisés ; en d'autres milieux et pour d'autres lecteurs, on parlerait de *taupes*. Ces sociétés, qui ne sont que des coquilles vides en attente d'emploi, sont-elles valides ? Certains en doutent, y voyant des sociétés fictives, voire frauduleuses (en ce sens, V. P. DIENER, préc.) ; l'opinion dominante est plus indulgente ; si la société est une technique d'organisation de l'entreprise, on ne fait jamais que tailler à l'avance le vêtement juridique dont on habillera plus tard une entreprise quelconque (V. *supra*, n. 52).

b) Les sociétés séniles mises en sommeil

Les sociétés séniles vivotent, aucune marchandise n'entre ou ne sort de leurs magasins, elles n'ont plus de salariés ; si ce n'est pas encore la mort, c'est déjà le coma. Le droit des sociétés ne doit-il pas en prendre acte ?

Les textes prévoient la radiation du registre du commerce et des sociétés pour cessation d'activité, radiation qui peut être décidée d'office par le greffier (D. n. 84-406 du 30 mai 1984, art. 42). Mais quel est l'effet d'une telle radiation ? Les amateurs de symétrie verront dans ce biffage de la société du registre du commerce une *désimmatriculation*, donc une cause supplémentaire de disparition de la personnalité morale. La symétrie est toutefois trompeuse ; de même que la radiation de l'état civil est sans conséquence sur la vie du citoyen, la radiation de la société ne la prive pas de sa personnalité juridique, laquelle subsiste "aussi longtemps que les droits et obligations à caractère social ne sont pas liquidés" (Cass. com. 30 mai 1978 : *JCP* 79, II, 19087, note Y. GUYON). La radiation consécutive à la cessation d'activité n'est pas une cause d'extinction de la personnalité juridique (B. BOULOC, *La disparition des sociétés commerciales et le registre du commerce* : *Rev. soc*. 1978, p. 419). Est-ce un juste motif de dissolution, tenant à la réalisation ou à l'extinction de l'objet social (V. *supra*, n. 556 et s.) ? Non, et les tribunaux répugnent à prononcer la dissolution de la société pour cause de mise en sommeil dès lors qu'une chance de réveil demeure (Cass. com. 17 janv. 1977 : *Rev. soc*. 1978, p. 479; *JCP* 78, éd. C.I., 12653, obs. D.R.). Aucun principe ni aucun texte n'imposent de liquider une société qui a cessé l'activité pour laquelle elle a été constituée (V. *supra*, n. 558).

Au reste, cessant son activité, la société change en réalité d'activité ; de technique d'organisation de l'entreprise, elle devient technique d'organisation du patrimoine, car elle se contentera à l'avenir de gérer les biens dont elle est propriétaire (V. *supra*, n. 53) ; il sera d'ailleurs prudent de modifier en conséquence l'objet social. Si la société possède un important patrimoine immobilier, elle le fera fructifier par voie de location ; le cas échéant, une transformation en société civile immobilière sera envisagée (pour un exemple, V. *infra*, n. 543). Si elle possède un actif de valeurs mobilières, elle se comportera comme une société de portefeuille ; elle peut dans ce cas intéresser certains amateurs. Il existe, dit-on, un marché des sociétés en sommeil comportant un actif composé de valeurs mobilières, voire de trésorerie ; le rachat se ferait moyennant une décote de 20 % (cette décote s'explique par l'économie fiscale que réalisent les associés dispensés de procéder à la liquidation de la société rachetée). Si la société en sommeil est cotée en bourse, l'acquéreur doit à l'inverse payer une surcote, car il s'agit d'un moyen expéditif d'accéder à la Bourse ; c'est ainsi qu'a procédé Carlo de Benedetti qui, pour s'implanter en France et avoir accès à la bourse de Paris, a racheté une vieille société française spécialisée dans les appareils de chauffage, la société *Airflam*, devenue depuis *Cerus*, en sommeil depuis plusieurs années, mais qui était toujours cotée ; Maurice Bidermann a procédé de la même façon pour introduire sa société à la bourse.

2) Comment déjouer le coût confiscatoire d'une liquidation de société?

580. — Une société relevant de l'impôt sur les sociétés (société anonyme ou SARL) cesse son activité ; l'actif représente une grande valeur et les associés veulent en tirer argent comptant. S'ils procèdent à une dissolution et à une liquidation en bonne et due forme, c'est le fisc qui sera le premier bénéficiaire (et de loin), ne laissant que des miettes aux associés. Certes, il existe un régime de faveur applicable aux sociétés inactives (CGI, art. 239 *bis* B) ; il est subordonné à un agrément administratif qui n'est accordé que chichement ; par ailleurs, il n'est qu'à moitié favorable puisque la société est imposée au taux de 15 % sur la totalité des plus-values réalisées, tandis que les associés doivent acquitter un impôt forfaitaire de 15 % sur le boni de liquidation.

On peut faire mieux en recourant simplement au droit commun. La fusion-absorption est une solution, mais les associés reçoivent des titres en échange et non des espèces. Ils perçoivent en revanche argent comptant s'ils cèdent leurs droits sociaux au repreneur intéressé par les éléments composant l'actif social. Les associés paient seulement un impôt de 17 % sur le montant de la plus-value, ce qui reste supportable (V. *infra*, n. 1188). Pendant longtemps, ce stratagème n'a pu être utilisé en raison du cauchemar fiscal entourant les cessions massives de droits sociaux ; il a heureusement disparu depuis fin 1984 (V. *infra*, n. 1190).

3) La survie de la personnalité morale en droit fiscal

581. — La personnalité morale de la société dissoute survit pour les besoins de sa liquidation en droit fiscal comme en droit privé ; il n'y a aucune autonomie du droit fiscal à rechercher de ce côté. Les conséquences sont importantes, notamment lorsque la société relève de l'impôt sur les sociétés ; cet impôt demeure exigible tant que la liquidation n'est pas achevée ; aussi bien le liquidateur doit-il établir une déclaration de résultats à la fin de chaque exercice et payer l'impôt correspondant s'ils sont bénéficiaires. A la clôture des opérations, une déclaration des résultats de la liquidation doit être adressée à l'administration dans un délai de 60 jours ; mais les textes sont embrouillés sur le point de départ de ce délai, puisqu'ils visent à la fois la dissolution, la cessation d'activité et la fermeture définitive de l'établissement (CGI, art. 201-1 et 221-2). Dans un tel contexte, le Conseil d'Etat fait œuvre prétorienne en se fondant sur l'esprit de la loi au-delà de sa lettre. Il a jugé que la survie fiscale de la personnalité morale cessait à la date d'approbation des comptes par le liquidateur et que le délai de 60 jours ne commençait à courir qu'à compter de cette date (Cons. d'Etat, 11 fév. 1987 : *RJF* 1987, n. 3, p. 150, concl. N. CHAHID-NOURAI).

4) La théorie fiscale de la mutation conditionnelle

582. — Il s'agit d'une vieille théorie de l'enregistrement remontant à la fin du XVIIIe siècle, à une époque où Pothier enseignait que les sociétés n'avaient pas la personnalité juridique. Selon cette théorie, l'apport en société n'est pas translatif de propriété, ce qui justifie que l'on ne perçoive pas les droits de mutation comme dans une vente. Il faut attendre la dissolution de la société pour savoir s'il y a ou non transfert de propriété ; deux hypothèses sont à envisager :

— si l'associé (à moins qu'il ne s'agisse de ses héritiers) reprend le bien qu'il a apporté et dont il est censé n'avoir jamais perdu la propriété, aucun droit, faute de mutation, n'est exigible ;

— si le bien est attribué à un associé autre que l'apporteur, il y a mutation et exigibilité des droits comme dans le cas d'une vente ; d'où la formule que l'apport constitue une mutation sous la condition suspensive que le bien soit attribué ultérieurement à une personne autre que l'apporteur ; l'attribution à une tierce personne réalise la condition qui jusque-là était pendante.

La loi du 12 juillet 1965 a abandonné la théorie de la mutation conditionnelle pour les apports d'immeubles et de fonds de commerce faits à des sociétés à risque limité, c'est-à-dire à celles qui relèvent de l'impôt sur les sociétés. Elle subsiste en revanche dans les sociétés à risque illimité qui relèvent de l'impôt sur le revenu.

En voici un exemple : Hector et Victor ont fondé en 1970 une société en nom collectif chargée d'exploiter le fonds de commerce apporté par Hector, d'une valeur de 100 000 F, Victor ayant fait un apport en numéraire de même montant. Hector décède en 1990, ce qui entraîne la dissolution automatique de la société (le rédacteur des statuts avait omis d'y insérer la clause contraire) ; si les héritiers reprennent le fonds à leur nom, ils n'ont aucun droit à payer ; si en revanche le fonds, supposé d'une valeur actuelle de 1 000 000 F, est attribué à Victor, celui-ci devra acquitter les droits applicables aux ventes de fonds de commerce (V. *supra*, n. 118) :

- 0 % jusqu'à 1 000 000 0
- 7 % de 100 000 à 300 000 ....14 000
- 14,20 % au-delà de 300 000 .... 99 400

113 400

La survie de la théorie de la mutation conditionnelle s'explique par le souci de contrecarrer une évasion fiscale qui consisterait à déguiser une cession d'immeuble ou de fonds de commerce sous le couvert d'une cession de droits sociaux, suivie d'une dissolution de la société.

Elle avait été supprimée en 1965 à l'égard des sociétés relevant de l'impôt sur les sociétés ; l'alourdissement des droits d'apport frappant les fonds de commerce et les ventes ôtait tout attrait à l'évasion fiscale à laquelle on vient de faire allusion. Mais le nouveau mouvement de balancier se traduit par un allégement très sensible des droits d'apport lorsqu'une entreprise individuelle se transforme en société (V. *supra*, n. 176). Ainsi s'explique que la loi de finances pour 1991 ait ressuscité la théorie de la mutation conditionnelle lorsque les apports de fonds de commerce et d'immeubles bénéficient respectivement du droit de 1,50 % et 2,10 %.

Le fisc a peut-être découragé quelques adeptes de l'évasion fiscale, mais au prix de quelles complications ! Désormais quand on liquidera une société relevant de l'impôt sur les sociétés, il faudra vérifier la nature des apports (portent-ils ou non sur un fonds de commerce ou un immeuble ?), la date des apports (sont-ils antérieurs ou non au 1er janvier 1991 ?), le taux ayant frappé les apports (ont-ils bénéficié ou non du droit de 1,50 % ou de 2,10 % ?), la qualité de l'attributaire (est-ce l'apporteur initial ou un autre associé ?).

Résumons la réponse : la théorie de la mutation conditionnelle ne s'appliquera que si l'apport porte sur un fonds de commerce ou un immeuble, s'il a été réalisé postérieurement au 31 décembre 1990, s'il a bénéficié du taux réduit de 1,50 % ou de 2,10 %, à la condition que le bien apporté soit attribué à une personne autre que l'apporteur. On ne demande pas encore la couleur des cheveux de l'apporteur... Telle est la loi inexorable en matière d'enregistrement : c'est un impôt qui rapporte de moins en moins et qui se complique de plus en plus. En regard, la TVA est autrement simple et autrement rentable ; aussi bien le monde des affaires réclame-t-il le remplacement des vieilles reliques de l'enregistrement par la moderne TVA, laquelle présente en outre la vertu de pouvoir être récupérée par celui à qui elle est facturée.

(n. 583 à 598 réservés)

DEUXIÈME PARTIE

LE DROIT SPÉCIAL DES SOCIÉTÉS

599. — Comme le droit pénal, le droit des sociétés comporte une partie générale et une partie spéciale ; celle-ci passe en revue les principaux échantillons de sociétés, lesquelles mettent en œuvre les règles exposées dans la première partie. Deux volets composent la partie spéciale :

- celui des sociétés à risque limité (titre I) ;
- celui des sociétés à risque illimité (titre II).

TITRE I

LES SOCIÉTÉS A RISQUE LIMITÉ

600. — Les sociétés à risque limité sont au nombre de trois : la société anonyme, la société en commandite par actions et la société à responsabilité limitée. Elles présentent des caractéristiques communes qui les différencient des sociétés à risque non limité (pour un panorama plus complet, V. *supra*, n. 139) :

- *sur le plan juridique*, elles sont soumises à une législation contraignante ;
- *sur le plan pénal*, elles sont l'objet d'incriminations spécifiques ;
- *sur le plan fiscal*, elles sont assujetties à l'impôt sur les sociétés.

SOUS - TITRE I

LA SOCIÉTÉ ANONYME

1° L'historique

601. — La société anonyme n'est apparue en législation qu'avec la loi du 24 juillet 1867, même si les archéologues du droit des sociétés ont relevé des traces de sociétés par actions au XVIIIe siècle, voire, mais les indices sont moins nets, à l'époque romaine (V. *supra*, n. 71). La loi de 1867 a été remplacée, un siècle plus tard, par celle du 24 juillet 1966, soumise depuis à de (trop) fréquentes révisions.

2° Les caractéristiques

602. — La société anonyme présente plusieurs particularités :

- *c'est une société à risque limité*, les actionnaires ne supportant les pertes sociales qu'à concurrence de leur mise ;

- *c'est une société de capitaux*, le capital apporté comptant plus que la personne de celui qui apporte ; la société anonyme n'est pas conclue *intuitu personae* et l'actionnaire s'efface derrière l'action ;

- *c'est une société hiérarchisée*, où chaque organe dispose de pouvoirs propres et dont le caractère institutionnel est marqué ;

- *c'est une société commerciale par la forme*, la nature de l'activité, fût-elle civile, étant sans influence sur la qualification commerciale de la société ;

- *c'est une société par actions* : elle émet des valeurs mobilières, lesquelles sont susceptibles d'être cotées en bourse.

3° La pratique

603. — La société anonyme a été conçue au XIXe siècle comme une technique permettant de drainer l'épargne publique ; selon la formule du doyen Georges Ripert, elle fut "le merveilleux instrument du capitalisme moderne". Mais elle a été victime d'un détournement de forme sociale, de nombreux entrepreneurs n'y recourant qu'en raison des attraits du statut fiscal et social du président-directeur général ; sur les 144 000 sociétés anonymes existantes, les trois quarts sans doute ne sont l'affaire que d'un seul homme ; l'Allemagne Fédérale, qui n'est pas un pays sous-développé, n'en compte guère plus de 2 000, soit 70 fois moins qu'en France.

CHAPITRE PREMIER

LA CONSTITUTION

604. — Seules les règles spécifiques à la création de la société anonyme seront examinées ; pour le surplus, on renverra au régime général de constitution des sociétés (V. *supra*, n. 294 et s.).

La loi du 24 juillet 1966 (art. 74 et s.) a prévu deux modes de constitution :

- *avec appel public à l'épargne ;* c'est la voie spectaculaire de constitution : les épargnants sont sollicités de participer à la création de la société, par la presse ou tout moyen publicitaire ; comme son utilisation est rarissime, on ne lui consacrera qu'un encadré (1) (V. *infra*, n. 605) ;

- *sans appel public à l'épargne ;* c'est la voie intimiste qui est habituellement retenue : quelques personnes réunissent leurs capitaux et créent entre elles la société.

605. — La constitution par appel public à l'épargne

Il y a constitution par appel public à l'épargne lorsque les fondateurs ont recours à des banques ou à des procédés de publicité (annonces dans les journaux, diffusion de brochures...) pour réunir les fonds nécessaires à l'entreprise (L., art. 72). Cela implique le respect des exigences suivantes :

- rédaction d'un projet de statuts, qui doit être déposé au greffe ;
- confection d'une note d'information à l'intention du public, laquelle est soumise au visa préalable de la COB (exigence sanctionnée pénalement) ;
- établissement de bulletins de souscription pour la constitution des apports en numéraire ;
- tenue d'une assemblée constitutive ;
- capital minimum de 1 500 000 F ;
- désignation de deux commissaires.

(1) Comme exemples récents, on signalera le lancement de l'*Evénement du Jeudi* en 1985 et de *Politis* en 1988 ou encore la constitution de sociétés anonymes en vue de la construction de terrains de golf dans la région parisienne ; les épargnants ont été également sollicités par appel public pour la mise en chantier du voilier Club Med 2, toutefois en souscrivant ils ne devenaient pas actionnaires, mais quirataires, c'est-à-dire copropriétaires du navire.

§ 1. — Les conditions de fond

606. — La société anonyme obéissant au droit commun des sociétés, ses géniteurs doivent respecter les exigences usuelles : consentement, capacité, cause, objet, apports, *affectio societatis*, participation aux résultats (V. *supra*, n. 142 et s.). A cela s'ajoutent quelques exigences ou interdictions particulières :

- le nombre des actionnaires est d'au moins sept (2) ; comme ils n'ont pas la qualité de commerçant, on peut choisir n'importe qui, un nourrisson par exemple (V. *supra*, n. 145) ;

- le capital social est d'au moins 250 000 F (3) ;

- les apports en industrie sont interdits, de même que les clauses de variabilité du capital (V. *supra*, n. 323).

§ 2. — Les conditions de forme

A. — La rédaction des statuts

607. — Le conseil juridique choisi par les fondateurs taille un projet de statuts sur l'un des patrons mis au point par la pratique ; à ce sujet les techniciens se partagent en deux écoles, celle du "court", qui réduit les statuts au minimum et celle du "long", qui n'hésite pas à rappeler dans les statuts les solutions déjà contenues dans la loi de 1966 ou le décret de 1967; le "court" est préférable, ne serait-ce que parce qu'il évite d'avoir à modifier les statuts à chaque changement législatif ou réglementaire. Quant à la loi, elle exige seulement que les onze mentions suivantes figurent dans les statuts (L., art. 86 ; D., art. 55) :

- identité des signataires ;
- spécification de la forme anonyme de la société ;
- durée ;
- dénomination sociale ;
- siège ;
- objet ;
- montant du capital ;
- nombre d'actions émises avec indication de leur valeur nominale ;
- spécification des apports en nature ;
- composition, fonctionnement et pouvoirs des organes sociaux ;
- règles de partage des bénéfices.

---

(2) Car le droit anglais qui inspira les rédacteurs de la loi de 1867 exigeait sept fondateurs.

(3) Certaines activités réclament un montant plus important : 3 000 000 F pour les sociétés d'assurance, 1 500 000 F pour les banques..., mais seulement 2 000 F pour les sociétés de rédacteurs de presse, 10 000 F pour les sociétés coopératives (V. *supra*, n. 324).

Dans un premier temps, il s'agit d'un projet de statuts, car la signature ne peut intervenir qu'après la réalisation des apports et, le cas échéant, le contrôle des apports en nature ou des avantages particuliers.

B. — LA RÉALISATION DES APPORTS

1° Les apports en numéraire

608. — Si la totalité du capital doit être souscrite avant la signature des statuts, la loi (L., art. 75 et 84) n'impose que la libération immédiate d'au moins un *quart* des apports en numéraire (4). Le solde est à libérer dans les cinq ans de l'immatriculation, à la demande du conseil d'administration ; dans le meilleur des cas, les premiers bénéfices distribués permettent de compléter l'apport ; tant qu'elles ne sont pas entièrement libérées, les actions doivent rester nominatives ; les retardataires sont de plein droit débiteurs d'intérêts légaux (V. *supra*, n. 163).

Les sommes à payer sont versées aux fondateurs à charge pour eux de les remettre sous huit jours à un *dépositaire* (banque, notaire, Caisse des dépôts et consignations) ; l'apporteur peut également payer directement entre les mains du dépositaire (c'est une mesure de prudence qui empêche les fondateurs, cela s'est vu, de s'enfuir avec la caisse). Le dépositaire, au vu de la liste des actionnaires, établit un *certificat*, pièce indispensable à la signature des statuts. Les fonds restent dans la caisse du dépositaire jusqu'à l'immatriculation (V. *supra*, n. 258).

2° Les apports en nature

609. — Par hypothèse, les apports en nature doivent être libérés immédiatement (on ne conçoit pas la libération du seul quart d'un immeuble, d'un fonds de commerce ou d'un brevet). Se pose en revanche un problème d'évaluation qui n'existe pas avec le numéraire. Le danger est de surévaluation (V. *supra*, n. 165 et s.), d'où la mise en place d'une procédure de vérification des apports en nature. A cet effet, sur demande des fondateurs, le président du tribunal de commerce désigne *un commissaire aux apports* parmi les personnes inscrites sur la liste des commissaires aux comptes (L., art. 80 et 84).

Le commissaire fait un rapport sur l'évaluation du ou des biens apportés : immeubles, machines, contrats, brevets, valeurs mobilières... Le cas échéant, il est assisté d'un appréciateur spécialisé, ainsi d'un expert foncier pour un terrain ou d'un expert maritime pour un navire... Le rapport est mis à la disposition des actionnaires avant la signature des statuts. Selon les conclusions du commissaire aux apports, le projet de statut est éventuellement corrigé ; ce

(4) Une société anonyme peut ainsi démarrer avec une mise initiale minimale de 62 500 F (le quart de 250 000 F) ; ce chiffre est à comparer avec le capital, immédiatement libérable, de 50 000 F exigé en cas de création d'une SARL.

n'est pas une obligation et les fondateurs ont la faculté de maintenir l'évaluation initiale ; ce faisant, ils courent le risque, s'ils sont de mauvaise foi, d'être poursuivis pour majoration frauduleuse d'apports en nature (V. *infra*, n. 1143). La responsabilité civile du commissaire aux apports est engagée en cas de faute, voire sa responsabilité pénale s'il s'est rendu complice du délit de majoration frauduleuse (pour une illustration, V. *infra*, n. 972).

A l'origine, les actions remises à l'apporteur en nature, baptisées actions d'apport, n'étaient pas négociables pendant une période de deux ans ; cette mesure de méfiance a été supprimée par la loi du 5 janvier 1988.

Certains tentent d'éviter l'application des règles relatives à l'apport en nature en procédant en deux temps : vente du bien à la société puis augmentation par celle-ci de son capital ; l'augmentation de capital est réservée au vendeur, qui se libère par compensation avec sa créance sur la société constituée par le prix de vente ; de tels apports-vente sont de beaux exemples de fraude de la loi. C'est la raison pour laquelle l'article 157-1 de la loi du 24 juillet 1966 prévoit que lorsqu'une société, dans les deux ans suivant son immatriculation, acquiert un bien appartenant à un actionnaire et dont la valeur est au moins égale à un dixième du capital social, un commissaire est désigné judiciairement pour apprécier la valeur du bien (5).

C. — La signature des statuts

610. — La signature des statuts est l'instant solennel de la constitution de la société. En paraphant le contrat de société, les fondateurs franchissent le Rubicon ; ils sont contractuellement liés et tout repentir de leur part, s'il n'est pas partagé par leurs partenaires, engage leur responsabilité contractuelle et non plus délictuelle. Si le contrat doit être modifié avant l'immatriculation, la modification est décidée à l'unanimité (V. *supra*, n. 275).

Lorsqu'un état des actes accomplis pour le compte de la société en formation est annexé aux statuts, la signature de ces derniers est la condition de la reprise automatique desdits actes par la société au jour de l'immatriculation (V. *supra*, n. 269).

Faute de la signature des statuts dans les six mois du dépôt des fonds, les apporteurs ont la faculté de demander au président du tribunal de commerce la permission de récupérer les fonds déposés (L., art. 83 et 84).

D. — La désignation des dirigeants

611. — Jusqu'alors, l'intervention des fondateurs était informelle et spontanée ; il faut désormais un responsable pour orchestrer la marche vers l'immatriculation. Les premiers administrateurs étant généralement désignés dans les statuts, c'est à eux qu'il appartient d'élire le président ; celui-ci accomplit les dernières formalités et commence (voire poursuit) l'exploitation de l'entreprise.

---

(5) Cons. J. Bardoul, *L'achat d'un bien important à un actionnaire* : *Rev. soc.* 1983, 285.

E. — Les dernières formalités

612. — Le président diffuse le faire-part de naissance selon les règles valant pour toutes les sociétés (V. *supra*, n. 259 et s.) : enregistrement de l'acte, avis dans un journal d'annonces légales, passage au centre de formalités des entreprises ; le greffier procède à l'immatriculation et à une insertion au *BODACC.*

Après l'immatriculation et la réception de l'extrait K *bis*, le président récupère la libre disposition des fonds déposés par les souscripteurs. Rien n'est prévu en cas de retard dans l'immatriculation de la société ; par analogie avec l'atermoiement dans la constitution (V. *supra*, n. 610), les tribunaux ont parfois reconnu aux souscripteurs le droit de demander le recouvrement des fonds déposés (6).

§ 3. — Les sanctions des conditions

A. — Les sanctions civiles

613. — La *nullité* sanctionne les sociétés fictives ou frauduleuses ; c'est le régime de droit commun (V. *supra*, n. 215). Il en est de même en cas d'illicéité de l'objet. En revanche, vices du consentement et incapacités ne sont pas des causes de nullité ; la société demeure valable entre les personnes capables ou dont le consentement n'est pas vicié, ce qui suppose qu'au moins un des sept actionnaires de départ était capable ou que son consentement n'a pas été vicié (V. *supra*, n. 211, note 2).

Quant aux exigences propres à la société anonyme, par exemple le nombre minimum d'actionnaires ou l'insuffisance du capital, leur irrespect n'est pas sanctionné par la nullité ; cependant tout intéressé peut demander la dissolution de la société à défaut de régularisation (V. *infra*, n. 1040).

La *responsabilité civile* des fondateurs est engagée si par leur fait, leur imprudence ou leur négligence, la société est annulée ; c'est l'occurrence lorsqu'ils ont fermé les yeux sur le caractère fictif de l'apport ; dans cette hypothèse, la répression est également pénale.

B. — Les sanctions pénales

614. — Les fondateurs et dirigeants doivent craindre leur inculpation pour *émission irrégulière d'actions*, délit constitué si des actions ont été émises avant l'immatriculation ou après cette formalité si l'immatriculation a été obtenue par fraude ou dans des conditions irrégulières (L., art. 432). D'autres indélicatesses sont fustigées (L., art. 433) :

---

(6) V. Lyon, 10 nov. 1983 : *D.* 1984, 123, note Y. Reinhard.

- affirmations trompeuses en vue de l'établissement du certificat du dépositaire (ex. : fausse liste de souscripteurs) ;
- simulation de souscriptions pour obtenir d'autres souscriptions, sincères mais naïves ;
- publication de faits faux pour attirer les souscripteurs (V. *infra*, n. 1143) ;
- majoration frauduleuse des apports en nature (V. *supra*, n. 609).

LE COIN DES AMATEURS

Les avantages particuliers

615. — Les actionnaires sont égaux, mais certains le sont plus que d'autres en raison des avantages qui leur sont reconnus par les statuts (à la création de la société ou ultérieurement) : droit de préférence sur l'actif social, dividende préciputaire (prélevé en priorité), cumulatif (reportable en cas d'insuffisance de bénéfices distribuables), option sur certains actifs, prélèvement prioritaire sur le boni de liquidation... Afin de protéger les autres actionnaires, une procédure doit être suivie, dite procédure des avantages particuliers (L., art. 80) : intervention d'un commissaire aux apports, approbation par une assemblée générale (les bénéficiaires ne votant pas).

Reste à définir l'avantage particulier, ce qui constitue une entreprise singulièrement délicate (V. R. PERCEROU, *La notion d'avantage particulier* : *Mélanges* J. HAMEL, p. 171. — Cl. GIVERDON, *Enc. Dalloz, Rép. Sociétés*, V° *Avantages particuliers*). On peut toutefois poser que l'avantage particulier est une faveur attribuée à une personne dénommée. Semblable définition conjugue donc deux éléments : l'existence d'une faveur, la référence à une personne dénommée.

D'abord, il ne saurait y avoir avantage particulier sans faveur ou privilège. C'est l'approche suivie par le Vocabulaire juridique CAPITANT dans sa dernière édition (V° *Avantage*). C'est également la raison pour laquelle les auteurs et les juges insistent sur l'idée de rupture d'égalité. Citons notamment H. BOSVIEUX : "est un avantage particulier tout droit et toute allocation ou rétribution ayant pour effet de rompre l'égalité contractuelle entre associés" (H. BOSVIEUX, *De la notion d'avantage particulier* : *J. soc.* 1927, p. 65. — *Adde*, R. ROBLOT, *Traité de droit commercial*, tome 1, 1989, n. 1116). Citons encore un arrêt ancien de la Cour de Bordeaux : il y a avantage particulier dans "tous profits, prélèvements, avantages quelconques rompant l'équilibre entre associés" (Bordeaux 20 nov. 1865 : *S.* 1866, 2, 119). On observera que la nature — pécuniaire ou non — de l'avantage est indifférente (Ch. HOUPIN et H. BOSVIEUX, *Traité*, tome 1, n. 700), même si un arrêt de la Cour de cassation, antérieur à la loi de 1966, avait pu en faire douter (Cass. civ. 6 mars 1935 : *DH* 1935, 265). De plus la qualité de l'attributaire importe peu ; il s'agira éventuellement d'un tiers.

Ensuite, il n'y a avantage particulier que dans la mesure où les priorités octroyées le sont à une ou plusieurs personnes dénommées. Autrement exprimé, l'avantage particulier s'infuse d'*intuitus personae*, il est accordé à titre personnel à une ou plusieurs personnes. La précision permet d'exclure de la catégorie des avantages particuliers les privilèges simplement attribués à des actions, sans considération de la personne de leurs titulaires (Comp. MERCADAL et JANIN, *Sociétés commerciales*, 1991, n. 1993. — Ch. HOUPIN et H. BOSVIEUX, *Traité des sociétés*, tome II, n. 1297). C'est ainsi que la

Commission des opérations de bourse tient pour extérieure à la catégorie des avantages particuliers la remise accordée par une société à ses actionnaires en considération des achats par eux effectués des produits fabriqués par ladite société (*Bull. mensuel* 1979, n. 15). De même si une société décide de créer des actions de priorité et en offre la souscription à tous les actionnaires existants, voire au public, il n'y a pas institution d'un avantage particulier.

Mais cette exclusion ne vaut que tout et autant que la considération de la personne des bénéficiaires n'entre pas en ligne de compte pour l'octroi de l'avantage. Or la démarcation est délicate — et la prudence doit être de mise — lorsque "le privilège est accordé à toutes les actions d'une catégorie possédées par une personne" (Ch. HOUPIN et H. BOSVIEUX, *op. cit.*, tome II, n. 1297). Il suffit donc que la personne d'un actionnaire déterminé et dénommé se profile derrière la catégorie d'actions de priorité pour que le privilège octroyé participe des avantages particuliers.

(n. 616 à 624 réservés)

CHAPITRE 2

LES DIRIGEANTS

625. — Depuis 1966, les fondateurs de sociétés anonymes ont le choix entre deux formules :
- *la direction à la française*, avec conseil d'administration et président-directeur général ;
- *la direction à l'allemande*, avec conseil de surveillance et directoire.

Nationalisme ou conservatisme, on ne sait, toujours est-il que la formule étrangère ne connaît guère de succès ; au 1er janvier 1989, les sociétés à directoire ne représentaient que 1,5 % du total des sociétés anonymes (1).

On qualifie à tort le système français de moniste ; il est en réalité dualiste puisque composé d'un conseil et d'un président-directeur général, jouissant chacun de pouvoirs propres ; il est vrai que ce dualisme est atténué, car le président est l'un des membres du conseil ; la direction à l'allemande est en revanche parfaitement dualiste, les deux organes étant composés de personnes différentes (2).

SECTION I

LA STRUCTURE CLASSIQUE : CONSEIL D'ADMINISTRATION ET PRÉSIDENT-DIRECTEUR GÉNÉRAL

SOUS - SECTION I

LE CONSEIL D'ADMINISTRATION

§ 1. — La composition du conseil

A. — LA TAILLE DU CONSEIL

626. — La loi de 1966 a conçu une "fourchette" : le conseil est composé de trois membres au moins et de douze au plus (L., art. 89). Entre ces deux

---

(1) Information communiquée aux auteurs par l'INSEE.

(2) Pour une étude fouillée valant à la fois pour la société anonyme et la SARL, cons. J.-F. BULLE, *Le statut du dirigeant de société*, éd. La Villeguérin, 1989, préface M. GERMAIN.

chiffres, les statuts arrêtent le nombre jugé optimum. En réalité, le plafond peut être crevé dans certaines situations :

- *dans les sociétés cotées*, le maximum est porté à 15;

- *en cas de fusion*, les administrateurs de la société absorbée rejoignent ceux de la société absorbante, ce qui peut donner un maximum de 24 (voire 30 si deux sociétés cotées fusionnent) ; ce dépassement n'est que provisoire car, tant que l'étiage légal n'est pas à nouveau atteint, la porte du conseil reste fermée et les sortants ne sont pas remplacés ;

- si les statuts prévoient l'élection *d'administrateurs salariés*, ceux-ci ne sont pas pris en compte pour le calcul du maximum (V. *infra*, n. 936).

B. — Les conditions de nomination

1° La qualité d'actionnaire

627. — "Chaque administrateur doit être propriétaire d'un nombre d'actions de la société déterminé par les statuts" (L., art. 95). La règle exprime un impératif : l'accès au conseil d'administration est réservé aux actionnaires (il existe cependant une exception en faveur des administrateurs salariés, V. *infra*, n. 936). Si la condition n'est pas remplie au jour de la nomination, l'administrateur a trois mois pour se mettre en règle, sinon il est réputé démissionnaire.

Dans les sociétés fermées (une société de famille ou encore la filiale d'un groupe), on peut souhaiter accueillir au conseil un *manager* en raison de ses compétences, sans pour autant en faire un partenaire qui pourrait s'incruster au-delà de son mandat. Il est possible dans ce cas de recourir à la formule accueillante du prêt de consommation, par laquelle on met à la disposition du nouvel arrivant, pour la durée de son mandat, le minimum d'actions imposé par les statuts ; comme les actions constituent des biens fongibles, c'est-à-dire parfaitement échangeables, le nouvel administrateur en devient propriétaire (C. civ., art. 1893), ce qui satisfait à l'exigence légale (1).

A l'origine, les actions des administrateurs étaient affectées à la garantie de leur gestion, d'où leur nom d'actions de garantie et leur inaliénabilité ; cette garantie bien illusoire a été supprimée par la loi du 5 janvier 1988; mais l'obligation subsiste d'être actionnaire pour accéder au conseil d'administration.

2° Les incapacités et incompatibilités

628. — Bien que l'administrateur n'ait pas la qualité de commerçant, les individus qui sont interdits d'activité commerciale ne sauraient administrer une société : personnes tombant sous le coup de certaines condamnations pénales, personnes frappées de faillite personnelle (2). Il faut y ajouter certaines

---

(1) S. Lachat, *La mise à disposition d'actions de garantie* : *Rev. soc.* 1977, p. 423.

(2) A. Viandier, *Actes de commerce, commerçants, activité commerciale,* PUF, n. 161.

incompatibilités visant les fonctionnaires (3), les parlementaires, les officiers ministériels, les auxiliaires de justice. En revanche les conseils juridiques, les avocats et les notaires peuvent, sous certaines conditions, être désignés comme administrateurs.

3° Les limites d'âge

629. — Ni trop jeune, ni trop âgé, tel est le principe de rigueur pour la participation au conseil d'administration :

- *ni trop jeune* : un mineur non émancipé ne peut pas administrer une société anonyme ;
- *ni trop âgé* : le nombre des administrateurs ayant dépassé l'âge de 70 ans ne peut être supérieur au tiers des administrateurs en fonction (L., art. 90-1)... sauf clause contraire ; les fondateurs ont donc la faculté, par une clause spéciale des statuts, d'élever (ou d'abaisser) et l'âge et la proportion, ce qui donne à cette règle, au moins dans les petites sociétés, un caractère théorique ; la loi de 1966 ne dresse qu'un rempart de papier contre la gérontocratie.

4° Personne physique ou personne morale

630. — Une personne morale peut être administrateur au même titre qu'une personne physique ; une société (voire une association) est donc autorisée à administrer une autre société. Seule exigence : la nomination d'un représentant permanent qui occupe effectivement le siège attribué à la société ; le représentant permanent est soumis aux mêmes conditions et aux mêmes responsabilités que l'administrateur personne physique ; il est désigné par la personne morale au plus tard lors de son entrée en fonction comme administrateur ; il occupe un siège éjectable car la personne morale peut le remplacer en cours de mandat.

5° Le cumul de mandats

631. — Une personne physique ne peut appartenir simultanément à plus de huit conseils d'administration ou conseils de surveillance (L., art. 92). C'est le sérieux de la fonction qui justifie cette mesure. Même si la mission de l'administrateur exige seulement qu'il participe aux réunions périodiques du conseil, ce qui n'implique pas une présence constante dans les locaux de la société, le législateur a considéré qu'au-delà de huit mandats la mission ne pouvait être sérieusement accomplie. Une rallonge est toutefois autorisée, à hauteur de cinq mandats complémentaires (ce qui fait 13 au total) dans les sociétés dont le capital est détenu à concurrence de 20 % au moins par une société dont ils sont déjà administrateurs. Les mandats dans les sociétés étrangères ne sont pas décomptés.

---

(3) V. Versailles 26 oct. 1989 : *Rev. fr. comptabilité* 1991, p. 55, note Ph. REIGNE (un fonctionnaire ne peut pas être membre d'un conseil d'administration, mais sa présence n'invalide pas les décisions prises par cet organe).

Cette limitation ne s'applique pas aux personnes morales qui peuvent annuler autant de postes d'administrateur qu'elles le désirent ; la limitation ne s'applique pas davantage aux représentants permanents des personnes morales administrateurs.

C. — La procédure de nomination

632. — Les premiers administrateurs sont désignés dans les statuts, mais ensuite ? Deux procédures coexistent : l'une normale (l'élection par assemblée générale), l'autre exceptionnelle (la cooptation par le conseil). Dans tous les cas, la nomination doit faire l'objet de la publicité traditionnelle (V. *supra*, n. 353).

1° La procédure normale : l'élection par l'assemblée générale

633. — Il s'agit d'une prérogative de l'assemblée générale ordinaire (4) ; cela suppose que les actionnaires soient dûment informés des qualités des impétrants, d'où la faculté pour eux d'obtenir communication de divers renseignements sur les candidats (âge, références et activités professionnelles, emploi au sein de la société, autres mandats...).

2° La procédure exceptionnelle : la cooptation par le conseil

634. — La cooptation consiste pour les membres du conseil d'administration à choisir eux-mêmes leurs collègues sur le modèle de l'Académie française ; le choix est simplement provisoire puisqu'il est soumis à la ratification ultérieure de l'assemblée. La faculté de cooptation est enfermée dans d'étroites limites (L., art. 94) :

- elle n'est possible qu'en cas de vacance par décès ou démission (mais non par révocation) ;
- elle n'est possible que si le nombre des administrateurs encore en fonction est au moins égal au minimum légal (trois) ;
- elle est à l'inverse obligatoire lorsque le nombre des administrateurs est devenu inférieur au minimum statutaire, tout en étant supérieur à trois.

D. — La durée des fonctions

635. — La durée des fonctions est prévue par les statuts, sans pouvoir excéder six ans. Cependant, les premiers administrateurs, nommés dans les statuts, voient leur premier mandat plafonné à trois ans (L., art. 90). Les administrateurs sont rééligibles (5) .

---

(4) L'assemblée extraordinaire serait cependant compétente si, au cours de cette assemblée, un administrateur était révoqué par le jeu d'un incident de séance (V. *infra*, n. 835).

(5) Il a été jugé, à tort, que le conseil devait mettre la reconduction de l'administrateur dont le mandat arrive à échéance à l'ordre du jour de l'assemblée (Versailles, 2 déc. 1987 : *JCP* 88, éd. E, II, 15297, n. 2, obs. A. Viandier et J.-J. Caussain) et cet arrêt a été censuré par la Cour de cassation (Cass. com. 7 nov. 1989 : *Bull. civ.* IV, p. 192).

Outre l'arrivée du terme de leur mandat, d'autres événements peuvent en écourter la durée, ne serait-ce que la dissolution ou la transformation de la société, le décès de l'administrateur ou le butoir de la limite d'âge (V. *supra*, n. 629).

636. — Les deux causes qui dans la pratique soulèvent le plus de difficultés sont la démission et la révocation :

- *la démission* ; l'administrateur est libre de démissionner quand bon lui semble, sans avoir à se justifier ; sa décision serait cependant blâmable et justifierait sa condamnation à des dommages-intérêts si elle n'était motivée que par l'intention de nuire (sur la pratique et les dangers des démissions en blanc, V. *infra*, n. 1357) ; si tous les administrateurs démissionnent (par exemple en cas de crise ou de mise en redressement judiciaire), il faut faire nommer un administrateur judiciaire ;

- *la révocation* ; la loi précise que les administrateurs "peuvent être révoqués à tout moment par l'assemblée générale ordinaire" (L., art. 90) ; il importe peu que la question n'ait pas été inscrite à l'ordre du jour (V. *infra*, n. 835) ; le même pouvoir est reconnu à l'assemblée générale extraordinaire (6) ; les administrateurs sont révocables *ad nutum*, c'est-à-dire de façon discrétionnaire, voire arbitraire, sans qu'ils puissent réclamer une quelconque indemnité, sauf abus de droit (V. *infra*, n. 651) ; ils ne peuvent pas se protéger contractuellement contre l'ingratitude des actionnaires.

§ 2. — Le fonctionnement du conseil

637. — Le conseil d'administration est un organe collégial : l'administrateur tire son pouvoir de sa seule participation au conseil ; en dehors du conseil, il n'est rien. Le conseil participe de la nature institutionnelle de la société anonyme.

638. — Le conseil est convoqué par son président, lequel fixe l'ordre du jour selon la cadence prévue aux statuts (une fois l'an dans bien des sociétés où le conseil ne joue qu'un rôle symbolique, tous les deux mois dans d'autres sociétés...). En toute occurrence, si le conseil ne s'est pas réuni depuis plus de deux mois, il peut être convoqué par un groupe d'administrateurs représentant le tiers des membres.

639. — Deux délégués du comité d'entreprise sont obligatoirement convoqués ; ils ont voix consultative et ne participent donc pas aux votes (V. *infra*, n. 935) ; il ne faut pas les confondre avec les administrateurs salariés qui exceptionnellement peuvent être désignés en surnombre (V. *infra*, n. 936). Le commissaire aux comptes doit être convoqué lorsque le conseil arrête les comptes de l'exercice écoulé (L., art. 231) ; dans les autres cas, sa présence est facultative.

---

(6) Rennes, 25 fév. 1972 : *JCP* 72, II, 17220, note H. SYNVET.— Paris, 14e ch. C, 15 mars 1990 : *BRDA* 31 juill. 1990, p. 19.

640. — Le conseil ne délibère valablement que si la moitié au moins de ses membres sont présents ; toute clause contraire est réputée non écrite (L., art. 100) ; cela signifie que pour le calcul du quorum de la moitié, il n'est pas tenu compte des administrateurs représentés. Un même administrateur ne peut être porteur que d'une seule procuration. Sauf clause contraire des statuts, les décisions se prennent à la majorité des membres présents ou représentés, le président ayant voix prépondérante en cas de partage.

641. — Afin d'exercer au mieux leur fonction et prendre des décisions éclairées, les administrateurs jouissent du droit de demander au président communication des documents en relation avec l'ordre du jour (7) ; si certains administrateurs étaient privés de ce droit, les délibérations seraient nulles (V. *infra*, n. 642).

642. — L'information des administrateurs : l'arrêt *Cointreau* du 2 juillet 1985

Il est des querelles de famille qui alimentent un contentieux tenace, tout en contribuant au progrès du droit. Les batailles judiciaires auxquelles se livrent les deux clans de la société *Rémy Martin* en offrent une intéressante illustration (Pour un historique des procédures, V. *Bull. Joly* 1985, p. 919). En 1978, la succession des époux Renaud, actionnaires principaux de la société, laisse face à face deux filles qui sont mariées : Mme Hériard-Dubreuil et Mme Cointreau. La guérilla successorale affecte rapidement le fonctionnement de la société, contrôlée à 51 % par le clan Hériard-Dubreuil et à 49 % par le clan Cointreau. Mme Geneviève Cointreau demande l'annulation des délibérations du conseil d'administration réuni en mars 1982, pour défaut de communication préalable des documents relatifs à l'ordre du jour (il s'agissait de questions importantes, comme le renforcement des fonds propres et un investissement aux Etats-Unis). La loi réglemente de façon précise et sous sanctions pénales le droit d'information des actionnaires (M. Hériard-Dubreuil, président du conseil d'administration, a d'ailleurs été condamné pénalement pour refus de communication de documents sociaux aux actionnaires ; Cass. crim. 18 avril 1983 : *Bull. Joly* 1983, p. 622) ; elle est en revanche muette sur l'information des administrateurs. L'arrêt de la chambre commerciale du 2 juillet 1985 (*Rev. soc.* 1986, p. 231, note P. LE CANNU; *JCP* 85, éd. E, 14758, note A. VIANDIER) comble cette lacune. Selon P. LE CANNU (note préc.), "l'arrêt du 2 juillet peut être classé parmi les "grands arrêts" du droit des sociétés anonymes". Il consacre en effet avec éclat l'obligation faite au président de fournir aux administrateurs, et dans un délai suffisant, les informations nécessaires à l'exercice de leur droit de contrôle. Cet arrêt, remarquable par la vigueur de sa rédaction, mérite d'être reproduit :

(7) Un administrateur peut de même exiger la communication du procès-verbal de la réunion à laquelle il n'a pu assister (Cass. com. 1er déc. 1987 : *Rev. soc.*, 1988, p. 237, note P. LE CANNU).

"Vu les articles 98 et 113 de la loi du 24 juillet 1986; — Attendu qu'il résulte de ces textes que le conseil d'administration est appelé à agir au nom de la société, qu'il s'ensuit que le président de ce conseil doit mettre les administrateurs en mesure de remplir leur mission en toute connaissance de cause ; — Attendu que... Mme Geneviève Cointreau faisait valoir qu'elle n'avait pas été mise à même d'exercer son mandat d'administrateur dans des conditions d'information suffisantes ; — Attendu que pour rejeter cette demande, la cour d'appel a déclaré qu'aucune disposition légale n'impose au président du conseil d'administration de joindre à la convocation qu'il adresse aux membres de celui-ci, son projet de rapport ou des documents économiques et financiers se rapportant à l'ordre du jour ; — Attendu qu'en se déterminant ainsi, sans rechercher si Mme Geneviève Cointreau avait reçu au préalable et dans un délai suffisant l'information à laquelle elle avait droit, la cour d'appel n'a pas donné de base légale à sa décision." (*Adde*, dans le même sens, Cass. com. 1er déc. 1987 : *Rev. soc.* 1987, 237, note P. LE CANNU. — Cass. com. 24 avril 1990 : *Bull. Joly* 1990, 532).

Le conflit a connu d'autres développements ; ainsi Max Cointreau a-t-il tenté d'obtenir l'annulation de l'admission de la société *Rémy associés* de la cote du second marché (Paris 7 juin 1989 : *Rev. dr. bancaire* 1989, p. 177, obs. M. JEANTIN et A. VIANDIER).

§ 3. — Le statut des administrateurs

643. — Bien qu'ils soient les organes d'une société commerciale par la forme, les administrateurs n'ont pas la qualité de commerçant. Ils sont tenus aux obligations de leurs fonctions : assister aux réunions, exercer un contrôle effectif, observer l'obligation de discrétion à l'égard des informations confidentielles... C'est la mise en jeu éventuelle de leur responsabilité qui est le révélateur de ces obligations (V. *infra*, n. 740 et s.). Leurs fonctions peuvent être gratuites, mais sont généralement rémunérées ; ils peuvent, sous certaines conditions, être autorisés à cumuler leur mandat avec un contrat de travail dans la société.

A. — LA RÉMUNÉRATION

1° Le régime juridique

644. — Les administrateurs sont rémunérés par des jetons de présence ; il s'agit d'une somme globale fixée chaque année par l'assemblée générale et que le conseil répartit à sa guise entre ses membres (L., art. 108). Les jetons de présence sont complétés le cas échéant par d'autres sources de revenu :

- remboursement des frais de déplacement ;

- rémunérations exceptionnelles pour des missions particulières: négociation d'un marché, mise au point d'un plan de restructuration, pourparlers en vue d'un rapprochement avec d'autres entreprises...;

- salaires en cas de cumul régulier d'un contrat de travail.

La loi (L. art. 107) précise que les administrateurs ne peuvent recevoir de la société aucune autre rémunération, toute clause contraire des statuts étant réputée non écrite (V. *supra,* n. 217).

2° Le régime fiscal

645. — Le fisc n'est pas tendre avec les administrateurs ; les jetons de présence sont taxés non comme des revenus du travail, mais comme des revenus de capitaux mobiliers, ce qui est significatif de la considération qu'a le fisc de la mission des administrateurs. Les sommes perçues sont imposées dans leur totalité, sans abattement d'aucune sorte.

La société versante n'est pas mieux lotie, puisque les jetons de présence ne sont déductibles des résultats imposables que dans une limite peu élevée (CGI, art. 210 *sexies*) ; en gros, pour le fisc, un administrateur vaut 5 % des personnes les mieux rémunérées de la société (8). La société peut évidemment dépasser ce plafond fiscal, mais il lui en coûte plus cher puisque ce supplément de rémunération ne s'accompagne d'aucune économie d'impôt (9).

B. — Le cumul avec un contrat de travail

646. — Peut-on à la fois être patron et salarié dans la même entreprise? Peut-on exercer des fonctions d'administration dans la société anonyme et en être le salarié? Les objections à cette confusion des genres ne manquent pas. En tant que salarié, l'administrateur est sous les ordres du président-directeur général, qui pourra le licencier à la limite ; en tant que membre du conseil d'administration, il surveille à l'inverse ce même président et pourra le cas échéant voter son limogeage. L'administrateur est révocable *ad nutum;* sa position de salarié, la crainte de devoir lui verser de lourdes indemnités

---

(8) Voici comment on procède ; il faut d'abord déterminer la moyenne des rémunérations versées aux 5 ou 10 personnes les mieux rémunérées selon que la société compte moins ou plus de 200 salariés ; le maximum déductible ne saurait dépasser 5 % de cette moyenne multipliée par le nombre d'administrateurs ; si par exemple la rémunération moyenne s'élève à 300 000 F et qu'il existe 12 administrateurs, la masse des jetons de présence déductibles sera limitée à 180 000 (300 000 x 5 % x 12).

(9) Certaines sociétés ne s'en privent pas. Voici un exemple de résolution concernant la *Société générale occidentale* (*BALO*, 13 août 1987, p. 8115) : "L'assemblée générale fixe à 2 250 000 F le montant global des jetons de présence alloués aux membres du conseil d'administration au titre de l'exercice ouvert le 1er avril 1986 et clos le 31 mars 1987". — D'autres illustrations : *Club-Méditerranée* : 615 000 F (*BALO*, 28 mars 1988, p. 1280) ; *Bouygues :* 3 000 000 F (*BALO*, 28 avril 1988, p. 2909).

pour licenciement ne portent-elles pas atteinte au principe de la libre révocabilité ? Ne peut-on craindre la création d'emplois fictifs pour les administrateurs en place avec de confortables prébendes ?

A l'inverse, les salariés doivent-ils rester prisonniers de leur statut, qui se muerait alors en ghetto? N'est-ce pas leur assurer une promotion sociale que de leur ouvrir la porte du conseil? Surtout dans les petites sociétés familiales (10), est-il raisonnable d'imposer aux salariés à qui on offre un poste d'administrateur et qui continueront d'exercer leurs fonctions antérieures de renoncer à leur statut fiscal et social, de même qu'aux garanties financières (indemnités de licenciement, allocations de l'assurance-chômage, prise en charge des salaires par l'AGS..)? Aussi comprend-on que la loi de 1966 ait adopté une position médiane qui prenne en compte ces données contradictoires (L., art. 93).

1° Un administrateur en fonction ne peut jamais conclure un contrat de travail avec la société

647. — La solution ne figure pas expressément dans la loi, mais elle est conforme à son esprit et a toujours été confirmée par la jurisprudence (11) ; le contrat irrégulièrement conclu serait frappé de nullité absolue et l'administrateur contraint de verser le salaire dûment perçu ; il pourrait toutefois réclamer une indemnité à raison du profit qu'en a retiré la société (12) ; à l'administrateur qui souhaite devenir salarié de la société il n'est d'autre issue que la démission préalable.

2° Un salarié peut devenir administrateur sous certaines conditions

648. — Ces conditions en sont au nombre de trois :

- *le contrat de travail doit être antérieur de deux ans* au moins à la nomination comme administrateur ; on veut éviter par là la tentation pour une personne étrangère de se faire consentir un contrat de travail protecteur juste avant l'entrée au conseil ; la loi du 5 janvier 1988 a admis un assouplissement heureux : l'ancienneté de deux ans n'est pas requise s'il s'agit d'une société nouvelle créée depuis moins de deux ans ;

- *le contrat de travail doit correspondre à un emploi effectif*, c'est-à-dire être sérieux et sincère ; ces dernières années, avec la multiplication des dépôts de bilan, c'est surtout l'ASSEDIC qui fait la chasse aux emplois fictifs pour s'opposer aux prétentions d'anciens dirigeants à la garantie des salaires de

(10) Dans les groupes, les problèmes sont moins aigus ; un cadre salarié de la maison mère peut, sans risque pour lui, être désigné parallèlement comme administrateur, voire président, d'une filiale ; il n'y a pas alors cumul de fonctions au sein d'une même société.

(11) Cass. soc. 7 juin 1974 : *Rev. soc.* 1975, p. 91, note Y. CHARTIER.

(12) Cass. soc. 6 mai 1982 : *Rev. soc.* 1982, p. 523, note LE CANNU.

l'AGS et aux allocations de chômage ; les fonctions exercées doivent être des fonctions techniques, détachables des fonctions d'administration générale qu'assume tout administrateur ; le lien de subordination envers la société doit être réel (13) ; s'agissant de simples administrateurs, dont les fonctions sont à la fois collégiales et intermittentes, la jurisprudence accepte volontiers le cumul, alors qu'elle est beaucoup plus restrictive à l'égard des présidents (V. *infra*, n. 675), lesquels sont investis d'un pouvoir personnel et quotidien de décision ;

- *le nombre des administrateurs titulaires d'un contrat de travail ne peut dépasser le tiers des administrateurs en fonction ;* il conviendra le cas échéant d'élargir le cercle des administrateurs pour accroître les possibilités de cumul (14).

Faute de respect de ces conditions, il y a nullité de la nomination en qualité d'administrateur (15), sans que cela entraîne la nullité des délibérations auxquelles l'administrateur a pris part ou celle du contrat de travail.

649. — Une solution intermédiaire entre la perte définitive de la qualité de salarié et le plein cumul des deux fonctions consiste à prévoir que le contrat de travail est simplement suspendu pendant la durée du mandat d'administrateur et qu'il reprendra effet à la fin de ce dernier. La jurisprudence admet la validité d'un tel compromis qui a l'avantage de ménager les intérêts de chacun (16). La jurisprudence la plus récente tend même à présumer la suspension du contrat de travail. La Cour de cassation a ainsi jugé qu'en l'absence de convention contraire le contrat de travail d'un salarié devenu mandataire social et ayant cessé d'être uni à la société par un lien de subordination est suspendu pendant le temps du mandat social (17).

LE COIN DES AMATEURS

1) Les administrateurs servent-ils à quelque chose?

650. — Il n'est pas facile de répondre à cette question impertinente, car il n'existe pas d'instrument de mesure de l'efficacité de l'action des administrateurs. Certains exercent un réel pouvoir de censure et de décision ; pour d'autres, ce n'est rien de plus qu'un titre honorifique. (V. l'excellente étude

(13) F. MANSUY, *La notion d'emploi effectif et ses conséquences sur le maintien du contrat de travail des dirigeants sociaux* : *Rev. soc.* 1988, p. 1.

(14) Si la société comprend des salariés administrateurs, leur nombre n'est pas pris en compte pour le calcul de ce quota (V. *infra*, n. 936).

(15) Pour un exemple de nullité d'un contrat de travail conclu par un administrateur en cours de mandat, V. Paris, 21e ch. A, 5 mars 1991, inédit, *Tratner* c. *Josse*.

(16) Cass. soc. 26 avril 1979 : *Bull. civ.* V, n. 343. - Saint-Denis-de-la-Réunion, 23 juin 1978 : *Rev. soc.* 1979, p. 526, note P. LE CANNU. - *Adde.*, B. PETIT, *La suspension du contrat de travail des dirigeants de société anonyme* : *Rev. trim. dr. com.* 1981, p. 29.

(17) Cass. soc. 12 déc.1990: *Bull. juris. dr. af.* 1991, p. 192.

réalisée par G. Charreaux et J.-P. Pitol-Belin, *Le conseil d'administration*, éd. Vuibert, 1990. Les auteurs, à partir d'enquêtes, examinent le rôle du conseil d'administration sous les angles juridique, sociologique, économique et stratégique). Voici le constat dressé par le professeur P. Didier dans son remarquable *Que sais-je?* sur les sociétés commerciales (5e éd., 1984, p. 64) :

> "Dans la très grande majorité des cas, entre le conseil et son président, des habitudes se prennent, des accords implicites se concluent, un équilibre s'établit, divers selon les situations et variable avec le temps. Quelle est la forme la plus ordinaire de cet équilibre? La réponse est difficile. Elle supposerait de nombreuses distinctions : la situation n'est évidemment pas la même, par exemple, si le président est majoritaire ou s'il est un ingénieur appelé à ce poste pour ses seules compétences. Et puis, le plus souvent, ceux qui parlent ne savent pas et ceux qui savent ne parlent pas. Il faut donc se contenter d'impressions générales. Il est d'usage et de bon ton d'exercer son esprit aux dépens des conseils, d'une manière voilée - le conseil d'administration, "une des manières les plus distinguées de perdre son temps" (A. Detœuf, *Les propos de O.L. Barenton, confiseur*) — ou féroce — le "chœur des vieillards dans la tragédie antique" (F. Bloch-Laine, *Pour une réforme de l'entreprise*, p. 70). Si l'on se réfère à des jugements plus nuancés, la conclusion ne varie pas sensiblement. "Le travail des conseils ne se fait pas en réunion. Le conseil, c'est le groupe d'amis expérimentés et agissants qui écartent les décisions hâtives, préparent les voies à la négociation difficile, jettent dans la balance le poids de leur influence au moment où le marché se noue, constituent l'élément essentiel de l'entraide et de la solidarité économique" (A. Detœuf, *ibid.*, *loc.*). Et, il y a quelques années, un brillant financier confiait aux élèves de l'Ecole Nationale d'Administration : "en fait, si un conseil d'administration a été bien composé, si certains de ses membres représentent valablement les intérêts permanents des détenteurs du capital, si d'autres viennent ouvrir sur l'extérieur l'étendue de ses informations, son dialogue avec les responsables de la direction de l'entreprise, le contrôle qu'il exerce sur leurs décisions majeures présente un intérêt vital" (J. de Fouchier, *La création des entreprises*, CIEC, 1963). En somme, malgré son titre et la loi, le conseil n'est pas un véritable organe d'administration : plutôt un organe de conseil et de contrôle, le relais entre la direction, les actionnaires, et l'extérieur. Un simple indice en ce sens : le conseil se réunit au mieux deux heures tous les deux mois. Le président est supposé être à son bureau tous les jours."

2) Des concurrents du conseil d'administration : les comités de direction et les censeurs

a) Les comités de direction

651. — Les comités de direction (également appelés comités d'études) sont une création de la pratique, surtout des grandes sociétés. La loi de 1966 les ignore, mais le décret de 1967 y fait allusion (art. 90). Ils sont créés à la seule initiative du conseil d'administration qui en détermine librement la composition et les attributions. Les membres peuvent être non seulement des administrateurs, mais encore des actionnaires influents ou des cadres supérieurs. Les comités n'ont qu'un pouvoir consultatif et ils ne sauraient empiéter sur les attributions légales du conseil. Il n'empêche qu'à l'image des grandes sociétés américaines leur pouvoir concurrence, dans certains groupes, celui du conseil. Encore faut-il respecter les formes ; a par exemple été jugée contraire à la loi la création par une assemblée générale extraordinaire d'un comité de direction empiétant sur les attributions du conseil d'administration ; "Attendu que les textes fixent de manière impérative les pouvoirs et prérogatives des différents organes de la société ; que si les statuts peuvent aménager, au mieux des intérêts sociaux, les modalités de l'administration et de la direction, cette liberté s'exerce sous la condition expresse d'absence de bouleversement des principes généraux de hiérarchie et de compétence des divers rouages institués par la loi ; — Que de même qu'il n'est pas permis à une assemblée générale, fût-elle extraordinaire, d'empiéter sur le rôle dévolu au conseil d'administration, celui-ci ne peut se dépouiller de ses attributions propres" (Aix-en-Provence, 28 sept. 1982 : *Rev. soc.* 1983, p. 773, note J. MESTRE).

b) Les censeurs

652. — Les censeurs ne sont visés par aucun texte ; on note leur présence spécialement dans les banques, les sociétés d'assurances et les sociétés d'investissement. Leur rôle, tel que défini par les statuts, est généralement un rôle de surveillance de tout ou partie de la gestion. Ils interviennent spontanément ou à la demande du conseil d'administration qui sollicite leur opinion. Ainsi seront-ils chargés par exemple de veiller à la stricte exécution des statuts et du règlement intérieur, de vérifier l'état de la caisse et du portefeuille, d'arrêter avec le commissaire aux comptes le programme de révision comptable. Les censeurs doivent veiller à ne pas apparaître comme de véritables administrateurs, auquel cas ils devraient en subir le sort, par exemple en matière de conventions réglementées (Aix-en-Provence, 6 fév. 1975 : *Rev. trim. dr. com.* 1975, 554, n. 25). La sociologie des affaires enseigne que l'institution a parfois un rôle diplomatique : accorder une dignité à des personnes éminentes à qui il n'a pas été possible d'offrir un siège d'administrateur en raison du malthusianisme législatif qui en limite le nombre. Le collège des censeurs joue néanmoins rarement le rôle de pépinière des futurs administrateurs. (M. VASSEUR, *Une création de la pratique : les censeurs dans les sociétés anonymes* : *D.* 1974, p. 67).

(n. 653 à 669 réservés)

SOUS - SECTION II

LE PRÉSIDENT-DIRECTEUR GÉNÉRAL

670. — Le titre de président-directeur général a été créé par la loi du 16 novembre 1940 ; la loi de 1966 lui a substitué celui, plus court (mais plus fade), de président du conseil d'administration ; la pratique n'a pas retenu la nouvelle dénomination et s'en tient à l'ancienne (sans doute à cause du prestige lié au sigle de P-DG). Quoi qu'il en soit, le président-directeur général est le vrai patron de la société ; c'est le capitaine du navire, mais aussi l'officier mécanicien, puisqu'il est à la fois président du conseil d'administration et directeur général de la société.

§ 1. — La nomination

A. — L'ENTRÉE EN FONCTION

671. — C'est le conseil, et non l'assemblée, qui désigne le président ; toute clause contraire serait nulle ; les différents organes ne sauraient en effet empiéter sur les attributions des uns et des autres. Le conseil choisit l'un des siens ; il faut d'abord être administrateur et partant actionnaire. En dehors de ce préalable, la loi impose certaines qualités aux candidats à la présidence :

- *le président est nécessairement une personne physique* (L., art. 110) ;
- *il ne doit pas être âgé de plus de 65 ans*, mais les statuts peuvent déroger à cette condition d'âge ;
- *une même personne ne peut exercer simultanément plus de deux mandats de président-directeur général ou de membre du directoire* ; dans les groupes cependant, il est possible d'accepter en plus la présidence de cinq filiales (ce qui fait sept présidences au total).

B. — LA FIN DES FONCTIONS

672. — Le président est désigné pour le temps de son mandat d'administrateur ; il est rééligible. D'autres événements mettent fin à ses fonctions : décès, arrivée de la limite d'âge, démission. Surtout, il est révocable à tout moment sur décision du conseil d'administration ; comme pour les administrateurs, il s'agit d'une révocabilité *ad nutum*, qui n'ouvre droit à aucune indemnité sauf abus de droit (V. *supra*, n. 651) ; les clauses statutaires qui restreindraient la liberté de révocation du président sont réputées non écrites (L., art. 110. — V. *supra,* n. 217). Le président est également sous la coupe de l'assemblée générale qui peut à tout moment le révoquer de ses fonctions d'administrateur, ce qui entraîne automatiquement la perte de sa qualité de président. Il est donc à la merci des sautes d'humeur et du conseil et de l'assemblée.

§ 2. — Le statut

A. — LE STATUT JURIDIQUE

1° La difficulté de qualification

673. — Il n'est pas facile de faire entrer le président du conseil d'administration dans le jeu des classifications juridiques, sauf pour les éliminations. Il est sûr qu'il n'a pas la qualité de commerçant, encore qu'il en possède certaines prérogatives (il est électeur et éligible à la Chambre de commerce et au tribunal de commerce), et surtout qu'il en subisse certaines servitudes (en cas de redressement ou de liquidation judiciaires de la société, il est exposé à certaines sanctions pécuniaires et personnelles ; V. *supra*, n. 438 et s.) ; par là, il a des allures de quasi-commerçant.

Il est également avéré qu'il n'a pas la qualité de salarié ; il ne bénéficie d'aucune des mesures de protection offertes par le droit du travail, d'où l'incompétence du conseil des prud'hommes à son endroit ; mais comme sur le plan fiscal et sur le plan social, il bénéficie des mêmes avantages que les salariés, on lui reconnaît des allures de quasi-salarié.

Ni commerçant, ni salarié, qu'est donc le président-directeur général? On répond, en se référant à la nature institutionnelle de la société anonyme, qu'il est un organe de la société, ce qui atteste que ses pouvoirs relèvent de la loi et non d'un mandat conféré par les actionnaires ; en conséquence les clauses limitatives de pouvoir son inopposables aux tiers. S'agissant en revanche des relations avec les actionnaires, on continue de le qualifier de mandataire social pour justifier sa révocabilité et sa responsabilité à leur égard.

2° Le mode de rémunération

674. — Les modalités de rémunération sont variables ; on rencontre même des présidences non rémunérées (V. *infra*, n. 684). Généralement, la rémunération comprend une partie fixe, un intéressement à la progression des affaires (un pourcentage de bénéfices, voire du chiffre d'affaires) (1) auxquels s'ajoutent les avantages particuliers, tels que logement et voiture de fonction, assurance-vie au profit de l'épouse et des enfants, complément de retraite pour les vieux jours, inscription au club de golf, loge à l'Opéra, croisières de formation... Les options de souscription ou d'achat d'actions peuvent de même constituer un substantiel complément de rémunération bénéficiant d'un régime fiscal particulièrement attrayant (V. *infra*, n. 931).

Qui est compétent pour fixer la rémunération du président? La loi de 1966 se contente de préciser que c'est au conseil de déterminer la rémunération de son président (L. art. 110) (2). Mais s'agit-il d'une convention réglementée relevant des formalités de l'article 101 (autorisation du conseil, rapport du commissaire aux comptes, approbation de l'assemblée) ? La jurisprudence s'était prononcée en ce sens sous l'empire du droit applicable avant la loi de 1966. Les auteurs ont, dans l'ensemble, estimé que la loi nouvelle a donné

(1) Cet intéressement prend parfois la forme de *fantom shares*, c'est-à-dire d'actions sur le papier attribuées gracieusement au président ; à l'issue d'un délai préfixé, la société verse au président la différence entre la valeur initiale des *fantom shares* et la valeur actuelle des actions de la société ; il n'y a pas à proprement parler émission de valeurs mobilières mais seulement reconnaissance d'un droit du dirigeant à une rémunération supplémentaire si la valeur des actions a augmenté. Rien n'interdirait d'ailleurs de prévoir qu'il doit verser une somme d'argent à la société en cas de baisse de la valeur des actions, mais cette pratique ne paraît pas être entrée dans les mœurs.

(2) Pour une application en cas d'octroi d'une retraite complémentaire, V. Cass. com. 9 mai 1990 : *Bull. Joly 1990*, p. 641 (les retraites complémentaires constituent une rémunération différée des mandataires sociaux relevant de la seule décision du conseil d'administration).

compétence exclusive au conseil, ce qui exclurait le formalisme de l'article 101. Comme on l'a écrit justement, "la détermination de la rémunération de ce fonctionnaire social, de cet organe institutionnel de la société qu'est le président, est faite unilatéralement, comme pour le statut des fonctionnaires dans la fonction publique ; il s'agit d'un acte unilatéral de l'organe compétent pour fixer la rémunération et non pas d'une convention conclue entre cet organe et l'intéressé" (3). La Chambre commerciale de la Cour de cassation a, sans ambages, confirmé cette analyse dans un arrêt du 3 mars 1987 (4). Par là, se trouve garanti le caractère de confidentialité auquel sont si attachés les dirigeants de sociétés (sur l'information des actionnaires, V. *infra*, n. 677.). La Cour de cassation va au-delà; la compétence du conseil d'administration est non seulement exclusive, elle est encore préalable ; un président l'a appris à ses dépens qui estimait suffisante une ratification *a posteriori* de son conseil ; il fut condamné à reverser dans les caisses sociales les rémunérations indûment perçues (5). Voilà qui condamne la pratique largement répandue qui confie à un comité *ad hoc* le soin de déterminer la rémunération du président.

Puisque le président est nécessairement administrateur, il reçoit également des jetons de présence (V. *supra*, n. 644) et éventuellement un salaire s'il cumule sa fonction de président avec un contrat de travail.

3° Le cumul avec un contrat de travail

675. — Aucun texte ni aucun principe n'interdisent le cumul des fonctions de président-directeur général avec celles de salarié de la société. Les conditions restrictives posées à l'égard des simples administrateurs valent *a fortiori* pour le président : antériorité de deux ans du contrat de travail, limitation au tiers des administrateurs salariés, emploi effectif et subordonné (V. *supra*, n. 646 et s.).

676. — S'agissant du lien de subordination, la jurisprudence se montre attentive à juste titre. Ainsi la maîtrise du capital semble incompatible avec l'existence d'un lien de subordination ; la solution est certaine en ce qui concerne les gérants majoritaires de SARL (V. *infra*, n. 1321) ; elle doit valoir pour les mêmes raisons à l'encontre du président majoritaire d'une société anonyme. L'objection tombe en revanche si le président ne possède qu'une faible participation du capital. Il en est ainsi lorsque les maîtres de la société demandent à l'un des cadres salariés d'en prendre la présidence tout en conservant ses fonctions antérieures. Sa liberté d'action n'est que relative et il doit générale-

---

(3) E. du Pontavice : *Bull. CNCC*, 1976, p. 340. — V. également du même auteur, *La fixation de la rémunération des organes de direction et de surveillance de la société anonyme* : *Mélanges* Bastian, Librairies Techniques, 1974, p. 177.

(4) *Gaz. Pal.* 1987, I, p. 264, note B. Hatoux; *Rev. soc.* 1987, p. 266, note Y. Guyon.

(5) Cass. com. 15 déc. 1987 : *Bull. Joly* 1988, p. 80. — V. A. Picand-L'Amezec, *L'auto-rémunération du président du conseil d'administration* : *Bull. Joly* 1988, p. 319.

ment prendre les directives de ses mandants (de ses patrons?) pour les décisions importantes. En voici un exemple : une société propose au chef des ventes le fauteuil de président du conseil ; après liquidation judiciaire, l'ASSEDIC conteste la survie du contrat de travail ; la Cour de cassation rejette ses prétentions dans les termes suivants :

> "Attendu que les juges du fond ont retenu, d'une part, qu'il avait été précisé, lors de sa nomination à la présidence du conseil d'administration, que M. Théron devait assurer la direction générale de la société en plus de ses activités rémunérées de chef des ventes et qu'en fait l'intéressé avait, jusqu'à la cessation d'activité de la société, exercé ces dernières fonctions en visitant la clientèle et en prenant des commandes, d'autre part, que, postérieurement à sa nomination, M. Théron, avait demandé l'accord de l'un de ses actionnaires importants de la société sur un problème de gestion du personnel ; — Qu'en déduisant de ces constatations que le lien de subordination qui existait entre M. Théron et la société n'avait jamais été rompu, la cour d'appel a légalement justifié sa décision" (6).

677. — Les présidents-directeurs généraux ne se ressemblent pas ; certains sont des patrons absolus et inamovibles parce que possédant l'essentiel du capital ; à l'opposé, d'autres, recrutés parmi les cadres de la société, ne sont que des "patrons de paille", révocables à tout moment et se contentant d'exécuter les directives des maîtres de la société (le phénomène est patent dans les groupes de sociétés où les présidents de filiales sont des *managers* sous tutelle). Dans cette dernière hypothèse, ce n'est pas violer la nature des choses que de maintenir le contrat de travail antérieur en cas d'accession aux fonctions présidentielles. Terminons par deux précisions :

- le cumul du contrat de travail (par hypothèse antérieur à la prise de fonction) n'est pas soumis aux formalités de l'article 101; en revanche, toute modification (ne serait-ce qu'une augmentation de salaire) devra passer par ces formalités ; il est donc plus simple d'augmenter la rémunération allouée ès-qualités de président que celle allouée ès-qualités de salarié ;

- ni l'assemblée, ni le conseil n'ont compétence pour licencier un salarié ; en cas de cumul des fonctions, c'est donc le président seul qui a qualité pour se licencier lui-même ; la marche à suivre est la suivante : le conseil révoque le président et le successeur licencie le salarié dépouillé de son habit présidentiel.

B. — Le statut fiscal et social

678. — Quand bien même il posséderait 99 % du capital social, le président bénéficie du même statut fiscal et social que les salariés, ce qui explique l'attrait pour cette forme de la société ; les avantages sont les suivants :

(6) Cass. soc. 25 fév. 1988 : *Bull. civ.* V, n. 137, p. 90.

- déduction de 10 % pour frais professionnels et abattement de 20 % pour le calcul de l'impôt sur le revenu (ces abattements sont cependant plafonnés, V. *supra*, n. 110) ;
- même couverture sociale que les salariés (la protection ne s'étend pas toutefois au risque de chômage, V. *infra*, n. 687).

§ 3. — L'assistance et le remplacement

A. — L'ASSISTANT : LE DIRECTEUR GÉNÉRAL

1° La distinction d'avec les directeurs techniques

679. — Rien n'est plus ambigu que le titre de directeur ou de président, certaines sociétés ayant la manie d'en user et d'en abuser. Il ne faut pas en tout cas confondre le directeur général (c'est un mandataire social) et les directeurs techniques (ce sont des cadres supérieurs). Le premier est l'ombre (ou le bras droit) du président ; les seconds sont de vrais salariés, bénéficiant de toutes les garanties attachées à cette qualité, à qui on a confié la responsabilité d'un service ; on trouve ainsi le directeur financier, le directeur juridique, le directeur comptable, le directeur de la production, le directeur de la communication... (le comble de la confusion est atteint lorsqu'un directeur technique est appelé directeur général adjoint). Les directeurs techniques ne représentent pas la société, pas même s'ils sont promus fondés de pouvoirs avec délégation de signature dans des domaines bien délimités. A l'opposé, le directeur général est un mandataire social qui assiste le président et a vocation à représenter la société à l'égard des tiers.

680. — La désignation d'un directeur général est simplement facultative et bien des présidents dirigent seuls sans éprouver le besoin de se faire seconder. D'autres à l'inverse, surtout s'ils n'exercent pas leurs fonctions à plein temps, trouvent commode de pouvoir compter sur un adjoint. Le nombre des directeurs généraux varie en fonction du capital de la société :
- jusqu'à 500 000 F de capital, un seul directeur général peut être désigné ;
- de 500 000 F à 10 000 000 F de capital, deux directeurs généraux peuvent être désignés ;
- au-delà de 10 000 000 F de capital, cinq directeurs généraux peuvent être désignés, mais dans ce cas trois au moins doivent avoir la qualité d'administrateur (on verra, en effet, qu'il n'est pas nécessaire d'être administrateur pour être désigné comme directeur général).

2° Le statut

681. — Le directeur général est nommé par le conseil d'administration sur proposition du président (L., art. 115). Les conditions à remplir sont les suivantes :
- *être une personne physique* ;
- *ne pas être âgé de plus de 65 ans*, sauf dérogation prévue dans les statuts.

En revanche, il n'est pas nécessaire d'être actionnaire, ni d'être administrateur. On peut par ailleurs cumuler les directions générales sans limitation, dès lors qu'aucune des sociétés concernées ne souffre d'un tel stakhanovisme.

Le directeur général suit le sort du président ; aussi, en cas de décès, démission ou révocation de ce dernier, n'est-il maintenu en fonction que jusqu'à la nomination d'un nouveau président, sauf à ce dernier à proposer au conseil de le reconduire dans ses fonctions. Le directeur général est révocable à tout moment par le conseil, sur proposition du président ; il s'agit d'une révocabilité *ad nutum*, sans indemnité sauf abus de droit (V. *supra*, n. 651). Le cumul d'un mandat de directeur général et d'un contrat de travail est envisageable, à condition que les deux fonctions soient nettement distinguées.

3° La fonction

682. — Le directeur général n'a pas de pouvoir propre, mais seulement des pouvoirs délégués, tels que les a définis le conseil d'administration en accord avec le président. Mais cet aménagement interne des fonctions est sans incidence à l'égard des tiers, puisque les directeurs généraux disposent à l'égard des tiers des mêmes pouvoirs que le président (L., art. 117) (7).

B. — LE REMPLAÇANT : L'ADMINISTRATEUR DÉLÉGUÉ

683. — En cas de décès, comme en cas d'empêchement temporaire, le conseil peut désigner un administrateur délégué qui remplace le président (L., art. 112). La délégation est consentie pour une période déterminée ; en cas de décès, l'administrateur délégué demeure en poste jusqu'à l'élection du nouveau président.

LE COIN DES AMATEURS

1) Le dirigeant bénévole

684. — Les fonctions de dirigeant peuvent être gratuites (le SMIC n'est pas applicable aux dirigeants) ; même bénévoles, ils n'en doivent pas moins être vigilants, car la gratuité n'emporte pas l'irresponsabilité ; il ne faut pas confondre bénévolat et non-droit (V. *supra*, n. 439). Il faut se méfier de certaines incidences, parfois inattendues. Ainsi, à défaut de rémunération, le dirigeant bénévole ne peut-il être affilié au régime général de sécurité sociale des salariés (Cass. Ch. réunies 24 juin 1966 : *Rev. soc.* 1967, p. 136) ; il ne relève pas pour autant du régime des non-salariés ; il ne bénéficie donc d'aucune

(7) La Cour de cassation (Soc. 13 avril 1988: *JCP* 88 E, 15292, n. 5, obs. A. VIANDIER et J.-J. CAUSSAIN) a jugé qu'un directeur général n'avait pas qualité pour former un pouvoir en cassation s'il n'avait pas reçu un mandat exprès pour ce faire ; la solution n'est pas à l'abri de la critique, car elle méconnaît le pouvoir légal des directeurs généraux. Le Conseil d'Etat est mieux inspiré qui estime que le directeur général a qualité pour engager sans mandat un contentieux fiscal (Cons. d'Etat, 3 fév. 1989: *Dr. fiscal* 1989, n. 26, comm. 1335).

couverture sociale : diriger bénévolement une société est un passe-temps, ce n'est pas une activité professionnelle. (V. la discussion *infra*, n. 1320, à propos des gérants minoritaires de SARL).

Les chômeurs en quête d'un emploi continuent de percevoir les indemnités de chômage bien qu'ils dirigent bénévolement une société ; la Cour de cassation avait décidé le contraire (Cass. soc. 26 fév. 1986 : *Bull. Joly* 1986, p. 883), mais l'UNEDIC a pris depuis une position plus bienveillante (Circ. 20 avril 1989 : *Feuillets rapides Francis Lefebvre*, n. 28-89).

Les dirigeants condamnés à combler le passif social peuvent, sous certaines conditions, considérer les sommes ainsi versées comme une charge déductible de leurs rémunérations imposables (V. *supra*, n. 450) ; encore faut-il qu'il y ait rémunération, car il n'y a de charge déductible que là où il y a revenu imposable ; un président-directeur général qui avait accepté son mandat sans rémunération l'a appris à ses dépens (Cons. d'Etat 18 fév. 1985 : *JCP* 85, éd. E, II, 14526, concl. de GUILLENSCHMIDT et note C. DAVID).

Les biens professionnels sont exonérés de l'impôt de solidarité sur la fortune ; sous certaines conditions, l'exonération est étendue aux droits sociaux dont sont titulaires les dirigeants de société (c'est leur outil de travail) (V. *infra*, n. 798) ; mais la loi a précisé que les dirigeants bénévoles ou peu rémunérés ne sauraient bénéficier d'une telle exonération ; pour le fisc, le dirigeant bénévole n'est pas un vrai professionnel, c'est un simple amateur.

2) Le dirigeant surpayé

685. — Pour les dirigeants rémunérés, il n'y a ni plancher ni plafond à respecter. Ils ont droit à une "juste rémunération", précepte moral qui a les mêmes vertus d'ambiguïté de la notion de "juste prix". Il est légitime qu'un haut niveau de rémunération récompense talents et résultats ; en revanche, si les résultats se dégradent et que la situation financière devienne critique, il serait inconvenant d'octroyer aux dirigeants de substantielles augmentations (indexées sur les déficits?). Les moyens de censure ne manquent pas. Les minoritaires peuvent demander pour abus de majorité l'annulation de la délibération du conseil d'administration (Paris, 30 mars 1977 : *Rev. soc.* 1977, n. 3, p. 470, note J.H.) ; si le dirigeant s'est octroyé irrégulièrement des augmentations de salaire qui ont mis la société en difficulté, celle-ci peut demander réparation du préjudice qu'elle a subi (Paris, 11 oct. 1988 : *Bull. Joly* 1988, p. 920). Dans les cas les plus graves, les dirigeants peuvent être condamnés pour abus de biens sociaux (pour un dirigeant de fait dont la rémunération représentait près du tiers de la marge brute et près de la moitié des frais généraux, V. Cass. crim. 13 déc. 1988 : *Rev. soc.* 1989, p. 257, note B. BOULOC). Les commissaires aux comptes ont le devoir de révéler au procureur de la République ce fait délictueux (*Bull. CNCC* juin 1980, p. 235). La COB surveille de son côté l'évolution des rémunérations dans les sociétés faisant appel à l'épargne publique et n'hésite pas le cas échéant à sommer les dirigeants de reverser dans les caisses sociales une part substantielle des rémunérations qui leur ont été versées (Rapport 1975, p. 48).

C'est certainement le fisc qui en la matière est le censeur le plus vigilant. Il trouve le fondement de son action dans l'article 39-1-1° du Code général des impôts qui dispose que "les rémunérations ne sont admises en déduction des résultats que dans la mesure où elles correspondent à un travail effectif et ne sont pas excessives eu égard à l'importance du service rendu". Cette police fiscale des rémunérations suscite, on s'en doute, bien des querelles et des indignations ; elle alimente un contentieux fourni (M.COZIAN, *Les grands principes...*, Doc. 29 : *Le contrôle des rémunérations des dirigeants*). Dans les grandes sociétés, privées ou publiques, le fisc se garde de remettre en cause les rémunérations, même élevées, allouées aux dirigeants, car elles ne reflètent jamais que l'état du marché. Son contrôle s'exerce essentiellement à l'encontre des dirigeants des sociétés familiales ; possédant la majorité du capital, ils déterminent plus ou moins généreusement le montant de leur rémunération ; d'où des abus possibles.

Les dernières directives de l'administration à ses agents ont été précisées dans une instruction confidentielle du 19 août 1985, dont le contenu est analysé dans une note du service fiscal du CNPF (*Dr. fiscal* 1986, n. 29, p. 290). Le vérificateur procède d'abord à des comparaisons avec des sociétés similaires par la taille et la nature de l'activité en calculant un certain nombre de ratios : rémunérations du dirigeant rapportées au chiffre d'affaires, au bénéfice, à la masse salariale. Cela permet de vérifier si la rémunération du dirigeant est dans la norme ou hors norme. La société peut se défendre soit en critiquant la pertinence des éléments de comparaison, soit en justifiant le niveau des rémunérations par des éléments tels que la qualification des dirigeants, l'ampleur des tâches assumées, l'importance des résultats obtenus.

La rémunération jugée excessive est réintégrée dans les résultats imposables de la société qui doit donc verser 42 % de son montant au titre de l'impôt sur les sociétés (on applique le taux de 42 % et non celui de 37 % parce que les rémunérations sont qualifiées de bénéfices distribués). Quant au dirigeant, il est imposé sur ce montant non selon le régime des salaires, mais selon celui des distributions irrégulières de bénéfices ; si le dirigeant atteint la tranche maximale de l'impôt sur le revenu (56,80 %), le fisc empoche quasiment 100 % du montant de la rémunération excessive, laquelle se trouve purement et simplement confisquée.

3) Le dirigeant sous-payé

685 *bis*. — Le SMIC n'est pas applicable aux dirigeants de société car ils n'ont pas la qualité de salariés au regard du droit du travail. On en conclut que l'URSSAF ne saurait calculer les cotisations dues par un dirigeant bénéficiant du régime social des salariés sur une base au moins égale au SMIC lorsque la rémunération réellement perçue est inférieure (Cass. soc. 28 mars 1984 : *Bull. civ.* V, n. 129, p. 100).

Si certains dirigeants se satisfont d'une modeste rémunération, inférieure au SMIC, d'autres, à l'unisson de leurs salariés, réclament une revalorisation régulière, parfois substantielle, de leurs appointements. Comment régler le conflit lorsque l'"autorité de tutelle" (le conseil d'administration dans la société anonyme, l'assemblée générale dans la SARL) fait la sourde oreille aux "légitimes revendications" du dirigeant ? On le voit mal susciter un mouvement de grève ou s'associer à celui de son personnel (le patron avec nous !)...

Une chose est sûre : le dirigeant ne peut se faire justice à lui-même et décider unilatéralement une augmentation — même raisonnable — de sa rémunération. C'est l'occasion de rappeler le principe de hiérarchie des organes sociaux : un organe ne saurait s'arroger une prérogative que la loi réserve à un autre organe (V. *infra*, n. 701 et 702). Le dirigeant qui enfreint ce principe hiérarchique encourt une double sanction : sur le plan civil, il sera tenu de restituer la rémunération indûment perçue ; sur le plan pénal, il risque une condamnation pour abus de biens sociaux (Cass. crim. 15 juill. 1981 : *Bull. Joly* 1981, p. 840).

Reste le recours aux tribunaux. Mais ceux-ci sont-ils compétents pour arbitrer la juste rémunération à laquelle peuvent prétendre les dirigeants sociaux ? Tout dépend des circonstances. Par principe, les tribunaux n'ont pas le pouvoir de modifier la rémunération allouée aux dirigeants dès lors qu'il n'est pas établi que la décision est irrégulière ou abusive (Cass. com. 11 janv. 1972 : *D.* 1972, p. 559, note Ch. ORANGO). *A contrario,* les juges retiennent leur compétence en cas d'irrégularité ou d'abus. En voici un exemple concernant un gérant de SARL, mais la solution vaudrait de la même façon pour un dirigeant de société anonyme. Une SARL, exploitant une supérette, est contrôlée à égalité par deux familles : M. Hardy (le gérant) et son épouse (50 % des parts), M. Teboul et sa fille (50 % des parts) ; les statuts prévoient que le gérant recevra à titre de rémunération de son travail et en compensation de la responsabilité attachée à la gestion un traitement, comportant une partie fixe et une partie proportionnelle. Les résultats de la supérette progressant de façon satisfaisante, M. Hardy réclame une actualisation de sa rémunération. Qu'il puisse ou non participer au vote sur sa rémunération (sur ce débat, V. *infra,* n. 1309), sa demande n'a aucune chance d'aboutir en raison de l'obstruction du clan Teboul. Il obtient en fin de compte satisfaction devant les tribunaux qui tranchent dans le vif après avoir désigné un expert ; la rémunération mensuelle est fixée à 11 000 F pour 1985, à 12 000 F pour 1986 et à 13 000 F pour 1987 (Versailles 20 sept. 1990 : *Rev. soc.* 1991, p. 80, note Cl. ROCA).

4) Le dirigeant limogé

686. — *Vae victis...,* malheur aux vaincus. Les dirigeants sont révocables *ad nutum* et ne peuvent réclamer en justice aucune indemnité, sauf à prouver que la révocation est intervenue dans des circonstances injurieuses ou vexatoires (V. *supra,* n. 651).

Telle est la loi ; la pratique heureusement est souvent moins cruelle et il n'est pas rare que le limogeage s'accompagne du versement d'une indemnité plus ou moins substantielle ; le cas échéant, la destitution est présentée aux tiers sous la forme plus honorable d'une démission. Le versement d'une indemnité ne paraît pas contraire aux principes du droit des sociétés ; négociée après coup, elle n'est pas considérée comme portant atteinte à la libre révocabilité des dirigeants (Comp. *infra,* n. 689).

S'agissant toutefois d'une indemnité et non d'un complément de rémunération, les formalités de l'article 101 doivent être respectées à peine de nullité (Paris, 21 mars 1984 : *Rev. soc.* 1985, n. 2, p. 415, note Y. CHARTIER). Le fisc est plus regardant ; il lui est arrivé de rejeter des charges déductibles de la société, parce que relevant d'une gestion anormale, des indemnités versées, il est vrai, dans des conditions suspectes (Cons. d'Etat, 9e s.-sect., 22 déc. 1967 : *Dupont* 1968, n. 3, p. 139). Le plus souvent ces indemnités (les "golden parachutes" des Anglo-saxons) sont considérées comme normales et viennent donc en déduction des bénéfices imposables.

Le problème fiscal est alors déplacé sur la tête du dirigeant évincé ; les indemnités qui lui ont été allouées sont-elles ou non imposables? L'enjeu est important, car en cas d'imposition le dirigeant devra généralement reverser au Trésor, sous forme d'impôt, plus de la moitié de ses indemnités. Tout dépend de leur qualification ; si elles ont la nature d'un substitut de salaire, elles sont imposables ; si elles ont la nature de dommages et intérêts réparant un préjudice autre que la perte de salaires (perte d'une position sociale, difficulté de reclassement, notamment si le dirigeant a dépassé la cinquantaine...), ce sont des indemnités en capital échappant à l'impôt sur le revenu. Il existe en la matière une jurisprudence abondante et nuancée, qui est commune aux dirigeants et aux cadres salariés ; la tendance générale est à l'imposabilité des indemnités (J. TUROT, *Indemnités de licenciement : quand le Conseil d'Etat se fait juge de paix : RJF* 1991, p. 235).

5) Le dirigeant chômeur

687. — Les salariés bénéficient d'une assurance-chômage, mais non les dirigeants de sociétés, même s'ils sont affiliés en tant que tels au régime général de sécurité sociale ; il n'en va autrement qu'en cas de cumul d'un contrat de travail et encore les ASSEDIC exercent-ils un contrôle vigilant sur ce point.

Il n'est pas rare de voir des dirigeants inscrits à l'ANPE soit que la société ait déposé le bilan, soit qu'ils aient été révoqués. A défaut de protection légale, les syndicats patronaux ont mis sur pied un régime volontaire d'assurance-chômage. Il en existe en réalité deux, la GSC, créée à l'initiative du CNPF et de la CGPME (10, rue Vaneau, Paris 8e) et l'APPI, créée à l'initiative du SNPMI (23, bd de Courcelles, Paris 8e). On donnera quelques indications sur la GSC (Association pour la garantie sociale des chefs et dirigeants d'entreprises), l'APPI fonctionnant selon un mode à peu près comparable (Cons. B. TEYSSIÉ, *L'assurance-chômage des chefs d'entreprise* : *JCP* 80, éd. C.I., 8891). La GSC est une association de la loi de 1901 regroupant diverses organisations patronales ; elle a passé une convention avec un groupement de six compagnies d'assurances, dont le chef de file est le GAN-Vie. Les dirigeants affiliés paient une cotisation de 2 % calculée sur le montant de leurs rémunérations, dans la limite d'un plafond égal à six fois le plafond annuel retenu pour le calcul des cotisations sociales. En cas de dépôt de bilan de la société ou en cas de révocation, le dirigeant, à partir du 65e jour de chômage continu, peut prétendre à des prestations égales à 40 % de ses rémunérations (éventuellement plafonnées) pendant une durée maximale d'un an. Sur le plan fiscal, les primes versées personnellement par les dirigeants ne constituent pas des charges déductibles de leurs revenus ; en contrepartie, les indemnités de chômage qui leur sont versées échappent à l'impôt ; pour les salariés relevant des ASSEDIC, les solutions sont inverses : déductibilité des primes, mais imposabilité des indemnités.

6) Le dirigeant retraité

688. — Le dirigeant qui prend sa retraite a droit aux mêmes pensions que les salariés (régime général, régime des cadres...). Cela ne fait pas problème, mais ne représente pas le niveau antérieur de rémunération. D'où la pratique de certaines sociétés d'allouer aux anciens dirigeants un complément de retraite, réversible le plus souvent sur la tête de la veuve. Cette pratique est-elle légitime? Elle suscite en tout cas un abondant contentieux (L. BOY, *La nature juridique de la retraite allouée par la société anonyme à son ancien président, du point de vue du droit commercial, du droit fiscal et du droit social* : *Dr. social* 1980, n. 413. — *Adde, Attribution d'une retraite à un ancien dirigeant* : *BRDA* 30 juin 1987). On s'accorde en général à voir dans la pension un complément ou un substitut de la rémunération du dirigeant, d'où la compétence du conseil d'administration (V. Cass. com. 9 mai 1990 ; *Bull. Joly*, 1990, p. 641). N'est-ce pas la position du droit social qui tend à analyser la pension de retraite comme un salaire d'inactivité? Ceci explique que la Cour de cassation fasse échapper l'octroi de la pension, présentée comme un complément de rémunération, aux formalités de l'article 101 (Cass. com. 3 mars 1987 : *Gaz. Pal.* 1987, I, p. 264, note B. HATOUX; *Rev. soc* . 1987, p. 266, note Y. GUYON). Encore faut-il que la pension soit "raisonnable" et réponde aux trois conditions suivantes (Cass. com. 3 mars 1987, préc.) :

- elle doit être justifiée par les services rendus à la société pendant l'exercice de ses fonctions ;
- elle doit être proportionnée à ces services ;
- elle ne doit pas constituer une charge excessive pour la société.

Si ces conditions ne sont pas remplies, la pension est analysée non comme la rémunération des services antérieurement rendus, mais comme une indemnité exceptionnelle, nécessairement soumise aux formalités de l'article 101, puisque détachée de la rémunération normale du dirigeant (Cass. com. 3 nov. 1988 : *Rev. fr. compt.* mars 1989, p. 80, note Ph. REIGNE; cet arrêt rappelle en outre l'incompétence du président pour octroyer une pension à un ancien administrateur).

La promesse de pension est nulle si elle constitue un obstacle à la libre révocabilité des dirigeants. En voici un exemple : deux directeurs généraux s'étaient fait promettre un complément de retraite pour le cas où ils cesseraient leurs fonctions, quelle qu'en soit la cause ; à la suite d'une cession de contrôle, les nouveaux arrivants invoquent la nullité de cette décision et obtiennent gain de cause pour le motif que voici : "Attendu que l'arrêt relève que les décisions critiquées n'allouaient pas une véritable retraite à titre de complément de rémunération, dont la cause aurait été les services antérieurement rendus et sous-rémunérés, mais une libéralité...; qu'il retient en outre que les conditions dans lesquelles ces décisions ont été prises, alors que se préparaient des réformes de structure, démontrent que leur finalité était de faire échec au principe de la révocabilité *ad nutum* des mandataires sociaux... ; qu'il constate enfin que les libéralités ainsi consenties ont été prises sans que le commissaire aux comptes de la société ait soumis un rapport spécial à l'assemblée générale..." (Cass. com. 15 juill. 1987 : *Bull. Joly* 1987, p. 710. — *Adde*, Paris, 30 avril 1987 : *Bull. Joly* 1987, p. 626, note L. FAUGEROLAS). Pour les mêmes raisons, l'attribution d'une pension de retraite à un simple administrateur non salarié serait sujette à caution.

Quant au fisc, il est encore plus intransigeant et ne reconnaît la légitimité de la pension que si elle a la nature d'une aide justifiée par l'état de besoin de l'ancien dirigeant et fondée sur une sorte d'obligation naturelle d'assistance alimentaire à la charge de la société (Cons. d'Etat, Ass., 31 oct. 1975 : *Dr. fiscal* 1976, n. 3, comm. 52, concl. LATOURNERIE) ; autrement dit, il faudrait supposer que l'ancien dirigeant, devenu clochard, en soit réduit à "faire la manche"... ; hors de là, la pension est considérée comme anormale (référence obligée à la théorie de l'acte anormal de gestion) et ne saurait venir en déduction du bénéfice imposable pour le calcul de l'impôt sur les sociétés.

7) Révocabilité *ad nutum*.

689. — C'est seulement dans les sociétés anonymes que les dirigeants (administrateurs, présidents-directeurs généraux, de même que les membres du conseil de surveillance dans la formule nouvelle, mais non les membres du directoire) sont révocables *ad nutum* (traduction : sur simple signe de la tête). Ils peuvent être "remerciés" du jour au lendemain, tout comme les ministres sur le plan politique ou encore les mandataires sur le plan civil (C. civ., art. 2004). La décision n'a pas à être motivée, aucun préavis n'est à respecter, aucune indemnité ne peut être réclamée. Pis encore, cette règle est d'ordre public ; d'où la nullité des dispositions, statutaires ou extra- statutaires, qui pourraient dissuader les actionnaires d'exercer leur droit de révocation : respect d'un préavis, garantie d'emploi (Versailles, 13e ch., 10 mai 1990 : *Bull. Joly* 1990, p. 770), versement d'une forte indemnité forfaitaire, promesse d'un contrat de travail (Cass. soc. 15 mars 1983 : *JCP* 83, éd. C.I., 13988, note A. VIANDIER), octroi d'un complément de retraite (Paris 30 avril 1987 : *Bull. Joly* 1987, p. 626, note L. FAUGEROLAS)... Le dirigeant révoqué de ses fonctions ne peut davantage exiger le remboursement de ses actions (V. cependant l'arrêt du 7 février 1989 cité plus bas), ni de son compte courant bloqué (Cass. com. 10 mai 1988 : *Bull. Joly* 1988, p. 482).

D'aucuns déplorent l'absence totale de garantie de ces dirigeants qui peuvent être limogés sans motif, uniquement parce qu'ils ont cessé de plaire (mais n'est-ce pas la rançon d'un capitalisme qui se veut "sauvage" à l'occasion?). Au reste, les drames sont plutôt rares et le monde des affaires est souvent moins cruel que la loi et certains dirigeants limogés négocient leur départ en empochant de substantielles indemnités ; celles-ci, du fait qu'elles sont librement débattues après coup, ne sont pas considérées comme une entrave à la libre révocabilité des dirigeants (sur le traitement fiscal des indemnités ainsi perçues, V. *supra*, n. 686).

On peut enfin se demander si l'on n'assiste pas à une évolution plus conforme aux exigences de la gestion moderne des sociétés et à la relève d'un patronat de propriété par un patronat de fonction. C'est ainsi que l'on peut interpréter un arrêt du 7 février 1989 de la Chambre commerciale de la Cour de cassation (*JCP* 89, éd. E, II, 15517, n. 3, obs. A. VIANDIER et J.-J. CAUSSAIN). Le collaborateur d'une société acquiert 2 % du capital de celle-ci à la demande de deux actionnaires ; la revente des actions acquises est prévue dans le cas où sa collaboration prendrait fin ; il devient ultérieurement président du conseil d'administration puis démissionne de ses fonctions ; il exige alors le rachat des actions, ce qui lui est refusé au nom du principe de libre révocation des dirigeants sociaux. La cour d'appel lui donne gain de cause et le pourvoi est rejeté par la Cour de cassation. On relèvera les motifs suivants : la convention était conforme à l'intérêt de la société puisqu'elle "obligeait son dirigeant social à s'intéresser au développement de la société, qu'elle... permettait de l'éloigner le jour où il cesserait ses fonctions pour quelque cause que ce soit et qu'elle l'empêchait de céder ses actions à un tiers". La référence à l'intérêt social est judicieuse, car tel est bien l'un des deux critères de validité de semblables conventions. L'autre critère concerne l'atteinte éventuelle au principe de libre révocabilité ; sur ce point, la Cour de cassation souligne que le rachat des actions "ne représentait qu'une dépense peu élevée en raison du nombre limité d'actions"; autant dire qu'une convention de rachat n'est pas en soi contraire au principe de libre révocabilité. On peut même considérer, dans la ligne de ce raisonnement, qu'une convention réglant les conditions du départ d'un mandataire social n'est pas nulle par essence ; un arrêt du 6 décembre 1983 le reconnaît déjà à propos d'une "promesse de réintégration" (Cass. com. 6 déc. 1983 : *Rev. soc.* 1984, 311, note P. LE CANNU). Et pourquoi ne pas arriver un jour à admettre qu'un engagement de verser une somme d'argent en cas de départ du dirigeant pour quelque cause que ce soit n'est pas contraire aux principes généraux du droit des sociétés? C'est en effet le caractère dissuasif du montant du "golden parachute" qui devrait être seul apprécié.

D'autres signes encourageants (pour les dirigeants) sont perceptibles. Ainsi la cour de Paris a admis la validité d'un pacte, adjoint à une cession de contrôle, par lequel le cessionnaire s'engageait à maintenir le cédant dans ses fonctions sociales de membre du directoire (Paris, 25e ch. A, 5 avril 1990 : *Rev. Soc.* 1990, p. 475, obs. Y. GUYON). Ainsi encore, la même cour d'appel statuant à propos d'une indemnité de cessation de fonctions sociales, a considéré qu'un directeur général, préalablement salarié, contraint de prendre sa retraite à la suite du non-renouvellement de son mandat social était fondé à se prévaloir de la décision du conseil d'administration convenant de lui allouer une indemnité ; dans le cas où il serait mis fin à son mandat social pour toutes autres raisons que son départ à la retraite, dès lors que cette mise à la retraite résultait d'une décision unilatérale de l'employeur (Paris, 21e ch. C, 27 avril 1990 : *Bull. Joly* 1990, p. 639).

8) Abus du droit de révocation

690. — Le principe de la révocabilité *ad nutum* n'autorise pas les limogeages en coup de théâtre, brutaux, sans ménagement ni compensation. Certains dirigeants n'hésitent pas à saisir les tribunaux. Il arrive — mais c'est rare — que les juges annulent la révocation pour irrégularité (Cass. com. 21 juill. 1969 : *D.* 1970, p. 88; le président avait convoqué l'assemblée à la sauvette à l'insu de l'administrateur qui devait être limogé). Plus fréquemment, les dirigeants destitués réclament — et parfois obtiennent — des dommages et intérêts en raison du caractère abusif de la révocation. La révocabilité *ad nutum* n'autorise pas la malveillance gratuite et l'administrateur destitué est fondé à réclamer des dommages-intérêts si son éviction intervient dans des circonstances injurieuses ou vexatoires : publicité tapageuse, accusations diffamatoires, injures... coups et blessures. C'est la théorie de l'abus de droit qui justifie la réparation du préjudice moral subi par le dirigeant ainsi "traîné dans la boue". En voici un exemple : Louison Bobet, après avoir été plusieurs fois vainqueur du Tour de France cycliste, s'était reconverti dans la thalassothérapie à Quiberon en association avec la chaîne Sofitel ; après plusieurs années d'une fructueuse collaboration, il fut brutalement révoqué dans des conditions jugées vexatoires (Cass. com. 19 oct. 1981 : *Rev. soc.* 1982, p. 821, note J.-L. Sibon. — *Adde* Rennes 29 avril 1987 : *Rev. jurisp. com.* 1988, p. 36) ; voici un extrait de cet arrêt :

> "Attendu que la cour d'appel, qui n'a pas à apprécier le motif de la révocation..., a constaté que Bobet avait été contraint de quitter les lieux où il exerçait ses fonctions dans des conditions de rapidité telles qu'elles tendaient à le discréditer auprès de la clientèle auprès de laquelle il gardait un contact constant ; qu'elle a relevé en outre... que le communiqué de presse par lequel la révocation de Bobet avait été divulguée aux yeux du grand public, était intervenu à une époque à laquelle il devait avoir la résonance la plus grande dans l'opinion" (début du Tour de France).

La Cour de cassation exerce un contrôle rigoureux en la matière et s'attache à éviter que, par le biais de l'abus de droit, les tribunaux n'en viennent à apprécier l'existence et la pertinence des motifs de la révocation, à édulcorer le principe de la révocabilité *ad nutum*. On citera en ce sens l'arrêt exemplaire rendu dans l'affaire *SA Champagne Charles Heidsieck* (Cass. com. 11 oct. 1988 : *Rev. soc.* 1989, p. 46, note Y. Chartier. — *Adde,* Cass.com. 27 mars 1990 ; *JCP* 90, éd. E, 15 802, note Y. Guyon) ; cette société, créée au siècle dernier, a été absorbée par la société de champagne *Henriot ;* à la suite de dissensions entre les deux familles, Charles-Henri Heidsieck est révoqué de ses fonctions de directeur général ; s'estimant victime d'une révocation abusive, il réclame des dommages-intérêts, mais perd son procès pour les motifs que voici :

> "Attendu qu'après avoir rappelé à bon droit que la révocation d'un mandataire social peut intervenir à tout moment et qu'elle ne peut être considérée comme abusive que si elle a été accompagnée de circonstances ou a été prise dans des conditions qui portent atteinte à la réputation et à l'honorabilité du dirigeant révoqué, la cour d'appel a énoncé qu'il importait peu que M. Charles-Henri Heidseick ait, dans le passé, rendu d'éminents services à la société, ni qu'il ait été privé d'une rému-

nération importante, la société n'étant pas d'ailleurs tenue de lui proposer d'autres fonctions en contrepartie de celles qu'il devait quitter ; qu'elle a pu dès lors considérer qu'il n'existait en la cause aucun fait constitutif d'un abus de droit et que celui-ci n'était pas davantage caractérisé par l'intervention d'un huissier, un mois après la révocation, s'adressant non au mandataire social, mais à l'ancien salarié qui prétendait reprendre ses fonctions au sein de l'entreprise".

(n. 691 à 699 réservés)

SECTION II

LES POUVOIRS DES DIRIGEANTS

700. — Dans la formule classique d'administration de la société anonyme, la division des rôles entre le conseil et le président manque de netteté ; pis, le législateur a usé d'une formule identique pour préciser le rôle de ces deux organes en disant de chacun d'eux qu'il est investi des pouvoirs les plus étendus pour agir en toute circonstance au nom de la société (L., art. 98 et 113). D'où, à côté des pouvoirs propres à chaque organe, des pouvoirs partagés.

§ 1. — Les pouvoirs propres

701. — Sous l'empire de la loi du 24 juillet 1867, les administrateurs étaient présentés comme les mandataires des actionnaires, n'ayant que des *pouvoirs délégués* que leurs mandants pouvaient aménager à leur guise conformément à la conception contractuelle de la société anonyme. Dans la conception institutionnelle qui a actuellement cours, la société anonyme se caractérise par la hiérarchisation des organes et la séparation des pouvoirs : chaque organe est doté de pouvoirs qui lui sont propres. C'est la solution que la Cour de cassation a consacrée en 1946 dans un important arrêt *Motte* et qui a reçu une consécration législative en 1966.

702. — L'arrêt *Motte* du 4 juin 1946 sur la hiérarchisation des organes.

Lors d'une assemblée générale extraordinaire, les actionnaires décident de modifier l'organisation des pouvoirs en confiant au président les attributions jusque-là réservées au conseil d'administration. Sur recours de Motte, qui a qualité d'administrateur, cette décision est déclarée nulle pour le motif que voici (Cass. civ. 4 juin 1946 : *JCP* 47, II, 3518, note BASTIAN) : "Attendu que l'arrêt attaqué annule la résolution votée par l'assemblée générale qui modifie l'article 24 des statuts sociaux et investit le président-directeur général de l'ensemble des pouvoirs attribués jusqu'alors au conseil d'administration ; - Attendu, en effet, que la société anonyme est une société dont les organes sont hiérarchisés et dans laquelle l'administration est exercée par un conseil élu par l'assemblée générale ; qu'il n'appartient donc pas à l'assemblée générale d'empiéter sur les prérogatives du conseil en matière d'administration" (V. *infra*, n. 709).

A. — Les pouvoirs propres du conseil d'administration

703. — Le conseil jouit de prérogatives qu'il est seul à pouvoir exercer ; ni le président ni l'assemblée des actionnaires ne sauraient se substituer à lui. Voici les plus importantes de ces prérogatives :

- convocation des assemblées générales et fixation de l'ordre du jour ;
- établissement des comptes sociaux ;
- nomination du président et des directeurs généraux et fixation de leur rémunération ;
- autorisation des conventions passées entre la société et l'un de ses dirigeants ;
- autorisation des cautions, avals et garanties donnés par la société (L., art. 98).

704. — Société et cautionnement : permissions et interdictions

Les sociétés sont fréquemment sollicitées de s'engager comme caution ; c'est un acte dangereux qui suscite un abondant contentieux. Il est bon d'avoir en tête le résumé de ce qui est permis et de ce qui est interdit (V. J. Honorat, *Sociétés et cautionnement : Rép. Defrénois*, 1982, p. 1569). — M. Dagot et Ch. Mouly, *L'usage personnel du crédit social et son abus : Rev. soc* . 1988, p. 1. — P. Ancel, *Le cautionnement des dettes de l'entreprise*, Dalloz, 1989, n. 173 et s.):

- une société anonyme exploitant un établissement financier peut librement accorder les cautionnements correspondant à son activité professionnelle ;
- une société anonyme ne peut cautionner les engagements de ses dirigeants, sauf si elle exploite un établissement financier et sauf si le dirigeant garanti est une personne morale (V. *infra*, n. 721 et s.) ;
- dans les autres cas, la société n'est engagée que si le président a obtenu l'autorisation préalable du conseil d'administration (V. *infra*, n. 711) ; la règle vaut pour toutes les sûretés, personnelles ou réelles, et notamment pour les lettres d'intention qui sont acceptées par des sociétés mères en garantie des engagements de leurs filiales (V. *infra*, n. 1987).

B. — Les pouvoirs du président du conseil

705. — Le président-directeur général préside et dirige. En sa première qualité, il préside le conseil d'administration ; c'est donc lui qui convoque ce collège, prépare les réunions, met au point l'ordre du jour, assure la discipline et le suivi des réunions ; en cas de partage des voix, la sienne est prépondérante. Il doit veiller à assurer correctement l'information des administrateurs (V. *supra*, n. 642, l'arrêt *Cointreau* du 2 juillet 1985).

Il est en outre directeur général et mérite donc le titre que la pratique lui décerne (V. *supra*, n. 670). En tant que tel, il est chef d'entreprise et il représente la société à l'égard des tiers. Chef d'entreprise, il a la qualité d'employeur, il embauche et licencie les salariés, négocie les accords d'entreprise, reçoit les délégués du personnel. Représentant la société à l'égard des tiers, il signe les contrats au nom de la société, passe les commandes, assure les biens sociaux, agit en justice... Il est de même l'interlocuteur des administrations, fiscales ou sociales.

Les statuts limitent parfois les pouvoirs du président en exigeant que la signature de contrats qui dépassent certains seuils soit soumise à l'autorisation préalable du conseil. Mais ces limites sont inopposables aux tiers qui pourront demander l'exécution du contrat quand bien même l'autorisation du conseil n'aurait pas été sollicitée (V. *supra*, n. 357). En outre, les clauses limitatives de pouvoirs ne doivent pas être telles qu'elles réduisent le président à un rôle de simple exécutant, gommant les pouvoirs propres qu'il tient de son office de direction générale.

§ 2. — Les pouvoirs partagés

A. — Le partage des rôles

706. — Le conseil et son président sont tous deux investis des pouvoirs les plus étendus pour agir en toute circonstance au nom de la société (L., art. 98 et 113). Comme il n'est pas concevable que ces deux organes agissent ensemble en toute occasion, force est de procéder à une répartition des tâches. Celle-ci procède de la nature des choses, des statuts et de l'usage :

- *la nature des choses* : le président est constamment opérationnel, c'est au surplus un personnage unique ; le conseil, organisme collégial, ne siège pas en permanence et son intervention se limite à quelques réunions par an (cinq ou six dans le meilleur des cas), réunions qui durent rarement plus d'une demi-journée ;
- *les statuts* : certains statuts contiennent des clauses limitatives de pouvoirs, qui concernent le président, mais qui peuvent également s'appliquer au conseil, lequel est requis de solliciter parfois l'autorisation de l'assemblée ;
- *l'usage* : le président est en charge de la gestion quotidienne, il donne les impulsions à l'activité sociale, il est tacticien mais aussi stratège ; le conseil intervient en pratique à la demande du président, qui lui soumet certains projets (un projet d'OPA par exemple), l'informe des opérations majeures en cours d'exécution.

707. — Ces considérations conduisent à poser les solutions suivantes :

- *le conseil donne son avis sur les décisions les plus importantes ;* il arrête, avec le président, les grandes orientations stratégiques, économiques, financières, sociales ou technologiques de l'entreprise ; c'est la formule qu'emploie l'article 7 de la loi du 26 juillet 1983 pour les sociétés du secteur public (V. *infra*, n. 1887) ; ainsi, il approuve le projet de rachat d'une autre entreprise, un plan d'intéressement des salariés, une introduction en bourse...;

- *le conseil surveille l'action du président* et s'assure que cette action est conforme aux lois, aux statuts, à l'objet et à l'intérêt social ;

- pour le reste, *c'est le président qui assure la gestion quotidienne de la société*, assisté le cas échéant des directeurs généraux.

B. — LA LIMITE DES POUVOIRS

708. — Conseil et président, chacun dans sa sphère d'intervention, trouvent des limites à leur domaine d'action :

- *ils ne sauraient empiéter sur les pouvoirs propres de l'assemblée générale*, modifier les statuts par exemple (1) ;

- *ils doivent respecter l'intérêt social* (V. *supra*, n. 466 et s.) ;

- *ils ne peuvent agir que dans la limite de l'objet social*.

Cette dernière limite appelle quelques compléments d'information : conseil et président sont certes investis des pouvoirs les plus étendus mais, précise la loi de 1966, ils ne peuvent les exercer que "dans la limite de l'objet social" (L. art. 98 et 113) ; on sait (V. *supra*, n. 357) que dans les sociétés à risque limité la société est tenue par les actes passés par ses dirigeants, même s'ils outrepassent l'objet social ; il n'en sera autrement (l'acte sera alors inopposable à la société) que si celle-ci "prouve que le tiers savait que l'acte dépassait cet objet ou qu'il ne pouvait l'ignorer compte tenu des circonstances, étant exclu que la seule publication des statuts suffit à constituer cette preuve" (*ibid.*).

LE COIN DES AMATEURS

1) Quelques conséquences du principe de la hiérarchie des organes sociaux

709. — Le principe de la hiérarchie des organes est essentiel à la compréhension du fonctionnement de la société anonyme. Il a été affirmé à plusieurs reprises depuis l'arrêt *Motte* de 1946 (V. *supra*, n. 702) et gouverne les solutions suivantes :

- impossibilité pour une assemblée générale de corriger le vice affectant la nomination du président par le conseil (Cass. com. 31 janv. 1968 : *D.* 1968, p. 321) ;

- interdiction faite à l'assemblée d'empiéter sur les prérogatives du conseil (Cass. com. 30 avril 1968 : *D.* 1969, p. 89) ;

- incompétence de l'assemblée pour se prononcer sur une délibération du conseil (Cass. com. 18 mai 1982 : *Rev. soc.* 1983, p. 71) ;

- interdiction de créer un comité de direction doté de pouvoirs concurrents de ceux du conseil (V. *supra*, n. 652) ;

- interdiction pour le président de se substituer au conseil pour le déplacement du siège social (Paris, 28 avril 1983 : *JCP* 86, II, 20553, note A. VIANDIER) ;

(1) Pour un exemple, V. Trib. com. Paris, 28 juin 1982 : *JCP* 83, éd. G, 20119, note A. VIANDIER.

- interdiction d'assujettir le président au pouvoir de décision d'un tiers, fût-il l'actionnaire majoritaire ayant avancé une importante somme à la société (Cass. com. 11 juin 1965 : *Rev. trim. dr. com.* 1965, p. 861, obs. R. HOUIN. — *Adde*, Trib. com. Paris, 1er août 1974 : *Rev. soc.* 1974, p. 685, note B. OPPETIT) ;

- interdiction de céder le fonds de commerce constituant la seule activité de la société (V. *infra*, n. 710).

2) Le président peut-il vendre le fonds de commerce exploité par la société anonyme?

710. — Le président ne peut agir que dans la limite de l'objet social ; mais la sanction est purement interne, puisque le dépassement de l'objet social, tout comme la violation des limitations statutaires, constituent des vices inopposables aux tiers de bonne foi (L., art. 113). On pourrait en déduire que la vente du fonds de commerce consentie par le président produit son plein effet à l'égard des tiers, à commencer par l'acheteur, quand bien même il devrait répondre de sa faute devant ses actionnaires. Mais ne peut-on, à l'inverse, prétendre que la disparition du fonds entraîne celle de l'objet social ? La modification de l'objet social relève de la compétence exclusive de l'assemblée générale extraordinaire et il n'appartient pas au président d'empiéter, même par une voie détournée, sur une prérogative aussi essentielle. Face à ce dilemme, la réponse des tribunaux est pragmatique ; tout dépend de la façon dont les statuts ont délimité l'objet social et de la place du fonds de commerce dans la vie de la société, ainsi qu'en témoignent les deux décisions suivantes.

a) De la Villa des sources...

Le président d'une société anonyme gérant une maison de repos (*la Villa des Sources*) avait vendu le fonds et l'immeuble dans lequel il était exploité ; un actionnaire avait contesté la validité d'un tel acte qui vidait l'objet social de son contenu ; la Cour de cassation n'en a pas moins confirmé l'opposabilité de la vente à la société car les statuts voyaient large, qui visaient "l'exploitation de toute maison de repos, l'achat, la création, la location, l'exploitation et l'aliénation de tous établissements de cette nature..." (Cass. com. 29 janv. 1979 : *Bull. civ.* IV, n. 28. — V. également dans le même sens, Paris 21 nov. 1990 : *Bull. Joly* 1991, p. 61) ; la solution eût été différente si les statuts avaient limité l'objet social à l'exploitation de la seule "villa des sources" ; à défaut d'une telle précision, rien n'empêchait la société, avec l'argent récolté, de faire l'acquisition d'un nouvel établissement ; c'est l'un des risques de ces objets sociaux rédigés de la manière la plus extensive possible (V. *supra*, n. 151).

b) ...au Journal de Doullens...

On citera en sens inverse la vente d'un journal par le gérant d'une SARL (ce qui vaut pour le gérant de la SARL est transposable au président d'une société anonyme, puisque les règles applicables en la matière sont les mêmes, V. *infra*, n. 1306 et s.). La SARL *Le Journal de Doullens* exploite l'hebdomadaire de même nom, ainsi qu'une librairie-papeterie ; le gérant vend l'hebdomadaire à une maison de presse, en conservant la librairie-papeterie. L'assemblée générale refuse de ratifier l'opération et donne pouvoir au gérant de réaliser la vente au profit d'un tiers plus offrant, ce qui fut fait ; le premier acheteur réagit en opposant la vente qui lui a été consentie, mais il est débouté pour le motif que voici : "Attendu que l'arrêt ayant relevé que l'objet social de la SARL était notamment l'exploitation d'un hebdomadaire dénommé *Le Journal de Doullens* et que cette dénomination expresse était celle de la SARL, la cession de cet hebdomadaire impliquait nécessairement une modification des statuts ; que les modifications des statuts d'une SARL, pour lesquels la loi attribue expressément compétence aux associés, échappent à la compétence du gérant" (Cass. com. 12 janv. 1988 : *JCP* 88, éd. E, I, 15240, n. 1, obs. A. VIANDIER et J.-J. CAUSSAIN). La première vente était donc nulle, faute de pouvoir du gérant. La solution n'est sans doute pas à l'abri de la critique : il n'y avait pas disparition complète de l'objet social et l'incidence de la cession sur la dénomination de la société n'est pas décisive ; la société aurait pu continuer à vivre sous le même pavillon même si celui-ci ne couvrait plus la même marchandise (V. *supra*, n. 562 l'épopée de la *Compagnie Universelle du canal de Suez*. — Pour un autre exemple, relativement complexe, de l'inopposabilité de la cession des participations dans des sociétés d'assurances, V. Trib. com. Paris 28 juin 1982, affaire *Société nouvelle de participations* c. *Société Bouygues* : *JCP* 83, éd. G, 20119, note A. VIANDIER. — *Adde* Trib. com. Paris 2 mai 1989 : *JCP* 90, éd. G, 21 575, affaire *DACF*).

3) Les vérifications à opérer par les créanciers obtenant la caution d'une société anonyme

711. — Les tiers qui contractent avec une société anonyme n'ont pas de précaution particulière à prendre ; ils n'ont pas à s'inquiéter de l'objet social ni de l'étendue des pouvoirs du président qui signe l'acte ; le système du pouvoir légal leur assure pleine sécurité, sauf dans un domaine, celui des cautions, avals et garanties, lesquels impliquent une autorisation préalable du conseil d'administration (L., art. 98 et D., art. 89). Les créanciers doivent alors se livrer à de minutieuses vérifications, à peine d'amères déconvenues ; les voici :

- *vérifier que le débiteur garanti n'est pas un dirigeant ayant contracté un emprunt auprès de la société*, une telle opération étant interdite ; la société peut opposer cette nullité aux tiers, sauf s'ils sont de bonne foi ; mais ils sont censés savoir que l'article 106 de la loi de 1966 interdit aux sociétés de garantir les engagements de leurs dirigeants (V. *infra*, n. 721) ;

- *vérifier que le président a été préalablement autorisé par le conseil d'administration*, d'où la nécessité de se faire communiquer une copie de la délibération du conseil ; le créancier ne saurait exciper de sa bonne foi en invoquant la théorie du mandat apparent (Cass. com. 24 fév. 1987 : *Rev. soc.* 1987, p. 407, note Y. GUYON) ; la sanction du défaut d'autorisation est non la nullité du cautionnement, mais son *inopposabilité* à la société ; le vice ne saurait être couvert ni par une autorisation ultérieure du conseil, ni par un début d'exécution de l'engagement (Cass. com. 11 juill. 1988 : *Bull. Joly* 1988, p. 666, note P. LE CANNU ; *JCP* 88, éd. E, II, 15292, n. 4, obs. A. VIANDIER et J.-J. CAUSSAIN) ; le créancier éconduit garde en principe un recours contre le président, mais celui-ci ne peut-il opposer que le créancier est lui-même coupable de négligence pour n'avoir pas procédé aux vérifications nécessaires? Tel ne l'a pas jugé un arrêt récent de la cour. de Paris (Paris, 3e ch., A, 9 mai 1990 : *JCP* 91, éd. E, 22, n. 5, obs. A. VIANDIER et J.-J. CAUSSAIN) condamnant le président de la société à réparer le préjudice subi par le créancier qui se croyait cautionné ; cette décision n'est pas à l'abri de la critique, car le président qui accorde la caution de la société sans en référer au conseil d'administration n'a pas commis de faute qui soit détachable de ses fonctions de dirigeant (sur cette question, V. *supra*, n. 363 et 364).

- *vérifier que l'autorisation remonte à moins d'une année*, puisque l'autorisation donnée par le conseil ne vaut pas au-delà (D., art. 89) ;

- *vérifier que le montant du cautionnement n'excède pas le maximum fixé par le conseil ;* celui-ci peut en effet accorder son autorisation pour un plafond donné, le président engageant librement la société dans cette seule limite (Pour un exemple de dépassement, V. Paris, 3e ch., A, 26 juin 1990 : *Bull. Joly* 1990, p. 764.

(n. 712 à 719 réservés)

SECTION III

LES CONVENTIONS PASSÉES ENTRE LA SOCIÉTÉ ET LES DIRIGEANTS

720. — Les dirigeants (administrateurs, président, directeurs généraux) sont en mesure, par leurs prérogatives, de causer des dommages à la société ou, plus subtilement, d'imposer à celle-ci des affaires qui sont bonnes pour eux mais mauvaises pour elle. Des exemples : le président achète un terrain pour son compte personnel et le revend immédiatement à la société pour un prix largement supérieur, un administrateur achète à la société certains éléments d'actif à un prix inférieur à leur valeur, un directeur général négocie avec la société un contrat de travail avantageux.

On aurait pu envisager l'interdiction pure et simple de toute convention entre la société et ses dirigeants ; la sanction eût été excessive, car il est des conventions qui peuvent être utiles à la fois à la société et au dirigeant. D'où le compromis mis en place par le législateur, qui consiste à réglementer les conventions passées entre la société et les dirigeants (L., art. 101 et s.), régime de prévention justifié par les pouvoirs dévolus à ces derniers. La réglementation est ajustée en fonction des risques liés aux contrats en cause ; certains sont interdits, d'autres libres, d'autres enfin soumis à l'autorisation préalable du conseil d'administration.

§ 1. — Les conventions interdites

721. — Les conventions interdites sont celles qui présentent un risque majeur pour le patrimoine social. Elles sont énumérées par l'article 106 de la loi de 1966 : emprunt ou découvert consenti par la société, caution ou aval des engagements personnels du dirigeant. Les dirigeants concernés sont les administrateurs, les représentants permanents des personnes morales administratrices, le président, les directeurs généraux, ainsi que le conjoint, les ascendants et les descendants de ces diverses personnes.

722. — La sanction est la *nullité* de la convention ; nullité d'ordre public, d'où l'impossibilité d'une confirmation ultérieure et l'application de la prescription trentenaire. La société peut opposer cette nullité aux tiers, sauf s'ils sont de bonne foi (pour une application aux bénéficiaires d'un cautionnement, V. *supra*, n. 711).

723. — Le principe de l'interdiction est assoupli par deux *exceptions* :

- *l'une en faveur des administrateurs qui sont des personnes morales*; ainsi dans les groupes, les filiales peuvent consentir des avances ou des avals au profit de la société mère, même si celle-ci occupe un poste d'administrateur ; ceci facilite la constitution d'un pool de trésorerie au sein d'un groupe (V. *infra*, n. 1952) ; la convention doit en revanche être soumise à la procédure d'autorisation de l'article 101;

- *l'autre relative aux établissements bancaires* qui peuvent consentir des prêts ou accorder des garanties à leurs dirigeants ; ces opérations doivent cependant avoir un caractère courant, compte tenu de l'activité de l'établissement, et être conclues à des conditions normales (L., art. 106) ; ces exigences sont d'ailleurs celles des conventions libres.

§ 2. — Les conventions libres

724. — Ainsi qu'il est dit à l'article 102 de la loi du 24 juillet 1966, ne sont pas soumises à autorisation les conventions passées entre les dirigeants et la société qui portent "sur des opérations courantes et conclues à des conditions normales". Reste à s'entendre sur le courant et le normal :

- est *courante* l'opération qui est effectuée par la société d'une manière habituelle dans le cadre de son activité ; ainsi d'un contrat de pigiste pour une société éditrice d'un journal, de la vente des produits fabriqués par l'entreprise ;

- sont *normales* les conditions comparables à celles ordinairement appliquées dans la société en cause ou encore dans les autres sociétés du même secteur ; par conditions, on entend le prix, mais aussi les garanties, les obligations de chacune des parties, la durée, les pénalités...

§ 3. — Les conventions réglementées

A. — Les conventions visées

725. — Le principe est posé par l'article 101 de la loi de 1966 : "Toute convention intervenant entre une société et l'un de ses administrateurs ou directeurs généraux doit être soumise à l'autorisation préalable du conseil d'administration" (1). Les directeurs généraux sont expressément visés, puisqu'ils n'ont pas nécessairement la qualité d'administrateur (V. *supra*, n. 681). L'autorisation préalable a un domaine très large puisque, outre les conventions passées directement entre la société et l'administrateur, elle s'étend :

- aux conventions passées entre la société et une entreprise dans laquelle l'administrateur a des intérêts, qu'il en soit propriétaire, gérant ou directeur général ;

(1) V. *Les conventions réglementées : Cahiers de l'IFEC*, n. 32, 1987.— Conventions réglementées dans les groupes : *BRDA*, 31 déc. 1990, p. 2 et s.

- enfin, d'une façon plus générale, aux conventions passées par la société lorsque l'administrateur y est indirectement intéressé.

726. — Quand y a-t-il intérêt indirect au sens de l'article 101 ? (L'arrêt *Sequana* c. *Crédit suisse* du 4 octobre 1988)

La société *Crédit suisse* avait cédé à la société *Sequana*, qui était à l'époque sa filiale, la participation qu'elle possédait dans la société civile immobilière *Neuilly Ancelle* et s'était fait consentir, en garantie du prix, un nantissement sur les parts de la société civile. Le *Crédit suisse* avait la qualité d'administrateur de la *Sequana* et y était représenté par M. Von Fellenberg, qui exerçait des fonctions de cadre supérieur dans la première société ; il occupait parallèlement un poste d'administrateur de la *Sequana ;* en tant que représentant du *Crédit suisse*, il avait signé la convention de nantissement portant sur les parts de la société civile. La *Sequana* ayant recouvré son indépendance vis-à-vis de son ancienne société mère, un sévère contentieux opposa les deux sociétés. C'est ainsi que la *Sequana* demanda la nullité de la convention de nantissement en se fondant sur l'alinéa 2 de l'article 101 qui soumet à autorisation préalable la convention passée entre une société et un tiers dès lors qu'un administrateur y est indirectement intéressé. La demande fut rejetée pour le motif que voici : "Attendu que la cour d'appel a énoncé qu'il n'était pas établi que M. Von Fellenberg avait tiré de l'opération un profit quelconque et a relevé que celui-ci ne détenait pas dans la société *Crédit suisse* des intérêts suffisamment importants pour infléchir la conduite de cette société dans ses relations avec la société *Sequana ;* qu'elle a ainsi établi que M. Von Fellenberg ne s'était pas servi de la société *Crédit suisse* pour monter une opération pour son propre compte et justifié qu'il n'était pas indirectement intéressé à cette opération au sens de l'article 101, alinéa 2, de la loi du 24 juillet 1966" (Cass. com. 4 oct. 1988 : *Bull. Joly* 1988, p. 861, note P. LE CANNU. — Rapp. Cass. com. 23 oct. 1990 : *Rev. soc.* 1991, p. 92, note Y. GUYON).

La solution eût été différente si, au lieu d'être un cadre salarié du *Crédit suisse*, M. Von Fellenberg en avait été le véritable maître.

727. — L'article 101 n'a vocation à s'appliquer que là où il y a convention, c'est-à-dire un accord de volonté créant, modifiant ou éteignant un rapport de droit. D'où l'exclusion de certains actes sans caractère conventionnel :

- la résolution par laquelle le conseil d'administration fixe la rémunération du président (V. *supra*, n. 674) ;

- la décision de l'assemblée générale, telle que l'approbation d'une convention de fusion (2) ;

- le jeu de la compensation légale.

(2) Cass. com. 7 juin 1963 : *D.* 1964, 308, note A. DALSACE.

Enfin, la convention conclue alors que le dirigeant n'est pas encore (ou n'est plus) dirigeant ne donne pas lieu à autorisation préalable, mais son renouvellement ou sa modification imposent le respect de la procédure ; ainsi quand un salarié devient administrateur, l'autorisation préalable n'est exigée que si les conditions du contrat de travail sont modifiées, ne serait-ce que du fait d'une augmentation de salaire (V. *supra*, n. 676).

B. — La procédure

728. — La procédure est complexe ; elle ne comporte pas moins de cinq étapes à franchir :

- *information du conseil par le dirigeant concerné* dès qu'il a connaissance d'une convention à laquelle l'article 101 est applicable (L., art. 103) ; l'information doit être complète et indiquer les modalités essentielles de la convention : tarifs, délais de paiement, garanties...;

- *autorisation du conseil* par un vote auquel l'intéressé, s'il est administrateur, ne doit pas participer ;

- *information du commissaire aux comptes* par le président sur les conventions autorisées ;

- *rapport spécial du commissaire aux comptes*, contenant l'énumération des conventions, le nom des dirigeants concernés, la nature et l'objet des conventions avec la mention des clauses essentielles ; le rapport est mis à la disposition des actionnaires vingt jours au moins avant la réunion de l'assemblée générale ordinaire ;

- *approbation lors de l'assemblée ordinaire annuelle* au vu du rapport du commissaire aux comptes ; cette approbation intervient alors que la convention, si elle a été autorisée par le conseil, a déjà reçu application ; d'où la règle selon laquelle les conventions désapprouvées produisent cependant effet à l'égard des tiers (L., art. 104) ; la seule incidence de la désapprobation tient dans la possibilité de mettre à la charge du dirigeant en cause les conséquences préjudiciables de la convention désapprouvée (L., art. 104).

Il a été jugé par la cour de Paris que l'assemblée pouvait approuver la convention même en cas de refus d'autorisation par le conseil d'administration (Paris, 3e ch. A, 18 déc. 1990, affaire *Sud Cars* : *Bull. Joly* 1991, p. 604, note P. Le Cannu).

C. — Les sanctions

729. — Si la procédure de l'article 101 n'a pas été scrupuleusement observée, la convention n'est pas nécessairement nulle ; la nullité n'est en effet prononcée que si la convention n'a pas été préalablement autorisée par le conseil d'administration ; encore ne s'agit-il que d'une nullité facultative qui n'est encourue que si la convention a eu des conséquences dommageables pour la société (L., art. 105) (3) ; la nullité se prescrit par trois ans à compter de la date de la convention ou, en cas de dissimulation, du jour où son existence a été révélée ; elle peut être couverte par un vote de l'assemblée pris sur un rapport spécial du commissaire aux comptes expliquant les raisons pour lesquelles l'autorisation n'a pas été demandée.

Si l'autorisation préalable du conseil a été obtenue, les vices ultérieurs de procédure n'entraînent pas la nullité de la convention : défaut de rapport du commissaire aux comptes, défaut de consultation de l'assemblée ou encore refus d'approbation par celle-ci. La seule sanction est alors la responsabilité personnelle de l'administrateur qui doit réparer le préjudice subi par la société.

Si la convention réalise un détournement de biens composant le patrimoine social, la responsabilité pénale du dirigeant concerné, voire d'autres dirigeants complices, est engagée au titre du délit d'abus de biens sociaux (V. *infra*, n. 752 et s.) ; quant au fisc, il qualifiera la convention d'acte anormal de gestion (V. *supra*, n. 495).

(n. 730 à 739 réservés)

SECTION IV

LA RESPONSABILITÉ DES DIRIGEANTS

740. — Les dirigeants sociaux exercent une fonction dangereuse, pour eux-mêmes, mais aussi pour la société et pour les tiers ; d'où un régime de *responsabilité civile* spécifique ; s'y ajoute, pour les fautes les plus graves affectant l'ordre social, une *responsabilité pénale*, l'ensemble étant complété par une *responsabilité fiscale* (on ne reviendra pas sur la responsabilité fiscale qui a déjà été examinée, V. *supra*, n. 368).

§ 1. — La responsabilité civile

741. — La responsabilité civile des dirigeants varie selon les circonstances ; on peut distinguer entre les trois régimes suivants : une responsabilité exceptionnelle envers les tiers, une responsabilité ordinaire envers la société et les associés, une responsabilité aggravée en cas de règlement ou de redressement judiciaires.

---

(3) Cass. com. 10 mai 1989 : *Jurisdata*, n. 1435 (il s'agissait en l'espèce d'un dirigeant qui avait perçu sans autorisation préalable des rémunérations liées à des inventions de service, c'est-à-dire à des inventions réalisées dans le cadre de ses fonctions de directeur technique).

A. — La responsabilité exceptionnelle envers les tiers

742. — Une personne morale peut être recherchée en responsabilité dans les mêmes conditions qu'une personne physique à raison des dommages qu'elle cause aux tiers (V. *infra*, n. 765). Cela est évident lorsque le dommage est dû au comportement d'un préposé, un salarié par exemple (C. civ., art. 1384, al. 5). Il n'y a pas de raison qu'il en soit autrement lorsque l'acte dommageable est passé par un dirigeant. Celui-ci est un organe, une sorte de fonctionnaire social, agissant au nom et pour le compte de la société, engageant le cas échéant la responsabilité de cette dernière. Les tiers qui s'estiment lésés doivent donc se retourner contre la société et non contre le dirigeant personnellement. La société constitue un écran mettant les dirigeants à l'abri des attaques des tiers ; comme les fonctionnaires publics, leur irresponsabilité ne cède qu'en cas de faute détachable de l'exercice de leurs fonctions (V. *supra*, n. 360 et s.).

B. — La responsabilité ordinaire envers la société ou les associés

743. — L'existence de la personnalité morale ne saurait entraîner l'immunité des dirigeants envers la société ; aussi bien sont-ils responsables à son égard des conséquences de leur comportement fautif ; c'est ce droit commun de la responsabilité qui est rappelé dans la loi du 24 juillet 1966 (art. 244 et s.).

1° Les causes de la responsabilité civile

744. — Les dirigeants (administrateurs, président et directeurs généraux) sont responsables des infractions aux dispositions législatives et réglementaires relatives aux sociétés anonymes, des violations des statuts et, d'une manière plus générale, des fautes commises dans la gestion. Comme on peut s'en douter, la responsabilité du président, maître de la gestion quotidienne, est plus fréquemment et plus aisément mise en œuvre que celle des administrateurs, dont l'action n'est qu'intermittente.

Aux administrateurs on reproche le plus souvent leur absentéisme et leur indifférence à la marche des affaires ; une de leurs missions consiste à surveiller l'action du président ; s'ils ne tirent pas à temps la sonnette d'alarme, ils peuvent être rendus responsables des suites du déraillement.

Si les administrateurs pèchent plutôt par abstention, les présidents et les directeurs généraux pèchent à la fois par abstention (absence de comptabilité, surveillance insuffisante des employés...) et par action (lancement d'opérations aventureuses, actes de concurrence déloyale, violation des limitations statutaires de pouvoir...) ; le plus souvent leur responsabilité est recherchée lorsque la société a dû déposer le bilan.

Cette responsabilité est individuelle (faute imputable à un seul dirigeant) ou solidaire (faute imputable à plusieurs dirigeants). En cas de solidarité, la société peut donc poursuivre l'un quelconque des dirigeants ayant coopéré au fait fautif ; la réparation effectuée, il appartient à celui qui a payé de se retourner contre ses coresponsables, la part contributive de chacun étant égale, sauf décision contraire du tribunal (L., art. 244).

2° La mise en œuvre de la responsabilité civile

745. — L'action contre les dirigeants se prescrit par trois ans à compter du fait dommageable ou, s'il a été dissimulé, du jour de sa révélation (L., art. 247) (1). Ces règles valent pour le préjudice subi par la société comme pour le préjudice individuel subi par un associé ; pour le reste, la nature du préjudice influence le régime de l'action.

a) Le préjudice social

746. — Le préjudice est social lorsqu'il est subi par la société : baisse importante des résultats, redressement fiscal notable du fait des combinaisons des dirigeants, pertes majeures sur un marché... La société ayant souffert un dommage, ses représentants légaux ont le devoir d'agir contre les dirigeants sociaux, autant dire contre eux-mêmes ou leurs collègues ; telle est la finalité de l'action sociale *ut universi.* Or les intéressés sont rarement enclins à tresser la corde qui servira à les pendre ; le débat de conscience, s'il existe, est facilement tranché en cas de relève des dirigeants sociaux, le successeur n'ayant aucune raison d'épargner son prédécesseur ; restent les hypothèses, fréquentes, où les dirigeants sont demeurés en place malgré le préjudice causé à la société. Comment assurer alors la défense du patrimoine social ?

747. — La réponse est fournie par l'action sociale *ut singuli*, c'est-à-dire l'action sociale intentée par les actionnaires eux-mêmes, au nom et pour le compte de la société (L., art. 245). L'instance des actionnaires vise à la réparation de l'entier préjudice social et à la condamnation des dirigeants fautifs au paiement de dommages-intérêts au profit de la société. L'action est intentée soit par un actionnaire (et non par un tiers, fût-il ancien actionnaire), œuvrant isolément et supportant seul les frais de la procédure, soit par un groupe d'actionnaires qui se répartissent ces frais ; l'action du groupe n'est toutefois recevable que s'il "pèse" au moins un vingtième du capital social (2). La possibilité laissée à un actionnaire ou à un groupe d'actionnaires d'agir au nom et pour le compte de la société constitue une exception remarquable à notre adage de droit processuel : "En France, hors le roi, nul ne plaide par procureur".

---

(1) Paris, 1re ch. B, 15 fév. 1990 : *D.* 1990, somm., 80 (est prescrite l'action sociale exercée par un actionnaire majoritaire plus de trois ans après la révélation de l'inexactitude du bilan provisoire, dès lors que, dès la prise de contrôle de la société, il a eu accès à l'ensemble des documents sociaux).

(2) Des seuils dégressifs sont prévus pour les grosses sociétés (V. D. art. 200, réd. D. n. 88-56 du 19 janv. 1988). Néanmoins, malgré cette dégressivité, pour des sociétés très importantes, il est indispensable d'atteindre un nombre considérable d'actions pour pouvoir agir en se groupant : 323 769 pour la Société Générale, 259 608 pour le CCF, 234 030 pour Saint-Gobain... On mesure la difficulté de l'action sociale.

Aucune entrave ne doit contrarier l'action sociale, qu'elle soit exercée par les dirigeants ou les actionnaires; les clauses statutaires d'irresponsabilité sont nulles, de même que celles qui soumettent le droit d'agir à une autorisation de l'assemblée générale; le *quitus* donné par cette dernière ou le conseil est sans influence au regard de l'instance (L., art. 246).

b) Le préjudice individuel

748. — Le préjudice est individuel lorsqu'il est personnellement souffert par un actionnaire ; l'hypothèse est relativement rare ; en voici néanmoins quelques exemples : détournement des dividendes revenant à un actionnaire, ostracisme à l'encontre d'un actionnaire jamais convoqué aux assemblées générales, détournement des fonds déposés par un actionnaire... En revanche, l'actionnaire qui se plaint de la mauvaise gestion de la société invoque un préjudice social, à moins qu'il ne prouve qu'il a personnellement subi un préjudice distinct du préjudice social, telle que la cession à perte de ses titres en raison de la mauvaise gestion (3).

L'action individuelle est intentée par l'actionnaire, lequel agit seul et pour son compte ; si dommages-intérêts il y a, il en est l'unique bénéficiaire. Cependant, le décret du 19 janvier 1988 permet aux actionnaires réclamant réparation d'un préjudice personnel causé par les mêmes faits de donner à l'un d'entre eux mandat d'agir en leur nom devant les juridictions civiles (sur l'action des associations d'actionnaires, V. *supra*, n. 26). De même que pour l'action sociale, aucun obstacle à l'instance en réparation ne peut être érigé par les statuts, l'assemblée générale ou le conseil.

749. — Ailleurs : *la class action* américaine.

Le droit américain — c'est vrai pour les questions de droit de la consommation comme pour celles de droit des sociétés — connaît les actions en justice collectives. Le principe est celui de la possibilité d'une action intentée par un individu au nom d'un groupe de personnes réputées avoir subi le même dommage sans que ces personnes aient donné mandat ou permis d'agir en leur nom. Et puisque l'action tend à faire condamner l'auteur du dommage — une société, des administrateurs — à la réparation du préjudice subi par tout le groupe, elle peut aboutir à une réparation de plusieurs millions de dollars. Les frais d'avocat (un pourcentage de la condamnation) sont pris en charge par le responsable, d'où une incitation à l'action et la multiplication des procès en responsabilité (sur cette curiosité pour un juriste romano-germanique, cons. A. TUNC, *Le droit américain des sociétés anonymes*, Economica, 1985, n. 129 et s.).

(3) Cela exige en outre de démontrer le lien de causalité entre la mauvaise gestion et la perte enregistrée lors de la cession, ce qui n'est jamais chose aisée (V. Cass. com. 26 janv. 1970 : *D* 1970, p. 643, note J. GUYÉNOT. — Aix-en-Provence, 16 fév. 1977 : *D.* 1979, I.R., 106, obs. J.-Cl. BOUSQUET).

C. — La responsabilité aggravée en cas de redressement ou de liquidation judiciaire

750. — Lorsque la société est l'objet d'une procédure de redressement ou de liquidation judiciaires, il est naturel que l'on recherche si la débâcle financière n'est pas due à la négligence, voire à la filouterie des dirigeants. Dans l'affirmative, ils encourent diverses sanctions pécuniaires, personnelles ou pénales que l'on se contentera de rappeler (pour le détail, V. *supra*, n. 439 et s.) :

- *action en comblement de passif*, voire *action en extension* de redressement ou de liquidation judiciaires ; l'extension en cause est remarquable, car les dirigeants n'ont pas la qualité de commerçant ;

- *faillite personnelle ou simple interdiction de diriger une entreprise ;*

- *sanctions pénales de la banqueroute* dans les cas les plus graves (absence de comptabilité, détournement d'actif...)

§ 2. — La responsabilité pénale

751. — La protection des actionnaires, spécialement de ceux qui ne sont pas associés à la gestion, mais aussi la sauvegarde de l'épargne et la défense de l'ordre public se conjuguent pour doter le droit des sociétés anonymes d'un appareil répressif impressionnant, le droit pénal commun (escroquerie, faux, abus de confiance) ne suffisant pas à la tâche ; aussi est-il complété par un véritable arsenal d'infractions spéciales, qui visent les dirigeants sociaux, de droit ou de fait. Détachons de ce lot les deux infractions les plus importantes : l'abus des biens, du crédit, du pouvoir ou des voix, d'une part, la publication de comptes annuels ne donnant pas une image fidèle, d'autre part.

A. — L'abus des biens, du crédit, du pouvoir ou des voix

752. — Seront poursuivis pénalement les dirigeants qui, de mauvaise foi, auront fait des biens ou du crédit de la société, des pouvoirs qu'ils possédaient ou des voix dont ils disposaient, un usage qu'ils savaient contraire aux intérêts de la société, à des fins personnelles ou pour favoriser une autre société ou entreprise dans laquelle ils étaient intéressés directement ou indirectement (L., art. 437, 3° et 4°). Les sanctions encourues sont lourdes : un à cinq ans de prison, 2 000 F à 2 500 000 F d'amende. Comme en droit commun, ni la restitution ultérieure par le dirigeant, ni la ratification, même unanime, par les actionnaires ne font disparaître l'infraction. Encore faut-il que les conditions de l'incrimination se trouvent réunies, ce qui implique la réunion des quatre éléments suivants : un acte d'usage, un usage contraire à l'intérêt social, un usage à des fins personnelles, un usage de mauvaise foi.

1° L'acte d'usage

a) L'usage des biens

753. — Le terme usage est très large ; il englobe les actes de disposition (c'est le détournement pur et simple de biens ou de fonds appartenant à la société) et les actes d'administration ; utiliser pour son seul agrément et sans contrepartie un château appartenant à la société peut réaliser un abus de biens. Certains dirigeants confondent allègrement leur portefeuille et celui de la société ; les exemples sont innombrables ; en voici un simple échantillon tiré de la chronique judiciaire: faire prendre en charge par la société sa domesticité personnelle, s'allouer une rémunération excessive, encaisser sur son compte des chèques émis au nom de la société, faire acheter par la société un bateau de plaisance afin d'assouvir sa passion nautique et... conviviale, licencier sa concubine en lui octroyant une mirifique indemnité sans rapport avec les fonctions salariales qu'elle occupait au sein de la société, acquisition d'une automobile en crédit-bail dont les échéances étaient payées par la société...

b) L'usage du crédit

754. — Une société peut consentir une hypothèque ou un gage, s'engager comme caution, avaliser une traite...; ces opérations engagent la signature sociale et en cela réalisent un usage du crédit de la société ; si le dirigeant engage ainsi le crédit social à des fins personnelles le risque est grand pour lui d'une condamnation pour abus du crédit de la société.

c) L'usage des pouvoirs

755. — Par pouvoirs, on comprend les prérogatives de gestion, d'administration ou de direction reconnues aux dirigeants. Le président qui par complaisance ferme les yeux sur les dettes d'un client de la société, l'administrateur qui approuve une convention passée entre un dirigeant et la société à conditions manifestement léonines abusent de leurs pouvoirs au sens de l'article 437 de la loi de 1966.

d) L'usage des voix

756. — Les voix sont les procurations (notamment les pouvoirs en blanc) données aux dirigeants par certains actionnaires qui les chargent de les représenter aux assemblées générales. En utilisant ces procurations, les dirigeants usent des voix qu'ils possèdent au sens de l'article 437; qu'ils s'en servent dans un but exclusivement personnel et contrairement à l'intérêt de la société, et l'infraction est constituée.

2° L'usage contraire à l'intérêt social

757. — A l'évidence, le simple usage ne suffit pas, encore faut-il qu'il blesse l'intérêt de la société. L'appauvrissement ou le simple risque d'appauvrissement de la société sont des atteintes avérées à l'intérêt social ; un manque à gagner, la perte d'une occasion d'enrichissement réalisent encore un outrage à l'intérêt de la société. Cette condition suscite un débat important lorsque l'acte reproché a pour cadre un groupe de sociétés, l'une des filiales par exemple étant "cannibalisée" au profit d'une autre filiale ou de la société mère ; comme on le verra en étudiant les groupes de sociétés (V. *infra*, n. 1953), la jurisprudence la plus récente accepte parfois de reconnaître la primauté de l'intérêt du groupe sur celui des sociétés isolées.

3° L'usage à des fins personnelles

758. — Aux fins immédiatement personnelles (un détournement par exemple), il faut ajouter les pratiques voisines, qui consistent à favoriser une autre société ou entreprise dans laquelle le dirigeant est directement ou indirectement intéressé. Les fins dont il s'agit sont le plus souvent matérielles ; elles peuvent être également morales : sauvegarder une réputation, entretenir de bonnes relations avec un tiers, préparer une élection politique, jouer aux mécènes...

4° L'usage de mauvaise foi

759. — C'est l'élément moral de l'infraction. La condamnation exige qu'il soit démontré que le dirigeant avait conscience du caractère délictueux de son comportement. En cela, l'imprudence, l'inattention, la négligence ne sont pas pénalement réprimées. Toutefois, les tribunaux n'hésitent pas à voir dans la simple connaissance de l'avantage retiré la manifestation de la mauvaise foi du prévenu, en raisonnant sur le mode : "il ne pouvait pas ne pas savoir que...".

B. — La présentation ou publications de comptes annuels ne donnant pas une image fidèle (4)

1° Les conditions d'incrimination

760. — L'article 437-2° de la loi de 1966 réprime le fait pour les dirigeants sociaux de publier ou de présenter sciemment, "en vue de dissimuler la véritable situation de la société, des comptes annuels ne donnant pas, pour chaque exercice, une image fidèle du résultat des opérations de l'exercice, de la situation financière et du patrimoine, à l'expiration de cette période". Reprenons les principaux éléments de l'infraction.

a) Publication et présentation de comptes annuels

761. — La publication s'entend de tout procédé ayant pour but et pour effet de faire connaître les comptes aux tiers, ainsi de la reproduction du bilan au

(4) V. A. Viandier, *Droit comptable*, Dalloz, 1984, n. 372 et s.

verso d'un bon de caisse ou dans un prospectus (5). La présentation procède de la remise des comptes annuels aux actionnaires en prévision par exemple de l'assemblée générale appelée à les approuver. Les comptes annuels, tels que définis par l'article 8 du Code de commerce, comprennent le bilan, le compte de résultat et l'annexe (V. *supra*, n. 393).

b) Ne donnant pas une image fidèle

762. — L'image est infidèle si les comptes sont irréguliers ou insincères. Irrégularités : non-respect de la règle de la spécialisation des exercices (anticipation d'un profit), violation de l'interdiction des compensations entre comptes. Insincérités : défaut de constitution de provisions ou d'amortissements, surévaluation (ou sous-évaluation) des stocks, omission d'inscription d'une dette...

c) Sciemment, en vue de dissimuler la véritable situation de la société

763. — L'infraction est doublement intentionnelle. D'abord, le procureur doit prouver la mauvaise foi des dirigeants, autrement dit qu'ils avaient conscience des irrégularités ou insincérités commises, conscience souvent induite de la gravité des incorrections accomplies. Ensuite, le procureur doit démontrer que les prévenus ont cherché à dissimuler la véritable situation de la société ; il importe peu que leur désir ait été d'embellir ou d'enlaidir le bilan, de flatter ou de mutiler le résultat, de restaurer le prestige de la société ou de réaliser une économie fiscale. L'intention de dissimulation, elle-même parfois induite de la gravité de l'acte, suffit à punir.

2° Les sanctions

764. — Les premières cibles sont les dirigeants de droit : président, administrateurs et directeurs généraux, ainsi que les dirigeants de fait. Leurs complices les rejoindront sur les bancs de la correctionnelle : employés trop dociles, commissaires aux comptes complaisants, experts-comptables arrangeants... En outre les personnes ayant sciemment profité des sommes ou biens détournés peuvent être poursuivies pour recel d'abus de biens (6). Le délit se prescrit par trois ans à compter du jour où une victime normalement diligente a eu la possibilité de découvrir l'infraction (par exemple, la découverte par l'administrateur judiciaire à l'occasion du dépôt de bilan survenant plusieurs mois ou plusieurs années après les faits). La peine applicable est un emprisonnement d'un an à cinq ans et/ou une amende de 2 000 à 2 500 000 francs.

(5) En revanche la communication d'un bilan à l'acquéreur de la majorité du capital sans diffusion à d'autres personnes n'est pas une publication (Cass. crim. 5 oct. 1990 : *BRD*A 15 déc. 1990, p. 9)
(6) Cass. crim. 3 mai 1982 : *Bull. crim.*, p. 307.

LE COIN DES AMATEURS

1) La responsabilité civile de la société

765. — Une personne morale a-t-elle une conscience? Peut-elle se rendre coupable de fautes engageant sa responsabilité personnelle? Sans tomber dans un anthropomorphisme factice, les juristes ont tôt fait de répondre par l'affirmative, qu'il s'agisse de responsabilité contractuelle ou de responsabilité délictuelle (V. Y. CHARTIER et J. MESTRE, *op. cit.*, p. 39). Ce principe a été fermement proclamé dans l'arrêt *Société Guerre* de la deuxième Chambre civile du 27 avril 1977 (*Bull. civ.* II, n. 108, p. 74); dans cette espèce, un ouvrier avait trouvé la mort à la suite du fonctionnement défectueux d'un monte-charge manœuvré par l'un des associés ; les ayants cause de la victime avaient actionné directement la société *Guerre* sur le fondement de l'article 1382 du Code civil ; les juges du fond rejetèrent leur action en indiquant qu'une société ne pouvait être recherchée pour faute ; leur décision fut cassée pour le motif de principe que voici : "Attendu que la personne morale répond des fautes dont elle s'est rendue coupable par ses organes et en doit la réparation à la victime sans que celle-ci soit obligée de mettre en cause, sur le fondement de l'article 1384, alinéa 5, lesdits organes pris comme préposés". Ainsi une société est responsable à raison des fautes qu'elle commet à travers ses organes (art. 1382), à raison des préposés ou des dirigeants qu'elle a embauchés (art. 1384, al. 5), à raison des choses (art. 1384, al. 1°), voire à raison des animaux dont elle a la garde (art. 1385) ; ainsi une société, et avec elle sa compagnie d'assurance, s'est trouvée condamnée à réparer le préjudice causé à un bicycliste renversé par un chien dont elle avait la charge (Cass. civ. 2e, 22 fév. 1984 : *Rev. trim. dr. civ.* 1985, p. 399, obs. J. HUET). Ce qui vaut pour la responsabilité délictuelle vaut de la même façon pour la responsabilité contractuelle (V. les obs. de J. MESTRE à la *Rev. trim. dr. civ.* 1989, p. 304 sur l'activité contractuelle des dirigeants).

Les dirigeants seraient-ils donc à l'abri de toute action en responsabilité ? Il faut isoler les cas relativement exceptionnels où ils commettent des fautes détachables de l'exercice de leurs fonctions ; ils sont alors seuls responsables (V. *supra*, n. 742). Le fait que la faute soit commise dans l'exercice de leurs fonctions et engage la responsabilité de la société ne leur assure pas nécessairement l'impunité ; la société peut se retourner contre eux par une action récursoire. Si la société a déposé le bilan, ils devront sans doute s'expliquer sur la qualité de leur gestion (V. *supra*, n. 439 et s.).

Il faut enfin mettre à part le cas où la faute commise est de nature pénale ; ils encourent alors seuls les sanctions infligées par les tribunaux répressifs ; le dogme de l'irresponsabilité pénale de la personne morale est rappelé par la Cour de cassation dans les termes suivants : "Attendu que l'amende est une peine, que toute peine est personnelle, sauf les exceptions spécialement prévues par la loi, qu'elle ne peut donc être prononcée contre un être moral, tel qu'une société anonyme, laquelle peut seulement être déclarée civilement responsable en cas d'infraction à la loi commise par ses dirigeants ou préposés" (Cass. crim. 26 nov. 1963 : *Gaz. Pal.* 1964, I, 189). Les exceptions à ce principe sont rares (en cas de délit d'initié par exemple, V. *infra*, n. 1840). Tel est le droit actuel ; sera-t-il celui de demain? Ce n'est pas certain en raison du projet de réforme du Code pénal ; l'amende de l'organe n'est pas une fatalité...

2) L'amende de l'organe

766. — Une infraction a été commise par le dirigeant d'une société, ce qui a conduit à sa condamnation pour amende ; considérant cette dernière comme indissociable de sa fonction, il demande à ses coassociés de l'autoriser à en faire payer le montant par la société. Qu'en est-il en droit?

Pénalement, le péril d'une (nouvelle) condamnation du dirigeant en abus des biens ne doit pas être sous-estimé. La répression ne fait aucun doute lorsque l'infraction commise est sans liens avec la fonction exercée et il ne viendrait à l'esprit de personne de mettre à la charge d'une société anonyme les amendes auxquelles son directeur général unique a été condamné pour tapage nocturne ou violence à agent. En revanche, l'interrogation est admissible lorsque l'infraction est en relation directe avec les fonctions exercées, qu'il y ait par exemple refus de vente, publicité mensongère, vente à perte (Cons. A. VIANDIER, *Actes de commerce, commerçants et activité commerciale*, PUF, 1986, n.. 231 et s.). De fait, puisque le dirigeant est un organe, ses actes sont réputés être ceux de la société, qui doit en supporter toutes les conséquences. D'ailleurs, n'est-ce pas ainsi que la responsabilité civile de la société pour les dommages causés par ses dirigeants est ordinairement justifiée ?

Cependant, la démonstration est sans valeur en matière pénale ; en raison de l'irresponsabilité de principe des personnes morales, aucune peine, même d'amende, ne peut être prononcée contre elles. Aussi bien doit-on conclure à la responsabilité pénale personnelle du dirigeant social.

La suite du raisonnement se devine aisément. En faisant prendre en charge par la société l'amende à laquelle il a été personnellement condamné, le dirigeant social court le risque d'être poursuivi pour abus de biens sociaux (V. Rép. min. : *JO* déb. Ass. nat. 19 déc. 1978, p. 9663 ; *Rev. soc.* 1979, 208 ; *Adde, Bull. CNCC* 1979, 489) au même titre que s'il s'était fait offrir un safari par la société (Crim. 6 nov. 1979 : *D.* 1980, I.R. 44), l'approbation éventuelle des associés étant, on le sait, indifférente (Crim. 5 nov. 1963 : *D.* 1964, 52). Et la solution doit être étendue au paiement des honoraires de l'avocat (V. Trib. civ. Seine, 14 nov. 1958 : *D.* 1959, 568).

Le résultat est choquant et ce d'autant plus que la responsabilité pénale du dirigeant de société est souvent mise en cause à la suite de l'action ou de l'abstention d'un autre que lui, un préposé notamment. C'est vrai en matière d'infractions relatives à l'entretien et à l'équipement des véhicules. C'est vrai encore en matière d'hygiène et de sécurité, et ce même après la loi du 6 décembre 1976, car si la preuve de la faute personnelle du dirigeant incriminé est requise, celle-ci peut résulter de la seule inobservation, par autrui, des prescriptions légales et réglementaires (Sur ce débat, cons. N. CATALA et J.-C. SOYER, *La loi du 6 décembre 1976 relative au développement de la prévention des accidents du travail* : *JCP* 77, éd. G, I, 2868, spéc. n. 34 et s. — *D.* 1978, I.R., 110, obs. M. PUECH).

Toutefois des signes de changement sont perceptibles. D'abord le principe de l'irresponsabilité pénale des personnes morales cède peu à peu du terrain. Hier en matière fiscale, aujourd'hui en matière d'hygiène et de sécurité (L. du 6 déc. 1976 préc., art. 19 autorisant le tribunal qui condamne un préposé à mettre à la charge de son employeur le paiement des amendes correspondantes), les textes admettent de plus en plus la possibilité d'une responsabilité pénale des sociétés.

Avec le projet de réforme du Code pénal, il n'est peut-être plus vain d'espérer que le dirigeant social cessera un jour de prêter sa responsabilité pénale à celle de la société et que ses fautes - tout au moins celles qui ne sont pas détachables de sa fonction - engageront la responsabilité de la société dont il n'est qu'un organe.

(n. 767 à 779 réservés)

SECTION V

LA STRUCTURE NOUVELLE : DIRECTOIRE ET CONSEIL DE SURVEILLANCE

780. — La formule du directoire et conseil de surveillance est imitée du droit allemand des sociétés anonymes, qui distingue *Vorstand* et *Aufsichtsrat.* L'importation de ce schéma en 1966 a répondu au souci de séparer la direction, assumée par le directoire, et le contrôle, confié au conseil de surveillance. De plus, la souplesse des conditions d'accès au directoire devait permettre d'y faire entrer des *managers* même non actionnaires de la société.

Cependant, l'épure n'a pas rencontré le succès espéré et le nombre des sociétés l'ayant adopté ne représente que 1,5 % du total des sociétés anonymes, dont Peugeot, Printemps, Compagnie financière, Paribas (V. *supra*, n. 625). Ce manque d'engouement pour une formule présentée comme moderne s'explique tout à la fois par le caractère collégial du directoire, difficilement conciliable avec la nécessaire unité de commandement, par le formalisme engendré par la dualité d'organes, laquelle oblige à la confection de rapports et de comptes rendus, et par la difficulté en pratique de diviser direction et contrôle.

§ 1. — L'organisation

781. — On se bornera à dessiner l'organisation du mode dualiste, telle que posée par les articles 118 et suivants de la loi de 1966, en mettant l'accent sur les dissemblances avec le mode classique : le statut des membres du directoire est calqué sur celui du président-directeur général et le statut des membres du conseil de surveillance sur celui des administrateurs.

A. — LE DIRECTOIRE

1° La composition

a) La taille

782. — Le nombre des membres du directoire est déterminé par les statuts, la loi exigeant seulement qu'il soit compris entre 2 et 5 (7 pour les sociétés dont le capital est au moins égal à 10 millions de francs). Aucun dépassement n'est prévu en cas de fusion. A l'inverse, lorsque le capital social est inférieur à 1 million de francs, la société a la faculté de n'investir qu'un seul "directeur", qualifié alors de directeur général unique (L., art. 119).

b) Les conditions de nomination

783. — Voici quelques points de comparaison avec le statut des administrateurs et des présidents ou directeurs généraux (V. *supra*, n. 626 et s.) :

- la condition d'âge est celle prévue pour les présidents ;

- la qualité d'actionnaire n'est pas requise (sauf exigence statutaire) ;

- nul ne peut appartenir simultanément à plus de deux directoires ;

- les membres du directoire peuvent être salariés à la seule condition qu'il s'agisse d'un emploi effectif distinct de la fonction directoriale ; sous cette réserve, un salarié peut librement devenir membre du directoire, de même qu'un membre du directoire peut devenir salarié (1) ;

- les membres du directoire ne peuvent pas être membres du conseil de surveillance.

c) La procédure de nomination

784. — De la même manière que le président est choisi par le conseil d'administration, les membres du directoire sont désignés par le conseil de surveillance. Cela vaut également pour le remplacement d'un "directeur". Aucune cooptation n'est possible.

d) La durée des fonctions

785. — Le directoire est nommé pour une durée fixée par les statuts, dans des limites comprises entre deux et six ans ; en cas de silence statutaire la durée est de quatre ans, ce qui est une durée plus courte que celle du mandat d'administrateur. Les membres du directoire, comme les administrateurs, sont indéfiniment rééligibles. Diverses circonstances abrègent la durée de ce mandat : décès, atteinte de la limite d'âge, démission, révocation.

La révocation est prononcée par l'assemblée générale de la société sur proposition du conseil de surveillance ; il y a là une dissymétrie avec la procédure de nomination ; elle est justifiée par le souci de sauvegarder l'indépendance du directoire par rapport au conseil de surveillance. La révocation intervenue sans juste motif ouvre droit à dommages-intérêts. Une divergence de vue de nature à gêner la marche de la société, ainsi que la réorganisation de l'entreprise sont des justes motifs, alors même qu'il n'y aurait pas eu de fautes de gestion (V. *infra*, n. 797).

2° Le fonctionnement

786. — Comme tout organe collégial, le directoire œuvre en délibérant. La cadence des réunions est généralement arrêtée par un règlement intérieur. Les débats sont présidés par le président du directoire ; ce personnage est choisi par le conseil de surveillance parmi les membres du directoire et est révoqué de son poste de président par le même conseil de surveillance ; il s'agit alors d'une révocabilité *ad nutum*.

Les membres du directoire se spécialisent ordinairement dans un secteur d'activité de l'entreprise ; ils sont fréquemment responsables des grandes

(1) Cass. soc. 17 nov. 1988 : *Rev. soc.* 1989, p. 232, note B. PETIT.

divisions correspondant à ce secteur. C'est ainsi une véritable répartition des tâches qui est assurée sur autorisation du conseil de surveillance. A l'égard des tiers, chaque membre du directoire engage toutefois la société.

B. — Le conseil de surveillance

1° La composition

a) La taille

787. — Les statuts déterminent l'ampleur du conseil de surveillance, la loi posant seulement un minimum (trois) et un maximum (douze). A l'image de ce qui s'applique au conseil d'administration, le plafond de douze peut être dépassé en cas de fusion ou en cas d'élection de membres salariés (V. *infra*, n. 936) ; en revanche, simple inadvertance du législateur, il n'est pas porté à quinze si la société est cotée.

b) Les conditions de nomination

788. — Ayant à l'esprit les exigences requises des administrateurs, voici celles qui gouvernent l'accès au conseil de surveillance :

- les surveillants doivent être actionnaires ;

- la limite d'âge est la même que pour les administrateurs ;

- le cumul dc mandat est soumis aux mêmes limites que connaissent les administrateurs ;

- les membres du conseil de surveillance ne peuvent être salariés de la société, quand bien même le contrat de travail serait antérieur à leur nomination ; cette disposition comporte toutefois une exception lorsque les statuts organisent la participation de salariés au conseil de surveillance (V. *infra*, n. 936) ;

- le cumul avec la qualité de membre du directoire est interdit ;

- une personne morale peut jouir d'un siège au conseil de surveillance ; elle désigne alors un représentant permanent, comme cela est de rigueur pour les administrateurs (V. *supra*, n. 630).

c) La procédure de nomination

789. — Les membres du conseil de surveillance sont désignés dans les statuts ; ultérieurement, ils sont élus par l'assemblée générale ordinaire. Par exception, la cooptation est possible, dans les mêmes termes que pour le conseil d'administration (V. *supra*, n. 634).

d) La durée des fonctions

790. — La durée des fonctions est identique pour le conseil de surveillance et le conseil d'administration (V. *supra*, n. 635) ; elle est donc de six exercices, d'où une différence avec la durée du mandat du directoire (V. *supra*, n. 785).

Présentement, ce décalage ne cause pas de problème de cohabitation, l'assemblée générale ayant les moyens de faire avancer d'un même pas les deux organes. Comme les administrateurs, les "surveillants" sont indéfiniment rééligibles.

A part le décès, diverses causes arrêtent le mandat : atteinte de la limite d'âge, démission, révocation (il s'agit d'une révocation *ad nutum*).

2° Le fonctionnement

791. — Le conseil de surveillance, organisme collégial, fonctionne sur le modèle du conseil d'administration. Le rythme des réunions est arrêté par les statuts. Convocation et direction des débats sont le fait du président du conseil de surveillance, personnalité choisie par cet organe parmi ses membres. Les décisisons sont prises à la majorité.

§ 2. — Les pouvoirs

A. — Le directoire

792. — La clef est fournie par l'article 124 de la loi du 24 juillet 1966 qui investit le directoire "des pouvoirs les plus étendus pour agir en toute circonstance au nom de la société ; il les exerce dans la limite de l'objet social et sous réserve de ceux expressément attribués par la loi au conseil de surveillance et aux assemblées d'actionnaires". On retrouve la formulation employée pour le conseil d'administration et le président-directeur général (V. *supra*, n. 706). Le directoire exerce, d'une part, les fonctions de direction du président, il est donc chef d'entreprise ; d'autre part, le directoire jouit des prérogatives de gestion du conseil d'administration ; dès lors, il lui appartient d'arrêter les orientations stratégiques de la société.

En revanche, seul le président du directoire a qualité pour représenter la société à l'égard des tiers ; les statuts peuvent cependant prévoir que le même pouvoir de représentation sera attribué à un ou plusieurs autres membres du directoire, qui portent alors le titre de directeurs généraux.

Les pouvoirs du directoire sont bornés par l'objet social ; cependant, comme il est de règle dans les sociétés de capitaux, le dépassement de l'objet est sans conséquence à l'égard des tiers de bonne foi. Parfois, les statuts balisent l'activité du directoire et soumettent certains actes à l'autorisation préalable du conseil de surveillance ; ces limitations conventionnelles sont également inopposables aux tiers.

A ces pouvoirs de gestion s'ajoutent des pouvoirs propres :
- convocation de l'assemblée générale ;
- réalisation d'une modification du capital sur délégation de l'assemblée générale extraordinaire.

B. — Le conseil de surveillance

793. — L'article 128 fournit une réponse claire : "Le conseil de surveillance exerce le contrôle permanent de la gestion de la société". Il assure ce contrôle de deux manières, d'abord en opérant les vérifications qu'il juge opportunes, ensuite en recevant du directoire un rapport trimestriel. Le contrôle ainsi opéré est un contrôle d'opportunité et de régularité (2).

A ce pouvoir de surveillance s'ajoutent des pouvoirs propres :

- nomination des membres du directoire ;
- autorisation des conventions réglementées ;
- autorisation des cautions, avals et garanties ;
- autorisation des ventes d'immeubles ;
- autorisation des cessions totales ou partielles de participations (3).

§ 3. — Les conventions réglementées

794. — Le régime des conventions conclues entre la société et les membres du directoire ou du conseil de surveillance est identique à celui qui a cours dans la formule classique d'administration des sociétés anonymes (V. *supra*, n. 725 et s.). C'est le conseil de surveillance qui exerce les prérogatives reconnues au conseil d'administration.

§ 4. — Les responsabilités

A. — La responsabilité des membres du conseil de surveillance

795. — Le régime de la responsabilité est coloré par la division des rôles entre le directoire et le conseil de surveillance. Singulièrement, on ne saurait reprocher à ce dernier des erreurs de gestion, puisqu'il ne lui appartient pas de gérer, mais plutôt des insuffisances dans la surveillance du directoire. Tel est le sens de la règle selon laquelle les "surveillants n'encourent aucune responsabilié, en raison des actes de gestion et de leur résultat" (L., art. 250).

Ils sont seulement responsables des carences dans l'exécution de leur mandat de surveillance. Toutefois, ils peuvent être déclarés civilement responsables des délits commis par les membres du directoire si, en ayant eu connaissance, ils ne les ont pas révélés à l'assemblée générale (L., art. 250).

---

(2) P. Le Cannu, *La nature juridique des fonctions des membres du conseil de surveillance d'une société anonyme : Bull. Joly* 1989, p. 479.

(3) Ainsi la structure moderne est-elle utile pour une société de portefeuille, les dirigeants ne pouvant pas librement céder les participations détenues ; mais la violation de cette règle n'emporte pas la nullité de la cession. On observera que l'acquisition de participations n'est pas visée.

Pénalement, et suivant la même idée, les membres du conseil de surveillance ne sauraient se voir reprocher un abus de biens ou la présentation d'un bilan ne donnant pas une image fidèle de la situation financière ou du patrimoine de la société.

B. — La responsabilité des membres du directoire

796. — Les membres du directoire, assumant une fonction de gestion, sont responsables des conséquences de cette gestion, dans les mêmes termes qu'un président-directeur général (V. *supra*, n. 740 et s.). L'analogie se prolonge en droit pénal, puisque les "directeurs" encourent les risques pénaux — abus de biens, présentation de comptes infidèles — occasionnés par cette gestion. La mise en œuvre de la responsabilité des uns et des autres suit les règles définies pour le conseil d'administration et le président, spécialement la possibilité d'une action *ut singuli* (V. *supra*, n. 747).

LE COIN DES AMATEURS

La révocation pour juste motif

797. — "Si la révocation est décidée sans juste motif, elle peut donner lieu à dommages-intérêts" ; telle est la règle qui prévaut non seulement pour les membres du directoire (L., art. 121), mais encore pour les gérants de sociétés en nom collectif (L., art. 18), de SARL (L., art. 55), de sociétés civiles (C. civ., art. 1851). La notion de juste motif, qui n'est pas définie par la loi, donne lieu à un contentieux fourni (R. Baillod, *Le juste motif de révocation des dirigeants sociaux* : *Rev. trim. dr. com.* 1983, p. 395) ; il ne faut pas la confondre avec la dissolution pour juste motif, visée à l'article 1844-7 du Code civil, qui recouvre essentiellement la mésintelligence (V. *supra*, n. 565 et 574). C'est la possibilité d'obtenir des dommages-intérêts qui fait la différence avec la révocabilité *ad nutum* ; pour le reste, le régime est identique : pleine liberté de révoquer le dirigeant quel que soit le motif invoqué, voire sans motif (parce qu'il a cessé de plaire...), impossibilité pour le dirigeant qui s'estime injustement révoqué d'obtenir en justice la réintégration dans ses fonctions.

Mais quand y a-t-il juste motif justifiant le refus de dédommagement ? Selon la jurisprudence, cela peut tenir soit au comportement fautif du dirigeant, soit à une divergence de vue sur la politique sociale. Si le dirigeant a commis des fautes de gestion, il est naturel qu'il puisse être "remercié" sans contrepartie ; tel est le risque du métier de dirigeant ; encore faut-il que la faute soit avérée et qu'il ne s'agisse pas d'une peccadille.

Le juste motif, en l'absence de faute, est plus délicat à saisir, d'autant qu'il relève de l'appréciation souveraine des juges du fond. Une divergence de vue entre le directoire et le conseil de surveillance ou l'assemblée des actionnaires, ou encore la nécessité d'une réorganisation de l'entreprise peuvent constituer de justes motifs de révocation (Versailles, 11 fév. 1988 : *JCP* 88, II, 15292, note A. Viandier et J.-J. Caussain). Voilà qui garantit l'indispensable adaptabilité de la société aux circonstances nouvelles et l'impérieuse harmonie entre les différents organes sociaux. Mais n'est-ce pas imperceptiblement retrouver le chemin de la révocabilité *ad nutum* et "précariser", contre le vœu de la loi, la position des membres du directoire? Il faut s'en remettre à la sagesse des tribunaux pour concilier les deux impératifs contradictoires : éviter que le coût d'une éventuelle révocation ne fige les situations acquises et assurer le dédommagement des dirigeants victimes d'une révocation inconsidérée. On rappellera que le président du directoire est, ès qualités, révocable *ad nutum* (V. *supra*, n. 786) ; ayant perdu la présidence, il n'en conserve pas moins son poste au sein du directoire.

(n. 798 à 819 réservés)

CHAPITRE 3

LES ACTIONNAIRES

820. — Dans l'imagerie d'Epinal, qui fait vivre les sociétés anonymes sous le régime de la démocratie universelle, les citoyens-actionnaires constituent le peuple souverain, élisant (et révoquant) leurs représentants au gouvernement de la société. La vérité est toute différente. S'il est des cas où l'actionnaire, parce qu'il détient une part essentielle du capital social (et donc des droits de vote), participe au gouvernement de la société par assemblée interposée, il est beaucoup d'autres où, simple épargnant n'ayant en vue qu'une valorisation des titres, il demeure de son plein gré à l'écart de la direction des affaires sociales, ne prenant même pas la peine de participer aux assemblées. En cette dernière occurrence, le pouvoir est exercé sans partage par les dirigeants, lesquels, en s'appuyant sur une part relativement faible du capital social, sont en mesure de conduire la société aussi aisément que le ferait un entrepreneur individuel dans son entreprise (1).

Pareille hétérogénéité n'est que faiblement prise en compte par le législateur, qui ne connaît qu'un modèle d'actionnaire. Quels sont leurs pouvoirs? On peut distinguer entre *les droits politiques*, exercés collectivement dans les assemblées, *les droits financiers*, exprimant leur vocation au partage des bénéfices et *les droits patrimoniaux*, leur permettant de monnayer la valeur de leurs titres.

SECTION I

LES DROITS POLITIQUES

821. — On entend par politiques les prérogatives associant l'actionnaire à la vie sociale, qu'il s'agisse du choix des administrateurs, du vote des dividendes ou de l'information sur l'évolution des affaires sociales. A la différence des

(1) Le peuple souverain est de dimension variable : sept citoyens dans les plus petites républiques, plusieurs centaines de milliers, voire plusieurs millions dans les plus imposantes. Ainsi *Paribas*, au lendemain de la dénationalisation de janvier 1987, comptait le plus grand nombre d'actionnaires : 3,8 millions.

droits financiers et des droits patrimoniaux, ce sont des droits extra-pécuniaires, qui ne sont donc pas dans le commerce (2) ; pis, les trafics sur droits de vote constituent un délit pénal (V. *infra*, n. 829). En simplifiant, ces prérogatives politiques procèdent du droit à l'information et du droit de vote, droits intimement liés, car le droit de suffrage exige que celui qui l'exprime soit pleinement éclairé.

§ 1. — Le droit à l'information

A. — L'INFORMATION PERMANENTE

822. — L'actionnaire dispose en permanence d'une prérogative d'information, décrite par l'article 170 de la loi du 24 juillet 1966. Aux termes de ce texte, tout actionnaire peut à toute époque consulter au siège social les documents suivants :

- comptes annuels des trois derniers exercices ;
- liste des administrateurs (ou des "directeurs" et des "surveillants") ;
- rapports de gestion des organes sociaux établis lors des trois derniers exercices ;
- procès-verbaux et feuilles de présence des assemblées tenues dans la même période...

Ce droit à la curiosité est crucial pour les nouveaux actionnaires, anxieux de mieux connaître le navire sur lequel ils ont embarqué, ainsi que son équipage. Tout refus de la société expose celle-ci à des dommages-intérêts et ses dirigeants à une sanction pénale (L., art. 445, 4°).

Pour les sociétés cotées, l'obligation est plus large encore et concerne l'information nécessaire du public de tout fait susceptible d'avoir une influence sur le cours de bourse (V. *infra* n. 1121).

B. — L'INFORMATION OCCASIONNELLE

823. — On désigne par "occasionnelle" l'information préalable à la tenue d'une d'assemblée. Par exemple, l'assemblée annuelle est convoquée pour approuver les comptes, décider la répartition des dividendes et nommer de nouveaux administrateurs ; préalablement les actionnaires jouissent du droit de s'instruire, en allant au siège social ou en restant chez eux (L., art. 168 et s.).

1° La consultation au siège social

824. — A compter du jour de la convocation, et en raisonnant sur l'assemblée ordinaire annuelle, l'actionnaire, en se faisant assister au besoin par un expert, est autorisé à consulter divers documents :

---

(2) V. cependant, *infra* n. 1058, en cas d'émission de certificats d'investissement, la possibilité de céder des certificats de droit de vote.

- les comptes annuels ;
- les rapports du conseil et du commissaire aux comptes ;
- les projets de résolution ;
- le cas échéant les notices relatives aux candidats aux fonctions d'administrateur ;
- la liste des actionnaires.

L'actionnaire peut prendre une photocopie de tous les documents consultés, à l'exception de l'inventaire ; ce dernier est en effet riche de renseignements comptables que la société ne souhaite pas voir atterrir chez un concurrent (V. *supra*, n. 402). L'actionnaire peut encore satisfaire sa curiosité en demandant la communication des renseignements suivants :

- montant global des rémunérations versées aux 5 ou 10 personnes les mieux rémunérées (V. *supra*, n. 677) ;
- liste des actions de parrainage et de mécénat et montant des sommes versées à ce titre (Loi du 23 juill. 1987 sur le mécénat).

L'assemblée peut être annulée si l'actionnaire n'a pas été en mesure d'exercer ses prérogatives d'information (L., art. 173), sans préjudice d'autres mesures (ajournement judiciaire de l'assemblée) ou sanctions : dommages-intérêts, répression pénale contre les dirigeants peu désireux d'instruire les actionnaires (L., art. 445).

2° La réception de documents

825. — L'actionnaire reçoit à domicile divers documents, soit qu'il en ait fait la demande, soit que la société adresse des formules de procuration ou de vote par correspondance, auquel cas cet envoi s'accompagne d'une information adéquate (V. *infra*, n. 847). Parmi les documents ainsi expédiés, figurent, dans le cas d'une assemblée annuelle, les documents consultables sur place, à l'exception de l'inventaire et de la liste des actionnaires. Des sanctions civiles et pénales analogues assurent l'effectivité du dispositif (V. L., art. 444).

C. — Les questions écrites

826. — Dès qu'il est convoqué, tout actionnaire a la possibilité jusqu'à l'ouverture de l'assemblée de poser aux dirigeants des questions écrites en rapport avec l'ordre du jour, auxquelles ils devront répondre au cours des débats (L. art. 162, al. 3) (3) ; ce droit n'interdit pas de poser des questions orales en cours d'assemblée.

De plus, cette prérogative ne se confond pas avec le droit pour tout actionnaire représentant au moins le dixième du capital social, au plus deux fois par

(3) Les réponses sont portées dans le procès-verbal de l'assemblée (Rép. min. : *JO déb. Ass. nat.*, 22 mai 1989, p. 2354).

exercice, de poser par écrit les questions au président du conseil d'administration sur tout fait de nature à compromettre la continuité de l'exploitation (L., art. 226-1).

§ 2. — Le droit de vote

827. — Le droit de vote est souvent présenté comme la prérogative la plus importante de l'actionnaire ; cette présentation serait acceptable si l'actionnaire l'exerçait effectivement, ce qui est loin d'être toujours le cas, spécialement dans les grandes sociétés. Cependant, la loi privilégie une vision théorique et traite avec un respect désuet le droit de suffrage, son principe, comme ses modalités d'exercice.

Depuis 1978, avec l'institution des actions à dividende prioritaire sans droit de vote, on peut rencontrer des actionnaires privés du droit de vote, mais non des droits financiers ; leur étude sera en conséquence reportée à la section suivante consacrée aux droits financiers (V. *infra*, n. 869).

A. — Le principe du droit de vote

828. — Tout actionnaire doit être invité à participer aux assemblées générales. Le principe vaut d'ailleurs pour toutes les sociétés depuis qu'il est exprimé dans l'article 1844 du Code civil.

Les statuts peuvent cependant imposer la possession d'un minimum d'actions pour participer aux assemblées (L., art. 165) ; mais la portée d'une telle exigence est limitée :

- elle ne vaut que pour les assemblées ordinaires ;
- le minimum d'actions exigées ne peut dépasser dix ;
- plusieurs actionnaires peuvent se réunir pour atteindre le minimum imposé ; d'où l'intérêt pour eux de pouvoir consulter la liste des actionnaires (V. *supra*, n. 824) ; l'exercice concret de cette prérogative est parfois difficile ; faute de carton d'invitation remis en contrepartie du blocage des titres chez un intermédiaire financier, il est impossible de participer à l'assemblée d'une société cotée.

1° La liberté de vote

829. — Au dogme du droit de participer s'ajoute celui de la liberté du vote. Par suite, les conventions y portant atteinte — cessions de droit de vote, engagements de voter ou de ne pas voter dans un certain sens — sont nulles, encore qu'aucune disposition formelle de la loi de 1966 ne pose cette sanction et que les tribunaux consacrent certaines atteintes, limitées, à cette liberté (V. *infra*, n. 848). Pire, les trafics ou achats de droit de vote sont sanctionnés pénalement (L., art. 440) (4).

(4) Le texte sanctionne également le fait d'empêcher un actionnaire de participer à l'assemblée ; pour un exemple, V. Cass. crim. 3 oct. 1975 : *Bull.* n. 207. — *Adde,* M. Delmas-Marty, *Droit pénal des affaires*, tome II, p. 305.

2° Le principe de proportionnalité

830. — L'idéal républicain (Liberté - Egalité - Fraternité) anime le droit des sociétés. A la liberté de vote, s'ajoute donc l'égalité ; une action vaut une voix, toute clause contraire étant réputée non écrite (L., art. 174). Mais pas plus là qu'ailleurs, l'égalité n'est absolue et l'on trouve des exceptions dans les deux sens, certaines limitant le nombre des voix d'un même actionnaire, d'autres doublant les voix attachées à une même action.

a) La limitation du nombre des voix

831. — Les statuts peuvent limiter le nombre des voix dont peut disposer un même actionnaire ; cette mesure, dont l'effet est de prévenir l'écrasement des petits porteurs, n'était guère utilisée avant 1989 (sur la limitation des voix attachées à l'auto-contrôle, V. *infra*, n. 1963 et s.). Le procédé a été adopté en juin 1989 par deux importantes sociétés : *Lafarge-Coppée* et la *Compagnie générale d'électricité* (*CGE*). Dans cette dernière société, il est prévu que les droits de vote d'un même actionnaire sont limités à 8 %, plafond porté à 16 % en cas de droit de vote double. Chez *Lafarge-Coppée*, les choses sont moins simples ; les statuts contiennent en effet la clause reproduite ci-dessous, qui ravira les polytechniciens et eux seuls, car pour l'actionnaire moyen...

> Le nombre de droits de vote dont dispose chaque actionnaire en assemblée générale est :
>
> - égal au nombre de droits attachés aux actions qu'il possède, dans la limite de 1 % des droits attachés à toutes les actions composant le capital social ;
>
> - calculé, pour le solde, en fonction du quorum obtenu, par application du pourcentage excédant 1 % au nombre de droits de vote correspondant à ce quorum (et déterminé compte tenu de la limitation résultant de la présente disposition).
>
> Le calcul à effectuer est décrit par la formule figurant en annexe 2 aux présents statuts.
>
> Pour les besoins de ce calcul, chaque pourcentage comporte au plus deux décimales et le nombre de voix obtenu est arrondi à l'unité supérieure.
>
> Il est fait masse, le cas échéant, pour chaque actionnaire, des droits de vote qu'il contrôle directement ou indirectement ainsi que des droits de vote dont sont titulaires plusieurs actionnaires agissant de concert, dans les conditions prévues par la loi.
>
> L'assemblée décide en outre d'ajouter aux statuts une annexe 2 décrivant les conditions d'application du nouvel article 28-1° en ce qui concerne le calcul du nombre de voix dont dispose chaque actionnaire en assemblée ; cette annexe est ainsi rédigée :

Annexe 2

APPLICATION DES DISPOSITIONS DE L'ARTICLE 28-1°
DES STATUTS RELATIVES AU NOMBRE DE DROITS DE VOTE
DONT DISPOSE CHAQUE ACTIONNAIRE EN ASSEMBLÉE

Si on appelle :

T — la totalité des droits de vote attachés à toutes les actions composant le capital social.

Yn — le nombre total de droits de vote de tous les actionnaires présents ou représentés (n), jusqu'à concurrence de 0,01 T par actionnaire, donc non sujets à limitation.

a, b, c... — le pourcentage des droits de vote (par rapport à T) dont sont titulaires les actionnaires A, B, C..., au-dessus de 1 % pour chacun d'eux.

X — le nombre total des droits de vote utilisés en assemblée compte tenu de la limitation statutaire (c'est-à-dire le total des voix exprimées).

On peut écrire :

$$X = Yn + aX + bX + cX$$

D'où il résulte que :

$$X = \frac{Yn}{1 - a - b - c}$$

b) Les actions à droit de vote double

832. — Les statuts peuvent récompenser la fidélité, tout en prémunissant la société contre des agressions, en octroyant un droit de vote double à certains actionnaires (L., art. 175) ; les conditions à respecter sont les suivantes :

- existence d'une clause statutaire dûment publiée ;
- nominativité des actions concernées ;
- détention desdites actions depuis deux ans au moins par le même actionnaire (il existe une exception en cas de rachat de l'entreprise par les salariés, V. *infra*, n. 938).

La loi ajoute que le droit de vote double peut être réservé par les statuts aux actionnaires de nationalité française et aux ressortissants d'un Etat membre de la CEE ; aucune autre discrimination n'est permise.

La reconnaissance d'un droit de vote double aboutit à instituer une classe d'actions particulières, d'où l'impossibilité d'affecter cette prérogative sans l'accord de l'assemblée spéciale des porteurs concernés. Prime de fidélité, le droit de vote double disparaît du fait de la cession.

B. — L'EXERCICE DU DROIT DE VOTE

833. — Le droit de vote implique l'assistance à l'assemblée générale des actionnaires. Le terme "assemblée générale" désigne suffisamment la solennité de la réunion et l'importance de son rôle. Mais le vote par correspondance est possible (V. *infra*, n. 847). L'actionnaire peut encore rester chez lui et voter par mandataire (conjoint ou autre actionnaire) ou adresser un pouvoir en blanc ; on ne peut en revanche utiliser la consultation écrite comme dans les SARL (V. *infra*, n. 1343).

Le rôle de l'assemblée est affaibli ; certes, les textes en font toujours l'organe cardinal des sociétés anonymes, mais en pratique les assemblées sont souvent dans la main des dirigeants ; c'est vrai de nombreuses sociétés ouvertes du fait de la dilution du capital et de l'abstentionnisme des actionnaires ; c'est encore vrai des sociétés fermées lorsque l'essentiel du capital social appartient aux dirigeants sociaux.

Mais si le pouvoir des assemblées s'érode, le formalisme des réunions demeure, ainsi qu'en atteste le caractère rituel et collectif des assemblées.

1° Le caractère rituel

834. — Le ritualisme d'assemblée est destiné à protéger les actionnaires ; il est indispensable que tous aient été prévenus de la réunion, mis en mesure d'y participer et d'y faire entendre leur point de vue.

a) Les rites de convocation

835. — *Qui convoque l'assemblée?* C'est au conseil d'administration (et non au président) ou au directoire qu'il appartient de convoquer l'assemblée générale des actionnaires (L., art. 158). Néanmoins, il faut compter avec la timidité de ces instances, désireuses de ne pas affronter la colère des associés ; d'où la faculté offerte à d'autres personnes de procéder à la convocation : conseil de surveillance, commissaire aux comptes, mandataire désigné par le président du tribunal de commerce à la demande de tout intéressé en cas d'urgence ou d'un ou plusieurs actionnaires réunissant au moins le dixième du capital social dans les autres circonstances .

L'instance de convocation arrête l'ordre du jour de l'assemblée, c'est-à-dire la liste des questions dont elle débattra ; en dehors de l'ordre du jour, aucune délibération n'est admise, sauf... sur la révocation des administrateurs ou des membres du conseil de surveillance (L., art. 160, al. 3).

Les actionnaires, dès lors qu'ils possèdent au moins 5 % du capital social, ont la possibilité de déposer des projets de résolution, lesquels sont obligatoirement rattachés à l'ordre du jour ; par ce moyen, les dirigeants ne sont pas les seuls maîtres de l'ordre du jour (L., art. 160).

836. — *Comment l'assemblée est-elle convoquée?* A s'en tenir aux sociétés ne faisant pas publiquement appel à l'épargne, les formalités de convocation sont doubles :

- un avis de convocation est inséré dans un journal d'annonces légales ;
- une lettre de convocation est adressée aux actionnaires titulaires de titres nominatifs ; par souci d'économie, une simple lettre suffit ; on verra que dans les SARL et dans les sociétés de personnes, il faut utiliser la lettre recommandée (V. *infra*, n. 1343).

Ces règles sont intangibles et une convocation verbale est dénuée de valeur ; cependant, si une assemblée ainsi appelée se tient, elle ne saurait être annulée dès lors que tous les actionnaires étaient présents ou représentés.

837. — *Quand l'assemblée est-elle convoquée?* Chaque type d'assemblée a son propre rythme : rythme régulier pour l'assemblée annuelle, rythme irrégulier pour l'assemblée extraordinaire, dont la tenue est commandée par la nature de la décision à prendre.

Quant au *délai* de convocation, il est destiné à permettre aux actionnaires de prendre leurs dispositions, de s'informer, voire de s'organiser en vue des scrutins à venir. Le temps minimum est de quinze jours ; il est abaissé à six jours lorsque l'assemblée précédemment convoquée n'a pu se tenir faute de quorum (V. *infra*, n. 841). Dans les sociétés cotées, il faut en réalité près de trois mois pour convoquer une assemblée compte tenu du temps nécessaire à la collecte des pouvoirs par les banques et les sociétés de bourse.

b) Les rites de participation

838. — L'assemblée générale des actionnaires est un conclave, elle n'est pas ouverte au public ; seuls les actionnaires ou leurs représentants y sont admis (5). Par actionnaire, on entend le titulaire d'actions au jour de la réunion, le délégué de l'indivision, l'usufruitier en cas d'assemblée ordinaire et le nu-propriétaire en cas d'assemblée générale extraordinaire, sauf stipulation contraire des statuts pour ces deux derniers. (V. *infra*, n. 846).

Il faut compter avec les impotents, les incapables, les voyageurs, les occupés et les agoraphobes ; d'où l'utilité de la *représentation*. Les mineurs, s'ils sont incapables, s'expriment par la voix de leur représentant légal et les majeurs par celle de leur tuteur. Les capables doivent choisir pour représentant leur conjoint ou un autre actionnaire (L., art. 161) ; le choix du mandataire n'est donc pas libre, ce qui s'explique par le souci de sauvegarder autant que faire se peut l'intimité des assemblées (6).

---

(5) Il existe tout de même des exceptions ; en dehors des actionnaires, sont présents le commissaire aux comptes, les représentants de la masse des obligataires et des porteurs de titres participatifs (V. *infra*, n. 1149 et 1158) ; dans les sociétés cotées, il est d'usage d'inviter les journalistes financiers ; en cas de crise grave enfin, un actionnaire peut demander en justice à se faire accompagner par un huissier (Cass. com. 22 mars 1988 : *Rev. soc.* 1988, p. 261).

(6) Le pouvoir donné par les actionnaires de se faire représenter à une assemblée générale doit être couché sur du papier timbré ; dans un souci d'économie, le droit de timbre est abaissé à 5 F, alors qu'il est normalement de 32 F la feuille (CGI, art. 968 c) ; il n'est pas dû en cas de vote par correspondance.

L'actionnaire a la faculté de se faire représenter sans choisir son représentant, en adressant un "pouvoir en blanc". Les votes qu'ils expriment sont *toujours favorables* aux résolutions parrainées par le conseil ou le directoire (L., art. 161) ; c'est le président de l'assemblée qui, mécaniquement, exprime les votes correspondants (le plafonnement des droits de vote ne s'applique pas dans ce cas, le président jouant le rôle d'un simple greffier).

839. — Les participants - actionnaires, représentants - se rendent le jour venu au lieu choisi pour la réunion (le siège social le plus souvent). Ils sont appelés à signer une feuille de présence sur laquelle ils portent leur nom et le nombre de pouvoirs qu'ils détiennent. Cette formalité est commandée par la suite des opérations et spécialement l'obligation de constater le quorum et de décompter les votes.

Un bureau est désigné qui comprend un président (c'est généralement le président du conseil d'administration) et deux scrutateurs, choisis par les actionnaires disposant du plus grand nombre de voix.

2° Le caractère collectif

840. — L'assemblée est un organe *collégial.* Cela commande deux caractéristiques importantes :

- l'assemblée est un organe intermittent qui n'existe que pour le temps des réunions ;
- l'assemblée prend des résolutions débattues par les actionnaires et approuvées par eux ; cette caractéristique varie en fonction de la nature - ordinaire ou extraordinaire - de l'assemblée considérée ; l'assemblée dite ordinaire est l'assemblée de droit commun, qui peut tout, sauf modifier les statuts ; l'assemblée dite extraordinaire ne peut que modifier les statuts ; les dissemblances entre les deux types d'assemblées intéressent le quorum et la majorité.

a) Le quorum

841. — Le quorum sert à mesurer la représentativité de l'assemblée : seules les assemblées réunissant un nombre suffisant d'actions sont autorisées à débattre et à prendre des résolutions. Ce quorum est fixé par la loi (L., art. 153 et 155), il dépend de la nature de l'assemblée.

Pour l'assemblée ordinaire, le quorum est du *quart* des actions ayant droit de vote ; s'il n'est pas atteint, l'assemblée est ajournée et une deuxième convocation a lieu. A cette occasion aucun quorum n'est exigé ; en théorie, une seule action représentant par exemple 0,1 % du capital social autorise la tenue de l'assemblée et la prise de résolutions... à l'unanimité de l'unique actionnaire présent.

Pour l'assemblée extraordinaire, le quorum est de la *moitié* des actions ayant droit de vote sur première convocation ; il est du *quart* sur seconde convocation. Si ce deuxième essai n'est pas concluant, il faut recommencer le cycle et procéder à une troisième convocation et ainsi de suite jusqu'à ce que le quorum du quart soit atteint.

b) La majorité

842. — Le quorum exprime un plancher de représentativité ; la majorité exprime le seuil d'opinions favorables qu'une résolution doit attirer pour être adoptée. Ce seuil varie selon la nature de l'assemblée, il est fixé par la loi (L., art. 153 et 155).

Pour l'assemblée ordinaire, il est de la majorité — la moitié plus une — des voix des actions présentes ou représentées. Pour l'assemblée extraordinaire, il est des deux tiers des voix des actions présentes ou représentées ; il suffit donc de détenir un tiers des actions plus une pour être en mesure de bloquer les décisions des assemblées extraordinaires, d'où l'expression "minorité de blocage".

843. — Jeu de votes dans une société anonyme

La société *Jacolino* a un capital de 1 510 000 F représenté par 1 510 actions de 1 000 F, détenues par :

- Jules (10 actions)
- Adolphe (102 actions)
- Gustave (48 actions)
- Jérémie (200 actions)
- David (250 actions)
- Anne (40 actions)
- Simone (2 actions)
- Cynthia (808 actions)
- Catherine (42 actions)
- Solange (8 actions)

I. — JEU DE VOTES A L'ASSEMBLÉE ORDINAIRE

L'assemblée ordinaire est convoquée le 21 juin pour approuver les comptes annuels. Seuls les hommes se présentent ou sont représentés, soit 610 actions. Le quorum de 378 actions (le quart de 1 510) est atteint. Jérémie et David (450 actions) votent pour, la majorité de 306 (la moitié de 610 + 1) est atteinte.

N.B. Les 450 actions de Jérémie et David ne représentent pourtant que 30 % du capital de la société et Cynthia, ni présente, ni représentée, n'a pas formellement approuvé les comptes, bien qu'elle ait 54 % du capital...

II. — JEU DE VOTES A L'ASSEMBLÉE EXTRAORDINAIRE

L'assemblée extraordinaire est convoquée le 13 juilllet pour approuver une réduction de capital. Seuls les hommes se présentent ou sont représentés, soit 610 actions. Le quorum, sur première convocation, est de 755 actions (la moitié de 1 510) ; il n'est pas atteint ; une seconde convocation est donc lancée. Lors de cette seconde réunion, les mêmes sont présents ou représentés, mais le quorum, désormais de 378 (le quart de 1 510), est atteint. L'assemblée délibère. David vote contre avec ses 250 actions, les autres (360 actions) votent pour ; la réduction du capital n'est pas approuvée faute de réunir la majorité des deux tiers, soit 407 actions (les deux tiers de 610). Le cycle devra être à nouveau enclenché ; si on veut faire aboutir la réduction du capital, il sera de bonne guerre de convaincre Cynthia, car ses 808 actions ajoutées à celles de Jules, Adolphe, Gustave et Jérémie suffiront à emporter la décision, même si tous les actionnaires sont présents ou représentés ; ce lot (1 168 actions) dépasse en effet les deux tiers de 1 510, soit 1 007. On pourra également proposer à Cynthia le rachat de ses actions ; elle ne manquera pas d'en exiger un bon prix.

c) Les résolutions

844. — L'obstacle du quorum franchi et le seuil de la majorité atteint, les résolutions présentées à l'assemblée sont approuvées ; si ces questions figuraient à l'ordre du jour, les dividendes vont être ainsi répartis, le commissaire aux comptes ou l'administrateur nommés, le capital augmenté ou réduit...

Une fois que l'ordre du jour est épuisé, la séance est levée, les actionnaires ayant accompli leur pouvoir (et devoir) politique. Une trace écrite est conservée par le *procès-verbal de l'assemblée* qui doit contenir un résumé des débats et des votes ; rapproché de la feuille de présence, il permet de vérifier que quorum et majorités ont été respectés ; on rappellera que les actionnaires ont, à toute époque de l'année, le loisir de venir consulter sur place les procès-verbaux des trois derniers exercices (V. *supra*, n. 822).

Il est évident que l'efficacité des décisions prises dépend de la régularité des assemblées ; or les délibérations sont annulables pour fraude, abus de droit, vice du consentement, violation d'une disposition impérative de la loi de 1966. (V. *supra*, n. 511 et s.)

845. — Tableau des compétences

L'assemblée ordinaire...	***L'assemblée extraordinaire...***
- nomme et révoque les administrateurs ;	- augmente, réduit, amortit le capital ;
- approuve les comptes et décide la distribution des bénéfices ;	- modifie l'objet social, la durée et le nom de la société ;
- nomme les commissaires aux comptes ;	- approuve les fusions, scissions et apports partiels d'actifs ;

- ratifie les conventions intéressant les dirigeants (L., art. 101) ; - approuve l'acquisition par la société, dans les deux ans de son immatriculation, d'un bien d'un actionnaire dont la valeur est au moins égale à 10 % du capital social (L., art. 157-1) ; - fixe le montant des jetons de présence alloués au conseil ; - décide l'émission d'obligations ordinaires ; - si les statuts le prévoient, agrée les cessionnaires et/ou autorise les décisions de gestion importantes ; - et plus généralement est compétente pour toute décision ne modifiant pas les statuts.	- décide l'émission d'obligations convertibles, échangeables, à bons de souscription, de certificats d'investissement et de bons de souscription ; - arrête la dissolution anticipée de la société ; - décide la transformation de la société ; - et plus généralement est compétente pour toute décision modifiant les statuts. *NB*.- Les clauses statutaires contrevenant à la compétence de l'assemblée générale extraordinaire sont réputées non écrites (L., art. 153 - V. *supra*, n° 217).

LE COIN DES AMATEURS

1) L'accès aux assemblées en cas de "dédoublement" de la qualité d'actionnaire

846. — La qualité d'actionnaire ne pose généralement pas de difficulté. La société connaît la liste des actionnaires nominatifs, qui sont inscrits en compte dans ses registres (V. *infra*, n. 886) ; quant aux actionnaires au porteur, leurs droits font l'objet d'une inscription en compte chez un intermédiaire agréé ; pour participer aux assemblées, ils doivent justifier de leur qualité en produisant un certificat de dépôt établi par l'intermédiaire.

Il y a en revanche problème lorsque la qualité d'actionnaire se trouve "dédoublée", ce qui se rencontre dans les hypothèses suivantes : indivision, usufruit, communauté, nantissement et séquestre (V. A. Viandier, *La notion d'associé*, LGDJ 1978, n. 238 et s.) :

a) *indivision* : c'est généralement le cas lorsqu'un actionnaire décède en laissant plusieurs héritiers ; les indivisaires se présentent alors comme des associés diminués ; ils ne peuvent pas voter individuellement aux assemblées et doivent s'y faire représenter par l'un d'entre eux ou par un mandataire unique (L., art. 163, al. 2) ; en cas de désaccord, ce représentant est désigné judiciairement à la demande du copropriétaire le plus diligent ;

b) *usufruit* : par principe, c'est au nu-propriétaire qu'est reconnue la qualité d'associé ; toutefois, l'existence du droit réel d'usufruit limite ses prérogatives ; l'usufruitier, qui a droit aux dividendes, participe aux assemblées ordinaires et le nu-propriétaire aux assemblées extraordinaires ; cette répartition des pouvoirs n'est cependant pas d'ordre public et les statuts peuvent prévoir d'autres aménagements depuis la loi du 5 janvier 1988 ;

c) *communauté de biens entre époux*; la société anonyme ne connaît que le conjoint qui a souscrit au capital ou qui a racheté les actions, fût-ce avec des fonds communs ; si les deux se présentent ensemble à l'assemblée, chacun est considéré comme titulaire de la moitié des actions ; le droit des sociétés, sur ce point, n'épouse pas les solutions des régimes matrimoniaux (V. *supra*, n. 152) ;

d) *nantissement*; malgré l'inscription du nantissement sur les registres de la société (V. *infra*, n. 900), le débiteur conserve sa qualité d'actionnaire et par conséquent son droit d'accès aux assemblées ;

e) *séquestre* (V. *supra*, n. 494) ; lorsque les actions font l'objet d'un séquestre à la suite d'une contestation sur la propriété ou en cas d'incident grave, c'est au juge qu'il revient de statuer sur le droit de vote (pour une illustration, V. dans l'affaire *Lustucru*, Cass. com. 15 fév. 1983 : *Rev. soc.* 1983, p. 593, note M. GUILBERTEAU; sur les prolongements de cette affaire, V. *infra*, n. 891).

2) Le vote par correspondance

847. — Il y a longtemps que l'on déplore l'absentéisme des actionnaires dans les grandes sociétés. N'est-ce pas une insulte à la démocratie qui doit présider à leur vie ? Leur fonctionnement ne tient qu'à la pratique des "pouvoirs en blanc". Ces pouvoirs sont aux mains des dirigeants en place qui y trouvent un moyen commode d'auto-contrôle, les mettant à l'abri des sautes d'humeur de l'assemblée. Aussi bien une loi du 3 janvier 1983 a-t-elle prévu le principe d'un vote par correspondance, toute clause contraire des statuts étant réputée non écrite (L., art. 161-1. — V. *supra*, n. 217). Devant les difficultés techniques de mise en œuvre, l'entrée en vigueur de la réforme a dû être reportée. Un décret n. 88-55 du 19 janvier 1988, modifiant le décret n. 67-236 du 23 mars 1987, lui donne enfin effet avec cinq ans de retard. Les actionnaires dûment convoqués à une assemblée peuvent désormais choisir entre l'une des cinq attitudes suivantes :

- se rendre effectivement à l'assemblée (présence physique) ;
- voter par correspondance (présence intellectuelle) ;
- se faire représenter (présence par procuration) ;
- adresser un pouvoir en blanc (quasi-absentéisme) ;
- ne rien faire (absentéisme).

Le décret du 19 janvier 1988 propose un formulaire-type (il s'agit d'un modèle et non d'une forme impérative). L'usage du formulaire permet d'exprimer soit un pouvoir en blanc (choix n. 1), soit un vote par correspondance (choix n. 2), soit une procuration (choix n. 3) ; le texte de l'article 161 de la loi du 24 juillet 1966 doit être reproduit sur le formulaire. L'avenir dira si le vote par correspondance sortira les petits actionnaires de leur torpeur et fera trembler les dirigeants en place.

3) Les conventions de vote

848. — Certains droits étrangers reconnaissent le *voting trust* ou *voting agreement*, mais le droit français se montre sur ce point bien archaïque. Pis, l'article 440 (3°) de la loi du 24 juillet 1966 édicte une sanction pénale à l'encontre de "ceux qui se seront fait accorder, garantir ou promettre des avantages pour voter dans un certain sens ou pour ne pas participer au vote, ainsi que ceux qui auront accordé, garanti ou promis ces avantages".

En vérité un examen approfondi de la jurisprudence enseigne que les juges — avant comme après la loi de 1966, muette sur ce point comme sur trop d'autres — acceptent de conserver certains accords relatifs à l'exercice de leur droit de vote par les actionnaires. Tel est le cas si l'associé ne se trouve pas irrévocablement privé de son droit de vote, si l'intérêt social est sauf et si l'accord est exempt de toute idée de fraude (Cf. A. VIANDIER, *Observations sur les conventions de vote : JCP* 1986, éd. E, 15405).

Ainsi ont pu être validées les conventions suivantes :
- renonciation particulière et temporaire au droit de vote ;
- suspension du droit de vote pour un temps déterminé ;
- engagement de voter en faveur d'une personne au conseil d'administration.

Une limite toutefois : la cause de l'engagement ne doit pas être l'obtention d'un avantage financier, auquel cas il y a trafic de droit de vote, nullité et infraction.

Deux éléments supplémentaires sont venus conforter la thèse de la validité des conventions de vote :

- l'article 355-1 de la loi du 24 juillet 1966 fait référence à la détention de la majorité des droits de vote "en vertu d'un accord conclu avec d'autres associés ou actionnaires"; n'est-ce pas une convention de vote ?

- l'article 356-1-3 de la même loi présume l'action de concert (V. *infra*, n. 1839) en cas de conclusion d'un accord "en vue d'acquérir ou de céder des droits de vote".

4) Jeu de devinettes

849. — Que peut-on faire avec...

- *une action* : assister aux assemblées, poser des questions écrites aux dirigeants, agir *ut singuli,* s'opposer aux décisions augmentant les engagements des actionnaires ;

- *5 % du capital social* : demander l'inscription d'un projet de résolution à l'ordre du jour de l'assemblée ;

- *10 % du capital social* : demander la désignation d'un expert chargé d'enquêter sur une ou plusieurs opérations de gestion ; demander la désignation d'un mandataire chargé de convoquer l'assemblée générale ; récuser le commissaire aux comptes ;

- *25 % du capital social:* s'opposer à la transformation de la société anonyme en SARL ;

- *34 % du capital social* : bloquer les résolutions aux assemblées extraordinaires..., mais attention à l'abus de minorité ;

- *50 % du capital social* : bloquer les résolutions des assemblées ordinaires..., mais attention à l'abus d'égalité ;

- *51 % du capital social* : gouverner les assemblées ordinaires..., mais attention à l'abus de majorité ;

- *67 % du capital social* : gouverner les assemblées extraordinaires..., mais attention à l'abus de majorité ;

- *100 % du capital social* : chercher... vite six autres partenaires.

Le droit fiscal des sociétés n'est guère sensible dans l'ensemble aux effets du seuil ; on en rencontre tout de même quelques-uns qui enclenchent des effets de pénalisation :

- *au-delà de 25 % du capital*, les plus-values sur cessions de droits sociaux deviennent imposables (V. *infra*, n. 1188) ; en sens inverse, les dirigeants peuvent bénéficier de l'exonération attachée aux biens professionnels en ce qui concerne l'impôt de solidarité sur la fortune (V. *supra*, n. 798) ;

- *au-delà de 35 % du capital*, la réfaction de 20 % est abaissée à 10 % au-dessus d'un plafond pour les dirigeants ou associés bénéficiant du régime fiscal des salariés (V. *supra*, n. 110) ;

- *au-delà de 50 % du capital*, le gérant de SARL, qualifié de majoritaire, est plongé dans les ténèbres fiscales et sociales (V. *infra*, n. 1314).

Le droit fiscal des groupes connaît à l'inverse des effets de seuil jouant à la faveur : régime des sociétés mères à partir de 10 % (V. *infra*, n. 1981), régime d'intégration fiscale à partir de 95 % (V. *infra*, n. 1984).

Sur les questions de seuils, cons. J. Prieur, *Seuils légaux et dimensions de l'entreprise*, Litec, Oreda, 1991.

5) Divertissement : le sociologue à l'assemblée

850. — Les sociologues fréquentent rarement les assemblées d'actionnaires ; ils ont tort car il y a là matière à savantes recherches ; voici quelques pistes inspirées par l'assistance à l'assemblée annuelle de plusieurs sociétés cotées (V. également l'enquête menée auprès de 200 sociétés cotées par le journal *La Vie française*, n. 2301 du 15 juill. 1989. Pour un résumé, V. *Rev. soc.* 1989, n. 579).

a) L'assemblée polymorphe

Il y a l'assemblée générale des actionnaires, instance légale, qui délibère et décide. Mais cette circonstance juridique est l'occasion d'autres réunions aussi importantes et l'assemblée c'est aussi :

- la réunion des analystes financiers qui viennent poser des questions précises aux dirigeants sur leur stratégie (nombre d'ouverture de magasins pour l'année à venir, projets au Japon...), la gestion courante de l'entreprise (fiscalité de tel ou tel produit, pourcentage des frais de recherche, coût du lancement d'un produit nouveau, nature des accords avec un concurrent étranger) ou la solidité du groupe d'actionnaires stables ;

- le rassemblement annuel des descendants des fondateurs, dont le regroupement dans les premiers rangs de la salle a le charme distingué d'une réunion du Jockey (Club) ;

- la réunion mondaine, où amis, banquiers, avocats, conseils des dirigeants se retrouvent et se congratulent ;

- l'amicale des retraités de l'entreprise ;

- l'occasion pour les concurrents et les autorités de contrôle, présents par l'intermédiaire de *taupes*, d'en savoir un peu plus.

b) L'assemblée conviviale

Le lieu — théâtre, cinéma ou hôtel — est généralement agréable, les hôtesses accortes, le buffet abondant. Parfois un cadeau — lithographie, échantillon des produits maison, photographie dédicacée des membres du conseil, médaille frappée au sigle de la société — récompense les spectateurs. On est très loin de la réunion statutaire généralement décrite par le législateur et les professeurs.

c) L'assemblée spectacle

Les techniques modernes de communication ont envahi les assemblées : musique sirupeuse, films, murs d'images... Ce n'est pas encore une soirée rock, mais c'est mieux qu'une assemblée de copropriétaires.

La dimension tragique existe aussi grâce au frisson de l'incident de séance ou à l'interrogatoire en règle du président tenu de répondre avec assurance sinon pertinence, s'il ne veut pas perdre la face, aux questions les plus diverses qui peuvent aller des habitudes hygiéniques de la femme japonaise — elle ne se parfume pas — au volume des prochaines vendanges, à son salaire, en passant par ses opinions politiques, le nombre de chercheurs, le coût des emballages et les conséquences du Marché unique européen sur les ventes dans les boutiques hors taxe des aéroports.

La dimension comique ne fait pas défaut : lapsus du président, erreurs de chiffre du commissaire aux comptes, chahut des actionnaires, bruits incongrus...

d) L'assemblée exutoire

L'assemblée est l'occasion pour les petits actionnaires de vider leur cœur. N'est-ce pas la seule utilité de cette grand-mess ? Le président, personnage généralement inaccessible, doit leur rendre compte. Ils peuvent exprimer leurs inquiétudes et leurs rancœurs, leur attachement touchant à la société ou leur regret — paradoxal — de n'avoir pas pu vendre au plus haut. Et, luxe suprême pour un Gaulois l'actionnaire peut retarder la marche de l'assemblée, en votant contre, fût-il seul, n'aurait-il qu'une action, à certaines, voire à toutes les résolutions, obligeant le bureau à procéder au décompte des voix, s'offrant le plaisir de traverser crânement la salle pour aller exprimer son suffrage, sous les grondements de participants pressés de gagner le buffet. C'est peut-être la seule manifestation du caractère démocratique de l'assemblée générale.

Exutoire des gros actionnaires également, spécialement lorsqu'ils sont en conflit avec les dirigeants et qu'ils viennent avec leur claque et leurs amis chargés de poser les questions insidieuses : à votre âge pensez-vous vraiment incarner l'avenir de la société ? Cherchez-vous à évincer Monsieur X. qui a tant fait pour l'avenir de la société ? Pour un peu, on se croirait à un meeting politique ou à une réunion d'universitaires.

(n. 851 à 859 réservés)

SECTION II

LES DROITS FINANCIERS

860. — Si une société est créée, c'est "en vue de partager le bénéfice ou de profiter de l'économie qui pourra en résulter" (C. civ., art. 1832). Cette vocation financière se traduit pour l'actionnaire par un *droit aux dividendes*, c'est-à-dire à la quote-part des bénéfices distribués chaque année, un *droit aux réserves*, lesquelles représentent la masse des bénéfices non distribués, et enfin un *droit au boni de liquidation*, qui n'est autre que le dernier dividende calculé au moment de la dissolution de la société.

§ 1. — Le droit aux dividendes

861. — La société anonyme fonctionne en principe selon le mode égalitaire ; il n'est cependant pas interdit de créer des inégalités, tant du moins qu'elles ne prennent pas l'allure de clauses léonines (V. *supra*, n. 189 et s.) ; il existe des inégalités de caractère politique (les actions à vote double par exemple) ; il en existe de caractère financier, ce qui conduit à distinguer entre les actions privilégiées et les actions ordinaires, sans compter la catégorie atypique des actions à dividende prioritaire sans droit de vote.

A. — Les actions ordinaires

1° La mise en distribution des dividendes

862. — Les dividendes représentent la part de bénéfices que l'assemblée générale ordinaire, lors de sa réunion annuelle, décide de distribuer aux actionnaires (sur la procédure d'approbation des comptes, V. *supra*, n. 401). Deux conditions sont nécessaires : l'existence de bénéfices et la décision de distribution.

a) L'existence du bénéfice

863. — On ne peut distribuer que des bénéfices réalisés et disponibles ; si ceux de l'exercice sont insuffisants, il est possible de "piocher" dans les réserves constituées au cours des exercices précédents (V. *supra*, n. 413). A défaut de bénéfices (ou de réserves), les dirigeants se rendent coupables du délit pénal de distribution de dividendes fictifs (L., art. 437-1°) (1). Les actionnaires sont alors tenus de restituer à la société les dividendes irrégulièrement distribués. Hors de là, on applique la maxime "Dividende distribué ne peut être repris" (L., art. 350) ; la société ne saurait par exemple exciper de difficultés financières pour exiger des actionnaires qu'ils restituent les sommes perçues... ou pour refuser de leur verser les sommes dont la distribution a été décidée.

Sur le plan financier, les actions sont des placements à risques ; si la société ne réalise pas de bénéfice, les actionnaires ne perçoivent aucun revenu ; c'est une autre façon, "en se serrant la ceinture", de contribuer aux pertes.

b) La décision de distribution

864. — Si l'existence de bénéfices est une condition préalable, ce n'est pas une condition suffisante ; les actionnaires ne toucheront de dividendes qu'autant que l'assemblée, statuant à la simple majorité, en aura ainsi décidé. Il lui est loisible en effet, par mesure de prudence, de laisser les bénéfices en réserve de façon à compléter l'auto-financement de la société (c'est une forme d'épargne forcée pour les actionnaires). Cette liberté d'affectation des résultats peut cependant être limitée par les statuts.

---

(1) V. par exemple, dans une affaire *Willot*, Trib. corr. Paris, 16 mai 1974 : *Gaz. Pal.* 1974, II, p. 886.

Les statuts peuvent par exemple décider que tous les bénéfices disponibles, après dotation de la réserve légale, seront distribués chaque année sous forme de dividendes ; de telles clauses ne sont pas usuelles, mais sont licites ; en revanche, serait nulle la clause qui interdirait toute distribution de bénéfices, car elle contredirait la vocation même de la société. Si les statuts se prononcent, c'est généralement pour prévoir l'attribution d'un *premier dividende* ; on entend par là un intérêt calculé sur la valeur nominale des actions (5 %, 6 %, 7 %...), qui doit être versé aux actionnaires dès lors qu'un bénéfice distribuable existe (L., art. 349) ; l'assemblée est alors tenue, dans cette limite, de voter la distribution de ce premier dividende. Il ne faut en revanche pas confondre le premier dividende et la *clause d'intérêt fixe* qui imposerait le versement d'un intérêt, même en l'absence de bénéfice ; une telle clause est réputée non écrite (L., art. 348. — V. *supra*, n. 217).

Au premier dividende s'ajoute le *super-dividende*, dont l'assemblée décide souverainement l'importance. A défaut de stipulation relative au premier dividende, les actionnaires reçoivent seulement ce *super-dividende*. Si les actions ne sont pas entièrement libérées, seules celles qui sont libérées ont droit au *premier dividende*, tandis que toutes ont droit au *super-dividende*; de même, en cas d'amortissement du capital, les actions de jouissance sont privées du premier dividende (V. *infra*, n. 1011).

La politique financière suivie (distribution de dividendes ou mise en réserve) varie selon le type de société ; le cas échéant, les minoritaires qui s'estiment injustement lésés peuvent entamer un contentieux pour abus de majorité pour mise en réserve systématique des bénéfices réalisés (V. *supra*, n. 414).

2° Les modalités de paiement des dividendes

865. — Le paiement a lieu dans les neuf mois de la clôture de l'exercice (L., art. 347-1), l'assemblée se tenant dans les six mois de cette clôture (V. *supra*, n. 401). Ainsi, pour un exercice clos le 31 décembre 1989, les actionnaires approuvent les comptes au plus tard le 30 juin 1990 et reçoivent leurs dividendes le 30 septembre 1990, dernier délai (2). Il convient de signaler deux modalités particulières de paiement : le versement d'acomptes et le paiement en actions.

a) Le versement d'acomptes

866. — Le versement d'acomptes est autorisé, mais la loi pose des exigences strictes (L., art. 347) :

- établissement d'un bilan en cours d'exercice, certifié par le commissaire aux comptes ;
- réalisation d'un bénéfice depuis la clôture de l'exercice précédent ;
- montant de l'acompte limité audit bénéfice.

---

(2) Les dividendes non réclamés dans un délai de cinq ans sont prescrits, mais la prescription joue au profit de l'Etat ; la société est donc tenue de verser au Trésor les dividendes, de même que les intérêts d'obligations, qui n'ont pas été réclamés depuis cinq ans.

Ces conditions satisfaites, la distribution d'un acompte peut être décidée par le conseil d'administration, avant même l'approbation des comptes de l'exercice.

b) Le paiement des dividendes en actions

867. — Les dividendes sont normalement payés en espèces. Rien n'interdit cependant d'organiser un paiement en nature ; la société peut par exemple décider, en guise de dividendes, la répartition des valeurs mobilières qu'elle possède en portefeuille. Il est des sociétés propriétaires de vignobles qui distribuent des dividendes sous forme de bouteilles de vin.

Depuis 1983, il est également possible de proposer aux actionnaires de leur verser le dividende sous forme d'actions (L., art. 351 s.). Cette faculté doit être inscrite dans les statuts. Le choix est alors laissé à chaque actionnaire ; ceux qui acceptent reçoivent des actions à hauteur du dividende décidé par l'assemblée ; en conséquence, le capital est augmenté en proportion des actions ainsi émises (3).

B. — Les actions privilégiées

868. — Les statuts peuvent conférer à une ou plusieurs classes d'actions des avantages financiers. Parmi ces avantages, signalons :

- une quote-part supérieure de bénéfices (*dividende gonflé*) ;

- un versement prioritaire (*dividende préciputaire*) (4) ; les actionnaires concernés sont les premiers servis, ce qui a son importance en période de vaches maigres ;

- un report du droit aux dividendes à l'année suivante lorsqu'un exercice donné ne dégage pas un bénéfice distribuable (*dividende cumulatif*).

Ces trois privilèges sont compatibles et une classe d'actions peut ouvrir droit à une quote-part avantageuse, versée en préciput et reportable d'un exercice à l'autre. De tels avantages constituent des avantages particuliers soumis à une procédure spécifique (V. *supra*, n. 615) ; ils ne sauraient être réduits sans l'accord des porteurs d'actions de la catégorie concernée, réunis en assemblée spéciale.

Dans la pratique, c'est généralement en cas de difficultés financières ou de reprise d'une entreprise que pareil traitement de faveur est octroyé à de

(3) La Cour de cassation (Cass. com. 31 mai 1988 : *Rev. soc.* 1988, p. 590, note P. Serlooten) a jugé que le paiement en actions ne vaut pas cession d'actions et échappe donc au droit de 4,80 %. Elle a jugé de même que le paiement de dividendes sous forme de remise de droits immobiliers ne constituait pas une dation en paiement translative de propriété et échappait donc au droit de 18,20% frappant les ventes d'immeubles (Cass. com. 6 juin 1990 : *JCP* 91, éd. E, II, 166, note M. Marteau-Petit) ; la solution est avantageuse pour les contribuables ; elle laisse en revanche les juristes perplexes quant à son fondement.

(4) *Exemple :* dividende privilégié préciputaire de 5 % sur le nominal libéré de l'action ainsi que sur le montant de la prime d'émission (V. *BALO* du 30 nov. 1987, p. 10982).

nouveaux partenaires ou à un établissement financier (une société de capital-risque par exemple) comme condition de leur souscription à une augmentation de capital.

C. — Les actions a dividende prioritaire sans droit de vote

869. — La création en 1978 des actions à dividende prioritaire sans droit de vote est le résultat d'une constatation ; l'épargnant moyen préfère l'argent (les dividendes) au pouvoir (le droit de vote) ; d'où l'idée de garantir le premier et de supprimer le second (V. *infra*, n. 1161). Idée simple, mais difficile à mettre en œuvre et les actions à dividende prioritaire sans droit de vote n'ont pas rencontré le succès attendu (5).

L'émission de telles actions exige le respect des prescriptions suivantes (L., art. 177-1, 269-1) :

- la société doit avoir réalisé des bénéfices distribuables au cours des deux derniers exercices ;
- ces actions ne doivent pas représenter plus du quart du capital social ;
- les dirigeants sociaux, leurs conjoints et leurs enfants mineurs ne peuvent en détenir ;
- les actions sans droit de vote doivent porter un dividende au moins égal à 7,5 % de la fraction du capital qu'elles représentent ; il s'agit d'un dividende préciputaire et reportable sur les deux exercices ultérieurs.

En contrepartie, les porteurs d'actions sans droit de vote, bien qu'actionnaires, n'ont aucun droit de suffrage ; les portes de toutes les assemblées leur sont fermées. Un tempérament : si les dividendes dus au titre de trois exercices consécutifs n'ont pas été intégralement versés, ils recouvrent le droit de vote et ce jusqu'à ce que les sommes dues leur soient versées et que les distributions reprennent.

§ 2. — Le droit aux réserves

870. — Les réserves constituent la "graisse" de la société, la protégeant des à-coups de la conjoncture, assurant sa survie en cas de difficultés. L'utilité du bas de laine a été consacrée par le législateur qui oblige à distraire chaque année 5 % au moins du bénéfice jusqu'à ce que la réserve ainsi constituée (appelée réserve légale) atteigne le seuil des 10 % du capital social (L., art. 345). De même, les statuts enjoignent parfois aux dirigeants d'alimenter une réserve statutaire d'un certain pourcentage du bénéfice distribuable. Enfin, les dirigeants, plutôt que de distribuer le solde, proposent spontanément aux assemblées de doter le poste des réserves dites libres (V. *supra*, n. 408 et s.).

(5) Parmi les sociétés cotées, *Legrand*, *Générale de Fonderie*, *Darty*, *Essilor*, *Casino*, *Mors*, ... ont émis des actions sans droit de vote.

Toutes ces réserves ne sont ni plus ni moins que des bénéfices accumulés ; en cela elles appartiennent aux actionnaires et ces derniers ont vocation à se les partager à la dissolution de la société ou en cours de vie sociale. Ainsi, lorsque le bénéfice distribuable de l'exercice ne permet pas d'assurer un niveau suffisant de dividendes, les assemblées décident parfois de piocher dans les réserves - la réserve légale et les réserves statutaires mises à part - afin de compléter la distribution ; cela permet de "lisser" le dividende. C'est enfin l'existence des réserves qui explique que les nouveaux actionnaires soient tenus de verser une prime d'émission (V. *infra*, n. 999 et s.).

§ 3. — Le droit au boni de liquidation

871. — Cette prérogative de l'actionnaire intéresse un moment particulier, celui de la liquidation de la société ; les dettes sociales ont été honorées, les apports ont été remboursés et la caisse sociale n'est toujours pas vide ; ce solde représente le boni de liquidation. Il est réparti entre les actionnaires, en proportion de leur quote-part du capital social (V. *supra*, n. 546). Cependant, les statuts prévoient parfois un autre mode de répartition, reconnaissant par exemple une part plus importante ou/et une priorité aux titulaires de certaines classes d'actions.

LE COIN DES AMATEURS

La date de naissance de la créance de dividendes

872. — Les catégories juridiques du droit civil ne sont pas toujours transposables en droit des affaires ; ainsi s'est-on interrogé à propos de la nature des dividendes sur le point de savoir s'ils relevaient de la catégorie des fruits civils, réputés s'acquérir au jour le jour comme des intérêts ou des loyers, ou de celle des fruits naturels, se détachant régulièrement des actions ou parts sociales, comme les fruits d'un arbre fruitier. Le débat présente notamment un intérêt lorsque les droits sociaux sont cédés en cours d'année sans que les parties se soient prononcées sur le sort des dividendes. A qui appartiennent-ils? Si on les analyse comme des fruits civils, le montant doit en être réparti *prorata temporis* entre le cédant et le cessionnaire. Si ce sont au contraire des fruits naturels, ils reviennent au cédant qui les recueillera dans une escarcelle au jour où ils seront mis en distribution. La Cour de cassation jugeait autrefois que les dividendes avaient la nature de fruits civils (Cass. civ. 21 oct. 1931 : *S.* 1933, I, p. 137, note H. BATIFFOL). Mais cette analyse ancienne est aujourd'hui abandonnée. La cour d'appel de Versailles a par exemple rejeté l'assimilation à des fruits civils de la façon suivante (*JCP* 91, éd. E, II, 125, note Y. GUYON) : "Considérant, d'une part, que si les caractéristiques des fruits civils comme ceux procédant d'intérêts, loyers ou arrérages sont la périodicité et la fixité, il n'en est pas de même des dividendes distribués par une société civile ou commerciale ; qu'en effet la distribution et le montant des dividendes sont fonction du résultat dégagé chaque année par l'exercice comptable, ce qui leur confère un caractère aléatoire et indéterminé qui s'oppose à la périodicité et à la fixité caractérisant les fruits civils ; — Considérant, d'autre part, que si les fruits civils s'acquièrent jour par jour, le droit des associés aux dividendes ne prend naissance qu'au jour où la décision est prise de leur distribution".

La même évolution se retrouve en matière fiscale. Selon l'administration, en effet, les dividendes ont la nature de fruits civils, ce qui lui permet en cas de décès d'un actionnaire de rattacher à la succession du *de cujus* les dividendes ayant couru jusqu'à la date du décès. Mais cette analyse a été écartée par la chambre commerciale de la Cour de cassation dans une décision du 23 octobre 1990 (*JCP* 91, éd. E, II, 127, note P. SERLOOTEN ; *D.* 1991, p. 173, note Y. REINARD) : "Attendu que c'est la décision de l'assemblée générale de distribuer tout ou partie des bénéfices réalisés au cours de l'exercice sous forme de dividendes qui confère à ceux-ci l'existence juridique, d'où il suit que la créance de dividendes n'existait pas à la date du décès et ne pouvait donc faire partie de l'acte successoral". L'administration s'est inclinée devant l'infirmation jurisprudentielle de sa doctrine traditionnelle. Dans sa décision du 23 octobre 1990, la Cour de cassation s'est bien gardée de prendre partie sur la nature de fruits civils ou naturels comme l'y invitait le pourvoi. La réponse est claire : la distinction des fruits civils et naturels, établie en droit civil à propos de l'usufruit, n'est pas transposable en droit des sociétés, les droits sociaux (actions ou parts sociales) ayant une nature originale (disons *sui generis* par paresse intellectuelle) n'entrant pas dans les classifications traditionnelles du droit civil (en ce sens, Y. GUYON, note précitée).

(n. 873 à 879 réservés)

SECTION III

LES DROITS PATRIMONIAUX

880. — Les actions sont des biens, plus précisément des droits incorporels, de nature mobilière (alors même que la société ne comprendrait que des immeubles). Elles sont un élément du patrimoine de l'associé et entrent donc dans la sphère du droit de gage général des créanciers ; ceux-ci peuvent les saisir en exerçant une saisie-arrêt entre les mains de la personne (société ou établissement dépositaire) ayant en compte les actions saisies. De leur côté, les actionnaires peuvent monnayer leurs actions en les cédant ou en tirer crédit en les nantissant.

§ 1. — Le droit de céder les actions

881. — C'est le droit pour tout actionnaire de liquider son investissement, de récupérer la valeur de sa mise et le montant de la plus-value éventuelle. Une telle prérogative fonde l'existence, pour les actions des sociétés cotées, de marchés spécialisés où se confrontent acheteurs et vendeurs : les bourses de valeurs (V. *infra*, n. 1100).

Laissons de côté ces mécanismes particuliers et raisonnons sur la cession des actions de sociétés non cotées. Rien de plus facile *a priori* que de céder des actions puisqu'elles sont négociables selon les modes simplifiés du droit commercial. Encore faut-il trouver un acquéreur. Ce n'est pas toujours suffisant, car les statuts peuvent comporter une clause d'agrément, de préemption ou de rachat forcé destinée au “filtrage” des nouveaux arrivants.

A. — En l'absence d'une clause de filtrage

882. — Même débarrassé du souci tenant à l'existence d'une clause de filtrage, l'actionnaire désireux de s'échapper d'une société anonyme doit trouver un acheteur, passer un contrat et accomplir les formalités de virement de compte.

1° Trouver un acheteur

883. — Pas de vente sans acheteur, pas de cession sans cessionnaire. C'est une règle d'or des sociétés à capital fixe (1). Le vendeur ne peut pas se contenter d'exprimer son envie d'évasion et demander à la société de rembourser son apport ; il doit trouver un remplaçant, un acheteur acceptant d'être actionnaire en ses lieu et place. Les sociétés anonymes ne reconnaissent, en principe, (V. *infra*, n. 1204) aucun droit de retrait aux actionnaires (V. *supra*, n. 375).

Pour les sociétés non cotées, l'entreprise est délicate, faute de marché, spécialement lorsque le lot d'actions à céder ne confère pas le contrôle de la société. Les banques et certaines institutions spécialisées s'efforcent d'aider le candidat à la cession, mais dans nombre de cas, celui-ci est obligé de passer sous les fourches caudines des majoritaires et de brader ses titres. Cela tempère l'argument selon lequel les sociétés de capitaux offrent l'avantage d'un désinvestissement rapide par rapport aux sociétés de personnes ; en vérité, quel que soit le type de société, le plus difficile est souvent de trouver un acheteur.

2° Passer une convention

884. — La cession d'actions est un contrat, soumis par conséquent aux conditions de fond applicables à toute convention : consentement, capacité, cause, objet. S'agissant de l'objet, les parties doivent se mettre d'accord sur le nombre d'actions cédées et sur le prix de cession. Ici encore, la fracture est vive entre les sociétés cotées et les autres : pour les premières, un marché existe - la bourse - qui détermine la valeur des actions ; pour les secondes, faute de marché, l'appréciation des titres est plus délicate. Les bases de la négociation sont fournies par le dernier bilan, sauf à prendre en compte les plus-values latentes (V. *infra*, n. 904) et le résultat de l'exercice en cours (2). Le pouvoir conféré par les actions cédées pèse encore sur le prix : le cessionnaire paie plus cher un bloc majoritaire ou un lot qui, ajouté aux titres qu'il détient, lui permet de devenir majoritaire.

---

(1) On rappellera qu'il est interdit de constituer des sociétés anonymes à capital variable, sauf s'il s'agit de coopératives ou de SICAV (V. *supra*, n. 323).

(2) La détermination du prix de base de chaque action à partir d'un boni d'inventaire à constater dans le bilan de l'exercice en cours alors que le chiffrage du stock doit être le fait de l'acquéreur est licite, car le prix d'inventaire est une donnée résultant des documents comptables et ne pouvant donc pas être fixé arbitrairement (Paris, 3e ch., A, 26 sept. 1989 : *BRDA*, 15 mai 1990, p. 11).

Le consensualisme joue à plein ; aucun acte écrit n'est requis : c'est un avantage considérable de la société anonyme, avantage chiffrable puisque l'absence d'écrit permet d'échapper au droit d'enregistrement de 1 % ; mais si les parties rédigent un acte ou échangent une correspondance assimilable à une convention écrite, les droits seront exigés (V. *infra*, n. 1181 et s.). Malgré ce coût fiscal, un acte est parfois établi, par mesure de prudence, pour constituer la preuve de certains engagements annexes à la cession :

- un engagement de non-concurrence de la part du cédant ;
- une promesse de maintien du cédant ou de membres de sa famille dans des fonctions salariales ou sociales ;
- une clause de garantie du passif non comptabilisé (V. *infra*, n. 903) ;

885. — Le contrat de cession d'actions — écrit ou verbal — est en principe un contrat civil, les actionnaires n'ayant pas la qualité de commerçants. Un tempérament : les tribunaux considèrent que la convention est commerciale lorsqu'elle confère le contrôle (la majorité) de la société ; dans ce cas, la cession est qualifiée d'acte de commerce, d'où notamment la liberté de preuve, la compétence du tribunal de commerce, l'application de la prescription décennale et de la solidarité (3). La même solution se retrouve en cas de cession de parts dans une SARL (V. *infra*, n. 1347).

3° Signer l'ordre de virement de compte

886. — La cession d'actions n'est théoriquement soumise à aucune formalité : elle n'a pas à être constatée par écrit, ni à être publiée au registre du commerce et des sociétés. Un minimum de formalisme est cependant imposé puisque toute cession implique un virement de compte à compte. Le cédant doit donc signer un ordre de virement de telle façon que les actions soient portées au nom du cessionnaire.

La cession des actions est autrement simple que la cession des parts de SARL ou de sociétés de personnes ; pour ces dernières, un écrit doit être rédigé qui est notifié à la société, l'agrément des associés est toujours nécessaire, la cession doit faire l'objet d'une publicité au registre du commerce et des sociétés pour être opposable aux tiers.

887 — Exemple d'ordre de mouvement de titres

Il n'existe pas de modèle légal d'ordre de mouvement de valeurs mobilières (actions, obligations et titres dérivés). Ceux qu'utilise la pratique sont plus ou moins complexes. En voici un, réduit à sa plus simple expression, mais comportant toutes les mentions obligatoires :

(3) Cass. com. 28 avril 1987 : *Rev. soc.* 1987, p. 391, note J.-Cl. BOUSQUET. — *Adde*, Trib. com. Paris, 2 avril 1990 : *D.* 1990, 438, note A VIANDIER : la cession d'actions (même minoritaire) posant un problème de pouvoir au sein d'une société commerciale est de la compétence du tribunal de commerce.

M. Jacques Duval, demeurant 12, rue des Narcisses à Beaune, demande la transmission de la propriété de mille actions de la société *Ravalux* (40, rue du Chapitre à Nuits-Saint-Georges), au nominal de cent francs, au profit de M. Louis Lapierre, demeurant 24, rue de l'Abreuvoir à Gevrey-Chambertin.

Beaune, le 8 décembre 1989
signé : Jacques Duval

L'ordre de mouvement indique l'identité de l'ancien titulaire des actions et celle du nouveau titulaire, la nature des droits cédés (1 000 actions) et la nature du transfert (transfert de propriété). Il comporte la signature du cédant, mais non celle du cessionnaire. C'est un acte neutre, non causé ; on ne sait pas si le transfert de propriété résulte d'un acte onéreux (une vente par exemple) ou d'un acte à titre gratuit (une donation indirecte par exemple) ; si c'est un acte onéreux, il ne mentionne pas le prix convenu. Sur le plan fiscal, l'ordre de virement ne constitue pas un acte probatoire entraînant l'exigibilité du droit de 4,80 % (V. *infra*, n. 1181 et s.). A la réception de l'ordre de mouvement, la société mettra à jour les comptes ouverts au nom des actionnaires.

B. — En présence d'une clause d'agrément

888. — La nature de la société de capitaux, qui néglige en théorie l'*intuitus personae*, justifie que quiconque puisse devenir actionnaire d'une société anonyme à la suite d'une cession, sans avoir à solliciter l'accord des actionnaires en place ; la société anonyme est tout le contraire d'un club privé. Tel est le principe : la liberté de cession entre vifs, comme de transmission à cause de mort.

Le dogme souffre un tempérament. De fait, la loi de 1966 autorise l'insertion dans les statuts d'une clause d'agrément qui soumet à l'appréciation de la société les transferts des titres. On mesure l'intérêt du dispositif : la faculté de filtrer l'entrée de nouveaux actionnaires et de lever le pont-levis au nez de cessionnaires indésirables. Cependant, le domaine des clauses d'agrément est strictement délimité et la procédure rigoureusement balisée (L., art. 274 à 277).

1° Le domaine des clauses d'agrément

889. — Il faut convenir que l'existence d'une clause d'agrément dénature le caractère de la société anonyme qui devient dès lors une société fermée, empreinte d'*intuitus personae*, bref le contraire d'une société de capitaux (V. *supra*, n. 55). Aussi bien comprend-on que la COB interdise l'insertion de telles clauses dans les sociétés cotées afin que leurs titres soient parfaitement négociables ; les sociétés cotées perdent là une défense anti-OPA (V. *infra*, n. 1796).

Pour que l'agrément puisse jouer, il doit être prévu par les statuts eux-mêmes ; une simple décision du conseil d'administration serait inopérante. La loi exige que les actions soient nominatives, ce qui, depuis la loi sur la dématérialisation des titres, est nécessairement le cas dans les sociétés non cotées (V. *infra*, n. 905).

Exceptionnellement, c'est la loi elle-même qui impose la clause d'agrément (par exemple dans les sociétés d'experts-comptables ou d'avocats ou encore dans les sociétés de presse).

2° Les limites des clauses d'agrément

890. — L'article 274, alinéa 1, de la loi de 1966 est ainsi libellé : "Sauf en cas de succession, de liquidation de communauté de biens entre époux ou de cession, soit à un conjoint, soit à un ascendant ou à un descendant, la cession d'actions à un tiers, à quelque titre que ce soit, peut être soumise à l'agrément de la société par une clause des statuts".

Une telle clause, même si elle figure dans les statuts, ne saurait donc s'appliquer aux cessions entre membres de la famille du cédant (conjoint, descendants, ascendants), quelle qu'en soit la forme : vente, donation, liquidation de communauté ou de succession...

On a discuté en doctrine du point de savoir si les tiers visés à l'article 274 comprenaient ou non les actionnaires. La Cour de cassation a tranché par la négative (4) ; les clauses qui imposeraient l'agrément en cas de cession au profit d'un autre actionnaire sont donc réputées non écrites. Cette solution jurisprudentielle, si elle peut paraître conforme à la lettre de la loi, n'est pas moins regrettable en ce qu'elle permet à un actionnaire, par des rachats successifs, de remettre en cause l'équilibre politique voulu au moment de la création de la société. Ainsi qu'on l'a écrit, "la défense d'une société, comme celle d'un Etat, ne supposerait plus seulement de repousser l'ennemi venu de l'extérieur mais de lutter contre la subversion interne" (5). Les risques de fraude ne sont pas exclus (V. *infra*, n. 891). A l'inverse, une trop confortable stabilité des majorités en place, à la faveur de clauses d'agrément, ne serait-elle pas source d'immobilisme, voire d'abus?

(4) Cass. com. 10 mars 1976 : *Rev. soc.* 1976, p. 332, note J. HÉMARD.
(5) Y. GUYON, *Droit des affaires*, n. 744.

891. — Un exemple de fraude à une clause d'agrément (L'affaire *Lustucru* c. *Rivoire et Carret*)

Voici une belle empoignade juridique opposant les trois grands fabricants de pâtes alimentaires : Rivoire et Carret, Lustucru et Barilla ; ce pourrait être le titre d'un roman policier : "Du rififi dans les spaghettis". Les deux fabricants français, *Rivoire et Carret* et *Lustucru*, se sont réunis au sein d'une holding, composée de la famille Cartier-Millon d'une part, représentant environ 41 % du capital, et du groupe Skali, possédant environ 48 % du capital. Les deux groupes se sont rapidement brouillés et ont porté en justice leurs dissensions. Les minoritaires (la famille Cartier-Millon contrôlant *Lustucru*) ont demandé l'annulation de la société holding pour atteinte à la liberté de vote ; ils furent déboutés, ce qui a permis à la Cour de cassation, dans un arrêt du 2 juillet 1985, de proclamer solennellement la validité des sociétés de portefeuille (sur ce point, V. *infra,* n. 1961 et s.).

L'affaire devait rebondir. En effet, à la suite de la décision de la Cour de cassation, le groupe minoritaire cherche à vendre sa participation à un concurrent italien, le groupe *Barilla*. Mais les statuts de la holding comportent une clause d'agrément. Pour tourner la difficulté, la famille Cartier-Millon cède sa participation à une société qui est sous son contrôle, la société *Embranchement de la Capuche*, laquelle possède déjà quelques actions de la holding; cette qualité d'actionnaire la fait échapper à la procédure d'agrément. Il suffit alors à la famille Cartier-Millon de céder sa participation dans la société *Embranchement de la Capuche* au groupe *Barilla*, qui par ce biais se trouve titulaire de 40 % du capital de la holding. Et c'est ainsi que le loup entra dans la bergerie... Les majoritaires ne l'entendent pas de la sorte ; ils sollicitent et obtiennent la mise sous séquestre des actions cédées et plaident la fraude à la clause d'agrément, la fraude consistant en l'espèce à agir par personne interposée. La cour d'appel de Grenoble leur donne gain de cause le 30 juin 1988 et annule la cession litigieuse (*Rev. dr. bancaire* 1988, p. 200, obs. M. Jeantin et A. Viandier ; *JCP* 89, éd. E, 15471, note B. Oppetit). Le pourvoi a été rejeté par la Cour de cassation (Cass. com. 27 juin 1989 : *Rev. dr. bancaire* 1989, p. 176, obs. M. Jeantin et A. Viandier ; *D.* 1990, 314, note J. Bonnard). En droit des sociétés, comme ailleurs, la fraude est une cause générale de nullité (V. *supra*, n. 211).

3° La procédure d'agrément

892. — La demande d'agrément est présentée par lettre recommandée ou par acte extra judiciaire à la société par le cédant ou par le cessionnaire. L'organe compétent est désigné dans les statuts ; c'est généralement le conseil d'administration (le conseil de surveillance dans la formule nouvelle), plus rarement l'assemblée. Le cédant n'est pas interdit de vote ; ainsi sa voix est prise en compte s'il a la qualité d'administrateur lorsque la décision relève du conseil d'administration.

a) L'agrément est accordé

893. — L'agrément peut être accordé de façon explicite ; il est implicite si la société n'a pas répondu à la demande dans un délai de trois mois ; autrement dit, le silence pendant trois mois vaut approbation. Comme généralement la cession est faite sous condition suspensive de l'agrément, ses effets rétroagissent à la date de la convention. La décision d'agrément est souveraine ; les minoritaires ne sauraient en demander l'annulation quand bien même la cession serait faite au profit d'un concurrent (6). Il faut seulement réserver l'hypothèse d'irrégularité et le cas de fraude.

b) L'agrément est refusé

894. — Le refus d'agrément est une décision discrétionnaire qui n'a pas à être motivée et qui n'est susceptible d'aucun recours ; les tiers évincés ne peuvent en effet invoquer aucun droit acquis à entrer dans la société. La situation du cédant n'en est pas moins inconfortable puisqu'on lui ferme la porte de sortie. Afin qu'il ne demeure pas prisonnier de son titre alors qu'il a trouvé un remplaçant, la société est tenue soit de faire racheter les actions par un tiers ou un autre actionnaire, soit de les racheter elle-même en vue d'une réduction correspondante du capital (7).

Reste à s'entendre sur le prix de rachat. Afin de déjouer un manœuvre trop facile (le cédant et le tiers pouvant annoncer un prix officiel prohibitif, alors que le prix convenu est moins élevé), la société peut demander que le prix soit fixé à dire d'expert selon les modalités prévues à l'article 1843-4 du Code civil. Si le rachat n'est pas opéré dans les trois mois du refus (délai prorogeable sur décision judiciaire), le cédant reprend sa liberté et peut réaliser la cession initialement projetée... à moins que le cessionnaire ne se soit découragé entre-temps.

---

(6) Cass. com. 21 janv. 1970 (*Cassegrain* c. *Saupiquet*) : *JCP* 70, II 16541, note B. OPPETIT.

(7) Dans cette dernière hypothèse, le consentement du cédant est requis car le remboursement de ses droits à la suite d'une réduction de capital est pour lui fiscalement coûteuse ; le gain qu'il réalise est taxé comme un revenu selon le barème progressif et non comme une plus-value imposable au taux de 16 %.

Dans la partie de bras de fer qui oppose la société et le cédant en cas de refus d'agrément, les parties bénéficient-elles d'un droit de repentir? Leur position n'est pas égale. Le cédant peut retirer son offre si le cessionnaire qu'il a choisi n'est pas agréé ; la société ne saurait lui imposer le rachat de ses droits, ce qui équivaudrait à le déloger contre son gré (8). A l'inverse, si elle a refusé l'agrément, la société n'est pas autorisée à revenir sur sa décision ; elle est tenue, si tel est le souhait du cédant, de lui racheter ses droits. La procédure de rachat est organisée par la loi en faveur du cédant, mais non à son détriment.

C. — En présence d'une clause de préemption

895. — Il ne s'agit pas ici du droit de préemption que la loi accorde à certains particuliers ou organismes publics (locataires, indivisaires, SAFER...), mais du droit de préférence conféré par une convention ; sa portée n'est pas la même selon qu'il résulte des statuts eux-mêmes ou d'une convention extra-statutaire.

1° La clause figure dans les statuts

896. — Quand elle est inscrite dans les statuts, la clause de préemption présente le plus souvent une vertu politique de maintien de l'équilibre entre les différents actionnaires ; elle exerce une fonction stabilisatrice en ce qu'elle permet aux actionnaires restants de maintenir une même proportion entre leurs participations ; celui qui désire céder ses droits doit d'abord les proposer aux autres actionnaires sans avoir à leur indiquer le nom du cessionnaire pressenti ; ils sont libres de lever ou de refuser l'option ; s'ils ne font pas jouer leur droit de préférence, le cédant peut vendre ses actions à qui il veut. Toute cession qui serait consentie en violation d'une telle clause statutaire serait inopposable aux autres associés et à la société.

Bien que la loi soit muette sur ce point, on estime parfois que les clauses statutaires de préemption suivent le régime applicable aux clauses d'agrément ; on en conclut (encore que certains contestent cette solution) qu'elles sont sans effet dans les cessions entre actionnaires ; les statuts seraient donc impuissants, qu'ils contiennent des clauses d'agrément ou de préemption, à faire respecter l'égalité primitive entre les participations de chacun lorsqu'un associé souhaite se défaire de ses droits au profit d'un autre actionnaire. Certains regrettent une telle conséquence (V. *supra*, n. 890). Il existe heureusement un palliatif, le droit des contrat, par une clause extra-statutaire, permettant d'obtenir ce qu'interdit le droit des sociétés (V. *infra*, n. 897). On observera cependant qu'un arrêt d'espèce, relatif à une société de télévision (La Cinq) a considéré qu'aucune prescription légale n'interdit l'instauration d'un droit de préemption statutaire en cas de cession d'actions entre les actionnaires d'une société anonyme (9).

---

(8) Cass. com. 10 mars 1976, cité *supra*, note 3.

(9) (Paris, 1re ch., A, 14 mars 1990 : *Bull. Joly* 1990, p. 353. — *Adde* P. Le Cannu, Observations : *Bull. Joly* 1990, p. 325)

2° La clause figure dans un acte extra-statutaire

897. — Si la clause de préemption en cas de cession à un autre actionnaire est d'une validité douteuse lorsqu'elle est inscrite dans les statuts, elle est sans doute efficace si elle figure dans un acte extra-statutaire (10). Il n'est pas rare de la rencontrer soit dans un pacte de famille, soit dans un pacte de groupe notamment en cas de création d'une filiale commune ; les actionnaires constituent parfois ce que l'on appelle un "syndicat de blocage", qui n'a évidemment rien à voir avec les syndicats de salariés ou d'employeurs.

Si en violation de cette clause des titres sont cédés à un tiers, la cession n'en n'est pas moins valable, sauf si le tiers, de mauvaise foi, connaissait l'existence de la clause ; elle expose seulement le cédant à des dommages-intérêts ; telle est la conséquence du principe de la relativité des conventions (C. civ., art. 1165) (11) . Aussi bien les accords contiennent-ils généralement des clauses pénales draconiennes ou d'autres mesures coercitives de nature à dissuader les récalcitrants.

D. — EN PRÉSENCE D'UNE CLAUSE DE RACHAT FORCÉ

898. — L'existence d'une clause de rachat forcé permet de contraindre un associé à céder ses actions contre son gré (V. *supra*, n. 374). Il paraît aller de soi que, sauf les cas où la loi le prévoit, une assemblée, à quelque majorité ou pour quelque motif que ce soit, ne saurait forcer un associé à céder ses droits, c'est-à-dire prononcer son exclusion. Mais la volonté contractuelle ne peut-elle réaliser ce que la loi autorise dans quelques cas ? Certains le contestent en vertu du droit que possède tout associé de demeurer dans la société. D'autres n'y voient pas d'obstacle, qui mettent en avant le principe de la liberté contractuelle ; les tribunaux n'hésitent pas à valider ce type de clause. Ainsi, un actionnaire peut librement consentir une promesse de vente, accepter par exemple que les titres qu'il a acquis en devenant directeur de la société lui seront rachetés le jour où il cessera ses fonctions (12). Cependant, c'est surtout la validité des clauses de rachat figurant dans les statuts qui a été discutée. Une telle clause peut être considérée comme licite si le rachat intervient pour des motifs soigneusement délimités à l'avance et moyennant une juste indemnisation ; aussi, les statuts peuvent prévoir le rachat des titres possédés par des personnes morales lorsque celles-ci passent sous le contrôle d'un autre groupe (13) ; ce type de clause est d'ailleurs un moyen de prévenir certaines fraudes aux clauses d'agrément (V. *supra*, n. 891) (13).

---

(10) W. LE BRAS, *La validité des clauses de préemption dans les conventions extra-statutaires* : *Bull. Joly* 1986, p. 665. — D. MARTIN et L. FAUGEROLAS, *Les pactes d'actionnaires : JCP* 89, éd. E, 15526. — Pour une illustration, V. Angers, 20 sept. 1988 (affaire *Cointreau*): *Bull. Joly* 1988, p. 850.

(11) Cass. com. 7 mars 1989 : *JCP* 89, éd. E, 15517, n. 1, obs. A. VIANDIER et J.-J. CAUSSAIN ; *JCP* 89, II, 21316, concl. M. JEOL et note Y. REINHARD.

(12) V. par exemple Cass. com. 6 juin 1990 : *Bull. Joly* 1990 p. 872.

(13) Rouen, 8 fév. 1974 : *Rev. soc.* 1974, p. 507, note R. RODIÈRE. — Comp. Trib. com. Versailles, 2 mai 1989 : *Bull. Joly* 1989, p. 615, note Y. SEXER.

§ 2. — Le droit de nantir les actions

899. — C'est un aspect du droit patrimonial que de pouvoir tirer crédit des actions dont on est titulaire. On peut accorder une sûreté réelle à son créancier (un banquier ou encore le vendeur qui consent des délais de paiement) sous la forme d'un nantissement, c'est-à-dire d'une mise en gage. Malheureusement cette garantie est peu appréciée en raison de ses difficultés d'exécution et aussi de l'aléa de la valeur des actions ; s'il s'agit d'une société fermée, *a fortiori* si les affaires sociales périclitent, les actions ne trouveront guère d'acquéreur, sinon à vil prix.

A. — La constitution du nantissement

900. — Avant la loi sur la dématérialisation (V. *infra*, n. 905 et s.), le nantissement des titres nominatifs était subordonné à une inscription de garantie sur le registre tenu par la société et le nantissement des titres au porteur à leur remise entre les mains du créancier gagiste. Désormais, les règles sont identiques pour les deux catégories de titres. Le mode d'emploi est le suivant :

- l'actionnaire signe une déclaration de nantissement ;
- le nantissement est inscrit sur le registre des mouvements de titres et les actions correspondantes sont virées à un compte spécial ; ce virement de compte vaut mise en gage ;
- le créancier gagiste reçoit une attestation de mise en gage.

L'établissement d'un acte sous seing privé ou authentique, dûment enregistré (C. civ., art. 2074), n'est plus nécessaire. Des esprits soupçonneux imposent néanmoins ces formalités qui confèrent date certaine à l'acte et ne sont pas trop onéreuses (l'enregistrement facultatif coûte 430 F ; V. *supra*, n. 116).

Pendant tout le temps du nantissement, le débiteur demeure associé ; il jouit des avantages, financiers et politiques, attachés à cette qualité. Demeuré propriétaire, il peut théoriquement céder ses actions, mais une telle cession sera inopposable au créancier gagiste ; si la cession est inspirée de motifs frauduleux, il commet une infraction pénale (C. pén., art. 400).

B. — La réalisation du nantissement

901. — A défaut de paiement, le créancier peut réaliser le gage, c'est-à-dire faire mettre en vente les actions nanties (vente aux enchères sur décision de justice si le nantissement est civil, vente publique après simple mise en demeure de payer si le nantissement est commercial) ; le créancier peut encore demander en justice que les titres lui soient attribués en paiement (C. civ., art. 2078). Dans la pratique, certains créanciers se font consentir une cession en blanc, ce qui est un moyen de pression plus expéditif qu'un nantissement.

Si les statuts contiennent une clause d'agrément, elle s'impose à l'adjudicataire, ce qui limite l'efficacité de la garantie. Aussi bien la loi prévoit-elle le palliatif suivant : si les associés donnent à l'avance leur consentement au projet de nantissement, ce consentement emporte agrément de l'adjudicataire en cas de vente ou d'attribution au créancier nanti (L., art. 277) ; encore faut-il que les associés se soient laissés fléchir à l'avance.

LE COIN DES AMATEURS

1) Le cessionnaire déçu

902. — Il n'est pas rare que l'acheteur de parts sociales ou d'actions soit déçu par la qualité de son acquisition, le prix payé lui paraissant excéder la valeur des droits sociaux acquis. C'est souvent l'apparition d'une dette fiscale qui fait prendre conscience au cessionnaire d'avoir été leurré. La fréquence de telles déceptions a conduit la pratique à forger un outil commode, celui des clauses de garantie comptable, par lesquelles le cédant s'engage à garantir le passif social ou la valeur des parts ou actions achetées (V. *infra*, n. 903). Mais de quels recours disposent les imprévoyants ?

Si leur étourderie est en fait celle de l'expert dont ils avaient sollicité l'assistance lors de la négociation, une issue s'offrira à eux avec l'action en responsabilité contractuelle dirigée contre le technicien irréfléchi ; on peut considérer que celui-ci n'a pas respecté le devoir de conseil que les tribunaux hésitent de moins en moins à mettre à la charge des professionnels (Comp. J. PAILLUSSEAU, *Autorité, responsabilité et conseils* : *Les Petites Affiches*, 27 fév. 1985. — T. SANSEAU, *Jurisprudence en matière de responsabilité civile des notaires* : *JCP* 85, éd. N, 667). Toutefois, le cessionnaire préférera parfois obtenir l'annulation de la cession ; quel secours le droit peut-il alors lui apporter ?

On éliminera d'emblée le grief de lésion, car l'objection vient immédiatement : la lésion entraîne la révision d'une convention dans les seuls cas prévus par la loi (C. civ., art. 1118), ainsi en matière de vente immobilière (C. civ., art. 1674) ; or le caractère mobilier des droits sociaux proscrit l'utilisation de l'article 1674 du Code civil.

On pense ensuite à l'erreur sur la valeur ; en achetant les droits sociaux à un prix supérieur à ce qu'ils valent, le cessionnaire n'a-t-il pas commis une erreur ? L'homme de bon sens l'acceptera volontiers, le juriste non. On sait que ce dernier tient l'erreur sur la valeur pour une erreur indifférente au plan des vices du consentement, sauf à démontrer que l'erreur invoquée ne porte pas sur l'estimation mais sur les qualités de la chose vendue (A. WEILL et F. TERRÉ, *Les obligations*, Dalloz, 4e éd. 1986, n. 171, 3°. — Cass. civ. 25 janv. 1965 : *D.* 1966, 217). Dans ce cas, l'erreur sera qualifiée d'erreur sur la substance et constituera un vice du consentement. Ainsi la méprise du cessionnaire qui, à partir des éléments qui lui sont présentés, surévalue les droits sociaux n'est pas un vice du consentement, à la différence de l'erreur sur certains de ces éléments d'appréciation, par exemple le chiffre d'affaires (Cass. civ. 13 janv. 1910 : *S.* 1913, 1, 1347). Il importe peu à cet égard que la valeur des droits sociaux se révèle être une "valeur négative" (Cass. com. 6 janv. 1987 : *Rev. soc.* 1987, p. 597, note D. RANDOUX).

A la vérité, c'est le comportement - on devrait plutôt dire l'omission - du cédant qui est fréquemment à l'origine de la mauvaise surprise du cessionnaire, le vendeur ayant par exemple dissimulé à ce dernier tel ou tel tour de prestidigitation comptable à implication fiscale. Si le dol est avéré, le cessionnaire pourra demander la nullité de la convention (Paris, 9 juill. 1987 et Versailles, 17 juin 1987 : *Bull. Joly* 1987, p. 779, note L. FAUGÉROLAS. — Paris, 23 mai et 8 juin 1990 ; *Rev. soc.* 1990, p. 409, note Y. G.). Encore faut-il qu'il ne soit pas lui-même coupable d'un défaut de diligence (Cass. com. 26 avril 1988 : *Bull. Joly* 1988, p. 476). On pourra notamment lui reprocher d'avoir agi à la légère, de n'avoir pas fait procéder à un "audit" de la société par un expert, de n'avoir pas pris la précaution de faire signer au cédant une clause de garantie de passif...

Parfois l'acheteur victime d'un dol préférera demeurer associé, mais obtenir une réduction du prix convenu ; il agira alors en responsabilité contre le cédant ; responsabilité délictuelle, puisqu'elle résulte de faits antérieurs au contrat, et qui aboutira à une condamnation à dommages-intérêts du cédant (pour un exemple, V. Cass. com. 20 fév. 1979 : *Gaz. Pal.* 1979, 1, 246).

Est-il d'autres solutions ? Un esprit imaginatif serait tenté d'invoquer les obligations de garantie qui pèsent sur le vendeur. Cependant, il ne faut pas surfaire l'intérêt de cette idée, car en matière de cession de créances, et les droits sociaux sont pour l'essentiel des créances, le cédant garantit l'existence de la créance et non la solvabilité du débiteur, ici la société (C. civ., art. 1693 et 1694), ce qui est une façon d'affirmer qu'il ne garantit pas la valeur des droits. Une cour d'appel a toutefois accepté de retenir la garantie des vices cachés (Versailles, 17 juin 1987 : *JCP* 87, éd. E, I, 16959, n. 12, obs. A. VIANDIER et J.-J. CAUSSAIN) ; il s'agit là d'une décision isolée (V. en dernier lieu Paris, 11 juill. 1989 : *Bull. Joly* 1989, p. 708). En effet, la Cour de cassation, pour sa part, a considéré que les cessionnaires ne pouvaient pas invoquer la garantie des vices cachés, à la suite d'un redressement fiscal, au motif que la dette fiscale n'affectait pas l'usage des parts sociales, mais seulement leur valeur ; aussi bien la révélation d'un passif fiscal ne constituait pas un vice caché des droits sociaux cédés (Cass. com. 23 janv. 1990 ; *Bull. Joly* 1990, p. 370 ; *Rev. soc.* 1990, p. 248).

Reste enfin une ultime arme, celle qui consiste pour le repreneur insatisfait à agir contre les anciens dirigeants au titre de la réparation d'un préjudice social né de l'insuffisance de leurs prévisions budgétaires, de l'inexactitude des comptes... ; Bernard Tapie s'y est essayé sans succès contre les administrateurs de Testut-Aequitas (sur cet échec, V. Paris, 1re ch. B, 15 fév. 1990, inédit).

2) La clause de garantie de passif

a) La fonction de la clause de garantie

903. — Le rachat d'une entreprise peut prendre la forme soit d'un rachat d'actifs (on acquiert alors un fonds de commerce), soit d'un rachat de droits sociaux (on acquiert dans ce cas une société). C'est un thème classique de comparaison. Sur le plan fiscal, la cession d'un fonds de commerce est taxée plus lourdement qu'une cession de droits sociaux (V. *supra*, n. 119) ; sur le plan juridique, la vente d'un fonds de commerce est soumise à un formalisme et à des sanctions auxquels est soustraite la cession de contrôle. On s'intéressera ici au sort du passif de l'entreprise rachetée. Le passif ne fait pas partie du fonds de commerce ; c'est donc le vendeur qui fait son affaire personnelle du règlement des dettes ; sauf clause contraire, l'acquéreur ne saurait être inquiété à cet égard. En revanche, lorsque la cession porte sur des droits sociaux, on rachète une société avec ses éléments actifs et passifs. Certes, lors de la détermination du prix, il est tenu compte du passif, du moins du passif connu ; or il peut arriver que plusieurs mois, voire plusieurs années après la date de cession, apparaisse un passif supplémentaire dont l'origine remonte à la période antérieure à la cession. Le cas est fréquent en matière fiscale. Supposons que la cession ait lieu en janvier 1990 ; le fisc dispose d'un délai de trois ans pour exercer son droit de contrôle ; il peut en 1990, donc après la date de cession, vérifier les exercices 1987, 1988 et 1989; il peut attendre jusque fin 1992 pour contrôler l'exercice 1989. De même, les actions en responsabilité contractuelle ou délictuelle sont parfois exercées plusieurs années après les faits litigieux. Que se passe-t-il si la société se trouve ainsi redressée fiscalement ou condamnée judiciairement à raison de faits remontant à la gestion antérieure à la date de cession des droits sociaux? Elle est tenue de ce passif ; cela est évident. Mais le cessionnaire est trompé dans ses espérances, puisqu'il constate après coup, du fait de l'apparition tardive de ce passif, qu'il a payé trop cher son paquet d'actions. On a vu que le droit commun ne protège que très imparfaitement le cessionnaire déçu (V. *supra*, n. 902). D'où l'idée de suppléer par convention aux insuffisances de la loi grâce à la clause de garantie de passif ; elle est fille de la pratique et on chercherait en vain une référence à cette technique dans le code ou dans la loi de 1966. (*Bibliographie* : J.-J. CAUSSAIN : *J.-Cl Sociétés*, Formulaire, Fasc. V. 30. — A. GALIA-BEAUCHESNE, *Les clauses de garantie du passif dans les cessions de droits sociaux : Rev. soc.* 1980, 27. — G. NOTTE, *Les clauses dites de "garantie du passif" dans les cessions de droits sociaux : JCP* 85, 1, 3193. — J. POUSTIS et J.-L. MONNOT, *La garantie dans les cessions de droits sociaux : JCP* 85, éd. C.I., II, 14464 et *JCP* 89, éd. E, II, 15479. — J. VALLANSAN, *Les clauses de garantie comptable dans la cession de droits sociaux*, Mémoire DEA Caen, 1980. — V. également, J. PAILLUSSEAU, J.-J. CAUSSAIN, H. LAZARSKI et Ph. PEYRAMAURE, *La cession d'entreprise*, Dalloz, 2e éd., 1989, n. 729 et s.).

Par la clause de garantie de passif, encore appelée clause de garantie comptable, le cédant garantit l'exactitude du bilan à partir duquel le prix a été déterminé ; il prend en conséquence l'engagement d'assumer les dettes ne figurant pas dans ce bilan, mais dont l'origine est antérieure à la cession. L'existence d'une clause de garantie de passif ne supprime pas *ipso facto* toutes les difficultés et de nombreux litiges apparaissent quand il s'agit de l'interpréter ou de l'exécuter ; elles sont souvent réglées par voie d'arbitrage en raison d'une clause compromissoire, clause licite du fait du caractère commercial de la cession de contrôle (V. *supra*, n. 885).

Il n'est pas aisé de faire la synthèse des difficultés rencontrées, car il existe non pas un, mais plusieurs types de clauses de garantie. Elles doivent être l'objet d'une rédaction particulièrement soignée ; on n'est jamais trop précis en la matière. Si la clause prête à confusion, le cessionnaire risque d'en pâtir, ne serait-ce qu'en vertu de l'article 1162 du Code civil selon lequel "dans le doute, la convention s'interprète contre celui qui a stipulé et en faveur de celui qui a contracté l'obligation".

b) La typologie des clauses de garantie

La typologie des clauses est difficile à dessiner, la pratique ne se souciant pas, à juste titre, de respecter les tentatives de classification des professeurs. Sous cette réserve, on distingue généralement :

- *la clause de garantie stricto sensu* : le cédant supporte le passif survenant après la cession et dont l'origine est antérieure à celle-ci ; le cédant peut ainsi débourser plus que ce qu'il a encaissé au titre du produit de la vente (on parle alors de prix négatif ; V. *supra*, n. 902) ;

- *la clause de révision de prix* : le cédant indemnise le cessionnaire des moins-values affectant les actions cédées du fait de l'apparition de nouvelles dettes par rapport à celles existant au jour de l'achat ; l'indemnisation s'appliquant à la seule moins-value, le garant ne risque pas de devoir débourser une somme supérieure au prix perçu (V. Paris, 3e ch., B, 26 avril 1990 : *Bull. Joly* 1990, p. 633).

- *la clause de rentabilité* par laquelle le cédant déclare que pour l'exercice en cours, mais non encore clos, le résultat net sera égal ou supérieur à un montant déterminé (Paris, 29 avril 1988 : *Bull. Joly* 1988, p. 584) ;

- *la clause de... non-garantie du passif*, qui paraît fréquente dans les cessions de parts de société en nom collectif et par laquelle les cédants tentent d'éviter les effets de la responsabilité solidaire, responsabilité qui continue de peser sur eux pour les dettes antérieures à la cession (Agen, 21 déc. 1988 : *Bull. Joly* 1989, p. 525, n. 188. — V. également *supra*, n. 376).

C'est la première catégorie qui nous retiendra dans les développements qui suivent. Voici un exemple de clause de garantie : "... le vendeur s'oblige notamment à indemniser l'acquéreur et/ou la société de tout passif de la société non déclarée, non provisionné, ou insuffisamment provisionné au bilan clos le 30 juin 1989, qui se révélerait ultérieurement et aurait une cause antérieure à la date de cession des actions, tous impôts, taxes, amendes, majorations, intérêts de retard, et pénalités exigibles à la suite de tous redressements fiscaux ou résultant de la législation sociale et ayant une cause antérieure à la date du transfert des actions. Le montant de l'indemnisation de l'acquéreur et/ou de la société sera payé par le vendeur dans les soixante jours suivant la notification par lettre recommandée avec accusé de réception du dommage et de son évaluation".

c) La portée de la garantie

Les clauses de garantie de passif garantissent souvent plus que le passif et embrassent des éléments extra-financiers : régularité de la constitution de la société, réalité de la propriété des actions cédées, respect de la réglementation, du fonctionnement des sociétés (documents sociaux à jour, publicités légales effectuées...).

Mais le cœur de la garantie est bien sûr le passif. Elle couvre généralement toutes les dettes sociales. Comme il s'agit des dettes non déclarées ou non provisionnées à la date de la cession, la convention désigne l'état financier de référence : dernier bilan ou situation intermédiaire. Il peut arriver que l'acheteur supporte une certaine franchise et ne puisse invoquer la garantie qu'au-delà d'un seuil déterminé et seulement pendant une durée donnée.

La garantie couvre-t-elle l'actif? La réponse ne peut être trouvée que dans la clause elle-même. Sauf stipulation expresse, la clause de garantie du passif ne couvre pas une diminution de l'actif social. La solution a été consacrée par la Cour de cassation en 1985 (Cass. com. 14 mai 1985 : *Bull. Joly*, 1985, 782) ; en l'espèce le problème concernait des créances qui s'étaient révélées irrécouvrables, la garantie qui visait l'assomption de tout passif de quelque nature que ce soit ne pouvait couvrir l'érosion de l'actif. Il est donc utile de stipuler expressément la garantie de l'actif net.

d) Les bénéficiaires de la garantie

Selon la rédaction de la clause, le bénéficiaire peut être soit le cessionnaire, soit la société, soit l'un ou l'autre comme dans l'exemple reproduit plus haut (Cass. civ., 1re, 10 mai 1988 : *JCP* 89, éd. E, II, 15415, n. 8, obs. A. Viandier et J.-J. Caussain. — V. également Versailles, 20 janv. 1988, *ibid.*, n. 9). Si la société est la bénéficiaire de la garantie, le cédant est tenu de verser les fonds nécessaires dans les caisses sociales ou de désintéresser directement les créanciers sociaux (le Trésor en cas de redressement fiscal par exemple). Il convient également de mesurer les incidences fiscales liées à la qualité du bénéficiaire. On raisonnera sur le sort d'un passif de 100 000 F correspondant à la condamnation de la société pour mauvaise exécution d'un contrat. Si la somme est versée au cessionnaire qui bénéficie ainsi d'une réduction de prix, aucune incidence fiscale n'existe ni à son égard, ni à l'égard de la société. Il en va autrement si la somme est versée à la société ou, ce qui revient au même, directement au créancier ; à défaut de garantie, la charge de 100 000 F aurait été déduite des résultats imposables et aurait entraîné une économie d'impôt de 34 000 F (compte tenu de l'impôt sur les sociétés au taux de 34 %) ; la charge financière réelle aurait donc été de 67 000 F ; aussi bien certaines clauses de garantie prévoient-elles que l'indemnité à verser à la société sera calculée compte tenu de cette économie d'impôt (dans ce cas, le cédant sera condamné à verser 67 000 F et non 100 000 F). Quel que soit le bénéficiaire, le cédant qui a dû exécuter la clause de garantie peut demander une réduction de l'imposition qu'il a éventuellement supportée à raison de la plus-value réalisée au moment de la cession des actions (Comp. Cons. d'Etat, 5 juin 1989 : *RJF* 89, n. 8-9, p. 503. — *Adde,* P. COUDIN, *Sur certains aspects fiscaux des conventions de garantie dans les cessions de droits sociaux* : *JCP* 90, E, II, 1569).

3) La valeur des actions

904. — Il n'y a pas une, mais plusieurs valeurs de l'action ; tout dépend des attributs en cause ; s'il s'agit du pouvoir politique ou des droits financiers, on prend en compte la valeur nominale ; s'il s'agit au contraire de l'exercice des droits patrimoniaux, on se réfère à la valeur vénale qui n'est autre que le prix que consent à payer un acheteur.

a) La valeur nominale, mesure du pouvoir politique

La valeur nominale correspond à la valeur initialement fixée dans les statuts ; elle est l'équivalent de la valeur faciale inscrite sur un billet de banque ou un louis d'or ; d'où son immutabilité quelles que soient les vicissitudes de la société ; on ne modifie pas le libellé des billets de banque même si la monnaie se déprécie (J.-Cl. MAY, *La valeur nominale des actions de sociétés,* thèse, Paris II, 1980). Depuis 1988, il n'y a plus de minimum à respecter (auparavant, le nominal était de 100 F). C'est la valeur opératoire du droit des sociétés, puisqu'elle représente une quote-part du capital social et donne ainsi la mesure des droits politiques et financiers de l'actionnaire.

b) La valeur vénale, expression de la dimension patrimoniale

Lorsque l'actionnaire cède ses actions, il constate qu'il y a souvent loin du nominal au vénal. Si la société est en déconfiture, la valeur des actions peut être nulle ; la société entière peut à la limite être rachetée pour le franc symbolique, sa valeur pouvant même être négative. En cas de prospérité ou de spéculation, les gains peuvent en revanche être mirifiques.

Si les actions sont cotées, il existe une valeur boursière dont le cours journalier varie selon la loi de l'offre et de la demande, quand ce n'est pas le fruit d'un vent de panique général comme celui du "lundi noir" du 19 octobre 1987; à l'inverse, un feu croisé d'OPA fait remonter miraculeusement certaines valeurs endormies.

Les choses sont beaucoup plus délicates, faute de marché indicatif, si les titres ne sont pas cotés. Les spécialistes ne sont pas en manque de méthodes d'évaluation, à base de formules savantes, plus ou moins ésotériques. Pour faire simple, on distinguera entre la *valeur mathématique* ou *intrinsèque* (elle se calcule à partir de l'actif net social, ou ce qui revient au même à partir des capitaux propres), la *valeur de rendement* (elle est fonction des bénéfices réalisés), la *valeur liquidative*, c'est-à-dire "à la casse" (elle correspond au prix de revente des actifs, diminué du passif et des frais de liquidation).

Au vrai, tout dépend de l'appétit de l'acheteur. Il est évident que les actions d'un minoritaire d'une petite société familiale n'intéressent pas grand monde et que le prix obtenu est souvent un prix de braderie (V. *supra*, n. 883). Il en va différemment si le cédant possède un paquet d'actions assurant le contrôle de la société. Dans ce cas, c'est la valeur même de la société qui est en jeu. Un élément essentiel de l'évaluation réside dans la valeur de rendement reposant sur le bénéfice moyen de l'entreprise ; ce bénéfice moyen est multiplié par un taux que l'on appelle le PER (*Price earning ratio*). Un PER raisonnable se situe aux alentours de 8 à 10, mais tout dépend du secteur ; certaines entreprises se négocient à moins, d'autres à beaucoup plus, selon le degré de convoitise de l'acheteur. Ainsi en 1988, la société canadienne *Seagram* a acquis la société *Martell*, numéro un français du cognac, pour un prix de 5 milliards de francs, soit près de 48 fois les bénéfices de 1987 (V. Annie KAHN, *Le Monde Affaires*, 25 fév. 1989).

4) La dématérialisation des valeurs mobilières

905. — La loi du 30 décembre 1981 sur la dématérialisation des valeurs mobilières a réduit à peu de chose la différence séparant les titres au porteur et les titres nominatifs ; plus crûment, elle a été fatale aux titres au porteur. Auparavant, ces derniers circulaient de la main à la main à la manière des billets de banque ; le droit était incorporé dans le titre ; d'où sa nature de droit corporel. Le nom du bénéficiaire ne figurait pas sur le titre, qui était donc anonyme.

Les titres nominatifs résultaient de l'inscription faite sur le registre tenu par la société émettrice, qui connaissait ainsi l'identité des bénéficiaires des valeurs mobilières qu'elle avait émises. La cession des titres nominatifs impliquait un transfert opéré sur le registre tenu par la société. Les titres nominatifs, qui étaient déjà dématérialisés, avaient la nature de droits incorporels.

Désormais, qu'ils soient nominatifs ou au porteur, les titres font nécessairement l'objet d'une inscription en compte ; les comptes sont tenus selon les cas par la société elle-même ou par un intermédiaire agréé (banque, société de bourse...) ; dans tous les cas, ce sont des droits incorporels. La cession implique un virement de compte à compte, le cédant se bornant à signer un ordre de mouvement (V. *supra*, n. 887). La dématérialisation a entraîné une simplification de la gestion des titres et une économie des coûts ; c'est désormais le règne de l'informatique. Les intermédiaires agréés et les grandes sociétés sont affiliés à la SICOVAM (société interprofessionnelle pour la compensation des valeurs mobilières), qui sert d'organisme de compensation. Outre la simplification de la gestion, la dématérialisation permet d'assouvir la curiosité du fisc quant à la fortune mobilière des Français (on rappellera que l'impôt sur la fortune a été institué à compter de 1982 ; V. *supra*, n. 798).

Avec la dématérialisation, les titres au porteur ont perdu l'essentiel de leur originalité et de leur intérêt. Tout d'abord, les sociétés non cotées (ce sont de loin les plus nombreuses) ne sont plus autorisées à émettre des actions au porteur ; elles connaissent donc à tout moment leur actionnariat ; de ce point de vue, ces sociétés ont cessé d'être anonymes.

Seules les sociétés cotées en bourse peuvent donc émettre des actions au porteur ; dans ce cas, le compte est tenu par un intermédiaire agréé et non par la société elle-même ; de ce fait, celle-ci ne connaît pas le nom des ses actionnaires qui conservent l'anonymat à son égard. Il serait en conséquence plus exact de parler de titres anonymes plutôt que de titres au porteur. Et encore, l'anonymat perd du terrain pour les raisons suivantes :

- les statuts peuvent stipuler que la société pourra demander à l'intermédiaire agréé le nom et l'adresse des titulaires d'actions au porteur (L., art. 263-1) ;

- les actionnaires qui atteignent certains seuils de participation au capital doivent en informer la société émettrice (V. *infra*, n. 1823 et s.) ; les actionnaires influents sont ainsi priés de se démasquer.

L'anonymat, bien sûr, ne joue pas à l'égard du fisc. Le banquier qui paie des coupons (dividendes d'actions ou intérêts d'obligations) doit relever l'identité du bénéficiare et la communiquer à l'administration fiscale ; c'est ce que l'on appelle la procédure de la déclaration de coupons.

(n. 906 à 919 réservés)

CHAPITRE 4

LES SALARIÉS

920. — Dans l'imagerie traditionnelle, les capitalistes sont rassemblés dans la société, laquelle exploite l'entreprise où œuvrent les salariés (variante idéologique : laquelle *exploite* les salariés) ; il y a donc deux groupements qui ne se confondent pas et l'appartenance à l'un ne commande pas l'appartenance à l'autre ; l'associé n'est pas salarié de l'entreprise et le salarié n'est pas associé de la société ; l'un relève du droit des sociétés, l'autre du droit du travail. Au vrai, la juxtaposition des qualités est possible et rien n'interdit à un salarié d'acquérir des actions de la société qui l'emploie ; mais il s'agit bien de juxtaposition et non d'un alliage, c'est-à-dire d'une addition du statut d'associé à celui de salarié ou réciproquement ; les catégories se mélangent sans se fondre. Dans sa version originelle, la loi du 24 juillet 1966 était muette sur ce point, sauf à l'égard des dirigeants, le cumul des deux qualités étant réglementé, voire interdit (V. *supra*, n. 646 et s. pour les administrateurs, n. 675 pour le président-directeur général, n. 681 pour les directeurs généraux, n. 673 et 788 pour les membres du directoire et ceux du conseil de surveillance).

Cette discrétion législative satisfaisait au fond les porteurs de capitaux, peu enclins à partager le pouvoir avec les syndicats de salariés, et ces derniers, peu désireux de se compromettre avec le "Capital" ; les syndicats entendent, en tant que contre-pouvoir, garder leur indépendance dans leur action de négociation et de contestation (1). Selon le mot de Georges Séguy, ancien secrétaire général de la CGT, la participation est "une des plus vieilles duperies inventées par le capitalisme" (2).

921. - Semblable représentation pèche de plus en plus par académisme et dogmatisme à mesure des efforts déployés pour faire *participer*, c'est le mot d'ordre, les salariés à la vie de la société : participation à l'information, participation aux résultats, participation au capital, participation à la gestion, voire rachat de l'entreprise par les salariés.

---

(1) P. SUDREAU, *La réforme de l'entreprise*, éd. 10/18, 1975.

(2) Rapporté par Ph. MERLE, *Sociétés commerciales*, Précis Dalloz, n. 529.

§ 1. — Le droit à l'information

922. — Le droit à l'information est régi soit par le droit du travail (dispositions valant pour toutes les entreprises, quelle qu'en soit la forme) soit par le droit des sociétés (dispositions valant pour les seules sociétés par actions). Dans tous les cas, le comité d'entreprise est informé et consulté sur les questions intéressant l'organisation, la gestion et la marche de l'entreprise ; à cette fin, il reçoit régulièrement des informations et des rapports sur sa situation et ses résultats (C. trav., art. L. 432-1 et 432-4).

Dans les sociétés anonymes, le comité d'entreprise dispose du même droit d'information et de communication que les actionnaires (V. *supra*, n. 822 et s.) ; spécialement les comptes annuels et les projets de résolution lui sont transmis ; il peut convoquer le commissaire aux comptes et se faire assister d'un expert-comptable aux frais de la société (3) ; s'il formule des observations, elles seront portées à la connaissance de l'assemblée générale.

Le comité d'entreprise est parfois mieux traité que les actionnaires ; les dirigeants sont en effet tenus (alors que pareille obligation n'existe pas à l'égard des actionnaires) de l'informer et de le consulter sur tous les projets de modification de structure et notamment de cession de contrôle (C. trav., art. L. 432-1).

923. - La loi du 1er mars 1984 sur la prévention des difficultés des entreprises a considérablement renforcé les prérogatives du comité d'entreprise ; il a désormais compétence :

- pour *déclencher la procédure d'alerte* (V. *supra*, n. 430) ;
- pour *demander la désignation d'un expert de gestion* (V. *supra*, n. 487) ;
- pour *demander la récusation ou la révocation d'un commissaire aux comptes* (V. *infra*, n. 962).

§ 2. — La participation aux résultats

924. — Lorsque les résultats sont bénéficiaires, le premier servi est le Trésor qui à lui seul se réserve le tiers du bénéfice (il n'y a pas encore longtemps le prélèvement était de moitié, V. *supra*, n. 105) ; les associés viennent ensuite, si du moins une distribution de dividendes est décidée ; les derniers arrivés sont les salariés, à condition qu'un accord de participation ou d'intéressement ait été signé. Ces deux régimes s'appliquent quelle que soit la forme de l'entreprise : forme individuelle, forme sociale, forme associative...; d'où leur place dans les manuels de droit du travail (4) ; mais comme l'essentiel des accords se trouve concentré dans les sociétés, la matière est également exposée dans les manuels de droit des sociétés.

---

(3) L'expert-comptable désigné dispose au sein de l'entreprise du même droit d'investigation que le commissaire aux comptes ; il peut ainsi demander communication de la comptabilité analytique (Cass. soc. 29 oct. 1987 : *JCP* 88, II, 20990, note Girault).

(4) V. par ex. G. H. Camerlynck, G. Lyon-Caen et J. Pelissier, *Droit du travail*, Précis Dalloz, n. 503 et s. — Pour une synthèse juridique, fiscale et comptable, V. la monographie des éd. Lamy consacrée à l'intéressement du personnel.

925. — Sur habilitation du législateur, le gouvernement a procédé par voie d'ordonnance : ordonnance du 7 janvier 1959 sur l'intéressement (sous l'influence du général de Gaulle), ordonnance du 17 août 1967 sur la participation ; elles ont été remplacées par une ordonnance du 21 octobre 1986 (modifiée le 7 novembre 1990) relative à l'intéressement et à la participation des salariés aux résultats de l'entreprise et à l'actionnariat des salariés.

A. — Le régime de l'intéressement

926. — Comme en 1959, le régime de l'intéressement reste facultatif ; il est subordonné à la conclusion d'un accord d'entreprise. Il donne droit au versement de primes liées aux résultats ou à l'accroissement de la productivité ; elles ne doivent pas dépasser 10 % des salaires bruts. Elles sont en principe imposables au nom des salariés en tant que suppléments de salaires, mais sont exonérées si elles sont affectées à un plan d'épargne d'entreprise avec indisponibilité pendant cinq années (V. *infra*, n. 933).

B. — Le régime de la participation

927. — Le régime de la participation est obligatoire dans toutes les entreprises de plus de 50 salariés ; il est facultatif ailleurs.

928. — La formule de calcul de la participation (5)

La formule est la suivante :

$$P = \frac{1}{2}\left(\frac{B - 5\,C}{100} \times \frac{S}{VA}\right)$$

Voici la traduction des symboles :
- P : participation due aux salariés ;
- B : bénéfice fiscal (et non comptable) ;
- C : capitaux propres (capital social et réserves) ;
- S : masse salariale ;
- VA : valeur ajoutée.

La rémunération des capitaux propres est prioritaire, ce qui signifie que les salariés ne bénéficient d'une participation que dans la mesure où le résultat fiscal dépasse 5 % des capitaux propres. Le bénéfice, diminué des 5 % précédents (B - 5 C / 100), est affecté par le rapport existant entre la masse salariale et la valeur ajoutée ; le poids des salaires varie en effet selon le type d'entreprise ; il est lourd dans les entreprises de main-d'œuvre et faible dans les entreprises fortement mécanisées ; d'où la pondération prévue dans l'ordonnance ; le total ainsi obtenu est divisé par deux, une moitié étant réservée à l'entreprise, l'autre étant attribuée aux salariés ; cette dernière part est comptabilisée au passif du bilan de l'entreprise à un compte de réserve spéciale de participation.

---

(5) Les partenaires sociaux peuvent, dans des accords dérogatoires, apporter quelques variantes à la formule légale ; on rencontre de tels accords dans certains secteurs (les banques par exemple) et surtout dans les groupes de sociétés.

929. — La participation revenant aux salariés est indisponible pendant cinq ans (6) ; il s'agit donc pour eux d'une épargne forcée ; elle doit recevoir l'une des affectations suivantes :

- attribution d'actions (les salariés deviennent alors actionnaires de la société) ;
- constatation d'une créance productive d'intérêt (ils ont alors la position de créanciers) ;
- versement au plan d'épargne de l'entreprise (V. *infra*, n. 933) ;
- souscription au capital d'une société créée pour racheter l'entreprise ;
- placement dans un organisme indépendant de la société (SICAV ou fonds commun de placement).

Les avantages fiscaux sont remarquables : exonération des taxes sur les salaires et des cotisations sociales pour l'entreprise, exonération de l'impôt sur le revenu pour les salariés ... s'ils ont la patience d'attendre cinq ans.

§ 3. — La participation au capital

930. — Le législateur est intervenu à diverses reprises pour favoriser la naissance d'un capitalisme populaire, sans grand succès dans l'ensemble (7). A l'heure actuelle, seuls deux régimes, depuis leur rénovation par la loi sur l'épargne du 18 juin 1987, méritent d'être mentionnés : les options de souscription ou d'achat d'actions et les plans d'épargne d'entreprise.

A. — L'option de souscription ou d'achat d'actions

931. — Ce régime a été institué en 1970 sur le modèle américain des *stock option plans* (L., art. 208-1 à 208-2). Depuis les assouplissements apportés en 1987 il connaît un succès certain (8).

La formule est en principe ouverte à l'ensemble du personnel ; dans la pratique elle est réservée aux cadres les plus élevés, voire aux seuls dirigeants (président-directeur général, directeurs généraux...), quand bien même ils ne doubleraient pas leur mandat d'un contrat de travail ; deux exclusions cependant : les associés possédant plus de 10 % du capital et les simples administrateurs. Ainsi, au lieu d'une formule destinée à étendre l'actionnariat des salariés, l'option n'est-elle souvent qu'un moyen, fiscalement avantageux, d'améliorer la rémunération des cadres et des dirigeants.

---

(6) L'indisponibilité peut être réduite à trois ans, mais dans ce cas les avantages fiscaux sont réduits de moitié.

(7) On exceptera toutefois les lois de 1986 sur la privatisation qui ont réservé 10 % du capital au personnel des nouvelles sociétés privatisées ; 90 % des salariés en activité du *Crédit commercial de France* et de la *Société générale* sont ainsi devenus actionnaires de leur société (V. *infra*, n. 1903).

(8) S. Bigault du Granrut-Libert, *Qui n'a pas ses stock options ? : Gaz. Pal.* 12-14 juin 1988, p. 2.

La décision implique un vote de l'assemblée générale extraordinaire ; après quoi le conseil d'administration offre aux bénéficiaires d'acquérir des actions existantes ou de souscrire à des actions à émettre pour un prix fixé, intangible pendant la durée de l'option ; si la valeur des actions baisse, ils n'ont aucun intérêt à lever l'option ; il en va autrement en cas de hausse puisqu'ils réalisent aussitôt une plus-value.

932. — La plus-value réalisée lors de la levée d'option est en principe taxable comme un supplément de salaire, c'est-à-dire au taux de 56,8 % si le bénéficiaire atteint la tranche la plus élevée de l'impôt sur le revenu ; mais il est facile d'échapper à cette imposition : il suffit de ne pas revendre les titres dans l'année qui suit la levée d'option ; en revanche, la plus-value dégagée au moment de la revente sera imposée, au taux de 16 %, selon le régime des plus-values mobilières réalisées par les particuliers (V. *infra*, n. 1187) ; le régime fiscal est donc bienveillant : pas d'imposition immédiate de la plus-value si l'on a la patience d'attendre un an, imposition à un taux de faveur si les titres sont revendus après l'expiration de ce délai d'un an.

B. — Le plan d'épargne d'entreprise

933. — Le plan d'épargne d'entreprise est un système d'épargne collectif permettant aux salariés de participer, avec l'aide de la société, à la constitution d'un portefeuille de valeurs mobilières (Ord. 21 oct. 1986). Cette épargne peut être investie en actions émises par la société elle-même, ce qui permet aux salariés de renforcer leur participation au capital social, voire de préparer le rachat de la société. Le plan est alimenté par des contributions des salariés et par celles de la société (abondement pouvant atteindre 15 000 F par an et par salarié). Une fiscalité attrayante explique le succès que connaît ce régime dans certaines sociétés.

§ 4. — La participation à la gestion

934. — Le système allemand de la cogestion n'inspire ni les milieux patronaux, ni les milieux syndicaux (V. *supra*, n. 920) ; la présence de salariés au sein du conseil d'administration a facilement des allures d'épouvantail. D'où la timidité du droit positif, si l'on excepte les sociétés anonymes du secteur public dans lesquelles le tiers des postes d'administrateur est réservé aux salariés (V. *infra*, n. 1887).

Les représentants des salariés sont élus par leurs pairs et siègent au conseil en surnombre. Ils se superposent, mais ne se substituent pas aux représentants du capital. Ont-ils voix au chapitre? Cela dépend, car il faut distinguer entre le régime obligatoire datant de 1966 et le régime exceptionnel datant de 1986; dans le premier cas deux délégués du comité d'entreprise siègent au conseil avec voix simplement consultative ; dans le deuxième cas, on est en présence de véritables administrateurs ayant voix délibérative.

A. — Le régime obligatoire

935. — Deux délégués du comité d'entreprise (l'un appartenant au collège des cadres, l'autre au collège des ouvriers) siègent au conseil, mais n'ont pas le statut d'administrateurs. Ils participent aux discussions et soumettent au conseil les vœux du comité d'entreprise. En revanche, ils ne participent pas aux votes ; les décisions se prennent donc sans eux. Ils sont obligatoirement convoqués, mais le défaut de convocation n'entraîne pas la nullité des délibérations ; il expose seulement les dirigeants sociaux aux sanctions pénales du délit d'entrave au fonctionnement du comité d'entreprise (C. trav., art. L. 432-6) ; les méchantes langues prétendent que les décisions stratégiques sont prises en comité secret, hors la vue de cet "œil de Moscou".

B. — Le régime exceptionnel

936. — Le régime institué par l'ordonnance du 21 octobre 1986 est simplement facultatif ; il implique une modification des statuts décidée par l'assemblée générale extraordinaire (9). Les règles à respecter sont les suivantes :

- le nombre des administrateurs salariés ne peut être supérieur à quatre, ni excéder le tiers du nombre des autres administrateurs ; ils ne sont pas pris en compte pour le calcul du nombre maximal d'administrateurs, ni pour le calcul du nombre des administrateurs pouvant être liés à la société par un contrat de travail (V. *supra*, n. 626 et 648) ;

- ce sont des administrateurs à part entière ; ils ont voix délibérative, supportent les mêmes responsabilités et empochent les mêmes jetons de présence que les autres administrateurs ;

- ils bénéficient de garanties spécifiques : ils ne peuvent être licenciés en leur qualité de salariés que par jugement du conseil des prud'hommes ; ils ne sont révocables en tant qu'administrateurs que pour faute constatée dans l'exercice de leurs fonctions, la décision étant prise par le tribunal de grande instance sur demande de la majorité des membres du conseil ; ils ne sont donc pas révocables *ad nutum*.

Des dispositions similaires sont prévues lorsque des salariés accèdent au conseil de surveillance dans les sociétés de type nouveau (L., art. 137-1 et 137-2).

---

(9) *Saint-Gobain*, la *Compagnie générale d'électricité*, le *Crédit commercial de France*, la *Société générale* ont été parmi les premières sociétés à user de cette faculté après leur privatisation ; cela ne doit pas étonner dans la mesure où la réforme répond notamment au souci de ménager une transition, puisque les entreprises nationalisées connaissent la représentation obligatoire des salariés au sein du conseil d'administration.

§ 5. — Le rachat de la société par les salariés

937. — Il n'a jamais été interdit à des salariés de racheter l'entreprise qui les emploie ; ce n'est cependant pas courant, ne serait-ce qu'en raison des capitaux exigés. D'où l'idée de chercher ailleurs le financement, auprès de partenaires financiers, voire de la société rachetée elle-même. Le modèle anglo-saxon du LMBO (*Leverage management buy out*) (10) a été adapté à la mode française par une loi du 9 juillet 1984, puis réaménagé par la loi sur l'épargne du 17 juin 1987. Le sigle retenu est le RES (rachat de l'entreprise par les salariés).

Il s'agit d'un savant mécanisme juridico-financier, assorti d'un coup de pouce fiscal. L'édifice repose sur la constitution d'une société holding contrôlée par les salariés, laquelle rachète les titres de la société à reprendre. Autrement dit, le RES présente cette vertu magique de permettre à des salariés guère argentés de racheter leur entreprise avec un minimum d'apport, grâce au concours de partenaires financiers.

Après un démarrage modeste, la formule connaît désormais un indéniable succès. Elle est utilisée non seulement pour la transmission d'entreprises familiales, mais encore en cas de restructuration de groupes (11), voire lors de la privatisation de sociétés publiques (12) ; les plus spectaculaires ont porté sur les sociétés *Darty* et *Moulinex.*

A. — Le montage juridique

938. — La société à reprendre doit relever de l'impôt sur les sociétés ; en pratique, c'est une société anonyme, plus rarement une SARL. Elle doit employer au moins 20 salariés. Les salariés ne rachètent pas directement le capital de leur société ; ils passent par le relais d'une société holding spécialement créée à cet effet ; les conditions à respecter sont les suivantes (13) :

- *les salariés doivent contrôler la holding*, c'est-à-dire posséder plus de 50 % des droits de vote ; comme ils peuvent dès le départ émettre des actions à vote double (V. *supra*, n. 832), il leur suffit de souscrire 34 % du capital ;

- *la société holding doit détenir plus de 50 % des droits de vote de la société cible* ;

- *les salariés doivent diriger la société cible* ; si c'est une société anonyme, le président devra être choisi parmi les salariés repreneurs.

---

(10) Traduction littérale : rachat par les cadres avec effet de levier, cet effet résultant des emprunts contractés (V. *supra*, n. 325).

(11) Les groupes souhaitant se recentrer sur leur activité principale sont ainsi conduits à céder certaines filiales à leurs salariés ; c'est ainsi que la société *Bennes Marrel*, filiale du groupe américain *Whittaker*, a été rachetée par ses cadres.

(12) Tel fut le cas en juillet 1986 de l'IDI (*Institut de développement industriel)*, spécialisé dans le capital-risque.

(13) A. Delfosse, *Holding et reprise d'entreprise*, Ed. d'organisation, 1988.

939. — Schéma du montage juridique

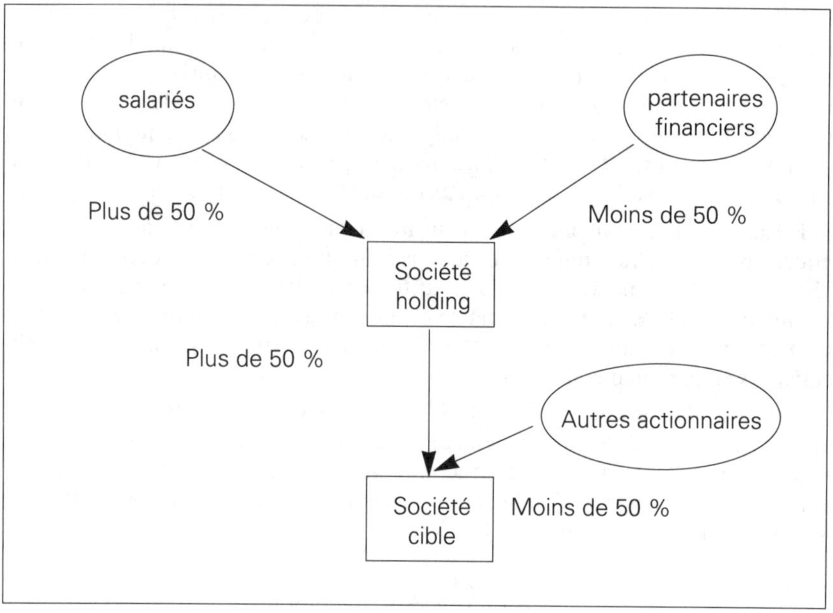

B. — LE MONTAGE FINANCIER

940. — La société holding doit réunir les fonds (fonds propres et fonds d'emprunt) nécessaires à l'acquisition du capital de la société à racheter (société cible). Les fonds propres, correspondant au montant du capital social, sont apportés à la fois :

- par les salariés repreneurs, lesquels auront parfois dû emprunter pour ce faire ;

- par le ou les partenaires associés, par exemple un établissement financier spécialisé dans le genre d'opération ou encore une société de capital-risque.

Les fonds supplémentaires proviennent d'un emprunt classique ; il est seulement prévu que sa durée ne pourra excéder 15 ans. Le remboursement des annuités sera assuré grâce aux dividendes que la société cible distribuera chaque année à la société holding; le système n'est viable que si la société rachetée est prospère puisqu'en fin de compte c'est elle qui financera son propre rachat (ce que d'aucuns appellent "se payer sur la bête") (14). Quant aux partenaires financiers, il est entendu qu'ils se dégageront au bout de

(14) Sur les implications juridiques des montages, cons. A. VIANDIER, *L'article 217-9 de la loi du 24 juillet 1966 et les rachats d'entreprises : JCP* 90, éd. E, 15821

quelques années en réalisant une plus-value sur la cession de leurs titres. On l'a deviné : le RES n'est pas une technique de sauvetage des entreprises en difficulté ; son succès exige que la société cible génère un cash-flow important.

C. — Le montage fiscal

941. — Les cadeaux fiscaux ne sont pas négligeables : exonération des droits d'enregistrement, possibilité pour les salariés de déduire les intérêts des emprunts qu'ils ont souscrits à titre personnel. Le pivot central demeure toutefois l'exonération, par application du régime des sociétés mères, des dividendes perçus par la société holding (V. *infra*, n. 1981). Grâce à cette défiscalisation, la société holding peut affecter la totalité des dividendes qui lui sont versés au remboursement des annuités d'emprunt. Le Trésor y ajoute un crédit d'impôt (sous forme de chèque) correspondant à l'économie fiscale que la société cible aurait réalisée si elle avait elle-même pris en charge les intérêts de la holding; le fisc fait comme si ces intérêts étaient supportés par la société cible.

Lorsque la société holding possède au moins 95 % du capital de la société cible, l'option pour le régime de l'intégration fiscale permet de compenser directement les bénéfices de la société holding et les charges financières de la société holding. C'est plus simple et encore plus avantageux que le RES, d'où la multiplication actuelle des sociétés holdings pour financer le rachat de sociétés (15).

(15) R. Pouget, *Reprise d'une entreprise : le RES face aux autres formules : Bull. Joly* 1988, p. 437.

LE COIN DES AMATEURS

Du bon usage de la holding comme instrument de rachat d'une entreprise

942. — La holding est surtout conçue comme instrument de gestion des titres de participation au sein des groupes (V. *infra*, n. 1961). Elle tend également à devenir un instrument de rachat d'une entreprise. On l'a vu avec la reprise de l'entreprise par les salariés (RES) (V. *supra*, n. 937 et s.). Elle peut être utilisée par des repreneurs n'ayant pas la qualité de salariés ou par des salariés trouvant trop contraignantes les exigences posées par la loi. Comme dans le RES, le recours à une holding ne présente d'intérêt que si la société cible est prospère, puisqu'en fin de compte ce sont les dividendes qu'elle versera qui serviront à financer l'essentiel du rachat. Le montage est le suivant :

- la holding créée par les repreneurs, avec ou sans le concours d'un partenaire financier, contracte un emprunt ; grâce à ses fonds propres et à ses fonds d'emprunt, elle rachète la majorité du capital de la société cible ;
- les dividendes versés par la société cible échappent à l'impôt sur les sociétés par application du régime des sociétés mères (V. *infra*, n. 1981) ; ils serviront à rembourser les annuités de l'emprunt, puis ultérieurement à financer l'acquisition du solde du capital ou le rachat de la participation du partenaire financier.

Cette formule est de plus en plus utilisée (P. Berger et J.-A. Laxtague, *La transmission des entreprises*, Nouvelles Ed. Fid., 4e éd., 1990. — A. Gaultier, *Les holdings familiales*, Ed. d'Organisation, 1987. — B. Monassier, *La société holding et la transmission d'entreprise* : *JCP* 87, E, I, 16102).

Si la société holding possède au moins 95 % de la société rachetée, elle peut opter pour le régime de l'intégration fiscale, ce qui lui permet de compenser les frais financiers quelle supporte avec les bénéfices réalisés par la société cible (V. *infra*, n. 1984) ; fiscalement, tout se passe comme si la société cible prenait à sa charge les intérêts des emprunts souscrits par les repreneurs pour son rachat ; s'il y avait prise en charge juridique (emprunts contractés au nom de la société rachetée), les repreneurs seraient poursuivis pour abus de biens sociaux (V. *supra*, n. 752 et s.).

On trouve parfois des cascades de holdings, ce qui permet une démultiplication à la fois du pouvoir et des concours financiers ; pour conserver le pouvoir il suffit en effet de posséder, directement ou indirectement, 51 % du capital de chaque holding. Avec une cascade de trois holdings, une personne (A) peut racheter une société valant 100 avec une mise initiale de 6,77, selon le schéma suivant : 100 x 0,51 x 0,51 x 0,51 = 6,77 :

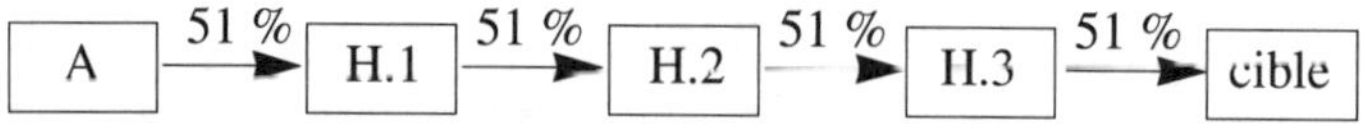

En multipliant les holdings, la mise initiale tend vers zéro (V. les formules mathématiques exposées par J. Peyrelevade, *Contrôler sans argent et emprunter sans surface : Banque* 1985, p. 773).

Voici par exemple, l'organigramme du groupe animé par Vincent Bolloré (*Le Monde Affaires*, 25 fév. 1989.)

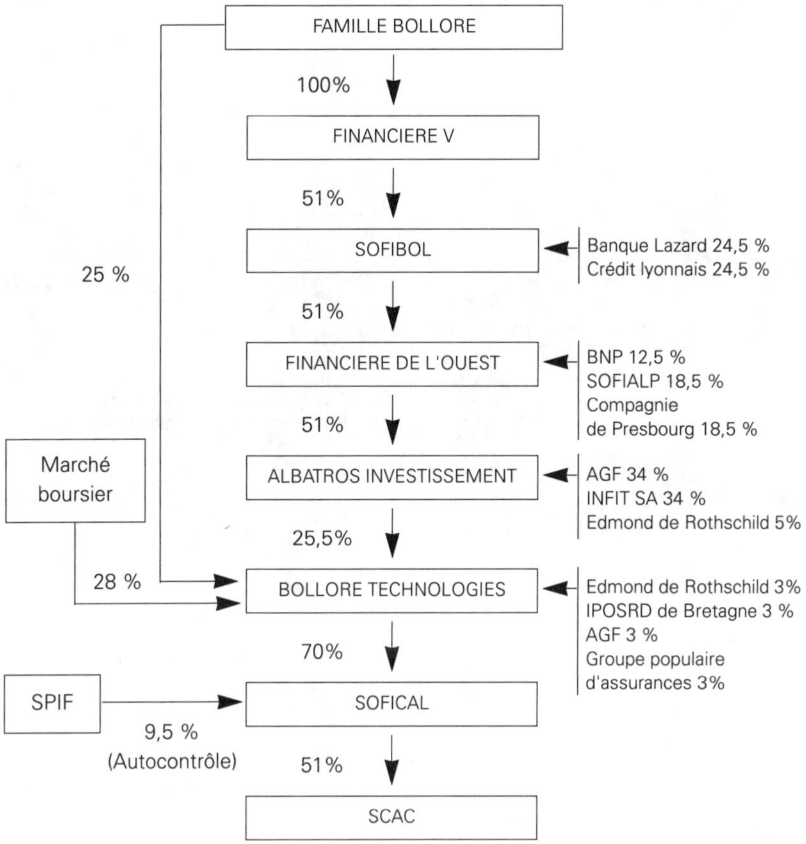

Grâce à cet arbre de Noël, Vincent Bolloré garde la majorité, directement ou indirectement, dans toutes les sociétés de groupe ; il permet l'entrée de partenaires financiers à tous les étages, mais en les séparant pour qu'ils ne puissent se coaliser et ... évincer les dirigeants actuels.

(n. 943 à 959 réservés)

CHAPITRE 5

LES CONTRÔLEURS

960. — Le contrôle intermittent de l'assemblée, les faibles connaissances de l'actionnaire moyen en matière de gestion imposent la présence d'instances de contrôle, à croire que les dirigeants seraient des incapables ou des individus dangereux. Qu'on en juge :

- contrôle des salariés, notamment par le biais du comité d'entreprise (V. *supra*, n. 934 et s.) ;

- contrôle de la COB, lorsque la société fait publiquement appel à l'épargne (V. *infra*, n. 1106) (1) ;

- contrôle du ministère public et du juge, pouvant aller jusqu'au remplacement des organes en place en cas de nomination d'un administrateur provisoire (V. *supra*, n. 479 et s.) ;

- contrôle du fisc, qui n'est pas le moins redouté ; étant associé aux résultats, il veille à la défense de ses intérêts ;

- contrôle du commissaire aux comptes, qui est un contrôle comptable ; cette dernière forme de contrôle qui a connu un grand essor avec la loi du 24 juillet 1966 et la loi du 1er mars 1984 sera seule envisagée ici (2).

§ 1. — Le statut des commissaires aux comptes

961. — Le commissaire aux comptes exerce une profession libérale et dépend d'une organisation — la Compagnie nationale des commissaires aux comptes — qui jouit à son égard, par l'intermédiaire des compagnies

---

(1) Pour les sociétés cotées, c'est sans doute le cours en bourse qui est l'instrument de contrôle le plus redoutable ; comme on l'a noté avec pertinence, "un marché financier efficient est dans tous les cas un instrument de contrôle et de sanction bien plus performant que tous les contrôles institutionnels, car il vérifie l'efficacité d'une action et non pas seulement sa régularité formelle. Le droit des sociétés se fait aujourd'hui à la bourse" (P. DIDIER, *La publicisation du droit des sociétés : JCP* 86, éd. E, 14637).

(2) A. VIANDIER, *Droit comptable*, Précis Dalloz, 1984, n. 58 et s. — D. VIDAL, *Le commissaire aux comptes dans la société anonyme*, LGDJ, 1985. — *Adde,* A. SAYAG et autres, *Le commissariat aux comptes. Renforcement ou dérive ?,* Litec, 1990.

régionales, de prérogatives disciplinaires ; la Compagnie assume ainsi les fonctions de contrôleur du contrôleur, exerce une surveillance des mœurs mais surtout du respect des diligences professionnelles. L'ensemble constitue déjà un élément de son statut.

S'agissant des relations du commissaire avec la société dont il contrôle les comptes, le principe est celui de l'indépendance ; il justifie les conditions de nomination, la durée des fonctions et la rémunération.

A. — La nomination

962. — *Exigence de compétence et de moralité* : les contrôleurs des comptes doivent être choisis parmi les personnes — physiques ou morales — inscrites sur la liste des commissaires aux comptes (L., art. 219).

Un régime sévère d'*incompatibilités* limite le choix des sociétés (L., art. 219-3 et art. 220). Notamment, le commissaire ne peut pas être administrateur de la société ou parent ou allié jusqu'au quatrième degré d'un administrateur ; il ne peut pas davantage recevoir de la société une rémunération en raison d'une activité distincte de celle de commissaire : le commissaire ne peut pas être en même temps conseil juridique ou expert-comptable de la société. Il doit veiller à son indépendance. Le respect du régime des incompatibilités est assuré par une sanction pénale (L., art. 456).

La nomination est le fait de l'assemblée générale ordinaire (L., art. 223). Un commissaire suppléant est nécessairement désigné. En outre, lorsque la société est astreinte à la publication de comptes consolidés, elle doit nommer deux commissaires (et deux suppléants).

Périodiquement des propositions sont émises qui cherchent à accroître l'indépendance des commissaires en les faisant désigner, à l'image des commissaires aux apports ou aux fusions, par une autorité extérieure à la société, tel le président du tribunal de commerce.

B. — La durée des fonctions

963. — Le commissaire aux comptes est nommé pour six exercices ; son mandat est indéfiniment renouvelable ; il n'est donc pas lié au mandat des dirigeants sociaux, ce qui renforce son indépendance.

Le commissaire aux comptes est soumis à *récusation* (L., art. 225) ; l'action doit être intentée devant le tribunal de commerce dans les trente jours de la désignation par un ou plusieurs actionnaires représentant au moins le dixième du capital social, le comité d'entreprise, le ministère public, voire la Commission des opérations de bourse dans les sociétés cotées. La demande doit être fondée sur un juste motif, propre à mettre en doute la compétence, l'honorabilité, l'impartialité ou l'indépendance de l'intéressé.

Le commissaire aux comptes est également *révocable* en justice à la demande des mêmes personnes, ainsi que du conseil d'administration, du directoire et de l'assemblée générale (L., art. 227). La révocation est fondée sur la faute du commissaire ou son empêchement, par exemple du fait de sa maladie (3). Jusqu'en 1984, la révocation était prononcée par l'assemblée générale.

C. — La rémunération

964. — Il ne servirait à rien de régler avec minutie les conditions de nomination et la durée des fonctions si l'indépendance ainsi édifiée était menacée par la libre discussion des honoraires entre le commissaire et la société. D'où l'idée d'un barème minimum dessiné par l'article 120 du décret du 12 août 1969. Ce barème exprime le nombre d'heures de travail exigées en fonction de la taille de la société ; il reste alors à fixer le montant de la vacation horaire, en tenant compte des usages. Un tel système n'exclut pas tout débat, d'autant que le commissaire peut solliciter une rémunération supplémentaire s'il estime qu'une rallonge est nécessaire en raison des travaux à effectuer. Ce régime de semi-liberté assure un équilibre jugé satisfaisant entre l'exigence d'indépendance et l'inopportunité d'une fixation autoritaire (par le juge ou l'Etat) du montant de la rémunération.

§ 2. — Le rôle du commissaire aux comptes

A. — Le devoir de contrôle

965. — C'est la mission première du commissaire, celle qui justifie son appellation de réviseur légal des comptes. Elle est exprimée par l'article 229 de la loi du 24 juillet 1966 : “A toute époque de l'année, les commissaires aux comptes, ensemble ou séparément, opèrent toutes vérifications et tous contrôles qu'ils jugent opportuns et peuvent se faire communiquer sur place toutes les pièces qu'ils estiment utiles à l'exercice de leur mission et notamment tous contrats, livres, documents comptables et registres de procès-verbaux”. Ils sont aidés dans ces contrôles par leurs collaborateurs et il n'est pas rare qu'une mission de révision implique la présence de plusieurs dizaines de personnes. En aucun cas, ils ne sont autorisés à s'immiscer dans la gestion et leur mission doit demeurer celle d'un contrôleur.

Les contrôles permettent au commissaire de se forger une opinion sur les comptes sociaux et de répondre aux trois questions suivantes : sont-ils réguliers, sont-ils sincères, expriment-ils fidèlement le résultat social et la situation

(3) Sont de justes motifs de relèvement : la guérilla contre les dirigeants sociaux, le refus de déposer le rapport général (Paris, 1re ch. B, 28 sept. 1989 : *Bull. Joly*, 1990, p. 969), la carence fautive dans l'exécution de la mission (Cass. com. 6 fév. 1990 : *Bull. Joly* 1990, p. 367; *Rev. Soc.* 1990, p. 433).

financière de la société ? D'où la nécessité de passer au peigne fin les postes d'actif et de passif ; le commissaire procède par sondages et échantillons ; son rôle n'est pas de refaire la comptabilité.

966. — Le commissaire exprime son opinion dans le rapport général adressé aux actionnaires. Si la réponse aux trois questions précitées est affirmative, il *certifie* la régularité, la sincérité et la "fidélité" des comptes sociaux ; sinon, il exprime des réserves, voire refuse purement et simplement de certifier. Dans tous les cas, l'assemblée demeure libre d'approuver ou non les comptes.

Voici la formule de certification consacrée : "Nous avons procédé au contrôle des comptes annuels en effectuant les diligences que nous avons estimées nécessaires selon les normes de la profession. Nous certifions que les comptes annuels sont réguliers et sincères et donnent une image fidèle du résultat, des opérations de l'exercice écoulé ainsi que de la situation financière et du patrimoine de la société à la fin de l'exercice".

B. — Le devoir d'information

967. — Par le rapport général, le commissaire aux comptes renseigne les actionnaires. Mais ces derniers ne sont pas les destinataires exclusifs du résultat de ses investigations. De fait, la loi (art. 230) enjoint au commissaire de porter à la connaissance du conseil les irrégularités et inexactitudes constatées.

968. — L'information concerne également le *procureur de la République*, puisque le réviseur légal doit lui révéler les faits délictueux dont il aura eu connaissance à l'occasion de ses investigations (L., art. 233), ainsi d'un abus de biens sociaux aperçu à la lecture des relevés bancaires de la société ou des présentations ou publications de bilan inexact débusquées lors de l'examen des comptes. Révélation dont le respect est assuré pénalement, le mutisme et/ou la complaisance plaçant le commissaire aux comptes en infraction (L., art. 457). La révélation concerne tout fait pénalement sanctionné, ce qui englobe les crimes, les délits et les contraventions, qu'ils soient définis par le droit des sociétés, le droit comptable, douanier, social ou fiscal... Cependant, une recommandation du Conseil national des commissaires aux comptes limite le champ de la révélation aux délits prévus par la loi de 1966 ou présentant une importance significative pour les comptes sociaux (4). Le commissaire n'a pas à apprécier l'opportunité de déclencher des poursuites et il doit informer le procureur dès l'instant où la qualification pénale est incontestable, même si les auteurs de l'infraction ont régularisé (5).

---

(4) *Bull. CNCC*, sept. 1985, p. 300.

(5) J.-Cl. Boulay, *L'obligation du commissaire aux comptes de révéler les faits délictueux* : *Rev. soc*. 1980, p. 443. — A. Viandier, *Sur les limites de l'obligation de révélation des faits délictueux* : *JCP* 82, éd. C.I., 13682.

969. — L'information profite encore au *comité d'entreprise*, qui a la faculté de convoquer le commissaire pour recevoir ses explications sur les différents postes des documents comptables communiqués par le chef d'entreprise (C. trav., art. L. 432-4. — V. *supra*, n. 922).

Tels sont les destinataires des informations dispensées par le commissaire aux comptes. Aucune autre personne — banquier, créancier, fisc — ne saurait être ajoutée à cette liste sans que le commissaire ne viole le secret professionnel, violation sanctionnée pénalement.

C. — Le devoir d'alerte

970. — La loi du 1er mars 1984, relative à la prévention des difficultés des entreprises, a mis à la charge du commissaire aux comptes un fardeau supplémentaire, celui d'alerter les dirigeants. L'alerte doit être déclenchée lorsque le commissaire relève un "fait de nature à compromettre la continuité de l'exploitation" (L., art. 230-1), autrement dit lorsqu'il prend conscience d'un risque sérieux de cessation d'exploitation, donc de mise en redressement ou en liquidation judiciaires (V. *supra*, n. 427 et s.).

§ 3. — La responsabilité du commissaire aux comptes

A. — La responsabilité civile

971. — Le commissaire aux comptes est responsable à l'égard de la société comme des tiers, les repreneurs par exemple (6), des fautes commises dans l'exercice de ses fonctions. En l'absence de relation contractuelle avec la société comme avec les tiers, sa responsabilité ne peut être que délictuelle, ce qui devrait exclure toute référence à l'opposition entre obligation de moyens et obligation de résultat, mais la doctrine oublie volontiers ce détail et qualifie allègrement l'obligation du commissaire aux comptes d'obligation de moyens.

Il est vrai en revanche que la mission du commissaire aux comptes n'est pas de refaire la comptabilité, aussi ne peut-il pas être tenu responsable de toute irrégularité ou de toute insincérité comptables. Mais on peut lui reprocher un défaut de vérifications, des contrôles purement formalistes, la violation des diligences professionnelles (7)...

B. — La responsabilité pénale

972. — Le commissariat aux comptes est une profession à risque en raison d'un environnement particulièrement saturé d'infractions :
- délit de non-révélation des faits délictueux ;
- délit de violation des règles d'incompatibilité et d'indépendance ;

(6) Cass. com. 9 fév. 1988 : *Rev. soc.* 1988, p. 556, note J. Moneger.

(7) Cons. A. Viandier, *Droit comptable*, *op. cit.*, n. 141.

- délit de violation du secret professionnel ;
- délit de confirmation d'informations mensongères.

Le commissaire aux comptes trop complaisant doit encore mesurer le risque d'une condamnation pénale pour complicité.

LE COIN DES AMATEURS

Commissariat aux comptes et forme de la société

973. — Il n'existe pas de commissaire aux comptes dans toutes les sociétés, mais on peut en rencontrer dans des organismes qui ne sont pas des sociétés ; sa désignation est obligatoire dans les sociétés et autres personnes morales qui font appel à l'épargne publique ou qui atteignent une certaine dimension économique ; elle est facultative dans les autres.

Les sociétés ou organismes qui peuvent faire appel à l'épargne publique sont les sociétés par actions (sociétés anonymes et commandites par actions), les fonds communs de placement et les sociétés civiles de placement immobilier (V. *infra*, n. 2052).

L'obligation de désigner un commissaire aux comptes à raison de la dimension économique pèse non seulement sur les sociétés, qu'elles soient civiles ou commerciales, mais encore sur d'autres groupements tels que les personnes morales exerçant une activité économique (une association par exemple) ou les établissements publics ayant une activité industrielle ou commerciale. Dans ces organismes, un commissaire aux comptes doit être désigné si à la clôture d'un exercice deux des trois seuils suivants se trouvent dépassés :

- dix millions pour le total du bilan ;
- vingt millions pour le chiffre d'affaires hors taxe ;
- cinquante pour le nombre de salariés.

Le GIE suit un régime à part puisque la désignation d'un commissaire aux comptes est imposée lorsqu'il émet des obligations (il fait alors appel à l'épargne publique) ou lorsqu'il comprend au moins cent salariés.

(n. 974 à 988 réservés)

CHAPITRE 6

LES MUTATIONS DE LA SOCIÉTÉ ANONYME

989. — La société anonyme est l'enveloppe juridique de l'entreprise qu'elle abrite ; l'entreprise a une vie intense, quotidienne, qui se traduit par un jeu permanent de contrats : embauche de salariés, emprunts bancaires, relations avec les fournisseurs et les clients... ; ces opérations sont de la compétence normale des dirigeants et n'impliquent aucune modification de l'enveloppe juridique. Ce n'est pas que celle-ci soit immuable ; le développement de l'entreprise peut exiger un ajustement des statuts, c'est-à-dire du pacte social ; c'est le pendant, en plus fréquent et en moins solennel, des modifications d'ordre constitutionnel ; c'est pourquoi la compétence appartient non aux dirigeants, mais au peuple souverain qui se réunit en assemblée générale extraordinaire. Les modifications statutaires doivent être portées à la connaissance de tous selon le mode de publicité usuel : enregistrement de l'acte modificatif, insertion d'un extrait dans un journal d'annonces légales, dépôt du dossier au centre de formalités des entreprises aux fins d'actualisation des inscriptions au registre du commerce.

Les mutations les plus courantes et les plus banales portent sur le montant du capital social, qui est censé exprimer la puissance financière de la société ; en revanche, les changements de majorité politique résultant d'une cession d'actions ne sont pas à ranger parmi les modifications constitutionnelles puisque les statuts restent inchangés. D'autres modifications portent sur certains éléments du pacte social (l'insertion d'une clause d'agrément ou l'autorisation de payer les dividendes sous forme d'actions par exemple), voire sur le mode de fonctionnement de la société (passage par exemple de la forme traditionnelle avec conseil d'administration à la forme nouvelle avec directoire ou inversement) ; elles n'appellent pas de commentaires particuliers. En revanche, on insistera, en dehors des variations du capital (section I), sur celles qui mettent en cause la forme même de la société, voire son existence, c'est-à-dire sa transformation et sa dissolution (section II).

SECTION I

LES VARIATIONS DU CAPITAL

990. — Il peut paraître curieux d'accorder tant de solennité à une simple question de finance. Les emprunts, même si leur montant dépasse le capital social, ne sont-ils pas de la compétence normale des dirigeants? Certes, l'émission d'obligations exige l'accord de l'assemblée des actionnaires, mais dans sa forme ordinaire. Si la modification du capital est de la compétence exclusive de l'assemblée générale extraordinaire, c'est en raison de son incidence politique, le capital social, outre son aspect financier, donnant la mesure des droits de vote. D'où la complexité de toutes les opérations portant sur le capital social, qu'il s'agisse d'augmentation, de réduction ou d'amortissement ; il faut y ajouter les réactions qu'appelle la perte de la moitié du capital social.

§ 1. — L'augmentation de capital

991. — L'augmentation de capital peut résulter soit d'apports nouveaux (en numéraire ou en nature), soit d'une incorporation de réserves ; sur le plan financier, la première forme entraîne une augmentation des capitaux propres (sur la distinction entre capital et capitaux propres, V. *supra*, n. 320), mais non la seconde qui traduit seulement un nouvel aménagement dans la masse des capitaux propres (1).

A. — L'AUGMENTATION DE CAPITAL PAR APPORTS NOUVEAUX

1° L'augmentation de capital par apports en numéraire

992. — Une société qui se développe a constamment besoin d'argent frais ; c'est le nerf de la guerre qui, au-delà de la maintenance quotidienne, conditionne toute politique d'expansion et autorise, le cas échéant, les annexions guerrières. Il y a un juste équilibre à respecter entre les fonds d'emprunt et les fonds propres ; si l'on ne peut se passer des premiers, les seconds assurent la puissance et l'indépendance nécessaires. Un endettement excessif génère des charges financières qui, en temps de crise, peuvent conduire à l'asphyxie et à la cessation des paiements (V. *supra*, n. 325).

a) Les formalités

993. — Encore qu'elle ait été simplifiée ces dernières années, l'augmentation de capital est empreinte d'un formalisme destiné à protéger les actionnaires en place (L., art. 180 et s.). On signalera une condition préalable : une

(1) On signalera le cas particulier des obligations convertibles en actions ; si l'obligataire demande la conversion, le capital sera augmenté d'autant (V. *infra*, n. 1152) ; la société ne bénéficie dans ce cas d'aucun flux financier, mais les capitaux propres se trouvent augmentés, puisque les obligations étaient rangées parmi les fonds d'emprunt.

société ne peut émettre de nouvelles actions en numéraire qu'autant que son capital est entièrement libéré ; c'est une solution de bon sens ; si la société a besoin d'argent, qu'elle demande d'abord à ses actionnaires de libérer intégralement leurs apports.

L'assemblée générale extraordinaire est seule compétente ; elle peut ne prendre qu'une décision de principe, en déléguant au conseil d'administration (ou au directoire) les pouvoirs nécessaires en vue de réaliser l'augmentation de capital en une ou plusieurs fois pour un plafond donné ; cette façon de faire est fréquente dans les sociétés cotées ; cette délégation a une durée limitée à cinq années. L'assemblée se prononce au vu d'un rapport établi par le commissaire aux comptes ; comme au moment de la constitution, la libération des nouveaux apports en numéraire peut n'être que du quart, le solde devant être réglé dans les cinq ans (V. *supra*, n. 608).

L'acte modificatif doit être enregistré, mais la formalité est gratuite ; le fisc ne perçoit même pas le droit fixe de 430 F ; en revanche, le droit de timbre de 32 F la page est exigé.

b) Le droit préférentiel de souscription

994. — En cas d'augmentation du capital en numéraire, les actionnaires en place ont un droit de priorité pour souscrire aux actions nouvelles, proportionnellement au montant de leurs actions. Le droit préférentiel de souscription a une fonction *égalitaire*. Que se passerait-il en l'absence d'un tel droit? Raisonnons sur le cas d'une société anonyme composée de dix actionnaires ayant chacun 10 % du capital social ; le capital de la société est de 1 million de francs et les actionnaires décident de le doubler en le portant à 2 millions de francs. Si, de par les statuts, un seul des actionnaires avait la possibilité de souscrire à l'augmentation de capital, l'équilibre initial serait bouleversé ; cet actionnaire souscrirait à l'augmentation et recevrait en contrepartie les actions émises ; il aurait alors 55 % du nouveau capital (1,1 sur 2 millions de capital). Les autres actionnaires, avec 45 % du capital, se retrouveraient minoritaires. Le résultat serait le même si la souscription à l'augmentation de capital était réservée à un tiers, lequel, participant seul à l'augmentation, prendrait ainsi le contrôle de la société.

La loi de 1966 pose le principe du droit préférentiel de souscription (art. 183). Toute clause contraire est réputée non écrite et cette sanction civile est complétée d'une sanction pénale à l'encontre des dirigeants sociaux qui n'auront pas fait bénéficier les actionnaires de leur droit de préférence (L., art. 450).

995. — Le dogme du droit préférentiel de souscription comporte toutefois des exceptions. La loi prévoit la possibilité pour l'assemblée générale extraordinaire d'en décider la suppression (L., art. 186). La suppression peut être faite au profit de bénéficiaires dénommés ou, lorsqu'il s'agit d'une société faisant publiquement appel à l'épargne, sans indication du nom des bénéficiaires. Elle est opportune lorsque, la société étant en difficulté, son sauvetage commande l'intervention d'un tiers, lequel apportera son concours en participant à l'augmentation de capital qui lui sera réservée ; il en va de même si la société décide d'attribuer les actions nouvelles à ses salariés (V. *supra*, n. 930 et s.). Lorsque le droit préférentiel est supprimé dans les sociétés cotées, la COB suggère (en fait impose) pour les émissions publiques la reconnaissance d'un délai de priorité au profit des actionnaires leur permettant de souscrire en *avant-première ;* l'avantage engendré par ce délai peut être l'objet d'une cession (2).

996. — Lorsque le droit préférentiel de souscription n'a pas été supprimé, les actionnaires ont un délai de trente jours pour souscrire à l'augmentation de capital. Ladite souscription n'est pas obligatoire. Ainsi les actionnaires peuvent céder leur droit préférentiel de souscription ; c'est le cas lorsqu'un actionnaire ne dispose pas des fonds nécessaires pour participer à l'augmentation de capital ou ne souhaite pas s'engager davantage. Les actionnaires peuvent encore renoncer individuellement à leur droit préférentiel de souscription, soit au profit d'une personne dénommée, soit sans indication de bénéficiaire.

997. — Si tous les actionnaires exercent leur droit préférentiel de souscription, l'augmentation de capital est souscrite. Il faut compter cependant avec les renonciations ; aussi, afin que l'augmentation de capital soit totalement souscrite, a-t-on prévu la possibilité pour les volontaires de souscrire un nombre supérieur d'actions ; cette souscription est dite à *titre réductible*, par différence avec la souscription à titre irréductible qui procède de l'emploi du droit préférentiel de souscription. Cependant, la souscription à *titre réductible* n'est possible qu'à condition que l'assemblée générale extraordinaire l'ait expressément prévue, ce qui est d'usage au moins dans les sociétés cotées. Lorsque l'assemblée générale extraordinaire n'a pas autorisé la souscription à titre réductible, la loi prévoit que le conseil d'administration (ou le directoire), en présence de souscriptions à titre irréductible insuffisantes, peut soit limiter l'augmentation de capital au montant des souscriptions recueillies si celles-ci atteignent au moins 75 % du montant fixé initialement, soit répartir les actions non souscrites entre les personnes de leur choix, soit offrir au public tout ou partie desdites actions (L., art. 185).

998. — Illustration d'une augmentation de capital en numéraire

Le capital de la *Compagnie générale de transit* est de 300 000 F ; il est représenté par 3 000 actions au nominal de 100 F, ainsi réparties :

Anatole = 1 000 titres	Camille = 200 titres	Ernest = 200 titres
Bertrand = 1 000 titres	Daniel = 200 titres	Fabien = 200 titres
		Gérard = 200 titres

(2) G. Endreo, *Le droit prioritaire de souscription aux titres du capital : Rev. dr. bancaire* 1987, IV, p. 105.

La société décide de doubler son capital par apports en numéraire. Il y a donc 3 000 titres nouveaux à souscrire. Le droit préférentiel de souscription n'ayant pas été supprimé, les actionnaires ont le droit de souscrire à titre irréductible un nombre d'actions égal à celui qu'ils possèdent déjà.

S'ils exercent tous leur droit préférentiel, le capital sera entièrement souscrit et sa répartition sera inchangée entre les actionnaires.

Supposons maintenant que tous n'exercent pas leur droit de préférence :
- Anatole et Bertrand se déclarent prêts à souscrire un nombre indéterminé d'actions nouvelles à titre réductible ;
- Camille se contente de souscrire à titre irréductible ;
- Daniel et Ernest renoncent individuellement à leur droit, Daniel en faveur d'Anatole et Ernest en faveur de Bertrand ;
- Fabien et Gérard ne souscrivent ni ne vendent leur droit.

Dans ces conditions, Anatole et Bertrand pourront souscrire chacun à 200 titres de plus grâce aux renonciations en leur faveur de Daniel et Ernest ; puis ils se partageront — à égalité puisqu'ils ont le même nombre de titres — les droits de souscription de Fabien et Gérard.

Après l'augmentation de capital :
- Anatole et Bertrand auront chacun 2 400 actions (1 000 anciennes, 1 000 nouvelles souscrites à titre irréductible, 400 nouvelles souscrites à titre réductible) ;
- Camille aura 400 actions (200 anciennes et 200 nouvelles souscrites à titre irréductible) ;
- Daniel, Ernest, Fabien et Gérard auront 200 actions (actions anciennes).

D'où les proportions suivantes :

	avant	*après*
Anatole	33 %	40 %
Bertrand	33 %	40 %
Camille	6,67 %	6,67 %
Daniel, Ernest, Fabien et Gérard	6,67 %	3,33 %

Avant, Anatole et Bertrand, même réunis, n'avaient pas la majorité dans les assemblées extraordinaires ; désormais ils l'ont.

c) La prime d'émission

999. — A l'image du droit préférentiel de souscription, la prime d'émission remplit une fonction égalitaire (3). Il ne s'agit plus d'égalité politique mais d'égalité financière. En effet, la prime d'émission représente le droit d'entrée des nouveaux actionnaires ; son paiement est destiné à éviter que l'élargissement de la population des actionnaires soit de nature à diminuer le droit des anciens sur les réserves ; à mesure que la table s'agrandit le gâteau doit s'élargir.

(3) G. NAFFAH, *La prime d'émission*, Economica, 1987.

1000. — Voici un *exemple*. Soit une société anonyme ayant un million de capital et un million de réserves ; la masse des capitaux propres, soit 2 millions, donne la mesure de la valeur mathématique des actions (V. *supra*, n. 904) ; elle a dix actionnaires ayant chacun 10 % du capital social, la valeur réelle de la participation de chaque actionnaire est de 200 000 francs.

Si la société augmente son capital et le passe à 2 millions, en réservant l'augmentation de capital à un tiers ou à un seul des actionnaires, quelles seront les conséquences sur la valeur de la participation des actionnaires?

Si aucune prime d'émission n'est exigée, la valeur de la participation passera de 200 000 à 150 000 francs, soit une perte de 50 000 francs pour chaque actionnaire ; en effet, la nouvelle valeur de la société est de 3 millions (2 millions plus 1 million d'augmentation de capital) ; or ces trois millions sont répartis entre les actionnaires à proportion de leurs actions. Le nouvel actionnaire ayant 50 % du capital a droit à la motié de cette valeur, soit 1 million et demi et les anciens actionnaires se partagent le solde, ce qui donne une participation de 150 000 francs pour chacun. Pour éviter cette perte l'assemblée pourra décider le versement d'une prime d'émission, égale au montant des réserves, en l'espèce un million de francs. Le nouvel actionnaire devra donc débourser à la fois la valeur de l'augmentation de capital et la valeur de cette prime d'émission. A la suite de l'opération la société vaudra 4 millions de francs qui seront répartis entre les anciens et les nouveaux actionnaires, selon la même clef de répartition ; comme on le devine, chaque ancien actionnaire aura toujours une participation valant 200 000 francs.

1001. — La prime d'émission est, à la différence du droit préférentiel de souscription, facultative (L., art. 179). Cependant, dans l'hypothèse où l'assemblée ne voterait pas le principe d'une prime d'émission afin de réserver à un tiers une entrée avantageuse dans le capital de la société, on pourrait s'interroger sur l'existence d'un abus de majorité, lequel, s'il était démontré (V. *infra*, n. 1015), pourrait emporter annulation de l'augmentation de capital. Lorsqu'une prime d'émission est requise, celle-ci doit être libérée intégralement, même si la libération du capital n'est pas immédiate.

2° L'augmentation de capital par apports en nature

1002. — Il est inutile d'insister sur cette forme d'augmentation de capital. En effet, les règles applicables à l'apport en nature lors de la création de la société (V. *supra*, n. 609) gouvernent ce mode d'augmentation de capital. Il sera donc nécessaire de faire désigner judiciairement un commissaire aux apports.

Pour le reste, on observera que la décision est de la compétence de l'assemblée générale extraordinaire. A la différence de l'augmentation de capital par apports en numéraire, aucun droit préférentiel de souscription n'existe ; la raison est évidente : l'apport en nature concerne un bien particulier nécessaire à la poursuite de l'activité sociale ; seul le propriétaire du bien est en mesure de l'apporter et on ne conçoit pas que tous les actionnaires aient un droit de préférence à la souscription des actions à émettre en contrepartie de l'apport recherché. En revanche, une prime d'émission, qui prend alors le nom de prime d'apport, peut être imposée au nouvel arrivant.

A la différence de l'augmentation de capital par apports en numéraire qui est gratuite, la fiscalité frappant les apports en nature peut être lourde ; les droits exigibles sont les mêmes qu'à la constitution de la société (V. *supra*, n. 175).

B. — L'augmentation de capital par incorporation de réserves

1° L'intérêt de la capitalisation des réserves

1003. — Les réserves sont le fruit de la politique d'épargne suivie par la société qui n'a pas mis en distribution tous les bénéfices qu'elle a réalisés. Elles figurent, en haut du bilan, juste en dessous du capital social et font partie des capitaux propres. Elles peuvent ultérieurement être distribuées sous forme de dividendes et ne présentent donc pas la même vertu d'intangibilité que le capital. C'est pourquoi la société peut, afin de mieux consolider son assise financière, décider d'incorporer au capital tout ou partie de ses réserves, qui cessent dès lors d'être distribuables.

Sans doute la société ne s'est-elle enrichie en rien, car la masse de ses capitaux propres n'est pas affectée par ce virement comptable de poste à poste. La présentation nouvelle inspire cependant meilleure confiance ; parfois ce sont les banquiers qui imposent une telle capitalisation comme condition de leur concours (comp. avec le blocage des comptes courants d'associés, *supra*, n. 326). Les actionnaires n'en sont généralement pas mécontents puisque l'opération s'accompagne d'une distribution gratuite d'actions.

2° La décision de la capitalisation des réserves

1004. — La décision appartient à l'assemblée extraordinaire, mais les conditions de quorum et de majorité sont celles des assemblées ordinaires ; cela s'explique par le fait que le nouvel aménagement des capitaux propres est sans incidence sur l'équilibre politique des actionnaires en place. La capitalisation peut porter sur toutes les réserves (ordinaires, statutaires ou légale), de même que sur les primes (d'émission, d'apport ou de fusion).

A la suite de l'incorporation des réserves, le capital se trouve augmenté au profit de l'ensemble des actionnaires ; il est possible d'élever la valeur nominale de chaque action, mais généralement on préfère émettre de nouvelles actions qui sont distribuées gratuitement aux actionnaires en proportion des actions qu'ils détiennent ; ce droit d'attribution est négociable ou cessible (L., art. 194).

3° La fiscalité de la capitalisation de réserves

1005. — Côté actionnaires, la distribution d'actions gratuites est appréciée car elle échappe à toute imposition ; il est vrai qu'elle n'entraîne aucun enrichissement réel des actionnaires ; si les réserves avaient été distribuées sous forme de dividendes, ceux-ci auraient en revanche été soumis à l'impôt sur le revenu avec le bénéfice de l'avoir fiscal (V. *supra*, n. 106).

Côté société, la capitalisation des réserves est soumise à un droit d'apport spécifique au taux de 3 %; ce droit n'est pas perçu dans les deux cas suivants :

- la capitalisation de réserves s'accompagne d'une augmentation de capital en numéraire de même montant (la gratuité des apports en numéraire rejaillit alors sur l'incorporation des réserves) ;

- la capitalisation porte sur des primes d'émission, d'apport ou de fusion.

1006. — Illustration d'une capitalisation de réserves

Le "haut de bilan" de la société *Electro-Gaz* se présente de la façon suivante :

- capital (10 000 actions de 100 F)	1 000 000
- réserve légale	100 000
- réserves ordinaires	2 500 000
- capitaux propres	3 600 000

L'assemblée générale extraordinaire, avant d'émettre de nouvelles actions en numéraire, décide d'incorporer au capital 2 000 000 de réserves ordinaires ; les 20 000 actions nouvelles de 100 F seront distribuées gratuitement aux actionnaires à raison de deux actions nouvelles pour une action ancienne.

La nouvelle présentation du bilan sera la suivante :

- capital (30 000 actions de 100 F)	3 000 000
- réserve légale	100 000
- réserves ordinaires	500 000
- capitaux propres	3 600 000

Remarques :

1 - Les actionnaires ne se sont pas enrichis ; avant l'opération, la valeur intrinsèque de chaque action (V. *supra*, n. 904) était de 360 F (10 000 actions pour une valeur globale de 3 600 000F) ; le titulaire d'une action ancienne en a désormais trois, dont la valeur globale est toujours de 360 F (du fait qu'il y a désormais 30 000 actions, chacune ne vaut que 120 F) ; ceci explique que la distribution d'actions gratuites ne soit pas considérée comme un gain taxable ;

2 - La société devra payer au moment de l'enregistrement de l'acte un droit d'apport de :

2 000 000 x 3 % = 60 000

Ce droit ne sera pas dû si la société prend l'engagement de procéder à une augmentation de capital en numéraire de même montant dans l'année qui suit ; l'exonération est également acquise si une augmentation de capital en numéraire a eu lieu dans l'année qui précède ;

3 - Il conviendra à l'avenir de doter la réserve légale jusqu'à ce qu'elle atteigne le dixième du nouveau capital, soit 300 000 F.

§ 2. — La réduction de capital

A. — La réduction de capital motivée par des pertes

1° La réduction isolée

1007. — Les pertes comptables viennent en diminution des capitaux propres ; elles figurent en négatif dans le "haut de bilan". On peut les faire disparaître en les imputant sur les réserves, y compris la réserve légale, qui se trouvent réduites d'autant. Lorsque les réserves sont épuisées, les pertes entament la substance du capital, les capitaux propres (c'est-à-dire l'actif net) devenant inférieur à son montant. Si l'on veut faire concorder capitaux propres et capital social, il faut réduire ce dernier. La décision est de la compétence de l'assemblée générale extraordinaire qui statue après avoir pris connaissance des rapports du conseil d'administration et du commissaire aux comptes ; à l'inverse, l'imputation des pertes sur les réserves est de la compétence de l'assemblée générale ordinaire, puisqu'elle est sans incidence sur le montant du capital social.

A l'occasion de cette réduction, les actionnaires doivent être traités de façon égale (L., art. 215) ; ainsi ce sont toutes les actions qui souffriront de la réduction du nominal ou tous les actionnaires auront à supporter la réduction du nombre des actions en circulation.

Les créanciers ne peuvent pas s'opposer à la réduction, ce qui se conçoit puisque leur droit de gage n'est en rien entamé, le montant des capitaux propres restant inchangé. Quant au fisc, il se contente de percevoir le droit fixe de 430 F au moment de l'enregistrement de l'acte.

1008. — Un exemple de réduction de capital motivée par des pertes

Un bilan comportant des pertes n'a rien de flatteur. Il existe heureusement des procédés comptables pour les éliminer en les imputant soit sur des réserves, soit, à défaut, sur le capital lui-même. Voici un exemple concernant une société anonyme qui vient de subir de nouvelles pertes, les réserves antérieures ayant déjà fondu :

- capital (10 000 actions de 100 F)	1 000 000
- pertes (report à nouveau négatif)......	(400 000)
- capitaux propres...............................	600 000

L'assemblée extraordinaire décide de réduire le capital à concurrence du montant des pertes par suppression de 4 000 actions ; afin de respecter l'égalité, chaque actionnaire pour 10 actions anciennes n'en conserve que 6. Après "nettoyage", le nouveau bilan se présente ainsi :

- capital (6 000 actions de 100 F)	600 000
- capitaux propres...............................	600 000

Comme on le constate, cette opération de *lifting* affecte seulement l'esthétique du bilan, grâce à l'élimination des taches disgracieuses que constituent les pertes ; la société ne s'en trouve ni appauvrie, ni enrichie ; l'opération n'est cependant pas sans incidences juridiques : elle consacre en effet la participation des associés aux pertes sociales ; à la dissolution, ils ne pourront réclamer, au titre de la reprise des apports, que 600 000 F, alors que leur mise aura été de 1 000 000 F.

2° La réduction en "coup d'accordéon"

1009. — Il n'est pas rare d'associer une réduction et une augmentation du capital ; c'est ce que l'on appelle le "coup d'accordéon", s'accompagnant parfois de la... valse des dirigeants. C'est notamment le cas lorsqu'à la suite de difficultés financières une société doit "ouvrir" son capital à un nouveau partenaire qui consent à lui apporter de l'argent frais ; il impose généralement comme condition une réduction du capital qui fasse disparaître les pertes ; le cas échéant, le capital est ramené à zéro, ce qui élimine les actionnaires anciens, sauf s'ils font jouer leur droit préférentiel de souscription (4) ; mais le plus souvent, l'entrée de nouveaux actionnaires s'accompagne d'une renonciation au droit préférentiel de souscription.

B. — La réduction de capital non motivée par des pertes

1010. — La situation est différente ; la société n'est pas en pertes, elle flotte dans les habits taillés par les fondateurs et le capital ne correspond plus aux besoins réels de l'aventure sociale ; sa réduction va permettre aux actionnaires de récupérer une partie des fonds et à la société d'alléger le service des dividendes ; l'opération est rare en pratique, les sociétés souffrant plus souvent d'un manque que d'un excès de liquidités (5). Par ailleurs, l'opération est fiscalement peu avantageuse pour les actionnaires dont les droits sont ainsi rachetés, puisque le gain en capital qu'ils réalisent à cette occasion est taxé comme un simple revenu selon le barème progressif (le régime des plus-values réalisées en cas de cession des droits sociaux est autrement favorable ; V. *infra*, n. 1188).

Comme dans l'hypothèse précédente, la décision revient à l'assemblée extraordinaire et le principe d'égalité doit être sauvegardé, tous les actionnaires devant pouvoir profiter de la réduction. On notera cependant une dissemblance importante puisque les créanciers ont la faculté de faire opposition dans les trente jours de la décision, en agissant devant le tribunal de commerce (L., art. 216) ; la réduction de capital s'accompagne en effet d'une sortie de

(4) V. Versailles, 13e ch., 29 nov. 1990 : *Bull. Joly* 1991, p. 277 et p. 286 et les observations.

(5) Aux Etats-Unis plusieurs sociétés, ayant des excédents de liquidités, en ont profité en 1988 pour réduire leur capital ; IBM a ainsi racheté 3 % de son capital pour un montant global de deux milliards de dollars (*Le Monde*, 29 sept. 1988). En Italie, Fiat a procédé de même en 1989.

liquidités, ce qui se traduit par une diminution des capitaux propres, donc du droit de gage des créanciers. Le tribunal peut rejeter la demande, ordonner la constitution de garanties ou imposer le remboursement des créances. Certains créanciers bénéficient d'une protection encore plus efficace : leur présence interdit purement et simplement toute réduction de capital ; c'est le cas des titulaires d'obligations convertibles ou échangeables.

§ 3. — L'amortissement du capital

1011. — L'amortissement (6) consiste en un remboursement anticipé du montant des apports, sans que cela entraîne une réduction du capital ; les actionnaires récupèrent leur mise initiale, mais gardent néanmoins leur qualité d'associé. Leurs actions deviennent des actions de jouissance, par opposition aux actions de capital. Du fait qu'ils ont récupéré le montant de leur apport, les actionnaires perdent le droit au premier dividende (V. *supra*, n. 864) et, bien sûr, au remboursement du nominal à la dissolution. Ils conservent leurs droits politiques et même l'essentiel de leurs droits financiers : droit au super-dividende, droit aux actions gratuites en cas d'incorporation des réserves, droit au boni de liquidation en cas de dissolution. L'amortissement ne peut être réalisé que par prélèvement sur les bénéfices ou sur les réserves ; le capital social reste donc intact ; seul est entamé le montant des capitaux propres (L., art. 209 et s.).

L'amortissement du capital n'est plus guère pratiqué aujourd'hui (7). Les sociétés, en cas d'excès de fonds propres, ont plutôt intérêt à résorber leur endettement extérieur et, en dernière limite, à procéder à une réduction de leur capital.

§ 4. — La perte de la moitié du capital

1012. — Si la société a perdu plus de la moitié de son capital, c'est-à-dire si les capitaux propres représentent moins que cette moitié, c'est que la situation devient préoccupante : des mesures de redressement doivent être prises avant que la société ne soit contrainte de déposer le bilan. Le commissaire aux comptes déclenche la procédure d'alerte, s'il l'estime nécessaire (V. *supra*, n. 428). Quant à la loi de 1966 (art. 214), elle impose des mesures spécifiques : les actionnaires doivent être consultés et, s'ils décident la poursuite de l'activité, ils sont tenus de procéder à une reconstitution des capitaux propres.

---

(6) A ne pas confondre avec les autres sens possibles du mot *amortissement* :
- en droit comptable, il désigne la dépréciation qui doit être constatée à la clôture de chaque exercice à raison de l'usure ou de la perte de valeur des immobilisations ;
- en droit financier, il désigne la répartition des remboursements annuels devant entraîner l'extinction d'un emprunt.

(7) Certains partenaires financiers peuvent l'imposer comme condition à leur entrée dans la société ; les SDR (sociétés de développement régional) utilisent parfois cette technique, V. Ph. LANGLOIS, *Les sociétés de développement régional*, thèse Paris II, 1973, p. 194 et s.

A. — L'OBLIGATION DE CONSULTER LES ACTIONNAIRES

1013. — Lorsque les documents comptables présentés à l'assemblée générale annuelle font apparaître une perte de plus de la moitié du capital social, le conseil d'administration (ou le directoire) doit, dans les quatre mois qui suivent, convoquer une assemblée générale extraordinaire à l'effet de décider s'il y a lieu ou non de dissoudre la société. Si la situation est irrémédiable, il peut être prudent d'arrêter les frais et de dissoudre la société, en passant, le cas échéant, par la procédure du dépôt de bilan.

Si, plus optimistes, les actionnaires gardent l'espoir de redresser la situation, ils peuvent décider la poursuite de l'activité ; la loi leur impose dans ce cas de reconstituer le montant des capitaux propres dans les deux ans qui suivent (ce délai court de la date de l'assemblée ordinaire qui a statué sur les comptes). Quelle que soit la décision prise, elle doit être portée à la connaissance des tiers par le jeu d'une triple publicité dans un journal d'annonces légales, au greffe du tribunal et au registre du commerce. Si les actionnaires ne sont pas consultés ou s'ils ne se prononcent pas, les tiers peuvent demander la dissolution de la société.

B. — L'OBLIGATION DE RECONSTITUER LES CAPITAUX PROPRES

1014. — Il faut refaire le point à l'expiration du délai de deux ans ; la loi exige que d'ici là les capitaux propres aient été reconstitués à hauteur d'au moins la moitié du capital. Peu importent les moyens de cette reconstitution : réalisation de bénéfices, augmentation du capital, remise de dette... A défaut, la société doit réduire son capital d'un montant au moins égal à celui des pertes qui n'ont pu être imputées sur les réserves.

Si la société est dans l'incapacité de redresser la situation, tout intéressé peut en demander la dissolution par voie de justice ; le tribunal peut accorder à la société un ultime moratoire de six mois pour tenter de régulariser le montant des capitaux propres.

LE COIN DES AMATEURS

1) Augmentation de capital par incorporation de comptes courants d'associés

a) Les aspects juridiques

1014 *bis*. — Le compte courant représente une créance de l'associé contre la société ; rien n'interdit de l'incorporer au capital ; c'est même une opération bénéfique pour la société qui augmente d'autant ses fonds propres. L'augmentation du capital peut être réalisée selon l'une ou l'autre des deux techniques suivantes : celle de l'apport en nature d'une créance ou celle de l'apport en numéraire libéré par compensation (I. URBAIN-PARLÉANI, *Les comptes courants d'associés*, LGDJ, 1986, n. 625 et s.).

Une créance constitue une valeur patrimoniale susceptible d'être cédée ; elle peut donc faire l'objet d'un apport en nature. Il convient dans ce cas de respecter la procédure spéciale de vérification, à commencer par la désignation d'un commissaire aux apports (V. *supra,* n. 609) ; celui-ci devra apprécier la valeur réelle de la créance en fonction de la situation financière de la société débitrice ; si la société accuse des pertes, la valeur réelle de la créance pourra être inférieure à sa valeur nominale.

Il est plus simple et plus avantageux de recourir à la technique de l'apport en numéraire libéré par compensation ; c'est celle qui est généralement retenue dans la pratique. La loi de 1966 (art. 178, al. 2) énonce d'ailleurs que "les actions nouvelles sont libérées soit en numéraire soit par compensation avec des créances liquides et exigibles sur la société". Point n'est besoin dans ce cas de recourir à la procédure de vérification des apports en nature ; il suffit seulement que les autres actionnaires renoncent à leur droit préférentiel de souscription.

Si la société connaît des difficultés financières, si les capitaux propres sont inférieurs au montant du capital, n'y a-t-il pas là un obstacle au jeu de la compensation légale du fait que la valeur réelle de la créance (sa valeur vénale si elle devait être cédée à un tiers) est inférieure à sa valeur nominale ? La doctrine et la jurisprudence dominantes estiment que la situation financière et comptable de la société ne saurait paralyser le mécanisme de la compensation légale (Cass. com. 7 fév. 1972: *Rev. soc.* 1973, p. 293, note E. DU PONTAVICE. — Versailles, 25 oct. 1990: *Bull. Joly* 1991, note M. JEANTIN. — Mais en sens contraire, Cass. com. 3 fév. 1976: *Rép. Defrénois* 1976, p. 1473, note M. VION). Aucune disposition légale ne fait en effet de la solvabilité de la société une condition de la compensation. La solution est heureuse, car la capitalisation des comptes courants permet d'assainir la situation financière de la société (réduction de l'endettement et gonflement corrélatif du capital), même si l'opération est neutre sur le plan de la trésorerie (il n'y a pas d'injection d'argent frais).

b) Les aspects fiscaux

Le fisc est méfiant envers les apports en nature en général et même, malgré les récents assouplissements, envers les mises en société d'entreprises individuelles (V. *supra,* n. 176). C'est regrettable et, le plus souvent, injustifié. Il regarde en revanche d'un œil bienveillant les augmentations de capital en numéraire, les seules, à son sens, qui soient aptes à assurer une réelle amélioration des fonds propres de la société et qui vaillent la peine d'être encouragées. Cet œil bienveillant s'étend aux capitalisations de comptes courants d'associés, que le fisc assimile à des augmentations de capital en numéraire. Voici les principales mesures de faveur qui leur sont réservées (cf. M. COZIAN, *Précis de fiscalité des entreprises,* n. 1611) :

- la formalité d'enregistrement est effectuée gratis (V. *supra,* n. 993) ;

- les dividendes versés aux actions nouvelles sont déductibles, partiellement et temporairement, des résultats imposables de la société ; cette mesure a été prise pour atténuer la différence de traitement entre les intérêts d'obligations (qui sont déductibles) et les dividendes (qui ne le sont pas) (V. *infra,* n. 1183) ;

- si l'associé prend l'engagement d'incorporer son compte courant au capital dans un délai maximum de cinq ans, les intérêts qu'il percevra pendant cette période bénéficieront d'un prélèvement libératoire limité à 16 %, au lieu du taux normal de 36 % (V. *supra,* n. 326) ; cet avantage est cependant limité à un plafond d'avance en compte courant de 400 000 F par associé.

2) Augmentation de capital et abus de droit

1015. — L'augmentation de capital par injection d'argent frais opère à la manière d'une transfusion sanguine en cas d'anémie ; c'est une thérapie souvent nécessaire au rétablissement d'une société en mal de fonds propres. Elle implique parfois un bouleversement de l'équilibre politique, voire financier, ce qui a pour effet d'exacerber la lutte des clans en cas de mésintelligence ; d'où la tentation pour les contestataires d'invoquer l'abus de droit.

Il arrive que, par pure animosité, les minoritaires bloquent l'augmentation de capital, ce qui suscite un contentieux pour abus de minorité (pour des illustrations, V. *supra*, n. 474 et s.). Il est plus rare, lorsque la décision a été régulièrement votée, que l'on invoque l'abus de majorité.

La société *Est-Alu* décide par exemple de réserver une augmentation de capital à dix de ses cadres. Les nouvelles actions sont émises au pair, les salariés ne versant aucune prime d'émission, d'où une perte nette par action pour les actionnaires anciens. Certains actionnaires, ayant ainsi perdu plus de 230 000 F dans l'opération, plaident l'abus de majorité, estimant que la suppression du droit préférentiel de souscription couplée avec l'absence de prime d'émission affecte leurs droits et viole l'intérêt social. La cour de Paris leur donne tort dans une décision du 15 octobre 1986 (*JCP* 87, éd. E, I, 16122, obs. A. VIANDIER et J.-J. CAUSSAIN) : "la participation au capital, sans prime d'émission, d'une catégorie de salariés particulièrement dévoués ne peut être regardée comme un motif illégitime ou non inspiré par l'intérêt social, de renonciation au droit préférentiel de souscription".

3) Rachat de ses propres actions par une société anonyme

1016. — Le principe, c'est l'interdiction, pénalement sanctionnée ; il existe tout de même des dérogations qui mettent un peu de liant dans la gestion du capital et permettent à une société de jouer avec ses propres actions, mais seulement dans des limites strictement définies (L., art. 217 à 217-9) (V. J.-Cl. COVIAUX, *L'achat par une société de ses propres actions*, in *Dix ans de droit de l'entreprise*, Librairies techniques, 1978, p. 187).

Une personne, qu'elle soit physique ou morale, ne peut à la fois être créancière et débitrice d'elle-même ; voilà qui sur le plan juridique condamne l'achat de ses propres actions par une société. Sur le plan financier, le capital n'aurait pas grand sens, faute de flux externe, s'il pouvait être souscrit par la société elle-même. Sur le plan boursier enfin, il serait périlleux de laisser une société spéculer sur ses propres actions. Aussi bien une société ne peut-elle ni souscrire, ni acheter ses propres actions, que ce soit directement ou par personne interposée. L'interdiction va plus loin puisque la société ne peut davantage avancer des fonds ou accorder des prêts ou consentir une sûreté en cas de souscription ou d'achat de ses propres actions par un tiers (L., art. 217-9).

Une société est exceptionnellement autorisée à acquérir un certain pourcentage de ses propres actions dans les hypothèses suivantes :

- en cas de refus d'agrément d'un cessionnaire, lorsqu'elle rachète les actions du cédant afin de les annuler (V. *supra*, n. 894) ;

- en cas de réduction de capital non motivée par les pertes (V. *supra*, n. 1010) ;

- lorsqu'il s'agit d'attribuer des actions aux salariés dans le cadre de la participation aux résultats (V. *supra*, n. 930 et s.) ;

- lorsqu'une société cotée intervient en vue de régulariser le cours de ses actions en bourse ; en raison des tentations et des risques, ce type d'intervention est placé sous le contrôle vigilant de la COB ;

- lorsque les titres ont été acquis à la suite d'une transmission du patrimoine à titre universel, à la suite d'une fusion par exemple.

Le rachat de ses propres actions par une société est strictement réglementé ;

- la société ne peut posséder plus de 10 % de ses propres actions ;

- elle doit disposer de réserves distribuables au moins égales à la valeur des titres qu'elle détient ;

- les actions doivent revêtir la forme nominative ;

- elles sont interdites de vote (la société ne peut voter avec ses propres actions) et elles n'ouvrent pas droit aux dividendes.

Question : une sous-filiale peut-elle acheter les titres de la société mère? Oui, dès l'instant où elle agit de manière autonome, que l'opération participe de son objet social, qu'elle dispose des moyens financiers nécessaires, qu'elle opère sans l'aide et l'assistance de la société mère, que l'achat n'est pas contraire à son intérêt social. Bref, elle ne doit pas apparaître comme le prête-nom de celle-ci et ne doit pas souffrir outre mesure de l'investissement. Pour une filiale, la réponse est évidemment non, compte tenu de l'interdiction des participations croisées (V. *infra*, n. 1831 et s.).

4) Comment reconstituer les capitaux propres en cas de perte de la moitié du capital social ?

1017. — On raisonnera à partir du bilan suivant arrêté à la date du 31 décembre 1990.

ACTIF		PASSIF	
Immobilisations	1 800 000	Capital	1 000 000
Stocks et créances	550 000	Report à nouveau négatif	(800 000)
Trésorerie	50 000	Capitaux propres	200 000
		Comptes courants d'associés	700 000
		Emprunts et dettes	1 500 000
Total	2 400 000	Total	2 400 000

L'assemblée générale se réunit le 30 juin 1991 (c'est la date limite pour l'approbation des comptes, V. *supra*, n. 401). Elle constate que la société, du fait de l'ampleur des pertes, a perdu plus de la moitié de son capital (exactement 80 %). Conformément à la loi, une assemblée générale extraordinaire se réunit dans les quatre mois qui suivent, c'est-à-dire le 30 octobre. Elle se prononce pour la poursuite de l'exploitation et procède aux publicités nécessaires. Elle décide dans l'immédiat la reconstitution des fonds propres à hauteur de la moitié du capital sans attendre l'échéance de 1993.

Il existe une formule mathématique qui permet de calculer l'augmentation minimale (soit x) à réaliser pour que les capitaux propres atteignent la moitié du capital :

$$\text{capitaux propres} + x = \frac{\text{capital} + x}{2}$$

$$x = \text{capital} - (\text{capitaux propres} \times 2).$$

Ce qui dans notre hypothèse donne :

x =1 000 000 – (200 000 x 2)

x = 600 000

Ce chiffre représente le double de l'insuffisance actuelle pour que les capitaux propres atteignent la moitié du capital (la moitié du capital est de 500 000 et l'insuffisance des capitaux propres de 300 000) ; le double de cette insuffisance correspond bien à 600 000.

On envisagera quatre modes de reconstitution des capitaux propres : augmentation de capital par apport d'argent frais, augmentation de capital par incorporation des comptes courants d'associé, réduction de capital, abandon de créance.

a) L'augmentation de capital par apport d'argent frais

Si on augmente le capital de 600 000 le bilan se présente de la façon suivante :

ACTIF		PASSIF	
Immobilisations	1 800 000	Capital	1 600 000
Stocks et créances	550 000	Report à nouveau négatif	(800 000)
Trésorerie	650 000	Capitaux propres	800 000
		Comptes courants d'associés	700 000
		Emprunts et dettes	1 500 000
Total	3 000 000	Total	3 000 000

Le résultat recherché est obtenu : les capitaux propres atteignent la moitié du capital social ; à l'actif, le poste de trésorerie a augmenté de 600 000 ; au passif, la structure de la dette n'est pas modifiée.

b) L'augmentation du capital par incorporation des comptes courants

Les comptes courants d'associés représentent les prêts que ces derniers ont consentis à la société (V. *supra*, n. 326). On les incorporera au capital à concurrence de 600 000, d'où la présentation suivante :

ACTIF		PASSIF	
Immobilisations	1 800 000	Capital	1 600 000
Stocks et créances	550 000	Report à nouveau négatif	(800 000)
Trésorerie	50 000	Capitaux propres	800 000
		Comptes courants d'associés	100 000
		Emprunts et dettes	1 500 000
Total	2 400 000	Total	2 400 000

L'actif n'est pas modifié, mais la masse des emprunts a été résorbée à concurrence de 600 000.

c) La réduction de capital

Il est possible de reconstituer les capitaux propres en réduisant le montant du capital social de 600 000 afin d'apurer les pertes à due concurrence (V. *supra*, n. 1007).

ACTIF		PASSIF	
Immobilisations	1 800 000	Capital	400 000
Stocks et créances	550 000	Report à nouveau négatif	(200 000)
Trésorerie	50 000	Capitaux propres	200 000
		Comptes courants d'associés	700 000
		Emprunts et dettes	1 500 000
Total	2 400 000	Total	2 400 000

Les capitaux propres représentent toujours la moitié du capital social. Mais cette manipulation comptable n'enrichit, ni n'appauvrit la société ; les pertes ont néanmoins été éliminées du bilan à concurrence de 600 000 F (V. *supra*, n. 1007).

d) L'abandon de créance

L'abandon consenti par un créancier enrichit la société et diminue d'autant le montant du report à nouveau négatif. Il suffit que l'abandon corresponde à l'insuffisance initiale des capitaux propres pour que ceux-ci atteignent la moitié du capital. On supposera que les associés font abandon de leurs comptes courants à hauteur de 300 000. D'où le bilan suivant :

ACTIF		PASSIF	
Immobilisations	1 800 000	Capital	1 000 000
Stocks et créances	550 000	Report à nouveau négatif	(500 000)
Trésorerie	50 000	Capitaux propres	500 000
		Comptes courants d'associés	400 000
		Emprunts et dettes	1 500 000
Total	2 400 000	Total	2 400 000

Le capital reste inchangé, mais la résorption du report à nouveau négatif amène une élévation des capitaux propres ; les dettes de la société ont diminué de 300 000 (les comptes courants d'associés représentant en effet de véritables dettes pour la société).

Remarques finales

Peut-on dire que la situation de la société a été redressée du moment que les capitaux propres atteignent désormais la moitié du capital ? Est-ce suffisant pour qu'à l'avenir la société dégage des bénéfices ? Rien n'est moins sûr. Il est évident que ces manipulations juridico-comptables n'affectent pas directement la vie de l'entreprise ; à elles seules elles n'assurent pas la conquête de nouvelles parts de marché. Supposons que la société souffre d'un manque d'argent frais et que la trésorerie soit trop tendue. La réduction du capital n'a aucune incidence sur la situation financière. L'incorporation au capital d'une partie du compte courant des associés a pour seul effet de rendre perpétuelle une dette jusque là remboursable à vue. L'abandon de créance fait disparaître une partie de la dette, mais n'influe pas davantage sur la trésorerie. En fin de compte, seule l'augmentation de capital par injection d'argent frais améliore la situation de trésorerie à la façon d'une transfusion sanguine. Mais il existe d'autres moyens de se faire de la trésorerie à long terme : solliciter les associés par de nouvelles avances en compte courant, négocier un emprunt bancaire... ; bref, le caissier récupère des fonds, mais l'analyste ne constate aucune modification des fonds propres ; trésorerie, fonds propres, capital social ne sont pas des notions synonymes...

(n. 1018 à 1035 réservés)

SECTION II

LA TRANSFORMATION ET LA DISSOLUTION

§ 1. — La transformation

A. — Les règles communes a toutes les transformations

1036. — Il est assez rare qu'une société anonyme se transforme en une société d'une autre forme. Dans l'ensemble, on applique le droit commun de la transformation des sociétés ; on rappellera notamment que la transformation régulière n'entraîne pas création d'un être moral nouveau (V. *supra*, n. 570 et s.).

Pour pouvoir se transformer, la société anonyme doit avoir deux ans d'existence et avoir fait approuver les bilans de ses deux premiers exercices (L., art. 236) ; de plus, le commissaire aux comptes doit établir un rapport attestant que le montant des capitaux propres est au moins égal au montant du capital social (L., art. 237) ; à défaut, il faut réduire le capital pour résorber les pertes. Ces conditions de délai et de capitaux propres ne sont pas exigées lorsque la société anonyme se transforme en société en nom collectif (L., art. 238). Un commissaire à la transformation doit être désigné par le président du tribunal de commerce.

La présence d'obligataires peut être un frein à la transformation, puisque l'opération est soumise à leur approbation ; en cas de refus, la société est tenue de leur proposer le remboursement des obligations si elle persiste dans son projet.

B. — Les règles propres a chaque type de transformation

1037. — *La transformation en SARL* est la plus fréquente en pratique, lorsque la forme anonyme se révèle trop lourde à manier : si un jour le gérant majoritaire voit son statut fiscal et social aligné sur celui du minoritaire, il est vraisemblable que de nombreuses petites sociétés anonymes, aux mains d'une même personne, se transformeront aussitôt en SARL La décision est prise par l'assemblée générale extraordinaire statuant non à la majorité qualifiée des deux tiers, mais à celle des trois quarts (c'est celle qui a cours dans les SARL).

1038. — *La transformation d'une société anonyme en société en nom collectif* est une opération exceptionnelle ; on la rencontre parfois dans les groupes dans un souci de gestion fiscale lorsque l'on souhaite faire remonter les pertes jusqu'à la société mère (V. *infra*, n. 1981). Elle suppose l'accord unanime de tous les actionnaires, puisqu'elle modifie l'étendue de leurs engagements ; ils perdent en effet le bénéfice d'une responsabilité limitée pour être désormais responsables indéfiniment et solidairement. Pour passer outre à l'obstruction des récalcitrants, on peut envisager la transformation de la société anonyme en société en commandite simple ; si l'accord unanime des futurs commandités est exigé, la décision peut être prise à la majorité des deux tiers en ce qui concerne les commanditaires (pour une illustration, V. *infra*, n.1041).

1039. — *La transformation d'une société anonyme en société civile* se rencontre essentiellement lorsque, ayant cessé toute activité professionnelle, la société se contente de gérer le patrimoine immobilier dont elle est titulaire (pour un exemple, V. *supra,* n. 584) ; la décision suppose l'accord unanime des associés puisque leurs engagements s'en trouveront augmentés (régime de la responsabilité illimitée et conjointe).

§ 2. — La dissolution

1040. — Le régime de la dissolution est celui applicable à toute société ; il suffit par conséquent de renvoyer au régime général (V. *supra*, n. 521 et s.). La plupart des causes sont communes à toutes les formes de société : extinction de l'objet, échéance du terme, dissolution judiciaire pour justes motifs, dissolution anticipée sur décision des actionnaires, jugement de liquidation judiciaire. Parmi les causes de dissolution propres aux sociétés anonymes, on signalera les trois suivantes :

- *nombre d'actionnaires inférieur à sept depuis plus d'un an ;* dans ce cas, le tribunal peut, à la demande de tout intéressé, prononcer la dissolution de la société ; cependant, afin d'éviter les conséquences douloureuses d'une liquidation, il a la faculté d'accorder à la société un délai de régularisation qui ne saurait excéder six mois (L., art. 240) ;

- *capital devenant inférieur au minimum légal* ; tout intéressé peut demander en justice la dissolution de la société ; cependant, il n'y a pas lieu à dissolution si, lorsque le tribunal statue, le capital a retrouvé l'étiage légal (L., art. 71) ; cette règle n'empêche pas de réduire le capital à un montant inférieur au minimum légal, voire à zéro, sous la condition suspensive d'une augmentation de capital destinée à amener celui-ci à un montant au moins égal à 250 000 F ; c'est ce qui se passe couramment dans l'hypothèse du "coup d'accordéon" (V. *supra*, n. 1009) ;

- *perte de la moitié du capital social ;* si la société n'a pas reconstitué ses capitaux propres à hauteur au moins de la moitié du capital social dans un délai de deux ans, tout intéressé peut demander en justice sa dissolution (V. *supra*, n. 1014).

LE COIN DES AMATEURS

Transformation et abus de majorité (Affaire *Conforama* c. *Agache-Willot*)

1041. — Les frères Willot, par leur "génie", ont apporté une importante contribution au droit des sociétés, spécialement au droit des groupes dans ses composantes juridiques, fiscales et comptables (V. notamment G. Sousi,

Intérêt du groupe et intérêt social : *JCP* 75, éd. C.I., II, 11816. — Sur l'aventure des frères Willot, V. Patrick LAMM, *Enquête sur l'affaire Boussac,* Laffont, 1985). Ainsi un jugement du tribunal de commerce de Paris du 29 juin 1981 offre une intéressante illustration de l'annulation pour abus de majorité de la transformation d'une société anonyme en société en commandite simple (*Gaz. Pal.* 1981, II, 687, note P. DE FONTBRESSIN; *Rev. soc.* 1982, 791, note M. GUILBERTEAU).

La *Société foncière et financière Agache-Willot* (*SFFAW*) était la holding du groupe Willot, exerçant une triple fonction de gestion des participations, du patrimoine immobilier et du "pool de trésorerie" du groupe. La *SFFAW* possédait 95,5 % du capital de la société anonyme *Conforama,* les 4,5 % restant étant répartis entre 17 actionnaires divers. En 1980, la *SFFAW* était en position financière difficile, tandis que *Conforama* dégageait des bénéfices confortables ; alors que les résultats comptables consolidés étaient négatifs, le groupe subissait néanmoins la ponction de l'impôt sur les sociétés à raison des "poches bénéficiaires" que constituaient les filiales prospères. Les frères Willot décidèrent de transformer la société *Conforama* en commandite simple, la *SFFAW* ayant la position de commandité unique et les 17 actionnaires minoritaires celle de commanditaires ; ce fut entériné par l'assemblée générale extraordinaire du 28 octobre 1980. La transformation en société en nom collectif n'aurait pas été possible en raison de l'obstruction des minoritaires (la transformation en société en nom collectif implique le consentement unanime des associés, V. *supra*, n. 1038).

Cette transformation permettait à la *SFFAW* d'appréhender la quasi-totalité (95,50 %) des bénéfices réalisés par *Conforama* sans subir la ponction de l'impôt sur les sociétés (bénéficiant de la semi-transparence fiscale, la commandite échappe à l'impôt sur les sociétés, sauf pour la part revenant aux commanditaires) ; au niveau de la *SFFAW,* les bénéfices ainsi transférés étaient neutralisés par les déficits de la holding. Sur le plan financier la holding pouvait utiliser la trésorerie de *Conforama* à l'abri de toute incrimination pénale (V. *infra*, n. 1459). Les minoritaires ont obtenu du tribunal de commerce l'annulation de cette transformation sur le fondement de l'abus de majorité :

- l'acte était contraire à l'intérêt social de *Conforama,* dont l'avenir pouvait être compromis en cas de désastre de la *SFFAW ;*

- l'acte était effectué dans l'unique dessein de favoriser les membres de la majorité (l'intérêt fiscal et financier de la *SFFAW* était évident) ;

- l'acte était accompli au détriment de la minorité, qui avait à redouter la perte de substance financière de *Conforama.*

(n. 1042 à 1049 réservés)

CHAPITRE 7

LE FINANCEMENT DES SOCIÉTÉS ANONYMES

1050. — L'exigence d'apports (V. *supra*, n. 160 et s.) est d'ordre juridique autant qu'économique. On ne peut pas lancer et développer une entreprise sans financement. L'entreprise à forme individuelle est financée par le patrimoine de l'entrepreneur et par des aides extérieures : crédits accordés par les fournisseurs (délais de paiement) ou par les banquiers. L'entreprise à forme sociale ne se confond pas avec le patrimoine de ses associés ; ses besoins de financement sont donc couverts par les apports de ses derniers, par leurs avances en compte courant (V. *supra*, n. 326), ainsi que par les emprunts auxquels elle procède elle-même, avec parfois la garantie des associés. Elle couvre également ses besoins financiers en réinvestissant les bénéfices qu'elle réalise — c'est l'auto-financement — ce qui diminue d'autant la part distribuée aux associés (V. *supra*, n. 122).

Tel est le schéma de base qui vaut pour toute entreprise à forme sociétaire. Mais c'est la société par actions qui en offre le modèle le plus achevé grâce au monopole qui lui est reconnu pour l'émission de valeurs mobilières. D'où l'intérêt d'approfondir le financement des sociétés anonymes.

Les valeurs mobilières sont des titres négociables qui circulent selon les modes simplifiés du droit commercial par virement de compte à compte (V. *supra*, n. 886). Ce sont des titres parfaitement interchangeables (fongibles, disent les juristes) (1), ce qui explique qu'ils puissent être cotés en bourse.

Il existe deux grandes catégories de valeurs mobilières, les actions et les obligations. Vues du côté des sociétés, les premières correspondent à un financement par apport en capital (section I) et les secondes à un financement par emprunt (section II) ; les unes et les autres peuvent être cotées, ce qui justifie l'étude de la bourse (section III) ; un bref aperçu de la fiscalité des valeurs mobilières complétera ces données juridiques et financières (section IV).

(1) Sur la fongibilité, V. P. Jaubert, *Deux notions du droit des biens : la consomptibilité et la fongibilité* : *RTD* civ. 1945, p. 75 et s. — Le doyen Ripert prolongeait l'observation tirée du caractère fongible des valeurs mobilières par une référence à leur agilité, qui ramène vers la négociabilité (cf. G. Ripert, *Les donations de valeurs mobilières et le calcul de la quotité disponible* : *RTD* civ. 1911, p. 5 et s.).

SECTION I

LE FINANCEMENT PAR APPORT EN CAPITAL

1051. — Le signe premier de ce mode de financement est que l'apporteur en capital acquiert la qualité d'associé du fait du financement qu'il réalise. En conséquence, il ne récupérera les fonds investis qu'à la liquidation de la société — il est alors servi après les créanciers — ou en trouvant quelqu'un pour le remplacer, c'est-à-dire en cédant ses actions correspondant à l'apport qu'il a réalisé.

Cet apport est fait lors de la constitution de la société ou durant la vie de celle-ci à l'occasion d'une augmentation de capital. Il présente, au regard des banquiers et autres créanciers de la société, un avantage indéniable : c'est un financement en fonds propres (V. *supra*, n. 325), l'apporteur acceptant d'immobiliser les fonds apportés.

§ 1. — Les formes d'apport en capital

1052. — L'apport en capital donne lieu à la remise de valeurs mobilières représentatives de la qualité d'associé. Concrètement, lorsque la société a un besoin de financement en capital, immédiat ou à terme, elle émet des valeurs mobilières : actions, certificats d'investissement ou valeurs du "troisième type" : les bons de souscription.

A. — L'ÉMISSION D'ACTIONS

1° Du côté de la société

1053. — L'intérêt d'émettre des actions ne se discute pas : la société renforce son capital, donc ses fonds propres ; la rémunération de l'actionnaire variera en fonction des résultats sociaux ; la société — en fait ses dirigeants — a quasiment la maîtrise de cette rémunération ; le remboursement intervient seulement à la liquidation de la société (V. *supra*, n. 575).

Ces avantages sont réduits si les apporteurs sont en position d'exiger un revenu régulier : sont alors émises des actions de priorité, voire des actions à dividende prioritaire sans droit de vote (V. *supra*, n. 869). Il en va de même si le "management" n'a pas le contrôle de l'assemblée, les apporteurs en capital, actionnaires majoritaires, pouvant alors imposer leur volonté en matière de distribution de dividendes.

2° Du côté des actionnaires

1054. — Les avantages pour la société sont autant d'inconvénients pour les actionnaires. De plus, s'agissant des actionnaires anciens, ces derniers sont obligés de participer au financement par apport en capital — autrement dit à l'augmentation de capital — s'ils veulent conserver leur influence au sein de la société et éviter une "dilution" de leur influence (V. *supra*, n. 994 et s.).

B. — L'ÉMISSION DE CERTIFICATS D'INVESTISSEMENT

1055. — C'est un autre mode de financement en capital, mais qui présente la particularité d'aboutir à la création de deux titres : un certificat d'investissement et un certificat de droit de vote (L., art. 283-1 et s.) (2). Le premier est représentatif des droits pécuniaires de l'actionnaire (dividende, boni de liquidation) ; le second est représentatif du seul droit de vote attaché à l'action. En simplifiant, on peut dire que ces certificats naissent de la fragmentation d'une action, chacun des certificats portant une partie des prérogatives conférées par l'action.

1° La création des certificats d'investissement

1056. — Outre le respect des règles qui procèdent de la nature d'augmentation de capital de l'opération (V. *infra*, n. 1102), l'émission de certificats d'investissement est soumise à des conditions particulières :

- émission limitée au quart du capital social ;
- création d'autant de certificats de droit de vote que de certificats d'investissement ;
- remise des certificats d'investissement aux apporteurs en capital et des certificats de droits de vote aux actionnaires existants, lesquels voient ainsi leur influence augmenter sans qu'ils aient eu à effectuer un apport en capital.

Cette dernière particularité illustre l'intérêt majeur des certificats d'investissement : ne pas perdre le pouvoir tout en faisant appel à des financiers extérieurs. La technique a d'ailleurs été conçue principalement pour les sociétés nationalisées, mais, depuis 1983, elle peut être employée par toutes les sociétés.

2° Les droits attachés aux certificats d'investissement

1057. — Le certificat d'investissement, c'est l'action sans le droit de vote. De plus, et à la différence d'une action sans droit de vote à dividende prioritaire, le droit de vote ne peut jamais être recouvré, même si la société, plusieurs exercices de suite, ne distribue aucun dividende. La seule issue est d'acheter un certificat de droit de vote, ce qui reconstitue automatiquement l'action, le porteur de certificat d'investissement devenant alors un actionnaire.

Le certificat d'investissement donne droit au même dividende que l'action. La société peut cependant décider lors de l'émission d'attribuer aux porteurs de certificats d'investissement un dividende prioritaire. Tel est le cas de *Rhône-Poulenc* : si le résultat net consolidé du groupe est positif, un dividende prioritaire égal à 5 % du montant nominal est versé aux porteurs de certificats d'investissement.

---

(2) A. VIANDIER, *Certificats d'investissement et certificats de droit de vote : JCP* 83, éd. C.I., n. 14417.

Le certificat d'investissement est tout aussi négociable qu'une action ; il peut être coté en bourse (ex. : *Crédit lyonnais, Pechiney, Rhône-Poulenc, CIC, Paribas...*).

3° Les droits attachés aux certificats de droit de vote

1058. — Les actionnaires existants au jour de l'émission des certificats d'investissement reçoivent des certificats de droit de vote à proportion du nombre de leurs actions, à moins qu'ils n'y renoncent. Ils disposent ainsi d'autant de droits de vote supplémentaires dans toutes les assemblées générales, ordinaires ou extraordinaires. Mais à la différence des actions, les certificats ne bénéficient pas du droit de vote double ; telle est du moins l'opinion (critiquable) de la COB (*Bull. mens*. oct. 1986, p. 3).

Ces certificats de droit de vote sont incessibles. Un actionnaire peut donc liquider toutes ses actions tout en continuant à participer aux assemblées générales au titre des certificats de droit de vote qui lui ont été attribués, ce qui n'est pas satisfaisant au plan des principes. Le principe de l'incessibilité connaît deux exceptions (L., art. 283-1) :

- il est possible de céder à un tiers un certificat de droit de vote réuni à un certificat d'investissement ;
- il est possible de céder un certificat de droit de vote à un porteur de certificat d'investissement.

Dans les deux cas, l'action est reconstituée : le certificat d'investissement et le certificat de droit de vote disparaissent pour laisser la place à une action.

C. — L'ÉMISSION DE BONS DE SOUSCRIPTION

1059. — La loi du 14 décembre 1985 (L., art. 339-1 et s.) a profondément rénové le mode de financement des sociétés par actions en posant un principe de liberté de création des valeurs mobilières composées (ex. : obligation à bon de souscription, V. *infra*, n. 1154) et en concevant le bon de souscription, appelé encore bon "sec" ou bon autonome (on parle également de warrant), pour signaler le fait qu'il est émis seul sans être accroché à une obligation.

La disposition de base est l'article 339-5, al. 1er de la loi du 24 juillet 1966 modifié : "L'assemblée générale extraordinaire... peut autoriser, indépendamment de toute autre émission, l'émission de bons qui confèrent à leurs titulaires le droit de souscrire des titres représentant une quote-part du capital de la société émettrice. Ces bons sont soumis aux dispositions qui régissent les valeurs mobilières".

1° Le principe

1060. — Le bon de souscription est un mode de financement futur, au seul gré du porteur du bon. En effet, ce dernier n'est aucunement tenu de souscrire et il décide librement du moment de sa souscription. Le seul point fixé à l'avance est le prix qu'il devra payer pour souscrire le titre en capital : action ou certificat d'investissement. Et l'arrière-pensée du souscripteur est bien que le bon lui permettra d'acquérir à moindre coût le titre de capital.

Puisqu'il s'agit de titres de capital, c'est l'assemblée extraordinaire qui doit prendre la décision d'émettre les bons ; elle peut déléguer au conseil d'administration le soin d'en assurer la réalisation (3). La nature du titre à souscrire, la période de souscription (cinq ans maximum), le prix de souscription des bons (qui peuvent être gratuits), le prix de souscription des titres auxquels le bon donne le droit de souscrire sont définis lors de l'émission. Le bon est négociable comme toute valeur mobilière ; il peut être coté en bourse (ex. : *Bouygues, Luchaire, Matra…*).

Le bon autonome a pour seul mérite de permettre la mobilisation des droits d'un apporteur sur une augmentation de capital future. Il a parfois été utilisé afin d'améliorer les rémunérations des dirigeants sociaux, l'avantage financier — et éventuel — résultant de la possibilité de souscrire à moindre coût à des actions, actions qu'ils peuvent revendre aussitôt pour encaisser leur profit et rembourser l'emprunt contracté (pour quelques heures) pour réaliser la souscription ; le procédé a perdu de l'intérêt depuis que le législateur a permis d'étendre le bénéfice des plans d'option d'achat ou de souscription d'actions aux dirigeants sociaux (L., art. 208-8-1) (V. *supra*, n. 931). Les bons peuvent également être placés dans des mains amies, qui ne les exerceront qu'en cas d'attaque contre la société ; cela revient à confectionner une "bombe à retardement" qui explosera (ou menacera d'exploser) sous les pieds d'un "raider". Les deux vertus du bon autonome sont plutôt vues comme des vices par la COB (V. obs. *Bull. mensuel*, avril 1987).

1061. — Un exemple d'émission de bons de souscription

L'exemple concerne la société *Accor* (Cf. *BALO*, 29 juin 1987, p. 6654). L'assemblée du 26 mai 1987 autorise le conseil à émettre des bons autonomes de souscription. Le conseil use de la délégation le 22 juin 1987 et arrête les caractéristiques suivantes :

- attribution gratuite d'un bon pour toute action ;
- possibilité de souscrire une action *Accor* avec dix bons ;
- prix de souscription de l'action : 625 F jusqu'au 30 novembre 1989, 700 F du 1er décembre 1989 au 30 novembre 1990 ;
- fin de la période de souscription : 30 novembre 1990 (les bons non souscrits à cette date perdent toute valeur).

A titre indicatif, l'action *Accor* cotait 858 F le 11 octobre 1989, d'où, pour tout porteur de dix bons, une plus-value potentielle de 233 F. A la même date, le bon cotait quant à lui 24,90 F.

(3) Pour un exemple de contestation des conditions d'utilisation d'une autorisation, V. Paris, 1re ch. A, 2 nov. 1989 : *Rev. soc.* 1990, p. 39.

2° Les variantes

1062. — Le bon autonome peut être associé à un titre en capital, par exemple une action ; on obtient alors une ABSA, c'est-à-dire une action à bon de souscription d'actions. Pour simplifier, la société émet des actions assorties chacune d'un ou de plusieurs bons de souscription d'actions, ces bons pouvant être détachés et donc cédés séparément de l'action.

Ainsi, *Peugeot SA* a émis des ABSA en mai 1989 (V. *BALO*, 1er juin 1987, p. 5029) dont voici les caractéristiques principales :
- actions émises au prix de 1 700 F ;
- un bon par action émise ;
- le bon donne droit de souscrire à une action *Peugeot* au prix de 1 700 F jusqu'au 31 décembre 1990.

§ 2. — La procédure

A. — Les organes

1063. — C'est l'assemblée générale extraordinaire, et elle seule, qui est compétente pour décider d'une émission de titres représentant une quote-part du capital, ce que l'on peut qualifier plus simplement d'augmentation de capital. Mais si l'assemblée générale extraordinaire doit nécessairement arrêter le principe de cette mesure, on sait qu'elle peut déléguer au conseil ou au directoire le soin de décider de sa réalisation ; c'est la pratique des "autorisations" (L., art. 180, al. 3. — V. *supra*, n. 993). L'assemblée détermine donc la nature et la quantité de titres à émettre, le mode de souscription (avec ou sans droit préférentiel), le mode de libération (numéraire, compensation), la forme de placement (privé ou public, en France ou à l'étranger). Le conseil se voit reconnaître ainsi un droit de tirage qu'il exerce à sa discrétion dans le cadre défini par l'assemblée et dans les cinq ans de la décision de celle-ci.

La plupart des grandes sociétés recourent aux autorisations, car cela permet de saisir les opportunités du marché, la seule contrainte étant de réunir un conseil d'administration. La COB a parfois critiqué les autorisations conçues trop largement, au motif que les actionnaires se trouvaient en fait privés de cette prérogative essentielle : décider de l'émission de titres de capital. Les tribunaux n'ont pas encore eu l'occasion de se prononcer sur la validité des autorisations en forme de blanc seing.

Les autorisations permettant au conseil d'émettre des actions à la demande ; c'est là une défense préventive en cas d'offre publique d'achat, le "Chevalier blanc" (V. *infra*, n. 1796) souscrivant la totalité de l'émission et dissuadant un attaquant de déclencher les hostilités. Mais encore faut-il émettre à temps, car l'article 180 de la loi du 24 juillet 1966 énonce désormais que la délégation est suspendue en période d'offre publique d'achat ou d'échange sur les titres de la société. Un tempérament existe pour les augmentations non réservées si l'assemblée l'a expressément prévu, cette autorisation spéciale ayant cependant une durée de vie exceptionnellement courte : un an.

B. — LE PLACEMENT

1064. — Le juriste tend à considérer que le conseil décide et qu'il cherche ensuite les souscripteurs. En réalité, les choses sont différentes. Ce sont, dans les grandes sociétés du moins, les dirigeants sociaux qui sont démarchés par les banques spécialisées qui leur proposent une émission à des conditions particulières. Les dirigeants, si l'opération leur paraît financièrement intéressante, réunissent le conseil, le font débattre et décider ; l'émission est alors lancée par la ou les banques dont la proposition a été acceptée.

Ce placement peut être public ou privé. Public veut dire par appel public à l'épargne ; tel est le cas si la société a recours à des établissements de crédit, à des procédés de publicité quelconques, au démarchage ou si elle s'adresse à plus de 300 personnes, celles-ci seraient-elles contactées individuellement et sans démarchage. Dans une semblable occurrence, une note d'émission (ou prospectus) doit être établie ; elle est visée par la Commission des opérations de bourse (Ord. 28 sept. 1967, art. 6), à défaut une sanction pénale est encourue (Ord., art. 10). La COB assortit parfois son visa de réserves, par exemple sur la probabilité d'une future réduction du capital, sur l'absence de réel marché pour le titre, sur les risques économiques…

LE COIN DES AMATEURS

Fongibilité : définition et conséquences

1065. — Comme l'enseignent Ph. Malaurie et L. Aynes, "Une chose n'est pas fongible ou non fongible en elle-même ; elle est fongible ou non fongible avec une autre" (*Droit civil,* Les biens, éd. Cujas, 1990, p. 48). De fait, la fongibilité provient "d'un rapport d'équivalence entre deux choses" (P. Jaubert, *Deux notions du droit des biens : la consomptibilité et la fongibilité* : *Rev. trim. dr. civ.*, 1945, p. 75, spéc., p. 77) ; elle "résulte d'une comparaison, d'un rapport entre deux choses qui présentent les mêmes qualités, peuvent être indifféremment prises l'une pour l'autre, et qui ont la même fonction libératoire" (P. Jaubert, *op. cit.*, p. 84).

En ce sens, les valeurs mobilières sont indiscutablement fongibles et les définitions données ici et là se fondent sur cette fongibilité :

- l'article 1er de la loi du 23 décembre 1988 relative aux organismes de placement collectif en valeurs mobilières dispose ainsi : "Sont considérées comme valeurs mobilières pour l'application de la présente loi les titres émis par des personnes morales publiques ou privées, transmissibles par inscription en compte ou tradition, qui confèrent des *droits identiques* par catégorie et donnent accès, directement ou indirectement, à une quotité du capital de la personne morale émettrice ou à un droit de créance général sur son patrimoine";

- l'article 284 de la loi du 24 juillet 1966 définit l'obligation - valeur mobilière indiscutée - en ces termes : "Les obligations sont des titres négociables qui, dans une même émission, confèrent les mêmes droits de créance pour une même valeur nominale" ;

- l'article 3 (alinéa 1er) du règlement général de la Société interprofessionnelle pour la compensation des valeurs mobilières (SICOVAM) énonce : "Pour l'application du règlement général, le terme de valeur mobilière s'entend d'un ensemble de titres de même nature, côtés ou susceptibles de l'être, sont assimilés à une valeur mobilière".

La fongibilité par essence des valeurs mobilières produit des conséquences importantes. La principale est la suivante : "le contrat qui porte sur une chose fongible et qui place cette chose sous la domination d'un tiers, avec une simple obligation de restituer des choses semblables, opère normalement transfert de propriété" (P. JAUBERT, *op. cit.*, p. 89).

Par suite, le prêt de valeurs mobilières, qui est un prêt de consommation, emporte transfert de propriété au profit de l'emprunteur, lequel a seulement une obligation de restitution en équivalent ; c'est de cette façon que des administrateurs peuvent justifier de la propriété d'actions qui leur ont simplement été prêtées (V. *supra,* n. 627). Et il en va de même pour l'usufruitier - on parle de quasi-usufruit - et pour le dépositaire - on parle de dépôt irrégulier -. Dans tous les cas, à raison de la fongibilité, la propriété est transférée, d'où le droit de disposition du dépositaire, de l'usufruitier, de l'emprunteur (Rapp. PH. MALAURIE et L. AYNES, *op. cit.*, n. 157). Le propriétaire initial a troqué son droit réel pour un droit personnel, à savoir une créance en restitution d'une quantité équivalente de valeurs mobilières.

(n. 1066 à 1070 réservés)

SECTION II

LE FINANCEMENT PAR EMPRUNT

1071. — Les apports en capital sont une forme d'empunt pour la société, puisque les apporteurs, lors de la liquidation de la société, pourront récupérer la valeur de l'apport. Cependant, si l'associé a une créance d'apport, il n'est aucunement assuré d'être remboursé, car il est entièrement soumis aux aléas sociaux. En cela il est un prêteur d'une nature singulière. Le propre d'un prêteur est en effet de vouloir récupérer la somme prêtée et on ne saurait l'en critiquer. Aléas sociaux ou non, il veut être assuré de rentrer dans ses fonds et est disposé, en contrepartie, à se contenter d'une rémunération forfaitaire et à renoncer à tout espoir de plus-values. C'est ce prêteur-là qui nous intéresse maintenant.

Une distinction s'impose d'emblée. La société par actions emprunte comme n'importe quelle autre société ; elle aussi recourt aux banques et tente de convaincre un fournisseur de lui consentir des délais ; une société par actions exploitant des grandes surfaces obtient le droit de payer à 90 jours, donc de régler... avec le produit de la vente des produits achetés, et cela est une forme d'emprunt. En vérité, ce qui distingue la société par actions, c'est qu'elle peut émettre des *valeurs mobilières* représentatives d'un emprunt. La forme la plus commune est l'obligation ordinaire, elle connaît de nombreuses variantes.

§ 1. — L'emprunt obligataire ordinaire

1072. — L'article 284 de la loi de 1966 définit ainsi l'obligation : "Les obligations sont des titres négociables qui, dans une même émission, confèrent les mêmes droits de créance pour une même valeur nominale". Titres négociables : les obligations sont en effet des valeurs mobilières, elles sont cédées sans formalité, elles sont fongibles, elles peuvent être cotées en bourse (1). Cette étiquette signale un avantage considérable pour le prêteur : il a prêté par exemple 10 000 F sur 15 ans, il peut si nécessaire céder son obligation avant l'échéance, sans avoir à se soumettre aux formalités de la cession de créances ; le prêteur peut donc mobiliser sa créance sur la société.

A. — L'ÉMISSION

1073. — L'obligation n'est pas un titre représentatif d'une quote-part du capital ; dès lors l'intervention de l'assemblée générale extraordinaire n'est pas requise par la loi. C'est l'assemblée ordinaire qui décide, elle peut donner délégation au conseil d'administration ; l'intervention de l'assemblée générale ordinaire est à souligner, car pour les emprunts nont obligataires, les dirigeants ont pleine compétence, à moins que les statuts n'imposent l'autorisation préalable du conseil ou de l'assemblée.

Toutes les sociétés par actions ne peuvent pas émettre des obligations : il faut que le capital soit intégralement libéré, que la société ait deux ans d'existence (L., art. 285) et qu'elle ait fait approuver deux bilans par l'assemblée ordinaire.

Compte tenu de la nature d'emprunt de l'émission d'obligations, les actionnaires ne jouissent d'aucun droit préférentiel de souscription. Cela est logique : les obligataires ne risquent pas de venir un jour en concurrence avec eux pour la répartition du boni de liquidation ou de disputer leur influence dans les assemblées générales. L'obligataire n'est pas un associé.

B. — LE DROIT DES OBLIGATAIRES

Les droits des obligataires se distinguent de ceux des actionnaires à la fois sur le plan politique, le plan financier et le plan patrimonial.

1° Les droits politiques

1074. — Différence fondamentale avec l'actionnaire, l'obligataire n'a pas de droit politique ; il ne participe pas aux assemblées ; il ne peut donc ni voter

(1) Exemple : *Hachette* a émis en juin 1986, 350 000 obligations de 3 000 F, de durée 8 ans, portant un taux d'intérêt de 7 %, intérêt payable le 1er janvier de chaque année et cotées à la bourse de Paris.

ni discuter la qualité de la gestion de la société. C'est tout de même plus qu'un simple créancier et on lui reconnaît, à travers la masse dont il fait obligatoirement partie, un embryon de droits politiques (V. *infra*, n. 1150).

2° Les droits financiers

1075. — L'obligataire perçoit un intérêt pendant la durée de l'emprunt et obtient, à l'échéance, le remboursement de la somme prêtée (le nominal). En cela, il se présente comme un créancier ordinaire. L'intérêt est généralement fixe ; mais il est possible de prévoir un intérêt variant en fonction de divers paramètres tenant à l'activité de la société, le résultat ou le chiffre d'affaires par exemple ; la rémunération présente dans ce cas un caractère aléatoire. L'intérêt est payé périodiquement (chaque année ou chaque semestre) ; il peut également n'être versé qu'à l'échéance de l'emprunt ; tel est le cas des obligations dites "à coupon zéro" ou "zéro-coupon"; dans ce cas, l'obligataire ne perçoit aucun intérêt pendant la durée de l'emprunt (d'où l'absence de coupons) ; il reçoit en bloc le nominal et les intérêts cumulés en fin de contrat ; cette formule a été mise sur pied essentiellement pour des raisons fiscales.

3° Les droits patrimoniaux

1076. — L'obligataire peut céder ses obligations de la même façon qu'un associé peut céder ses actions ; c'est un avantage appréciable (V. *supra*, n. 1142). Les obligations sont nécessairement nominatives dans les sociétés non cotées ; elles peuvent être au porteur dans les sociétés cotées. Depuis la dématérialisation des valeurs mobilières (V. *supra*, n. 905), les obligations font l'objet d'une inscription en compte. Le régime des agréments tel qu'on le rencontre dans certaines cessions d'actions (V. *supra*, n. 888 et s.) n'a évidemment aucune raison d'être en matière d'obligation.

C. — La masse des obligataires

1077. — En 1935, le législateur a voulu assurer la protection collective des obligataires (c'était surtout des petits porteurs à l'époque) en les réunissant, de façon obligatoire, au sein d'une masse dotée de la personnalité morale ; il s'agit d'une personnalité morale sans patrimoine, agissant un peu comme un syndicat de copropriété, représentée par un organe pouvant agir en justice en son nom. Même si elle a été rajeunie par la loi du 5 janvier 1988, la réglementation demeure complexe (L., art. 293 et s.). Elle présente un caractère désuet dans la mesure où le portrait de l'obligataire a changé depuis 1935; le plus souvent c'est un "investisseur institutionnel" (SICAV, fonds commun de placement, compagnie d'assurances...) suffisamment armé pour défendre ses droits.

On s'en tiendra aux grandes lignes de la réglementation :

- il existe autant de masses que de catégories d'obligations ;
- chaque masse élit un représentant (c'est généralement une banque) ;
- les obligataires se réunissent périodiquement en assemblées générales qui peuvent être ordinaires ou extraordinaires ;

- le représentant assiste aux assemblées générales des actionnaires, mais en qualité d'observateur (il ne vote pas) ; il ne peut s'immiscer dans la gestion ; la société doit lui communiquer les mêmes documents qu'aux actionnaires ; c'est l'embryon du droit politique auquel il a été fait allusion (V. *supra*, n. 1146) ;
- la société doit consulter la masse lorsqu'elle envisage un changement de structure, une fusion par exemple (V. *infra*, n. 1742) ; si la société passe outre à l'avis négatif émis par la masse, elle doit offrir le remboursement aux obligataires qui en font la demande ;
- la masse peut accepter à la majorité une modification des conditions initiales du contrat d'émission.

§ 2. — L'emprunt obligataire complexe

1078. — Complexe : composé de plusieurs éléments. Cela veut dire que l'obligation émise confère d'autres prérogatives que le seul droit au versement d'un intérêt (2).

A. — La panoplie des variantes

1° L'obligation convertible

1079. — C'est une obligation ; elle en a toutes les caractéristiques, à ceci près que le titulaire peut convertir son obligation en action selon une parité et des délais prévus dans le contrat d'émission. Par ce moyen celui qui était créancier se mue en associé et l'obligation disparaît pour donner place à une action.

1080 — Exemple : emprunt BSN, janvier 1990

Voici les conditions de l'emprunt obligataire telles que présentées dans la presse financière :

" Actionnaires de BSN, vous avez priorité pour souscrire du 8 janvier au 19 janvier 1990 inclus, à raison d'une obligation pour 15 actions anciennes détenues.

Montant minimum de l'émission : 3,3 milliards de francs.

Prix d'émission : le pair, soit 900 F.

Intérêt : 6,60 % payable annuellement le 1er janvier (Jouissance : 8 février 1990)

Echéance : 1er janvier 2000.

Amortissement : à 110 % *in fine*, soit 990 F.

(2) C'est en ce domaine que les innovations financières ont été les plus importantes ; cons. A. Couret, *Innovation financière et règle de droit* : *D.* 1990, chron., p. 135.

Amortissement anticipé au gré de l'émetteur :
possible à 100 %, à partir du 1er janvier 1993, pour autant que le cours de l'action excède 130 % du prix d'émission.

Taux de rendement actuariel à l'échéance : 7,32 %.

Conversion des obligations : à tout moment, à raison d'une action pour une obligation".

Visa COB N° 90-03 en date du 04/01/1990 : *BALO* du 08/01/1990

BSN - Direction de la Communication Externe et Financière
7, rue de Téhéran - 75008 Paris - Tél. (1) 42.99.12.57

2° L'obligation échangeable

1081. — L'idée est voisine, mais la conversion fait place à un échange. Lors de l'émission des obligations, des actions ont été souscrites par un tiers échangiste (une banque par exemple) qui s'est engagé à échanger, selon une parité définie à l'origine, les actions contre les obligations dites échangeables. L'échange, comme la conversion, est facultatif ; il est au gré de l'obligataire ; il se fait aux conditions définies dans le contrat d'émission.

3° L'obligation à bon de souscription

1082. — L'obligation à bon de souscription présente deux produits financiers en un : une obligation ordinaire et un bon de souscription d'action ou de certificat d'investissement. Le bon est émis avec l'obligation ; mais il est détachable de celle-ci et peut donc être l'objet d'une cession séparée. Financièrement l'obligation à bon de souscription d'actions (ou OBSA) est intéressante pour la société émettrice : le bon crée un espoir de plus-value, qui justifie un moindre taux d'intérêt pour l'obligation. En 1987, la société *Moët-Hennessy* a pu ainsi émettre des obligations portant un intérêt de 1 % et dotées chacune de dix-huit bons de souscription d'actions.

4° L'obligation remboursable en actions

1083. — Au lieu d'être remboursée en numéraire, cette obligation (qualifiée parfois d'ORA) est remboursée en actions (ou en certificats d'investissement). Là aussi le prêteur se mue en associé, mais il n'a pas le choix comme dans l'obligation convertible ou échangeable ; il ne recevra en tout état de cause que des actions, sauf à vendre son obligation avant l'échéance à une personne à qui ce mode de remboursement convient.

5° D'autres variantes

1084. — Des variantes existent ; on peut ainsi rencontrer des obligations à bons de souscription de certificats d'investissement. Le principe est celui de la liberté ; dès l'instant où il n'y a pas conversion d'un titre représentatif d'une quote-part du capital en titre représentatif d'une créance (L., art. 339-1, *in fine*) ; ces variantes sont licites.

B. — La procédure d'émission

1085. — Dès lors que l'emprunt obligataire complexe aboutit, à un moment ou à un autre, à un titre de capital, l'intervention de l'assemblée extraordinaire est exigée comme pour un financement en capital. De même, il y aura lieu de tenir compte du droit préférentiel de souscription des actionnaires aux titres ainsi créés, par exemple une obligation à bon de souscription d'actions (V. *supra*, n. 994 et s. et n. 1152 *bis*). Mais en tout état de cause, lorsque l'assemblée décide l'émission, cela emporte suppression du droit préférentiel de souscription des titres auxquels donnent droit les valeurs mobilières émises (L., art. 339-2).

§ 3. — Les emprunts voisins

A. — Les titres participatifs

1086. — Les titres participatifs (à ne pas confondre avec les prêts participatifs, V. *supra*, n. 328) sont des quasi-obligations ; ils en diffèrent par deux traits :

- les titres participatifs ne peuvent être émis que par les sociétés du secteur public (ex. : *Rhône-Poulenc*), les sociétés anonymes coopératives (ex. : *Codec*) et les coopératives agricoles ;
- les titres participatifs sont rémunérés par une partie fixe ; celle-ci porte au moins sur 60 % du nominal, et par une partie variable, qui dépend d'éléments tirés des comptes annuels, voire des comptes consolidés.

Pour le reste, c'est le régime des obligations qui a été décalqué. Par exemple un titre participatif peut être assorti d'un bon de souscription de titres participatifs (ex. : *La Mondiale*, juin 1989). De même, les porteurs de titres participatifs sont réunis de plein droit au sein d'une masse comme les obligataires (V. *supra*, n. 1149).

B. — Les titres suborbonnés a durée indéterminée

1087. — Les titres subordonnés à durée indéterminée (ou TSDI) sont encore appelés titres perpétuels. Ils sont définis par l'article 339-7 de la loi du 24 juillet 1966 : “Lors de l'émission de valeurs mobilières représentatives de créances sur la société émettrice…, il peut être stipulé que ces valeurs mobilières ne seront remboursées qu'après désintéressement des autres créanciers, à l'exclusion des titulaires de prêts participatifs ou de titres participatifs”.

Au fond, c'est une affaire de rang, les porteurs de tels titres étant des porteurs d'avant-dernier rang, d'où en cas de difficultés de moindres chances de remboursement. Pour le juriste la différence est ténue avec l'associé, surtout si l'intérêt servi est variable et si son paiement est lui aussi affecté d'une clause de subordination. Pour le financier, la différence est encore plus mince, puisqu'il traite ces titres comme des quasi-fonds propres, en et non comme des dettes, ce qui présente l'avantage, pour la société de ne pas affecter ses ratios financiers.

La subordination peut concerner toutes les variantes de l'obligation ; ainsi la société *Cerabati* a émis en mai 1989 des "titres subordonnés remboursables avec bons de souscription d'obligations remboursables en actions" (V. Avis SBF, n. 89-1450 du 5 juin 1989).

LE COIN DES AMATEURS

1) De la fixité à la mobilité du capital

1088. — Le capital n'a plus le caractère intangible qu'il avait il y a encore vingt ans (V. *supra,* n. 318). D'un côté la multiplication des autorisations permet au conseil d'administration d'augmenter à sa guise le capital social (V. *supra,* n. 1102 et s.). D'un autre côté, la multiplication des produits financiers complexes permet un financement futur des sociétés, au gré du porteur du titre. La combinaison de ces deux tendances fait que le capital des sociétés par actions — les grandes tout au moins — ne tient plus en place ; un jour, un porteur d'obligations convertibles décide de convertir, le lendemain, des porteurs de bons souscrivent, etc. Le capital est devenu mobile. Mais le juriste reste muré dans sa conviction de l'intangibilité.

Pour approfondir cette donnée nouvelle, voici des travaux de qualité : B. CORDIER, *Le renforcement des fonds propres dans les sociétés anonymes,* thèse, LGDJ, 1989. — S. DANA-DEMARET, *Le capital social,* thèse, Litec, 1989. — H. HOVASSE, *Les augmentations de capital à souscription conditionnelle,* Economica, 1988. — V. également TH. BONNEAU, *La diversification des valeurs mobilières : ses implications en droit des sociétés : Rev. trim. dr. com.* 1989, p. 535. — M. JEANTIN et J.-P. BERTREL, *Droit de l'ingénierie financière,* Litec, 1990.

2) Du contrat de société au contrat d'investissement

1089. — L'examen des modes de financement de la société anonyme fait toucher du doigt l'absence de différence profonde entre l'actionnaire d'une grande société et l'obligataire. Ils n'ont ni l'un ni l'autre vocation à gérer la société ; s'ils votent, c'est avec leurs pieds, en vendant leurs titres lorsque leur placement ne répond plus à leurs espérances ou au contraire les a par trop comblées (plus-values). Si différence il y a, elle est d'état d'esprit ; les premiers sont optimistes, ils escomptent une plus-value, ils prennent le risque d'une rémunération évoluant en fonction des performances de la société , les seconds sont pessimistes, ils préfèrent un revenu régulier. Et entre les deux extrêmes, il y a toute une gamme de situations dont rend compte la prolifération des produits financiers complexes. Aussi bien aurait-on peut-être intérêt à cesser de penser en termes de contrat de société et d'y substituer le contrat d'investissement. L'entreprise a besoin de fonds, elle s'adresse à des investisseurs, lesquels endossent l'uniforme d'obligataire ou d'actionnaire en fonction du titre acheté, partageant tous la qualité d'investisseurs. Les uns ont un droit de regard sur les affaires sociales que les autres n'ont pas, mais cela est parfaitement cohérent avec la nature de l'investissement et n'a pas besoin d'être justifié par une *affectio societatis,* plus symbolique que réelle ; il est normal que celui qui court des risques soit informé de la gestion sociale. Cette ingérence est fondée sur le risque et non sur la qualité de l'emprunteur ; d'ailleurs, dans nombre de contrats comportant un intéressement aux bénéfices, l'"intéressé" a un droit de regard, ce qui ne veut pas dire qu'il soit associé.

La conclusion est claire : les uns et les autres ne sont que des créanciers ; en dehors des "contrôlaires", il n'y a pas de véritables associés dans les grandes sociétés. Hérésie? Pour les juristes d'autrefois peut-être, pour les financiers d'aujourd'hui assurément non.

3) Défaisance

1090. — On appelle ainsi le procédé par lequel l'émetteur d'un emprunt obligataire réussit à extraire cet emprunt — donc cette dette — de son bilan, sans le rembourser. Ce tour de magie financière, qui permet d'améliorer le ratio endettement sur fonds propres, réclame des opérations juridiques compliquées, qui passent d'abord par l'acquisition de titres de créance émis par d'autres sociétés dont les intérêts vont permettre de payer les intérêts dus aux obligataires, puis ensuite, par le transfert inévitable des titres acquis à une entité tierce qui s'engage, à affecter exclusivement les titres repris au paiement des intérêts et au remboursement de l'emprunt obligataire, à la date initialement convenue dans le contrat d'émission. Juridiquement l'émetteur reste débiteur des obligations, mais financièrement et comptablement, il est censé avoir rembourser l'emprunt.

Bibliographie : Cl. Ferry, *Défaisance économique et fiducie* : *JCP* 91, éd. E, n. 23. — J.-P. Girard, *Le point de vue du banquier sur l'opération de défaisance* : *Rev. dr. banc.* 1989, n. 12, p. 58 et s. — K. Geary, *L'expérience de Peugeot en matière de défaisance* : *Rev. dr. banc.* 1989, n. 12, p. 52 et s.

(n. 1091 à 1099 réservés)

SECTION III

LA BOURSE

1100. — La bourse est un marché organisé de valeurs mobilières, marché contrôlé, où le prix — le cours — des valeurs qui y sont cotées dépend directement de la loi de l'offre et de la demande. Le marché est d'abord un marché secondaire (de l'occasion ?) qui permet les transactions entre acquéreurs et vendeurs de valeurs mobilières ; c'est aussi un marché primaire, par les possibilités de placement et d'emprunt qu'il offre aux sociétés cotées. En ce sens, la bourse est un élément du financement des sociétés par actions, seules sociétés commerciales à pouvoir émettre des valeurs mobilières, c'est-à-dire des valeurs susceptibles d'être cotées en bourse.

Pour le juriste, la bourse retient l'attention par l'acquisition du statut de société cotée (sous-section I), les contrôles (sous-section II), les contraintes (sous-section III) et les sanctions (sous-section IV).

SOUS-SECTION I

L'ACQUISITION DU STATUT DE SOCIÉTÉ COTÉE

1101. — Le statut de société cotée s'acquiert à la suite d'une procédure, laquelle débouche sur un acte administratif : l'admission à la cote (§ 1) ; l'admission est complétée par la mise sur le marché d'une certaine quantité de titres, on parle alors d'introduction en bourse (§ 2).

§ 1. — L'admission à la cote

1102. — Une observation préalable s'impose : il faut distinguer l'admission à la cote et l'appel public à l'épargne. En simplifiant, on peut dire que la cotation présume l'appel public mais que l'appel public ne présume pas la cotation ; une société cotée fait nécessairement appel public à l'épargne alors qu'une société qui fait appel public à l'épargne n'est pas nécessairement cotée. Cela s'explique par les critères des deux notions. La cotation procède d'un critère formel, l'admission à la cote. L'appel public procède d'un faisceau de critères (L., art. 72) où l'on retrouve l'admission à la cote, mais aussi l'emploi de moyens de publicité ou le recours au réseau bancaire pour le placement des titres émis, ainsi que le degré de diffusion des titres. Selon ce dernier critère ajouté par la COB à la loi (Règlement 88-04 : *JO* 14 juill. 1988, p. 9158), il y a appel public lorsque la société a, par exemple, plus de 300 actionnaires ou si elle propose ses titres, ainsi des obligations, à plus de 300 personnes (500, s'il s'agit de salariés de l'entreprise). Ces critères sont appliqués en fonction des valeurs mobilières émises par une société considérée. Une société dont les actions sont cotées peut très bien ne pas recourir à l'appel public pour le placement de ses obligations et vice versa.

Juridiquement le marché boursier est multiple. On distingue :

- *la cote officielle*, qui tient ce qualificatif du fait que l'admission à cette cote procède d'un acte administratif ; la cote officielle comprend elle-même deux marchés : le marché à règlement immédiat (RI), et le marché à règlement mensuel (RM) ;
- *le second marché*, à l'origine compartiment spécial du marché hors cote, et qui se rapproche de plus en plus de la cote officielle ; son accès est également conditionné par l'admission ;
- *le hors cote*, dont l'accès est libre et ne donne pas lieu à une admission formelle.

A. — L'ADMISSION A LA COTE OFFICIELLE

1103. — L'admission à la cote officielle est décidée par le conseil des bourses de valeurs (L. n. 88-70, 22 janv. 1988, art. 7). Cette instance a dessiné les conditions de cette admission dans le titre III de son règlement général et dans sa décision générale n. 88-2. Parmi les exigences posées par ces textes, relevons :

- la publication par la société sollicitant l'admission de ses actions des comptes annuels des trois derniers exercices (Règlement général, art. 3.1.11), ce qui implique qu'elle ait au moins trois ans d'âge ;

- l'égalité des droits entre les titres dont l'admission est demandée et l'absence de clause d'agrément (Règlement général, art. 3.1.13) ;

- la mise sur le marché (ou diffusion dans le public) d'au moins 25 % du capital (Règlement général, art. 3.1.14).

La Commission des opérations de bourse peut s'opposer à l'admission (L. n. 88-70 préc., art. 7, al. 1er). Le droit d'opposition est explicité dans le règlement n. 88-03 de la COB (V. Bull. mensuel n. 216, juillet-août 1988, p. 3) ; il est mis en œuvre dès lors que l'introduction en bourse fait courir aux investisseurs des risques incompatibles avec leur intérêt, ainsi du caractère insuffisant des diligences accomplies par les commissaires aux comptes (1).

B. — L'admission a la cote du second marché

1104. — L'admission à la cote du second marché obéit à des règles très voisines : décision du conseil des bourses de valeurs et droit de veto de la Commission des opérations de bourse (V. Conseil des bourses de valeurs, règlement général, art. 3.1.27 et s. — décision générale n. 88-7). Ce marché a été vu comme l'antichambre de la cote officielle, d'où des conditions d'admission assouplies (2) :

- engagement de la société émettrice de mettre en harmonie avec les normes définies par la COB, dans les trois ans de l'admission, les procédures de contrôle des comptes et d'intervention des commissaires aux comptes (Règlement général, art. 3.1.28) ;

- publication des comptes d'au moins deux exercices (Règlement général, art. 3.1.29) ;

- mise sur le marché (ou diffusion dans le public) d'au moins 10 % du capital (Règlement général, art. 3.1.31).

C. — L'admission au marché hors cote

1105. — Le marché hors cote n'est soumis à aucune condition d'admission telles que diligences comptables ou volume des titres placés dans le public (3)... Cependant, parade à l'anarchie, le marché hors cote est placé, quant aux négociations, sous le contrôle des sociétés de bourse, depuis un décret du 30 octobre 1961. Un relevé quotidien des valeurs inscrites au hors-cote est établi par la Société des bourses françaises ; ce relevé est important :

---

(1) Sur l'application de cette disposition, V. Paris, 1re ch., 7 juin 1989 : *Rev. dr. bancaire* 1989, 177, n. 6, obs. M. Jeantin et A. Viandier ; affaire *Rémy Martin.*

(2) Cons. A. Rabut, *Le second marché des bourses de valeurs* : *JCP* 84, éd. G, 3136.

(3) Sur cette situation, V. M. Peisse, *Le hors cote* : *Gaz. Pal.* 18 et 19 mai 1988, doctr., p. 5 et s.

ce n'est que si un prix offert ou demandé y a été publié pendant une durée minimale fixée par le conseil au moins trois jours avant qu'une cotation peut avoir lieu (Règlement général, art. 3.1.9).

§ 2. — L'introduction en bourse

1106. — L'introduction en bourse suit l'admission ; c'est la procédure par laquelle les investisseurs se voient offrir la possibilité d'acheter une partie des titres dont l'admission vient d'être décidée. Les règles en sont posées par les articles 3.2.1. et suivants du règlement général du conseil des bourses de valeurs.

Ce règlement conçoit plusieurs voies, dont la mise en vente, analogue à une vente aux enchères, et l'offre publique de vente. L'offre publique de vente est notamment choisie lorsque la mise en vente n'a pu aboutir du fait du déséquilibre entre le nombre de titres mis en vente et le nombre de titres demandés. Tel a été le cas lors de l'introduction sur le second marché de la Bourse de Paris des actions de la société NRJ SA qui exploite la radio du même nom (V. *infra*, n. 1107). L'offre publique de vente permet d'assurer une certaine égalité : le prix d'offre est fixé et les acheteurs ne peuvent pas proposer un prix supérieur contrairement à la procédure de mise en vente ; si — ce qui arrive presque toujours — le nombre d'actions demandées est supérieur au nombre d'actions offertes à la vente, les demandes des acheteurs potentiels sont réduites dans la même proportion.

LE COIN DES AMATEURS

L'introduction au second marché des actions NRJ

1107. — Voici le texte de l'avis annonçant le recours à la procédure de l'offre publique de vente (Décisions et avis publiés par la société des bourses françaises - 4 déc. 1989) :

"L'introduction sur le second marché de la Bourse de Paris des actions de la Société NRJ SA, annoncée par l'avis n. 89-3442 du 24 novembre 1989, n'a pu être réalisée le 4 décembre 1989 dans les conditions prévues par l'avis n. 84-211 publié à la cote officielle du 24 février 1984, précisant les conditions d'application de la procédure de mise en vente fixée par les articles n. 3.2.6., 3.2.7., 3.2.8. et 3.2.12 du Règlement général du Conseil des bourses de valeurs, en raison du déséquilibre constaté entre le nombre de titres mis en vente : 512 640 actions NRJ SA au prix d'offre minimal de 320 F et le nombre des titres demandés 153 481 117 titres au total dont 33 987 014 titres de 320 F à 350 F ; 47 633 173 titres de 351 F à 370 F ; 61 105 777 de 371 F à 400 F ; 11 220 373 titres de 401 F à 440 F et 434 780 titres de 441 F à 500 F.

En conséquence, il a été décidé de reporter au vendredi 8 décembre 1989 sous la forme d'une offre publique de vente l'introduction des actions NRJ SA.

L'objet du présent avis est de préciser le calendrier et les conditions de réalisation de cette OPV :

1 - Date de l'offre publique de vente : vendredi 8 décembre 1989 ;
- Nombre de titres mis en vente : 512 640 actions ;
- Prix d'offre unitaire : 380 F ;
- Couverture des ordres d'achat : les ordres d'achat devront être appuyés des fonds correspondants, étant précisé que de manière à éliminer l'effet des deux journées de la fin de semaine, les fonds seront calculés sur la base de la moitié du prix unitaire de l'OPV, soit 380/2 = 190 F. Ces fonds seront déposés à la Société des bourses françaises et seront restitués le lundi 11 décembre 1989 dans la matinée.

2. Le 8 décembre 1989, la Société des bourses françaises centralisera les ordres d'achat que lui auront déposés les sociétés de bourse exerçant leur activité à la Bourse de Paris. Ces ordres d'achat dont la validité sera limitée à la seule journée du 8 décembre 1989, devront respecter les spécifications suivantes :
- être limités au prix d'offre ;
- en ce qui concerne les ordres en provenance de clients directs et si le compte-espèces du client n'est pas créditeur des fonds nécessaires, être appuyés d'un chèque représentant la contrevaleur du total des titres demandés multipliés par 190 F ;
- en ce qui concerne les ordres en provenance d'intermédiaires professionnels, être appuyés d'un virement correspondant au nombre total des titres demandés multipliés par 190 F.

3. Les sociétés de bourse devront déposer auprès de la Société des bourses françaises à Paris, Palais de la Bourse, sur le groupe 3, le 8 décembre 1989, avant 12 h 15, les ordres dont elles sont dépositaires sur une même fiche.

4. Le compte de trésorerie des sociétés de bourse sera débité directement par la Société des bourses françaises le 8 décembre 1989 des fonds nécessaires à la couverture de leurs ordres. Ces fonds seront bloqués jusqu'au 10 décembre 1989 inclus, dans les caisses de la Société des bourses françaises et seront restitués le lundi 11 décembre 1989 dans la matinée.

5. Couverture en devises par les donneurs d'ordres non-résidents : les fonds seront déposés sur les comptes ouverts chez les correspondants agréés de la Société des bourses françaises le jeudi 7 décembre 1989 avant 12 h, les sociétés de bourse devant en informer le Service des opérations à l'étranger dans les mêmes délais. Ces fonds seront intégralement restitués le lundi 11 décembre 1989 sur instructions des sociétés de bourse précisant notamment les coordonnées bancaires des déposants.

6. Le résultat de l'OPV fera l'objet d'un communiqué publié le vendredi 8 décembre 1989 au *Bulletin officiel de la cote.*

(n. 1108 à 1110 réservés)

SOUS-SECTION II

LES CONTRÔLES : LE RÔLE DE LA COMMISSION DES OPÉRATIONS DE BOURSE

1111. — Créée par une ordonnance du 28 septembre 1967 à l'image de la puisante "Securities and Exchange Commission" américaine, la Commission des opérations de bourse est "chargée de veiller à la protection de l'épargne investie en valeurs mobilières ou tous autres placements donnant lieu à appel public à l'épargne, à l'information des investisseurs et au bon fonctionnement des marchés de valeurs mobilières, de produits financiers cotés ou de contrats à terme négociables" (art. 1er de l'ordonnance). C'est le "gendarme" de la bourse. Dotée au départ de pouvoirs et de moyens limités, la COB a su rapidement affirmer son autorité et exerce désormais un magistère redouté sur la vie des sociétés faisant publiquement appel à l'épargne ; ses prises de position sont une composante non négligeable du droit des sociétés ; la lecture de son bulletin mensuel et de son rapport annuel est toujours instructive (1).

§ 1. — Les prérogatives de la COB

A. — La liste des attributions

1112. — Voici un aperçu de ses attributions :

- elle appose son visa sur les notes d'information que les sociétés doivent publier avant tout appel à l'épargne publique (V. *infra*, n. 1107) ;

- elle prescrit des règles de pratique professionnelle qui s'imposent aux sociétés et à ceux qui interviennent sur les marchés financiers ; elle procède par voie de règlements, de recommandations ou d'avis ;

- elle surveille l'action des commissaires aux comptes, dont elle peut provoquer la récusation, voire la révocation (V. *supra*, n. 963) ;

- elle procède à des enquêtes et peut transmettre le dossier au Parquet lorsqu'elle constate des infractions dans le domaine de l'épargne publique, en cas de délit d'initié par exemple (V. *infra*, n. 1136) ;

- elle peut demander aux tribunaux de prononcer des injonctions à l'égard des sociétés coupables d'irrégularité (V. *infra*, n. 1117, le cas *Herrikoa*) ;

- elle peut prononcer elle-même des injonctions à l'encontre des personnes ne respectant pas ses règlements (2) ;

- elle peut sanctionner directement ces mêmes personnes *(ibid.,* n. 68), sévèrement d'ailleurs puisque le maximum est de dix millions de francs ou le décuple du profit (Sur la procédure, V. Décret du 23 mars 1990 : *JO* 25 mars 1990, p. 3655) ;

- elle cloue au pilori, en les dénonçant publiquement, les sociétés récalcitrantes ;

- elle reçoit les doléances de ceux qui s'estiment victimes d'agissements coupables (petits porteurs et minoritaires notamment) : par là, la COB prend sous sa houlette "les veuves et les orphelins" du monde de l'épargne.

(1) N. Decoopman, *La Commission des opérations de bourse et le droit des sociétés*, Economica, 1980. — P. Bezard et Y. Chaput, *La Commission des opérations de bourse et la protection des actionnaires minoritaires dans les groupes de sociétés* : *Rev. soc.* 1982, p. 481. — M. Vasseur et autres, *Les autorités boursières créatrices de droit*, 1981.

(2) V. A. Viandier, *Sécurité et transparence du marché financier* : *JCP* 89, éd. E, 15612, n. 33.

Cette série impressionnante de prérogatives rapproche la Commission des opérations de bourse du Conseil de la concurrence, qui lui aussi a un pouvoir d'enquête, d'injonction et de répression. Mais à la différence de cette instance, la COB dispose en outre du pouvoir "législatif" puisqu'elle a la faculté de prendre des règlements, soumis il est vrai à l'homologation du ministre chargé de l'Economie. Législatif, exécutif, judiciaire, voilà une concentration des pouvoirs bien insolite.

B. — Le rescrit financier

1113. — A ces prérogatives de la COB, il faut ajouter le pouvoir d'interpréter ses propres règlements, prérogative qu'elle s'est octroyée sur la suggestion de la Commission de déontologie boursière (janv. 1990), qui recommande la création de la procédure de rescrit. Cette procédure a été définie par le règlement n. 90-07 de la Commission des opérations de bourse (3).

Le rescrit financier évoque bien sûr le rescrit fiscal de la loi du 8 juillet 1987 (*Adde,* Instruction du 16 décembre 1988), mais aussi le certificat d'urbanisme de la loi du 16 juillet 1971. Le principe est à chaque fois le même, à savoir demander à l'autorité réglementaire son interprétation d'un texte. Par le rescrit financier, les parties à une opération précise (on peut penser à une émission de titres ou à une offre publique) posent par écrit à la Commission des opérations de bourse une question relative à l'interprétation de ses règlements. La COB délivre dans les trente jours son rescrit, lequel précise si au regard des éléments communiqués par l'intéressé, l'opération n'est pas contraire aux règlements de la commission. Si l'opération lui apparaît contraire aux mêmes règlements, elle ne délivre pas de rescrit. L'efficacité du rescrit est cantonnée aux relations entre le demandeur et la COB ; "dans la mesure où le demandeur se conforme de bonne foi au rescrit, l'opération pour ses éléments décrits dans ce dernier, ne donne pas lieu, de la part de la commission, à sanction ou saisine de l'autorité disciplinaire ou judiciaire" (Règlement 90-07, art. 8, al. 2). Mais le rescrit n'a aucun effet à l'égard des tiers, spécialement l'autorité judiciaire. Le rescrit fait l'objet d'une publication intégrale au prochain bulletin mensuel de la COB ; cependant la COB peut différer cette publication, pendant six mois, dans un souci de protection du secret des affaires. On observera qu'à ce jour un seul rescrit a été demandé (V. *Bull. COB*, n. 247, p. 11).

§ 2. — Les recours et les responsabilités

A. — Les recours

1° Le recours devant le juge judiciaire

1114. — La compétence judiciaire est le principe en matière de recours contre les décisions de la COB. C'est le sens de la formulation adoptée pour le

(3) Sur ce texte, V. L. Richer et A. Viandier, *Le rescrit financier* : *JCP* 91, éd. E, 10. — M.-N. Dompe, *Le rescrit* : *Rev. dr. bancaire* 1990, p. 226. — P. Le Cannu, *Le rescrit* : *Bull. Joly* 1990, p. 927.

nouvel article 12 de l'ordonnance du 28 septembre 1967, qui vise les recours contre les décisions de la commission autres que celles qui ont un caractère réglementaire ou qui sont relatives à l'agrément des OPCVM. Sont ainsi concernées : les injonctions administratives, les injonctions (4), les sanctions administratives, les refus de visa, les décisions d'assistance et de coopération internationales. En revanche, les demandes d'injonction judiciaire et de mesures conservatoires paraissent exclues dans la mesure où elles appellent de toute manière une appréciation judiciaire.

Par imitation avec le dispositif retenu pour le Conseil des bourses de valeurs, *l'absence de caractère suspensif* du recours a conduit à reconnaître au premier président de la Cour de Paris le pouvoir d'ordonner "qu'il soit sursis à l'exécution de la décision si celle-ci est susceptible d'entraîner des conséquences manifestement excessives". Les injonctions et les sanctions seront le terrain d'élection des demandes de sursis à exécution. La référence aux "conséquences manifestement excessives", qui évoque d'autres débats, ainsi en droit des obligations de la révision de la clause pénale, investit le premier président d'un pouvoir d'équité, ce qui le conduit à apprécier la proportionnalité de la mesure ordonnée à la gravité des faits ou des comportements l'ayant justifiée. On observe que le pouvoir du premier président paraît moins étendu qu'à l'égard des décisions du Conseil de la concurrence ou du Conseil des bourses de valeurs ; en effet, le nouvel article 12 de l'ordonnance du 28 septembre 1967 vise exclusivement les conséquences manifestement excessives et ne fait pas référence à l'intervention, postérieurement à la décision querellée, de "faits nouveaux d'une exceptionnelle gravité" (Ord. 1er déc. 1986, art. 12. — V. par ex. Ord. 20 sept. 1989 : *BOCCRF*, 30 sept. 1989, p. 228 ; L. 22 janv. 1988, art. 5 : *JCP* 88, III, 61134). En vérité, rien n'interdit au premier président de se placer après la décision et de considérer que la survenue de tel fait nouveau contribue à rendre les conséquences de la décision manifestement excessives.

2° Le recours devant le juge administratif

1115. — Ce mode de recours est *l'exception.* Il ne concerne que les décisions à caractère réglementaire. A l'encontre de ces décisions, les recours sont portés devant le Conseil d'Etat. Il faut donner ici au terme "réglementaire" un sens large. Il s'agit de toutes les décisions à caractère général, même si elles ne se coulent pas dans le moule d'un règlement ; les instructions ainsi que les décisions de caractère général visées à l'article 2 du décret n. 68-30 du 3 janvier 1968 sont assurément des décisions à caractère réglementaire.

B. — La responsabilité

1116. — La COB est une "institution financière spécialisée", elle est dépourvue de personnalité juridique, l'action en responsabilité est donc

(4) V. Cons. d'Etat, sect. 6 juill. 1990 : *JCP* 90, éd. E, 20126.

nécessairement dirigée contre l'Etat (5). Elle exige, pour réussir, que la preuve d'une faute lourde soit apportée. C'est l'enseignement d'un arrêt du Conseil d'Etat du 22 juin 1984 (6) : "la responsabilité de l'Etat à raison du fonctionnement de la COB ne saurait être engagée qu'en cas de faute lourde de celle-ci".

LE COIN DES AMATEURS

1) L'affaire *Herrikoa*

1117. — La société *Herrikoa* avait ouvert en octobre 1987 une souscription à une augmentation de capital en vue de relancer son action (prise de participations aux fins de contribuer à la création d'emplois en Pays Basque). La souscription s'était accompagnée de l'utilisation de divers moyens publicitaires et avait permis de réunir les fonds de 1100 personnes. La publicité et le nombre de personnes impliquées constituaient deux raisons de qualifier l'opération d'appel public à l'épargne (V. *supra,* n. 1102). Or, les règles applicables en telle occurrence n'avaient pas été suivies ; spécialement aucune note d'information n'avait été soumise à la COB. Celle-ci a donc décidé d'user de l'article 4-2 ; son président a saisi le tribunal de grande instance de Paris. Le tribunal a constaté que l'absence de visa de la COB est de nature à porter atteinte aux droits des épargnants, qu'aucun document comptable n'est versé aux débats par la société *Herrikoa,* qu'aucune précision n'est fournie sur l'utilisation des fonds. Il ordonne en conséquence" la suppression des effets de l'irrégularité en imposant la remise en l'état antérieur et la restitution d'office à tous les souscripteurs des fonds recueillis", remise en l'état devant être accomplie, à ses frais, par la banque dépositaire des fonds (Tr. gr. inst. Paris, réf., 22 fév. 1988, inédit, *Y. Le Portz* c. *soc. Herrikoa et Crédit Commercial de France*).

2) L'affaire *Darty*

1118. — Voici le communiqué publié par la COB à la suite d'une enquête consécutive à l'offre publique réalisée par la société financière DARTY (*Bull. mensuel,* n. 230, déc. 1989) :

"La Commission des opérations de bourse a examiné ce jour les conclusions de l'enquête réalisée sur l'OPA effectuée par la société financière DARTY sur le capital des Etablissements DARTY et Fils au cours des mois de mai et juin 1988.

La Commission a constaté que l'information diffusée pendant le déroulement de l'offre n'avait pas présenté les caractères d'exhaustivité et de précision permettant aux actionnaires des Etablissements DARTY et Fils de prendre la décision de conserver ou non leurs titres dans des conditions optimales :

- certains investisseurs institutionnels, contactés préalablement à l'ouverture de la procédure d'offre publique, ont obtenu, en contrepartie de la vente des actions DARTY qu'ils détenaient, la possibilité d'entrer dans le capital de la Financière DARTY, ainsi que la faculté de participer à la syndication de l'emprunt de 5,5 milliards de francs qu'elle avait contracté. La Commission

(5) Cf. M. GUILLAUME-HOFNUNG, *Les actes juridiques de la commission des opérations de bourse : AJDA* 1983, p. 683 et s., spéc. p. 694.

(6) *Rev. soc.* 1985, 634, note J.-J. DAIGRE. — *Adde,* Trib. adm. Paris, 7e sous-sect., 2e ch., 5 mars 1990 : *JCP* 90, éd. E, II, 15838, n. 14, obs. A. VIANDIER et J.-J. CAUSSAIN.

considère que ces faits, dont la teneur n'a pas été portée à la connaissance du public, ont eu pour conséquence de rompre l'égalité de traitement entre les actionnaires ;

- l'information diffusée à l'issue de la réunion du directoire des Etablissements DARTY, le 28 mai 1988, ne rendait pas compte de l'ensemble des décisions prises au cours de cette réunion. En effet, les dirigeants du groupe n'ont pas informé le public, alors que l'offre n'était pas encore irrévocable, de la décision du directoire selon laquelle, si la société Financière DARTY venait à détenir plus de 95 % du capital des Etablissements DARTY et Fils, le groupe opterait pour le régime de l'intégration fiscale, renonçant ainsi à réaliser dans les cinq ans la fusion entre les deux sociétés qu'il avait annoncée. En raison de ce manquement, de nature à influencer la décision des actionnaires, la Commission a décidé de transmettre son rapport au Procureur de la République afin de lui permettre de donner à cette affaire toutes suites qu'il estimerait utiles, notamment au regard de l'article 10-1 alinéa 3 de l'ordonnance du 28 septembre 1967 sanctionnant la diffusion d'informations trompeuses." ———

(n. 1119 et 1120 réservés)

SOUS-SECTION III

LES CONTRAINTES DE LA COTATION

§ 1. — Les contraintes pesant sur la société elle-même

1121. — En vertu de l'article 72 de la loi du 24 juillet 1966, les sociétés dont les titres sont inscrits à la cote officielle ou à celle du second marché d'une bourse de valeurs sont réputées faire publiquement appel à l'épargne à dater de cette inscription (1). Dans ces conditions, les sociétés cotées sont assujetties aux règles gouvernant les sociétés qui font appel public à l'épargne :

- capital minimum de 1 500 000 F ;

- soumission au contrôle et aux règlements de la Commission des opérations de bourse (V. *supra*, n. 1111 et s.).

Mais le plus fort des contraintes concerne l'information requise des sociétés cotées : publication au Bulletin des annonces légales obligatoires (BALO), quinze jours avant l'assemblée annuelle, des comptes et du projet d'affectation des résultats (*D.*, art. 295) et dans les quarante jours qui suivent la même assemblée des mêmes documents tels qu'approuvés par l'assemblée des

(1) L'article 72 ne vise pas les sociétés dont les titres sont négociés sur un marché hors cote, mais les autres critères de l'appel public à l'épargne prévus par ce texte permettront parfois de soumettre ces sociétés aux mêmes règles que celles énoncées pour les sociétés dont les titres sont inscrits à la cote officielle ou à celle du second marché (En ce sens, MERCADAL et JANIN, *op. cit.*, n. 1106).

actionnaires. A l'issue du premier semestre, les sociétés cotées doivent publier, également au BALO, un tableau d'activité et de résultats ainsi qu'un rapport d'activité semestriel (L., art. 341-1). Dans le mois et demi qui suit chaque trimestre, elles doivent publier dans le même bulletin, le montant net du chiffre d'affaires du trimestre écoulé (*D.*, art. 297).

A côté de ces exigences d'information périodique, s'ajoute le respect des règles d'information permanente imposées par le règlement n. 90-02 de la Commission des opérations de bourse (2), dont la violation peut donner lieu à une injonction, voire à une sanction de la COB (V. *supra*, n. 1112). Le règlement pose notamment le principe du caractère exact, précis et sincère de l'information donnée au public et l'obligation, pour tout émetteur, de porter à la connaissance du public tout fait important susceptible, s'il était connu, d'avoir une incidence significative sur le cours du titre concerné.

§ 2. — Les contraintes pesant sur les actionnaires des sociétés cotées

A. — Les contraintes pesant sur tous les actionnaires

1° Le privilège de négociation

1122. — Dans la conception française, le marché boursier n'a pas seulement pour objet la centralisation et l'échange d'informations sur les transactions intervenues sur les valeurs mobilières cotées, il a également une fonction de fixation du prix, lequel est directement dépendant de la loi de l'offre et de la demande. Par conséquent toutes les transactions en bourse se font sur la base d'un cours coté. Il y a là une contrainte importante qui s'impose aux parties impliquées dans la transaction. Il n'est pas possible de s'affranchir de cette contrainte en opérant hors bourse, en raison du privilège de négociation reconnu aux sociétés de bourse, qui implique le passage en bourse pour les valeurs mobilières cotées. Le principe de ce privilège est énoncé par l'article 1er, alinéa 1er, de la loi du 22 janvier 1988 sur les bourses de valeurs, qui se lit ainsi : " Les sociétés de bourse sont seules chargées de la négociation des valeurs mobilières admises aux négociations par le conseil des bourses de valeurs… " (3). On observera que les négociations sur le marché hors cote n'entrent pas dans le champ du monopole (4).

Mais ce principe connaît des exceptions (L. 22 janvier 1988, art. 3) :

- cessions de valeurs mobilières entre deux personnes physiques ;

---

(2) Cons. *Rev. dr. bancaire*, p. 204, n. 2, obs. M. Jeantin et A. Viandier.

(3) Sur ce texte, cons. G. Mazet et Th. Forschbach, *Le monopole des sociétés de bourse…* : *Rev. dr. bancaire* 1989, p. 122. — Sur l'interprétation du terme cession, V. Cass. com. 16 janv. 1990 : *Bull. Joly* 1990, p. 271.

(4) Trib. com. 16 mars 1990 : *JCP* 90, E, 15810, note Th. Forschbach. — V. *infra*, n. 1129.

- cessions effectuées entre deux sociétés lorsque l'une d'elles possède au moins 20 % du capital de l'autre ;

- cessions incluses dans une convention autre qu'une vente pure et simple (convention complexe), et qui en constituent un élément nécessaire ;

- cessions effectuées entre une personne morale autre qu'une société et une société lorsque la personne morale possède au moins 20 % du capital de la société ;

- cessions effectuées entre sociétés d'assurances appartenant au même groupe ;

- cessions effectuées entre personnes morales et organismes de retraite ou de prévoyance dont elles assurent la gestion.

Dès lors que l'on se trouve dans le champ d'une des exceptions, il n'est pas nécessaire de recourir aux services d'une société de bourse, ce qui libère des contraintes du marché et donc du cours coté ; on parle alors de cession directe ou de cession hors bourse. Ainsi alors que Europe 1 cotait 1 040 F le 5 juillet 1991, deux personnes physiques, actionnaires d'Europe 1, ont pu convenir d'une cession au prix de 900 F ou 1 200 F.

La rigueur des sanctions incite à ne pas prendre à la légère ce privilège de négociation. Qu'on en juge :
- sanction pénale (L. 22 janv. 1988, art. 2), qui renvoie à l'article 408 du Code pénal, lequel sanctionne l'abus de confiance ;
- et nullité de la transaction (*ibid.*) ;
- et amende fiscale égale au double de la valeur des titres (*ibid.*).

2° La notification des conventions

1123. — Aux termes de l'article 356-1-4, "Toute convention conclue entre des actionnaires d'une société cotée sur l'un des marchés réglementés français comportant des conditions préférentielles de cession ou d'acquisition d'actions doit être transmise au Conseil des bourses de valeurs qui en assure la publicité". Le texte est destiné à permettre de porter à la connaissance du marché, c'est-à-dire des investisseurs, l'existence de pactes, tels que pactes de préemption ou de préférence (V. *supra*, n. 895). Le conseil ne publie pas la convention, il se contente d'en indiquer les grandes lignes. On observera que cette prescription, propre aux sociétés cotées — cote officielle et second marché — n'est pas directement sanctionnée. Une action en responsabilité délictuelle est ouverte, dans les conditions de droit commun, à condition que le demandeur prouve qu'il a subi un préjudice. Une injonction judiciaire, à la demande de la COB (V. *infra*, n. 1112) peut également être envisagée, mais cela suppose que la COB ait connaissance de ladite convention.

B. — Les contraintes pesant sur certains actionnaires

1124. — L'égalité entre actionnaires, ainsi que la protection des actionnaires minoritaires sont renforcées dans les sociétés cotées, et ce au détriment des majoritaires ou des candidats majoritaires. Cela se manifeste par l'obligation de déposer une offre publique d'achat ou d'échange (1°), la garantie de cours en cas d'acquisition d'un bloc de contrôle (2°) et les offres de retrait (3°).

1° Le dépôt obligatoire d'un projet d'offre publique (5)

1125. — Ainsi qu'on le verra (V. *infra*, n. 1791), il est des cas dans lesquels le dépôt d'une offre publique est requis par le règlement général du conseil des bourses de valeurs (art. 5.3.1. et s.). Ces cas sont les suivants :

- franchissement du seuil du tiers ou de la majorité du capital ou des droits de vote ;
- accroissement de la participation d'un actionnaire ayant entre le tiers et la moitié du capital ou des droits de vote, de 2 % du montant total du capital ou des droits de vote, en moins d'un an.

Cela s'applique uniquement au sein des sociétés dont les titres sont inscrits à la cote officielle ou à celle du second marché.

Des dérogations sont prévues par le règlement précité ; faute d'obtenir une dérogation, l'actionnaire ayant franchi l'un des seuils doit déposer une offre publique et proposer ainsi une faculté de sortie aux autres actionnaires. Autant dire que dans les sociétés cotées — à la cote officielle ou au second marché — le changement de contrôle, l'arrivée d'un nouvel actionnaire de contrôle, une possibilité de sortir doit être offerte aux autres actionnaires par ce nouveau "controlaire".

2° La garantie de cours (6)

1126. — En cas d'acquisition d'un bloc d'actions conférant le contrôle majoritaire d'une société cotée — hors cote compris — l'acquéreur doit proposer aux actionnaires de leur racheter leurs actions au prix auquel le bloc a été négocié ; on parle de garantie de cours (Règlement général du conseil des bourses de valeurs, art. 5.4.1.s.). La différence avec l'OPA obligatoire (V. *supra*, n. 1125) tient à la référence à un *bloc* ; pour l'OPA obligatoire l'achat d'une action peut déclencher l'obligation si du fait de cette acquisition l'un des seuils est franchi ; pour la procédure de garantie de cours, il faut qu'il y ait achat d'un bloc — ainsi d'une participation de 10 % — susceptible de faire franchir le seuil de 50 % compte tenu du pourcentage déjà détenu.

La même procédure s'applique lorsque l'acquisition du bloc de contrôle est indirecte ; tel est le cas si une personne, en prenant le contrôle d'une société A, vient à détenir ainsi la majorité des droits de vote aux assemblées générales d'une société B cotée dès lors que les actions B détenues par A représentent une part essentielle de ses actifs (Règlement général du conseil des bourses de valeurs, art. 5.4.6.) (7). Comme son nom l'indique la procédure de garantie de

---

(5) V. A. VIANDIER, *OPA - OPE, Garantie de cours et retrait,* Litec, 1991, n. 820 et s.

(6) V. A. VIANDIER *op. cit.*, n. 1400 et s.

(7) V. A. VIANDIER *op. cit.*, n. 1480 et s.

cours oblige l'acquéreur du bloc de contrôle à acheter en bourse toutes les quantités de titres qui lui seront présentées, pendant une période de quinze séances de bourse, au cours ou au prix auxquels la cession du bloc a été ou doit être réalisée (Règlement précité, art. 5.4.2). On ne peut guère aller plus loin dans la recherche de l'égalité : celui qui cède une action doit recevoir le même prix que celui qui a cédé le bloc de contrôle. Cela revient à considérer que la prime de contrôle, dite encore prime de majorité, doit profiter à l'ensemble des actionnaires et non seulement au majoritaire, ou encore que le contrôle et l'influence qu'il confère constituent un actif social.

Il est toutefois des cas dans lesquels le cours garanti peut être inférieur au prix de cession du bloc : si la cession est assortie d'une clause de garantie de passif visant un risque identifié ou si elle donne lieu à un mode de paiement autre qu'un règlement immédiat en espèces (Règlement précité, art. 5.4.2). Exemple : acquisition d'un bloc de contrôle au sein de la société Genty Cathiard (SBF, avis n. 90-438, 5 fév. 1990) : le prix de cession du bloc fut de 1 200 F par action, 10 % réglés comptant, 50 % versés six mois après la date de l'acquisition, 40 % répartis en seize mensualités à compter du septième mois ; le cours garanti fut de 1 100 F par titre.

3° L'offre de retrait (8)

1127. — Sauf s'il trouve un preneur qui lui rachète ses droits, le retrait d'un associé demeure exceptionnel dans notre droit (V. *supra*, n. 375). La loi du 2 avril 1989 y a introduit de nouveaux cas de retrait au profit des actionnaires des sociétés cotées à la cote officielle ou à celle du second marché (Règlement général du conseil des bourses de valeurs, art. 721 et s.) :

Retrait à la demande des actionnaires : lorsque 95 % des droits de vote d'une société cotée sont détenus par la même personne ou un groupe de personnes agissant de concert, tout actionnaire peut demander au Conseil des bourses de valeurs de requérir le dépôt par le dominateur d'un projet d'offre publique de retrait. A l'occasion de cette offre, les intéressés peuvent ainsi sortir en faisant racheter leurs titres. Le conseil apprécie le bien-fondé de la demande au regard notamment de la liquidité ou de l'absence de liquidité du marché du titre considéré.

Retrait proposé par le dominateur : dans la même situation, le dominateur peut spontanément lancer une offre publique de retrait. Mais les minoritaires sont libres d'accepter ou de refuser cette offre ; ils ne sont pas, comme dans le système anglais, dans une seringue dont le dominateur pourrait, à sa convenance, pousser le piston. Il y a donc dissymétrie avec le cas précédent dans lequel si le Conseil des bourses de valeurs en décide ainsi, le dominateur n'a pas le choix, il doit lancer l'offre publique.

---

(8) V. A. VIANDIER, *op. cit.*, n. 1700 et s.

Retrait pour changement substantiel : une procédure d'offre publique de retrait peut également être imposée à l'occasion de plusieurs événements (Règlement précité, art. 724 et 725) :
- transformation en commandite par actions (V. *infra*, n. 1204) ;
- modification significative des dispositions statutaires notamment celles relatives à la forme de la société ou aux conditions de cession et de transmission des titres ;
- apport de la totalité ou du principal des actifs à une autre société ;
- réorientation de l'activité sociale ;
- projet de suppression pendant plusieurs exercices de toute rémunération des titres de capital.

Le retrait est offert aux actionnaires minoritaires, par l'actionnaire ayant au moins 95 % (premier et deuxième cas), par l'actionnaire ayant la majorité des deux tiers (transformation en commandite par actions) ou par l'actionnaire contrôlant la société (autres changements substantiels). Les conditions de l'offre, et notamment le prix, sont arrêtées en concertation avec le conseil des bourses de valeurs.

1128. — Illustrations d'offres publiques de retrait pour changements substantiels :

Des offres publiques de retrait pour changements substantiels ont concerné les sociétés suivantes :
- Frandev (SBF, avis n. 90-3464, 24 oct. 1990) ; abandon du statut de société d'investissement à capital fixe régie par l'ordonnance du 2 novembre 1945 ;
- Moteurs Duvant (SBF, avis n. 90-1693, 6 juin 1990) ; absorption par une société non cotée ;
- Manurhin (SBF, avis n. 90-2879, 24 août 1990) ; restructuration avec notamment la reprise par GIAT Industries de Manurhin Défense au sein de laquelle seraient préalablement regroupées les éléments correspondants à l'ensemble des activités industrielles et commerciales des sociétés Manurhin et Matra Manurhin Défense ;
- Sepa et Mattei Automobiles (SBF, avis n. 90-879, 16 mars 1990) ; cession du fonds de commerce des deux sociétés.

LE COIN DES AMATEURS

L'affaire de *L'Est Républicain*

1129. — Une participation de 22 % du capital de la société éditrice du journal *L'Est Républicain* était détenue par une société Chaudronnerie Lorraine, dont les actions étaient négociées au marché hors cote de Nancy, elle-même contrôlée à hauteur de 95 % par la société *Le Républicain Lorrain*. Le 23 juin 1989, une convention fut signée entre cette dernière et une société Etudes et Finances, comportant échange de promesses d'achat et de vente de la participation de 95 %. Un tiers fut institué séquestre de la convention et d'un chèque bancaire de 105 000 000 de francs ; le chèque fut remis le

10 juillet 1989, conformément à la convention, à la société *Le Républicain Lorrain*, bien que les formalités de cession en bourse des titres n'aient pas été accomplies. La société encaissa le chèque... et vendit les actions de la Chaudronnerie Lorraine le 4 août 1989 à un tiers. Le 11 août, la mise sous séquestre des titres fut ordonnée.

Auparavant, le 7 août, la société *Le Républicain Lorrain* avait assigné la société Etudes et Finances pour faire juger, notamment, que cette dernière se trouvait déchue du bénéfice de la convention du 23 juin 1989, pour n'avoir pas, dans le délai prescrit, réalisé la cession en bourse des actions Chaudronnerie Lorraine et que la somme de 105 000 000 de francs, qui représentait le montant de la garantie contractuelle, avait été régulièrement encaissée.

Outre diverses considérations de fait, le Tribunal de commerce de Paris rejette l'action de la société *Le Républicain Lorrain* par un motif tenant au droit boursier (18e ch. 16 mars 1990 : *Rev. dr. bancaire*, juill.-août 1990, p. 167, obs. M. JEANTIN et A. VIANDIER). La question centrale était en effet de savoir si, s'agissant de titres inscrits au hors cote, la négociation en bourse était ou non une condition de validité du contrat. Autrement exprimé, la négociation des actions inscrites au hors cote relève-t-elle ou non du monopole des sociétés de bourse ?

Le tribunal répond non : "Les valeurs faisant l'objet de négociations sur le marché hors cote ne figurent pas parmi celles admises aux négociations par le Conseil des bourses de valeurs pour lesquelles est institué un monopole de négociation au profit des sociétés de bourse". Le tribunal se fonde sur divers arguments de texte. D'une part, l'article 1er de la loi du 22 janvier 1988 dispose :"Les sociétés de bourse sont seules chargées de la négociation des valeurs mobilières admises aux négociations par le Conseil des bourses de valeurs". D'autre part, l'article 25-II de la même loi énonce : "Sont réputées admises aux négociations par le Conseil des bourses de valeurs les valeurs admises à la cote officielle ou à la cote du second marché d'une bourse de valeurs jusqu'à la première réunion dudit conseil". Enfin, le règlement général du Conseil des bourses de valeurs, évoquant l'introduction sur le marché hors cote ne mentionne pas la nécessité d'une admission (Cf. art. 3.1.9, 3.2.13, 3.3.8).

Cette solution doit être approuvée (Rappr. R. ROBLOT, Traité, t. 2, n. 1850. — *Contra* P. DIENER, *L'entremise obligatoire d'un agent de change dans les cessions d'actions du marché hors cote : D.* 1987, doctr., 209). Outre les arguments relevés par le tribunal, on pourrait peut-être faire valoir la raison du privilège de négociation, à savoir "la sauvegarde du crédit public" (Paris, 3e ch. A, 27 oct. 1987 : *D.* 1988, 143, note D. MARTIN et H. SYNVET) ; effectivement, une telle sauvegarde s'impose pour un marché rélementé et contrôlé, mais ne s'impose pas pour un marché spontané, dont les opérateurs ne sauraient attendre les mêmes garanties.

(n. 1130 à 1134 réservés)

SOUS-SECTION IV

LES INFRACTIONS ET LES SANCTIONS

1135. — Le public des épargnants doit être protégé contre les manœuvres de certains aigrefins habiles à asservir les mécanismes boursiers à leurs desseins. De là, des infractions particulières.

§ 1. — Le délit d'initié

A. — La sanction pénale

1136. — Le marché boursier évolue en fonction des anticipations des opérateurs ; ces anticipations résultent de l'analyse financière des sociétés cotées ou, plus prosaïquement, de " tuyaux " sur la santé, bonne ou mauvaise, de ces mêmes sociétés. Mais ce qui est tolérable sur un champ de course l'est moins sur un marché ayant vocation à attirer l'épargne publique. D'où la répression du délit d'initié, telle que formulée par l'article 10-1 de l'ordonnance n. 67-833 du 28 septembre 1967 :

> "Seront punies d'un emprisonnement de deux mois à deux ans et d'une amende de 6 000 F à 10 millions de francs, dont le montant pourra être porté au-delà de ce chiffre jusqu'au décuple du montant du profit éventuellement réalisé, sans que l'amende ne puisse être inférieure à ce même profit, ou de l'une de ces deux peines seulement, les personnes mentionnées à l'article 162-1 de la loi n. 66-537 du 24 juillet 1966 modifiée sur les sociétés commerciales (dirigeants) et les personnes disposant, à l'occasion de l'exercice de leur profession ou de leur fonctions, d'informations privilégiées sur les perspectives ou la situation d'un émetteur de titre ou les perspectives d'évolution d'une valeur mobilière ou d'un contrat à terme négociable, qui auront réalisé, ou sciemment permis de réaliser, sur le marché, soit directement, soit par personnes interposées, une ou plusieurs opérations avant que le public ait connaissance de ces informations.
>
> Dans le cas où les opérations auront été réalisées par une personne morale, les dirigeants de droit ou de fait de celle-ci seront pénalement responsables des infractions commises".

Voici des exemples de condamnation :

- administrateur d'une société anonyme apprenant lors d'une réunion du conseil d'administration une hausse de 33 % du dividende ; il achète des actions et en fait acheter par sa sœur et son fils avant que l'information ne soit rendue publique (1) ;
- journaliste financier spécialiste des prédictions boursières opérant selon ses propres prévisions… avant que celles-ci ne soient publiées dans la presse spécialisée (2) ;
- dirigeant connaissant les pertes importantes et soudaines de la société et vendant ses actions, avant que le marché ne soit informé (3) ;
- cadre supérieur informé d'un projet de structuration de la société et achetant des titres (4) ;

---

(1) Trib. corr. Paris, 28 janv. 1985 : *Gaz. Pal.* 28 et 30 avril 1985, p. 13.
(2) Trib. corr. Paris, 12 mai 1976 : *JCP* 76, II, 18496.
(3) Paris, 26 mai 1977 : *D.* 1978, 379.
(4) Trib. corr. Paris, 26 oct. 1979 : *JCP* 80, éd. C.I., II, 13685.

- professionnel de la bourse de valeurs disposant d'informations privilégiées sur deux valeurs, ayant des liens étroits avec une société suisse preneuse d'ordres (5).

Il y a une brèche dans le filet du législateur : le "tuyauté" (*typee* dans la terminologie américaine) qui achète ou vend sur le conseil d'un initié ne commet pas d'infraction. C'est le cas du psychanalyste recueillant, entre autres choses, les indiscrétions financières d'un dirigeant de société, de la jeune danseuse qu'un banquier attentif et paternel conseille dans ses placements, etc. L'un et l'autre peuvent opérer en toute quiétude. Le législateur préfère punir l'indiscret ; il le fait, depuis la loi du 2 août 1989, grâce à l'infraction de révélations d'informations privilégiées (V. *infra*, n. 1138).

B. — LA SANCTION ADMINISTRATIVE

1137. — Soucieuse de renforcer la répression des délits d'initiés, la Commission des opérations de bourse a édicté un règlement 90-08 relatif à l'utilisation d'une information privilégiée (6). Ce faisant, la COB se dote des moyens de sanctionner elle-même ce délit (V. *supra*, n. 1112), et n'est plus soumise aux "aléas" de la procédure judiciaire. Le règlement définit notamment l'information privilégiée, comme "une information non publique, précise... qui si elle était rendue publique, pourrait avoir une incidence sur le cours de la valeur, du contrat ou du produit financier concerné" (Règlement, art. 1er). On observera que le règlement concerne également les initiés de hasard ou d'amitié, c'est-à-dire les "tuyautés" ; ces personnes ne sont pas — sauf complicité — visées par l'article 10-1 de l'ordonnance du 28 septembre 1967. La COB a souhaité pouvoir les sanctionner en cas d'exploitation abusive du "tuyau" alors qu'elles n'entrent pas dans la catégorie des initiés. Cependant on peut se demander si cette extension est conforme à l'article 4-1 de l'ordonnance, qui définit le champ d'application des règlements de la COB, lesquels s'imposent seulement "aux personnes faisant publiquement appel à l'épargne, ainsi qu'aux personnes qui, à raison de leur activité professionnelle, interviennent dans des opérations sur des titres placés par appel public à l'épargne ou assurent la gestion individuelle ou collective des portefeuilles de titres".

§ 2. — Le délit de communication d'informations privilégiées (7)

1138. — Le délit de dîner en ville fait son entrée en droit pénal en 1989 avec la répression de la communication d'informations privilégiées. Cette nouveauté a été justifiée par le souci de compléter la répression du délit d'initié. On sait que l'une des failles de cette incrimination tient à la situation du

(5) Trib. gr. inst. Paris, 11e ch., 7 mars 1990 : *Bull. Joly* 1990, n. 190, p. 671.

(6) V. *Rev. dr. bancaire* n. 22, nov.-déc. 1990, p. 240, n. 6, obs. M. JEANTIN et A. VIANDIER.

(7) Cons. A. VIANDIER, *Sécurité et transparence du marché financier* : *JCP* 89, éd. E, 15612, n. 43.

tiers bénéficiaire d'une information privilégiée communiquée par un initié, que la doctrine américaine qualifie de *typee* (V. *supra,* n. 1136). Le législateur avait partiellement comblé la brèche en permettant la condamnation de l'informateur qui a "sciemment permis de réaliser... une ou plusieurs opérations avant que le public ait connaissance" de l'information privilégiée (Ord. 28 sept. 1967, art. 10-1). Mais encore fallait-il démontrer que l'initié savait que l'information qu'il livrait serait utilisée. D'où l'ajout de la loi du 2 août 1989 ; celle-ci maintient la définition du délit d'initié et le prolonge par l'incrimination de la communication d'information privilégiée ; c'est l'acte de communication qui est réprimé, quelles que soient les suites ou l'absence de suites de cette communication.

Quant aux conditions d'incrimination, on relèvera que l'information est celle-là même visée dans le délit d'initié ; il s'agit d'une information "sur les perspectives ou la situation d'un émetteur de titres ou sur les perspectives d'évolution d'une valeur mobilière ou d'un contrat à terme négociable". Il n'est pas nécessaire que l'information émane de la société : la connaissance d'un événement naturel — cyclone, de nature à affecter les cours — est une information au sens de l'article 10-1 de l'ordonnance. En tout état de cause, elle doit être précise, spécifique, autrement dit de nature à peser sur les choix d'un opérateur. C'est donc la communication d'une telle information qui est réprimée, dès lors que cette communication est faite "en dehors du cadre normal de (la) profession ou (des) fonctions".

La révélation n'est punissable que si elle est consciente. Le président imprudent qui confond salle de restaurant et salle du conseil, et communique à l'un des administrateurs une information privilégiée... pour le plus grand bénéfice de ses voisins de table, ne saurait être pénalement sanctionné. Telle est d'ailleurs la solution en matière de secret professionnel. La révélation doit encore être suffisamment précise (8).

La sanction — 10 000 à 100 000 F et/ou un à six mois d'emprisonnement — est moins sévère que celle du délit d'initié. Elle ne frappe que l'informateur ; le bénéficiaire de l'indiscrétion demeure en dehors de la répression quand bien même il exploite celle-ci, la seule limite étant celle de la complitité. Il en va différemment au regard du règlement 90-08 de la COB (V. *supra*, n. 1137).

§ 3. — Le délit de manipulation des cours

1° Les sanctions pénales

1139. — L'article 10-3 de l'ordonnance du 28 septembre 1967 dispose : "Sera punie des peines prévues (à l'article 10-1) toute personne qui, directement ou par personne interposée, aura sciemment exercé ou tenté d'exercer sur le marché d'une valeur mobilière, d'un produit financier coté ou d'un

(8) Comp. pour l'application de l'article 378 du Code pénal, Cass. crim. 6 juin 1972 : *Bull. crim.* n. 190.

contrat à terme négociable, une manœuvre ayant pour objet d'entraver le fonctionnement régulier du marché en induisant autrui en erreur".

Logée autrefois dans l'article 419 du Code pénal, l'infraction de manipulation des cours a été érigée par la loi du 22 janvier 1988 en infraction distincte. Même après cette rénovation, une condamnation est très délicate à obtenir, en raison des difficultés de preuve et de la difficulté de distinguer la manipulation, qui est pénalement sanctionnée, de la spéculation qui demeure licite.

A la suite d'une enquête de la COB (V. *Bull. mensuel*, n. 229, oct. 1989, p. 63), trois personnes viennent d'être ainsi condamnées pour manipulation de cours (9). Les intéressés avaient utilisé la technique dite de la "bouilloire", laquelle consiste, dans un premier temps, à manipuler rapidement à la hausse des valeurs dont le marché est étroit et sensible, en passant sous de fausses identités de très nombreux ordres d'achat pour persuader les opérateurs de l'imminence d'une opération sur ce titre et les amener à entretenir la hausse puis, dans un second temps, de vendre les titres ainsi acquis, avec profit.

2° Les sanctions administratives

1140. — Sur ce point également, la COB est intervenue par voie de règlement, ce qui lui permet donc de sanctionner elle-même certains des comportements visés à l'article 10-3 (V. Réglement n. 90-04, relatif à l'établissement des cours). Les articles 6 à 10 de ce règlement gouvernent les interventions des sociétés sur leurs propres titres ; ainsi est-il précisé que ces interventions "doivent avoir pour objet, dans le respect de l'intérêt des actionnaires, soit d'assurer la liquidité du marché du titre concerné, soit de réduire les fluctuations excessives de son cours" (Réglement, art. 7).

§ 4. — Le délit de fausse information

1141. — Le dernier alinéa de l'article 10-1 précité énonce : "Sera punie des mêmes peines (que celles prévues en cas de délit d'initié) toute personne qui aura sciemment répandu dans le public par des voies et moyens quelconques des informations fausses et trompeuses sur les perspectives ou la situation d'un émetteur de titres ou sur les perspectives d'évolution d'une valeur mobilière, d'un produit financier coté ou d'un contrat à terme négociable, de nature à agir sur les cours".

C'est à ce titre que divers dirigeants de la Société générale de fonderie ont été condamnés par le tribunal correctionnel de Paris le 20 décembre 1990 (10).

(9) Trib. gr. inst. Paris, 11e ch., 14 mars 1990 : *Bull. Joly* 1990, n. 231, p. 777.

(10) *Rev. dr. bancaire*, n. 24, 1991, p. 69, n 47, obs. M. Jeantin et A. Viandier. — *Adde, infra*, n. 1142 .

1) L'affaire *Société générale de fonderie*

1142. — A partir de 1980, la Société générale de fonderie (SGF), société cotée au règlement mensuel, connaît des difficultés importantes, qui conduisent ses dirigeants et les pouvoirs publics à mettre en place plusieurs plans de financement, dès décembre 1981. La continuité d'exploitation de SGF demeurant en péril, deux protocoles de mars et juin 1983, toujours établis sous l'égide des pouvoirs publics, prévoient l'abandon par les banques de 200 millions de francs, la transformation pour partie des concours bancaires en prêts participatifs, l'apport de numéraire et de nouveaux prêts. Malgré cette transfusion massive la situation ne s'améliore pas et un autre plan doit être mis en place courant 1985. L'Etat — la politique économique s'est infléchie — réclame alors un changement de stratégie ; cela aboutit en juin 1985 à la filialisation des différentes activités de SGF. Le destin de SGF est alors scellé : SGF ne peut faire appel à l'épargne publique faute de pouvoir reconstituer ses fonds propres, et son principal actionnaire, P, groupe nationalisé, ne peut devenir majoritaire sans que l'opération soit taxée de nationalisation rampante. Les pertes continuent en 1986.

Or, entre octobre 1985 et mai 1986, plusieurs informations sont diffusées à propos de SGF, spécialement divers articles sont publiés dans des journaux financiers et trois communiqués sont émis. Ces articles présentent notamment SGF sous un jour favorable malgré les difficultés qu'elle rencontrait à l'époque. Quant aux communiqués émanant de certains dirigeants, ils passaient sous silence la gravité de la situation de la société.

Parallèlement, le cours des actions SGF progressa, pour paser de 65 F en novembre 1985 à 142 F à la mi-avril 1986 ; or entre le 21 février et le 15 avril 1986 le groupe P vendit 69 300 actions. En mai 1986, la vérité éclata sur la très mauvaise santé de SGF par la diffusion d'un communiqué par la société faisant état de sa situation réelle.

Une enquête de la COB conclut à la commission de diverses infractions. Plusieurs actionnaires de SGF qui avaient acquis leurs titres entre novembre 1985 et mai 1986 se constituèrent alors partie civile et réclamèrent des dommages-intérêts à deux dirigeants de SGF et à trois collaborateurs du groupe P. Le juge d'instruction renvoya les intéressés devant le tribunal correctionnel sous la prévention, notamment, de diffusion d'informations fausses ou trompeuses sur la perspective ou la situation de la SGF ou les perspectives d'évolution de l'action SGF (Ord. 28 sept. 1967, art. 10-1) et celle de délit d'initié (Ord. 28 sept. 1967, art. 10-1). Le tribunal condamna les prévenus (Trib. corr. Paris, 20 déc. 1990 : *Rev. dr. bancaire*, n. 24, 1991, p. 69, n. 7, obs. M. Jeantin et A. Viandier), lesquels ont fait appel.

La diffusion d'informations fausses ou trompeuses. Le marché avait, pendant la période considérée, été informé à plusieurs reprises sur la situation de SGF. Ainsi, en janvier 1986, une plaquette diffusée par une société de bourse, à partir de renseignements "qui n'ont pu que lui être donnés par les dirigeants de la SGF", concluait que l'exercice 1986 pourrait être celui "du retour à une exploitation courante équilibrée". Ainsi encore, des articles furent publiés dans six journaux financiers, comportant des informations financières relatives à SGF, présentées sous un jour favorable ; or selon le jugement, ces articles étaient fondés sur des renseignements — trompeurs — fournis par les dirigeants. Ainsi, enfin, deux communiqués furent élaborés et diffusés par ces mêmes dirigeants, qui laissaient présager un résultat consolidé équilibré pour 1986.

Le tribunal considère "qu'un certain nombre d'informations révèlent une volonté manifeste de présenter à tort l'entreprise sous un jour favorable en insistant notamment sur le retour à l'équilibre financier et le succès de la politique de filialisation, tout en passant systématiquement sous silence les difficultés de trésorerie, le résultat opérationnel négatif et en occultant en général la situation obérée de la société... ; qu'il ressort donc de l'ensemble de ces éléments que les informations données étaient trompeuses". Le tribunal ajoute que ces informations ont eu une influence sur le cours de l'action SGF et il entre en condamnation, à l'encontre des deux dirigeants et de deux représentants du groupe P pris comme complices, qui "les ont aidés et assistés dans l'élaboration et la diffusion de la fausse information".

Le délit d'initié. Le groupe P avait donc vendu 69 000 titres pendant la période de hausse des cours ayant précédé l'effondrement de mai 1986. Il était reproché aux représentants du groupe, pénalement responsables s'agissant d'opérations réalisées par une personne morale (Ord. 28 sept. 1967, art. 10-1, al. 3), d'avoir profité de l'information privilégiée que le groupe possédait sur la situation de SGF pour réduire sa participation. Le groupe P (nationalisé à l'époque) justifia les cessions litigieuses par le souci d'éviter une nationalisation indirecte de SGF, qui aurait résulté du franchissement du seuil de 50 % en droits de vote à la suite de l'obtention d'un droit de vote double. Mais le tribunal estime "que les ventes opérées par P ne peuvent s'expliquer par les raisons invoquées par les prévenus, d'autant qu'un simple transfert de titres à une autre personne morale dépendant du même groupe aurait suffi à lui faire perdre ses droits de vote double dans le respect de la légalité". Il conclut à l'existence de l'infraction et condamne le représentant légal de la société du groupe P qui avait procédé à la vente des actions.

2) L'affaire *AMREP*

1143. — On a déjà vu les implications de l'affaire *AMREP*, remarquable sur la nécessaire protection de l'épargne, au regard du délit de publication de faits faux (V. *supra*, n. 616). Or l'espèce a également conduit à la condamnation pénale des commissaires aux comptes au titre du délit de confirmation d'informations mensongères (L., art. 457), infraction qui sanctionne également les atteintes à la vérité et qui à ce titre doit être rapprochée des infractions de droit boursier.

Rappelons que le nœud du litige intéresse un document public — note d'information — établi lors de l'émission d'obligations convertibles par *AMREP*, document ne mentionnant pas les pertes survenues à l'échelon d'une importante filiale et qui devaient provoquer l'effondrement de l'ensemble. Le tribunal (Trib. gr. inst. Paris, 6 mai 1986 : *JCP* 87, éd. E, 15846, obs. M. Jeantin et A. Viandier) retient contre les commissaires aux comptes le fait "d'avoir, dans la note succincte présentant l'opération d'emprunt obligataire, sciemment donné ou confirmé des informations mensongères". Les juges relèvent que les deux réviseurs avaient visé les renseignements comptables contenus dans la note d'information diffusée lors de l'émission de la manière suivante : "Vu pour vérification en ce qui concerne les éléments chiffrés extraits des comptes de la société et des comptes consolidés". Or le tribunal considère que certains de ces éléments (situation nette, résultat d'exploitation, bénéfice), tirés des comptes de l'exercice 1981, certifiés par les commissaires, étaient faux. Au surplus, alors que ces derniers avaient affirmé avoir vérifié les procédures employées pour établir les comptes consolidés, il apparaît qu'un des principes essentiels de cette procédure — l'élimination des comptes réciproques entre la société mère et ses filiales — n'avait jamais été respecté, ce que ne pouvaient ignorer les intéressés. Ceux-ci s'étaient défendus en invoquant notamment le fait que l'article 457 sanctionne uniquement les informations données par le commissaire à l'occasion de sa mission légale, laquelle n'embrasse pas le contre-seing des notes d'information, simplement exigé par la Commission des opérations de bourse. L'argument est rejeté au motif "qu'une telle obligation n'est qu'une conséquence naturelle du rôle de protection de l'actionaire dévolu par la loi au commissaire aux comptes, protection qui s'étend pour les sociétés cotées en bourse à l'actionnariat potentiel et qui doit jouer aussi pour un emprunt obligataire lorsque, comme en l'espèce, la souscription est réservée en priorité aux actionnaires et que les obligations sont convertibles à tout moment en actions". D'où la condamnation des deux commissaires aux comptes à ... 20 000 F d'amende chacun.

La cour d'appel de Paris confirma et la Cour de cassation rejeta le pourvoi (Cass. crim. 2 avril 1990 : *Rev. soc.* 1990, p. 461 ; *Bull. Joly,* 1990, n. 178, p. 645).

3) L'action de concert

1144. — La loi du 2 août 1989 a introduit dans la loi du 24 juillet 1966 le concept d'action de concert à propos des franchissements de seuils (V. *supra,* n. 1823). En effet, pour apprécier si des seuils légaux ont été franchis, il est tenu compte des actions ou droits de vote détenus par une personne et par les personnes qui agissent de concert avec elle. Le même notion est utilisée pour déterminer les cas d'offre publique obligatoire (V. *supra,* n. 1826. — Cons. A. Viandier *OPA-OPE, Garantie de cours et retrait,* Litec, 1991, n. 827 et s.).

L'action de concert, c'est le concerto, c'est l'accord (V. A. Viandier, *Sécurité et transparence du marché financier* : *JCP* 89, éd. E, 15612, n. 85 et s. — *Adde,* D. Schmidt et Cl. Baj, *Réflexions sur la notion d'action de concert : Rev. dr. bancaire,* n. 25, 1991, p. 86). Cette figure juridique, qui évoque les pratiques concertées du droit de la concurrence et la collusion frauduleuse dans l'action paulienne, a été définie par le législateur (L., art. 356-1-3) : "Sont considérées comme agissant de concert les personnes qui ont conclu un accord en vue d'acquérir ou de céder des droits de vote ou en vue d'exercer des droits de vote pour mettre en œuvre une politique commune vis-à-vis de la société". Cela recouvre notamment les ramassages d'actions opérés par des alliés, certains portages, un pacte majoritaire. La loi prolonge la définition par des présomptions : "Un tel accord est présumé exister :

- entre une société, le président de son conseil d'administration et ses directeurs généraux ou les membres de son directoire ou ses gérants ;

- entre une société et les sociétés qu'elle contrôle ;

- entre des sociétés contrôlées par la même ou les mêmes personnes".

(n. 1145 à 1149 réservés)

SECTION IV

LA FISCALITÉ DES VALEURS MOBILIÈRES

1150. — La fiscalité des valeurs mobilières n'est, hélas! pas neutre ; les actions et les obligations ne sont pas soumises au même régime fiscal. On s'en rend compte en examinant les trois stades de la vie des valeurs mobilières : l'acquisition qui pose le problème de l'exigibilité des droits d'enregistrement, la gestion qui pose celui de l'imposition des revenus, la cession enfin qui pose celui de l'imposition des plus-values.

§ 1. — L'exigibilité des droits d'enregistrement au moment de l'acquisition

1151. — Le régime est connu :

- *les cessions de parts sociales* (dans les SARL, les sociétés en nom collectif...) sont obligatoirement enregistrées et supportent à cette occasion un droit de 4,80 %; il s'agit d'un droit de mutation qui est dû indépendamment de la rédaction d'un acte ;

- *les cessions d'actions* sont soumises à un régime original, qui est celui des droits d'acte ; l'enregistrement n'est obligatoire qu'autant que la cession est constatée dans un acte en bonne et due forme ; il suffit donc de ne pas rédiger d'acte pour échapper à l'impôt (1) ; la signature de l'ordre de virement par le cédant ne vaut pas acte puisqu'il manque la signature du cessionnaire et l'indication du prix (V. *supra*, n. 887) ; avant 1991, le taux de l'impôt était de 4,80% comme pour les parts sociales ; il est désormais réduit à 1 % et est même plafonné à 20 000 F ; pour les transactions dépassant deux millions de francs, la charge fiscale est uniformément fixée à 20 000 F.

Les praticiens ne sont pas en mal de "recettes" pour échapper à ce type d'imposition (V. *infra*, n. 1189) ; dans bien des cas cependant, la prudence impose la rédaction d'un acte soumis à l'enregistrement ; ainsi, en cas de prise de contrôle d'une société, diverses clauses sont généralement prévues (V. *supra*, n. 884) ; il serait pour le moins léger que pour des raisons fiscales ces différentes clauses ne soient pas consignées dans un écrit valant preuve incontestable ; cette mesure d'hygiène juridique vaut bien un sacrifice fiscal (2) ; il

(1) P. Le Cannu, *Les actes portant cession d'actions au sens de l'article 726 du Code général des impôts : Bull. Joly* 1989, p. 663.

(2) Pareille dilemme n'a pas lieu s'il s'agit d'obligations ou de droits dans un GIE : leur cession n'est pas obligatoirement soumise à l'enregistrement ; si la formalité est accomplie volontairement, seul le droit fixe de 430 F est dû.

est vraisemblable qu'en raison de l'abaissement du taux à 1 % et du plafonnement à 20 000 F les parties rechigneront moins à rédiger un acte en bonne et due forme.

§ 2. — L'imposition des revenus de valeurs mobilières

A. — LA POSITION DE LA SOCIÉTÉ ÉMETTRICE

1152. — Dans l'ensemble, la fiscalité des obligations est plus favorable que celle des actions puisque les intérêts constituent des charges financières déductibles des résultats imposables de la société, ce qui n'est pas le cas des dividendes qui supportent le poids de l'impôt sur les sociétés. Ce serait — mais il y a bien sûr d'autres facteurs de nature extra-fiscale — l'une des raisons expliquant l'attrait des sociétés françaises pour un financement par endettement extérieur et partant la faiblesse de leurs fonds propres (V. *supra*, n. 325).

B. — LA POSITION DU BÉNÉFICIAIRE

1153. — Afin d'inciter les épargnants à prendre le chemin de la bourse, les revenus de valeurs mobilières sont exonérés à concurrence de 16 000 F par an pour un couple et de 8 000 F pour un célibataire.

Pour le surplus, le mode d'imposition varie :

- les dividendes sont soumis à l'impôt sur le revenu au taux progressif en tenant compte de l'avoir fiscal (V. *supra*, n. 106) ;

- les intérêts d'obligations sont en principe soumis à l'impôt sur le revenu, mais les bénéficiaires peuvent opter pour un prélèvement libératoire au taux de 16 % ; il faut y ajouter 1,10 % au titre de la contribution sociale généralisée, sans compter une majoration temporaire de 1 % qui a le défaut d'être régulièrement reconduite ; ainsi pour 1991, le taux réel sera de 18,10 %.

1154. — Exemple d'imposition de revenus de valeurs mobilières

I. — LES DONNÉES

Arnaud Jacob a bénéficié en 1990 des revenus mobiliers suivants :

— dividendes perçus	40 000
— avoir fiscal correspondant	20 000
— dividendes imposables	60 000
— intérêts d'obligations	30 000
— total imposable	90 000

Comme il dispose par ailleurs de revenus professionnels confortables, il atteint la tranche d'imposition de 56,80 %. On calculera le supplément d'impôt à payer à raison de ses revenus mobiliers, en prenant les options les plus favorables, étant précisé qu'Arnaud Jacob est marié.

II. — LA SOLUTION

La stratégie la plus favorable est la suivante :

— option pour le prélèvement libératoire de 16 % en ce qui concerne les intérêts d'obligations ;

— imputation de l'abattement de 16 000 F sur les dividendes.

L'impôt à payer se calculera ainsi :

1. sur les intérêts : 30 000 x 16 %		4 800
2. sur les dividendes :		
— montant imposable (60 000 - 16 000)	44 000	
— impôt au taux de 56,80 %	24 992	
— imputation de l'avoir fiscal	20 000	
— impôt exigible	4 992	4 992
3. total à payer		9 792

§ 3. — L'imposition des plus-values de cession

1155. — Le régime d'imposition des plus-values réalisées en cas de cession de valeurs mobilières est particulièrement complexe en raison des nombreuses distinctions à opérer. On laissera de côté les règles applicables aux entreprises (les plus-values qu'elles réalisent sont imposées selon le régime des plus-values professionnelles) pour n'envisager que la situation des particuliers relevant de la fiscalité des ménages. Il faut distinguer dans ce cas entre un régime général et un régime spécial concernant les participations supérieures à 25 %.

1° Le régime général

1156. — Les pouvoirs publics sont tiraillés entre deux préoccupations contraires ; d'un côté, un souci de justice fiscale exige que les plus-values réalisées en bourse soient soumises à l'impôt ; de l'autre, un souci d'efficacité économique veut que le maximum d'épargne soit placé en valeurs mobilières, au besoin grâce à des exemptions fiscales, de façon à financer les investissements productifs et à ranimer le marché financier. D'où les deux mesures suivantes de compromis (CGI, art. 92 B et 92 J) :

- si le volume des ventes au cours de l'année n'excède pas un certain plafond (307 600 F pour 1990), les plus-values réalisées échappent à l'impôt ; cette mesure a pour objet d'exonérer les petits portefeuilles ;

- dans le cas contraire, la plus-value nette (après compensation des plus-values et moins-values de l'année) est imposée séparément au taux de 16 %.

2° Le régime spécial visant les participations supérieures à 25 %

1157. — Lorsque le cédant possède plus de 25 % du capital social, la plus-value qu'il réalise à l'occasion de la cession de tout ou partie de sa participation est imposée au taux de 16 % ; ce régime s'applique non seulement pour la cession d'actions, mais aussi en cas de cession de parts de SARL.

Le calcul du seuil de 25 % se fait dans un cadre familial élargi ; on prend en compte non seulement les droits du cédant, mais encore ceux qui appartiennent au conjoint, aux ascendants et aux descendants ; en contrepartie, les transactions qui sont passées à l'intérieur du cercle familial ainsi défini sont exonérées à la condition que le cessionnaire prenne l'engagement de conserver les titres pendant au moins cinq ans.

LE COIN DES AMATEURS

1) Cinq "recettes" pour échapper au droit d'enregistrement sur les cessions d'actions

1158. — Les praticiens rivalisent d'imagination pour soustraire les cessions d'actions au droit actuel de 1 % plafonné à 20 000 F. Voici quelques "recettes" parfois utilisées au temps du 4,80 % et qui le seront peut-être encore :

1 - ne pas rédiger d'acte ; cette absention, même si elle n'est pas recommandée sur le plan de l'hygiène juridique puisque l'on se prive d'un instrument de preuve, ne constitue pas une faute fiscale et l'administration ne saurait reprocher aux parties de s'être irrégulièrement soustraites à une obligation de payer l'impôt ;

2 - rédiger un acte, mais l'enfermer dans un coffre-fort ; la manœuvre relève cette fois de la fraude fiscale ; si, pour une raison ou pour une autre, l'acte est dévoilé et tombe entre les mains du fisc, celui-ci taxera l'opération et infligera en outre des pénalités au taux de 80 % s'il estime que le comportement constitue une manœuvre frauduleuse ;

3 - rédiger un acte, mais le signer à l'étranger ; seuls les actes signés en France sont soumis au droit de 1 %, mais n'y a-t-il pas là abus de droit ? Si les deux parties, ou l'une d'elles, sont domiciliées à l'étranger, on conçoit qu'elles puissent invoquer quelques raisons plausibles de ne pas signer l'acte en France. Mais que penser si les deux parties ont leur domicile en France et qu'on ne trouve à leur voyage à l'étranger d'autre motivation que le souci d'échapper à la loi fiscale française ? Il est à craindre que les tribunaux n'y voient un abus de droit ;

4 - rédiger un acte, mais l'estropier ; l'acte taxable doit être régulier ; pour échapper à l'impôt, il suffit donc de le défigurer ; ici, il manquera l'un des éléments (l'indication du prix, par exemple) ; là, il manquera l'une des signatures ; ce n'est ni de la fraude, ni de l'abus de droit, simplement de l'habileté fiscale ;

5 - rédiger un acte, mais en trompe l'œil ; l'acte taxable est celui qui constate une cession, c'est-à-dire un contrat synallagmatique ; il suffit donc que l'écrit signé constate non un contrat synallagmatique, mais un engagement unilatéral (promesse de vente ou promesse d'achat) ; l'acceptation de la promesse en tant que telle ne vaut pas levée de l'option ; deux actes peuvent être rédigés, l'un valant promesse de vente et l'autre promesse d'achat ; la prudence recommande cependant que les deux promesses ne soient pas identiques. (V. obs. C. Bacrot et P. Berger sous Cass. com. 18 juill. 1989 : *Bull. Joly* 1989, p. 822).

Toutes ces "ficelles" ont un parfum d'exotisme et les partenaires étrangers sont ahuris quand les négociateurs français tentent de leur expliquer ce galimatias fiscal. Un seul remède : supprimer cet anachronique droit d'acte ; le législateur, dans la loi de finances pour 1991, n'a pas osé aller jusque-là ; l'abaissement et le plafonnement des droits devraient toutefois détourner les parties de se livrer aux acrobaties que l'on vient d'énumérer.

2) La fin d'un cauchemar fiscal : la cession massive de droits sociaux requalifiée de cession de biens sociaux

1159. — On peut dire que ce cauchemar a empoisonné la vie des sociétés pendant des dizaines d'années et fait planer une véritable épée de Damoclès sur la tête des dirigeants sociaux désirant céder leur entreprise. En cas de cession massive de droits sociaux, disons en cas de cession du contrôle de la société, l'administration se réservait le droit de requalifier, sous certaines conditions, l'opération en cession de biens sociaux. Pour cela, elle traitait les parties de menteurs et de tricheurs, en prétendant que la cession des droits sociaux déguisait en réalité une cession de l'actif social, c'est-à-dire de l'entreprise, un peu comme une vente peut déguiser une donation. Dans l'imagination de l'administration, ce que les parties avaient réellement voulu réaliser, sous le couvert d'une cession de droits sociaux, correspondait au scénario suivant :

- les anciens associés avaient d'abord voulu mettre fin à la première société, en provoquant sa dissolution, et se partager l'actif social ;

- ils avaient entendu ensuite vendre cet actif aux nouveaux associés ;

- quant à ceux-ci, ils avaient dans l'idée de racheter cet actif social et de l'apporter à une société nouvelle qui se trouvait être la copie conforme de l'ancienne.

Bien sûr, les parties n'avaient rien fait de tel ; il n'y avait eu ni dissolution de société, ni partage de l'actif social ; il n'y avait pas eu davantage vente de l'actif aux nouveaux associés, pas plus qu'il n'y avait eu de la part de ceux-ci création d'une société nouvelle. Le seul acte qui avait été passé était celui d'une cession de droits sociaux ; mais, prétendait l'administration, cet acte était mensonger ; il correspondait, selon elle, au scénario beaucoup plus complexe qu'elle croyait deviner, à la façon des psychiatres, dans le tréfonds de la psychologie des contribuables. Seulement, cet exercice de psychanalyse débouchait sur un véritable "massacre" fiscal :

- cascade d'impositions dues à raison de la dissolution de la société et du partage du boni de liquidation (V. *supra,* n. 549) ;

- paiement des droits de mutation sur la valeur des immeubles et des fonds de commerce (V. *supra,* n. 117 et s.) ;

- amende de 200 % pour abus de droit (le taux a été ramené à 80 % depuis 1987).

Sans doute l'administration avait-elle donné des consignes de modération à ses agents (instruction du 3 mars 1981). L'insécurité n'en était pas moins fâcheuse. Tout cela n'est heureusement plus qu'un mauvais souvenir depuis que la Cour de cassation, dans un arrêt de principe, *Société Beauvallet-Naturana,* rendu le 7 mars 1984, a jugé que les associés n'avaient pas qualité pour céder l'actif social et que la personnalité morale de la société n'était pas altérée du fait d'une cession massive de droits sociaux (*JCP* 84, éd. E, II, 14354, note C. David). Voici un extrait de cet arrêt : "Attendu que le jugement a retenu que, sous couvert de deux cessions d'actions, les associés de la société anonyme Beauvallet ont transmis à la société Naturana les biens composant l'actif social et "approuvé" leur apport à une nouvelle société et que "les deux sociétés" ont concouru à la création de la nouvelle société ; — Attendu qu'en statuant ainsi, alors que la société Beauvallet n'ayant jamais cessé d'exister en tant que personne morale et les cédants des actions n'ayant pas qualité pour disposer de l'actif social, l'opération invoquée comme réelle par l'administration des impôts ne pouvait être retenue, le tribunal a violé les textes susvisés". ———

(n. 1160 à 1199 réservés)

SOUS - TITRE II

LA SOCIÉTÉ EN COMMANDITE PAR ACTIONS

1200. — Cette forme sociale a été très en vogue entre 1807 et 1850, et on parla même à ce propos de "fièvre" des commandites (1). Cela s'expliquait notamment par l'absence de réglementation contraignante ; la commandite par actions figurait déjà un oasis de liberté et d'équilibre, au point que les Américains s'en servirent de modèle pour concevoir leur *limited partnership*. Mais la fièvre retomba et des formes sociales concurrentes — société anonyme, société à responsabilité limitée — apparurent ; le déclin de la commandite par actions s'accéléra au milieu du vingtième siècle au point que le législateur de 1966 faillit supprimer cette forme de société. Par bonheur, il n'alla pas au bout de ses intentions et la commandite par actions a toujours droit de cité. Elle peut revendiquer au surplus de brillantes illustrations, telles Casino et Michelin. Mieux : la commandite par actions connaît actuellement un regain de ferveur ; coup sur coup le groupe Yves Saint Laurent, Hermès, Castorama, Euro-Disneyland, se sont transformés ou constitués en commandite par actions, notamment afin de se protéger des *raiders* éventuels. D'autres projets sont à l'étude. Enfin, le législateur a conservé le service de cette forme sociale en autorisant les membres des professions libérales à constituer de telles sociétés pour l'exercice en commun de leur profession (2).

1201. — La commandite par actions est régie par les articles 251 et suivants de la loi du 24 juillet 1966. Les textes, enrichis des enseignements de la pratique, permettent d'étudier l'architecture (section I) puis les vertus (section II) de la commandite par actions.

(1) A. VIANDIER et autres, *La société en commandite entre son passé et son avenir*, Creda, Litec, 1983.

(2) Loi n. 90-1258, 31 décembre 1990, relative à l'exercice sous forme de société des professions libérales soumises à un statut législatif ou réglementaire ou dont le titre est protégé, art. 1er (V. *infra*, n. 2043).

SECTION I

L'ARCHITECTURE DE LA COMMANDITE PAR ACTIONS

1202. — La société en commandite par actions est réglementée par référence à la société en commandite simple et à la société anonyme ; en effet, selon l'article 251 (al. 2) de la loi du 24 juillet 1966, les règles concernant ces deux types de sociétés sont applicables aux sociétés en commandite par actions, "dans la mesure où elles sont compatibles avec les dispositions particulières" des articles 251 et suivants. De là une nécessaire combinaison de règles profondément différentes dans leur inspiration, qui donne à la commandite par actions une allure baroque, ainsi qu'on l'observe en examinant les commanditaires (§ 1), le commandité (§ 2) et le gérant (§ 3).

§ 1. — Les commanditaires

1203. — La société en commandite par actions, comme son nom l'indique, est une *société par actions* ; à la différence d'une commandite simple elle peut émettre des valeurs mobilières, d'où la possibilité d'une cotation en bourse (V. *supra*, n. 1101). Par suite les droits des commanditaires ne sont pas représentés par des parts sociales mais par des actions. Les commanditaires sont actionnaires.

1204. — Financièrement, le statut des commanditaires est simple : ils n'assument les pertes que dans la limite de leur apport ; ils ont vocation à recevoir des dividendes, vocation qui s'étend aux bénéfices accumulés — les réserves — et au boni de liquidation. Cependant, les commanditaires doivent compter avec les droits financiers particuliers des commandités, qui le plus souvent se voient reconnaître un intérêt préciputaire (V. *infra*, n. 1207), leur permettant d'être rémunérés *avant* les commanditaires.

1205. — Politiquement, les commanditaires sont exclus de la gestion externe de la société. En effet, ils sont assujettis à la même défense d'immixtion que les associés commanditaires d'une société en commandite simple (L., art. 28, al. 1er) (V. *infra*, n. 1524) ; cela n'interdit évidemment pas le contrôle interne et la participation aux décisions sociales (3), mais cela prohibe la gérance de la société par un commanditaire (le commanditaire est le seul associé à qui il soit interdit d'être dirigeant de la société ; V. *supra*, n. 373). Pour le reste, les pouvoirs du commanditaire s'exercent dans le cadre des assemblées générales, lesquelles fonctionnent sur le mode des assemblées générales d'actionnaires. Les commanditaires participent ainsi à l'approbation des comptes, aux décisions de distribution de dividendes, d'augmentation de

(3) Pour les sociétés d'exercice libéral de la loi du 31 décembre 1990, il est interdit aux commanditaires d'accomplir des actes de gestion même internes (L., art. 13, al. 3).

capital, de fusion. Toutefois, s'agissant des modifications statutaires, ainsi qu'on le verra (V. *infra*, n. 1208), le ou les commandités jouissent d'un droit de veto (L., art. 259) ; ainsi l'accord de l'assemblée des commanditaires et du ou des commandités est-il nécessaire pour de telles décisions de même que pour l'approbation des comptes et l'affectation du résultat. Un conseil de surveillance, désigné par l'assemblée ordinaire, et uniquement composé de commanditaires — les commandités en sont exclus — (L., art. 253), assure le contrôle permanent de la gestion de la société (L., art. 257). Le fait que ce conseil doive être composé de *trois* commanditaires impose ainsi un nombre minimum de commanditaires dans les sociétés en commandite par actions (L., art. 251).

§ 2. — Les commandités

1206. — Sans commandité, il n'y a pas de société en commandite. Le commandité est désigné dans les statuts ; en cours de vie sociale, l'entrée d'un nouveau commandité exige donc une modification statutaire, d'où le nécessaire accord de l'assemblée des commanditaires et des commandités en place. Comme tout associé, le commandité est astreint à l'exigence de l'apport.

1207. — Financièrement, le commandité est traité comme un associé en nom collectif ; la commandite par actions fait donc cohabiter au sein d'une même personne morale des associés en nom et des actionnaires, d'où l'idée parfois développée de juxtaposition des deux sociétés (4). Le commandité assume donc — avec solidarité s'il y a plusieurs commandités — la totalité des pertes sociales : il est responsable indéfiniment. En contrepartie, il perçoit un intérêt préciputaire, exprimé dans les statuts qui est généralement un pourcentage du résultat net.

L'ampleur des risques a justifié, pour les commandites par actions récemment créées, le recours à des commandités personne morale. C'est une société — par exemple une SARL — qui est choisie comme commanditée ; elle est composée des animateurs de la société et associe parfois des représentants de l'encadrement ; ces personnes ne sont pas elles-mêmes commanditées, elles sont simplement associées d'une société commanditée. En cas de sinistre, seule la société commanditée est touchée et s'il s'agit d'une société à risque limité, les associés ne sont pas eux-mêmes affectés. Il en va différemment, conformément au droit commun, si la société commanditée est une société fictive ou si on relève une confusion entre le patrimoine de cette société et celui des associés. Dans certains cas, la société commanditée est elle-même actionnaire de la société en commandite par actions, ce qui lui confère davantage "d'épaisseur" ; on observera qu'il n'est pas interdit à un commandité, personne physique ou morale, de détenir des actions de la commandite.

(4) A. VIANDIER et autres, *La société en commandite...*, *op. cit.*, n. 13 et n. 142.

1208. — Politiquement, le commandité joue un rôle essentiel :

- sauf clause contraire des statuts, son accord est indispensable pour la désignation des gérants (L., art. 252) ; dans certaines sociétés cette désignation est un pouvoir propre et exclusif du commandité ; et ce qui vaut pour la désignation, vaut pour la révocation ;
- il peut s'opposer à l'octroi par l'assemblée au gérant d'une rémunération non prévue par les statuts (L., art. 256) ;
- il approuve les comptes et l'affectation du résultat ;
- il dispose d'un droit de veto à l'encontre de toute décision de modification des statuts (L., art. 259) ; la même prérogative est reconnue en cas de transformation ; cependant la transformation en SA ou en SARL exige non pas l'accord de tous les commandités, mais l'accord de la majorité d'entre eux (L., art. 262), ce qui revient à l'unanimité s'ils ne sont que deux.

L'ampleur de ces prérogatives se justifie par la responsabilité encourue par le commandité. Elle pose néanmoins un problème d'organisation, car il faut compter parfois avec les lubies et les folies de commandités personnes physiques trop facilement tentés d'user de leur veto ; situation aggravée par le fait que l'on ne peut pas se débarrasser d'un commandité, se révélerait-il un mauvais associé. C'est une raison de plus pour préférer la personne morale à la personne physique ; les décisions de l'associé commandité ne sont pas le fait d'une seule personne mais expriment alors le consensus des associés de la société commanditée. Cela exige de rédiger avec beaucoup de soin les statuts de cette société, spécialement les clauses relatives aux pouvoirs des gérants et à la cession des droits sociaux. Il n'est pas rare de prévoir la variabilité du capital de cette société commanditée, ce qui impose alors de choisir la SARL puisque la SA (sauf les coopératives) ne peuvent plus être à capital variable (V. *supra*, n. 323) ; cette variabilité permet l'exclusion des associés et facilite les retraits d'associés. Dans certains cas, — ainsi de Casino — la société commanditée est ainsi composée qu'elle associe en son sein les différentes parties prenantes : gérants, fondateurs, cadres supérieurs, personnalités extérieures de grand renom.

§ 3. — Le gérant

1209. — La société en commandite par actions est dirigée par un ou plusieurs gérants, personnes physiques ou morales. Ils sont désignés dans les statuts. En cours de vie sociale, leur nomination se fait selon les règles posées par les statuts : décision d'assemblée des commanditaires, avec ou sans vote des commandités, décision exclusive des commandités, automatisme d'une dévolution de type dynastique, les statuts prévoyant par exemple l'accès aux fonctions de gérant de tel ou tel descendant du gérant… La seule règle est celle de la liberté statutaire, d'où des agencements parfois cocasses. La révocation obéit à la même règle, assortie toutefois d'un tempérament heureux : nonobstant les stipulations statutaires, "le gérant est révocable par le tribunal de commerce pour cause légitime, à la demande de tout associé ou de la société" (L., art.252, dernier al.).

1210. — Le gérant n'est pas nécessairement commandité, mais il est fréquent que les deux qualités coexistent, d'où un pouvoir considérable ainsi attribué au gérant qui double ses prérogatives de gestion des privilèges accordés au commandité. Un tel gérant est en fait inexpugnable, sauf décision judiciaire… ou clause statutaire contraire.

1211. — Le gérant dispose des mêmes pouvoirs et des mêmes obligations que le président-directeur général et le conseil d'administration d'une société anonyme (comp. L., art. 255) ; il "est investi des pouvoirs les plus étendus pour agir en toute circonstance au nom de la société" (*ibid.*). L'ampleur de ces prérogatives impose en pratique de désigner plusieurs gérants ou de nommer une personne morale, dont l'objet social est d'assumer la gestion de la société en commandite par actions ; cette personne morale peut être la société commanditée.

1212. — La rémunération du gérant est prévue par les statuts (L., art. 256) ; toute autre rémunération ne peut être allouée que par l'assemblée générale ordinaire, laquelle peut sans doute se contenter de fixer les bases de cette rémunération.

1213. — **Illustration : organisation juridique du groupe Yves Saint Laurent**

Au 31 décembre 1989, la géographie du groupe Yves Saint Laurent était la suivante :

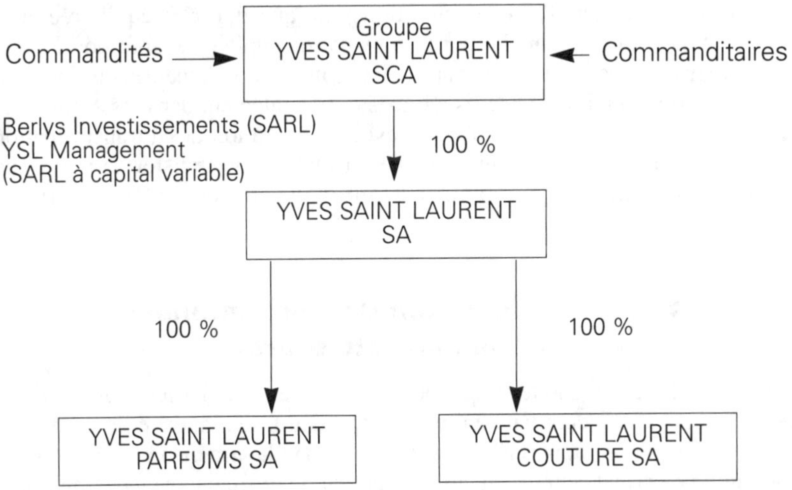

Nota : un seul des commandités — YSL Management — est gérant de la société en commandite par actions, le second commandité n'assume pas la gestion de la société.

SECTION II

LES VERTUS DE LA COMMANDITE PAR ACTIONS

1214. — La commandite par actions a plusieurs mérites, parmi lesquels on peut distinguer la souplesse d'organisation (§ 1), la possible association des entrepreneurs et des investisseurs (§ 2) et la défense anti-OPA (§ 3).

§ 1. — La souplesse d'organisation

1215. — L'univers de la société anonyme est saturé de réglementation ; la loi laisse peu de marge de manœuvre aux rédacteurs des statuts. Toute différente est la société en commandite par actions ; les règles contraignantes sont peu nombreuses : trois commanditaires au minimum, au moins un commandité, accord de la majorité des commandités pour la transformation en SA ou en SARL, fixation de la rémunération du gérant par l'assemblée générale, défense d'immixtion des commanditaires, impossibilité pour un commandité d'être membre du conseil de surveillance... Pour le reste, l'organisation se plie aux besoins et aux contraintes des partenaires. Cela explique que l'on rencontre des agencements différents d'une commandite par actions à une autre : ici le gérant est nécessairement commandité, là il ne peut pas l'être, ailleurs il est désigné par le conseil de surveillance sur proposition des commandités, etc.

1216. — Mais il ne faut pas abuser de cette souplesse et de la liberté reconnue par le législateur. Toute construction juridique doit être équilibrée et la transformation en commandite par actions par exemple ne saurait donner lieu à l'appropriation de l'entreprise par quelques uns, ceux-là mêmes qui joueront le rôle de commandités ; or le risque existe, spécialement dans les entreprises familiales. Le remède existe aussi, à savoir l'annulation de la transformation par abus de majorité (Pour un exemple en matière de transformation d'une société anonyme en commandite simple, V. *supra*, n. 1041 ; affaire *Conforama*).

§ 2. — L'association des entrepreneurs et des investisseurs

1217. — La commandite simple permet déjà d'appareiller les capitaux et les idées, les uns — les commanditaires — apportant les premiers et les autres — les commandités — apportant les secondes. Mais la commandite par actions, outre qu'elle permet cette fructueuse collaboration, offre un avantage important par rapport à la commandite simple, par son statut de société par actions, et donc émettrice de valeurs mobilières. Les commanditaires bénéficient des mêmes facilités de cession que les actionnaires, et ces facilités sont accrues si la commandite est cotée. La commandite par actions peut plus aisément emprunter, grâce à l'émission d'obligations ou de valeurs mobilières à mi-chemin de l'action et de l'obligation (V. *infra*, n. 1151 et s.). A la souplesse d'organisation juridique correspond ainsi une souplesse d'organisation financière.

§ 3. — La défense anti-OPA

1218. — La commandite par actions est une bonne défense anti-OPA. Cela tient principalement à la répartition des pouvoirs entre commanditaires et commandités et à la possibilité d'avoir des gérants soustraits à l'influence des commanditaires, obéissant seulement aux injonctions des commandités ; lorsque la même personne est à la fois gérante et commanditée, ce qui est possible (V. *supra*, n. 1210, on n'est pas loin du despotisme, du fait de l'absence de tout contrepouvoir social. Ainsi le *raider* qui réussit à acheter la majorité du capital de la commandite par actions sera maître de l'assemblée générale des commanditaires, sans pouvoir gérer à sa guise la société faute de prise sur le gérant, sans pouvoir restructurer la société du fait du veto possible du commandité sur toute modification statutaire. Cependant cette situation ne saurait être appelée à durer. D'un côté, le maître de l'assemblée des commanditaires en refusant d'approuver les comptes prive le commandité de toute rémunération. D'un autre côté, le gérant ne peut obtenir de l'assemblée les autorisations d'augmentation de capital nécessaires pour la croissance de la société. Aussi bien, faut-il craindre que cette paralysie ne conduise, au bout de deux ou trois ans, à la nomination d'un administrateur judiciaire (V. *supra*, n. 479 et s.), voire à la révocation du gérant pour cause légitime, cause légitime trouvée dans le refus, non motivé par l'intérêt social, de s'opposer abusivement à l'assemblée des commanditaires... Mais, en toute occurrence, on ne saurait, même judiciairement, évincer le commandité et la perte de la gérance ne signifiera pas la fin du conflit. La commandite par actions offre ainsi une capacité de résistance assez forte aux tentatives de *raiders* financiers, exclusivement attirés par la perspective de pouvoir dépecer la société après en avoir pris le contrôle. Pour l'industriel intéressé par des parts de marché et qui a les moyens de sa patience, la forme commandite par actions est beaucoup moins dissuasive.

1219. — La loi du 2 août 1989 en a d'ailleurs tenu compte en autorisant le conseil des bourses de valeurs à prévoir une procédure de retrait pour les actionnaires en cas de transformation d'une société anonyme cotée en commandite par actions (L. 2 août 1989, art. 5, ajoutant un article 6 *bis* à la loi du 22 janvier 1989 sur les bourses de valeurs). L'article 7.2.4 du règlement général du conseil des bourses de valeurs règle cette procédure et prévoit que l'offre de retrait (c'est-à-dire de rachat) doit émaner des personnes physiques ou morales détenant la majorité des deux tiers des droits de vote de la société anonyme transformée (1).

(n. 1220 à 1249 réservés)

---

(1) Sur ce retrait, V. *supra*, n. 1127. — *Adde*, A. VIANDIER, *OPA-OPE, Garantie de cours et retrait*, Litec, 1991, n. 1760 et s.

SOUS - TITRE III

LA SOCIÉTÉ A RESPONSABILITÉ LIMITÉE

1° L'origine

1250. — La SARL est née en 1925... en même temps que le charleston ; c'est en effet la loi du 7 mars 1925 qui a introduit en France le modèle allemand datant de 1892 (GmbH). Elle est aujourd'hui réglementée par les articles 34 à 69 de la loi du 24 juillet 1966.

2° Le succès

1251. — La SARL a dès le départ connu un succès qui ne s'est pas démenti depuis. On en compte aujourd'hui plus de 500 000, soit près de la moitié du total des sociétés. Elle est l'outil idéal pour l'exploitation des petites et moyennes entreprises à caractère familial ; elle est d'un maniement plus aisé que la société anonyme et elle assure aux associés et aux dirigeants un meilleur confort que la société en nom collectif (1).

Par rapport à la société anonyme, les avantages de simplicité (et les économies de coût qui en résultent) sont évidents :

- il n'est pas nécessaire de réunir sept personnes, ni d'instituer une dualité d'organes de direction ;
- le formalisme, bien qu'alourdi en 1966, reste moins pesant que dans la société anonyme ;
- la présence d'un commissaire aux comptes n'est imposée que si certains seuils sont franchis (V. *supra*, n. 974) ou lorsque des associés représentant le dixième du capital en sollicitent la désignation devant le tribunal de commerce (L., art. 64).

La SARL offre aux associés et aux dirigeants une position plus confortable que la société en nom collectif :

- les associés n'y ont pas la qualité de commerçant ; on peut donc y faire entrer des mineurs ou des interdits de commerce, tels des fonctionnaires ou des avocats ;

(1) La SARL pourrait également servir de vêtement juridique à certaines filiales des groupes ; on a fait remarquer qu'elle était injustement négligée, les groupes préférant recourir à la formule, combien plus lourde, de la société anonyme (Ph. Bissara, *L'inadaptation du droit français des sociétés aux besoins des entreprises et les aléas des solutions*: *Rev. soc.* 1990, p. 553. — V. également *infra*, n. 1413 à propos de l'EURL).

- leur responsabilité est limitée au montant des apports, ce qui est souvent théorique si les banquiers leur imposent de s'engager comme caution ou si leur responsabilité personnelle est recherchée en cas de dépôt de bilan ;
- les dirigeants, à condition qu'ils soient minoritaires, bénéficient du statut fiscal et social des salariés, ce qui est une indéniable cause d'attrait.

3° La nature hybride

1252. — La SARL participe à la fois de la nature des sociétés de personnes et de celle des sociétés de capitaux. Par son âme, c'est une société de personnes : associés peu nombreux, *intuitus personae,* parts sociales non négociables ; à l'évidence, la personnalité de l'associé compte plus que son portefeuille.

Mais son organisation juridique la rapproche de la société anonyme, du moins de celle qui ne fait pas appel à l'épargne publique. Elle fonctionne en effet selon un mode emprunté aux sociétés de capitaux : formalisme tatillon, contrôles superposés, sanctions pénales multipliées. Dans la SARL, comme dans la société anonyme, l'aspect institutionnel l'emporte sur l'aspect contractuel.

4° Les faiblesses

1253. — La SARL n'est pas une machine à rassembler des capitaux ; elle ne peut émettre des valeurs mobilières, ni s'adresser à l'épargne publique ; elle ne convient donc pas aux entreprises qui, pour se développer, doivent faire appel au marché financier.

Paradoxalement, elle ne répond pas toujours aux attentes des dirigeants des petites et moyennes entreprises ; s'ils possèdent plus de la moitié du capital, ce qui est une aspiration quasi naturelle, ils ne peuvent revendiquer le statut fiscal et social des salariés. Celui qui entend rester maître de son affaire tout en assurant sa protection fiscale et sociale n'a qu'une solution : créer une société anonyme et en devenir le président.

Les milieux professionnels ne cessent de réclamer l'alignement du statut du gérant majoritaire sur celui du minoritaire ; les bureaux leur opposent une fin de non-recevoir que rien ne justifie ; ils avancent qu'une telle réforme accentuerait la fuite vers le régime général de Sécurité sociale et compromettrait l'équilibre déjà précaire des régimes sociaux des non-salariés ; l'argument est spécieux quand on sait le faible nombre des gérants majoritaires.

5° La rénovation de 1985

1254. — Les manipulations génétiques existent aussi en droit des sociétés, à preuve la création, à partir d'une souche de SARL, d'une société unipersonnelle, l'EURL (entreprise unipersonnelle à responsabilité limitée). Il existe donc désormais deux variétés de SARL qu'il convient de distinguer :
- la SARL pluripersonnelle, comprenant au moins deux associés ;
- la SARL unipersonnelle, ne comprenant qu'un seul associé.

(n. 1255 à 1269 réservés)

SECTION I

LA CONSTITUTION DE LA SARL

1270. — Le régime de constitution des SARL ne présente pas d'originalité majeure ; il emprunte pour l'essentiel à la fois aux dispositions générales du droit des sociétés et à celles qui gouvernent la constitution des sociétés anonymes.

§ 1. — Les conditions de fond

A. — L'objet social

1271. — Le principe est celui de la liberté ; toute activité économique peut être conduite sous forme d'une SARL Certains secteurs lui sont cependant fermés, tel celui de l'assurance (L., art. 490). Enfin, certaines professions libérales (médecins, notaires, avocats...) ne peuvent être exercées dans le cadre de sociétés commerciales, ce qui exclut à la fois la SARL, la société anonyme et la société en nom collectif.

B. — Le nombre des associés

1272. — La SARL est la seule société qui puisse comporter un seul associé et ce dès le jour de sa constitution. C'est également la seule qui ne puisse dépasser un maximum fixé à cinquante associés (L., art. 36) ; en cas de dépassement de ce plafond, la société a un délai de deux ans pour se transformer en société anonyme, à moins que le nombre de ses associés ne soit ramené à cinquante ; à défaut, la société est *automatiquement* dissoute.

C. — Le capital social

1273. — Le capital minimal est de 50 000 F ; l'expérience démontre que le quart des sociétés ne se sont pas conformées à cette prescription (V. *infra*, n. 1277). Quelques exceptions existent en faveur par exemple des sociétés de presse (2 000 F ; V. *supra*, n. 606, note 3) ou des sociétés coopératives artisanales (10 000 F). Il peut être constitué sous forme d'apports en numéraire ou en nature, mais non en industrie (L., art. 38) (1). Les parts sociales sont au minimum de 100 F.

(1) La loi du 10 juillet 1982 relative aux conjoints d'artisans et de commerçants travaillant dans l'entreprise familiale permet toutefois les apports en industrie lorsqu'une SARL est constituée entre conjoints et que l'un d'eux fait apport d'un fonds de commerce ou d'un fonds artisanal (C. civ., art. 1843-2) ; cette solution permet d'améliorer la situation du conjoint qui participe à l'exploitation sans avoir fait d'apport en numéraire ou en nature.

1° Les apports en numéraire

1274. — Les apports en numéraire doivent être immédiatement et intégralement libérés ; pareille exigence ne se rencontre pas dans les autres types de sociétés ; dans les sociétés anonymes, les actionnaires peuvent limiter la libération de leur apport au quart du capital souscrit (V. *supra*, n. 608) ; dans les sociétés de personnes, la libération du capital n'est soumise à aucune condition de quotité ou de délai (V. *infra*, n. 1446). La déclaration de conformité doit spécifier que les apports en numéraire ont été libérés et indiquer le nom du dépositaire chez qui les fonds ont été déposés. Le nominal des parts sociales est au minimum de 100 F.

Sur le plan fiscal, les droits à payer sont théoriquement de 1 %, mais leur montant est plafonné à 430 F (V. *supra*, n. 174).

2° Les apports en nature

1275. — Le législateur s'est inquiété du risque de surévaluation des apports en nature ; aussi bien la loi de 1966 (art. 40) a-t-elle conçu les règles protectrices suivantes :

- *les statuts doivent contenir l'évaluation de chaque apport en nature* ;

- *un commissaire aux apports* est désigné à l'unanimité des futurs associés ou, à défaut, par le tribunal de commerce ; il doit établir un rapport sur l'évaluation, qui est annexé aux statuts ; cette obligation peut recevoir exception, à l'unanimité des associés, lorsque la valeur d'aucun apport en nature n'excède 50 000 F et à la double condition que la valeur totale de l'ensemble des apports en nature n'excède pas la moitié du capital ;

- enfin, *les associés sont solidairement responsables* à l'égard des tiers, pendant cinq ans, de la valeur attribuée aux apports en nature dans deux hypothèses : lorsqu'un commissaire aux apports n'a pas été désigné ou lorsque la valeur retenue par les associés est différente de celle proposée par cet expert ; c'est le seul cas dans lequel les associés d'une SARL sont responsables solidairement.

Les droits à payer sont en principe de 1%; ils sont en réalité plus élevés si les apports concernent des fonds de commerce ou des immeubles (V. *supra*, n. 175).

§ 2. — Les conditions de forme

1276. — Le régime de constitution de la SARL emprunte à celui des sociétés anonymes :

- des statuts doivent être rédigés, qui indiquent notamment la forme de la société, sa durée, sa dénomination, son siège, son objet, l'évaluation des apports en nature et la répartition des parts sociales entre les associés ; ils sont signés par tous les associés (V. *supra*, n. 257) ; un exemplaire établi sur papier libre est remis à chacun ;

- les règles de publicité sont identiques : extrait dans un journal d'annonces légales, enregistrement, dépôt du dossier complet au centre de formalités des entreprises aux fins d'immatriculation au registre du commerce (V. *supra*, n. 259 et s.) ; comme dans toutes les sociétés, la SARL ne jouit de la personnalité juridique qu'à compter de son immatriculation ;

- le sort des actes passés pendant la période de conception relève du droit commun des sociétés (V. *supra*, n. 266 et s.) ;

- les fondateurs sont responsables civilement et pénalement des irrégularités commises lors de la constitution de la SARL dans les mêmes conditions que les fondateurs d'une société anonyme (V. *supra*, n. 613 et 614).

LE COIN DES AMATEURS

1) Un exemple d'ineffectivité de la loi : le quart des SARL ont un capital inférieur au minimum légal

1277. — En 1966 le capital minimal des SARL avait été fixé à 20 000 F ; la loi du 1er mars 1984 sur la prévention des difficultés des entreprises l'a porté à 50 000 F. Les sociétés avaient un délai de cinq ans pour se conformer à la loi, faute de quoi elles seraient dissoutes de plein droit, sans compter les sanctions pénales frappant les gérants. A la date d'expiration du délai, le 1er mars 1989, ce fut la panique quand on s'aperçut que 25% à 30% des SARL se trouvaient ainsi dissoutes de plein droit et par conséquent en état de liquidation ; certaines banques avaient pris les devants et avaient bloqué les comptes en attendant la désignation d'un liquidateur. Comme il n'était pas question d'enterrer ainsi du jour au lendemain quelque 100 000 sociétés qui n'étaient en rien moribondes, on réforma la loi. Un projet de loi à effet rétroactif fut déposé en catastrophe devant le parlement (l'exposé des motifs est éloquent ; V. *Bull. Joly* 1989, p. 491). La loi du 6 juillet 1989 commence par ressusciter toutes les SARL dont le décès était juridiquement acquis. Un nouveau délai de régularisation est accordé jusqu'au 31 décembre 1991, mais la loi se garde bien d'annoncer que la sanction sera la dissolution automatique ; il est seulement prévu que les SARL qui n'auront pas porté leur capital au minimum de 50 000 F "pourront être dissoutes à la demande de tout intéressé ou du ministère public. Le tribunal pourra accorder un délai maximal de six mois pour régulariser la situation ; il ne pourra prononcer la dissolution si, au jour où il statue sur le fond, la régularisation a eu lieu". La loi continue de fulminer des sanctions pénales à l'encontre des gérants récalcitrants ; ceux "qui n'auront pas régularisé la situation à l'issue du délai qui leur aura été accordé par le tribunal... seront punis des peines prévues au dernier alinéa de l'article 501 de la loi n. 66-537 du 24 juillet 1966" ; ce n'est pas rien, l'amende visée par cet article 501 pouvant atteindre 120 000 F ; mais encore faudrait-il que l'on poursuive. On peut être sceptique sur le sérieux (juridique) de ces SARL qui manifestent une telle indifférence envers les prescriptions légales concernant le capital social, lequel est pourtant l'objet d'une publicité permanente, ne serait-ce que sur les factures et les papiers commerciaux ; l'indifférence semble partagée par certains conseils et par certaines administrations. Des instructions fermes ont été données aux greffiers pour qu'ils relancent les gérants réfractaires et aux procureurs pour qu'ils saisissent les tribunaux.

2) L'organigramme de la SARL *Le Monde*

1278. — Le journal *Le Monde* a été créé en 1944 par Hubert Beuve-Méry, avec le souci d'échapper à l'emprise du capitalisme financier. La porte du capital fut donc fermée aux "capitalistes". Après diverses modifications, sa structure est aujourd'hui la suivante :

- 32,26 % pour des personnalités extérieures, réunies au sein d'une association (Georges Vedel, Jacques Fauvet, Michel Houssin, Roger Fauroux, Edmond Maire...) ;
- 32,26 % pour les rédacteurs, réunis au sein d'une société civile à caractère variable ;
- 9,19 % pour les employés, également réunis au sein d'une société civile à capital variable ;
- 11,30 % pour les lecteurs, réunis au sein d'une société anonyme ;
- 8,06 % pour les entreprises, réunies également au sein d'une société anonyme ;
- 6,93 % pour le gérant ès qualités (actuellement Jacques Lesourne).

Comme on le constate, les parts sociales sont attribuées à une personne physique (le gérant), à une association, à deux sociétés civiles à capital variable et à deux sociétés anonymes. La SARL *Le Monde* exploite une entreprise de presse et quelques filiales (imprimerie, télématique...) ; les quatre sociétés satellites et l'association n'exploitent aucune entreprise ; elles regroupent seulement certaines catégories de personnes voulant participer au financement du journal ; la technique de la société civile à capital variable correspond parfaitement à la représentation du personnel, tandis que la société anonyme, par la libre cessibilité des actions, convient mieux au rassemblement de lecteurs *anonymes* et même d'investisseurs moins *anonymes* ; quant aux personnes extérieures choisies en fonction de leur autorité, elles ne font aucun placement financier et ne recherchent aucune participation aux bénéfices ; la formule de l'association, retenue en 1990, cadre parfaitement avec ces objectifs.

Le journal *Ouest-France*, qui est exploité par une société anonyme, a pareillement utilisé en 1990 la technique de l'association pour regrouper ses principaux actionnaires (les familles Desgrées du Lou, Hutin, Amaury...) de façon à conserver son indépendance tout en restant fidèle à l'esprit de désintéressement des fondateurs et des actionnaires. Cette association contrôle à 99,99 % la SIPA (société d'investissement et de participation) qui possède, quant à elle, 99,99 % de la société anonyme *Ouest-France*. C'est une exemple de plus de l'imbrication possible des associations et des sociétés (V. *supra*, n. 26).

3) Une institution fiscale : la SARL de famille

1279. — La SARL de famille ne correspond pas à une variété juridique nouvelle ; c'est une SARL ordinaire, mais dotée d'un régime fiscal spécifique.

Les SARL relèvent par principe de l'impôt sur les sociétés ; il existe deux exceptions : l' EURL créée par une personne physique (V. *infra*, n. 1352) et la SARL de famille. Lorsque la SARL ne comprend que des membres d'une même famille, elle peut opter pour le régime de l'impôt sur le revenu (CGI, art. 239 *bis* AA) ; ce régime présente certains attraits pour les petites affaires familiales ne réalisant qu'un bénéfice modeste : il n'y a pas de double imposition des bénéfices et, en cas d'adhésion à un centre agréé de gestion, les associés bénéficient d'un abattement de 20 % et de 10 % comme les entrepreneurs individuels (M. COZIAN, *Plaidoyer pour la SARL de famille* : *Rev. fr. des fin. publ.* 1986, n. 14, p. 125). Mais on sait que les dirigeants sont aujourd'hui moins sensibles aux aspects fiscaux qu'aux aspects sociaux de leur statut ; ils recherchent avant tout la protection du régime général des salariés. Aussi bien est-il prévu que les associés qui ont la qualité de gérant minoritaire ou qui exercent une activité salariée dans la société continueront de bénéficier du régime social des salariés, ce qui est impossible normalement dans les sociétés de personnes relevant de l'impôt sur le revenu (V. *infra*, n. 1465). L'administration manifestait une mauvaise volonté à appliquer ce régime de faveur aux SARL nouvelles qui se créent ; la jurisprudence heureusement lui a rappelé la lettre et l'esprit de la loi (Cass. soc. 14 juin 1989 : *Rev. soc.* 1990, p. 439, note R. VATINET). La solution est désormais incontestable : en cas de création d'une nouvelle SARL de famille, les gérants minoritaires et les associés titulaires d'un contrat de travail bénéficient du régime social (mais non du régime fiscal) des salariés.

(n. 1280 à 1299 réservés)

SECTION II

LA GÉRANCE DE LA SARL

1300. — La structure de la SARL est plus légère que celle de la société anonyme du fait qu'il n'existe qu'un seul organe de direction. Le statut du gérant emprunte pour beaucoup à celui du président-directeur général tant sur le plan juridique que sur le plan fiscal et social ; on se limitera donc aux différences les plus marquantes.

§ 1.— Le statut juridique du gérant

A. — LA NOMINATION ET LA RÉVOCATION

1° La nomination

1301. — La loi exige que le gérant soit une personne physique. Bien qu'il n'ait pas la qualité de commerçant, il ne doit pas être frappé d'une interdiction d'exercer une activité commerciale. Pour le reste, il appartient aux statuts de dessiner les conditions requises des gérants : âge, diplôme, plein temps... La loi n'étend pas au gérant les conditions restrictives qu'elle impose aux administrateurs ; d'où les conséquences suivantes :

- il peut être choisi parmi les associés ou les tiers ;
- aucune limite d'âge n'est prévue (mais les statuts peuvent suppléer à la loi) ;
- le cumul des mandats n'est pas plafonné ;
- le cumul avec un contrat de travail n'est pas réglementé (V. *infra*, n. 1311).

1302. — Les premiers gérants sont désignés par les statuts ou par un acte séparé (L., art. 49) ; il n'est pas fait de différence selon que le gérant est statutaire ou non statutaire (V. la solution inverse dans les sociétés en nom collectif, *infra*, n. 1504). Ultérieurement ils sont nommés en assemblée ou à l'occasion d'une consultation écrite ; la majorité nécessaire est celle d'un ou plusieurs associés représentant plus de la moitié des parts sociales (L., art. 59) ;

l'associé majoritaire (avec 51 % du capital par exemple, plus précisément la moitié des parts sociales plus une) est ainsi assuré de sa désignation comme gérant si tel est son souhait. Les statuts peuvent prévoir une majorité plus élevée pour la désignation du gérant, mais non pour sa révocation (V. *infra*, n. 1304).

La désignation d'un nouveau gérant fait l'objet de mesures de publicité, spécialement au registre du commerce et des sociétés. Conformément au droit commun, il y a alors purge des vices qui pouvaient entacher la désignation (V. *supra*, n. 353).

2° La révocation

1303. — Sauf clause statutaire contraire, les gérants sont nommés pour la durée de la société. Plusieurs événements sont de nature à abréger le mandat du gérant, décès et démission notamment. C'est la révocation qui pose le plus de problèmes, d'autant qu'elle peut intervenir sur décision des associés ou sur décision de justice.

a) La révocation par les associés

1304. — Le gérant en place est révocable par décision des associés représentant plus de la moitié des parts sociales (L., art. 55) ; cette exigence de moitié est d'ordre public et les statuts ne sauraient ni l'aggraver, ni l'amoindrir (V. la solution inverse à propos de la désignation, *supra*, n. 1302). Comme il n'est pas interdit de vote, il suffit que le gérant ait au moins 50 % du capital social pour être à l'abri d'une mesure de révocation ; il bénéficie alors d'une irrévocabilité de fait (il n'est cependant pas à l'abri d'une révocation judiciaire, V. *infra*, n. 1305). Encore que la loi soit muette sur ce point, on estime que, comme les administrateurs (V. *supra*, n. 636), le gérant peut être l'objet d'une révocation quand bien même la question ne figurerait pas à l'ordre du jour (application de la théorie des incidents de séance).

Le gérant n'est pas révocable *ad nutum* ; il a droit à des dommages-intérêts si la révocation est décidée sans juste motif (sur la jurisprudence intervenue en matière de juste motif, V. *supra*, n. 797). On rappellera que ce contentieux est de la compétence du tribunal de commerce (V. *supra*, n. 301).

b) La révocation par décision de justice

1305. — Tout associé, même s'il ne possède qu'une part, peut présenter devant le tribunal de commerce une demande en révocation du gérant pour "cause légitime" (L., art. 55) ; il ne semble pas qu'il faille faire de différence entre "cause légitime" et "juste motif". Il s'agit là d'une soupape de sécurité qui permet de contrecarrer l'inamovibilité de fait du gérant majoritaire. C'est une disposition originale que l'on ne rencontre que dans les SARL, les commandites par actions et dans les sociétés civiles (C. civ., art. 1851).

B. — Les pouvoirs

1° Les pouvoirs du gérant unique

1306. — Dans les rapports avec les tiers, le gérant est investi des pouvoirs les plus étendus pour agir en toute circonstance au nom de la société (L., art. 49) ; la règle est traditionnelle dans les sociétés de capitaux ; elle vise la protection des tiers (V. sur ce point, les développements consacrés aux pouvoirs des administrateurs et du président-directeur général, *supra*, n. 700 et s.). Que l'acte participe ou non de l'objet social, qu'il viole ou non l'intérêt social, la société est engagée et elle doit s'exécuter. Il n'en va autrement que si elle prouve que le tiers savait que l'acte dépassait l'objet social ou qu'il ne pouvait l'ignorer compte tenu des circonstances ; le cas est rarissime, car la loi de 1966 précise que la seule publication des statuts ne suffit pas à constituer la preuve exigée.

A l'égard des tiers, le gérant a quasiment les mêmes prérogatives que le président du conseil d'administration ; il passe donc les contrats, initie les procès, embauche et licencie les salariés, négocie les accords d'entreprise ; le gérant est le représentant légal de la SARL.

Notons cependant une différence en matière de caution, d'aval ou de garantie ; alors que leur octroi par le président d'une société anonyme est soumis à l'autorisation préalable du conseil d'administration, pareille formalité n'est pas imposée en matière de SARL ; le gérant engage donc la société quand il signe seul un engagement de caution ; les créanciers prudents imposent néanmoins souvent que la garantie soit confirmée par l'assemblée des associés.

1307. — Les statuts peuvent limiter les pouvoirs du gérant ; ces clauses limitatives sont inopposables aux tiers ; leur violation ouvre seulement droit à une condamnation du gérant à des dommages-intérêts et peut constituer un juste motif de révocation (V. *supra*, n. 797). En toute occurrence, le gérant doit respecter les prérogatives des autres organes et spécialement celles de l'assemblée des associés ; il ne lui appartient pas par exemple d'approuver les comptes sociaux ou de modifier les statuts.

2° La répartition des pouvoirs en cas de pluralité des gérants

1308. — En cas de pluralité de gérants, chacun a le même pouvoir d'engager la société ; il suffit qu'un contrat ait été signé par un seul gérant pour que ce contrat engage la société ; chaque gérant est dépositaire de la signature sociale.

Un gérant peut s'opposer aux actes d'un autre gérant, mais son opposition est sans effet à l'égard des tiers "à moins qu'il ne soit établi qu'ils en ont eu connaissance" (L., art. 49). Ainsi, le co-gérant qui apprend fortuitement qu'un de ses collègues projette de passer un contrat qu'il estime contraire à l'intérêt social peut informer le tiers co-contractant de son opposition ; si le tiers passe outre et conclut néanmoins ledit contrat, il ne pourra pas exiger de la société son exécution. Il existe d'ailleurs un devoir de surveillance à l'égard des co-gérants ; le défaut de surveillance peut être une cause de responsabilité invoquée à l'encontre du co-gérant insouciant (1).

On mesure les difficultés posées par la pluralité de gérants. Certes les statuts aménagent souvent les pouvoirs réciproques des gérants, attribuant à chacun un secteur particulier de la gestion ou exigeant qu'ils agissent toujours ensemble ; mais ces agencements sont inopposables aux tiers.

C. — La rémunération

1309. — La loi de 1966 est muette sur la rémunération du gérant ; si les fonctions sont normalement rémunérées, rien n'interdit qu'elles soient gratuites, ce qui ne va d'ailleurs pas sans problèmes (V. *supra*, n. 684). Le montant de la rémunération peut être fixé par les statuts ; c'est une solution à déconseiller, car toute actualisation impliquera leur modification. Généralement la décision est confiée à l'assemblée des associés.

Le gérant peut-il participer au vote? La question est controversée. Tout dépend de savoir si la détermination de la rémunération constitue ou non une convention réglementée au sens de l'article 50 de la loi de 1966 (V. *infra*, n. 1352 et s.). Eu égard au caractère institutionnel de la SARL et à la solution admise pour les dirigeants de la société anonyme (V. *supra*, n. 674), il paraîtrait naturel de dénier à la fixation de la rémunération tout caractère conventionnel, de façon à la faire échapper aux formalités de l'article 50. C'est la solution que vient de consacrer la Cour de cassation (Cass. com. 30 mai 1989 : *Rev. fr. compt.* 1989, p. 41, note Ph. Reigne).

1310. — La décision des associés peut être critiquée en justice. Les tribunaux admettent un tel contrôle judiciaire en cas d'abus ou d'irrégularité. Les minoritaires peuvent par exemple invoquer l'abus de majorité s'ils estiment que la rémunération allouée au gérant est manifestement excessive (2).

A l'inverse, un gérant pourrait-il demander en justice une revalorisation à laquelle s'opposent les autres associés ? Certains tribunaux se refusent à arbitrer de tels conflits (3) ; d'autres sont plus accueillants, notamment si le demandeur invoque un abus de majorité (4).

D. — Le cumul avec un contrat de travail

1311. — La loi de 1966 est muette sur ce point ; la jurisprudence en déduit que rien n'interdit à un salarié de la société d'en devenir le gérant, ni même au

(1) Paris, 16 nov. 1988 : *Bull. Joly* 1989 p. 189, note P. Le Cannu.

(2) Versailles, 13 oct. 1988 : *Rev. soc.* 1989, p. 87, obs. Y. Guyon. — V. également *supra*, n. 685, ce qui est dit à propos du dirigeant surpayé.

(3) Cass. com. 11 janv. 1972 : *D.* 1972, p. 559, note C. Orango.

(4) Versailles, 20 sept. 1990 : *Rev. soc.* 1991, p. 80, note Cl. Roca. — V. *supra*, n. 685 *bis*, les développements plus généraux concernant le dirigeants sous-payé.

gérant de conclure un contrat de travail avec la société qu'il dirige (dans ce dernier cas, il devra respecter les formalités de l'article 50). On voit le contraste avec les mesures d'encadrement prises à l'encontre des dirigeants de sociétés anonymes (V. *supra*, n. 645 et s, 675 et s.). Ce n'est pas que le cumul ne soit soumis à aucune restriction ; bien au contraire, il existe en la matière une jurisprudence foisonnante, alimentée ces dernières années par les organismes sociaux (AGS, ASSEDIC..) auxquels s'adressent les "gérants-salariés" qui ont perdu leur emploi à la suite d'une révocation ou d'un dépôt de bilan de la société (la mortalité des SARL est plus importante que celle des sociétés anonymes). La conclusion du contrat de travail, surtout lorsque le gérant exerce ses fonctions à plein temps dans la société, offre des garanties très appréciées, indépendamment même du surplus de rémunération qu'elle confère :

- certes, le gérant a droit à des dommages-intérêts s'il est révoqué sans juste motif, mais on a vu que certains tribunaux n'étaient pas très regardants en la matière (V. *supra*, n. 797) ; on a plus de chances si on plaide le licenciement abusif devant le conseil des prud'hommes ;

- si la société est l'objet d'une procédure de redressement ou de liquidation judiciaires, le gérant, en tant que salarié, bénéficie des garanties de l'AGS (Association pour la gestion du régime d'assurance des créances des salariés) ; il est ainsi assuré d'obtenir le paiement des salaires arriérés et des indemnités de licenciement ;

- en cas de chômage, il bénéficie de même des indemnités versées par les ASSEDIC.

1312. — Encore faut-il que le contrat de travail corresponde à une réalité et ne soit pas un alibi factice permettant de réclamer les avantages énumérés ci-dessus. Les tribunaux ont la délicate mission de faire le tri entre les contrats réels et les contrats fictifs ; ils se fondent généralement sur les points suivants :

- le travail doit être effectif, sinon le contrat serait de pure complaisance ;

- les fonctions techniques exercées en qualité de salarié doivent être distinctes des fonctions de direction générale qu'assume tout gérant ; dans les petites sociétés, où le gérant joue les "Maître Jacques", la distinction n'est pas toujours aisée ; la fixation de rémunérations séparées peut constituer un indice, mais ne saurait être déterminante à elle seule ;

- en sa qualité de salarié, le gérant doit être dans un état de subordination à l'égard de la société ; un tel lien est exclu si le gérant est majoritaire (V. cependant la solution contraire donnée par le Conseil d'Etat en matière fiscale ; *infra*, n. 1321) ; hors de là, tout est question d'espèce (V. *infra*, n. 1321).

S'il cumule ses fonctions avec un contrat de travail, le gérant est apparemment en position confortable, puisque lui seul a compétence pour licencier le personnel… dont il fait partie ; les associés devront agir de la façon suivante : révoquer le gérant en place, désigner un nouveau gérant, lequel procédera au licenciement de l'ancien salarié-gérant.

E. — La responsabilité

1313. — Le gérant de la SARL encourt les mêmes responsabilités que les dirigeants de la société anonyme (L., art. 52). Lui sont donc transposables les règles que l'on a déjà exposées concernant tant la responsabilité civile que la responsabilité pénale ou fiscale (V. *supra*, n. 740 et s.). On retrouve ainsi la marque d'une législation largement commune au groupe des sociétés à risque limité.

§ 2. — Le statut fiscal et social du gérant

1314. — Le droit fiscal a réussi cette prouesse de ressusciter la théorie des castes en opposant la caste des privilégiés (les gérants minoritaires) et celle des pestiférés (les gérants majoritaires). Les premiers bénéficient des avantages fiscaux et sociaux réservés aux salariés, mais non les seconds. Autant dire que dans la pratique on ne rencontre guère de gérants majoritaires. Cette discrimination irréaliste continue d'empoisonner la vie des SARL. Que de contentieux irritants auraient été évités si le statut du gérant avait été unifié!

L'administration lâche du lest au compte-gouttes, mais ne se résigne pas à l'unicité du statut. Ainsi, depuis 1988, le gérant majoritaire bénéficie d'un abattement de 20 % et de 10 % comme les minoritaires (V. *supra*, n. 112). Mais cela ne fait pas le compte :

- les minoritaires peuvent pratiquer l'abattement forfaitaire de 10 % pour frais professionnels, tandis que les majoritaires ne peuvent déduire que leurs frais réels, dûment justifiés ;

- surtout, sur le plan social, on oppose le régime des minoritaires (régime général des salariés) et celui des majoritaires (régime des travailleurs indépendants) (5).

Les dirigeants sont aujourd'hui plus sensibles aux discriminations de protection sociale qu'aux différences de déductions fiscales. Aussi n'est-il pas étonnant que, malgré le rapprochement fiscal opéré en 1988, on ne constate aucun mouvement de reflux vers le statut de majoritaire (6). Tout comme auparavant, la préoccupation des dirigeants reste la "course" à la gérance minoritaire, d'où la "chasse" aux faux gérants minoritaires exercée par le fisc.

---

(5) On rappellera que, pas plus que le président-directeur général, le gérant minoritaire ne bénéficie de la protection légale contre le chômage (V. *supra*, n. 687).

(6) Face à l'impôt de solidarité sur la fortune, la discrimination joue en sens inverse ; le gérant majoritaire bénéficie dans tous les cas de l'exonération attachée aux biens professionnels ; le gérant minoritaire n'est exonéré que s'il possède au moins 25 % du capital social, le décompte se faisant sur le plan familial (V. *supra*, n. 120).

A. — LA "COURSE" A LA GÉRANCE MINORITAIRE

1315. — Le gérant est considéré comme minoritaire s'il ne possède pas plus de la moitié du capital social ; avec 50 %, il est minoritaire, avec 51 %, il est majoritaire ; un déplacement de 1 % du capital change ainsi la nature des choses.

S'il existe plusieurs gérants, le total possédé par le collège des gérants ne doit pas dépasser 50 % du capital ; c'est donc la gérance qui doit être minoritaire. Comme il aurait été tentant de mettre l'excédent des parts au nom du conjoint ou des enfants mineurs non émancipés, il est tenu compte des parts possédées par ces personnes (7) ; on fait un décompte familial pour déterminer si le gérant possède ou non plus de la moitié du capital social (CGI, art. 211).

B. — LA "CHASSE" AUX FAUX GÉRANTS MINORITAIRES

1316. — Les contribuables ne manquent pas d'imagination et utilisent mille et une ruses pour se présenter extérieurement comme des gérants minoritaires, tout en conservant le contrôle majoritaire de la société (8). Le fisc, qui n'est pas naïf, n'hésite pas de son côté à se livrer à la traque aux faux gérants minoritaires. Les astuces les plus courantes sont le recours à la gérance de fait ou à des "hommes de paille".

1317. — *La "chasse" aux gérants de fait.* — L'associé qui possède la majorité du capital fait désigner comme gérant de droit l'un de ses co-associés (voire un non-associé, un salarié de l'entreprise par exemple), qui est en réalité à sa dévotion et à qui il fait signer à l'avance une lettre de démission en blanc (V. *infra*, n. 1355) ; souvent il se fait octroyer un contrat de travail ; si le fisc découvre par divers indices (direction des affaires sociales, signature des documents commerciaux ou administratifs...) que l'associé majoritaire est le véritable animateur de la société, il sera qualifié de gérant de fait ; la gérance dans ce cas devient majoritaire.

1318. — *La "chasse" aux "hommes de paille".* — Cette fois, le maître de l'affaire se présente comme le gérant de droit, mais prétend ne pas posséder la majorité du capital ; en réalité, le reste du capital lui appartient, mais est mis au nom de parents, d'amis ou de collaborateurs de complaisance (sur l'utilisation dans ce cas des cessions de parts en blanc, V. *infra*, n. 1355). C'est un cas de simulation par interposition de personne. Il est évident que si la supercherie est découverte, le gérant sera qualifié de majoritaire, tout en encourant une amende de 80 % pour abus de droit.

---

(7) Il n'est en revanche pas tenu compte des parts appartenant au concubin, ce que certains parlementaires ont dénoncé comme une "prime" au concubinage (V. Rép. min. : *JO* déb. Ass. nat. 26 janv. 1987, p. 342).

(8) M. COZIAN, *Les grands principes de la fiscalité des entreprises*, Doc. 28, "Les mille et une tricheries des faux gérants minoritaires de SARL." — J.-F. BULLE, *Un statut anachronique, source de fâcheux errements : la gérance majoritaire* : *JCP* 87, éd. E, II, 15048.

LE COIN DES AMATEURS

1) Le faux gérant : l'homme de paille

1319. — Il ne faut pas confondre le gérant de fait, qui a la réalité du pouvoir sans avoir le titre, et le faux gérant qui a le titre, mais qui n'a pas le pouvoir. Le faux gérant ou homme de paille est une marionnette dans les mains du maître de l'affaire. Ce dernier ne veut pas apparaître en titre à la tête de la société pour des raisons de discrétion ou de prudence ; ainsi en est-il de SARL exploitant des hôtels spécialisés dans une certaine clientèle et faisant encourir au gérant le risque d'une condamnation pour proxénétisme hôtelier. En d'autres occurrences, le vrai gérant ne peut gérer, car du fait d'un passé chargé, il lui est interdit de gérer, diriger, administrer une société commerciale. Il doit alors recourir à un tiers qu'il pose à la tête de la société et qui gère *à main guidée* ; ce dernier est un homme ou une femme de paille. On trouve dans cet emploi des retraités, des concierges, des femmes de ménage. Voici une illustration tirée d'un quotidien de province (*Le Havre-Presse* 18 juin 1988) : un mareyeur à qui, à la suite d'un règlement judiciaire, il est interdit de diriger une société crée une SARL, à la tête de laquelle il met... sa femme de ménage et son frère ; il passe commande en Irlande de poissons congelés pour 150 000 F ; le créancier irlandais impayé est calmé par la promesse d'un règlement par la société mais il découvre que ladite société est fictive ; le mareyeur et la femme de ménage sont poursuivis pour escroquerie et condamnés.

Pour le juriste, faux ou vrai, le gérant est responsable et au moment de séparer le bon grain de l'ivraie, l'homme de paille n'est pas en théorie mieux traité que l'homme de chair et d'os. La solution est indiscutable en matière de responsabilité civile ; elle reçoit un tempérament en matière pénale du fait du jeu des circonstances atténuantes.

2) Le statut social des gérants non rémunérés

1320. — Quelle est la position des gérants non rémunérés face aux organismes sociaux? (Sur les difficultés que posent les dirigeants bénévoles, V. *supra*, n. 901). Il faut distinguer selon que le gérant est majoritaire ou minoritaire. Dans le premier cas, il relève du régime des non-salariés et s'il n'est pas rémunéré, les cotisations sont calculées sur des bases minimales forfaitaires. Dans le second cas, il ne relève du régime général des salariés que s'il perçoit une rémunération (Cass. soc. 6 mars 1985 : *JCP* 86, II, 20669, note G. VACHET). Les caisses d'assurance-vieillesse (Cancava pour les artisans et Organic pour les commerçants) ont prétendu que le gérant minoritaire non rémunéré devait être affilié au régime des non-commerçants. Dans une affaire *Melville*, la Cour de cassation (Cass. soc. 13 janv. 1988 : *JCP* 88, E, II, 15187, note G. VACHET) a rejeté pareille prétention. Les caisses ont annoncé qu'elles ne s'inclineraient que si la décision du 13 janvier 1988 était confirmée dans l'avenir, d'autres affaires étant pendantes devant la Cour de cassation. Les organismes sociaux ont de la hiérarchie des normes une vue qui n'est pas celle des professeurs de droit...

La Cour de cassation a confirmé sa jurisprudence en 1989 (Cass. soc. 25 janv. 1989 : *Rev. soc.* 1989, p. 439, note R. VATINET) ; la cause est désormais entendue : les gérants minoritaires ou égalitaires de SARL non rémunérés ne relèvent d'aucun régime obligatoire de protection sociale ; il ne faut pas trop s'en émouvoir ; généralement, les gérants en cause sont déjà couverts par ailleurs soit comme salariés de la SARL, soit comme dirigeants rémunérés d'une autre société ; la jurisprudence de la Cour de cassation leur permet en réalité de se soustraire à un cumul de cotisations.

3) Un associé majoritaire ou égalitaire peut-il être salarié de la SARL?

a) La réponse de la Cour de cassation sur le plan juridique

1321. — Les organismes sociaux (ASSEDIC, AGS) ferraillent pour faire prévaloir qu'un associé majoritaire, voire égalitaire d'une SARL ne peut de par sa position qui exclurait tout lien de subordination être titulaire d'un contrat de travail. Les tribunaux sont plus nuancés. Certes, il a été jugé dans une affaire *Cavrois,* plusieurs fois confirmée par la suite, qu'un gérant majoritaire ne saurait avoir la position de salarié, faute de "patron" auquel il serait subordonné ; ce ne peut être la SARL qu'il domine, ni le gérant qui n'est autre que lui-même (Cass. soc. 7 fév. 1979 : *Rev. soc.* 1980, p. 473, note J.H.). Hors de là, tout est question d'espèce et de preuve à la fois de la réalité des fonctions exercées et du lien de subordination. Il existe en la matière une jurisprudence foisonnante dont la synthèse n'est pas facile (V. par exemple, F. MANSUY, *Le contrat de travail des dirigeants sociaux, Etude jurisprudentielle* : *Les Petites Affiches,* 3 août 1987). On trouve des solutions généreuses ; ainsi un associé détenteur de 92% du capital a réussi à faire admettre la réalité du lien de subordination envers le gérant (Cass. soc. 5 avril 1973 : *Bull. civ.* I, n. 232. — *Adde,* Cass. soc. 4 déc. 1990 ; *Rev. soc.* 1991, p. 79) ; d'autres décisions sont relativement sévères (pour un associé égalitaire non gérant, V. Paris, 24 fév. 1987 : *Bull. Joly* 1987, p. 301, note P. LE CANNU). C'est la règle de l'insécurité juridique et ceux qui se croient à l'abri d'un contrat de travail feront bien d'y penser. Voici une précaution utile : demander à l'avance aux ASSEDIC un avis qui les engage sur la réalité du contrat de travail venant d'être signé ; c'est une pratique qui se répand et qui apporte les apaisements souhaités si du moins l'avis est confirmatif.

b) La réponse du Conseil d'Etat sur le plan fiscal

Le Conseil d'Etat dans une décision remarquée du 17 juin 1990 a jugé qu'il n'y avait pas nécessairement incompatibilité entre la qualité de gérant majoritaire de SARL et celle de salarié de la même société. L'affaire mérite d'être présentée.

M. Couailler crée en 1977 une SARL de transports routiers dont il possède la totalité du capital à égalité avec son épouse. C'est un simple salarié de la société, non associé, qui est désigné comme gérant statutaire. M. Couailler passe un contrat de travail avec la SARL dont il est l'associé majoritaire et y exerce les fonctions effectives de chauffeur routier pour les transports internationaux de longue distance ; les rémunérations qu'il perçoit sont modestes : de l'ordre de 50 000 F par an en moyenne. La SARL est l'objet d'une vérification et M. Couailler — ce qui n'a rien de surprenant — est qualifié de gérant de fait, le gérant statutaire n'étant qu'un homme de paille. Ses rémunérations sont en conséquence taxées non comme des salaires, mais selon le régime de l'article 62 du Code. M. Couailler engage un contentieux et obtient gain de cause devant le Conseil d'Etat qui a jugé que "ces rémunérations, qui ont eu en réalité comme contrepartie des services rendus par M. Couailler à la société en une qualité autre que celle de gérant de fait de l'entreprise, ne sont pas imposables dans la catégorie des rémunérations de gérant majoritaire, mais dans celle des traitements et salaires" (Cons. d'Etat 27 juin 1990 : *RJF* 1990, p. 689).

Les enjeux fiscaux n'étaient pas minces, car M. Couailler a pu de la sorte sauvegarder la déduction forfaitaire de 10% pour frais professionnels, la déduction supplémentaire de 20% à laquelle ont droit les chauffeurs routiers, sans compter l'abattement de 20% applicable à tous les salariés.

Cette décision est remarquable et même révolutionnaire. Le Conseil d'Etat dépasse la notion strictement juridique du lien de subordination pour s'attacher à la réalité économique et sociale ; cette réalité, c'est que M. Couailler exerce les mêmes fonctions d'exécution qu'un salarié et au même niveau de rémunération ; quand il conduit ses camions à l'étranger, accompagné d'un des salariés de la société, ce n'est pas le dirigeant ou le "capitaliste" qui est en exercice, mais le chauffeur, l'exécutant, partageant les mêmes servitudes que son compagnon de tâche.

Puisse cette décision dérangeante sur le plan des principes juridiques préluder à une adaptation depuis longtemps attendue de notre droit : le gérant majoritaire de SARL qui dans son entreprise exécute personnellement les mêmes travaux que ceux qui sont confiés à de simples salariés doit être imposé selon le même régime que les salariés ; au besoin, que l'on change la loi.

(n. 1322 à 1339 réservés)

SECTION III

LES ASSOCIÉS DE LA SARL

1340. — Dans l'ensemble, les droits des associés sont comparables à ceux des actionnaires d'une société anonyme, qu'il s'agisse des droits politiques, des droits financiers ou des droits patrimoniaux ; on procédera donc par larges renvois, quitte à mettre en relief les particularités propres à la SARL.

§ 1. — Les droits politiques

A. — Le droit a l'information

1341. — Le droit à l'information est identique à celui qui est reconnu aux actionnaires (V. *supra*, n. 822 et s.) :

- *information permanente* portant sur les comptes annuels, les rapports de gestion, les procès-verbaux d'assemblées, le tout pour les trois derniers exercices ;
- *information occasionnelle* préalable à toute assemblée ; ainsi le gérant est tenu d'adresser à chaque associé au moins quinze jours avant la tenue de l'assemblée annuelle les documents suivants : comptes sociaux, rapport de gestion, texte des résolutions proposées, rapport du commissaire aux comptes s'il en existe ;
- *droit de poser des questions écrites.*

Depuis la loi du 1er mars 1984, un ou plusieurs associés représentant au moins le dixième du capital social peuvent, individuellement ou en se groupant, demander en justice la *désignation d'un expert* chargé de présenter un rapport sur une ou plusieurs opérations de gestion (L., art. 64-2 ; V. *supra*, n. 487 et s.) ; c'est un autre exemple du rapprochement des législations applicables aux sociétés anonymes et aux SARL.

B. — Le droit de vote

1342. — Il suffit, pour l'essentiel, de renvoyer au régime des sociétés anonymes (V. *supra*, n. 827 et s.). On signalera dès le départ que chaque associé dispose d'un nombre de voix égal à celui des parts sociales qu'il possède ; ce principe d'égalité est d'ordre public (L., art. 58) ; il n'est donc pas possible de créer des parts sociales à vote double. Pour le reste, les différences les plus marquantes tiennent à la possibilité de consultations écrites et aux règles de majorité.

1° Les consultations écrites

1343. — Par principe, les associés se réunissent en assemblée, ce qui leur permet de confronter périodiquement leurs points de vue. Mais les statuts peuvent prévoir que les décisions pourront être prises sur consultation écrite des associés (L., art. 57) ; c'est un point de divergence avec les sociétés anonymes (V. *supra*, n. 833), mais de convergence avec les sociétés de personnes (V. *infra*, n. 1464). Soit par exemple le remplacement d'un co-gérant : les associés reçoivent à leur domicile tout document propre à leur permettre d'exprimer un choix éclairé (*curriculum vitae* de la personne pressentie...) ; ils ont quinze jours pour faire connaître leur opinion ; le dépouillement est assuré par le gérant.

La procédure de la consultation écrite ne peut être utilisée et les associés doivent se réunir en assemblée générale dans les deux hypothèses suivantes :

- lorsqu'il s'agit d'approuver les comptes annuels ;
- lorsque la réunion de l'assemblée est demandée par des associés détenant la moitié du capital social ou représentant à la fois le quart en nombre des associés et le quart des parts sociales.

Dans tous les cas, les associés doivent être convoqués ou consultés par lettre recommandée ; on rappellera que dans les sociétés anonymes la convocation peut se faire par simple lettre (V. *supra*, n. 836).

2° Les règles de majorité

1344. — Les règles de majorité dans les assemblées ou lors des consultations écrites obéissent à une mathématique différente de celle qui a cours dans les sociétés anonymes ; les calculs se font à partir des parts sociales, chacune donnant droit à une voix. La loi ne fixe aucun impératif de quorum; elle est en revanche exigeante pour le calcul des majorités :

- *pour les décisions ordinaires* (approbation des comptes, désignation des gérants, approbation des conventions réglementées...), la majorité absolue est exigée, c'est-à-dire plus de la moitié de l'ensemble des parts sociales, cela sur première convocation ; à défaut, sur deuxième convocation, la décision est prise à la simple majorité des voix exprimées, quel que soit le nombre des associés présents (L., art. 59) ; à la limite, si un seul associé se déplace, il prend la décision à l'unanimité... des voix exprimées ; les statuts peuvent prévoir des majorités plus élevées, sauf s'il s'agit de la révocation des gérants (V. *supra*, n. 1304) ;

- *pour les décisions extraordinaires* (modification des statuts, augmentation ou réduction du capital...), la majorité exigée est celle des trois quarts des parts sociales ; tant que ce seuil n'est pas atteint, la décision n'est pas prise ; un associé ou un groupe d'associés possédant 26 % des parts sociales (plus précisément 25% des parts plus une) peut ainsi bloquer le projet, sauf aux autres associés à invoquer l'abus de minorité (V. *supra*, n. 474 et s.) ; toute clause statutaire qui imposerait une majorité plus élevée serait réputée non écrite (L., art. 60) ;

- *en matière d'agrément*, on exige une double majorité : majorité en nombre des associés (calcul par tête) et majorité des trois quarts des parts sociales (calcul en nombre de parts) ; ces règles sont d'ordre public (L., art. 45).

Exceptionnellement, l'unanimité est requise, notamment lorsque la SARL décide le transfert du siège social à l'étranger (V. *supra*, n. 304) ou se transforme en société en nom collectif ou en société civile (V. *infra*, n. 1387).

Un associé peut se faire représenter par un autre associé, sauf si la société ne compte que deux associés, toute clause contraire étant réputée non écrite (L. art. 58) ; est donc nulle la décision prise par une assemblée générale extraordinaire prise par un seul associé, représentant son coassocié (1).

1345. — Jeu de calcul de majorités dans une SARL

Une SARL au capital de 50 000 F divisé en 500 parts sociales, comprend cinq associés ; la répartition des parts sociales est la suivante :

- Aristide	: 250 parts (soit 50 % du capital)
- Louis	: 100 parts (soit 20 % du capital)
- Ernest	: 75 parts (soit 15 % du capital)
- Jacques	: 50 parts (soit 10 % du capital)
- Jérôme	: 25 parts (soit 5 % du capital)

Trois assemblées doivent se réunir successivement, l'une pour approuver les comptes de l'exercice, l'autre pour décider une réduction du capital, la dernière pour agréer la cession de ses parts sociales par Jérôme au profit de l'un de ses amis, Gustave.

1) Décision ordinaire d'approbation des comptes

Tous les associés sont présents à l'assemblée ; Aristide se heurte à une fronde de ses co-associés mécontents des résultats obtenus. Ils votent contre l'approbation des comptes ; Aristide, avec 50 % des voix, n'a pas la majorité absolue et n'emporte pas la décision. Une deuxième assemblée est convoquée ; s'ils sont tous présents, les co-associés peuvent encore bloquer la décision ; si l'un manque à l'appel ou se rallie au gérant, l'approbation sera acquise.

(1) Cass. com. 19 fév. 1991: *Bull. Joly* 1991, p. 413, note P. Le Cannu.

2) Décision extraordinaire de réduction du capital

Aristide explique à ses associés que les pertes accumulées imposent une réduction de capital avant toute mesure de reconstitution des capitaux propres (V. *supra*, n. 1012 et s.). Aristide vote pour, mais ne représente que la moitié des voix ; pour que la décision soit acquise, il faut réunir au moins 75 % des parts sociales, soit 375 voix. Ernest se rallie rapidement à la proposition du gérant, ce qui permet de rassembler 325 voix ; il en manque encore 50 ; Jacques se résigne à contre-cœur, ce qui donne le total requis de 375 voix.

3) Décision d'agrément de Gustave

L'agrément suppose, outre la majorité des trois quarts des parts sociales, la majorité en nombre des associés. Ceux-ci étant au nombre de cinq, la majorité requise est de trois ; Jérôme, le cédant, participe au vote ; l'agrément ne sera accordé que si deux autres associés au moins le ratifient. Encore faut-il qu'ils représentent 75 % des parts sociales, ce qui, dans notre cas, implique l'accord d'Aristide, puisqu'il possède la minorité de blocage.

§ 2. — Les droits financiers

1346. — Comme les actionnaires d'une société anonyme et dans les mêmes conditions, les associés de la SARL ont droit aux dividendes, aux réserves et au boni de liquidation (V. *supra*, n. 860 et s.). Les droits financiers des associés sont en principe égaux ; la loi n'interdit cependant pas la création de parts sociales privilégiées, par exemple sous forme de dividendes préciputaires ou cumulatifs (V. *supra*, n. 868) ; en revanche, il ne saurait être question de créer dans la SARL des parts sociales à dividende prioritaire sans droit de vote. La vie financière de la SARL est comparable à celle de la société anonyme : soumission à l'impôt sur les sociétés, dotation de la réserve légale, mise en réserve ou distribution du bénéfice disponible (V. *supra*, n. 862 et s.) (2).

§ 3. — Les droits patrimoniaux

A. — Le mode de cession des droits sociaux

1347. — N'étant pas des valeurs mobilières, les parts sociales ne sont pas négociables selon les modes simplifiés du virement de compte à compte comme les actions. Elles ne sont pas matérialisées par un titre, mais résultent de la répartition prévue dans les statuts ; dans un certain sens, on peut également parler de dématérialisation.

(2) Comme pour les sociétés anonymes, les comptes annuels, le rapport de gestion et le rapport du commissaire aux comptes s'il existe, doivent être déposés au greffe du tribunal de commerce dans le mois qui suit la tenue de l'assemblée annuelle. Les esprits curieux peuvent de la sorte se renseigner sur les résultats financiers de la SARL. Pareille publicité n'a pas cours pour les sociétés de personnes (V. *supra*, n. 403).

Les parts sociales se transmettent comme des créances ; d'où les règles suivantes :

- *la cession doit être constatée par écrit* (L., art. 20 et 48) ; s'agissant d'une opération de caractère civil, la preuve ne peut se faire que par écrit et les litiges relèvent par principe de la compétence des tribunaux civils ; il en irait autrement, car l'opération présenterait alors un caractère commercial, si la cession de la majorité des parts entraînait une cession du contrôle de la société (V. *infra*, n. 1784) ;
- *la cession doit être portée officiellement à la connaissance de la SARL* ; depuis 1988, on a le choix entre un mode peu formaliste et peu coûteux, à savoir le dépôt de l'original de l'acte de cession au siège de la société, et les modes solennels, mais coûteux, de l'article 1690 du Code civil : signification à la société par acte d'huissier ou acceptation par la société dans un acte notarié ; il est à prévoir que ces derniers modes tomberont rapidement en désuétude ;
- *la cession n'est opposable aux tiers qu'après avoir été publiée au registre du commerce et des sociétés* (on rappellera que pareille publicité n'est pas exigée en cas de cession d'actions).

Sur le plan fiscal, l'acquéreur doit dans tous les cas acquitter le droit de mutation de 4,80 %, ce qui est un régime moins favorable que celui des cessions d'actions (V. *supra*, n. 1151).

B. — La nécessité d'un agrément

1348. — La nécessité d'un agrément témoigne du caractère hybride de la SARL qui, sur ce plan, cousine avec les sociétés de personnes. L'*intuitus personae* qui préside à sa constitution et à son fonctionnement interdit qu'un étranger puisse entrer dans la société sans l'accord d'une majorité qualifiée (V. *supra*, n. 1344). L'agrément est toujours nécessaire lorsque le cessionnaire est un tiers ; il peut être imposé si le cessionnaire est un associé ou un membre de la famille du cédant.

1° La cession au profit d'un tiers

1349. — L'associé qui désire céder ses parts à un tiers doit notifier son projet, par lettre recommandée, à la société et à chacun des associés afin d'obtenir leur agrément (L., art. 45) (3) ; le régime est comparable à celui que l'on a rencontré dans les sociétés anonymes (V. *supra*, n. 888 et s.) :

- le consentement est réputé acquis si la société n'a pas fait connaître sa décision dans les trois mois de la notification ;
- en cas de refus d'agrément, la société doit racheter ou faire racheter les parts du cédant dans les trois mois, délai pouvant être allongé jusqu'à six mois

(3) Il s'agit là d'une formalité substantielle ; la cession serait nulle si le cédant n'avait pas commencé par notifier son projet à ses co-associés, quand bien même ceux-ci auraient ensuite accepté formellement la cession au cours d'une assemblée générale (Cass. com. 9 mai 1990 : *Rev. soc.* 1991, p. 72, note Y. Chartier).

par décision du tribunal de commerce ; limite importante : la société n'est tenue de racheter les droits du cédant que s'il détient ses parts depuis au moins deux ans ; autrement dit, en cas de refus d'agrément, un associé ne peut s'échapper de la société qu'après un temps de pénitence de deux années.

2° La cession au profit d'un associé ou d'un membre de la famille

1350. — Les parts sont librement cessibles entre associés, puisqu'il n'en résulte aucune violation du caractère fermé de la société ; l'équilibre politique peut en revanche s'en trouver altéré du fait du bouleversement des majorités ; aussi bien les statuts peuvent-ils imposer dans ce cas l'agrément du projet avec, le cas échéant, une majorité plus réduite ou des délais plus courts (L., art. 47).

Les parts sont de même librement cessibles ou transmissibles au sein de la famille du cédant, que ce soit entre vifs (cession au conjoint, aux ascendants ou aux descendants) ou à cause de mort (transmission aux héritiers). Cependant, afin de préserver l'intimité sociale et d'éviter l'accès à la qualité d'associé d'un héritier indésirable, car incompétent, prodigue ou oisif..., les statuts peuvent stipuler que le conjoint, l'ascendant ou le descendant ne deviendra associé qu'après avoir été agréé ; délai et majorité ne peuvent pas être plus sévères qu'en cas de cession à des tiers.

C. — Le nantissement des parts sociales

1351. — Le nantissement des parts sociales est encore plus aléatoire que celui des actions (V. *supra*, n. 899 et s.) et n'inspire guère confiance aux prêteurs. Il doit être constaté par écrit, être enregistré et être signifié à la société (C. civ., art. 2075). En cas de vente aux enchères, l'attributaire doit être agréé par la société. Il est prévu que si la société donne son consentement au projet de nantissement à la majorité des associés représentant les trois quarts des parts sociales, cela vaut agrément anticipé du cessionnaire (L., art. 46).

Dans la pratique, il n'est pas rare que les parties camouflent un nantissement sous le couvert d'une cession de parts en blanc (V. *infra*, n. 1356).

§ 4. — Les conventions entre la SARL et les associés

1352. — On peut toujours craindre des abus lorsqu'un associé, surtout s'il est en position de force, passe une convention avec la société. Face à ce risque, le droit des sociétés réagit de façon différente selon le type de société :

- *dans les sociétés de personnes*, la loi ne pose aucune règle particulière ; elle s'en remet au droit commun de la responsabilité si les gérants ou les associés abusent de leur situation pour imposer à la société des conditions désavantageuses ; ainsi, il n'est pas interdit à la société de consentir un prêt à l'associé ou de lui accorder sa caution (V. *infra*, n. 1466) ;

- *dans les sociétés anonymes*, la loi est muette à l'égard des conventions passées avec les simples actionnaires ; c'est donc le règne de la liberté comme dans les sociétés de personnes ; en revanche, si les conventions sont passées avec les dirigeants, la loi pose des garde-fou, certaines étant libres, d'autres réglementées, voire interdites (V. *supra*, n. 720 et s.) ;

- *dans les SARL*, la loi reprend la distinction entre les conventions libres, réglementées et interdites, mais l'étend aux associés ; gérants et associés non gérants sont donc traités de la même façon (L., art. 50).

1353. — On se contentera pour le détail de renvoyer aux explications déjà données à propos des sociétés anonymes :

- les conventions interdites sont les emprunts, découverts, cautions, avals, sauf s'ils sont accordés à un associé ayant la qualité de personne morale ; cette exception facilite notamment le fonctionnement des pools de trésorerie dans les groupes (V. *supra*, n. 1952 et s.) ;

- sont libres les conventions portant sur des opérations courantes et conclues à des conditions normales (V. *supra*, n. 724) ;

- toutes les autres opérations sont réglementées, c'est-à-dire soumises à l'approbation de l'assemblée générale (V. *supra*, n. 725).

1354. — La procédure de contrôle des conventions réglementées est plus simple que celle qui a cours dans les sociétés anonymes ; elle ne comporte pas d'autorisation préalable comme celle qui est donnée par le conseil d'administration (4) ; en conséquence, il n'y a pas de nullité pour défaut d'autorisation préalable ; pour le reste, la procédure est la suivante :

- le commissaire aux comptes, s'il en existe un, présente un rapport spécial ; à défaut de commissaire aux comptes, le rapport spécial est établi par le gérant… même si c'est le gérant qui est en cause ;

- le rapport spécial est soumis à l'approbation de l'assemblée statuant aux conditions ordinaires de majorité, l'associé en cause ne prenant pas part au vote ; il s'agit donc d'un contrôle *a posteriori* ; si la convention n'a pas été soumise à l'approbation des associés ou si elle n'a pas été approuvée, elle produit néanmoins effet, l'associé contractant devant le cas échéant réparer le préjudice subi par la société (5).

---

(4) Ce principe comporte une exception lorsque la convention est passée par un gérant non associé ; dans ce cas, elle doit faire l'objet d'une autorisation préalable de la part des associés.

(5) Cass. com. 28 juill. 1988 (*Rev. soc.* 1988, p. 545) : "Attendu que les conventions passées avec des tiers ou ne concernant que les associés et le gérant qui n'ont pas été approuvées par les associés, soit qu'elles ne leur aient pas été soumises, soit qu'elles aient été rejetées par eux, soit encore qu'elles auraient été approuvées dans des conditions irrégulières, produisent leurs effets, à charge pour le gérant ou l'associé contractant de supporter individuellement ou solidairement, selon les cas, les conséquences du contrat préjudiciables à la société".

LE COIN DES AMATEURS

Le blanc n'est pas toujours innocent

1355. — Il y a matière à recherche sur le blanc en droit, qui mettrait par exemple à contribution le droit des personnes (mariage blanc), le droit des effets de commerce (chèque en blanc), le droit pénal (abus de blanc-seing), le droit comptable (livres tenus sans blanc) le droit électoral (vote blanc), le droit des sociétés (pouvoir en blanc, V. *supra*, n. 838).

On lèvera ici le voile sur la cession en blanc et la démission en blanc. Pas plus que la simulation, ces opérations ne sont nulles par principe ; elles ne sont pas nécessairement innocentes pour autant ; une étude statistique (mais le blanc appelle le secret) montrerait sans doute que souvent "qui dit blanc dit fraude".

a) La cession de parts en blanc

Si les manuels sont discrets sur les cessions en blanc, les praticiens confirment qu'il s'agit là d'une pratique courante. En cas d'utilisation frauduleuse de la société (V. *supra*, n. 215), le maître de l'affaire tient en général à rester dans l'ombre (truands, voyous, proxénètes, trafiquants et escrocs de tout calibre se gardent bien d'apposer leur nom dans les actes de société) ; il manipule des prête-noms qu'il tient à sa merci grâce aux cessions de parts en blanc (ou au cessions d'actions en blanc, car ce qui vaut pour la SARL vaut de même pour la société anonyme). L'acte de cession est régulièrement signé, c'est-à-dire accepté à l'avance ; sont laissés en blanc la date, le nom du cessionnaire et, très souvent, le prix ; celui qui a entre les mains les actes signés à l'avance peut leur donner effet quand il le souhaite : il lui suffit de remplir les blancs. Dans des hypothèses extrêmes, lorsque la supercherie est découverte, la société est déclarée fictive, car les signatures des associés en blanc démontrent à l'évidence que les prête-noms n'étaient nullement habités par l'*affectio societatis* (Cass. com. 2 janv. 1967: *Rev. trim. dr. com.* 1967, p. 862, obs. R. Houin).

Le procédé permet à un gérant de SARL de se présenter comme minoritaire aux yeux du fisc et de la Sécurité sociale, les parts sociales excédentaires étant mises au nom des parents, d'ami(e)s ou de salariés qui signent à l'avance leur arrêt d'exclusion (V. *supra*, n. 1318). Ce peut encore être le moyen de se faire accorder une garantie efficace sur les parts sociales, le porteur pouvant l'exécuter en cas de non-paiement en court-circuitant le lourd formalisme de la saisie-arrêt ou de la réalisation du gage.

Jusqu'à présent, les contentieux ont été assez rares, ce qui tient peut-être au fait que celui qui a "obtenu" l'acte de cession en blanc ("imposé" ou "extorqué" seraient des termes mieux appropriés dans certains des cas) disposent de moyens de pression qui ne sont pas nécessairement d'ordre juridique. Les tribunaux, dans l'ensemble, ont tenté de "sauver" les cessions en blanc en les analysant soit comme des mandats de vente (Cass. com. 25 janv. 1956 : *JCP* 56, II, 9157, soit comme des promesses de cession (Paris, 23 sept. 1982 : *Droit des sociétés* 1982, p. 266). Ces analyses sont bienveillantes...

Les manipulateurs d'actes de cessions de blanc feraient bien de prendre garde, car la jurisprudence la plus récente, et c'est heureux, a moins de sympathie pour eux. On signalera en ce sens deux décisions rendues en 1988, destinées sans doute à faire école (J. Denecker, *Les cessions de parts en blanc* : *Rev. cons. juridique*, janv. 1989, p. 170).

Une décision de la cour d'appel de Versailles du 26 février 1988 (*Bull. Joly* 1988, p. 355, note P. Le Cannu ; *JCP* 88, éd. E, 15292, n. 8, obs. A. Viandier et J.-J. Caussain) a annulé, faute d'indication de prix, une cession en blanc qualifiée de promesse de vente : "Considérant que si une cession en blanc peut s'analyser comme une promesse de cession et être pourvue comme telle d'efficacité juridique, encore faut-il qu'au moment où le cédant a signé l'acte, y ait figuré le prix de cession ou, à tout le moins, une méthode de calcul permettant de le déterminer".

Il existe un risque encore plus grave, parce que relevant de la correctionnelle, lorsque le porteur des actes de cessions en blanc en profite pour dépouiller des cédants trop crédules ; la manipulation est alors constitutive du délit d'abus de blanc-seing (Cass. crim. 11 juill. 1988 : *Bull. Joly* 1988, p. 662, note P. Le Cannu ; *Rev. soc.* 1989, n. 70, note B. Bouloc). Dans cette affaire, les associés d'une SARL avaient remis entre les mains du gérant des actes de cession en blanc ; lors d'un contentieux judiciaire, ils eurent la mauvaise surprise d'apprendre qu'ils avaient perdu leur qualité d'associé sans avoir reçu le moindre dédommagement, le gérant ayant rempli les blancs par le nom de personnes à sa dévotion ; il fut condamné pénalement pour abus de blanc-seing (C. pén., art. 407). Voilà de quoi rassurer ceux qui estiment avoir été grugés à la suite de cessions signées en blanc...

Sur le plan fiscal, l'administration réagit à sa façon ; si elle découvre l'existence de cessions de parts en blanc au profit du gérant qui se présentait comme minoritaire, elle aura tôt fait de le taxer comme majoritaire ; dans un arrêt du 3 octobre 1990 (*Bull. Joly* 1991, p. 1069, note P. Le Cannu), le Conseil d'Etat a jugé que l'associé qui avait signé à l'avance son acte d'exclusion s'était en réalité dessaisi de son pouvoir de contrôle, laissant les mains libres au gérant.

b) La démission en blanc

Le dirigeant en titre n'est parfois que le jouet d'un maître qui lui a fait signer au départ une démission en blanc ; le blanc dans ce cas ne porte que sur la date ; c'est ainsi que le principal associé d'une SARL, souhaitant bénéficier du statut de simple salarié de la société, fera désigner comme gérant de droit une "potiche" laquelle signera à l'avance sa lettre de démission (V. *supra*, n. 1317). Le même phénomène se retrouve parfois dans les groupes de sociétés, le président en titre étant "invité" à signer une lettre de démission en blanc lors de son entrée en fonctions. Mais si la "potiche" se rebiffe et apporte la preuve de la supercherie (ce n'est pas toujours facile), les tribunaux lui accorderont le cas échéant les indemnités dues au dirigeant révoqué (Cass. com. 5 janv. 1973 : *JCP* 73, II, 17404, note J. Rousseau).

(n. 1356 à 1379 réservés)

SECTION IV

LES MUTATIONS DE LA SARL

1380 . — Ici encore, on renverra pour l'essentiel à ce qui a été dit à propos de la société anonyme, en distinguant les variations du capital, la transformation et la dissolution de la société (V. *supra*, n. 990 et s.).

§ 1. — Les variations du capital

A. — L'AUGMENTATION DE CAPITAL

1381. — L'impossibilité pour une SARL d'émettre des valeurs mobilières réduit l'éventail des modes de financement ; en effet, il n'est pas concevable d'émettre des bons de souscription ou encore des obligations, qu'elles soient ordinaires, convertibles ou échangeables.

La décision d'augmenter le capital entraîne une modification des statuts et relève pour cette raison de la compétence de l'assemblée générale extraordinaire ; la décision est prise par les associés représentant au moins les trois quarts des parts sociales ; l'incorporation des réserves au capital peut cependant être décidée à la majorité de plus de 50 % comme dans les sociétés anonymes (V. *supra*, n. 1004).

1382. — S'agissant de l'augmentation par apport en numéraire, la libération intégrale est immédiatement exigée ; c'est le prolongement de la solution valant en matière de constitution (V. *supra*, n. 1269). La loi ne fait référence ni au droit préférentiel de souscription ni à la prime d'émission, ce qui ne signifie pas qu'ils soient interdits ; les statuts peuvent en effet organiser un droit préférentiel de souscription et il est vraisemblable que si des réserves existent, une prime d'émission sera imposée aux nouveaux arrivants.

1383. — Si l'augmentation de capital a lieu en nature, il faut respecter les prescriptions imposées en cas de constitution (V. *supra*, n. 1275) :

- désignation d'un commissaire aux apports à l'unanimité des associés ou, à défaut, par le président du tribunal de commerce, avec la même exception qu'au moment de la constitution ;
- responsabilité éventuelle des associés pendant cinq ans si un commissaire aux apports n'a pas été désigné ou si l'évaluation qu'il a proposée n'a pas été retenue.

B. — LA RÉDUCTION DE CAPITAL ET LA PERTE DE LA MOITIÉ DU CAPITAL

1384. — On applique les mêmes règles qu'en matière de société anonyme (V. *supra*, n. 1007 et s.) :

- la réduction peut servir à éponger des pertes ou un excès de liquidités (L., art. 63) ;

- en cas de perte de plus de la moitié du capital social, le gérant doit convoquer les associés afin de décider s'il convient de dissoudre la société ou de continuer l'exploitation en reconstituant les capitaux propres (L., art. 68).

§ 2. — La transformation

A. — La transformation en société anonyme

1385. — C'est l'hypothèse la plus fréquente. Semblable mue exige que la société ait fait approuver le bilan de ses deux premiers exercices. De plus, un commissaire *ad hoc* doit être désigné afin d'apprécier la valeur des biens composant l'actif social ; il doit également attester que le montant des capitaux propres est au moins égal à celui du capital social (L., art. 72-1).

Il va de soi que les statuts de la SARL doivent être mis en harmonie avec la législation propre aux sociétés anonymes ; ainsi le capital social doit être d'au moins 250 000 F et le nombre des associés au moins égal à sept.

1386. — La décision de transformation est prise par les associés, en assemblée ou par consultation écrite, à la majorité des trois quarts des parts sociales. Toutefois, pour les grandes SARL, c'est-à-dire celles dont le montant des capitaux propres excède cinq millions de francs, la décision peut être prise par les associés représentant la majorité des parts sociales (L., art. 69). Une distorsion existe donc entre les petites et les grandes SARL, fondée sur le souci de faciliter la transformation de ces dernières.

B. — La transformation en un autre type de société

1387. — Comme pour la société anonyme, la transformation de la SARL en société en nom collectif ou en société civile exige l'accord unanime des associés, puisqu'elle entraîne une augmentation de leurs engagements (L., art. 69. — V. *supra,* n. 1038 et 1039). Le consentement unanime des futurs commandités est de même requis en cas de transformation en commandite.

§ 3. — La dissolution et la fusion

1388. — La dissolution de la SARL ne présente aucune originalité par rapport à celle de la société anonyme (V. *supra*, n. 1040). Rappelons seulement que la société est dissoute automatiquement au bout de deux ans si le nombre des associés excède cinquante (V. *supra*, n. 1272) et que la dissolution peut être demandée si le capital social n'a pas été porté à 50 000 F à la date du 31 décembre 1991 (V. *supra*, n. 1277). Malgré l'*intuitus personae* de la société, le décès, l'incapacité ou la faillite personnelle d'un associé ne provoquent pas la dissolution de la SARL, sauf si les statuts en disposent autrement.

Quant à la fusion, elle est soumise au même régime que celui des sociétés anonymes (V. *infra,* n. 1703 et s.).

(n. 1389 à 1399 réservés)

SECTION V

L'EURL

1400. — Le commerçant qui exerce son activité à titre individuel engage son patrimoine entier ; celui qui choisit la formule de la SARL ou de la société anonyme peut limiter sa responsabilité, même si la société n'est qu'une façade qui cache mal l'entreprise d'une seule personne. Les sociétés unipersonnelles, grâce à des prête-noms complaisants, sont une réalité, même si on le déplore. Ne convenait-il pas de faire cesser ce divorce malsain entre le droit et le fait, et de répondre à l'insistante aspiration du monde des affaires vers l'entreprise à responsabilité limitée? Deux formules étaient en concurrence, celle du patrimoine d'affectation (1) et celle de la société unipersonnelle. Finalement, après une longue maturation, le législateur consacra avec la loi du 11 juillet 1985 la société unipersonnelle, dénommée EURL (entreprise unipersonnelle à responsabilité limitée), à l'image des *Einman GmbH* allemandes.

1401. — L'EURL est une SARL unijambiste : un seul associé, personne physique ou morale, et ce dès la création de la société. Le régime de base est donc celui de la SARL, sous réserve des adaptations rendues nécessaires par la présence d'un seul associé. Avoir accroché l'EURL à la SARL offre de nombreux avantages ; cela permet au législateur de ne pas dessiner entièrement une nouvelle forme sociale destinée à prendre place à côté des formes autonomes connues, telles la société en nom collectif ou la société civile. De plus, ce rattachement simplifie le passage de l'unipersonnalité à la pluripersonnalité et vice versa : il suffit que l'associé unique cède une part pour que la société devienne ou redevienne pluripersonnelle sans que l'augmentation du nombre des associés emporte transformation de la société.

1402. — Il est indéniable que la création de l'EURL malmène la théorie traditionnelle qui présente la société comme un contrat conclu entre plusieurs partenaires œuvrant à une entreprise commune (2). Qu'on en juge : la société est un contrat, mais on accepte néanmoins la création de la société par un acte unilatéral ; la société suppose la participation aux bénéfices et aux pertes, mais comment "participer" seul? La société se nourrit d'*affectio societatis*, mais comment concilier ce sentiment et l'unité d'associé, à moins de tomber dans le

---

(1) V. en faveur de cette solution, Cl. CHAMPAUD, *L'entreprise personnelle à responsabilité limitée* : *Rev. trim. dr. com.* 1979, p. 579 et s.

(2) P. SERLOOTEN, *L'entreprise unipersonnelle à responsabilité limitée* : *D.* 1985, p. 187 et s. — A. SAYAG, *De nouvelles structures pour l'entreprise ; la loi du 11 juillet 1985* : *JCP* 85, éd. E, 14611. — J. MESTRE et G. FLORES, *L'entreprise unipersonnelle à responsabilité limitée* : *Rev. soc.* 1986, p. 15 et s. — J.-J. DAIGRE, *L'EURL : vrais regrets, vrais intérêts* : *Rev. jurisp. com.* 1988, p. 1.

narcissisme? A l'opposé, n'est-ce pas la consécration législative de la société en tant que technique d'organisation de l'entreprise ? (3)

§ 1. — La constitution de l'EURL

1403. — L'EURL peut être créée par décision unilatérale soit d'une personne physique (ce sera l'enveloppe juridique de son entreprise), soit d'une personne morale (c'est alors une technique permettant de filialiser une activité au sein d'un groupe) (4) .

On peut exercer en EURL les mêmes activités qu'en SARL ; les professions libérales qui sont autorisées à choisir les formes commerciales (les experts-comptables par exemple) peuvent donc exercer leur art dans le cadre d'une EURL. Pour le secteur agricole, le législateur a créé une société civile unipersonnelle, l'EARL (entreprise agricole à responsabilité limitée, V. *infra*, n. 2047).

S'agissant des personnes physiques, une limite existe, à savoir l'impossibilité d'être associé unique de plusieurs EURL ; dans le même ordre d'idées, une EURL ne peut pas être associée unique d'une autre EURL (L., art. 36-2). Dans les groupes, une société peut créer autant d'EURL qu'elle le souhaite, mais les EURL ainsi créées ne peuvent pas engendrer d'autres EURL ; elles sont stériles. Voilà qui traduit une certaine méfiance du législateur envers cette nouvelle créature…

1404. — L'associé unique, personne physique, du fait qu'il n'a pas la qualité de commerçant peut être une personne incapable, un mineur par exemple ; dans ce cas, la gestion sera confiée à un tiers ; ce peut être une solution d'attente lorsqu'un mineur hérite d'une entreprise exploitée sous forme d'EURL ou d'une entreprise individuelle qu'il suffit de transformer en EURL pour les besoins de la cause.

L'associé unique réalise un apport, en nature ou en numéraire, de manière à doter la société du capital minimum de 50 000 F. L'apport en nature appelle l'intervention d'un commissaire aux apports, avec les mêmes exceptions que l'on a déjà rencontrées (V. *supra*, n. 1275).

§ 2. — Le fonctionnement de l'EURL

1405. — Puisqu'il y a société, il faut en respecter l'organisation et les rites, d'où la nomination d'un gérant et la tenue d'assemblées ; un commissaire aux

(3) V. sur ce point le plaidoyer de J. PAILLUSSEAU, *L'EURL ou des intérêts pratiques et des conséquences théoriques de la société unipersonnelle ?* : *JCP* 86, éd. E, 14684.

(4) Par personne morale, on entend non seulement une société mais encore une association, un ordre professionnel. Ainsi l'Ordre des experts-comptables et la Compagnie nationale des commissaires aux comptes ont créé chacun une EURL pour gérer leurs activités de publications.

comptes doit de même être désigné si les seuils fixés par la loi sont atteints (V. *supra*, n. 974).

A. — La gérance

1406. — L'associé unique peut se confier à lui-même les fonctions de gérant. Bien qu'il soit seul maître à bord, il ne peut faire n'importe quoi et il doit respecter la séparation qui doit exister entre les affaires de la société et celles de son ménage ; il ne doit pas confondre les deux caisses.

Si, en dehors de ses appointements mensuels régulièrement "votés", il puise dans la caisse sociale, ne serait-ce que temporairement, cela s'appelle un découvert, formellement interdit par la loi (L., art. 51) ; mais quel est le sens d'une telle nullité, faute de demandeur utile? N'est-ce pas au surplus un délit pénal d'abus de biens sociaux? Au vrai, ce n'est qu'en cas de redressement ou de liquidation judiciaires que la sanction sera prononcée ; pour avoir disposé des biens de la personne morale comme des siens propres, l'associé unique se verra étendre la procédure collective (V. *supra*, n. 439 et s.) ; il sera privé de la limitation de responsabilité à un moment où elle serait bienvenue ; de plus, il encourra la faillite personnelle en cas de naufrage de la société. Lorsque les affaires tournent mal, l'associé unique a tout à craindre s'il n'a pas scrupuleusement respecté les frontières posées par l'EURL

1407. — La gérance peut être confiée à un tiers ; sur le plan juridique, il a la qualité de mandataire, tandis que sur le plan fiscal, il est imposé comme un salarié. Lorsqu'un commerçant confie à un tiers la gestion de l'entreprise exploitée en EURL, il obtient le même résultat, en plus simple et en plus sûr, qu'une location-gérance de fonds de commerce. Si l' EURL est créée par une personne morale, le gérant sera nécessairement une personne physique non-associée puisque dans les SARL la gérance ne peut pas être confiée à une personne morale.

B. — L'assemblée

1408. — Les pouvoirs de l'assemblée sont exercés par l'associé unique sans que les règles de convocation et de tenue aient à être respectées par lui (L., art. 60-1) ; il est exempté de l'obligation de... se convoquer. C'est à l'associé unique qu'il appartient d'approuver les comptes sociaux, de décider la distribution des bénéfices, de modifier les statuts. Autre originalité, les décisions sont, à peine de nullité, consignées sur le registre des décisions. Ce formalisme doit être respecté de la façon la plus scrupuleuse à peine de déconvenues amères si la société connaît des difficultés.

C'est encore à l'associé unique qu'il revient d'approuver les conventions réglementées qu'il passe avec sa société ; il doit de même respecter les interdits légaux, ce qui est un bel hommage rendu à la personnalité juridique de l' EURL ; voilà un associé qui possède 100 % du capital mais qui ne peut contracter à sa guise avec la société ; par exemple, l'emprunt auprès de la société est formellement interdit, sauf si l'associé unique est une personne morale (V. *supra*, n. 1353).

Le gérant est cependant dispensé de se présenter à lui-même le rapport spécial prévu pour les conventions réglementées lorsqu'il se confond avec l'associé unique et qu'il n'existe pas de commissaire aux comptes ; il suffit dans ce cas que la convention soit mentionnée sur le registre des délibérations (5).

1409. — Il est sûr que la création d'une EURL entraîne des contraintes qui sont inconnues lorsque l'on opère dans le cadre d'une entreprise individuelle. Indépendamment du formalisme à respecter, elle requiert un effort de rigueur pour isoler ce qui a trait à la vie de l'entreprise ; il est prudent en fait de recourir aux services d'un conseil extérieur. Ces contraintes comportent-elles au moins une contrepartie tangible? La réponse ne saurait être identique selon que l' EURL est créée par une personne physique ou par une personne morale.

§ 3. — Appréciation critique de l'EURL

A. — L'EURL EST CRÉÉE PAR UNE PERSONNE PHYSIQUE

1410. — Si l'on prête l'oreille aux doléances des professionnels, on observe qu'ils recherchent une structure juridique qui limite leur responsabilité, qui assure la pérennité de leur entreprise et qui leur réserve un statut fiscal et social attrayant. On sait que la limitation de responsabilité liée au choix de l'EURL ne doit pas être surestimée :

- les créanciers principaux, et au premier chef les banquiers, ne manqueront pas d'exiger de l'associé unique qu'il s'engage comme caution ;
- en cas de dépôt de bilan, les tribunaux n'hésiteront pas à mettre à sa charge tout ou partie du passif s'il a commis des fautes de gestion ou s'il n'a pas scrupuleusement respecté la cloison étanche qui doit exister entre l'EURL et son patrimoine personnel.

Mais les mêmes remarques valent pour les SARL et les sociétés anonymes animées en fait par une seule personne.

1411. — L'EURL n'accorde certainement pas aux commerçants le statut fiscal et social dont ils rêvent, à savoir celui des salariés, tel qu'il est octroyé aux gérants minoritaires et aux présidents-directeurs généraux. Ils sont imposés dans les mêmes conditions que les entrepreneurs individuels puisque l'EURL relève de l'impôt sur le revenu (6). Sur le plan social, ils continuent de relever du régime des travailleurs non salariés.

---

(5) Art. 50, al. 2, de la loi du 24 juillet 1966.

(6) Certes, l'EURL créée par une personne physique peut opter pour le régime de l'impôt sur les sociétés, mais ce serait tomber de Charybde en Scylla, puisque l'associé unique opterait par là pour le statut peu avantageux de gérant majoritaire de SARL.

1412. — En revanche, il est exact que l'EURL assure dans de meilleures conditions l'expansion et la pérennité de l'entreprise. Si elle se développe, il est aisé d'ouvrir son capital à de nouveaux partenaires puisqu'il n'y aura pas à modifier la forme sociale. En cas de décès de l'associé unique, il n'y a ni dissolution de la société, ni création d'une indivision. Si l'entreprise doit être cédée, la cession des parts sociales est autrement simple qu'une cession de fonds de commerce et fiscalement moins coûteuse : le droit de 4,80 % sur la valeur de l'actif net est substitué au droit de 14,20 % (au-delà de 300 000 F) sur la valeur brute (V. *supra*, n. 119) (7).

En résumé, si l'entreprise est exploitée par une seule personne, mais qu'elle est appelée à se développer, il peut être judicieux de choisir l'EURL comme formule de départ (8).

B. — L'EURL EST CRÉÉE PAR UNE PERSONNE MORALE

1413. — Avec les groupes, on pénètre dans un autre monde que celui des entreprises individuelles. Il est clair que l'EURL, par sa simplicité de fonctionnement, offre une structure intéressante pour les filiales à 100 %, d'autant que le nouveau régime d'intégration fiscale permet de compenser les résultats avec ceux du groupe dans une parfaite neutralité fiscale (V. *infra*, n. 1984).

Il n'est pas sûr que les groupes soient tous séduits par ces charmes. La complexité des sociétés anonymes ne les rebute nullement, leurs services juridiques se chargeant de cette gestion qui leur est familière. La cession d'actions reste plus simple qu'une cession de parts et surtout moins coûteuse puisqu'elle échappe au droit de 4,80 % (V. *supra,* n. 1151). Il faut enfin compter avec le prestige des titres : le manager ambitieux à qui on offre la direction d'une nouvelle filiale ne sera-t-il pas mortifié d'avoir à graver sur sa carte de visite "gérant d' EURL" alors qu'il rêvait (sa femme aussi...) d'être président-directeur général, de présider "son" conseil d'administration, de prendre l'avis de "ses" commissaires aux comptes et de mériter de sa concierge ou du garçon de café la flatteuse appellation de "monsieur le président".

(n. 1414 à 1439 réservés)

(7) A un parlementaire qui se lamentait du poids excessif des droits d'enregistrement frappant les ventes de fonds de commerce, le ministre des Finances a soufflé le conseil suivant : que le commerçant transforme son entreprise en EURL avant de la céder (*JO* Ass. nat. 29 sept. 1986, p. 3367). Voilà qui est rassurant : le ministre des Finances pris en flagrant délit d'optimisation fiscale, puisqu'il concède qu'il n'y a rien d'illégitime à choisir une forme juridique uniquement en raison de l'avantage fiscal qu'elle procure.

(8) Il n'existe pas de statistique sur le nombre exact d'EURL, mais on sait que la formule ne connaît qu'un accueil très réservé ; le nombre d'EURL représenterait moins de 2% du total des SARL. La situation est différente en Allemagne ; fin 1979 on y comptait plus de 230 000 *Einman GmbH* contre 2 300 sociétés anonymes (M. LUTHER, *La réforme de la GmbH par la loi du 4 juillet 1980 de la République fédérale allemande : Rev. soc.* 1981, p. 465.

TITRE II

LES SOCIÉTÉS A RISQUE ILLIMITÉ

1440. — Les sociétés à risque illimité ont un air de ressemblance qui tient à la responsabilité indéfinie qu'encourent leurs membres ; ce sont des sociétés à haut risque dans la mesure où l'on ne peut à l'avance, comme le ferait un joueur prudent et méfiant, fixer un maximum de mise à ne pas dépasser ; si les affaires tournent mal, on peut y laisser jusqu'à sa dernière chemise.

Mais par-delà cet air de famille... et ce parfum d'aventure, chaque société a son caractère propre, ce qui est un signe de richesse juridique, chacun pouvant choisir entre différents modèles. Il importe toutefois de faire le départ entre les deux branches de la famille:

- la première, la plus évoluée, regroupe les sociétés immatriculées, lesquelles sont dotées de la personnalité morale ;

- la seconde, abâtardie, est celle de sociétés non immatriculées, auxquelles il manque cet attribut essentiel qu'est la personnalité morale.

CHAPITRE PREMIER

LES SOCIÉTÉS IMMATRICULÉES

1441. — Si l'on s'en tient au droit commun, en négligeant les sociétés à statut particulier, la branche des sociétés immatriculées à risque illimité comprend trois spécimens : la société civile, la société en nom collectif, la société en commandite simple.

On y rattachera le groupement d'intérêt économique que l'on a voulu singulariser à sa naissance en lui refusant le titre de société ; si ce n'est un frère, c'est du moins un demi-frère, tant la ressemblance avec les autres membres de l'espèce est frappante.

SECTION I

LES TRAITS COMMUNS

1442. — Les traits communs apparaissent si l'on examine la situation des personnes (associés et gérant) et la vie de la société (prééminence des statuts, respect du droit à l'information, modalités de tenue des assemblées).

§ 1. — Les traits communs visant les personnes

A. — La situation des associés

1443. — Si l'on exclut le droit à l'information qui sera examiné avec le fonctionnement de la société (V. *infra*, n. 1463), la situation personnelle des associés se caractérise par la responsabilité indéfinie, la vocation aux bénéfices et les prérogatives sur les parts sociales.

1° La responsabilité indéfinie

1444. — L'épargnant ayant quelques sous à placer qui achète au flair ou sur le conseil d'un beau-frère un paquet d'actions en bourse ne s'engage pas personnellement ; il n'engage qu'une partie de son porte-monnaie : c'est un associé anonyme, voire un associé qui s'ignore. Entrer dans une société à risque illimité, c'est tout autre chose puisque l'on peut être poursuivi sur la totalité de son patrimoine si la société n'est pas en état de faire face à ses engagements. Cela explique l'*intuitus personae*, la confiance mutuelle, qui est à la base des sociétés à risque illimité, d'où le vocable de sociétés de personnes.

1445. — Dans une société de personnes, on se choisit et on se supporte mutuellement ; à peine de mésentente fatale et de mauvaises surprises financières, il n'est pas question de s'associer avec le premier venu ; comme dans n'importe quelle œuvre d'équipe, l'important est de bien choisir ses partenaires. Ce groupement n'a pas vocation à rassembler des fonds comme une société faisant appel à l'épargne publique, mais seulement un petit nombre d'associés, au moins deux.

La société à risque limité, c'est la croisière sur un paquebot ; la société à risque illimité, c'est toujours un plaisir nautique, mais sur un voilier, en participant aux manœuvres et en courant le risque du dessalage.

1446. — Cela explique que dans les sociétés à risque limité, la loi impose un capital minimal ; dans les sociétés à risque illimité, les associés doivent également engager une mise initiale ; celle-ci peut être symbolique puisque la loi n'exige pas de minimum; à la limite, une simple mise d'un franc peut entraîner la ruine de l'associé qui engage en réalité toute sa fortune (1).

1447. — Il faut enfin tenir compte des deux variantes de responsabilité illimitée : la responsabilité conjointe et la responsabilité solidaire. La responsabilité conjointe est l'apanage de la société civile ; chacun est responsable pour sa part mais non pour celle du voisin (V. *infra*, n. 1485 et s). Solidarité et commercialité vont de pair ; aussi bien les associés qui ont la qualité de commerçants sont-ils responsables indéfiniment et solidairement du passif social ; tel est le cas des associés d'une société en nom collectif et des commandités dans la société en commandite simple. Dans le GIE, la responsabilité des membres est pareillement solidaire, même si son activité est de nature civile.

2° La vocation aux bénéfices et aux pertes

a) Les aspects juridiques

1448. — Les associés ont droit aux bénéfices dans les proportions et conditions prévues par les statuts ; c'est le règne de la liberté ; il n'y a notamment pas d'obligation de doter une réserve légale. Ils ont toute faculté de voter la distribution de dividendes ou au contraire la mise en réserve des bénéfices réalisés. Il est interdit de prévoir des clauses d'intérêt fixe (V. *supra*, n. 864).

En régime de croisière, les pertes subissent simplement un traitement comptable ; on les inscrit en report à nouveau négatif et on attend des jours meilleurs. Si les difficultés financières persistent, les associés devront injecter

(1) La loi n'impose pas de capital minimum; elle n'impose pas davantage de délai pour la libération du capital qui a été souscrit (pour une illustration, V. *infra*, n. 1489).

de l'argent frais par augmentation de capital ou avance en compte courant. Ce n'est qu'en cas de crise, généralement lorsque la société dépose son bilan, que les créanciers impayés se retournent contre les associés et leur demandent de contribuer au passif (V. *infra*, n. 1486 et s. pour la société civile).

b) Les aspects fiscaux (2)

1449. — Comme dans les entreprises individuelles, les bénéfices sont imposables au nom des associés dès qu'ils sont réalisés, quand bien même ils ne seraient pas mis en distribution sous forme de dividendes. Ainsi les associés sont imposés, à la clôture de l'exercice comptable, sur la quote-part de bénéfice à laquelle ils ont vocation, même si l'assemblée générale a décidé de les mettre en réserve. C'est une situation peu enviable où l'on est imposé à raison de revenus que l'on n'a pas perçus.

On trouve la situation symétrique en cas de pertes. Les associés ont le droit d'imputer sur leur revenu personnel la quote-part de déficit qui leur revient quand bien même ils n'auraient pas renfloué la société avec leurs propres deniers ; les associés ont ainsi la consolation de payer moins d'impôts, alors qu'ils n'ont pas financièrement participé aux pertes sociales.

3° Les prérogatives sur les parts sociales

1450. — Les parts sociales ne peuvent être représentées par des titres négociables qui circuleraient à la manière des actions ou des obligations ; elles ne sont pas matérialisées ; les droits de chacun résultent simplement des stipulations contenues dans les statuts comme pour les SARL (V. *supra*, n. 905).

Dans une société de personnes, on s'associe “à la vie, à la mort” et les parts sociales ne sont pas destinées à changer de mains. La loi précise même que le décès ou toute infirmité fatale (faillite, interdiction d'exercer une activité commerciale...) entraîne la dissolution automatique de la société en nom collectif (mais non de la société civile). Elle décide encore que la sortie d'un ancien associé ou l'entrée d'un nouveau sont normalement subordonnées au consentement unanime de tous.

Fort opportunément, ces règles ne sont pas d'ordre public et les statuts peuvent prévoir des accommodements. L'important est moins ce qui est écrit dans la loi que ce qui est prévu dans les statuts ; si ceux-ci sont muets (c'est le signe d'une insouciance de la part des fondateurs ou de leurs conseils), il faut appliquer les solutions légales dans toute leur rigueur et assumer jusqu'aux extrêmes les impératifs liés à l'*intuitus personae*. Mais les statuts bien faits ne manquent pas de régler dans le détail des modalités de la cession entre vifs et de la transmission pour cause de mort.

(2) Il ne sera question ici que du régime de droit commun, qui est celui des sociétés relevant de l'impôt sur le revenu ; les sociétés de personnes peuvent opter pour l'impôt sur les sociétés, mais une telle option est rare (V. *supra*, n. 121).

a) La cession entre vifs

1451. — Par principe, les cessions, même entre associés, ne sont autorisées que du consentement unanime des associés. Cette règle est d'ordre public en ce qui concerne les associés d'une société en nom collectif et les commandités d'une commandite simple (L., art. 19 et 30) ; dans les autres sociétés de personnes, il est possible de prévoir dans les statuts que les cessions pourront être consenties à la majorité.

1452. — Lorsque la cession est autorisée, le nouvel associé prend la place de l'ancien. Il convient, afin que la cession soit opposable à la société et aux tiers, de procéder à une double publicité comme pour les cessions de parts de SARL (V. *supra*, n. 1347) :

- la société doit d'abord être avisée officiellement soit selon le mode peu formaliste admis depuis 1988, à savoir le dépôt d'un original de l'acte de cession au siège social, soit selon les modes solennels, mais coûteux, de l'article 1690 du Code civil : signification par acte d'huissier ou acceptation par la société dans un acte authentique ;

- la cession n'est opposable aux tiers qu'à compter de la modification portée au registre du commerce et des sociétés ; pour cela, il faut passer par le relais du centre de formalités des entreprises (V. *supra*, n. 262) ;

- sur le plan fiscal, la cession des parts sociales supporte dans tous les cas un droit d'enregistrement au taux de 4,80 % (V. *supra*, n. 1181).

1453. — L'ancien associé reste responsable du passif tel qu'il existait au jour de son départ, mais non de celui qui apparaîtrait ultérieurement ; plus précisément, c'est à la date de l'inscription modificative au registre du commerce et des sociétés que le passif est cristallisé à son égard.

A l'inverse, le nouvel associé est responsable de plein droit de tout le passif, même existant antérieurement à la date de cession. La règle peut sembler rigoureuse et injuste ; on compte sur la diligence du cessionnaire pour discuter le prix d'acquisition des parts sociales à leur valeur réelle, compte tenu du passif social ; il serait prudent pour lui de se faire consentir une clause de garantie de passif qui obligerait le cédant à le couvrir de toute apparition imprévue de passif, notamment celui qui pourrait découler d'une vérification fiscale (V. *supra*, n. 903).

Si la cession n'est pas autorisée, c'est l'impasse et l'associé demeure prisonnier de la société. Dans les sociétés en nom collectif, il n'existe pas de "soupape de sûreté", car toute clause des statuts qui contraindrait les autres associés à racheter les parts de celui qui souhaite se retirer serait nulle ; de là l'utilité d'une éventuelle convention de croupier (V. *infra*, n. 1454). Dans les sociétés civiles (C. civ., art. 1869), et dans les GIE (Ord. 1967, art. 7), si les associés refusent d'agréer la personne du cessionnaire, le cédant n'est pas prisonnier de la société ; celle-ci est tenue de lui racheter ses parts pour un prix convenu ou à convenir par expert ; cette faculté de retrait est une marque de souplesse dont on peut regretter qu'elle n'ait pas été retenue dans les sociétés en nom collectif (sur le droit de retrait, V. *supra*, n. 375).

1454. — La convention de croupier

Il s'agit d'une clause curieuse, entourée de mystère, par laquelle un associé s'entend avec un tiers afin de partager avec lui les droits financiers résultant de sa qualité d'associé ; étymologiquement, le cavalier fait bloc avec un tiers qu'il hisse sur la croupe de son cheval (J. RICHARD, *La convention de croupier : JCP* 89, éd. I, p. 245). Elle présente surtout un intérêt dans les sociétés en nom collectif (V. *infra*, n. 1505), mais on la rencontre également dans d'autres sociétés (pour un exemple concernant deux sociétés anonymes d'expertise comptable, V. Paris, 23 mai 1989 : *JCP* 90, éd. E, II, 21575, note M. MARTEAU-PETIT, aff. *DACF*).

La clause, parfois appelée la croupe, est en principe secrète ; elle ne produit aucun effet vis-à-vis de la société ni vis-à-vis des tiers. Pour la "galerie", l'associé officiel continue de parader, même si ce n'est qu'une marionnette entre les mains de son croupier ; dans le secret, on règle les comptes selon les termes de la convention.

Les effets juridiques de la convention de croupier sont peu sûrs ; sur le plan fiscal, c'est un véritable imbroglio (Paris, 19 fév. 1979 : *Rev. soc.* 1980, p. 238, note D. RANDOUX). En tout cas, elle serait nulle si elle servait de masque à une opération frauduleuse.

Ainsi, une société exploitant une officine de pharmacie ne peut comprendre comme associés que des pharmaciens diplômés ; on ne pourrait tolérer qu'un non-diplômé entre dans ce type de société à la faveur d'une convention de croupier ou de prête-nom (Paris, 1er déc. 1951 : *JCP* 52, II, 6661). Pour la même raison, ce ne peut être un substitut destiné à contourner le refus d'agrément d'un cessionnaire.

La convention de croupier s'analyse parfois comme une société en participation. Un parlementaire exposait que deux actionnaires avaient conclu avec une tierce personne une telle convention aux termes de laquelle ils s'obligeaient à verser au croupier une partie des bénéfices distribués par la société anonyme ; il s'interrogeait sur le sort de l'avoir fiscal attaché aux dividendes mis en paiement ; le ministre lui a répondu que la convention de croupier dûment enregistrée et dénoncée à l'administration s'analysait comme une société en participation ; en conséquence de quoi, chacun des participants devait être imposé à raison de la quote-part de dividendes qui lui était allouée en bénéficiant de l'avoir fiscal correspondant (*JO* déb. Ass. nat. 24 nov. 1986, p. 4367).

b) La transmission pour cause de mort

1455. — Dans la société en nom collectif, le décès d'un associé entraîne la dissolution immédiate de la société, mais les statuts peuvent prévoir la solution contraire ; les solutions sont inverses dans la société civile : pas de dissolution sauf clause contraire des statuts. A partir de quoi, toutes les combinaisons sont possibles et les statuts sur ce point, en raison des enjeux, ne sont jamais trop précis. En voici quelques-unes :

- continuation de la société avec les seuls survivants ;
- continuation de la société avec le conjoint du survivant ;
- continuation de la société avec certains héritiers ;
- continuation de la société avec tous les héritiers.

Les héritiers exclus ont évidemment droit à une juste indemnité correspondant à la valeur des parts dont ils ont hérité ; à défaut d'accord entre les parties, cette valeur est déterminée par voie d'expert (C. civ., art. 1843-4).

B. — La situation du gérant

1° La désignation du gérant

1456. — Ce sont les associés qui désignent le ou les gérants soit à l'unanimité, soit à la majorité selon ce qui a été prévu dans les statuts. Il n'existe guère de règles impératives en la matière et les statuts organisent la gestion selon le bon vouloir des associés ; toutes les variantes sont possibles :

- on peut désigner un ou plusieurs gérants ; tous les associés peuvent même avoir la qualité de gérant ;
- le gérant peut être un associé ou un tiers ;
- le gérant peut être statutaire (son nom figure dans les statuts) ou non statutaire (son nom n'y figure pas) ;
- le gérant peut être une personne physique ou une personne morale ; dans ce dernier cas, les dirigeants de la personne morale gérante sont soumis aux mêmes obligations et encourent les mêmes responsabilités civiles et pénales que s'ils étaient gérants en leur nom personnel (C. civ., art. 1847) ;
- le gérant peut être français ou étranger ; dans cette dernière occurrence, la carte de commerçant est exigée si la société exerce une activité professionnelle.

Comme pour toute société, la désignation et ultérieurement la cessation de fonction du gérant doivent faire l'objet d'une publication au registre du commerce et des sociétés par les soins du centre des formalités des entreprises (V. *supra*, n. 262).

1457. — A moins que les associés n'en aient décidé autrement, le gérant est nommé pour toute la durée de la société. Cette stabilité de l'emploi ne signifie pas irrévocabilité. Les associés sont toujours libres, à la majorité sauf clause contraire, de révoquer le gérant ; en cas de révocation sans juste motif, le gérant éconduit peut exiger des dommages et intérêts (V. *supra*, n. 797). La révocation du gérant, même statutaire, n'entraîne pas la dissolution de la société ; mais les statuts peuvent évidemment (c'est exceptionnel dans la pratique) décider la solution contraire. De son côté, le gérant peut démissionner à condition de ne pas le faire à contre temps ; sinon, la société serait en droit d'exiger de lui des dommages et intérêts.

2° Les pouvoirs du gérant

1458. — Comme dans l'ensemble des sociétés, on applique le système du pouvoir légal du gérant. La règle est aussi simple qu'efficace : le gérant engage la société par tous les actes entrant dans l'objet social ; les clauses statutaires limitant ses pouvoirs sont inopposables aux tiers (C. civ., art. 1849) ; s'il y a plusieurs gérants, chacun engage la société de la même façon. Pour être à l'abri d'une mauvaise surprise, les tiers doivent vérifier deux points :

- *la qualité du gérant*, la désignation initiale du gérant et tout changement ultérieur de titulaire font l'objet de mesures de publicité ;

- *l'étendue de l'objet social*, ce qui implique la consultation des statuts ; on sait que les tiers traitant avec une société anonyme ou une SARL sont dispensés de ce genre de précaution (V. *supra*, n. 357) ; il est donc prudent dans les sociétés de personnes de limiter strictement l'objet social si l'on tient à se garantir contre les initiatives intempestives du gérant ; on ne recommandera pas la rédaction-gigogne telle qu'on la rencontre dans bien des sociétés anonymes (V. *supra*, n. 153).

3° La responsabilité du gérant

1459. — En cas de mauvaise conduite (violation de la loi ou des statuts, faute de gestion), le gérant engage sa responsabilité civile vis-à-vis des associés comme des tiers ; la loi ne réglemente pas la mise en jeu de cette responsabilité ; pour contrecarrer une jurisprudence de la Cour de cassation, la loi du 5 janvier 1988 dispose que les associés peuvent exercer *ut singuli* l'action sociale (C. civ., art. 1843-5). On retrouve ainsi un droit commun de la responsabilité civile qui vaut quel que soit le type de société (V. les développements présentés à propos de la société anonyme, *supra*, n. 741 et s.). La responsabilité fiscale visée à l'article 267 du Livre des procédures fiscales pèse sur les dirigeants des sociétés de personnes comme sur ceux des sociétés de capitaux (V. *supra*, n. 368).

Il en va différemment en matière pénale puisque les délits spécifiques d'abus de biens sociaux et de présentation de comptes infidèles ne peuvent être invoqués que dans les sociétés par actions et les SARL (V. *supra*, n. 751 et s.). Cela ne signifie pas que les gérants des sociétés de personnes ne puissent jamais être inquiétés sur le plan pénal : ils peuvent être poursuivis, mais seulement s'ils se rendent coupables d'une infraction de droit commun ; si le gérant commet des malversations au détriment de la société, il pourra être poursuivi pour vol ou abus de confiance ; si, pour appâter des tiers, il truque la comptabilité, il pourra l'être pour escroquerie, l'établissement de bilans falsifiés valant manœuvres frauduleuses au sens de l'article 405 du Code pénal.

4° La rémunération du gérant

1460. — Ici encore, les associés sont libres et font ce qu'ils veulent. Tantôt, les fonctions de gérant sont gratuites ; c'est parfois le cas dans les petites sociétés familiales, lorsque l'un des associés accepte de jouer le rôle — peu contraignant — de gérant. A l'opposé, dans les grandes sociétés, les fonctions de gérant exigent le plein temps ; elles sont alors nécessairement rémunérées.

Le gérant peut être un associé ou un tiers ; dans le premier cas, les rémunérations qui lui sont versées sont imposées comme un supplément de bénéfice, dans le second cas comme un salaire.

§ 2. — Les traits communs visant la société

1461. — Il est question ici de la société en tant que personne morale. La loi ne prévoit guère de règles contraignantes ; il suffit donc de renvoyer pour l'essentiel au droit commun des sociétés, tel qu'il a été exposé dans la première partie (V. *supra*, n. 240 et s.). On insistera seulement sur les trois points suivants : la prééminence des statuts, le respect du droit à l'information et les modalités de tenue des assemblées. On rappellera, pour ne plus y revenir, que la désignation d'un commissaire aux comptes est imposée en cas de dépassement de certains seuils (V. *supra*, n. 974).

A. — La prééminence des statuts

1462. — Les sociétés de personnes ne sont pas des machineries lourdes comme les sociétés de capitaux. Ce qu'impose la loi est réduit au minimum ; ces sociétés sont largement “dérégulées” pour reprendre un néologisme à la mode. Elles relèvent plus de la liberté contractuelle que de l'organisation institutionnelle (V. *supra*, n. 152).

Aux associés de faire appel aux ressources de leur imagination, de faire œuvre de créativité et non de servilité ; à eux de se forger un cadre à l'exacte mesure de leurs besoins, alliant souplesse et efficacité.

Encore faut-il avoir de l'imagination et oser se servir de sa liberté. L'expérience démontre que trop souvent, au lieu du modèle imposé par la loi, on recopie le modèle proposé par le formulaire… lequel a tôt fait de réinventer le formalisme légal. La liberté n'est pas toujours une solution de facilité. Ainsi, il ne sert à rien de prévoir, à l'image des sociétés de capitaux, deux types d'assemblées générales : les ordinaires et les extraordinaires. Ce n'est pas une raison pour rejeter systématiquement toute contrainte formelle et s'en remettre à l'improvisation du moment.

B. — Le respect du droit a l'information

1463. — C'est la moindre des choses pour le souverain d'un Etat (puisque, dit-on, les associés sont le peuple souverain) que d'être tenu au courant de ce qui s'y passe. Les associés, organe souverain de la société, ont donc le droit d'être informés ; dans les petites sociétés familiales, il n'y a pas en principe de problème de communication, encore qu'il faille compter avec les querelles de famille ; dans les sociétés de plus grande dimension, c'est déjà plus délicat. Il n'est pas superflu d'évoquer dans les statuts ces modalités d'information. La loi prévoit trois prérogatives minimales, à partir desquelles il est possible de broder à sa guise :

- droit de consulter sur place tous les documents sociaux ;
- droit de poser au gérant des questions écrites ;
- droit d'obtenir communication des comptes sociaux avant la tenue de l'assemblée générale annuelle.

C. — Les modalités de tenue des assemblées

1464. — Point le plus important : sauf stipulation contraire des statuts, les décisions sont prises à l'unanimité ; c'est une règle contraignante, parfois paralysante ; c'est donc dans les statuts qu'il convient de moduler les règles de majorité requises ; il n'y a pas de “recette” infaillible à proposer.

Il n'y a pas davantage de cérémonial à respecter. Il est bon néanmoins, pour éviter les contestations et les chicanes, que les statuts prévoient certains détails pratiques concernant notamment la représentation... Les statuts peuvent encore prévoir que pour certaines décisions les associés seront consultés par écrit ; dans ce cas, la consultation par correspondance dispense de la tenue d'une assemblée générale (V. *supra*, n. 1343, ce qui est dit à propos des SARL).

L'article 40 du décret du 3 juillet 1978 contient à cet égard des dispositions impératives valant pour tous les types de société : "les associés sont convoqués quinze jours au moins avant la réunion de l'assemblée, par lettre recommandée. Celle-ci indique l'ordre du jour de telle sorte que le contenu et la portée des questions qui y sont inscrites apparaissent clairement sans qu'il y ait lieu de se reporter à d'autres documents". Serait nulle une assemblée à laquelle les associés n'auraient pas été convoqués par lettre recommandée (3).

Les associés se réunissent au moins une fois l'an pour approuver les comptes sociaux ; ils peuvent évidemment se réunir plus souvent, notamment s'il faut prendre une décision de politique générale : révoquer le gérant, modifier les statuts, statuer sur le départ d'un associé... A la fin de chaque réunion, il doit être dressé un procès-verbal des décisions prises, avec signature de tous les associés présents. Les procès-verbaux doivent être couchés sur un registre spécial, coté et paraphé. C'est la mémoire de la société, ce qui explique le formalisme qui l'entoure.

LE COIN DES AMATEURS

1) Le cumul de la qualité d'associé et de salarié est-il possible dans les sociétés de personnes?

1465. — C'est une question rarement évoquée ; elle n'est pourtant pas théorique. Voici un exemple pour fixer les idées ; deux époux créent une société civile agricole dans laquelle leurs deux enfants, non associés, exercent leur activité en qualité de salariés. On supposera qu'ils acquièrent

(3) Cass. com. 4 oct. 1988 : *Rev. soc.* 1989, p. 62, note Y. Guyon.

ultérieurement une participation dans le capital (10 % chacun) ou encore qu'ils succèdent à l'un des parents qui décède. Perdent-ils pour autant leur statut de salariés? Sur le plan fiscal, il est incontestable que désormais toutes leurs rémunérations seront imposées non comme des salaires, mais comme des bénéfices agricoles. Sur le plan juridique, dans la mesure où le lien de subordination est réel, on ne voit pas ce qui s'oppose au cumul des deux qualités d'associé et de salarié. La doctrine est en ce sens (V. notamment P. BÉZARD, *Les sociétés civiles*, Libr. techniques, 1978, n. 801). Malheureusement, il ne semble pas qu'il y ait de jurisprudence sur ce point. En ce qui concerne les sociétés en nom collectif, le problème est différent puisque les associés ont automatiquement la qualité de commerçant, ce qui est incompatible avec celle de salarié ; ils sont en conséquence affiliés au régime social des non-salariés (Cass. soc. 26 oct. 1982 : *Bull. civ.* V, p. 427).

Le cumul n'est donc envisageable que dans certaines sociétés civiles ; il ne saurait être admis par exemple dans les sociétés civiles professionnelles du fait que les associés y exercent une activité libérale incompatible avec tout lien de subordination (V. *infra*, n. 2042).

2) Une société de personnes peut-elle cautionner les engagements de ses dirigeants ou de ses associés?

1466. — Il est interdit à une société anonyme de cautionner les engagements de ses dirigeants ; elle peut accorder sa garantie à un actionnaire, sous réserve d'une autorisation préalable du conseil d'administration (V. *supra*, n. 704). Dans les SARL, l'interdiction vise à la fois les dirigeants et les associés (V. *supra*, n. 1353). Il n'existe en revanche aucun texte spécial qui interdise ou limite l'octroi de telles garanties dans les sociétés de personnes. Encore faut-il que de telles opérations entrent dans l'objet social. Tantôt, les statuts prévoient que la société pourra se porter caution des engagements des associés (Cass. civ. 1re, 19 mai 1987 : *Rev. soc.* 1988, p. 78, note Y. GUYON) ; tantôt les associés approuvent à l'unanimité l'octroi de telles garanties. La jurisprudence la plus récente est relativement libérale et se contente d'un lien indirect avec l'objet social. Il est fréquent par exemple que des sociétés civiles immobilières, louant leurs immeubles à des sociétés anonymes d'exploitation, se portent caution des engagements de la société locataire, surtout lorsque ce sont les mêmes personnes qui animent les deux sociétés. En voici une application récente : Gérard Champion est à la fois le gérant d'une société civile immobilière et le président d'une société anonyme qui exploite une concession *Volvo* dans les locaux appartenant à la société civile ; celle-ci se porte caution des obligations de la société anonyme envers *Volvo*; la société anonyme ayant été mise en liquidation, Volvo se retourne contre la société civile ; celle-ci rétorque que l'engagement de caution est nul, sur un double fondement : défaut de pouvoir du gérant et dépassement de l'objet social. La Cour de cassation confirme la validité de la caution par le motif que voici : "Attendu qu'après avoir retenu que M. Gérard Champion était, en qualité d'administrateur unique et statutaire, investi des pouvoirs les plus étendus..., la cour d'appel... a estimé que le cautionnement souscrit se rattachait indirectement à l'objet social de la société civile immobilière en raison de la communauté d'intérêts unissant cette société à la société débitrice principale" (Cass. civ., 1re, 24 mai 1988 : *Rev. soc.* 1988, p. 414, note Y. GUYON).

(n. 1467 à 1479 réservés)

SECTION II

LA SOCIÉTÉ CIVILE

1480. — On n'attache pas toujours aux sociétés civiles l'importance qu'elles méritent. Elles représentent pourtant le quart du total des sociétés (V. *supra*, n. 1). Elles présentent un caractère résiduel en ce sens que sont civiles les sociétés qui ne sont commerciales ni en raison de leur forme, ni en raison de leur objet (V. *supra*, n. 296 et s.). Une société civile ne saurait exercer une activité commerciale (V. *supra*, n. 300) (1).

Le régime des sociétés civiles a été modernisé par la loi du 4 janvier 1978 qui l'a rapproché de celui des sociétés commerciales ; il est défini aux articles 1845 à 1870 du Code civil. A côté de la société civile de droit commun il existe une multitude de sociétés spéciales notamment dans le secteur libéral, le secteur agricole et le secteur immobilier (V. *infra*, n. 2041 et s.). On n'examinera ici que la société civile de droit commun.

Ses traits saillants sont ceux de toute société de personnes : *intuitus personae*, responsabilité illimitée, légèreté de structure : les associés n'ayant pas la qualité de commerçant à raison de leur appartenance à la société, tout le monde a vocation à y entrer : mineurs et majeurs, incapables et capables, étrangers et français, personnes morales et personnes physiques, fonctionnaires et avocats…

§ 1. — L'utilisation pratique des sociétés civiles

A. — L'exercice en commun d'une profession

1481. — On peut exercer dans le cadre d'une société civile une profession de nature agricole ou de nature libérale ; juridiquement c'est également possible pour les artisans, mais en fait la porte de la société civile leur est fermée pour des raisons d'ordre fiscal (V. *infra*, n. 1488). On rappellera que les membres des professions libérales et agriculteurs ont également à leur disposition des sociétés civiles typées, taillées sur mesure qui sont moins légères et moins souples que la société civile de droit commun (V. *infra*, n. 2041 et s.).

B. — La gestion d'un patrimoine privé

1482. — On a vu que la société peut être une technique d'organisation du patrimoine (V. *supra*, n. 53) ; la pratique retrouve d'instinct la distinction

---

(1) Sur les difficultés de qualification que soulèvent les sociétés civiles accomplissant des actes de commerce, V. Cass. com. 31 mai 1988 : *Rev. soc.* 1991, p. 99, note J.-P. Legros. — *Adde infra*, n. 1488.

traditionnelle des immeubles et des meubles ; d'où la spécialisation des sociétés civiles immobilières et des sociétés civiles de portefeuille.

1° L'art de rassembler les immeubles au sein de sociétés civiles immobilières

1483. — Les sociétés civiles immobilières sont légion. On les utilise fréquemment dans le cadre familial comme support juridique des propriétés immobilières ; au besoin, on crée autant de sociétés que de types d'immeubles ; on ne met pas dans le même "sac", c'est-à-dire dans la même société, des immeubles aussi hétérogènes qu'une gentilhommière, un domaine agricole, un immeuble de rapport ou de "rapports" (garçonnière ou nid d'amour...). On devine l'aisance de la gestion ultérieure ; il est autrement plus simple (et combien moins coûteux) de jouer avec des parts sociales qu'avec des immeubles.

Le monde des affaires en fait autant ; quand on construit une usine, un hôtel, une clinique, un supermarché, c'est généralement à une société civile immobilière qu'est confiée la propriété des murs. Cela facilite les financements (ce ne sont pas nécessairement les mêmes investisseurs qui financent la pierre et l'exploitation) ; les prix de revient sont clarifiés ; les transactions ultérieures sont simplifiées (on n'est pas tenu de céder en même temps et aux mêmes personnes les immeubles et l'entreprise (2).

2° L'art de rassembler les droits sociaux au sein de sociétés civiles de portefeuille

1484. — Les sociétés civiles de portefeuille sont moins courantes et moins voyantes que les sociétés civiles immobilières. Dans les grandes familles, elles permettent de rassembler les participations et les autres droits sociaux. Elles font office dans ce cas de société holding (V. *infra*, n. 1961) et assurent la pérennité du contrôle familial (3). Le cas échéant, la holding ainsi créée peut être une technique de transmission de l'entreprise (V. *supra*, n. 942).

§ 2. — La responsabilité des associés

1485. — L'opposition entre responsabilité limitée et responsabilitié illimitée

(2) G. CHAUVIN, *Immobilier d'entreprise : propriété de la société commerciale ou d'une SCI ?* : *JCP* 88, G I, 3320.

(3) A. GAULTIER, *Les holdings familiales. — Pérennité et succession*, Ed. de l'Organisation, 1987. — V. également P. BERGER et J.-A. LATXAGUE, *La transmission des entreprises, Nouvelles Ed. Fiduciaires*, 4e éd. , 1990, p. 107 et s..

est connue ; il convient ici d'opposer la responsabilité conjointe (celle des sociétés civiles) et la responsabilité solidaire (celle des sociétés commerciales et des GIE (4).

De par leur responsabilité conjointe, les associés d'une société civile ne sont que des responsables de deuxième ligne, des responsables de dernier recours ; ils sont dans la même position subsidiaire que la caution non solidaire vis-à-vis du débiteur principal ; comme celle-ci, ils peuvent invoquer le bénéfice de discussion et le bénéfice de division.

1486. — Le bénéfice de discussion oblige le créancier à s'adresser d'abord à la société, à la mettre en demeure de payer, à agir en justice afin d'obtenir un titre exécutoire, à entamer les procédures de saisie, à moins qu'il ne préfère enclencher la procédure de redressement ou de liquidation judiciaires. C'est seulement s'il n'obtient pas satisfaction (saisie infructueuse, procédure de liquidation clôturée pour insuffisance d'actif...) qu'il pourra se retourner contre chaque associé pris séparément (C. civ., art. 1858).

1487. — Chaque associé n'étant responsable qu'à proportion de la part qu'il détient dans le capital social (C. civ., art. 1857), le bénéfice de division oblige le créancier à agir contre chacun des associés et à ne réclamer à chacun qu'une partie de ce qui lui est dû (celui qui n'a que 10 % du capital ne pourra être poursuivi que pour le dixième du montant de la créance impayée). En définitive, c'est seulement en cas d'insolvabilité judiciairement prouvée de la société que les créanciers pourront se retourner, en divisant leur recours, contre chacun des associés (5). En outre, la “faillite” de la société n'entraîne pas celle des associés, contrairement à ce qui a lieu en cas de solidarité. La mise en cause des associés est ainsi soigneusement “encadrée”.

LE COIN DES AMATEURS

1) Le traquenard fiscal des sociétés civiles à objet commercial

1488. — Le fisc n'aime pas les sociétés civiles ; ceux qui choisissent cette forme sociale feront bien d'y prendre garde. Il existe dans le Code général des impôts un article 206-2, "bête et méchant" dont personne ne connaît la raison d'être, qui est un défi au bon sens et une injure à l'équité. Il soumet à l'impôt sur les sociétés les sociétés civiles qui exercent une activité commerciale. On ne rencontre pas dans la pratique de sociétés civiles qui soient constituées pour exploiter un fonds de commerce. On rencontre en revanche des sociétés

(4) Des exceptions existent dans les sociétés spéciales :
- la responsabilité des associés est solidaire (et non conjointe) dans les sociétés civiles professionnelles (V. *infra*, n. 2042) ;
- la responsabilité est limitée au double des apports dans les groupements agricoles d'exploitation en commun dans les sociétés civiles de placement immobilier (V. *infra*, n. 2045 et 2052) ; elle est limitée au montant des apports dans les sociétés de multipropriété (V. *infra*, n. 2050).

(5) P. Carcreff, *Sur la confusion d'obligation aux dettes sociales avec celle de contribution aux pertes* : *Gaz. Pal.* 1976, I, doctr. p. 145.

civiles, irréprochables au regard du droit privé, mais dont l'activité est qualifiée de commerciale selon les normes (tortueuses au demeurant) propres au droit fiscal. Ce n'est qu'au terme d'une vérification, laquelle peut intervenir bien des années après la création de la société, que les associés apprennent à leurs dépens que leur société avait une coloration commerciale et se voient infliger de sévères rappels d'impositions comme s'ils avaient commis on ne sait quel crime fiscal.

Voici l'exemple édifiant de l'affaire dite de la bombe au cobalt (Cons. d'Etat 3 mars 1976 : *RJF* 1976, n. 5, p. 169). Des médecins créent une société civile immobilière dont l'objet est de louer l'immeuble dont elle est propriétaire à une société anonyme qui l'aménage pour l'exploitation d'une bombe au cobalt. Le loyer est fixé à 35 % des bénéfices de la société locataire. En vertu du régime de la semi-transparence (V. *supra*, n. 56), les associés de ce type de société sont imposés dans la catégorie des revenus fonciers comme s'ils avaient directement encaissé les loyers. Lors d'un contrôle, le vérificateur remet en cause ce mode d'imposition ; il fait valoir que la fixation du loyer à un pourcentage du bénéfice du locataire donne une coloration commerciale au bail et partant à la société bailleresse. Il existe en effet une théorie fiscale sur les locations civiles par nature mais devenant commerciales par ambiance ; autant dire qu'il s'agit d'un critère brumeux, pour ne pas dire fumeux, ayant donné lieu à une jurisprudence ondoyante, dont les spécialistes eux-mêmes ont du mal à suivre les méandres. Le Conseil d'Etat a confirmé l'analyse du vérificateur ; les rappels d'impôt, dans un tel cas, portent sur l'impôt sur les sociétés, la taxe professionnelle, la TVA, la taxe d'apprentissage... sans compter les pénalités, ce qui représente bien plus que les bénéfices réalisés. Un cauchemar pour des contribuables de parfaite bonne foi dont le seul crime est d'ignorer l'existence de l'article 206-2 et la théorie des locations commerciales par ambiance.

La société peut être qualifiée de commerciale à raison de la nature soit de l'activité exercée à titre principal soit des opérations passées à titre accessoire (dans ce dernier cas l'administration accepte une tolérance de 10 %). Voici quelques exemples à ne pas imiter :

- société civile agricole (en l'espèce une SICA) conditionnant et commercialisant des pruneaux (Cons. d'Etat 31 oct. 1984 : *RJF* 1984, n. 1, p. 30) ;

- société civile organisant des séjours linguistiques à l'étranger (Cons. d'Etat 22 mars 1985 : *Dr. fiscal* 1985, n. 42, comm. 1743, concl. O. Fouquet) ;

- société civile constituée entre artisans puisque pour le fisc l'artisan exerce une activité commerciale (Rép. min. : *JO* déb. Ass. nat. 10 mai 1982, p. 1941) ;

- société civile exploitant un laboratoire d'analyses médicales en recourant à des méthodes publicitaires (Cons. d'Etat 15 nov. 1985 : *Dr. fiscal* 1986, n. 10, comm. 446) ;

- société civile se livrant à des locations meublées (Cons. d'Etat 10 juill. 1985 : *Dr. fiscal* 1986, n. 8, comm. 291) ; pour le fisc, une location d'immeuble est civile si elle porte sur des locaux nus et commerciale si elle porte sur des locaux meublés ;

- société civile immobilière se livrant à des opérations de revente (Cons. d'Etat 1er juin 1988 : *RJF* 1988, n. 8-9, p. 528) ;

- société civile ayant pour objet la défense de propriétaires expropriés (Cons. d'Etat 5 oct. 1988 : *Dr. fiscal* 1988, n. 19, comm. 962).

2) Une mode nouvelle : fixer au maximum le capital des sociétés civiles immobilières

1489. — Il existe des modes, en droit des sociétés comme ailleurs. Pendant longtemps, en dehors des sociétés faisant appel à l'épargne publique, la mode était de fixer le capital social à quelques milliers de francs, autant dire à un chiffre ridicule puisque la loi ne fixe pas de minimum comme pour les sociétés civiles. Outre les emprunts, le financement était assuré par les avances en compte courant des associés (V. *supra*, n. 326). Au moment de la cession des parts sociales, la plus-value imposable (il s'agit du régime de taxation des plus-values immobilières réalisées par les particuliers) se calcule par différence entre le prix de cession des parts et leur valeur de souscription ; d'où les surprises amères que l'on devine. En conséquence, les praticiens recommandent de fixer désormais le capital à un chiffre maximum couvrant le prix (et les frais) de l'acquisition ou de la construction (Ch. FELIX, *De l'importance du capital social dans certaines sociétés civiles immobilières* : *JCP* 84, éd. N, I, p. 13). A la différence des sociétés anonymes et des SARL, la loi n'impose aucune règle pour la libération du capital dans les sociétés de personnes. Les premières libérations correspondent aux avances initiales des associés. Pour la suite, une fois que les emprunts sont remboursés, le capital est libéré par affectation des bénéfices disponibles. En cas de cession, la plus-value est nécessairement réduite puisque la valeur de souscription du capital correspond à la valeur réelle de l'immeuble. C'est un exemple d'une gestion fiscale avisée, qui n'est en rien répréhensible.

(n. 1490 à 1499 réservés)

SECTION III

LA SOCIÉTÉ EN NOM COLLECTIF

1500. — La société en nom collectif a pour elle le bénéfice de l'ancienneté ; les historiens enseignent que les premières sociétés que l'on rencontre de par le monde (du Moyen-Orient à l'Europe) s'apparentent à notre société en nom collectif et pour certaines à notre société en commandite simple. C'est sans doute cette ancienneté, liée à la simplicité de son fonctionnement, qui explique que pendant longtemps elle fut présentée comme l'archétype de la société. Ainsi, avant la réforme de 1978, les sociétés créées de fait étaient traitées comme des sociétés en nom collectif ; désormais, c'est la société en participation qui sert de référence.

La société en nom collectif et la société civile sont proches l'une de l'autre ; elles ont en commun les traits marquants des sociétés de personnes : *intuitus personae*, responsabilité illimitée et légèreté de structure ; la société en nom collectif présente toutefois cette marque caractéristique d'être commerciale par la forme, d'attribuer d'office la qualité de commerçant à ses membres et d'engendrer la solidarité ; c'est une société de commerçants (L., art. 10 à 22). Elle convient avant tout aux petites entreprises, mais les groupes ne sont pas indifférents à certaines de ses vertus.

§ 1. — L'utilisation de la société en nom collectif

A. — L'UTILISATION DANS LES PETITES ENTREPRISES

1501. — Quelques compagnons désirant œuvrer ensemble sur un pied d'égalité, n'ayant pas la hantise de leur responsabilité, choisiront volontiers la société en nom collectif. Ils en apprécieront la simplicité de fonctionnement, la banalité de leur statut fiscal, qui n'est ni pire, ni meilleur que celui des exploitants individuels. La société en nom collectif est parfois une société familiale réunissant le père et le fils ou les frères et les sœurs ; elle est également usuelle dans certaines professions (1).

Il est exact que la société en nom collectif subit la vive concurrence des SARL, voire des sociétés anonymes ; on en connaît les raisons : course au salariat, abri de la limitation de responsabilité ; par ailleurs, si l'on est en présence d'une entreprise de croissance devant compter sur son autofinancement, mieux vaut relever de l'impôt sur les sociétés (V. *supra*, n. 122).

B. — L'UTILISATION DANS LES GROUPES DE SOCIÉTÉS

1502. — On trouve de plus en plus fréquemment des sociétés en nom collectif dans l'organigramme des groupes ; elles peuvent servir à deux usages :

- soit comme cadre à une filiale commune (deux groupes s'entendent pour créer à égalité une filiale commune ; l'esprit des sociétés de personnes est alors respecté) ;

- soit comme cadre à la filialisation d'une activité nouvelle ou d'un département ancien ; le choix de cette structure répond alors au souci fiscal de faire remonter les déficits jusqu'à la société mère (V. *infra*, n. 1983).

§ 2. — La responsabilité solidaire des associés en nom

1503. — Alors que l'associé d'une société civile est dans la position d'une caution non solidaire (V. *supra*, n. 1485 et s.), l'associé en nom est dans celle d'une caution solidaire. Sans doute le créancier doit-il s'adresser d'abord à la société ; mais en cas d'insuccès, il aura tôt fait de s'en prendre aux associés.

La procédure est bien plus expéditive que dans la société civile ; il suffit au créancier de mettre la société en demeure de payer en lui signifiant un acte d'huissier ; à défaut de règlement dans les huit jours, il peut se retourner contre

(1) Les pharmaciens, qui exercent une activité commerciale, ne peuvent s'associer qu'au sein d'une société en nom collectif ou d'une SARL, à moins qu'ils ne préfèrent l'indivision (J. RICHARD, *Sociétés de pharmacie : JCP* 87, éd. N, I, p. 285) ou depuis 1991 la société commerciale d'exercice libéral (V. *infra*, n. 2043). Les statistiques (cf. Ph. MERLE, *op. cit.*, n. 130, note 4) révèlent que sur 21 827 officines, un peu plus de 10% étaient exploitées sous forme de sociétés : 1 664 sociétés en nom collectif, 353 EURL et 223 SARL.

les associés en mettant en jeu leur responsabilité personnelle et solidaire. La solidarité permet au créancier de demander le remboursement total de ce qui lui est dû à l'un quelconque des associés ; il choisira de préférence celui qui lui paraît le plus solvable ; la “cible” choisie n'a qu'à s'exécuter ; elle ne peut exiger que le créancier épuise au préalable ses poursuites contre la société ni qu'il divise son recours entre tous les associés ; autrement dit, on lui refuse le bénéfice de discussion et le bénéfice de division, qui sont les remparts des cautions non solidaires ; l'associé solidaire s'engage autrement, c'est-à-dire plus dangereusement, qu'une simple caution (2). De plus la mise en redressement ou en liquidation judiciaires de la société entraîne celle des associés, contrairement à ce qui se passe dans les sociétés civiles (V. *supra*, n. 1487).

Certes, celui qui a payé pour le tout peut se retourner contre ses co-associés et les contraindre à participer au passif pour la part convenue dans les statuts ; il faut distinguer, en effet, l'obligation au passif qui joue vis-à-vis des tiers et la contribution au passif qui joue entre les associés. Encore faut-il qu'il s'agisse d'un recours utile.

§ 3. — Le statut du gérant

1504. — On se bornera à indiquer quelques particularités propres à la gérance de la société en nom collectif (L., art. 18) :

- si les statuts n'ont rien prévu, tous les associés ont la qualité de gérant ; la révocation de l'un d'eux ne peut être décidée qu'à l'unanimité des autres associés ; elle entraîne la dissolution de la société, sauf si les statuts ou les associés à l'unanimité décident le contraire ;

- les mêmes règles de révocation valent lorsque la gérance est confiée à un ou plusieurs associés désignés dans les statuts (d'où le nom de gérants statutaires) ;

- le gérant non statutaire est révocable dans les conditions fixées par les statuts, sans entraîner la dissolution de la société.

§ 4. — Le statut de l'associé

1505. — On l'a vu (V. *supra*, n. 1453), l'associé d'une société en nom collectif est prisonnier de son titre ; il ne peut céder ses droits, fût-ce à un co-associé, qu'avec le consentement unanime de tous (3). Les statuts ne peuvent

(2) On enseigne qu'un associé pourrait “marchander” avec un créancier pour l'amener à renoncer à son égard aux effets de la solidarité ; pareille tractation n'existe, semble-t-il, que dans les manuels de droit.

(3) La cession de parts d'une société en nom collectif entraîne nécessairement la modification de ses statuts ; à défaut de délibération des associés constatant cette modification, la seule publication de la cession des parts ne la rend pas opposable aux tiers ; telle est la solution de Cass. com. 16 janv. 1990 : *Bull. Joly* 1990, p. 291, note P. Le Cannu.

prévoir l'autorisation de cession à la simple majorité. C'est une contrainte, sans doute excessive, qui ne se rencontre que dans les sociétés en nom collectif et dans les commandites simples. Certes, on peut recourir à la convention de croupier, mais elle est limitée et peu sûre (V. *supra*, n. 1454). En dernière extrémité, l'associé qui désire quitter la société demandera la dissolution de la société pour justes motifs (V. *supra*, n. 797) ; encore faut-il qu'elle soit acceptée par le juge.

(n. 1506 à 1519 réservés)

SECTION IV

LA SOCIÉTÉ EN COMMANDITE SIMPLE

§ 1. — Le portrait général de la commandite simple

A. — Les vertus de la commandite simple

1520. — La société en commandite simple est une société dualiste, inégalitaire, un peu à la façon des ordres religieux qui comprennent des révérends pères et des frères convers ; ainsi y distingue-t-on des commandités et des commanditaires.

Les commandités (il peut n'y avoir qu'un seul commandité) sont dans la même situation que les associés de la société en nom collectif ; ils ont une position prééminente parfaitement justifiée par les risques qu'ils prennent : ils s'engagent comme des commerçants solidairement responsables les uns des autres (1) ; tout ce qui a été dit des associés en nom vaut donc pour les commandités.

Les commanditaires ont une position seconde, car ils prennent moins de risques ; ils n'ont pas la qualité de commerçant et leur responsabilité est limitée au montant de leurs apports ; mais ce ne sont pas des actionnaires, ce qui différencie la commandite simple de la commandite par actions (V. *supra*, n. 1200 et s.).

1521. — La société en commandite simple a eu son apogée sous l'Ancien Régime ; elle permettait à un commerçant, tenté par l'aventure mais sans fonds, de bénéficier des apports de commanditaires disposant de fonds, mais ne pouvant se livrer à des opérations commerciales à raison de leur statut : nobles, clercs, magistrats... La société en commandite permettait une fructueuse collaboration des classes sans offense au statut de chacun. Avec la vogue des sociétés anonymes et des SARL, la société en commandite est tombée en quasi-désuétude ; le total des sociétés en commandite simple et des sociétés en commandite par actions reste inférieur à 1470 (V. *supra*, n. 1) ; le plus souvent il s'agit d'anciennes sociétés en nom collectif qui ont dû être transformées au décès d'un associé afin de doter les mineurs du statut de commanditaire (ils ne peuvent être commerçants, ce qui leur interdit d'être associés en nom).

B. — Les défauts de la commandite simple

1522. — Les reproches que l'on peut adresser à la société en commandite sont faciles à deviner :

- la dualité d'associés est un facteur de complexité ;
- la position de commandité n'est pas plus enviable que celle d'associé en nom : responsabilité illimitée et solidaire, statut fiscal et social peu appréciés ;

---

(1) Il est possible de limiter les effets de cette responsabilité illimitée en réservant la position de commandité à une SARL (V. *supra*, n. 1207).

- la coexistence d'une double fiscalité (l'impôt sur le revenu pour les commandités et l'impôt sur les sociétés pour les commanditaires) n'arrange rien à l'affaire.

1523. — Une réflexion approfondie conduit à regretter le discrédit dont souffre la société en commandite (2). Tout le monde reconnaît la dualité d'âme des associés ; certains ont une âme d'entrepreneur (hommes d'action et de risque), les autres une âme de "commanditaire" (ils ne souhaitent engager qu'une partie de leur fortune). Seule la société en commandite traduit exactement cette dualité d'aspiration.

§ 2. — Le portrait particulier du commanditaire

1524. — Le régime de la société en commandite simple est calqué sur celui de la société en nom collectif ; c'est la loi elle-même qui déclare que les dispositions relatives à la société en nom collectif sont applicables à la commandite simple sous réserve de règles particulières (L., art. 24). Celles-ci touchent essentiellement à la position du commanditaire.

Sans entrer dans le détail, on mettra en relief les traits suivants, qui sont les plus saillants :

- le commanditaire n'a pas la qualité de commerçant ; comme les nobles et le clergé autrefois, les mineurs, les membres de professions libérales réglementées, les fonctionnaires... peuvent être commanditaires ; la liquidation judiciaire de la société entraîne la perte de leur mise, mais non, à la différence des associés en nom ou des commandités, leur propre liquidation ;

- "l'associé commanditaire ne peut faire aucun acte de gestion externe, même en vertu d'une procuration" (L., art. 28) ; cette défense d'immixtion du commanditaire dans la gestion externe s'explique par le souci de ne pas induire les tiers en erreur ; il ne faut pas que par son comportement le commanditaire se donne des airs de commandité, laissant croire que sa responsabilité est illimitée ; s'il se trompe de rôle il perd l'avantage de la limitation de responsabilité ; malgré cette prohibition, le commanditaire n'en demeure pas moins associé et en cette qualité il peut accomplir des actes de gestion interne ; notamment, il délibère et vote dans les assemblées ; il peut même accepter, à condition qu'elles ne soient pas équivoques, des fonctions salariées (il pourrait être chef du service comptable sans la signature, mais non directeur général avec délégation de signature) ; le commanditaire est le seul associé à qui il soit interdit de confier la direction de la société (V. *supra*, n. 373) ;

- même dans le silence des statuts, le décès du commanditaire n'entraîne pas automatiquement la dissolution de la société, à la différence du décès du commandité ;

(2) CREDA, *La société en commandite entre son passé et son avenir*, sous la direction d'A. VIANDIER, Litec, 1983. — Adde, *Financement, capital et pouvoir dans l'entreprise : une nouvelle chance pour la commandite* : *JCP* 84, éd. E, II, 14371.

- du fait que la responsabilité des commanditaires est limitée, la part des bénéfices qui leur revient est soumise à l'impôt sur les sociétés ; quand ils sont mis en distribution, les dividendes sont imposés une seconde fois, avec octroi de l'avoir fiscal ; le commanditaire est donc dans la même position fiscale que l'actionnaire.

(n. 1525 à 1539 réservés)

SECTION V

LE GROUPEMENT D'INTÉRÊT ÉCONOMIQUE

§ 1. — Le portrait général du GIE

1530. — Le GIE est une invention française remontant à une ordonnance du 23 septembre 1967, rajeunie par une loi du 13 juin 1989. Il s'agissait à l'époque d'offrir aux entreprises un nouvel instrument de coopération qui leur permette d'affronter leurs concurrents européens au moment où les frontières du Marché commun allaient s'ouvrir (l'effervescence juridique de 1967 rappelle celle que nous vivons aujoud'hui dans l'attente du Marché unique de 1993). Cette institution nouvelle répondait aux attentes du moment et connut aussitôt un franc succès (1). Cette nouveauté conduit à s'interroger sur la nature et sur la vocation du GIE

A. — La nature du GIE

1531. — Le GIE est né sous le signe de la nouveauté et de l'originalité ; il est doté de la personnalité juridique, mais ce n'est ni une société ni une association. C'est un instrument de collaboration entre des entreprises préexistantes, plus simple que la société et plus efficace que l'association. Trois originalités marquantes ont été mises en valeur à sa naissance, qui se sont estompées par la suite :

- la vocation du GIE n'est pas de faire des bénéfices ; la loi du 4 janvier 1978 lui a enlevé cette originalité puisque la société peut désormais se limiter à la recherche d'économies (V. *supra*, n. 15) ;

- il peut être constitué avec ou sans capital, mais rien n'interdit de créer une société de personnes au capital symbolique de un franc (V. *supra*, n. 1446) ;

- sa structure est légère et malléable, mais celle des sociétés de personnes ne l'est guère moins.

(1) Par exemple, c'est dans le cadre de GIE qu'ont été lancés l'Airbus et la carte bleue ; d'autres actions moins ambitieuses ou moins prestigieuses n'ont pas été moins efficaces ; l'engouement s'est depuis quelque peu essoufflé : 760 créations en 1988 (V. *supra*, n. 58).

1532. — Sur le plan formel, il n'empêche que le GIE est d'une autre nature que la société, si bien que la législation applicable aux sociétés n'est pas transposable aux GIE, sauf renvoi exprès de la loi (2). Cette présentation reste largement académique et pour l'essentiel le GIE est soumis aux mêmes règles que la société ; la loi du 13 juin 1989 a encore accentué le rapprochement en étendant au GIE les règles gouvernant la formation des sociétés (sort des actes passés avant l'immatriculation, V. *supra*, n. 266 et s.) et le régime des nullités encourues (V. *supra*, n. 210 et s.).

1533. — En fin de compte, le GIE est assez proche de la société en nom collectif. La différence la plus marquante entre les deux institutions réside dans le caractère auxiliaire du GIE Son objet est ainsi défini à l'article 1er de l'ordonnance de 1967 après sa modification par la loi du 13 juin 1989 : "Le but du groupement est de faciliter ou de développer l'activité économique de ses membres, d'améliorer ou d'accroître les résultats de cette activité ; il n'est pas de réaliser des bénéfices pour lui-même. Son activité doit se rattacher à l'activité économique de ses membres et ne peut avoir qu'un caractère auxiliaire par rapport à celle-ci". L'objet du GIE est moins de faire des bénéfices que d'en faire faire.

B. — La vocation du GIE

1° Le GIE exerce une activité économique

1534. — Le domaine du GIE est vaste : tout ce qui touche à l'économie ; mais il n'est pas illimité ; il ne peut servir à la défense d'intérêts privés, rassembler des locataires ou des actionnaires désirant défendre leurs intérêts (ses membres sont nécessairement des entreprises) ; il ne peut davantage servir à la défense d'intérêts moraux, religieux, culturels ou politiques ; c'est le domaine réservé de l'association.

Le GIE peut en revanche regrouper des entreprises sans considération de leur qualité : commerçants, agriculteurs, membres de professions libérales, entreprises publiques. Il est civil ou commercial en fonction de l'activité qu'il exerce (3). Il doit être immatriculé au registre du commerce et des sociétés, mais cette immatriculation n'a pas la vertu de conférer la commercialité au groupement et encore moins à ses membres ; c'est une différence remarquable avec la société en nom collectif qui est commerciale à raison de sa forme.

---

(2) On notera les précautions de vocabulaire, frisant parfois la naïveté ; il est question de groupement, de contrat constitutif, de membres, de droits... et non de société, de statuts, d'associés, de parts sociales.

(3) Il n'y a pas nécessairement interférence entre la qualité des membres et celle du GIE ; il a par exemple été jugé qu'un GIE composé de commerçants et ayant pour objet l'assistance dans le domaine informatique présentait un caractère civil en raison du caractère intellectuel des prestations fournies (Paris 9 déc. 1987 : *Rev. soc.* 1988, p. 104, obs. Y. GUYON).

2° Le GIE présente un caractère auxiliaire

1535. — Le GIE est une structure auxiliaire permettant à ses membres de réaliser certaines actions communes : actions promotionnelles, études de marché, services de recherche ou d'assistance, bureaux de représentation à l'étranger... Les entreprises participantes doivent conserver leur individualité.

Le GIE ne saurait se substituer aux entreprises qui se sont rapprochées ; on ne peut lui faire apport d'un fonds de commerce, ni lui confier la gérance d'un fonds préexistant ; en un mot, le GIE ne peut donner naissance à une entreprise nouvelle (4). Il peut certes réaliser des actes de commerce, il peut être titulaire d'un bail commercial (solution prise par la loi du 13 juin 1989 pour écarter une jurisprudence contraire de la Cour de cassation) ; il est douteux en revanche que, cantonné dans son rôle d'auxiliaire, il puisse être titulaire d'un fonds de commerce, faute de clientèle autonome ; la loi de 1989 ne semble pas devoir remettre en cause la jurisprudence antérieure de la Cour de cassation sur ce point (5).

§ 2. — La constitution du GIE

1536. — Les règles de constitution sont peu contraignantes ; elles ne sont pas non plus originales ; constituer un GIE emporte les mêmes formalités (rédaction d'un écrit et immatriculation) (6) et exige le même doigté que la création d'une société en nom collectif par exemple. L'important n'est pas de se conformer au formalisme imposé par la loi (l'ordonnance de 1967 ne comporte guère de règles impératives), mais de rédiger avec le plus grand soin tout ce qui touche à l'objet du GIE et à son mode d'utilisation.

1537. — L'écrit doit contenir des indications minimales qui sont communes aux autres formes de sociétés : dénomination, identification, durée, objet, siège. Le mode de fonctionnement (tenue des assemblées, calcul des majorités, obligations et prérogatives des membres...) doit faire l'objet de clauses adéquates.

1538. — A l'inverse, il peut n'être pas souhaitable de tout dire aux tiers ; mieux vaut que certains arrangements ne soient pas divulgués (politique de prix, répartition du marché, modalités de financement, mesures disciplinaires...) ; tout cela, qui relève du secret des affaires (et peut sentir le soufre :

---

(4) Une société commerciale, un courtier maritime à la retraite et une femme aux activités mal définies avaient imaginé de créer un GIE pour l'exploitation d'un libre-service ; il leur a été signifié qu'ils s'étaient trompés de genre et que pour exercer à plusieurs une activité commerciale nouvelle il n'est d'autre formule que la société (Trib. com. Paris 23 fév. 1970 : *JCP* 70, II, 16355, note Y. GUYON).

(5) Cass. com. 22 janv. 1980 : *Rev. trim. dr. com.* 1982, p. 252, obs. M. PÉDAMON.

(6) Les fondateurs sont seulement dispensés de l'insertion de l'avis de constitution dans un journal d'annonces légales (V. *supra*, n. 260).

atteintes à la libre concurrence), sera consigné dans un règlement intérieur, lequel n'est pas publié (V. *supra*, n. 280) (7).

§ 3. — Le fonctionnement du GIE

A. — Le rôle des membres

1539. — Le rôle des membres varie selon l'objectif que poursuit le GIE ; c'est à travers cet objectif, selon les modalités convenues dans l'acte constitutif, que l'on détermine les prérogatives et les obligations de chacun des membres (accès aux services communs, participation aux frais...). On apportera seulement quelques précisions sur la tenue des assemblées, la responsabilité des membres et la faculté de retrait.

1° La tenue des assemblées

1540. — Il n'y a pas de vie collective sans assemblée. L'ordonnance de 1967 pose à cet égard trois règles, dont les deux premières sont supplétives et la dernière impérative :

- dans le silence de l'acte constitutif, les décisions sont prises à l'unanimité ;
- toujours en cas de silence, chaque membre ne dispose que d'une voix ;
- l'assemblée est obligatoirement convoquée à la demande d'un quart au moins des membres du groupement.

C'est dire la liberté laissée aux membres d'organiser les assemblées. Les formulaires proposent des variantes, inspirées le plus souvent du mode de fonctionnement des sociétés de personnes ; il y a là un mimétisme tout naturel ; on remplit les vides à partir de réflexes conditionnés.

2° La responsabilité des membres

1541. — La responsabilité des membres est une responsabilité illimitée et solidaire ; elle est mise en jeu exactement dans les mêmes conditions que dans une société en nom collectif ; un créancier peut se retourner contre l'un quelconque des membres huit jours après avoir adressé au GIE une sommation de payer par acte d'huissier ; il n'y a donc ni bénéfice de discussion, ni bénéfice de division comme dans une société civile (V. *supra*, n. 1485 et s.).

1542. — Il faut bien mesurer l'étendue de cette responsabilité ; chacun n'est responsable que du passif propre au groupement et non du passif personnel de chacune des entreprises participantes. A l'inverse, la procédure de redressement

(7) Ce n'est pas parce qu'il est secret que le règlement intérieur peut prévoir n'importe quoi ; il ne saurait notamment être question de contourner par le biais d'un GIE la réglementation sur les ententes. C'est ainsi que le GIE *Carte bancaire*, lequel regroupe tous les établissements émetteurs de cartes de paiement, a été accusé d'entente illicite par le Conseil de la concurrence sur plainte du Conseil national du commerce ; il a été sommé de mettre fin à certaines pratiques, notamment en matière de tarification (Décis. 11 oct. 1988 : *JCP* 88, éd. E, I, 17834. — Décis. 3 mai 1989 : *JCP* 89, éd. E, I, 18547).

ou de liquidation judiciaires produit ses effets à l'égard de tous les membres, du fait qu'ils sont indéfiniment et solidairement responsables du passif social (L. 25 janv. 1985, art. 178) ; les membres du GIE sont à cet égard dans la même situation inconfortable que les associés d'une société en nom collectif ; la sanction atteint même les membres du GIE qui n'ont pas la qualité de commerçant ; par là la procédure de redressement ou de liquidation judiciaires peut être étendue à des professionnels libéraux ; c'est un risque qui n'existe pas lorsqu'est créée une société civile.

3° Le retrait des membres

1543. — Les membres peuvent céder leurs droits dans les conditions prévues par l'acte constitutif ; en cas de silence des statuts, le consentement unanime des autres partenaires est requis ; l'*intuitus personae* qui préside au GIE n'est pas un vain mot.

L'ordonnance de 1967 (art. 7) prévoit que tout membre a le droit de se retirer dans les conditions prévues par le contrat constitutif et à condition d'avoir exécuté ses obligations. C'est un mécanisme emprunté aux sociétés à capital variable et notamment aux coopératives. De ce point de vue, la voie de sortie est plus aisée que dans les sociétés en nom collectif ou même dans les sociétés civiles (V. *supra*, n. 1453). L'équilibre, voire la survie, du GIE peut s'en trouver compromis ; mais il serait irréaliste d'imposer une collaboration à quelqu'un qui n'en veut plus ; ce serait le meilleur moyen de bloquer le fonctionnement du GIE

B. — Les organes de direction

1544. — L'ordonnance de 1967 impose la désignation d'un ou plusieurs administrateurs qui peuvent être des personnes physiques ou des personnes morales (avant la loi du 13 juin 1989, ce ne pouvait être que des personnes physiques).

L'administrateur engage le groupement par tout acte entrant dans l'objet de celui-ci ; toute limitation de ses pouvoirs est inopposable aux tiers ; ce n'est que la transposition d'une règle commune aux sociétés de personnes (V. *supra*, n. 358).

Pour le reste, c'est à l'acte constitutif, ou à une assemblée ultérieure, qu'il revient de fixer le statut et le cadre de conduite de l'administrateur.

C. — Les organes de surveillance

1545. — L'ordonnance de 1967 impose, ce qui est un facteur de complexité, la superposition de deux organes de surveillance : les contrôleurs de gestion et les contrôleurs des comptes.

1° Les contrôleurs de gestion

1546. — Le ou les contrôleurs de gestion remplissent un rôle comparable à celui des censeurs de certaines sociétés anonymes (V. *supra*, n. 653). Ce sont nécessairement des personnes physiques, membres ou non du groupement.

Leur mission précise n'est pas définie dans la loi ; ils peuvent être des acteurs puissants ou de simples figurants selon les pouvoirs qui leur sont accordés et selon la personnalité des contrôleurs.

2° Les contrôleurs des comptes

1547. — Un commissaire aux comptes (un vrai) doit être désigné si le GIE compte au moins cent salariés ou s'il émet des obligations (8). Hors de là, l'ordonnance impose la désignation d'un ou plusieurs *contrôleurs des comptes*, choisis ou non parmi les membres du groupement, chargés de contrôler la régularité et la sincérité des comptes ; ce sont des amateurs non soumis au statut ni aux obligations des commissaires aux comptes ; l'importance de leur mission varie d'un groupement à l'autre, comme celle des contrôleurs de gestion.

§ 4. — La transformation du GIE

1548. — La transformation d'une société en autre chose qu'une société (en GIE par exemple) relève du "transsexualisme" ; elle entraîne donc création d'un être moral avec les cascades d'imposition que l'on sait (V. *supra*, n. 542). Voilà qui rend impossible le passage du GIE à la société, même s'il a pleinement réussi sa mission de coopération et qu'il souhaite consolider les positions acquises dans le cadre d'une nouvelle société ; comme on l'a écrit, "les membres du GIE sont donc comme des fiancés, à qui la loi interdirait de se marier" (9). Des assouplissements ont heureusement été apportés (ord. 23 sept. 1987, art. 12) :

- une société ou une association peuvent se transformer en GIE sans que cela entraîne création d'un être moral nouveau ;

- un GIE peut se transformer de même en société en nom collectif sans création d'un être moral nouveau (innovation datant de la loi du 13 juin 1989) ; en revanche, la transformation en SARL ou en société anonyme n'est pas visée ; on serait tenté de conseiller d'opérer en deux étapes : transformation du GIE en société en nom collectif, puis transformation de la société en nom collectif en une autre forme de société ; mais agir de la sorte ne constitue-t-il pas une fraude à la loi ? On regrettera une fois de plus que le GIE ne soit pas rattaché à la famille des sociétés.

---

(8) L'ordonnance de 1967 prévoit que le GIE peut émettre des obligations pour le compte de ses membres si ceux-ci sont autorisés à faire appel à l'épargne publique ; en clair, le groupement ne doit comprendre que des sociétés anonymes ; il semble que cette possibilité soit purement théorique pour l'instant.

(9) Y. Guyon, *op. cit.*, n. 40.

LE COIN DES AMATEURS

1) Dix exemples de GIE

1549. — Les GIE se rencontrent dans tous les secteurs de la vie économique, rassemblant de petites entreprises ou des multinationales, des entreprises privées ou publiques, des entreprises françaises ou étrangères... En voici dans le désordre (c'est-à-dire par ordre alphabétique) dix exemples glanés au hasard de la lecture des quotidiens :

1 - *Anjou-Recherche :* GIE créé en 1982 par la Compagnie générale des Eaux et certaines de ses filiales pour coordonner leurs activités de recherche (caractéristique : GIE ne regroupant que les membres d'un même groupe) ;

2 - *Automatica :* GIE créé entre trois sociétés d'électronique réparties sur le territoire national afin de mieux satisfaire les besoins des PMI (activité première : création d'un catalogue de produits de base pour la productique) ;

3 - *Cap Sogeti-Sesa :* GIE constitué entre deux groupes électroniques (dont une filiale d'Alcatel) pour assurer le déploiement et la commercialisation de l'annuaire électronique en France et à l'étranger ;

4 - *Ceric :* GIE créé en 1971 par 68 commerçants indépendants pour l'exploitation à Thionville d'une grande surface ;

5 - *French Mapping Group (FMG) :* GIE créé en 1975 entre l'IGN (Institut géographique national) et une société privée de géomètres pour la gestion d'un centre géographique en Jordanie (caractéristique : association d'une entreprise publique et d'une entreprise privée pour la conquête de marchés extérieurs) ;

6 - *GIEE.V. :* GIE créé en 1982 par neuf éditeurs de vidéoprogrammes pour lutter contre les actions de piratage sur le marché des cassettes ;

7 - *Ile de France Loisirs :* GIE créé en 1986 entre cinq groupes du bâtiment et des travaux publics en vue de la participation à la réalisation du parc de loisirs Euro-Disneyland ;

8 - *PMU* : GIE, créé en 1983, composé des sociétés de course, lesquelles sont en réalité des associations (V. *supra,* n. 10, note 3) ; il présente un caractère civil (Paris 21 fév. 1990 : *JPC* 90, éd. E, II, 15 784, n. 15, note A. VIANDIER et J.-J. CAUSSAIN) ;

9 - *Qualité-Marennes-Oléron :* GIE créé en juin 1986 afin d'assurer un service consommateur et garantir une qualité constante des huîtres de Marennes-Oléron ;

10 - *Socotel :* GIE créé en 1968 par transformation d'une société préexistante réunissant l'Etat et cinq constructeurs de centraux téléphoniques. Objectif : perfectionner les systèmes de communication mis en œuvre dans les centres de commutation destinés aux administrations publiques (caractéristique : participation majoritaire de l'Etat avec 51 % du capital et 10 % pour chacune des sociétés).

2) Radio taxi : quelle structure juridique choisir ?

1550. — Dans les villes d'une certaine importance, les taxis se regroupent pour mettre sur pied un service commun d'appels téléphoniques. Se pose dès lors le choix de la structure juridique. Une simple convention, réglant les missions et la répartition des charges, pourrait suffire ; mais il est préférable, dans un souci d'efficacité, de créer une personne morale *ad hoc*. On n'a que l'embarras du choix :

- une association, dans la mesure où l'on ne cherche pas à faire des bénéfices ;

- une société anonyme ou une SARL, mais ce sont des structures lourdes et coûteuses ; le même reproche vaut pour les sociétés coopératives ;

- une société en nom collectif, mais ceux qui ont la qualité d'artisans (c'est la qualité des taxis exerçant à titre individuel) acquièrent du même coup celle de commerçant et doivent s'inscrire au registre du commerce et des sociétés ;

- une société civile si tous les taxis ont la qualité d'artisans, mais elle relève alors de l'impôt sur les sociétés (V. *supra*, n. 1488) ;

- un groupement d'intérêt économique.

Il semble que les deux formules les mieux adaptées soient en fin de compte l'association et le GIE Signalons, hors le régime d'imposition des bénéfices (mais par hypothèse il n'y a pas de bénéfices), que le régime fiscal est identique quelle que soit la structure juridique ; spécialement la taxe professionnelle est toujours exigée et la TVA frappe dans tous les cas les contributions financières exigées des membres du groupement.

Deux formules sont interdites pour ce type d'activité :

- la société civile de moyens, qui n'est utilisable que dans le secteur libéral (V. *infra*, n. 2043) ;

- le syndicat, qui ne peut exercer d'activité commerciale.

A l'inverse, si on laisse de côté le service radio, on trouve dans la profession d'autres types de société :

- des sociétés anonymes exploitant un nombre important de véhicules, les chauffeurs ayant la qualité de salariés ;

- des SCOP (sociétés coopératives ouvrières de production), les chauffeurs ayant la double "casquette" d'associé et de travailleur (V. *infra*, n. 2059) ;

- des sociétés en participation (artisans achetant par exemple en commun un véhicule supplémentaire de remplacement).

3) Le GEIE (groupement européen d'intérêt économique)

1551. — Le GEIE a été institué sur le modèle français par le règlement n. 2137/85 du 25 juillet 1985 du Conseil des communautés européennes en vue de permettre le développement de la coopération inter-entreprise au sein du Marché commun.

En application de ce règlement, chacun des Etats membres de la CEE devait prendre des mesures d'application avant le 1er juillet 1989. Le législateur français a fait preuve d'une rare ponctualité, puisque la loi n. 89-377 du 13 juin 1989 (art. 1 à 13) contient les dispositions relatives au GEIE qui permettent son immatriculation et qui précisent notamment les droits des membres, la responsabilité des gérants, les possibilités de transformation du GEIE, le régime de nullités...

Ainsi, depuis le 1er juillet 1989, les entreprises de la Communauté disposent d'un nouvel instrument de coopération transnationale pour exercer en commun certaines de leurs activités.

La possibilité de constituer un GEIE est ouverte très largement aux personnes physiques, sociétés et autres entités juridiques des Etats membres de la CEE (y compris des établissements d'enseignement supérieur) Le siège doit être situé dans un Etat de la Communauté. Le règlement laisse aux membres une large liberté de manœuvre quant aux critères de localisation. Il permet également le transfert du siège d'un Etat membre de la Communauté à un autre, sans que le maintien de la capacité juridique du groupement en soit affecté. L'immatriculation dans un Etat membre confère au GEIE la pleine capacité juridique à travers la Communauté. Le règlement assure une grande latitude aux membres du GEIE dans l'organisation de leurs rapports et dans le choix des modalités de fonctionnement du groupement. Seuls deux organes sont prévus : les membres agissant collégialement et le ou les gérants. ———

(n. 1552 à 1559 réservés)

CHAPITRE 2

LES SOCIÉTÉS NON IMMATRICULÉES

1560. — Ce sont de drôles de sociétés, fuyantes, informes…, des sociétés à qui il manque un attribut essentiel ; on n'ose pas dire des sociétés émasculées, car certaines ne manquent pas de virilité. Seulement, elles ne sont pas immatriculées, ce qui leur donne une allure quelque peu "anarchiste".

Il existe deux catégories de sociétés non immatriculées, la société en participation et la société créée de fait ; elles sont fort différentes l'une de l'autre, mais la loi les soumet au même régime, ce qui est assez inattendu et ne va pas sans problèmes.

1561. — La société en participation est une société créée en connaissance de cause ; elle résulte d'un choix délibéré des partenaires en présence qui, après avoir pesé le pour et le contre, décident de se réunir au sein d'une société non immatriculée. Rien de tel dans la société créée de fait ; quelques personnes (le plus souvent elles ne sont que deux) œuvrent ensemble sans se soucier autrement de la qualification juridique de leur collaboration ; elles n'ont pas conscience d'avoir créé une société *ad hoc*. Ce n'est qu'ultérieurement, généralement parce qu'il y a crise ou litige, que l'on recherchera si les partenaires ne se sont pas en fait comportés comme des associés.

1562. — On le voit, la société créée de fait est tournée vers le passé (c'est une reconstitution rétrospective du passé), alors que la société en participation est tournée vers l'avenir ; l'une est inconsciente de son existence, ce qui n'est pas le cas de l'autre. La société en participation se meut en général dans un cadre défini à l'avance, le plus souvent consigné par écrit ; la société créée de fait baigne dans l'incertitude.

SECTION I

LA SOCIÉTÉ EN PARTICIPATION

§ 1. — Le portrait général de la société en participation

A. — Les traits dominants

1° La société en participation relève du concubinage juridique

1563. — La société en participation est à la société immatriculée ce que le concubinage est au mariage ; avec ses deux variantes : à la liaison clandestine correspond la société occulte et au concubinage notoire la société ostensible ; la comparaison se poursuit avec la durée ; la société en participation est tantôt une collaboration durable (un état quasi marital), tantôt une association passagère (un flirt de vacances?).

Un point commun dans tout cela : on s'aime et on fait un bout de chemin ensemble ; c'est sans doute là que l'on trouve l'*affectio societatis* à l'état le plus pur. Par ailleurs, on fait foin des convenances : pas de maire, pas de curé, pas de notaire d'un côté, pas de registre de commerce, pas de journaux d'annonces légales, pas de *BODACC* de l'autre.

Sans immatriculation, pas de personnalité morale ; la société en participation n'a donc pas de patrimoine propre, pas de siège..., bref aucun des attributs attachés à la personnalité juridique ; c'est une société parfaitement transparente et pas simplement sur le plan fiscal. Elle ne saurait donc ni ester en justice, ni être mise en redressement ou en liquidation judiciaires:

2° La société en participation peut être secrète ou ostensible

1564. — Jusqu'en 1978, la société en participation était destinée à rester secrète, non révélée au public ; si elle se dévoilait aux yeux des tiers, elle perdait sur le champ sa qualité de société en participation et était traitée comme une vulgaire société de fait (1).

La loi du 4 janvier 1978 a changé tout cela. D'abord, la matière a été enlevée de la loi de 1966 pour être intégrée dans le Code civil (art. 1871 à 1872-2) ; ce n'est pas illogique dans la mesure où la société en participation est tantôt civile (lorsqu'elle constituée entre agriculteurs par exemple), tantôt

(1) En dehors des associés, seul le fisc avait officiellement connaissance de l'existence de la société en participation ; celle-ci devait en effet se déclarer à l'administration, laquelle lui appliquait un traitement fiscal approprié, favorable dans l'ensemble. C'était un exemple inattendu où le fisc était le confident obligé d'une société secrète ; il en est encore ainsi aujourd'hui lorsque la société en participation opte pour la clandestinité. Comme exemple de faveur fiscale, on signalera que les opérations internes réalisées entre associés échappent à la TVA (Cons. d'Etat 24 fév. 1988 : *Rev. soc.* 1988, p. 276, concl. O. Fouquet).

commerciale (c'est l'hypothèse la plus fréquente). Surtout, la clandestinité n'est plus de l'essence de la société en participation ; cette dernière ne disparaît plus au moment même où elle est révélée. Désormais, il existe deux variantes de la société en participation : la variante classique, qui est celle de la société occulte, et la variante nouvelle, qui est celle de la société ostensible.

B. — L'utilisation pratique

1565. — Les avantages de la société en participation sont évidents : simplicité, discrétion, souplesse ; ils sont appréciés si l'on en juge par la vitalité de l'institution. Il manque en la matière une étude typologique ; elle serait d'ailleurs délicate à dresser, les formes les plus efficaces étant sans doute les plus discrètes. Faute de mieux — et puisqu'il faut classer — on suggérera les trois utilisations suivantes : coopération inter-entreprises, gestion d'un bien indivis, financement d'une opération à risque (2).

1° La coopération inter-entreprises

1566. — C'est vraisemblablement là que se rencontrent les exemples les plus fréquents d'utilisation de la société en participation ; pour leurs actions communes les entreprises n'ont d'ailleurs que l'embarras du choix : filiales communes, groupements d'intérêt économique, accords contractuels les plus divers (sous-traitance, marché d'études...) (V. *infra*, n. 1860 et s.).

La société en participation est largement utilisée dans les domaines suivants : réalisation de gros travaux de construction, fournitures d'usines “clés en main”, coproduction cinématrographique (3), répartition des charges entre sociétés d'un même groupe, pools bancaires...

Les sociétés en participation sont de même fréquentes lorsque des entreprises françaises s'associent avec des entreprises étrangères. La souplesse juridique est un avantage apprécié ; les considérations fiscales ne sont pas absentes, ainsi que le notent J.-F. Court et G. Entraygues : “la transparence fiscale dont elles sont dotées permet aux associés français de consolider leur quote-part de résultats avec leur propre bénéfice. Aussi la plupart des contrats d'ingénierie ou de construction à l'étranger sont-ils réalisés en utilisant une ou plusieurs sociétés en participation” (4).

2° La gestion d'un bien indivis

1567. — Certaines entreprises sont copropriétaires d'équipements lourds qu'elles utilisent en commun : un avion pour des compagnies aériennes, un

(2) Ceux qui jouent au Loto ou à la Loterie nationale en faisant mise commune créent sans le savoir une société en participation et se rend coupable d'un abus de confiance celui qui trompe les autres en conservant pour lui le gros lot (Cass. crim. 20 mai 1985 : *Rev. trim. dr. com.* 1986, p. 292, obs. J. Hémard et B. Bouloc).

(3) Cass. com. 11 fév. 1985, *Société Gaumont* : *Rev. soc.* 1986, p. 263, note C. David.

(4) *Gestion fiscale internationale des entreprises*, Montchrestien, 1986, p. 289.

centre de raffinage pour des compagnies pétrolières, un centre de stockage pour des sociétés d'import-export ; de même, il n'est pas rare que des SICOMI (V. *infra*, n. 2054) ou des SCPI (V. *infra*, n. 2052) acquièrent en indivision des immeubles à usage commercial ou industriel. Elles n'ont pas éprouvé le besoin de créer une société immatriculée, qui serve de support juridique à la propriété de ces biens .

Un écrit règle les modalités d'utilisation de ces équipements. Deux analyses juridiques sont possibles, celle de l'indivision conventionnelle (C. civ., art. 1873-1 et s.) et celle de la société en participation. Disons, en simplifiant, que c'est un problème d'état d'âme. Les partenaires ont-ils seulement une âme de copropriétaires, soucieux avant tout de la bonne gestion de leurs biens ? N'ont-ils pas plutôt une âme d'associés, œuvrant pour tirer le meilleur profit des équipements exploités en commun? C'est, on le sent, une question de nuances (5)...

3° Le financement d'une opération à risque

1568. — Dans toute affaire hautement spéculative, on rencontre souvent un entrepreneur et un commanditaire. Parfois on crée une société en bonne et due forme ayant pignon sur rue. Parfois on préfère une formule moins voyante. On apprend ainsi que dans le monde du "show business" (ou du "sport business") le lancement d'une vedette est souvent financé par des personnes qui préfèrent garder l'anonymat ; elles versent des capitaux à l'impresario, lequel est gérant de la participation (6). Les profits (si profits il y a) sont ensuite partagés selon une clé de répartition convenue à l'avance. Mais ce mode de financement d'une opération à risque ne serait-il pas simplement un prêt rémunéré par une participation aux bénéfices ? Les deux institutions ont des points communs :

- dans les deux cas, chacun apporte quelque chose, sa finance pour l'un, son "industrie" pour l'autre ;

- dans les deux cas, il y a partage des gains, mais aussi des pertes ; si l'affaire tourne au désastre, le commanditaire non seulement n'aura perçu aucun revenu, mais en outre aura perdu son capital.

C'est finalement l'*affectio societatis* qui permet de départager les deux qualifications de société et de prêt ; s'il y a collaboration réelle, si le commanditaire intervient dans la marche de l'affaire, cette ingérence, cette immixtion dans l'entreprise sont les révélateurs de l'existence d'une société ; si, à l'inverse, le financier n'a aucun droit de regard sur la marche de l'entreprise, s'il

(5) F. Caporale, *Société et indivision* : *Rev. soc.* 1979, n. 1, p. 265. — C. Saint-Alary-Houin, *Les critères distinctifs de la société et de l'indivision depuis les réformes récentes du Code civil* : *Rev. trim. dr. com.* 1979, n. 4, p. 645 et s.
(6) Y. Guyon, *op. cit.*, n. 515.

reste en dehors en qualité de spectateur (même attentif), s'il ne s'immisce pas dans la gestion, mais se contente d'attendre la reddition des comptes, il a une âme de prêteur, mais non d'associé (7).

§ 2. — La constitution de la société en participation

1569. — Il n'y a rien de particulier à signaler sinon que les parties doivent avoir réellement entendu créer une société. En outre, même secrète, une société en participation n'autorise pas à faire ce qui est interdit par la loi ; ainsi, seuls des pharmaciens et des médecins diplômés peuvent être membres d'une société exploitant un laboratoire d'analyses médicales ; il n'est pas possible de contourner cette règle par le biais d'une société en participation ; le ministre de la Santé a dû rappeler à un député cette vérité d'évidence (8).

Hors de là, les associés aménagent leur société comme ils l'entendent ; c'est l'avantage de la liberté contractuelle ; il n'y a pas à la couler dans un moule préétabli. La rédaction d'un écrit, si elle n'est pas indispensable (on rencontre des sociétés verbales), est tout de même une mesure de précaution.

§ 3. — Le fonctionnement de la société en participation

1570. — Si le secret est bien gardé, la société en participation fonctionne à l'envers des autres sociétés ; alors que dans celles-ci les dirigeants agissent au nom de la société et ne s'engagent pas personnellement, le gérant d'une société en participation agit en son nom propre et n'engage que lui-même. Il ne saurait en être autrement lorsque la société est parfaitement occulte. Si les tiers qui ont contracté avec le gérant connaissent, par des indiscrétions, l'existence de la société et l'identité des associés, ils n'ont pas pour autant d'action contre eux ; les associés sont à l'abri de toute poursuite, le gérant faisant écran entre eux et les tiers.

Encore faut-il que les associés demeurent dans l'ombre ; s'ils apparaissent sur la scène juridique, s'ils s'immiscent dans la gestion de la société, s'ils affichent leur qualité au vu et au su de tous, il y a *révélation* et d'occulte la société devient

(7) A été qualifié de société en participation l'acte passé par devant notaire entre deux personnes, l'une apportant son industrie et ses relations, l'autre les sommes nécessaires à l'acquisition destinée à la revente, alors même que l'acte aurait mentionné qu'il s'agissait d'un prêt (Paris, 21 fév. 1986 : *D.* 1986, p. 548, note J. HONORAT). Le juge n'est pas lié par les erreurs de qualification commises par les parties.
(8) Rép. min. : *JO* déb. Ass. nat. 14 fév. 1983, p. 840. — Une convention de croupier ne serait pas mieux venue (V. *supra*, n. 1454).

ostensible ; les tiers peuvent alors agir contre les associés qui se sont révélés de la sorte (C. civ., art. 1872-1) (9). En revanche, les tiers n'ont pas d'action contre les associés dont le nom a été révélé sans leur accord par le gérant (10).

§ 4. — La fiscalité de la société en participation

1571. — En l'absence de personnalité juridique, la société en participation n'a pas de patrimoine et n'est pas propriétaire des biens mis à sa disposition. Elle n'en est pas moins titulaire d'un patrimoine fiscal qui se reflète dans son bilan ; on retrouve pareille situation à propos des entreprises individuelles dont le bilan fiscal est sans portée juridique : une entreprise individuelle ne saurait être ni propriétaire, ni créancière, ni débitrice. L'article 238 *bis* M du Code général des impôts énonce que "les sociétés en participation doivent... inscrire à l'actif les biens dont les associés ont convenu de mettre la propriété en commun". Ces biens sont leur propriété indivise par opposition aux biens dont les associés restent propriétaires et dont la société a seulement la jouissance (C. civ., art. 1872). Sauf option pour l'impôt sur les sociétés, les sociétés en participation relèvent de l'impôt sur le revenu ; l'impôt sur les sociétés s'applique cependant d'office pour la part des bénéfices qui revient aux participants dont le nom n'est pas révélé à l'administration (c'est un moyen de pénaliser les participants occultes) ou dont la responsabilité est limitée.

(n. 1572 à 1579 réservés)

SECTION II

LA SOCIÉTÉ CRÉÉE DE FAIT

1580. — Il faut bien distinguer la société créée de fait et la société de fait ; celle-ci est une société *ratée*, celle-là est une société *qui s'ignore*. La société de fait est au départ une société immatriculée, mais qui a été annulée ; c'est une société dégénérée qu'il faut liquider ; son régime relève de la théorie des nullités (V. *supra*, n. 213) (1). Dans la société créée de fait, on ne respecte pas

(9) Ph. Petel, *La révélation aux tiers de la société en participation* : *JCP* 87, éd. E, II, 16369 — *Adde,* A. Picand-L'Amezec, *L'obligation des associés en participation envers les tiers : Rev. soc.* 1990, p. 567.

(10) Cass. com. 15 juill. 1987 : *Rev. soc.* 1988, p. 70, note P. Didier; dans cette affaire, le gérant avait communiqué les statuts de la société en participation à la banque qui avait consenti un prêt et qui entendait agir contre les associés dont le nom lui avait été ainsi communiqué.

(1) Dans la pratique, la confusion de terminologie est fréquente. Ainsi les pharmaciens qui s'associent sans créer une société immatriculée (société en nom collectif ou SARL) prétendent agir en indivision ou en société de fait (V. *supra*, n. 1501, note 1) ; en réalité, leur association est une société en participation ostensible ; il en est de même des artisans ou des commerçants qui se font immatriculer avec la mention "société de fait".

les formes ; il n'y a généralement pas d'écrit et encore moins d'immatriculation ; on respecte en revanche le fond ; le comportement des personnes en présence est celui de véritables associés, même s'ils n'en ont pas pleinement conscience.

La loi du 4 janvier 1978 a aligné le régime de la société créée de fait sur celui de la société en participation (C. civ., art. 1873) ; le fisc en fait autant : "les bénéfices réalisés par les sociétés créées de fait sont imposés selon les règles prévues au présent code pour les sociétés en participation". Ce renvoi ne laisse pas d'être artificiel ; le même vêtement juridique ne saurait convenir à deux êtres aussi dissemblables.

Pour les sociétés créées de fait, il s'agit d'abord d'une certaine difficulté d'être (existent-elles ou n'existent-elles pas ?) ; cette question résolue, le régime pose essentiellement un problème de liquidation.

§ 1. — L'existence des sociétés créées de fait

1581. — Malgré les inévitables difficultés de preuve, la société créée de fait n'existe qu'autant que tous les éléments constitutifs de la société se trouvent réunis : apports, *affectio societatis*, participation aux gains et aux pertes.

S'agissant des apports, on notera la fréquence des apports en industrie de la part des associés qui ne peuvent offrir que leur temps et leur force de travail (l'apport des épouses et des concubines notamment) ; ce n'est certes pas du capital au sens juridique, mais c'est une valeur qui a son poids et qui est créatrice de richesse.

L'*affectio societatis* s'induit d'une participation effective à la direction et à la marche de l'affaire ; certes, il n'y a pas eu de déclaration en bonne et due forme (pas de “Je t'aime”, ni de “Nous nous marions”) ; plus prosaïquement un partage quotidien, sur le tas, des soucis de l'œuvre commune.

La participation aux gains est éclatante lorsque la société de fait procure l'essentiel, voire la totalité des ressources des partenaires. La participation aux pertes est moins voyante, mais tout de même présente ; en période de vaches maigres, il faut “se serrer la ceinture”. Mais ici encore, cela se voit plus que ça ne se compte ; la comptabilité de la société est très souvent à l'image de la comptabilité du ménage ; elle se réduit à une caisse commune ; et quand on tient des comptes plus élaborés, c'est généralement pour satisfaire aux exigences du fisc et non à celles du droit des sociétés.

1582. — Il existe une jurisprudence fiscale considérable sur les sociétés créées de fait. Mais contrairement à ce que certains peuvent penser, il n'y a en la matière aucune autonomie, ni aucun particularisme fiscal. Les critères d'existence de la société créée de fait sont identiques en droit privé et en droit fiscal, dans la jurisprudence de la Cour de cassation et dans celle du Conseil d'Etat. La définition de la société est donnée dans le Code civil ; il est vain d'en chercher une autre dans le Code général des impôts.

§ 2. — La preuve des sociétés créées de fait

1583. — Il faut distinguer selon que la preuve doit être administrée par les associés eux-mêmes ou par les tiers. Dans le premier cas, celui qui invoque l'existence d'une société créée de fait doit apporter la preuve que les différents éléments constitutifs sont réunis : apports, *affectio societatis*, participation aux gains et aux pertes.

Pareille exigence risquait d'être insurmontable à l'égard des tiers ; aussi bien la Cour de cassation les autorise-t-elle à invoquer la simple apparence d'une société créée de fait ; il leur suffit d'apporter la preuve que les personnes en cause se sont comportées comme des associés de fait au vu et au su des tiers (2).

S'agissant de l'administration fiscale, la Cour de cassation a jugé qu'elle ne pouvait se borner à invoquer l'apparence d'une société créée de fait (3) ; c'est donc que le fisc n'est pas dans la position d'un vulgaire tiers vis-à-vis du contribuable (4).

§ 3. — La typologie des sociétés créées de fait

1584. — Si l'on en croit les statistiques de l'INSEE, il y aurait à la date du 1er juillet 1990, 37 936 sociétés créées de fait (5). Si l'on consulte la jurisprudence, il semble que leur domaine d'élection soit celui des relations familiales ou quasi familiales (sociétés entre concubins et entre époux, sociétés post-successorales), ce qui n'exclut pas l'existence de sociétés créées indépendamment de liens familiaux.

A. — Les sociétés entre concubins

1585. — Deux concubins exploitent ensemble le fonds de commerce acheté au nom de l'un d'eux ; ils travaillent ensemble, vivent l'un et l'autre des revenus du fonds, assument les pertes ; un jour c'est la rupture et aussi — à tous les

(2) Cass. com. 11 juill. 1989 : *JCP* 89, éd. E, II, 15415, n. 1, obs. A. Viandier et J.-J. Caussain. — V. également à propos d'une société en participation entre époux, Cass. com. 3 nov. 1988 : *Rev. soc.* 1990, p. 242, note J. Prieur.

(3) Cass. com. 30 mai 1989 : *RJF* 1989, n. 8-9, p. 539.

(4) Sur cette question redoutable, V. F. Llorens, *L'administration fiscale est-elle un tiers?* : *Les Petites Affiches*, 19 et 22 fév. 1982.

(5) Selon les informations données aux auteurs par l'INSEE, la répartition des sociétés non immatriculées était la suivante au 1er juillet 1990 :

- sociétés créées de fait	: 37 936
- sociétés en participation	: 1 405
- autres groupements de droit privé non dotés de la personnalité morale	: 3 357
	42 698

Ces chiffres laissent rêveur quand on sait la difficulté à reconnaître, *a fortiori* à dénombrer, les sociétés créées de fait.

sens du terme — le règlement de comptes. Ce sont les avocats qui plaideront pour ou contre l'existence d'une société de fait ; l'avocat du propriétaire du fonds avancera qu'il n'y avait pas société et qu'en conséquence l'autre partenaire n'a droit à rien ; l'avocat adverse répliquera que son client (c'est souvent la cliente) a participé à l'affaire en qualité d'associé de fait, que l'on trouve tous les éléments constitutifs de la société (apport en industrie, participation aux revenus et aux pertes) et qu'en conséquence il a droit à la moitié du boni de l'affaire, qui en l'espèce est le boni de liquidation de la société ; le droit des sociétés offre ainsi l'équivalent d'un régime matrimonial de fait. Comme on le devine, la difficulté est de preuve ; les concubins faisaient communauté de vie et de lit, mais la communauté de travail révèle-t-elle pour autant une âme d'associé? Si on consulte la jurisprudence, on trouve des décisions dans les deux sens ; dans une société créée de fait, sans déclaration, sans rituel, la qualification juridique tient le plus souvent à de simples indices dont l'interprétation comporte toujours une dose d'incertitude (6). Telle est la faiblesse des sociétés créées de fait par rapport aux sociétés de droit, disons des sociétés informelles par rapport aux sociétés formalisées (7). Cela explique l'abondance du contentieux tant judiciaire que fiscal.

B. — Les sociétés entre époux

1586. — Le scénario est classique : le mari, séparé de biens, est propriétaire d'un fonds de commerce qu'il exploite en commun avec son épouse. Plusieurs années plus tard, le divorce est prononcé. Par application des règles matrimoniales, le mari reprend son fonds, même s'il bénéficie d'une substantielle plus-value ; l'épouse n'a droit à rien, alors qu'elle a participé quotidiennement à la marche de l'affaire. Le recours à la société créée de fait permet, grâce au partage du boni de liquidation, de tempérer l'iniquité de la situation faite à l'épouse. Les créanciers de leur côté y trouvent un moyen d'élargir leur garantie en poursuivant le conjoint qui s'est immiscé dans la gestion.

De même, on rencontre fréquemment des sociétés créées de fait entre parents et enfants, ou encore entre frères et sœurs ; dans ce dernier cas, il s'agit le plus souvent d'une indivision successorale, qualifiée parfois de société d'indivision.

C. — Les sociétés post-successorales

1587. — La distinction entre société et indivision n'est pas toujours aisée. En cas d'indivision successorale portant sur une entreprise, elle tient essentiellement à l'attitude qu'adoptent les indivisaires. S'ils jouent un rôle actif, s'ils participent personnellement à l'exploitation ou du moins à son contrôle, c'est

(6) La Cour de cassation a par exemple jugé que la participation aux pertes ne peut être présumée à partir de la seule participation aux dépenses de la vie commune (Cass. civ. 1re, 23 juin 1987 : *JCP* 87, éd. E, I, 16954, n. 2, obs. A. Viandier et J.-J. Caussain).

(7) F. Dekeuver-Defossez, *Illusions et dangers des sociétés créées de fait : D.* 1982, chron., p. 83.

le signe que l'indivision s'est muée en société créée de fait ; on reste en revanche dans le cadre classique de l'indivision si les cohéritiers se cantonnent dans une attitude passive de copropriétaires indivis, laissant à d'autres le soin de gérer l'affaire.

D. — Les sociétés extra-familiales

1588. — Lorsque plusieurs personnes collaborent ensemble en déclarant qu'elles créent une société non immatriculée, on est en présence d'une société en participation et non d'une société créée de fait. Tel est le cas lorsque deux ou trois artisans s'immatriculent au registre des métiers sous la qualification de société créée de fait, qualification qui est d'ailleurs reproduite dans les papiers commerciaux et administratifs…

A défaut de volonté affichée d'agir au sein d'une société, la difficulté, comme dans toute société créée de fait, est de preuve ; et la frontière avec les institutions voisines est souvent délicate à tracer :

- simple entraide, telle qu'on la rencontre traditionnellement dans le milieu agricole ;
- exercice professionnel à frais communs, comme le font certaines professions libérales ;
- contrat de prêt ou contrat de travail rémunérés par une participation aux bénéfices.

§ 4. — Le régime des sociétés créées de fait

1589. — Il n'est pas question de règles de fonctionnement dans la mesure où les associés ignorent le plus souvent qu'ils sont en société ; c'est en cas de crise qu'on le leur apprend et l'existence de la société n'est mise à jour qu'en vue de sa liquidation.

Dans leurs relations internes, les associés doivent apporter la preuve de la réunion des éléments constitutifs de la société de façon à permettre la répartition du boni de liquidation ; chacun reprend la valeur initiale de ses apports ; en revanche, la plus-value dont a bénéficié le fonds de commerce apporté doit être partagée.

Les créanciers sont dispensés de prouver la réunion des éléments constitutifs s'ils peuvent invoquer l'apparence ; ils peuvent alors agir contre chacun des partenaires, lesquels sont tenus solidairement si la société a un objet commercial, conjointement si son objet est civil.

(n. 1590 à 1699 réservés)

TROISIÈME PARTIE

RESTRUCTURATION ET GROUPES DE SOCIÉTÉS

1700. — Le spectateur de la vie financière a parfois l'impression d'assister à une partie de Monopoly : fusions, apports partiels d'actifs, prises de contrôle, créations de filiales communes, accords de coopération... se succèdent à un rythme soutenu. Ces opérations, qui déplacent les frontières des sociétés ou des ensembles de sociétés, manifestent de la manière la plus apparente le caractère instrumental du droit des sociétés, outil au service des décisions stratégiques ou tactiques des chefs d'entreprise. C'est à chaque fois un impératif économique ou de gestion — conquête de parts de marché, acquisition d'une marque, d'un savoir-faire, simplification de la gestion, abandon d'un secteur en difficulté, souci d'économie fiscale — qui justifie l'opération de restructuration.

1701. — Le lieu privilégié des restructurations est le groupe de sociétés ; le groupe naît de restructurations et se développe par elles. En cela, il est bien le résultat des restructurations. D'où la double démarche qui opposera les procédés de restructurations (titre I) à leur résultat : le groupe de sociétés (titre II).

TITRE I

LES PROCÉDÉS DE RESTRUCTURATION

1702. — Plusieurs voies conduisent au groupe de sociétés. Les unes, classiques, mettent en œuvre les techniques sociétaires — fusion et prise de participation —; d'autres font appel aux techniques contractuelles, principalement l'accord d'entreprise ; d'autres encore sont fortement colorées de politique : la nationalisation et son contraire la privatisation.

Ces procédés sont utilisés concurremment et la vie des groupes est ponctuée par des fusions, des prises de participation et des contrats ; ce sont autant d'instruments de la restructuration des sociétés. Leur emploi dépend de l'objectif poursuivi par les dirigeants sociaux, qui choisissent en fonction des circonstances le procédé leur paraissant le plus apte — en termes de coût, de rapidité, de faisabilité juridique et fiscale... — à satisfaire cet objectif. Le régime juridique applicable est bien sûr un critère essentiel de choix.

Aussi, quand deux sociétés décident de se regrouper (c'est le constat économique), peuvent-elles utiliser des techniques juridiques aussi dissemblables que la fusion (la société absorbée disparaît de la scène juridique), la prise de participation (il y a seulement changement d'actionnaires de la société contrôlée), voire la location-gérance (les deux sociétés subsistent, mais l'une assure la gestion de l'autre).

CHAPITRE PREMIER

LA FUSION

1703. — La fusion est l'opération par laquelle une société en annexe une autre, l'annexante et l'annexée ne faisant plus qu'une seule et même société ; l'article 371 de la loi du 24 juillet 1966 mentionne, plus techniquement, la transmission de patrimoine d'une société à une autre. L'opération évoque tout à la fois le mariage et la conquête guerrière, images au demeurant non contradictoires.

Juridiquement, la fusion provoque une augmentation de capital — chez l'annexante — et une dissolution — chez l'annexée — ; les associés de cette dernière deviennent donc associés de la première. Telle est la trame, elle autorise de nombreux dessins (1) .

SECTION I

TYPOLOGIE DES FUSIONS

§ 1. — Du côté des stratèges

1704. — Il y a autant de formes de fusion qu'il y a de stratégies industrielles ou financières. A s'en tenir aux principales, on retiendra :

- la *fusion-expansion ;* c'est ici la recherche d'une grande dimension qui justifie l'opération ; par la fusion, la société change de calibre, elle devient moins fragile, moins vulnérable à une offre publique d'achat (OPA) (2), elle gagne en indépendance, elle diminue la part des frais non productifs et améliore sa rentabilité ; le choix est souvent raisonné ; il ne l'est pas toujours, l'annexion satisfaisant alors simplement la boulimie de certains brasseurs d'affaires,

---

(1) J.-P. Bertrel et M. Jeantin, *Acquisitions et fusions de sociétés commerciales*, Litec, 1989. — M. Chadefaux, *Le régime juridique et fiscal des fusions de sociétés et opérations assimilées*, éd. La Villeguérin, 1990. — *Adde,* A. Chappert, *Essai de synthèse fiscale en matière de fusions, scissions et apports partiels d'actif : Rép. Defrénois,* 1989, p 65.

(2) Ainsi des fusions Vuitton-Moët-Hennessy (pour former *LVMH*) ou Epeda-Luchaire.

fusionnant ou défusionnant à tout va, et constituant ainsi des conglomérats sans unité ;

- la *fusion-concentration* ; c'est le moyen de s'assurer la fidélité des clients ou des fournisseurs, la docilité des concurrents ;

- la *fusion-compression* ; c'est le souci, au sein d'un groupe déjà constitué, de modifier l'agencement des filiales et des sous-filiales, de passer par exemple d'une architecture pyramidale à une architecture en peigne (V. *infra*, n. 1932).

1705. — La mode a évolué et si, pendant les années 1960, le premier type de fusion avait les faveurs de la pratique, un mouvement inverse s'est opéré, surtout depuis 1973. Avec la crise économique, les inconvénients de la grande dimension se sont accusés, notamment au regard des impératifs de gestion sociale. A la mégapole d'hier, tend à se substituer la cité à taille humaine.

Il n'est d'ailleurs pas impossible que le nouveau régime d'intégration fiscale mis en place en 1988 (V. *infra*, n. 1984) ait une incidence sur la pratique des fusions ; dès lors que les résultats des filiales dont on possède au moins 95 % se trouvent, sur option, intégrés à ceux de la société mère, l'acquisition de la totalité, ou de la quasi-totalité, des actions de la société à reprendre sera parfois préférée à une fusion en bonne et due forme.

§ 2. — Du côté des juristes

A. — Les catégories

1706. — La typologie des juristes est fondée sur la forme de la fusion (3). A cet égard, on distingue :

- la *fusion-absorption*, sur laquelle nous avons raisonné jusqu'alors ; dans cette figure, l'absorbée disparaît et l'absorbante s'enrichit de sa valeur ; il y a transmission universelle du patrimoine de la première à la seconde (V. *infra*, n. 1737) ;

- la *fusion par création d'une société nouvelle* ; deux sociétés s'unissent pour en faire naître une troisième ; les initiatrices disparaissent et de leur décès naît une troisième société ; *duo in carne una*, comme il est dit ailleurs et à un tout autre propos.

De ces deux espèces, la fusion-absorption est de loin la plus courante ; aussi sera-t-elle seule étudiée ci-dessous.

B. — Les opérations voisines

1707. — C'est la transmission universelle du patrimoine auquel elle donne lieu qui aide à distinguer la fusion, et spécialement la fusion-absorption, des techniques voisines du droit des sociétés.

(3) Cl. Champaud, *Le pouvoir de concentration de la société par actions*, Sirey, 1962.

1° Fusion et cession des actifs

1708. — La société qui vend à une autre son fonds de commerce et ses immeubles n'est pas réputée fusionner avec celle-ci ; en effet, elle ne disparaît pas du seul fait de la cession. L'entité juridique demeure, même si l'activité change par la force des choses, la cédante se muant par exemple en société de portefeuille (sur les conséquences au regard de l'objet social, V. *supra*, n. 151). Le régime fiscal est pénalisant : imposition de la société venderesse à raison des plus-values qu'elle réalise, exigibilité des droits d'enregistrement au nom de la société cessionnaire ; la fiscalité des fusions et des opérations assimilées (scission et apport partiel d'actifs) est autrement favorable.

2° Fusion et scission

1709. — La scission est le démembrement d'une société qui disparaît conséquemment, chacune des pièces issues de la division prenant sa liberté, qu'elle soit destinée à constituer une société indépendante ou à agréger une société existante ; on parle alors de fusion-scission. La différence est sensible avec la fusion, laquelle est réunion et non division. Toutefois, il ne faut pas exagérer l'importance de cette opération : le régime juridique et fiscal des scissions est calqué sur celui des fusions.

3° Fusion et apport partiel d'actif

1710. — L'apport d'une partie de l'actif à une autre société s'apparente à une vente, à ceci près que la rémunération change : ici des actions, là des espèces, ici la société bénéficiaire de l'apport augmente son capital, là elle se contente d'acheter un bien, opération sans conséquence sur son capital ; quant au régime fiscal, il est tout aussi pénalisant dans les deux cas.

Aussi bien existe-t-il un régime particulier, plus avantageux, lorsque l'apport porte sur une *branche complète d'activité* dans ses éléments tant actifs que passifs ; on parle alors d'apport partiel d'actif, opération que les parties peuvent soumettre au régime des scissions (L., art. 387) ; le coût fiscal est faible (sursis d'imposition pour les plus-values et dispense des droits d'apport), ce qui explique sa fréquence dans la pratique (V. *infra*, n. 1748).

SECTION II

LE RÉGIME JURIDIQUE DE LA FUSION

1711. — La fusion est un mariage, d'où des fiançailles qui précèdent l'union et des incidences sur le sort de chacun, voire des tiers.

§ 1. — Les préalables

A. — AVANT LE PROJET DE FUSION

1° La séduction

1712. — Il n'est pas d'union sans séduction et la période antérieure au projet de fusion est placée sous ce signe ; qu'il s'agisse de la reprise d'une entreprise en difficulté ou de l'acquisition d'une entreprise prospère, la fusion ne se conçoit pas sans cette étape, quelle qu'en soit la durée. Le futur absorbant doit être convaincu de l'utilité stratégique d'une telle annexion, d'où des études commerciales, de production, financières, juridiques, pour mieux connaître la promise. Et du côté de l'absorbée, on n'est pas moins attentif à la santé de l'autre et aux rémunérations attendues. Des marieurs existent — conseils en rapprochement, départements spécialisés des banques, pouvoirs publics — qui feront se rencontrer les intéressés.

2° Le protocole

1713. — Si les partis se révèlent bons, un échelon supérieur est gravi ; les négociations commencent et on évoque la possibilité d'une fusion, la parité d'échange, les incidences sociales, le sort des dirigeants, la date de l'opération. Lorsque les pourparlers sont suffisamment avancés, des lettres d'intention sont parfois échangées, un protocole d'accord peut être rédigé. Ce protocole constate seulement l'accord des sociétés concernées sur le principe et le sens de la fusion (1) (qui sera l'absorbée, qui sera l'absorbante) et sur certaines des modalités de celles-ci, ainsi que leur détermination d'aller plus avant et de passer à l'étape suivante, savoir celle du projet de fusion. Le protocole ne vaut pas projet de fusion et un retour en arrière est encore possible ; cependant, le partenaire qui changerait brutalement et légèrement (sans motifs) d'avis, verrait sa responsabilié civile (délictuelle) engagée au profit de la société éconduite. La solution évoque celle qui a cours en matière de rupture de pourparlers ou de rupture de fiançailles ; les fiancés ne sont pas tenus de se marier, mais celui qui, léger ou intempestif, met fin à la marche nuptiale doit réparer le préjudice causé (2) (Comp. avec la rupture de promesse de société, *supra*, n. 256).

3° Le mariage à l'essai

1714. — Cette double étape de la séduction et du protocole est tantôt abrégée, tantôt allongée. Elle est abrégée lorsque la fusion concerne les sociétés d'un même groupe ; c'est alors littéralement le coup de force et on arrive très

(1) G. VALIN, *Critères de choix permettant de fixer le sens des opérations en cas de fusion : Economie et comptabilité*, n. 136, p. 3 et s.

(2) En d'autres circonstances, les futurs vivent en figure de fusion sans avoir officialisé celle-ci ; ils courent alors le risque d'être traités comme des associés de fait (V. Paris, 13 janv. 1987 : *JCP* 87, éd. E, 16959, n. 28, obs. A. VIANDIER et J.-J. CAUSSAIN).

vite au projet de fusion. Elle est allongée lorsque l'absorbante souhaite en savoir encore plus sur l'absorbée et soumettre à l'expérience l'alliance projetée. Dans ce cas, d'autres préliminaires apparaissent, tels que des accords de coopération en matière de production, de recherche ou de commercialisation (V. *infra*, n. 1860 et s.). Eventuellement, une mise en location-gérance du fonds de commerce de la future absorbée au profit de l'absorbante désignée intervient (V. *infra*, n. 1861) ; cela permet à celle-ci, qui gère alors l'entreprise de la première, de mieux en percevoir les défauts et les qualités ; ce n'est ni plus ni moins qu'un mariage à l'essai pendant lequel le locataire-gérant — l'absorbante de demain — a la pleine responsabilité de la conduite du fonds de commerce du bailleur — l'absorbée de demain — à laquelle elle verse une redevance, représentant un loyer ; le locataire-gérant gère librement, il exploite le fonds "à ses risques et périls" (L. 20 mars 1956 relative à la location-gérance, art. 1er). A l'issue du contrat, les parties renoncent à leur désir de rapprochement ou décident au contraire d'aller plus avant ; on passe alors au projet de fusion.

B. — LE PROJET DE FUSION

1715. — C'est sur ce projet que les actionnaires des sociétés concernées se prononcent ; sans lui, aucune décision ne peut être prise. L'obligation de dresser un projet de fusion est expressément posée par la loi de 1966 (art. 374). Le projet de fusion est établi par le conseil d'administration, le directoire ou les gérants des sociétés concernées.

1° Le contenu du projet de fusion

1716. — L'article 254 du décret n. 67-236 du 23 mars 1967 décrit le contenu du projet, qui doit comprendre les indications suivantes :

- les motifs, buts et conditions de la fusion ou de la scission ;
- les dates auxquelles ont été arrêtés les comptes des sociétés intéressées pour établir les conditions de l'opération (V. *infra*, n. 1734 et s.) ;
- la désignation et l'évaluation de l'actif et du passif dont la transmission à la société absorbante est prévue ;
- le rapport — ou parité — d'échange des droits sociaux, avec l'indication des méthodes d'évaluation retenues et les raisons du choix de la parité élue ;
- le montant de l'éventuelle prime de fusion.

De tous ces éléments, deux méritent des explications complémentaires, la parité et la prime ; ils seront étudiés et complétés par une illustration.

a) La parité d'échange

1717. — Rappelons avant tout l'économie de la fusion-absorption ; une société — l'absorbée — se dilue dans une autre — l'absorbante ; la société absorbée disparaissant, ses actions disparaissent ; à leur place on doit remettre aux actionnaires de l'absorbée des actions de l'absorbante ; combien? C'est l'objet de la parité d'échange.

1718. — Pour l'établir, il convient d'abord de connaître la valeur des deux sociétés. Le point de départ est la comparaison des comptes à la date de clôture du dernier exercice (3). Cependant, la valeur bilantielle ainsi obtenue correspond rarement à la réalité économique, ne serait-ce qu'en raison des incidences perverses de certaines règles comptables ; la méthode des coûts historiques oblige à conserver au bilan la valeur initiale du bien, meuble ou immeuble, celle-ci aurait-elle augmentée ; le principe de prudence prohibe de prendre en considération des profits futurs, statistiquement et économiquement certains, mais non encore juridiquement acquis. Dès lors, la valeur bilantielle des deux sociétés n'est qu'un point de départ et des corrections en plus et/ou en moins interviennent afin d'approcher la véritable valeur de chacune des deux sociétés. Sur ce point, les dirigeants sociaux et leurs conseils — experts-comptables ou banquiers — peuvent s'inspirer d'une recommandation édictée par la COB, laquelle suggère notamment l'emploi de plusieurs critères pour l'évaluation (4).

1719. — L'évaluation de chaque entité réalisée, il y a lieu ensuite de comparer les valeurs des sociétés en cause ; cette comparaison se fait à l'échelle de la part sociale ou de l'action, le prix de celle-ci étant obtenu par division de la valeur globale de la société par le nombre de titres. Il est alors possible d'établir la parité, par simple comparaison de la valeur d'une action de l'absorbante et d'une action de l'absorbée ; si la première vaut 300 F et la seconde 100 F, le rapport est de 1 pour 3, trois actions de l'absorbée valant une action de l'absorbante ; on accordera donc à tout titulaire de trois actions de la société absorbée une action de la société absorbante.

1720. — Reste à déterminer le nombre des actions qu'il y aura lieu de créer ; ce chiffre s'obtient facilement ; on connaît le rapport d'échange — un pour trois dans notre exemple — il suffit d'appliquer ce rapport d'échange au nombre d'actions de la société absorbée pour arrêter le nombre d'actions de la société absorbante à émettre et conséquemment en déduire le montant de l'augmentation de capital. Si le capital de l'absorbée est représenté par 6 000 actions, il faudra créer chez l'absorbante 2 000 actions supplémentaires ; pour trois actions de l'absorbée, on recevra une action de l'absorbante ; celui qui a un nombre impair d'actions en vendra ou en achètera une afin d'avoir un lot entier, ce que les techniciens appelle la négociation des rompus.

1721. — L'histoire serait terminée si la valeur réelle des actions correspondait toujours à leur valeur nominale ; or ce n'est pas le cas et on voit surgir un élément de complication supplémentaire, la prime de fusion.

---

(3) Lorsque les sociétés clôturent leurs comptes à des dates très éloignées, il y a lieu, pour l'une d'entre elles d'arrêter un bilan en cours d'exercice ou de dresser une situation intermédiaire afin de permettre une comparaison équitable.

(4) COB : *Bull. mensuel* n. 95, juill.-août 1977. — Cons. également D. PENE. *Valeur et groupements des entreprises : méthodes et pratiques*, Dalloz, 1979.

b) La prime de fusion

1722. — Rapportée à une action, la prime de fusion est la différence entre sa valeur nominale et sa valeur réelle. La valeur nominale d'une action représente l'apport initial réalisé par l'actionnaire et par addition, on obtient le capital social. Cette valeur nominale est quasiment intangible et si une augmentation de capital intervient, on émet de nouvelles actions de même valeur nominale. Cependant, au fur et à mesure des opérations sociales, la valeur nominale n'exprime plus la valeur réelle du titre ; des profits ont été réalisés et des réserves accumulées auxquels chaque action donne droit (le schéma vaut à l'inverse en cas de pertes, la valeur réelle du titre étant inférieure à sa valeur nominale) ; si demain la société est dissoute, le porteur d'une action aura droit au remboursement du capital apporté (valeur nominale) et à une part des profits générés (le boni de liquidation) (sur la différence entre valeur nominale et valeur vénale, V. *supra*, n. 549).

1723. — De cette constatation dérive la prime de fusion, comme la prime d'émission en cas d'augmentation de capital (V. *supra*, n. 999 et s.). On connaît le nombre d'actions à créer, 2 000 dans notre hypothèse (V. *supra*, n. 1720) ; on connaît la valeur nominale des actions de l'absorbante, disons 100 F, on en déduit que l'augmentation de capital sera de 200 000 F. On sait aussi que l'action de l'absorbante a une valeur réelle de 200 ; on crée donc 2 000 actions de valeur nominale 100 et de valeur réelle de 200 ; la différence — 100 F — constitue la prime de fusion attachée à chaque action créée. Dans le bilan de l'absorbante un compte "prime de fusion" apparaît au passif, juste en dessous du capital pour un montant total de 200 000 (100 x 2 000).

1724. — Exemple de calcul d'une parité d'échange et d'une prime de fusion

I. — ÉNONCÉ DU PROBLÈME

La société anonyme *Héliopolis* exploite un centre de naturisme à Biarritz ; son capital est de 2 500 000 F, représenté par 2 500 actions d'une valeur nominale de 1 000 F, réparties ainsi entre ses sept actionnaires :

Clotilde, 1 256 actions
Clotaire, 900 actions
Clémence, 340 actions
Charlotte, 1 action
Charles, 1 action
Claude, 1 action
Caroline, 1 action

La valeur réelle de *Héliopolis* est de 5 000 000 F.

La société anonyme *Célestis* exploite un centre de loisirs à Menton ; son capital est de 1 500 000 F, représenté par 1 500 actions d'une valeur nominale de 1 000 F, réparties ainsi entre ses sept actionnaires :

Gaston, 300 actions
Gustave, 300 actions
Guillaume, 300 actions
Gildas, 200 actions
Geneviève, 135 actions
Guénolé, 135 actions
Gontran, 130 actions

La société *Célestis* qui vaut environ 4 500 000 F connaît, après des débuts prospères, des difficultés depuis deux ans ; elle tarde à trouver un deuxième souffle. En revanche, la société *Héliopolis* est en pleine progression ; elle cherche à créer un nouveau centre de naturisme, de préférence sur la Côte d'Azur. A cette fin, elle se rapproche de *Célestis* et, après neuf mois de pourparlers, la fusion est décidée, *Héliopolis* absorbant *Célestis.*

Calculer parité d'échange, augmentation de capital et prime de fusion.

II. — SOLUTION DU PROBLÈME

A. — La parité d'échange

- la valeur réelle des actions *Héliopolis* est de 2 000 francs

$$\frac{(5\ 000\ 000)}{2\ 500}$$

- la valeur réelle des actions *Célestis* est de 3 000 francs

$$\frac{(4\ 500\ 000)}{1\ 500}$$

- les deux actions sont dans un rapport de 1,5

$$\frac{(3\ 000)}{2\ 000}$$

soit 2 actions *Célestis* pour 3 actions *Héliopolis.*

D'où les attributions suivantes :

- Gaston, Gustave et Guillaume recevront chacun 450 actions *Héliopolis* (300 x 1,5) ;
- Gildas recevra 300 actions *Héliopolis* (200 x 1,5) ;
- Gontran recevra 195 actions *Héliopolis* (130 x 1,5).

Pour Geneviève et Guénolé, une difficulté apparaît en raison du nombre impair de leurs actions ; si on applique la parité, on obtient pour chacune 202,5 actions ; or il n'est pas envisageable d'attribuer des demi-actions ; aussi devront-elles s'entendre, l'une pour acheter, l'autre pour vendre une action afin d'obtenir un nombre pair ; on suppose que Guénolé, la plus têtue, achète une action à Geneviève, d'où les attributions suivantes :

Guénolé recevra 204 actions *Héliopolis* (136 x 1,5) ;

Geneviève recevra 201 actions *Héliopolis* (134 x 1,5) ;

B. — L'augmentation de capital

Au total ce sont 2 250 actions *Héliopolis* qui seront créées (450 + 450 + 450 + 300 + 195 + 204 + 201). Or on sait que la valeur nominale des actions *Héliopolis* est de 1 000 F, ce qui donne une augmentation de capital de 2 250 000 F (2 250 x 1 000 F). Ainsi, le capital de *Héliopolis* sera désormais de 4 750 000 F (2 500 000 + 2 250 000).

C. — La prime de fusion

Chaque action *Héliopolis* vaut réellement 2 000 F, or les actions émises le sont à la valeur nominale 1 000 F. Si on s'en tenait là *Héliopolis* s'enrichirait de 4 500 000, mais ses écritures constateraient seulement un enrichissement de 2 250 000, montant de l'augmentation de capital. D'où la prime de fusion, qui peut être obtenue par deux voies :

- soit en multipliant la différence entre valeur nominale et valeur réelle de l'action *Héliopolis* (1 000 F) par le nombre d'actions créées (2 250), la prime de fusion est donc de 2 250 000 ;

- soit par différence entre la valeur réelle de la société absorbée (*Célestis*) et le montant de l'augmentation de capital de *Héliopolis*, et la prime de fusion est encore de 2 250 000.

III. — CONCLUSIONS

La traduction comptable de la fusion sera la suivante chez *Héliopolis* (aucune traduction comptable chez *Célestis* puisqu'elle disparaît) :

Avant

Passif	
Capital	2 500 000

Après

Passif	
Capital	4 750 000
Prime de fusion	2 250 000
	7 000 000

Les comptes traduiront un enrichissement de 4 500 000, soit la valeur de la société absorbée. Quant à l'actionnariat de *Héliopolis*, il sera désormais le suivant, en allant decrescendo :

Clotilde, 1 256 actions
Clotaire, 900 actions
Gaston, 450 actions
Gustave, 450 actions
Guillaume, 450 actions
Clémence, 340 actions
Gildas, 300 actions
Guénolé, 204 actions
Geneviève, 201 actions

Gontran, 195 actions
Charlotte, 1 action
Charles, 1 action
Claude, 1 action
Caroline, 1 action

Il y a désormais 14 actionnaires de *Héliopolis*, qui se partagent 4 750 actions de valeur nominale 1 00 F. Alors que Clotilde avait la majorité dans les assemblées ordinaires (1 256 actions sur 2 500), sa part n'est plus que 26,44 %; on mesure l'incidence politique de la fusion ; Clotilde doit désormais s'allier à d'autres pour être dans le clan majoritaire, par exemple en faisant bloc avec Clotaire et Clémence ; à eux trois, ils représentent 52,24 % du capital social.

2° Les suites du projet de fusion

a) La désignation d'un commissaire à la fusion et d'un commissaire aux apports

1725. — Le capital de la société absorbante augmente en raison de la fusion. Cette augmentation procède de l'apport en nature du patrimoine de l'absorbée à l'absorbante, de là l'intervention d'un commissaire aux apports (Comp. *supra*, n. 1002).

De même, il convient de veiller à ce que la parité d'échange ne lèse aucune des parties en présence. D'où la nécessaire intervention, dans les sociétés de capitaux, d'un commissaire à la fusion (L., art. 377) (5). Ce professionnel désigné par le président du tribunal de commerce établit un rapport écrit sur les modalités de la fusion et vérifie “que les valeurs relatives attribuées aux actions de sociétés participant à l'opération sont pertinentes et que le rapport d'échange est équitable”. Il est fait économie de cette intervention lorsque, depuis le dépôt du projet et jusqu'à la réalisation de l'opération, la société absorbante est en permanence l'unique actionnaire de la société absorbée (L., art. 378-1).

b) L'information interne

1726. — Plusieurs informations sont rendues nécessaires par le projet de fusion ; voici les principales :

- information des commissaires aux comptes ;
- information des actionnaires ;
- information du comité d'entreprise (C. travail, art. L. 432-1) ; en effet, il y a là modification de l'organisation économique et juridique des entreprises en cause.

(5) A. VIANDIER, *Le commissaire à la fusion, Economie et comptabilité*, juin 1988, p. 3.

c) L'information externe

1727. — Le projet de fusion donne lieu à plusieurs formalités de publicité, notamment le dépôt au greffe et la publication d'un avis dans un journal d'annonces légales. Elles sont prolongées par l'information de l'administration : déclaration au Trésor lorsque l'opération place l'absorbée sous le contrôle de capitaux étrangers, notification au ministre de l'Economie si la concentration réalisée par la fusion atteint les seuils posés par l'ordonnance n. 86-1243 du 1er décembre 1986 (V. *infra*, n. 1834).

§ 2. — La décision

1728. — La décision prend la forme de l'adoption de résolutions au sein des sociétés participant à l'opération, résolutions qui sont l'objet d'une publicité.

A. — Les résolutions

1° Les assemblées

1729. — La fusion est décidée "par chacune des sociétés intéressées, dans les conditions requises pour la modification des statuts" (L., art. 372, al. 2). La règle est logique ; pour l'une, l'absorbée, la fusion emporte dissolution, pour l'autre, l'absorbante, c'est à une augmentation de capital que l'on assiste ; or dissolution et augmentation de capital sont des décisions de nature extraordinaire, comme l'est la modification des statuts. Aussi bien la résolution, pour être adoptée, exige-t-elle la réunion d'une majorité qualifiée : deux tiers dans les sociétés anonymes, trois quarts dans les SARL.

Mesure utile de simplification, l'assemblée de la société absorbée n'a pas à se prononcer lorsque la société absorbante est de manière permanente son unique actionnaire depuis au moins le dépôt du projet de fusion (L., art. 378-1).

1730. — Le schéma se complique lorsque la société absorbée a émis des obligations. De fait, l'assemblée des obligataires est alors appelée à délibérer sur la proposition de fusion (L., art. 313, 3°), sauf faculté pour les dirigeants de ne pas consulter les obligataires (6) et de leur offrir le remboursement immédiat de leurs titres (L., art. 380). En cas de consultation, si l'assemblée des obligataires refuse la proposition de fusion, les dirigeants peuvent passer outre (L. préc., art. 321-1), ce qui ouvre le droit pour l'assemblée des obligataires de faire opposition à la fusion (V. *infra*, n. 1742). Du côté de l'absorbante, la situation est plus simple dans la mesure où le projet de fusion n'a pas à leur être soumis (L., art. 381 *bis*) ; leur seule défense est l'opposition ; elle exige que l'assemblée des obligataires ait donné mandat en ce sens au représentant de la masse.

2° Le calendrier

1731. — La fusion n'est pas une opération aisée ; la multiplicité des organes à consulter, les délais requis pour cette consultation commandent l'adoption d'un calendrier précis. Voici l'extrait d'un calendrier de fusion de deux sociétés anonymes ne faisant pas publiquement appel à l'épargne, dans lequel J représente la date de tenue des assemblées extraordinaires appelées à approuver la fusion :

- J-50 : réunion des conseils d'administration aux fins d'autoriser les présidents à signer le projet de fusion et de convoquer l'assemblée générale extraordinaire ;
- J-49 : signature du projet de fusion ;
- J-48 : communication du projet au commissaire à la fusion ;
- J-47 : dépôt du projet au greffe du tribunal de commerce ; demande de publication du projet dans un journal d'annonces légales ;
- J-40 à 35 : envoi d'un préavis d'assemblée aux actionnaires l'ayant demandé ;
- J-30 : mise à disposition des actionnaires et des membres du comité d'entreprise des documents relatifs à la fusion ;
- J-20 : demande de publication de l'avis de convocation des assemblées générales dans un journal d'annonces légales ; l'avis doit être publié 15 jours au moins avant les assemblées ;
- J-18 : envoi des lettres de convocation aux actionnaires nominatifs et convocation des commissaires aux comptes ;
- J : tenue des assemblées (celle de la société absorbée puis celle de la société absorbante) ; ces assemblées sont parfois tenues à quelques jours d'intervalle (la première approuvant la fusion sous la condition de l'approbation par l'autre) ;
- J + 1 à J + 30 : formalités de publicité.

3° Les sanctions

1732. — La loi du 5 janvier 1988 qui a harmonisé le droit français à la troisième directive européenne a prévu un régime particulier de sanctions. L'article 366-1 prévoit deux cas de nullité :

- la nullité de la délibération d'une des assemblées ; cela renvoie au droit commun des nullités d'assemblée, ainsi d'un abus de majorité (7) ou d'une fraude ;
- le défaut de dépôt de la déclaration de conformité (V. *supra*, n. 261) ; c'est l'absence de déclaration qui est sanctionnée par la nullité et non son irrégularité.

---

(6) La consultation est obligatoire en cas d'émission d'obligations convertibles ou échangeables (L., art. 197 et 207) ; elle l'est également, au sein de l'absorbée, lorsque celle-ci a émis des certificats d'investissement (L., art.376).

Compte tenu des intérêts en jeu, la prescription est abrégée : six mois à compter de la dernière inscription au registre du commerce et des sociétés (L., art. 367, al. 2).

Si la nullité est prononcée, celle-ci est sans effet sur les obligations nées à la charge ou au profit des sociétés impliquées dans l'opération de fusion entre sa date d'effet et celle de la publication de la décision prononçant la nullité (L., art. 368-1). Ainsi la société absorbante ne saurait tirer argument de l'anéantissement de la fusion pour refuser d'exécuter les engagements nés après la fusion du fait du patrimoine à elle transmis.

B. — Les publicités

1733. — Les deux sociétés en cause étaient immatriculées au registre du commerce et des sociétés, aussi bien doivent-elles procéder à des inscriptions modificatives afin d'informer les tiers, pour l'une de sa dissolution et pour l'autre de l'augmentation de son capital (D. n. 84-406, 30 mai 1984, art. 23, 4°). Faute d'inscription modificative, la fusion est inopposable aux tiers ; autrement exprimé, elle ne produit aucun effet à leur égard et les créanciers de la société absorbée peuvent prétendre que celle-ci n'a pas été dissoute, ils ne supportent donc pas la concurrence des créanciers de l'absorbante sur les biens de l'absorbée.

Parallélisme frappant avec la constitution des sociétés, la fusion oblige à déposer au greffe du tribunal de commerce une déclaration par laquelle chacune des sociétés relate les actes effectués en vue de la fusion et affirme que celle-ci a été réalisée “en conformité de la loi et des règlements” (L., art. 374, al. 3). La sanction de l'absence de déclaration de conformité n'est pas mince, c'est la nullité de la fusion (V. *supra*, n. 1732). Cela atteste l'importance de la déclaration de conformité, qui est vue comme une prévention des risques d'irrégularité, donc de nullité.

§ 3. — Les effets de la fusion

A. — La date d'effets de la fusion

1734. — Déterminer la date de la fusion équivaut à rechercher le point de fusion, le moment où s'accomplit l'union entre les sociétés concernées, où se confondent leurs actifs et leurs passifs, leurs salariés, leurs associés et leurs dirigeants. A cette recherche correspond un principe, que la pratique a doté d'un tempérament : la clause de rétroactivité.

---

(7) V. Cass. com. 11 oct. 1967 : *Bull. civ.* III, n. 319 (fusion clandestine pour mettre à l'écart un minoritaire). — Paris, 17 janv. 1972 : *Gaz. Pal.* 18 juill. 1972. — Versailles, 1er oct. 1986 : *JCP* 87, éd. E, 16342, n. 21, obs. A. Viandier et J.-J. Caussain.

1° Le principe

1735. — Le principe s'exprime différemment selon que l'on s'adresse aux associés ou aux tiers.

a) Pour les *associés*, ceux de l'absorbante comme ceux de l'absorbée, la date de la fusion est celle de la dernière des assemblées ayant approuvé la fusion ; si l'assemblée de l'absorbée a statué sous la condition d'usage le 16 juin et l'absorbante le 18 juin, la fusion sera datée du 18 juin. Dès cette date les actionnaires de l'absorbée, par exemple, seront devenus actionnaires de l'absorbante, ils pourront donc réclamer que lesdites actions soient inscrites à leur compte.

b) Pour les *tiers*, les créanciers de la société absorbée notamment, la date de la fusion est celle des inscriptions modificatives au registre du commerce et des sociétés (V. *supra*, n. 262) ; tant que ces inscriptions ne sont pas intervenues, ils peuvent ignorer la disparition de leur débitrice et demander, le cas échéant, sa mise en redressement ou en liquidation judiciaires.

2° La clause de rétroactivité

1736. — On entend par clause de rétroactivité la stipulation par laquelle les parties à la fusion entendent reporter les effets de celle-ci à une date antérieure à celle de son approbation, par exemple à la date d'arrêté des comptes sur le fondement desquels les évaluations ont eu lieu (V. *supra*, n. 1718). Ainsi, pour des sociétés clôturant leur exercice le 31 décembre 1988 et ayant fusionné le 18 juin 1989, une clause de rétroactivité aura été insérée dans le projet de fusion reportant au 1er janvier 1989 la date de celle-ci. En conséquence, les opérations tant passives (dettes) qu'actives (créances), effectuées par l'absorbée entre le 1er janvier et le 18 juin 1989 seront réputées avoir été accomplies par l'absorbante. L'intérêt de la clause est évident : grâce à ce point fixe, les partenaires peuvent entrer en négociation et établir sur des bases stables les conditions financières de la fusion ; à défaut d'une telle stipulation, les parties seraient condamnées à revoir constamment les bases de la fusion pour prendre en considération les événements, heureux ou malheureux, survenus chez l'une comme chez l'autre société depuis la date du dernier bilan.

Une telle clause est licite ; elle est consacrée par l'article 372-2 de la loi de 1966. Le contrat, ou traité de fusion, peut prévoir une autre date que celle de la dernière des assemblées, mais cette date “ne doit être ni postérieure à la date de clôture de l'exercice en cours de la ou des sociétés bénéficiaires ni antérieure à la date de clôture du dernier exercice clos de la ou des sociétés qui transmettent leur patrimoine”.

B. — Les effets a l'égard des associés

1737. — Ainsi que l'affirme l'article 372-1 de la loi du 24 juillet 1966, la fusion entraîne “l'acquisition par les associés des sociétés qui disparaissent de la qualité d'associés des sociétés bénéficiaires dans les conditions déterminées par le contrat de fusion"; les actionnaires de la société absorbée troquent leurs titres contre ceux de la société absorbante selon la parité d'échange (V. *supra*, n. 1717 et s.).

D'où une difficulté lorsque la société absorbante est actionnaire de la société absorbée ; les fiançailles entre les deux partenaires ont été scellées par une prise de participation, de 10 % par exemple, par la future absorbante dans la future absorbée ; aussi la première a-t-elle vocation à devenir actionnaire d'elle-même au titre de sa qualité d'associée dans l'absorbée. Dans un tel cas, la pratique procède à une "fusion-renonciation", l'absorbante renonçant à émettre les actions lui revenant ; cette pratique a été consacrée par le législateur (L., art. 372-1).

Quant aux actionnaires préexistants de la société absorbante, leur nombre croît, d'où des incidences éventuelles sur l'équilibre des forces (V. *supra*, n. 1724). Cette entrée de nouvelles têtes dans le club des associés ne devrait pas donner lieu à agrément (8), la solution étant commandée par la nature de transmission universelle de la fusion ; elle a toutefois paru être remise en cause par un arrêt récent, sans doute d'espèce (9).

C. — Les effets a l'égard des dirigeants

1738. — La société absorbée s'évanouissant, ses dirigeants perdent *ipso facto* cette qualité ; telle est la règle. Cependant, et c'est souvent une condition de mariage, tout est fait pour permettre à ces personnes de devenir administrateur de la société absorbante. Une assemblée ordinaire de la société issue de la fusion décide donc souvent d'ajouter des sièges autour de la table du conseil d'administration et de désigner pour les occuper les ex-administrateurs de l'absorbée ou seulement certains d'entre eux (Cons. L., art. 89) ; on sait que la loi permet en cas de fusion le doublement du nombre des administrateurs (V. *supra*, n. 626).

La perte de la qualité d'administrateur de l'absorbée n'est pas synonyme d'effacement de la responsabilité et celle-ci, tant civile que pénale, demeurera engagée, pour les faits antérieurs à la fusion.

D. — Les effets a l'égard des créanciers

1739. — La fusion est une fécondation ; la société fécondée — l'absorbante — voit sa situation financière changer ; certes, ses actifs augmentent, mais son passif aussi, d'où l'inquiétude éventuelle de ses créanciers. Cette anxiété est partagée par les créanciers de l'absorbée qui, de leur côté, assistent au suicide de leur débiteur. Le droit assure donc la sauvegarde des uns et des autres ; il le fait en posant un principe et en réglant son application.

---

(8) En ce sens : Cass. com. 19 avril 1972 : *Rev. soc.* 1972, p. 105.

(9) Cass. com. 3 juin 1986 : *JCP* 86, éd. E, 15846, n. 6, obs. A. Viandier et J.-J. Caussain ; *JCP* 87, éd. E, 15083, note Y. Paclot.

1° Le principe : la transmission universelle

1740. — La fusion opère transmission universelle du patrimoine de la société absorbée à la société absorbante. Dès l'instant de la fusion, les créanciers de l'absorbée — clients, fournisseurs, sous-traitants, Trésor public, caisses de Sécurité sociale, organismes de retraite, etc. — ont un autre débiteur : la société absorbante. C'est l'automatisme prévu par l'article 381 de la loi du 24 juillet 1966.

Y a-t-il également transmission des garanties? En principe, les garanties suivent le sort de la dette et ne disparaissent pas du fait de la fusion, laquelle ne réalise pas une novation. Toutefois, des difficultés sont apparues en matière de caution. La Cour de cassation considère que la fusion par création de sociétés *nouvelles* met fin pour l'avenir aux cautions (10). Dans une autre circonstance, où un débiteur avait fait l'objet d'une fusion absorption, il a été décidé que le cautionnement avait cessé de produire effet et qu'il ne garantissait pas les dettes de la société absorbante, car la fusion emporte dissolution de la société absorbée (11).

2° L'application du principe

a) Pour les créanciers non obligataires

1741. — Du fait de la fusion, c'est la société absorbante qui est désormais leur débitrice. Pour pallier les incidences perverses de ce changement de débiteur, les créanciers jouissent de la faculté d'opposition (L., art. 381). Ils peuvent donc saisir le juge dans les trente jours de la fusion ; le tribunal peut ordonner le remboursement immédiat de la créance, la constitution de garanties supplémentaires ou... rejeter l'opposition.

b) Pour les créanciers obligataires

1742. — Le mécanisme de protection est plus compliqué, car les solutions varient en fonction de la nature des obligations et du rôle — absorbée ou absorbante — de la société ayant émis les obligations.

On retiendra que les obligataires de la société absorbée connaissent du projet de fusion, à moins que la société émettrice ne leur offre le remboursement des titres sur simple demande de leur part (V. *supra,* n. 1149). Si la voie de la consultation est préférée à celle du remboursement, le risque existe d'un refus du projet de fusion par les obligataires ; si tel est le cas, la société peut passer outre, mais le représentant des obligataires a alors la possibilité de faire opposition au projet ; le conflit est tranché par le tribunal de commerce qui, appréciant le danger que représente la fusion pour les obligataires, rejette l'opposition ou exige la constitution de garanties ou encore impose le remboursement des obligations (L., art. 321).

---

(10) Cass. com. 20 janv. 1987 : *JCP* 87, éd. E, 16342, n. 20, obs. A. VIANDIER et J.-J. CAUSSAIN. — *Adde,* Cass. com. 25 oct. 1983 : *Rev. soc.* 1984, 297, note P. MABILAT. — Ph. SIMLER, *Le cautionnement,* Litec, 1982, n. 493.

(11) Paris, 5 janv. 1987 : *JCP* 87, éd. E, 16342, n. 20, obs. A. VIANDIER et J.-J. CAUSSAIN.

Les obligataires de la société absorbante ne sont pas consultés, mais leur assemblée générale peut donner mandat aux représentants de la masse de former opposition à la fusion, opposition qui obéit au régime qui vient d'être décrit (L., art. 381 *bis*).

c) Pour les bailleurs

1743. — Pour le bailleur de la société absorbante, rien ne change ; l'absorbante ne disparaît pas, c'est le même locataire qui occupe les locaux. Quant au bailleur de la société absorbée, il ne peut que constater la transmission du bail au bénéfice de l'absorbante, sans pouvoir s'y opposer ; il a seulement la faculté de demander au tribunal des garanties supplémentaires (D. n. 53-960, 30 sept. 1953, art. 35-1) (12).

d) Pour les salariés

1744. — Individuellement, et comme en cas de transformation (V. *supra*, n. 575), les salariés ne sont pas affectés par la fusion ; l'article L. 122-12 du Code du travail prévoit le maintien des contrats de travail et donc le maintien de l'ancienneté acquise au service de l'absorbée. Cela n'interdit toutefois pas à la société absorbante de procéder ultérieurement aux compressions d'effectif jugées nécessaires du fait de la fusion. Elle supporte alors la charge des indemnités à allouer aux salariés.

1745. — Quant aux droits collectifs des salariés, l'absorption affecte d'abord la convention collective de la société absorbée :

- si l'accord applicable à l'absorbante est plus favorable, il se substitue à celui en vigueur au sein de l'absorbée ;
- si tel n'est pas le cas, la convention collective appliquée au sein de l'absorbée continue à régir les salariés de l'absorbée pendant un an pour les avantages collectifs (durée du travail, primes, indemnisation en cas de maladie) ; à l'issue de ce délai, ces avantages tombent et les salariés sont soumis à l'accord d'entreprise de l'absorbante ; en revanche, les avantages individuellement acquis (congé d'ancienneté, salaire...) sont conservés ; en pratique, pour éviter une pluralité des statuts au sein de l'entreprise unique que constitue l'absorbante, la fusion est suivie d'une négociation aux fins d'adoption d'un nouvel accord d'entreprise.

1746. — S'agissant des délégués du personnel, délégués syndicaux et membres du comité d'entreprise de la société absorbée, leur mandat cesse au jour de la fusion. Cependant, la convention collective peut contenir une règle différente. De plus, les effectifs de l'absorbante augmentant du fait de la fusion, il y aura lieu de désigner des représentants supplémentaires et d'élargir le comité d'entreprise ; d'où de nouvelles élections et la faculté pour certains des représentants du personnel de l'absorbée, à l'image des dirigeants, de se perpétuer.

---

(12) D'après une jurisprudence critiquée, la fusion doit cependant être signifiée au bailleur (Paris, 16e ch. B, 14 mars 1991 : *Bull. Joly* 1991, p. 500, note M. JEANTIN).

LE COIN DES AMATEURS

1) Les effets de seuil

1747. — Le tour de taille de la société absorbante s'accroît du fait de la fusion, d'où le franchissement de seuils significatifs du droit des sociétés, du droit comptable, du droit du travail et du droit fiscal. C'est là un élément important à prendre en compte au moment de dessiner la stratégie et d'opter pour l'absorption (Cons. J. PRIEUR, *Seuil légaux et dimensions des entreprises*, Litec, Creda, 1991). Voici quelques points de repère :

a) Droit des sociétés

- la réserve légale doit être égale à 10 % du capital social, d'où un complément éventuel (V. *supra*, n. 409) ;

- le nombre maximum des associés d'une SARL est de 50, d'où des "compressions d'effectifs" à réaliser au sein d'une SARL absorbante, le cas échéant.

b) Droit comptable

Si on laisse de côté les sociétés par actions, la désignation d'un commissaire aux comptes devient obligatoire dès lors que certains seuils (total du bilan, montant du chiffre d'affaires ou nombre de salariés) sont atteints (V. *supra*, n. 974).

c) Droit du travail

C'est l'importance des effectifs qui est déterminante, le franchissement de certains seuils comportant de nouvelles obligations pour l'entreprise :

- à partir de cinquante salariés : constitution d'un comité d'entreprise, désignation de délégués syndicaux, mise en place d'un régime de participation aux résultats (V. *supra*, n. 927), création d'un comité hygiène et sécurité, déclaration mensuelle des mouvements du personnel... ;

- au-delà de cent salariés : mise en place de la participation aux fruits de l'expansion des entreprises ... ;

- à partir de deux cents salariés : constitution d'une commission de formation professionnelle au sein du comité d'entreprise... ;

- à partir de mille salariés : création d'une commission économique au sein du comité d'entreprise, mise à la disposition de chaque section syndicale d'un local... ;

- à partir de deux mille salariés : désignation d'un délégué syndical central d'entreprise...

d) Droit fiscal

La fiscalité est en principe indifférente à l'effectif des salariés ; on signalera toutefois que deux taxes assises sur le montant des salaires (la participation à la formation professionnelle continue et la participation à la construction de logements) ne sont dues que par les entreprises qui emploient au moins dix salariés ; d'où cet effet de seuil, souvent dénoncé, qui peut freiner les petites entreprises à franchir le cap des dix salariés. En matière de fiscalité des sociétés, les effets de seuil visent essentiellement les participations dans le capital social (V. *supra*, n. 849).

2) L'apport partiel d'actif

1748. — L'apport partiel d'une branche d'activité d'une société à une autre est une opération fréquente. C'est un apport en nature, mais d'un type particulier. D'abord, il porte non pas sur un bien isolé mais sur une branche autonome d'activité, une division pour reprendre une terminologie d'économiste. Le concept de branche autonome n'est d'ailleurs pas propre au droit des sociétés ; ainsi le retrouve-t-on en droit de la faillite, la cession partielle de l'entreprise en redressement judiciaire n'étant possible que pour "un ensemble d'éléments d'exploitation qui forment une ou plusieurs branches complètes et autonomes d'activité" (L. 25 janv. 1985, art. 81, al. 3. — V. A. VIANDIER et G. ENDREO, *Redressement et liquidation judiciaires*, Paris, Litec, 1986, p. 73). Tel est le cas, par exemple, pour l'apport de la branche *assurance-vie* par une société générale d'assurances, pour l'apport du département *entretien* par une société fabricant des appareils ménagers, pour l'apport de la branche *négoce* par une société produisant des matériaux...

Ensuite, l'apport ne se cantonne pas aux éléments d'actif, il concerne également les éléments de passif attachés aux biens transmis (dettes de salaires, de loyers, d'assurances...). En cela, la transmission du segment de patrimoine visé est universelle (Comp. *supra*, n. 1740 et s.). Dès lors, il est rationnel d'offrir aux sociétés concernées la possibilité de placer l'apport partiel sous le pavillon des scissions (donc des fusions), ce que permet l'article 387 de la loi : "La société qui apporte une partie de son actif à une autre société et la société qui bénéficie de cet apport peuvent décider d'un commun accord de soumettre l'opération aux dispositions des articles 382 à 386". C'est alors tout le régime des scissions, donc des fusions (projet, commissaire à la "fusion", assemblée, déclaration de conformité) qui s'applique. Ainsi, puisque les porteurs d'actions à dividende prioritaire doivent être consultés en cas de fusion (art. 269-4 sur renvoi de l'art. 376 auquel renvoie l'article 382...), ils le seront également en cas d'apport partiel d'actif. L'opération bénéficie de même du régime fiscal de faveur applicable aux fusions.

Les sociétés concernées sont libres de décider ou non de placer l'apport partiel d'actif sous le régime des scissions, l'article 387 n'exprimant qu'une faculté. Si elles ne le font pas, une seule assemblée est réunie, celle de la bénéficiaire de l'apport (qui augmente son capital). Aussi la COB recommande-t-elle, dans le souci d'une meilleure information des actionnaires de l'apporteuse, que le régime des scissions soit utilisé lorsque l'apport partiel d'actif concerne une partie très importante de l'actif de la société apporteuse (*Bull.* n. 195, juill.-août 1977) ; dans ce cas, les actionnaires de l'apporteuse sont réunis en assemblée, comme ils le seraient dans une scission ou une fusion. Mais ce n'est qu'une recommandation et elle ne concerne que les sociétés faisant publiquement appel à l'épargne.

Lorsque l'apport partiel d'actif est placé sous le régime des scissons, sauf confusion de patrimoines ou fraude, "il s'opère de la société apporteuse à la société bénéficiaire, laquelle est substituée à la première, une transmission universelle de tous ses droits, biens et obligations pour la branche d'activité faisant l'objet de l'apport" (Cass. com. 5 mars 1991 : *Rev. dr. bancaire* 1991, p. 102, n. 1, obs. M. JEANTIN et A. VIANDIER. — *Adde,* Cass. com. 16 fév. 1988 : *JCP* 88, éd. E., 15177, obs. A. VIANDIER et J.-J. CAUSSAIN). ————————

(n. 1749 à 1759 réservés)

SECTION III

LE RÉGIME FISCAL DE LA FUSION

1760. — Si l'on s'en tenait à un juridisme simpliste, on analyserait la fusion comme une dissolution de la société absorbée suivie de l'apport de son patrimoine à la société absorbante ; transposée sur le plan fiscal, cette analyse déclencherait une telle cascade d'impositions qu'elle interdirait en fait toute fusion.

Or la fusion est un instrument privilégié de restructuration, permettant aux groupes de s'adapter au rythme des évolutions et de sauvegarder leur compétitivité. Aussi bien l'obstacle fiscal a-t-il été levé depuis longtemps et le coût fiscal d'une fusion n'a rien de prohibitif ; cela explique sans doute la facilité avec laquelle les groupes manient fusions, apports partiels d'actif ou scissions, le régime fiscal étant comparable dans les trois formules.

Dans l'analyse fiscale, qui rejoint l'analyse économique, la fusion n'entraîne pas cessation d'entreprise au sens de l'article 201 du Code général des impôts (Comp. avec la transformation, *supra*, n. 536 et s.) ; l'activité absorbée se poursuit au sein de la société absorbante, laquelle se présente comme un successeur universel, un peu comme l'héritier qui reçoit le patrimoine du défunt. Pour traduire ce phénomène, les fiscalistes présentent la fusion comme une opération "intercalaire", qui ne devrait en principe être l'objet d'aucune imposition particulière ; c'est une autre façon de désigner le principe juridique de la transmission universelle. Le fisc ne va pas jusque-là...

Il convient dès le départ de signaler que le régime de faveur ne joue qu'à l'égard des sociétés qui relèvent de l'impôt sur les sociétés ; c'est l'une des faiblesses dont souffrent les filiales constituées sous forme de sociétés de personnes, de sociétés en nom collectif notamment (sur l'utilisation de ces sociétés au sein des groupes, V. *infra*, n. 1983).

Pour ce qui est du régime de faveur, on distinguera entre les droits d'enregistrement, l'impôt sur les sociétés et les plus-values sur échange de droits sociaux.

§ 1. — Les droits d'enregistrement

1761. — La société absorbante doit acquitter un droit d'apport de 1,20 % qui est calculé sur la différence entre la valeur de l'actif net de la société absorbée et le montant de son capital, c'est-à-dire sur le boni de fusion dégagé au niveau de la société absorbée (CGI, art. 816). C'est une charge d'autant moins lourde qu'elle est déductible des résultats imposables.

§ 2. — L'impôt sur les sociétés

1762. — Le régime de faveur vise les plus-values qui sont constatées chez la société absorbée à raison de la transmission de ses immobilisations (CGI, art. 210 A) ; il faut distinguer selon la nature des immobilisations :

- *à l'égard des immobilisations non amortissables* (fonds de commerce, titres de participation...), les plus-values bénéficient d'un sursis d'imposition ; elles ne seront imposées qu'au moment de la cession des immobilisations par la société absorbante ;

- *à l'égard des immobilisations amortissables* (immeubles, machines...), la société absorbée est exonérée à raison des plus-values constatées ; en contrepartie, la société absorbante doit réintégrer dans ses résultats imposables au taux normal, en l'étalant sur cinq ans, le montant de ces plus-values ; c'est le prix à payer qui lui permet de calculer les amortissements sur la valeur d'apport des immobilisations ; à cet égard, la fusion vaut réévaluation du bilan de la société absorbée.

1763. — Le caractère *intercalaire* de la fusion devrait en principe autoriser la société absorbante à imputer sur ses bénéfices les déficits antérieurs de la société absorbée ; craignant la naissance d'un marché malsain de déficits à racheter, le fisc s'oppose à un tel transfert de déficits ; toutefois, afin de faciliter la reprise d'entreprises en difficulté, l'administration peut autoriser par voie d'agrément la société absorbante à imputer sur des bénéfices tout ou partie des déficits de la société absorbée (CGI, art. 209-II).

§ 3. — Les plus-values sur échange de droits sociaux

1764. — Les actionnaires de la société absorbée peuvent réaliser une plus-value égale à la différence entre le prix d'acquisition de leurs titres d'origine et la valeur des titres de la société absorbante qu'ils reçoivent en échange. Le traitement fiscal varie selon qu'elle est réalisée par une entreprise (régime de la fiscalité des entreprises) ou par un particulier (régime de la fiscalité des ménages) :

- dans le premier cas, la plus-value bénéficie d'un sursis d'imposition ;

- dans le second, elle est normalement imposable comme s'il s'agissait d'une cession à titre onéreux (CGI, art. 160. — V. *supra*, n. 1157) ; il y a cependant sursis d'imposition si l'associé prend l'engagement de conserver les titres reçus en échange pendant au moins cinq ans.

(n. 1765 à 1779 réservés)

CHAPITRE 2

LES PRISES DE PARTICIPATION

1780. — Le second mode de restructuration est la prise de participation, laquelle prend la forme d'un achat d'actions de la société convoitée. Toutes les prises de participation ne sont pas des procédés de restructuration. Cette qualification doit être réservée aux prises de contrôle, lesquelles impliquent un changement d'actionnaire dominant. En effet, l'acquisition d'une faible part du capital (11 % par exemple) est en principe insuffisante pour espérer peser sur les structures et le destin de la société concernée. Il faut plus et franchir le seuil de 50 %, ce qui permettra de maîtriser les décisions relevant du conseil d'administration ou de l'assemblée générale ordinaire. Toutefois, cette approche doit être nuancée s'agissant des sociétés cotées en bourse dont le capital est souvent réparti entre un très grand nombre de personnes, le principal actionnaire ayant couramment moins de 10 % du capital social ; dans de telles occurrences, la détention de la majorité n'est pas nécessaire pour posséder le contrôle, ne serait-ce qu'en raison de la dynamique des pouvoirs en blanc (V. *supra*, n. 838) et de l'abstentionnisme des actionnaires.

1781. — Il en va des prises de participation comme des conquêtes féminines. La société convoitée (la société cible) peut être consentante ; la prise de participation est alors concertée (section I). A l'inverse, la société peut résister farouchement à l'agression dont elle s'estime victime ; la prise de participation relève alors du rapt ; c'est ce qui se passe en cas d'OPA ou d'OPE (section II). Qu'il y ait eu consentement ou qu'il y ait eu rapt, tous les procédés ne sont pas permis et les antagonistes doivent respecter la réglementation existant en la matière (section III).

SECTION I

LA PRISE DE PARTICIPATION CONCERTÉE

1782. — La prise de participation concertée peut prendre deux voies : soit celle du rachat des actions des actionnaires dominants (c'est la cession de contrôle proprement dite), soit celle de l'augmentation à capital, celle-ci étant réservée aux nouveaux arrivants.

§ 1. — La prise de participation par achat d'actions : la cession de contrôle

A. — L'ACHAT DIRECT DES ACTIONS

1783. — Le fondateur d'une société décide de se retirer, une entreprise préfère abandonner un secteur d'activité, les actionnaires majoritaires sont en conflit... toutes situations qui peuvent être résolues par le recours à un tiers. Celui-ci achètera les actions du fondateur, reprendra les participations abandonnées par l'entreprise et se rendra acquéreur des parts des majoritaires.

Le régime applicable est celui des cessions de droits sociaux. Ainsi, pour raisonner sur une société anonyme, appliquera-t-on les règles relatives aux négociations d'actions : libre négociabilité, jeu éventuel des clauses d'agrément ou de préemption ; de même, l'opération n'est assujettie à aucune forme, ce qui permet d'échapper au droit d'enregistrement de 1 %. Cependant, l'importance de l'opération et les garanties recherchées, spécialement la garantie de passif, incitent souvent les parties à rédiger une convention (V. *supra*, n. 884).

1784. — Cession de droit sociaux certes, mais d'une nature particulière en tant qu'elle porte sur le contrôle d'une société. En cela la cession de contrôle doit être rangée parmi les formes de cession d'entreprise (1). Et c'est peut-être la raison pour laquelle les tribunaux reconnaissent aux cessions de contrôle un caractère commercial, alors que les cessions de droits sociaux n'ont en principe qu'un caractère civil ; par suite les acheteurs sont solidairement responsables, la clause compromissoire est licite, le tribunal de commerce est compétent (V. *supra*, n. 301).

B. — L'ACHAT AU TRAVERS D'UNE HOLDING

1785. — Il est de plus en plus fréquent que le rachat d'une société passe par la création d'une nouvelle société s'intercalant entre la société cible et le repreneur. On a déjà évoqué la technique de la holding comme instrument de rachat d'une société (V. *supra*, n. 942).

---

(1) Cons. J. VALLANSAN, *La cession d'entreprise*, thèse Caen, 1986. — J. PAILLUSSEAU, J.-J. CAUSSAIN, H. LAZARSKI et Ph. PEYRAMAURE, *La cession d'entreprise*, Dalloz, 2e éd., 1989. — *Adde*, B. OPPETIT, *Les cessions de droits sociaux emportant le transfert du contrôle d'une société, essai de synthèse* : *Rev. soc.* 1980, 49. — J. PAILLUSSEAU, *La cession de contrôle* : *JCP* 86, I, 3224. — J.-J. CAUSSAIN et M. GERMAIN, *Pratique des cessions de contrôle dans les sociétés anonymes non cotées* : *JCP* 87, éd. E, 14915.

§ 2. — La prise de participation par le biais d'une augmentation de capital

1786. — L'augmentation de capital répond généralement au souci d'augmenter les fonds propres de la société ; lorsqu'elle est le fait des anciens actionnaires, surtout si chacun fait valoir son droit préférentiel de souscription, il n'y a pas de modification de l'équilibre politique ; il en de même si les nouveaux actionnaires qui ont participé à l'augmentation de capital restent minoritaires. Dans d'autres hypothèses, notamment en cas de difficultés financières, l'augmentation de capital peut être réservée à un nouveau partenaire qui accepte de renflouer la société en y injectant de l'argent frais ; une réduction de capital aura généralement précédé son augmentation selon le jeu classique du "coup d'accordéon" (V. *supra*, n. 1009).

L'augmentation de capital peut enfin être conçue comme une technique de cession du contrôle de la société. Dans ce cas, les anciens actionnaires renoncent à leur droit préférentiel de souscription au profit des nouveaux arrivants qui, à l'issue de l'opération, doivent détenir la majorité du capital. Par exemple, une société au capital de 250 000 F l'élève à 501 000 F, les 251 000 F supplémentaires étant apportés par le nouveau maître de l'affaire, qui se trouve ainsi détenir plus de 50 % du capital. En tant que technique de prise de contrôle d'une société, l'augmentation de capital est beaucoup plus rarement utilisée que le rachat des droits sociaux, ne serait-ce que pour les deux raisons suivantes :

- les anciens maîtres souhaitent généralement tirer argent comptant de leur effacement, ce qui n'est possible que s'ils vendent leurs droits ;
- quant aux nouveaux arrivants ils ne tiennent pas nécessairement à une cohabitation avec les anciens "contrôlaires".

(n. 1787 à 1789 réservés)

SECTION II

LA PRISE DE PARTICIPATION AGRESSIVE : OPA ou OPE (1)

1790. — L'offre publique d'achat (OPA) ou d'échange (OPE) est le moyen permettant de prendre le contrôle d'une société, généralement contre l'avis de ses dirigeants. Il concerne les seules sociétés cotées en bourse ; il suppose que les dirigeants de celles-ci n'ont pas le contrôle du capital, ce qui est fréquent pour ce genre de sociétés.

(1) Cons. A. VIANDIER, *OPA-OPE, Garantie de cours et retrait*, Litec, 1991.

Le procédé est simple : un investisseur propose publiquement, par voie de presse ou par tout autre moyen de publicité, aux actionnaires d'une société donnée de leur acheter leurs titres à un prix déterminé. Le prix est calculé de manière à être suffisamment attractif pour les actionnaires de la société, afin qu'ils soient incités à céder leurs actions à l'initiateur de l'offre.

Les offres publiques d'achat ou d'échange sont très fréquentes aux Etats-Unis et en Grande-Bretagne (110 à 130 par an) ; elles sont ignorées en Allemagne et au Japon ; elles étaient rares en France, mais le krach boursier d'octobre 1987 a donné un coup de fouet à cette procédure et on en a décompté une trentaine en France courant 1988.

Le régime des offres publiques d'achat ou d'échange est défini par un règlement n. 89-03 de la COB du 30 septembre 1989 et par les articles 5.1.1. et s. du règlement du conseil des bourses de même date. Jusqu'en 1989, le législateur ignorait l'offre publique ; la loi du 2 août 1989 est venue combler cette lacune, de manière discrète.

§ 1. — Le déclenchement de l'offre

1791. — L'offre publique, comme toute offre de contracter, est un acte volontaire. Mais il est des cas dans lesquels le lancement d'une offre publique est obligatoire. En effet, imitant en cela la pratique anglaise, le règlement général du conseil des bourses de valeurs (art. 5.3.1.), autorisé par le législateur (L. 2 août 1989, art. 15), prévoit par exemple que toute personne qui acquiert, directement ou indirectement, plus du tiers du capital ou des droits de vote d'une société cotée doit lancer une offre publique tendant à la possession d'au moins les deux tiers du capital ou des droits de vote (donc l'acquisition d'un tiers de plus) (2). La règle est fondée sur l'idée selon laquelle le seuil du tiers est le seuil du contrôle économique de la société ; aussi, puisqu'il y a prise de contrôle, faut-il que les actionnaires minoritaires puissent céder leurs actions s'ils le souhaitent. Et une même obligation est posée par l'article 5.3.4. du règlement général en cas de dépassement du seuil de 50 % ou d'acquisition de plus de 2 % en moins d'un an, si l'acquéreur a entre le tiers et la moitié. Il y a une autre idée derrière cette réglementation, à savoir le désir de lutter contre le ramassage en bourse — la strangulation douce — qui permet grâce à une série d'achats et sans jamais acheter un bloc (sinon il y aurait maintien de cours, V. *infra*, n. 1836) de devenir maître d'une société sans coup férir et sans bataille boursière à livrer. Ainsi, courant 1988-1989, le groupe *Arnault* a-t-il pu, très habilement et très régulièrement, devenir l'actionnaire dominant de la société *LVMH*.

(2) Ainsi, en mai 1991, les Galeries Lafayette ont-elles été obligées de lancer une offre publique sur les actions des Nouvelles Galeries après avoir franchi le seuil du tiers du capital de cette société.

§ 2. — Le déroulement de l'offre

1792. — L'offre publique d'achat ou d'échange comporte essentiellement deux phases dont l'une est secrète et l'autre publique :

A. — La phase secrète

1793. — L'initiateur de l'offre, avec le concours d'un établissement bancaire, par exemple une banque d'affaires tel *Lazard Frères et compagnie*, prépare les conditions de l'offre et détermine notamment la quantité d'actions nécessaires pour atteindre le seuil minimum des deux tiers, ainsi que le prix à offrir aux actionnaires. Les termes de l'offre arrêtés, le projet est déposé au Conseil des bourses de valeurs lequel a cinq jours pour en apprécier la recevabilité. Le projet est également communiqué au ministre de l'Economie et des Finances, qui ne peut s'y opposer que dans l'hypothèse où l'initiateur est un investisseur étranger (hors CEE). Enfin le projet est notifié à la Commission des opérations de bourse.

B. — La phase publique

1794. — Dès que l'initiateur a reçu l'avis de recevabilité émis par le Conseil des bourses de valeurs, il informe le public, par voie d'annonces, de son intention d'acheter des actions de la société cible. Il diffuse également une note d'information, visée par la COB, qui explique les différentes modalités de l'offre. Celle-ci peut être d'achat ou d'échange. Dans l'hypothèse de l'offre publique d'achat, les actionnaires de la société cible se voient proposer du numéraire. Dans l'hypothèse de l'offre publique d'échange, ce sont des titres qui sont remis aux actionnaires de la société cible ; ces derniers recevront par exemple des actions de l'initiateur de l'offre, des obligations convertibles ou d'autres valeurs mobilières émises par lui ou par une société filiale ; d'où des problèmes délicats d'évaluation. La société cible diffuse également une note d'information visée par la COB dans laquelle ses dirigeants donnent notamment leur opinion sur l'offre.

1795. — L'offre reste ouverte pendant vingt jours de bourse au moins. Pendant cette période, les actions de la société cible sont toujours cotées ; cela veut dire que si le cours de l'action augmente et vient à dépasser le prix offert par l'initiateur, l'offre risque alors d'échouer.

C'est la raison pour laquelle la réglementation permet à l'initiateur de l'offre, pendant l'opération, d'augmenter le prix offert, mais il doit le faire d'au moins 2 %. De plus la dernière surenchère ne doit pas être faite dans les dix jours précédant l'expiration de l'offre.

A la fin de l'opération le Conseil des bourses de valeurs *dépouille* les offres et constate l'échec ou le succès de celle-ci.

§ 3. — Les défenses

A. — En France

1796. — Les dirigeants des sociétés dont le capital n'est pas contrôlé par un actionnaire puissant cherchent à se prémunir contre d'éventuels “raiders”. La panoplie des moyens de défense comprend notamment (3) :

- le recours, dans les limites permises (V. *infra*, n. 1963 et s.), à l'auto-contrôle ;
- la recherche d'une alliance avec des actionnaires ou/et des amis (banquiers, autres sociétés) fidèles, de façon à constituer un “noyau dur”;
- l'institution d'un droit de vote double ;
- le plafonnement des droits de vote dans certaines assemblées (V. *supra*, n. 831) ;
- l'émission de certificats d'investissement ou d'actions à dividende prioritaire sans droit de vote en cas d'appel au marché financier (V. *supra*, n. 869 et n. 1055 et s.) ;
- la transformation en commandite par actions (V. *supra*, n. 1200 et s.) ;
- l'augmentation de capital sur délégation de l'assemblée générale extraordinaire, opération possible même en cours d'offre depuis la loi du 2 août 1989 (L. 24 juill. 1966, nouvel art. 180), à condition que l'éventualité d'une offre ait été expressément prévue et qu'il ne s'agisse pas d'une émission réservée (V. *supra*, n. 993).

Mais il est un moyen dont la COB ne veut pas entendre parler, à savoir les clauses d'agrément, car celles-ci lui paraissent incompatibles avec les règles du marché boursier (V. Règlement n. 87-01 du 20 fév. 1987, art. 17).

B. — Aux USA

1797. — Le souci de défense est le même aux USA où les marchés boursiers sont touchés par la fièvre des OPA. Les juristes locaux ont mis au point plusieurs parades aux appellations exotiques. Voici un rapide lexique (4) :

- *shark repellents* : tout moyen de défense destiné à écarter un *raider* (requin) ;
- *poison pills* : clause par laquelle le vainqueur d'une OPA qui absorbe sa victime doit assumer des engagements très coûteux... propres à lui enlever tout appétit ;
- *white knight* : le sauveur de l'entreprise attaquée, qui organise sa défense et au besoin procède à une OPA concurrente (5) ;

(3) R. Vatinet, *Les défenses anti-OPA* : *Rev. soc.* 1987, 539 et s. — A. Viandier, *Offres publiques et droit des sociétés* : *Gaz. Pal.* 1er au 3 mai 1988. — D. Carreau et J.-Y. Martin, *Les moyens de défense anti-OPA en France* : *Banque*, 1990, p. 896.

(4) Cons. A. Viandier, *Les défenses anti-OPA aux Etats-Unis* : *Banque*, fév. 1987, p. 168.

(5) C'est le "chevalier blanc" du temps des croisades, le sauveur qui vole au secours de la société agressée en lançant une OPA concurrente ; cette technique de défense a été utilisée en 1988 par *Bénédictine* contre laquelle *Rémy-Martin* avait lancé une OPA ; le rôle du "chevalier blanc" appelé au secours par *Bénédictine* fut joué par *Martini-Rossi*. De même, dans l'OPA contre *Télémécanique*, *Framatome* se lança dans la bataille à la façon d'un "chevalier blanc".

- *défense Pacman* : l'attaqué lance à son tour une OPA contre l'attaquant, à l'image du jeu vidéo ;
- *crown jewels option* : l'attaqué vend pendant l'offre les bijoux convoités de la couronne, coupant l'herbe sous les pieds de l'agresseur et rendant son offre sans intérêt pour ce dernier.

1798. — Deux illustrations d'OPA : *Martell* et *Télémécanique*

1. L'OPA sur *Martell*

La société *Martell* a fait l'objet d'une OPA au début de 1988. Mais les grandes manœuvres ont commencé avant, en décembre 1987, lorsque les actionnaires familiaux ont cédé le contrôle de la société au groupe canadien *Seagram*, par acte notarié. Cette procédure a donné lieu à de vives contestations, notamment de la part du groupe *Grand Met* qui était lié à *Martell* par un contrat de distribution.

Sous la pression des pouvoirs publics, la cession de décembre 1987 fut mise à l'écart et les deux opposants lancèrent une OPA aux conditions suivantes :

- *Grand Met*, qui détenait déjà 14 %, s'engageait à acquérir un nombre d'actions lui permettant d'obtenir au moins 50,01 % du capital au prix de 2 825 F par action ;
- *Seagram* s'engageait à acquérir toutes actions se présentant à l'offre au prix de 2 975 F par action (avant le lancement de l'offre l'action se négociait à 2 590 F) ;

Dès le début du combat, *Grand Met* contre-attaqua en offrant 3 300 F, ce qui provoqua un renversement d'alliance, les actionnaires familiaux abandonnant un temps les bras de *Seagram* pour ceux de *Grand Met* (V. *Les Echos*, 27 janv. 1988). Mais *Seagram* l'emporta finalement en offrant 3 475 F (*Les Echos*, 2 fév. 1988), l'actionnariat familial lui redevenant fidèle... "*Dona è mobile*" aurait chanté Verdi.

2. L'OPA sur *Télémécanique*

Voici les différentes étapes de la bataille livrée de février à juin 1988 (*Les Echos*, 17 juin 1988) :

- 4 février : *Schneider* lance une OPA sur *Télémécanique* à 3 900 F ;
- 12 février : l'OA de *Schneider* est recevable pour 680 000 actions ; ajoutées aux 12,1 % déjà détenus, ces actions lui assureraient 53,5 % du capital ;
- 16 février : *Framatome* lance une contre-OPA sur 685 000 actions (45 % du capital) à 4 150 F ; c'est le "chevalier blanc" appelé à la rescousse par *Télémécanique* (V. *supra*, note 5) ;
- 24 février : *Framatome* surenchérit à 4 300 F par titre ;
- 26 février : *Schneider* surenchérit à 5 500 F par action pour 710 000 titres ;
- 2 mars : *Framatome* surenchérit à 5 800 F par action pour 710 000 titres (44 % du capital) ;

- 16 mars : *Framatome* surenchérit à nouveau à 4 500 F, mais pour la totalité du capital ;
- 23 mars : *Schneider* offre 5 400 F pour la totalité du capital ;
- 30 mai : *Schneider* indique qu'il va déposer une nouvelle OPA à 5 000 F payé comptant et 5 500 F payé dans un an ;
- 31 mai : la *CGE* (principal actionnaire de *Framatome*) fait officiellement savoir qu'elle n'est pas disposée à accepter que sa filiale aille au-delà de 4 500 F par titre ;
- 16 juin : le Conseil des bourses de valeurs valide la dernière offre de *Schneider* qui l'emporte finalement.

(n. 1799 à 1819 réservés)

SECTION III

LA RÉGLEMENTATION

1820. — Le droit français ne comporte aucune réglementation spécifique des prises de participation. En revanche, il contient de nombreuses règles éparses poursuivant chacune une finalité différente. La synthèse de ces différentes règles est délicate ; on peut toutefois identifier quatre catégories, la première relative aux informations obligatoires, la deuxième concernant certaines interdictions, la troisième intéressant le contrôle des opérations et la quatrième visant la protection des minoritaires.

§ 1. — Les informations

1821. — Le législateur a souhaité la transparence du capital des sociétés. Il a souhaité également que les partenaires essentiels de l'entreprise que sont les salariés soient informés des opérations relatives au changement de contrôle de celle-ci. D'où deux ensembles de règles édictées par le droit des sociétés et par le droit du travail.

A. — Les obligations du droit des sociétés

1822. — Depuis la loi du 2 août 1989, ces obligations ne concernent plus que les sociétés cotées (1).

1° Les obligations légales

a) La notification des franchissements de seuils

1823. — Les obligations d'information du droit des sociétés sont dues pour l'essentiel à la loi du 12 juillet 1985 relative à l'auto-contrôle (V. *infra*, n. 1963

(1) Cf. A. Viandier, *Sécurité et transparence du marché financier : JCP* 89, éd. E, 15612, n. 110.

et s.). Cette loi, modifiant la loi du 24 juillet 1966, et elle-même modifiée par la loi du 17 juin 1987 et celle du 2 août 1989, a posé un certain nombre d'injonctions d'information. Ainsi lorsqu'une personne, agissant seule ou de concert, a pris une participation représentant plus du vingtième (5 %), plus du dixième (10 %), plus du cinquième (20 %), plus du tiers (33,33 %), plus de la moitié (50 %) ou plus des deux tiers (66,66 %) du capital ou des droits de vote d'une société ayant son siège sur le territoire français, il en est fait mention dans le rapport présenté aux associés de la société ayant pris la participation. De plus, le franchissement des mêmes seuils oblige la société qui les franchit à informer, dans les quinze jours, la société concernée (celle dans laquelle la participation est prise), et dans les cinq jours de bourse le Conseil des bourses de valeurs.

1824. — L'information oblige à préciser également le nombre de titres détenus et donnant accès à terme au capital (bons de souscription, obligations convertibles...). Les mêmes informations sont dues lorsque le franchissement est fait à l'envers, c'est-à-dire lorsqu'une société qui avait par exemple plus de la moitié du capital social cède une partie de ses actions et se retrouve avec une participation inférieure à 50 %.

1825. — La sanction est d'abord pénale (L., art. 481). Elle est également civile, en forme de privation du droit de vote pendant les deux ans suivant la régularisation, pour les actions excédant le seuil dont le franchissement n'a pas été déclaré (L., art. 356-4). Pire : sur demande du président de la société, le tribunal de commerce peut prononcer la suspension totale ou partielle pour une durée de cinq ans maximum des droits de vote de l'actionnaire qui n'aura pas satisfait aux obligations de déclaration (L., art. 356-4).

b) La déclaration d'intentions

1826. — En cas de franchissement du seuil de 20 %, l'acquéreur est obligé de déclarer ses intentions : poursuite des achats, demande d'un siège d'administrateur, lancement d'une offre publique (V. COB, règlement n. 88-02 : *JO* 23 avril 1988) ; cette obligation est dépourvue de sanction.

1827. — Illustration (avis du conseil des bourses de valeurs en date du 6 janvier 1989)

"Conformément aux dispositions du règlement n. 88-02 de la Commission des Opérations de Bourse, la Société *Kali Chemie Stauffer* a fait connaître que ses objectifs dans les douze mois à venir restaient identiques à ceux communiqués lors de l'offre publique d'achat de titres *Européenne de Soufres Industriels* et indiqués dans la note d'information portant le visa de la Commission des Opérations de Bourse n. 88-155 du 19 mai 1988 :

- poursuivre la collaboration entre *Akzo Chemicals BV* et *Kali Chemie* dans le domaine des techniques de production du soufre insoluble ;
- accroître plus rapidement leur capacité de production que ne l'aurait permis la construction d'une nouvelle usine ;

- mettre fin aux difficultés techniques et financières auxquelles doit faire face la société *Européenne de Soufres Industriels*, réaliser un substantiel programme d'investissement permettant d'assurer la sécurité de l'exploitation des usines de la *Société Européenne de Soufres Industriels*, puis doubler la capacité de production de l'usine de Sète ;

- consolider et développer de ce fait, en France, un pôle de production permettant de faire face à la totalité de la demande nationale.

Pour la réalisation de ces objectifs, *Kali Chemie Stauffer* envisage de poursuivre ses engagements dans le cadre des usines produisant du soufre insoluble à Sète et à Marseille par un programme d'investissement, de rationalisation et de modernisation".

2° Les obligations statutaires

1828. — Les statuts des sociétés cotées peuvent enjoindre à tout détenteur d'une fraction supérieure ou égale à 0,5 % du capital et inférieure à 5 % à en informer la société (2). Toute violation de cette obligation d'information peut emporter privation des droits de vote correspondants pour toute assemblée qui se tiendrait jusqu'à l'expiration d'un délai de deux ans suivant la date de la régularisation de la notification (L., art. 356-4).

B. — Les obligations du droit du travail

1829. — Avant la loi du 28 octobre 1982, les tribunaux exigeaient l'information du comité d'entreprise en cas de cession de contrôle. Cela résultait d'une interprétation de l'article L. 432-1 du Code du travail, selon lequel le comité est informé et consulté sur les modifications de l'organisation économique ou juridique de l'entreprise. La solution avait été posée par plusieurs arrêts de la Chambre criminelle de la Cour de cassation, dont une décision du 19 février 1980 (3). En 1982, le législateur a consacré cette obligation d'information et de consultation. En effet, le même article L. 432-1 dispose désormais que le chef d'entreprise "est également tenu de consulter le comité d'entreprise lorsqu'il prend une participation dans une société et de l'informer lorsqu'il a connaissance d'une prise de participation dont son entreprise est l'objet".

Comme par le passé, cette obligation d'information est sanctionnée pénalement, toute omission constituant un délit d'entrave au fonctionnement du comité d'entreprise.

---

(2) Voici quelques seuils retenus :
- Paribas : 0,5 %,
- Saint-Gobain : 1 %,
- Havas : 1 % et obligation d'informer pour toute acquisition d'une tranche supplémentaire de 0,5 %,
- Compagnie générale des eaux : 2 %,
- BSN : 1 % ou tout multiple de ce pourcentage.

(3) *JCP* 80, II, 19595. — Cons. B. Teyssié, *Les restructurations, le rôle du comité d'entreprise* : *Dr. social* 1989, p. 23.

§ 2. — Les interdictions

A. — L'INTERDICTION DE RACHAT PAR UNE SOCIÉTÉ DE SES PROPRES ACTIONS

1830. — On sait (V. *supra*, n. 1016) qu'une société ne peut pas, sauf à de rares exceptions, racheter ses propres actions (L., art. 217). Une société ne peut donc racheter à ses actionnaires une partie, fût-elle minime, de son capital social. L'auto-prise de participation est interdite. La même interdiction s'applique aux prises de participation faites par une société filiale ou sous-filiale dans le capital de sa société mère, sur l'ordre de celle-ci (L., art. 217).

Enfin une société ne peut pas avancer de fonds, accorder des prêts ou consentir une sûreté en vue de la souscription ou de l'achat de ses propres actions par un tiers (L., art. 217-9). Ainsi une personne qui souhaiterait prendre le contrôle d'une société donnée ne pourrait pas se faire aider financièrement par celle-ci. Ces règles voient leur efficacité assurée par des sanctions pénales (L., art. 454-1).

B. — L'INTERDICTION DES PARTICIPATIONS CROISÉES

1831. — Aux termes de l'article 358 de la loi du 24 juillet 1966, une société par actions ne peut posséder d'actions d'une autre société si celle-ci détient déjà une fraction de son capital supérieure à 10 %. Faute d'accord entre les parties pour régulariser la situation, c'est la société qui détient la fraction la plus faible du capital de l'autre qui doit liquider son investissement. La même règle vaut lorsque l'une des deux sociétés en cause n'est pas une société par actions (L., art. 359). On le constate, il suffit que l'une des deux sociétés impliquées dans la participation réciproque ait une participation inférieure ou égale à 10 % pour que l'autre puisse également avoir une participation inférieure ou égale à 10 % dans son capital.

Cette disposition est destinée à assurer la réalité du capital social ; en effet si une société possède une partie du capital d'une autre qui elle-même possède une partie de son capital, la garantie offerte par le capital de la première à ses créanciers se trouve amoindrie. C'est comme si les deux sociétés détenaient elles-mêmes une partie de leur propre capital ; la partie auto-détenue n'a alors aucune réalité, c'est du capital sur le papier.

1832. — Toutefois, le législateur a seulement visé les participations face à face. Il a laissé de côté les participations circulaires ou triangulaires. Il suffit donc d'insérer une troisième société entre les deux autres pour que les participations réciproques entre ces différentes sociétés ne tombent plus sous le coup de l'article 358 ou de l'article 359 de la loi du 24 juillet 1966. Ainsi, une société A peut posséder 50 % du capital d'une société B qui possède elle-même 50 % du capital de la société A... (V. *infra*, n. 1833).

Cependant, les effets de ces participations circulaires sont restreints depuis la loi du 12 juillet 1985 sur l'auto-contrôle, qui a plafonné les droits de vote attachés aux actions d'auto-contrôle, et celle du 2 août 1989, qui a supprimé purement et simplement tout droit de vote à raison de ces actions, à compter du 1er juillet 1991.

1833. — Illustration de participations croisées

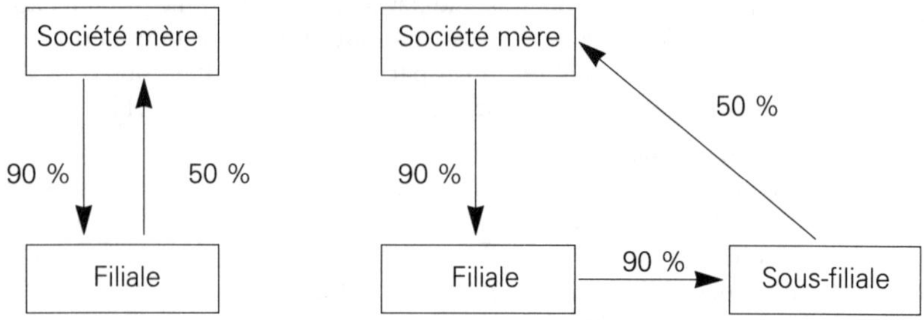

La prise de participation de 50 % est interdite

La prise de participation de 50 % n'est pas interdite, mais tombe sous les restrictions de l'auto-contrôle (V. *supra*, n. 1963)

§ 3. — Les contrôles

A. — Le contrôle des investissements étrangers en France

1834. — En vertu de deux décrets du 27 janvier 1967 et du 24 novembre 1968, modifiés le 4 août 1980 et le 29 novembre 1984, tout investissement étranger (d'une entreprise hors CEE) en France requiert de la part de l'investisseur une déclaration spéciale et préalable au ministère de l'Economie et des Finances. Cette obligation permet à l'administration de s'opposer le cas échéant à l'investissement. La règle s'applique quelle que soit la forme de l'investissement : achat d'actions, offre publique ou participation à une augmentation de capital. En outre, la notification s'impose même lorsque la prise de participation ne revêt pas les caractères d'une prise de contrôle.

B. — La réglementation de la concurrence

1835. — Toute opération de concentration dès lors qu'elle dépasse l'un des seuils définis par l'ordonnance du 1er décembre 1986 impose l'intervention du Conseil de la concurrence (4). Le projet de prise de contrôle doit être, le cas échéant, notifié à cette instance, laquelle examine et détermine si l'opération envisagée porte atteinte ou non à la libre concurrence (Ord. 1er déc. 1986, art. 38 et s.). Cette réglementation s'applique quelles que soient les modalités de la prise de contrôle : elle s'impose même dans l'hypothèse d'une offre publique d'achat. Fréquemment, les sociétés cibles cherchent d'ailleurs à éviter le succès de l'offre en invoquant les règles de la libre concurrence.

Les seuils sont les suivants (Ord., art 38) :
- 25 % des ventes, achats ou autres transactions sur un marché national de biens, produits ou services substituables ou sur une partie substantielle d'un tel marché ;
- 7 milliards de francs de chiffre d'affaires total hors taxes, à condition que deux au moins des entreprises parties à la concentration aient réalisé un chiffre d'affaires d'au moins deux milliards de francs.

§ 4. — La protection des actionnaires minoritaires

1836. — Le fait que la cession emporte changement de majorité ne laisse pas indifférents les actionnaires minoritaires, mais ces derniers n'ont pas l'occasion de faire entendre leur voix. Bien plus, minoritaires ils étaient, minoritaires ils demeurent, sans que le nouveau maître soit obligé de les faire profiter des mêmes conditions que celles consenties au cédant. Une seule exception vise les sociétés cotées en bourse (Règlement général du conseil des bourses de valeurs, art. 5.4.1.) ; pour celles-ci, l'acheteur est obligé de recourir soit à la procédure de négociation des blocs de contrôle, soit à celle de l'offre publique d'achat ou d'échange. Quel que soit le chemin emprunté, l'avantage est le même pour le minoritaire, à savoir la possibilité de sortir de la société au même prix que le majoritaire. Pour l'acheteur, l'opération peut donc s'avérer plus coûteuse que prévu, puisqu'il devra acheter tous les titres qui seront présentés à la vente et non seulement ceux du vendeur initial (Pour plus de détails, V. *supra,* n. 1127).

---

(4) Cons. A. Decocq et A. Pédamon, *L'ordonnance du 1er décembre 1986 relative à la liberté des prix et de la concurrence*, Litec, 1987, p. 27 et s. — J. Azema, *Le droit français de la concurrence*, Thémis, 1989, p. 375 et s.

LE COIN DES AMATEURS

1) Le portage d'actions

1837. — Le droit des sociétés a ses "mères porteuses", portant temporairement un paquet d'actions ou de parts sociales pour le compte d'une autre société. Le portage d'actions (ou de parts sociales) est en effet la convention par laquelle une société (une banque spécialisée par exemple) prend une participation dans une société pour le compte de clients, lesquels demeurent dans les coulisses, la société concernée pouvant ignorer l'existence du portage et la qualité de son bénéficiaire. Formellement, l'accord prend la forme d'une promesse d'achat consentie par les clients au bénéfice de la banque et d'une promesse de vente consentie par celle-ci ; le sort des dividendes perçus pendant la durée du portage et le sens dans lequel la banque doit voter aux assemblées sont réglés dans la convention. Les raisons du montage peuvent être trouvées dans un souci de discrétion ou dans la nécessité de trouver une solution de transition après la cession d'un bloc important d'actions et dans l'attente d'un reclassement dans des mains amies ou dans celui de garantir la banque qui finance la prise de participation, cette dernière demeurant titulaire des titres tant qu'elle n'a pas été remboursée. Juridiquement le portage est un contrat *sui generis* — ni vente, ni prêt, ni société, ni dépôt — dans lequel l'élément caractéristique est la prestation de services fournie par la banque aux clients ; il y a là une convention complexe irréductible à une simple vente. (Cons. Paris, 9 juin 1983 : *D.* 1984, I.R., 81. — *Adde*, Trib. gr. inst. Lille, 28 oct. 1986 : *Rev. dr. bancaire* 1987, II, p. 55, obs. M. JEANTIN et A. VIANDIER. — *Rev. soc.* 1987, p. 600, note Cl. WITZ. — Cons. D. SCHMIDT, *Les opérations de portage de titres de sociétés*, in *Les opérations fiduciaires*, LGDJ 1985, p. 29 et s.). Le portage peut être parfois le signe d'une action de concert entre le bénéficiaire du portage et le porteur (V. A. VIANDIER, *Sécurité et transparence du marché financier : JCP* 89, éd. E., 15612, n. 101).

2) L'*open bid*

1838. — Une pratique américaine vient d'être acclimatée en France, celle de l'*open bid*. Elle consiste pour une personne — morale ou physique — désirant "vendre" une société à organiser une quasi-vente aux enchères. Le vendeur, avec l'aide de son banquier, sollicite quelques acheteurs potentiels leur demandant s'ils sont intéressés. Ceux d'entre eux qui répondent par l'affirmative doivent alors suivre une procédure dessinée par le vendeur et qui s'apparente à un concours ; elle suppose parfois le paiement d'un droit d'inscription. D'abord, lesdits candidats doivent s'engager à respecter la confidentialité des informations qui vont leur être communiquées. Ensuite, ils reçoivent une documentation sur la société et sont conviés à faire une première offre au vu de celle-ci. A réception de ces offres, une sélection s'opère et deux ou trois candidats sont retenus. Les heureux élus ont alors accès à une documentation plus nourrie qui est mise à leur disposition dans une "data room" (chambre d'information) ouverte à la banque ; aucun document ne doit sortir ; parallèlement, ils peuvent poser les questions de leur choix aux dirigants opérationnels de la société (directeur commercial, directeur financier...). Eclairés par ces informations complémentaires, ils déposent alors, à date fixe, leurs dernières propositions (prix, conditions paiement, etc.). Le vendeur choisit alors librement ; il n'est pas tenu de choisir celui qui offre le meilleur prix, il peut préférer l'acheteur le plus apte à développer dans les meilleures conditions la société à vendre. C'est par ce procédé que le groupe Midial a vendu ses filiales *Banania* et *Poulain*, que les sociétés *Dupont* et *Groupe Maison familiale* ont été cédées.

Pour le juriste cette procédure privée offre plusieurs prises à la réflexion : la responsabilité civile du candidat violant la clause de secret, les conséquences d'une rupture abusive des pourparlers, l'obligation pour le vendeur de maintenir son offre pendant toute la durée de la procédure, distinction avec le démarchage... (P. SPITERI, *La vente aux enchères d'une entreprise (open bidding) : JCP* 91, éd. E, I, 17. — B. AMANN, *L'open bid* : *Les Petites Affiches* 11 mars 1991).

(n. 1839 à 1859 réservés)

CHAPITRE 3

LES ACCORDS D'ENTREPRISE

1860. — La domination peut résulter d'un accord contractuel entre le dominé et le dominant. Tel est le cas lorsqu'une entreprise accepte de passer sous le contrôle d'une autre sans que celle-ci prenne, au moins dans l'immédiat, une participation majoritaire dans la première. Divers procédés sont utilisés à cette fin, les uns intéressant la pratique interne des affaires, les autres la pratique internationale (1).

§ 1. — La pratique interne

A. — La description

1° Le contrat de location-gérance

1861. — Le contrat de location-gérance est le contrat par lequel une société confie à une autre le soin de gérer son fonds de commerce à ses risques et périls (2). La société gérée se contente de percevoir des loyers pendant la durée du contrat, toutes les décisions de gestion de l'entreprise relevant de la société gérante. La société gérée s'interdit de s'immiscer dans la gestion du fonds de commerce, la société gérante est libre d'opérer à sa guise, d'où l'appellation de "gérance libre".

Pareil contrat peut servir d'instrument de domination. C'est notamment le cas lorsque la location-gérance prélude à une prise de participation, voire à une fusion entre les deux sociétés. Ce sont alors les fiançailles qui précèdent le mariage des entreprises (V. *supra*, n. 1714). La figure de la location-gérance se rencontre encore à l'occasion de la reprise d'entreprises en difficulté.

Le régime juridique du contrat de location-gérance est celui défini par la loi du 20 mars 1956. C'est le même que celui qui s'applique à la location-gérance des fonds de commerce des entrepreneurs individuels. Parmi les conditions

(1) On évoquera les seuls accords pouvant aboutir à la domination d'une entreprise sur une autre ; on passera donc sous silence les accords visant l'établissement d'entreprises communes ou *joints ventures*, telle la société constituée en avril 1989 entre *Canal Plus* et *Sagem* pour la fabrication de décodeurs.

(2) A. Viandier, *Actes de commerce, commerçants, activités commerciales*, PUF, 1986, n. 267.

exigées pour la validité du contrat, il en est une particulièrement importante qui tient à "l'ancienneté" de la société mettant son fonds en location-gérance. En effet, celle-ci doit exister depuis au moins sept ans et avoir la qualité d'une société commerciale (L. du 20 mars 1956, art. 4). Toutefois, la condition peut être levée par une décision judiciaire (L. du 20 mars 1956, art. 5). La loi met également à la charge des parties l'information des tiers sur la nouvelle qualité de gérant du fonds de commerce.

La location-gérance aboutit ainsi à une véritable cession d'entreprise au bénéfice de la société gérante. Cela s'observe notamment au regard de la position des salariés, lesquels deviennent, pour le temps de la location-gérance, les salariés de la société gérante.

2° Le contrat de gestion d'entreprise

1862. — Le contrat de gestion d'entreprise est celui par lequel une société propriétaire d'un ensemble économique en confie la gestion à une société spécialisée tout en continuant à assumer les risques attachés à l'exploitation, ce qui affirme la différence avec le contrat de location-gérance. De nombreuses illustrations se rencontrent dans le domaine hôtelier ; un exemple : une société achète ou construit un hôtel et demande à une société de gestion, appartenant à une grande chaîne hôtelière, d'en assurer l'exploitation.

Juridiquement, la société propriétaire assume les risques, elle demeure titulaire du fonds de commerce et conserve la qualité d'employeur des salariés. Mais toutes les décisions sont prises par la société gestionnaire, qui reçoit une rémunération assise sur le chiffre d'affaires et/ou le résultat. L'aléa n'est donc pas supporté par la société gestionnaire, ce qui permet de faire échapper le contrat à la loi du 20 mars 1956 sur la location-gérance. La figure juridique se rapprochant le plus du contrat de gestion d'entreprise est tantôt le mandat, tantôt le contrat d'entreprise. Les parties sont libres de concevoir à leur guise leurs relations contractuelles.

En matière hôtelière ou de grande distribution, le contrat de gestion d'entreprise accompagne fréquemment le contrat de franchise. Cela veut dire que la société de gestion apporte en outre sa marque (*Hilton*, *Sheraton*...), qu'elle forme le personnel, qu'elle prête de l'argent lors de la constitution de l'hôtel et qu'elle assure le fonds de roulement... Cela aboutit à placer la société propriétaire sous le contrôle de la société gérante, qui exerce sur elle une influence dominante. D'où parfois, la tentation pour les tribunaux, de considérer pour les besoins des procédures collectives de paiement que la société gérante agit comme un dirigeant de fait (3).

B. — LA RÉGLEMENTATION

1863. — Il n'existe pas de réglementation du droit des sociétés propre au contrat de location-gérance ou au contrat de gestion d'entreprise. Ainsi aucune

(3) Pour un fournisseur exclusif, V. Rouen, 23 mai 1978 : *JCP* 79, 2, 19235.

mesure d'information et aucune notification ne sont exigées au titre de l'article 356 de la loi du 24 juillet 1966, puisqu'en principe il n'existe aucune participation du gérant dans le capital de la société propriétaire de l'entreprise. Pour la même raison, les dispositions relatives aux participations croisées ne trouvent pas à s'appliquer.

Cependant, l'information du comité d'entreprise de la société gérée s'impose en vertu de l'article L. 432-1 du Code du travail, car la location-gérance, comme le contrat de gestion d'entreprise, modifient l'organisation économique ou juridique de la société. De plus, éventuellement, il y aura lieu d'appliquer les règles relatives à la libre concurrence (V. *supra*, n. 1835). En effet, le contrat de gestion d'entreprise, spécialement, réalise un transfert de jouissance de l'ensemble économique, conférant au gérant une influence sur la gestion de celui-ci.

§ 2. — La pratique internationale

1864. — La pratique internationale intéresse surtout le domaine des fusions. En effet, les fusions internationales, c'est-à-dire entre sociétés de nationalité différente, sont impossibles du fait de l'incompatibilité des législations applicables. Les praticiens ont conçu divers palliatifs. Le premier est la prise de participation majoritaire, mais celle-ci n'accorde pas les mêmes satisfactions qu'une fusion : de plus, dans certains pays, les prises de participation émanant d'étrangers sont soumises à un contrôle de l'administration. Le second procédé a les couleurs d'une fusion, il en a le goût mais il n'en est pas une ; c'est la technique du jumelage.

Le jumelage naît des dissemblances entre les législations nationales, d'où l'intérêt de les rapprocher. Les travaux sont bien avancés au sein de la Communauté économique européenne, à preuve la proposition de dixième directive soumise au conseil des communautés par la commission le 14 janvier 1985. Dans le même ordre d'idées, il faut citer les projets de constitution d'une société anonyme européenne, forme de société qui pourrait être adoptée lors de la fusion de sociétés de nationalité différente. Quant au GEIE (groupement européen d'intérêt économique), c'est désormais une réalité (V. *supra*, n. 1551).

1° Le cas *Unilever*

1865. — Il existe un seul groupe *Unilever*, mais celui-ci est composé de deux ensembles entièrement distincts, l'un anglais et l'autre néerlandais. Les décisions sont prises au sein d'une commission spéciale réunissant les dirigeants des deux ensembles, complétée par diverses sous-commissions spécialisées. L'harmonie règne et le résultat est le même que celui que permet d'atteindre une véritable fusion ; par le contrat — une sorte de confédération — on a pu créer un groupe unitaire.

2° Le cas *Eurotunnel*

1866. — La construction et l'exploitation du tunnel sous la Manche ont été concédées conjointement à une société française *France-Manche* SA et à une société britannique *The Channel tunnel group Limited*, les deux sociétés concessionnaires étant réunies à l'échelon de deux filiales dans une société en participation, *Eurotunnel*. Les deux sociétés ont un conseil d'administration et une direction uniques ; les actionnaires de l'une des sociétés sont nécessairement actionnaires de l'autre et réciproquement ; leurs actions sont jumelées de façon à constituer des "unités" indissociables qui sont cotées sur les bourses de Paris et de Londres.

Le montage, qui ne paraît heurter aucun principe visible du droit des sociétés, est fécond et pareil jumelage peut s'avérer utile en certaines circonstances. Il exige sans doute que les titres siamois soient de même nature : action et action, ou certificat d'investissement et certificat d'investissement. Autre curiosité : les actions émises comportent des avantages en nature (réduction du prix de passage).

(n. 1867 à 1879 réservés)

CHAPITRE 4

NATIONALISATION ET PRIVATISATION

1880. — Voici une autre forme de restructuration qui fait intervenir un actionnaire singulier, à savoir l'Etat. *Leviathan* joue parfois le rôle d'associé. La décision suit fréquemment un changement politique, elle illustre le désir d'assujettir l'économique au politique. La France a ainsi connu plusieurs vagues de nationalisation :

- 1936-1937, pour les établissements se livrant à la fabrication ou au commerce des matériels de guerre et les chemins de fer d'intérêt général ;
- 1945-1946, par application du préambule de la Constitution de 1946 qui dispose que "tout bien, toute entreprise dont l'exploitation a ou acquiert les caractères d'un service public national ou d'un monopole de fait, doit devenir la propriété de la collectivité"; les transports aériens, les houillères du Nord et du Pas-de-Calais, plusieurs compagnies d'assurances, la Banque de France et les grandes banques de dépôt furent nationalisées à cette occasion ;
- 1982, avec la nationalisation de trente-six banques, de deux compagnies financières (Paribas et Suez) et des plus importants groupes industriels.

Cette dernière vague a été baptisée — bel euphémisme — d'"extension du secteur public", une manière d'éviter le mot "nationalisation", chargé d'une connotation péjorative. L'appellation n'est pas fausse, la nationalisation entraîne en effet l'extension du secteur public. Plus juridiquement, on désigne ainsi le transfert à l'Etat de la propriété d'une entreprise. En cela, la nationalisation emporte cession de contrôle, l'Etat devenant l'actionnaire dominant (et unique), mais une cession de contrôle forcée, les anciens actionnaires ne pouvant s'y opposer.

1881. — La privatisation est l'opération exactement inverse, elle vise à transférer au secteur privé une entreprise publique. Pareille opération est à la mode dans la plupart des pays occidentaux, la Grande-Bretagne jouant le rôle de pionnier. La France y a sacrifié à la suite du changement politique intervenu en 1986 et plusieurs des entreprises nationalisées en 1982 ont été privatisées en 1986.

Deux sections décriront cette valse à deux temps : nationalisation, privatisation.

SECTION I

LA NATIONALISATION (1)

1882. — On ne saurait passer en revue toutes les expériences de nationalisation ; force est donc d'opérer une sélection et d'exposer le mouvement le plus récent, celui de 1982. Cette exposition comprend deux volets : la procédure (§ 1), la gestion des sociétés nationalisées (§ 2).

§ 1. — La procédure de nationalisation

A. — LE PRINCIPE

1883. — La nationalisation affecte le droit de propriété des actionnaires obligés de céder leurs titres à l'Etat ; cette mesure ne peut être prise que par le législateur ; d'où la loi du 11 février 1982.

Cette loi a une histoire. En effet, le projet du gouvernement adopté le 18 décembre 1981 fut déféré au Conseil constitutionnel. Le Conseil ne critiqua pas le principe des nationalisations, mais les modalités retenues, notamment au regard de l'évaluation des actions des sociétés concernées. Sa décision (2) obligea le gouvernement à revoir le texte, d'où un nouveau projet duquel naquit la loi du 11 février 1982.

Celle-ci prononce la nationalisation des sociétés suivantes : *Compagnie générale d'électricité*, *Compagnie de Saint-Gobain*, *Péchiney-Ugine-Kuhlmann*, *Rhône-Poulenc* et *Thomson-Brandt* ; la même mesure est prise à l'encontre des banques détenant au 2 janvier 1981 un milliard de francs ou plus sous forme de dépôts à vue ou de placements liquides ou à court terme en francs et en devises (à l'exception de celles dont la majorité du capital appartient directement ou indirectement à des non-résidents ou à des personnes morales ayant leur siège à l'étranger) et des compagnies financières *Paribas* et *Suez*.

1884. — La nationalisation emporta pour toutes ces sociétés "transfert à l'Etat, en toute propriété, des actions représentant leur capital" (Loi du 11 fév. 1982, art. 2). Toutefois une exception est prévue en faveur des personnes morales appartenant déjà au secteur public ou appelées à y entrer du fait de la nationalisation ; les actions de *Thomson* appartenant par exemple à *Paribas* restèrent entre les mains de celle-ci. Le transfert n'emporta pas disparition des sociétés concernées (Cf. Loi du 11 fév. 1982, art. 10).

---

(1) Cons. notamment A. de LAUBADÈRE et P. DELVOLVÉ, *Droit public économique*, Paris, Dalloz, 5e éd., 1986, n. 559 et s. — M. BAZEX et Y. GUYON, *L'extension du secteur public* : *JCP* 83, éd. E, 13924. — *Adde, AJDA*, n. 4, avril 1982, Dossier nationalisations.

(2) Conseil constitutionnel, 16 janv. 1982 : *JCP* 82, éd. G, II, 19788.

B. — L'INDEMNISATION

1885. — Le principe est affirmé dans l'article 17 de la Déclaration des droits de l'homme : "La privation du droit de propriété pour cause de nécessité publique requiert une juste et préalable indemnité". La loi du 11 février 1982 a donc prévu la remise aux actionnaires privés d'obligations émises, selon les cas, par la Caisse nationale de l'industrie ou par la Caisse nationale des banques. Ces obligations portent un intérêt semestriel ; elles sont négociables et sont remboursées par voie de tirage au sort en quinze tranches annuelles (Loi du 11 fév. 1982, art. 4). Les actionnaires ne reçurent donc pas du numéraire, ce qui conduisit certains à douter du caractère *préalable* de l'indemnisation, grief rejeté par le Conseil constitutionnel.

Restait à fixer la *valeur* des actions en échange desquelles des obligations devaient être remises. La détermination de cette valeur, qui est l'un des points centraux de la décision précitée du Conseil constitutionnel, est faite par l'article 4 de la loi. C'est un panier de critères qui a été retenu : moyenne des cours de bourse, situation nette comptable, bénéfice net moyen.

§ 2. — La gestion des sociétés nationalisées

1886. — Pareil changement d'actionnaire et surtout la qualité du nouvel actionnaire dominant impliquait un ajustement des règles de fonctionnement des sociétés concernées. Au vrai, une mesure préventive avait rapidement été prise par le gouvernement, un décret (27 oct. 1981) interdisant aux dirigeants des sociétés nationalisables de vendre, sans autorisation préalable, leurs actifs à l'étranger ; la solution était inspirée par les mesures prises par l'une de celles-ci (*Paribas*) pour faire échapper certaines de ses filiales étrangères aux conséquences de la nationalisation à venir. Mais il ne s'agissait là que d'un dispositif temporaire. C'est également un dispositif provisoire qui avait été mis en place par la loi du 11 février 1982. Celle-ci prévoyait l'application de la loi du 24 juillet 1966 aux sociétés nationalisées, mais tout en recomposant les conseils d'administration de manière tripartite : représentants de l'Etat, représentants des salariés, personnalités choisies en raison de leur compétence.

1887. — Ce régime fut remplacé par une organisation définitive, dessinée par la loi du 26 juillet 1983, dite de démocratisation du secteur public, laquelle est toujours en vigueur dans les sociétés nationalisées. La particularité la plus notable tient dans la composition des conseils d'administration et des conseils de surveillance, marqué par le tripartisme déjà adopté par la loi du 11 février 1982 : salariés élus par l'ensemble du personnel, représentants de l'Etat-actionnaire et personnalités qualifiés, ces deux dernières catégories faisant l'objet d'une désignation par décret.

Tous sont désignés ou élus pour cinq ans. Leur mandat est gratuit. Deux règles spécifiques ne concernent que les salariés : responsabilité encourue seulement en cas de faute grave et prononcée par le président du tribunal de grande instance (la même règle vaut pour les administrateurs salariés des sociétés privées, V. *supra*, n. 936) (3).

La mission du conseil d'administration est clairement arrêtée : il délibère sur toutes les "décisions relatives aux grandes orientations stratégiques, économiques, financières ou technologiques de l'entreprise" (Loi du 26 juill. 1983, art. 7). Le conseil est en outre une instance de proposition lors de la nomination de son président ; ce dernier est choisi par le gouvernement parmi les administrateurs.

LE COIN DES AMATEURS

L'affaire *Bendix*

1888. — L'appartenance au secteur public implique le respect d'un certain nombre de règles de gestion, ainsi de l'interdiction, pour les dirigeants d'une société publique, de transférer le contrôle d'une filiale à une société privée (V. notamment Cons. d'Etat, Ass., 22 déc. 1982, *Comité central d'entreprise de la société française d'équipement pour la navigation aérienne* : *JCP* 83, éd. C.I., 14114, obs. P. LOMBART). Telle est la règle en arrière-plan de l'affaire *Bendix*.

Les faits : la *Régie Renault* possédait 51 % du capital d'une société *Renix*, devenue *Bendix Electronics*, le solde étant dans les mains du groupe Bendix. En août 1985, la *Régie Renault* cède sa participation de 51 % à *Bendix* qui acquiert donc le contrôle de Renix. Action judiciaire d'un syndicat, ainsi que du comité de groupe *Renault*. Le tribunal de commerce de Paris, puis la Cour (Paris, 10 juin 1986 : *JCP* 86, éd. G, 20678, obs. B. TEYSSIÉ et A. VIANDIER — pourvoi rejeté par Cass. soc. 23 janvier 1990 : *JCP* 90, éd. E, 15755) reçoivent l'action ; ils constatent que la cession a eu pour effet de priver *Renix* de son statut d'entreprise publique, d'où la sortie du champ d'application de la loi du 26 juillet 1983 et la fin de la représentation des salariés au conseil. Les juges décident donc d'accorder des mesures conservatoires en vue de prévenir le dommage imminent pouvant résulter de la cession desdites actions ; interdiction est faite à *Bendix Electronics* d'accomplir tout acte irréversible rendant impossible toute remise en état, en cas d'annulation de la cession ; un mandataire de justice est désigné, "ayant pouvoir d'assister aux assemblées générales, réunions des conseils d'administration et de tout organe délibératif de *Bendix Electronics*" avec mission de faire rapport au tribunal sur les éventuels manquement à l'injonction.

Le recours au "mandataire à l'information" n'est pas nouveau, il s'apparente à la désignation d'un contrôleur ou observateur de gestion (V. *supra*, n. 493).

(n. 1889 à 1899 réservés)

(3) L. du 24 juill. 1983, art. 22. — Cons. sur l'ensemble de la question de la responsabilité, Ph. DUBOIS, *La responsabilité civile des dirigeants des sociétés anonymes du secteur public* : *Rev. soc.* 1986, p. 47.

SECTION II

LA PRIVATISATION (1)

1900. — La privatisation est le transfert du secteur public au secteur privé des participations majoritaires détenues par l'Etat dans certaines entreprises. C'est le deuxième temps de la valse initiée par la nationalisation. Le principe d'un programme très ambitieux a été arrêté en 1986 (§ 1), dont les modalités (§ 2) appellent des explications. En outre, la société nouvellement privatisée réclame une protection (§ 3).

§ 1. — Le principe

1901. — La décision ne peut appartenir qu'au législateur ; la solution est exprimée par l'article 34 de la Constitution de 1958 : "La loi fixe les règles concernant... les transferts de propriété d'entreprises du secteur public au secteur privé". Le principe a été rappelé par le Conseil d'Etat à plusieurs reprises (2). Il fallait donc une loi, ou à tout le moins une norme de valeur équivalente, telle une ordonnance.

Le gouvernement choisit la voie de l'ordonnance. En conséquence, une loi du 2 juillet 1986 l'habilita à procéder, par ordonnance, à la privatisation d'une série d'entreprises qu'elle énumérait, dont certaines étaient entrées dans le secteur public bien avant la vague de 1982 (*BNP*, *Crédit lyonnais*, *Société générale*). Un terme fut même fixé pour la réalisation de ce programme, le 1er mars 1991. L'ordonnance préparée ne fut pas signée par le président de la République, ce qui obligea le gouvernement à changer de procédure.

Un projet de loi fut donc soumis au Parlement, il aboutit au vote de la loi du 6 août 1986 "relative aux modalités d'application des privatisations décidées par la loi du 2 juillet 1986". Le régime juridique des privatisations se trouve ainsi écartelé entre la loi du 2 juillet qui pose le principe et celle du 6 août qui décrit les modalités.

---

(1) Cons. J.-J. Caussain, *Des privatisations* : *JCP* 86, éd. E, 15869. — L. Rapp, *Les lois de privatisation et la respiration du secteur public* : *Rev. fr. dr. adm.*, mars-avril 1987, p. 153. — M. Caveriviere et M. Debenè, *La privatisation des entreprises publiques* : *Rev. soc.* 1987, 203. — D. Pene, *La privatisation en France : AJDA*, 20 mai 1987, p. 291 — M. Caveriviere et M. Debene, *Sociétés privatisées et stratégies actionnariales* : *Rev. soc.* 1989, p. 589).

(2) V. notamment Cons. d'Etat 24 nov. 1978, *Syndicat national du personnel de l'énergie atomique CFDT* : *Rec.*, p. 465. — 22 déc. 1982, préc., *supra*, n. 1865. — 11 oct. 1985, *Syndicat général de la recherche agronomique CFDT* : *Rec.*, p. 278.

§ 2. — Les modalités

1902. — La privatisation passe d'abord par l'évaluation. L'opération appelle l'intervention de la Commission de la privatisation, chargée de fixer la valeur de l'entreprise. Pour ce faire, elle tient compte de “la valeur boursière des titres, de la valeur des actifs, des bénéfices réalisés, de l'existence des filiales et des perspectives d'avenir” (Loi du 6 août 1986, art. 3) ; mais c'est au ministre qu'il appartient de fixer le prix de l'offre ou de cession, lequel ne doit pas être inférieur à l'évaluation donnée par la Commission de la privatisation.

La solution vaut quelle que soit la modalité retenue, offre publique de vente ou cession de gré à gré ; la privatisation peut d'ailleurs coupler les deux formules, la cession de gré à gré étant notamment utilisée pour la constitution des “noyaux durs”.

A. — L'OFFRE PUBLIQUE DE VENTE

1903. — C'est la voie ordinaire, elle consiste pour l'Etat à offrir au marché financier les actions de la société privatisée. L'opération est en quelque sorte une offre publique d'achat à l'envers. Un avis est publié à la cote officielle, qui indique le nombre de titres mis en vente, ainsi que le prix ; les personnes intéressées ont un délai (ordinairement quinze jours) pour répondre à cette offre, en indiquant le nombre de titres qu'elles désirent acheter. Si ce dernier chiffre excède le volume offert, une réduction a lieu, au prorata des demandes.

Ce mécanisme est toutefois corrigé de diverses manières. D'abord, le montant total des titres cédés à des étrangers ne peut pas dépasser 20 %. Ensuite, les demandes présentées par des personnes physiques de nationalité française n'excédant pas dix titres sont servies intégralement. Enfin, 10 % peuvent être réservés aux salariés.

Semblablement, les conditions peuvent être aménagées en vue de faciliter le capitalisme salarial et le capitalisme populaire. Les salariés peuvent se voir consentir des rabais et des délais de paiement. Les non-salariés peuvent seulement aspirer à des délais (la solution a été suivie lors de la privatisation de Suez en octobre 1987). Mieux, une prime sous forme d'attribution gratuite récompense parfois les personnes appartenant à ces deux catégories chéries du législateur : attribution gratuite d'une action au plus par action acquise par salarié à condition que les actions achetées aient été conservées un an, attribution gratuite d'une action au plus pour dix actions acquises par un non-salarié à condition que les actions achetées aient été conservées au moins dix-huit mois. C'est la fidélité des acheteurs qui est recherchée et récompensée afin d'éviter un désintéressement trop rapide, ce qui est une façon de protéger la société privatisée (V. *infra*, n. 1905 et s.).

B. — LA CESSION DE GRÉ A GRÉ

1904. — La loi du 6 août 1986 permet de céder le contrôle d'une société nationalisée sans procéder à une offre publique de vente. C'est donc une cession directe qui intervient sans recours au marché financier, les acheteurs étant choisis par l'Etat parmi divers candidats.

Pareille opération exige l'intervention de la Commission de la privatisation, laquelle fournit également l'évaluation de la société. Un avis doit être publié faisant connaître aux acquéreurs potentiels qu'ils ont un mois pour faire parvenir leur offre accompagnée de leurs références financières (D. n. 86-1140 du 24 oct. 1986, art. 1er). Le ministre choisit le ou les acquéreurs en fonction des offres et des garanties apportées. Les acquéreurs adhèrent à un cahier des charges, véritable convention de droit privé.

Le procédé a été choisi pour la constitution des “noyaux durs” mis en place pour protéger les sociétés privatisées pendant les premiers mois de leur retour dans le secteur privé. Il évoque la pratique déjà signalée de l'*open bid* (V. *supra*, n. 1838).

§ 3. — La protection de la société privatisée

1905. — La mue est la période de plus grande vulnérabilité d'un organisme, quel qu'il soit. Or la privatisation opère une véritable mue. De là divers procédés de protection, largement imités des expériences étrangères.

A. — Le contrôle ministériel des prises de participation

1906. — Avatar de la tentative avortée de prise de contrôle de la Société générale à l'automne 1988 par un groupe animé par M. Pébereau, et bien que cette tentative ait, semble-t-il, bénéficié du soutien du ministre de l'Economie, celui-ci a fait voter une loi visant… à éviter que de telles opérations puissent se renouveler. C'est la loi du 10 juillet 1989 qui dispose que jusqu'au 31 décembre 1992 — Marché unique européen oblige — toute acquisition d'actions des sociétés privatisées ayant pour effet de porter la participation d'une ou plusieurs personnes agissant de concert à 10 % ou plus du capital (ou des droits de vote) doit être déclarée au ministre chargé de l'Economie, qui peut s'y opposer dans les dix jours si la protection des intérêts nationaux l'exige.

La référence aux intérêts nationaux sert également de base au deuxième moyen de protection, à savoir l'action spécifique.

B. — L'action spécifique

1907. — Si la protection des intérêts nationaux l'exige, le ministre chargé de l'Économie peut décider la transformation d'une action ordinaire de la société à privatiser en action spécifique. Celle-ci permet au ministre d'agréer les participations excédant 10 % du capital (Loi du 6 août 1986, art. 10). L'action spécifique est transformée de plein droit en action ordinaire au terme d'un délai de cinq ans. Elle a été instituée pour *Elf*, *Bull* et *Havas*.

A la différence du cas précédent, institué par la loi du 10 juillet 1989, c'est un agrément qui est requis et non une faculté de veto qui est reconnu au ministre compétent. De plus, une fois que l'action spécifique est instituée, l'agrément peut être refusé sans que le refus ait à être fondé sur la protection des intérêts nationaux.

C. — Le noyau dur

1908. — L'idée consiste à constituer un noyau d'actionnaires stables, propres à jouer le rôle d'actionnaires de référence de la société et à dissuader une prise de contrôle agressive par un “raider”. Le procédé a été systématiquement utilisé. Il se coule dans le moule de la cession de gré à gré, les actionnaires stables étant choisis par le ministre parmi divers candidats ; c'est également le ministre qui détermine la part de capital logée dans le noyau stable et le lot accordé à chaque membre de ce club. Ainsi pour la *Compagnie financière de Suez*, le noyau stable regroupait à l'origine 28 % du capital réparti entre 23 investisseurs dont dix étrangers, les lots s'étageant de 3,5 % (*Elf*, *Saint-Gobain*, *Pernod-Ricard*) à 0,25 % (*Caisse des cadres du groupe Mornay*). Le prix payé par ces heureux (?) élus est supérieur au prix de l'offre publique de vente (5 % de plus pour *Suez*).

Ces actionnaires souscrivent une convention avec l'Etat (cahier des charges), qui stipule l'inaliénabilité temporaire des titres acquis. Voici l'exemple de *Havas* : inaliénabilité de la totalité des titres acquis de l'Etat pendant trois mois, inaliénabilité de 80 % de ces titres pendant deux années supplémentaires, enfin aliénabilité subordonnée à l'accord du conseil d'administration pendant trois autres années (3).

Le gouvernement ayant changé, on chuchota puis on critiqua à haute voix la façon dont les groupes d'actionnaires stables avaient été constitués, le brevet de loyauté politique ayant été le seul sésame, d'après les contempteurs de la méthode. Et pendant qu'une tentative de déstabilisation était déclenchée contre la *Société générale*, les autorités réfléchissaient au moyen d'effectuer un "dénoyautage". Cette réflexion a eu pour résultat la mention suivante, contenue dans l'article unique de la loi du 10 juillet 1989 : “Dans tous les autres cas — c'est-à-dire en dehors du cas de franchissement, à la hausse, du seuil de 10 % — les cessions sont libres, nonobstant toute convention contraire antérieure”. La proclamation de la liberté de cession vise à affranchir les membres des groupes d'actionnaires stables (noyaux durs) des entraves acceptées contractuellement, que ce soit l'interdiction de céder pendant un certain délai ou les conditions d'une cession lorsqu'elle est permise. En ce sens, la loi du 10 juillet 1989 autorise à faire exception à l'article 1134 du Code civil. La portée de la mesure est plus politique que réelle ; ce n'est pas parce que le législateur donne aux actionnaires stables la clef de leur "prison" qu'ils sont obligés de s'évader.

(3) Cons. A. Viandier et J.-J. Caussain, *Chronique de droit des sociétés* : *JCP* 87, éd. E, 16644, n. 24.

LE COIN DES AMATEURS

1) Cas Renault

1909. — Renault n'était pas sur la liste des sociétés à privatiser contenue dans la loi du 2 juillet 1986. Cela tenait à des raisons historiques, politiques et peut-être juridiques puisque la Régie Renault n'était pas une société anonyme mais un établissement à caractère industriel et commercial doté de la personnalité morale. Confrontée à la concurrence japonaise et à la nécessité d'assurer sa croissance, la Régie s'est rapprochée du groupe suédois Volvo et des lettres d'intention ont été échangées en janvier 1990 décrivant les bases d'une coopération entre les deux ensembles. Ainsi des échanges de participation étaient-ils prévus dont d'un côté une entrée de Volvo dans le capital de la Régie à hauteur de 20 % et dans le capital de Renault Véhicules Industriels à hauteur de 45 % et, d'un autre côté, une entrée de Renault, à hauteur de 25 %, dans le capital de Volvo Car et de 45 % dans le capital de Volvo Truck. En outre, l'établissement d'un comité stratégique et des deux comités techniques — l'un pour les automobiles, l'autre pour les véhicules industriels — était convenu, de manière à coordonner les plans de développement et les stratégies. La mise en œuvre de l'accord supposait la transformation de la Régie en société anonyme et sa privatisation partielle. Tel fut l'objet de la loi du 4 juillet 1990 dont l'article 3 dispose en son alinéa 1er : "La prise de participation sous forme d'actions de personnes françaises du secteur privé ou de personnes étrangères est autorisée dans la limite de 25 % du capital de la société anonyme. Les trois quarts au moins des droits de vote de la société anonyme doivent rester la propriété directe ou indirecte de l'Etat". En application de cette loi, un décret du 5 novembre 1990 autorise l'émission de certificats d'investissement Renault à souscrire par Volvo.

2) Vers les privatisations partielles

1910. — S'inspirant du précédent Volvo, un décret du 4 avril 1991 a prévu les modalités d'une ouverture minoritaire du capital des entreprises publiques. Cette ouverture est soumise à deux conditions, exprimées par l'article 1er du décret :

1° Ces opérations sont prévues par un accord de coopération, industrielle, commerciale ou financière ;

2° Les titres sont souscrits en numéraire ou reçus en contrepartie d'apports en nature et correspondent à une augmentation de capital immédiate ou différée, réservée aux partenaires de l'accord, ne remettant pas en cause la majorité publique dans le capital de ces entreprises.

Parmi les opérations annoncées (avril 1991), figure notamment une entrée de la Commerzbank dans le capital du Crédit lyonnais, à hauteur de 5 %.

(n. 1911 à 1945 réservés)

TITRE II

LES GROUPES DE SOCIÉTÉS

1946. — Il y a groupe de sociétés — groupe sociétaire — lorsqu'une société en contrôle une autre ; il y a encore groupe de sociétés — groupe personnel — lorsqu'une personne physique contrôle plusieurs sociétés (1). Le contrôle se manifeste de diverses manières (L., art. 357-1) :

- détention directe ou indirecte de la majorité des droits de vote ;
- désignation de la majorité des membres des organes d'administration ;
- faculté d'exercer une influence dominante sur le destin de la société dominée (V. *infra*, n. 1860 et s.), la définition donnée à propos de la consolidation comptable).

1947. — *Domination ;* c'est le mot clé en matière de groupe. Une société (ou une personne) dominante d'un côté, une société dominée de l'autre, telle est la figure de base du groupe de sociétés. Elle éclaire nombre de difficultés suscitées par le groupe, ainsi de la protection des actionnaires minoritaires des sociétés dominées, de l'incidence sur la dominante de la ruine des sociétés dominées.

Curieusement, le législateur n'a pas repris le terme de domination, le trouvant peut-être trop martial ; il a préféré voir dans le groupe une famille, d'ailleurs exclusivement féminine, avec des filles — les sociétés filiales — et des mères, encore qualifiées de sociétés mères ou de sociétés holding; ce noyau de base s'élargit parfois aux grand-mères, aux sœurs, aux petites-filles, etc. pour rendre compte de la richesse de certaines architectures (V. *infra*, n. 1948).

De fait, l'assemblage des groupes offre de nombreuses variétés. Ainsi a-t-on pu distinguer (2) les groupes à participation radiale, des groupes pyramidaux, eux-mêmes différents des groupes à participations circulaires.

---

(1) CREDA, *Les groupes de sociétés*, Litec, 1975. — J. PAILLUSSEAU, *Faut-il en France un droit des groupes de sociétés ?* : *JCP* 71, I, 2401 *bis*. — B. OPPETIT et A. SAYAG, *Méthodologie d'un droit des groupes de sociétés* : *Rev. soc.* 1973, p. 577. — A. SUPIOT, *Groupes de sociétés et paradigme de l'entreprise* : *Rev. trim. dr. com.* 1985, 621.

(2) Cons. C. CHAMPAUD, *Le pouvoir de concentration de la société par actions*, Sirey, 1962, n. 276 et s.

1948. — La typologie des groupes

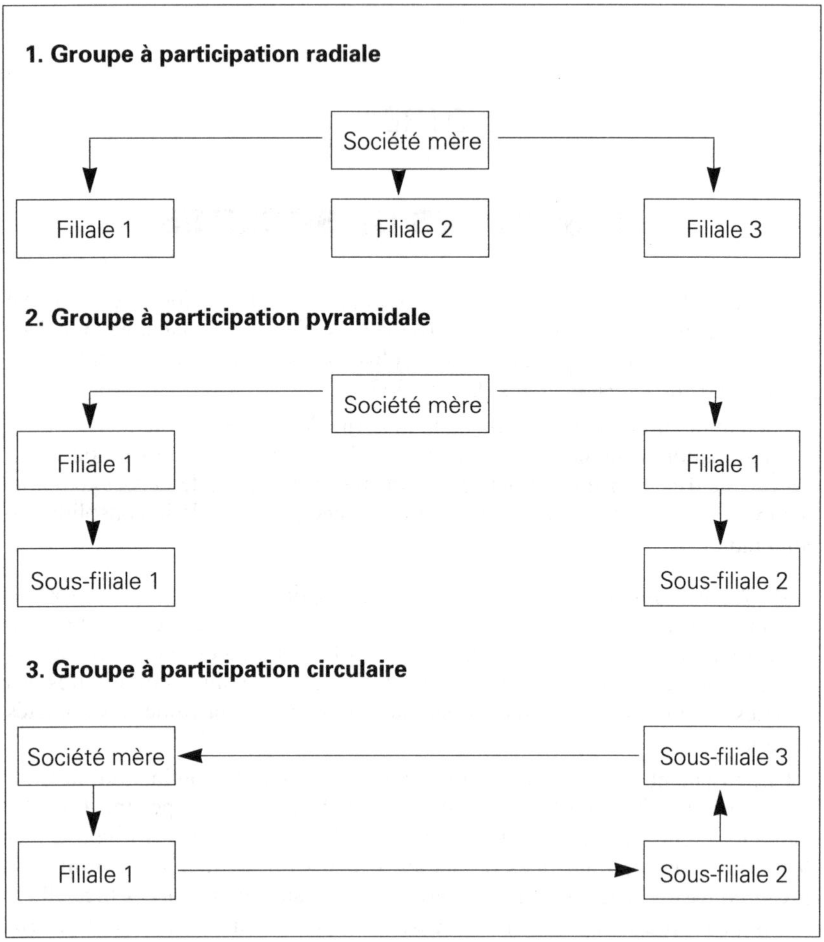

1949. — Une autre division coupe les groupes à savoir l'opposition des groupes financiers qui rassemblent des participations dans diverses sociétés ayant une activité distincte (ex. : *Eurafrance*, *Cerus*) et des groupes industriels, plus homogènes, puisqu'ils rassemblent le plus souvent des entreprises œuvrant dans le même secteur (ex. : *Air Liquide*, *BSN*).

1950. — Paradoxalement, la loi du 24 juillet 1966 ne traite pas en tant que tel du groupe de sociétés. Elle contient seulement des dispositions éparses, les unes comptables, les autres relatives aux participations croisées, d'autres encore réglementant l'auto-contrôle, mais de synthèse aucune. Cela fait dire à certains, peut-être à tort, que le droit français méconnaît le groupe de sociétés.

En vérité, il ne l'ignore pas puisqu'il y consacre plusieurs règles ; nous dirons plutôt qu'il ne contient aucune construction cohérente du groupe. Pis, d'autres disciplines, telles le droit fiscal ou le droit du travail, disposent aussi sur le groupe, développant une approche spécifique, sans grande ressemblance avec celle du droit commercial. Et la jurisprudence s'en est mêlée, spécialement en matière pénale, défendant sa propre idée du groupe de sociétés.

1951. — L'ensemble donne du droit des groupes l'image d'un jardin à l'anglaise, bien éloigné de l'esprit français. D'où la difficulté d'ordonner cette grenaille de règles et de décisions ; nous tenterons d'y parvenir en distinguant le financement, le personnel, les structures, la comptabilité, les responsabilités et la fiscalité.

§ 1. — Le financement

A. — La loi bancaire

1952. — L'unité financière des groupes de sociétés est patente. Cela s'observe notamment au regard de la gestion de la trésorerie des sociétés de groupe. Afin d'arriver à l'adéquation la meilleure des ressources et des besoins, les groupes mettent en place de véritables pools de trésorerie, ce qui conduit en fait à fusionner les comptes bancaires des différentes sociétés. Sous ce rapport, les sociétés d'un groupe sont mariées sous le régime de la communauté universelle avec une gestion à main unique, celle de la société mère.

Si le droit des sociétés facilite une telle gestion en levant l'interdiction qui est faite aux sociétés anonymes (V. *supra*, n. 883) et aux SARL (V. *supra*, n. 1353) de consentir des prêts et découverts à leurs dirigeants quand ceux-ci sont des personnes morales ; voilà qui valide les avances faites par les filiales à leur mère, même si celle-ci siège au conseil d'administration.

En revanche, les pools de trésorerie ont longtemps suscité une difficulté au regard du droit bancaire. En effet, les opérations de trésorerie réalisées au sein des groupes constituent des opérations de banque. Or de telles opérations sont réservées à certaines institutions — les banques et établissements de crédit — soumises à un contrôle sévère des autorités publiques. Dès lors, on a pu se demander si les opérations de trésorerie intra-groupes n'équivalaient pas à du braconnage bancaire, d'où l'application éventuelle de sanctions pénales aux dirigeants du groupe.

La loi du 24 janvier 1984, dite loi bancaire, a levé toute incertitude. En effet l'article 12, 3°, considère que les opérations de trésorerie échappent au monopole bancaire dès l'instant où elles sont opérées entre des sociétés ayant entre elles directement ou indirectement des liens de capital conférant à l'une un *pouvoir de contrôle effectif* sur les autres.

Dès lors qu'un contrôle effectif existe, quelle que soit sa forme — détention de capital ou maîtrise du conseil d'administration — des pools de trésorerie peuvent être mis en place, sans que cela blesse le monopole bancaire.

B. — Le droit pénal

1953. — Il faut craindre dans les groupes de sociétés le vampirisme, c'est-à-dire les transfusions de substance d'une société à une autre : bradages d'actifs pour sauver la société mère ou une société sœur, frais de loyer ou de siège abusifs... Ces pratiques sont connues, elles ont fait la réputation judiciaire de certains hommes d'affaires (3).

L'angle d'attaque habituel est celui de l'abus de biens visé par les articles 425 et 437 de la loi du 24 juillet 1966 (V. *supra*, n. 752 et s.). En effet ces opérations portent atteinte au patrimoine de la société (société anonyme ou SARL) qui en est victime, elles violent son intérêt social au profit de sociétés dans lesquelles ses dirigeants ont des intérêts directs ou indirects. Cependant, les juges tendent à considérer que l'atteinte à l'intérêt social d'une société membre d'un groupe peut être légitimée par l'intérêt du groupe tout entier (sur l'intérêt social, V. *supra*, n. 466 et s.). Le groupe transmue en quelque sorte le mal en bien.

1954. — L'affaire *Rozenblum*

La référence à l'intérêt de groupe a été acceptée pour la première fois par la Cour de cassation dans un arrêt *Rozenblum* du 4 février 1985 (*JCP* 85, éd. E, II, 14614, note W. Jeandidier; *Rev. soc.* 1985, n. 3, p. 648, note B. Bouloc. — *Adde,* Cass. crim. 13 fév. 1989 : *Rev. soc.* 1989, 692. — Paris 29 mai 1986 : *Gaz. Pal.* 1986, 479). Ayant à statuer sur des concours financiers entre plusieurs sociétés appartenant à une même personne, la Chambre criminelle de la Cour de cassation a posé le principe suivant :

> "pour échapper aux prévisions des articles 425 et 437 de la loi du 24 juillet 1966, le concours financier apporté par les dirigeants de fait ou de droit d'une société à une autre entreprise d'un même groupe dans laquelle ils sont intéressés directement ou indirectement, doit être dicté par l'intérêt économique social ou financier commun, apprécié au regard d'une politique élaborée pour l'ensemble de ce groupe, il ne doit ni être démuni de contreparties ou rompre l'équilibre entre les engagements respectifs des diverses sociétés concernées, ni excéder les possibilités financières de celles qui en supportent la charge".

Pour la petite histoire, le sieur Rozenblum, qui animait plusieurs sociétés sans rapport entre elles (immobilier, coiffure, chaussures, agence de voyage...) fut néanmoins condamné en raison du caractère simplement personnel de son groupe.

§ 2. — Le personnel

1955. — Si le droit du travail reconnaît en principe la personnalité juridique séparée de chacune des entités du groupe, il arrive que la loi ou la jurisprudence abaissent les barrières de la personnalité juridique et reconnaissent dans des cas précis la personnalité du groupe lui-même.

(3) B. Bouloc, *Droit pénal et groupes d'entreprises* : *Rev. soc.* 1988, p. 181.

A. — La jurisprudence

1° L'identification de l'employeur

1956. — Dans les groupes de sociétés, il est parfois difficile d'identifier le véritable employeur du salarié. Le bulletin de paye désigne une société donnée, par exemple une filiale, mais en fait les ordres viennent directement de la société mère. Dans une telle hypothèse, qui doit être qualifié d'employeur ? La question est loin d'être académique ; en effet de sa réponse dépend la désignation de la société qui devra verser, le cas échéant, les indemnités de licenciement.

Les tribunaux s'attachent à déterminer qui exerçait en fait le pouvoir de direction. S'il est démontré que la société mère exerçait un tel pouvoir à l'encontre des salariés, cette société ainsi que la société filiale, employeur apparent, seront toutes deux qualifiées d'employeur du salarié, ce dernier pouvant, à son choix, poursuivre l'une et l'autre en paiement des indemnités de licenciement qui lui sont dues (4).

2° La détermination des effectifs

1957. — Le calcul des effectifs d'une entreprise est indispensable pour déterminer si celle-ci dépasse ou non les seuils prévus pour l'institution de délégués du personnel, d'un comité d'entreprise ou d'une section syndicale (sur les seuils, V. *supra*, n. 1747). Certains chefs d'entreprise, désireux d'échapper aux institutions représentatives du personnel, ont tenté de morceler leur entreprise en plusieurs sociétés distinctes dont aucune ne dépasse les seuils considérés. Ainsi, pour échapper à l'institution d'un comité d'entreprise, tel employeur s'efforce de ne pas dépasser le seuil de 50 salariés en créant autant de sociétés qu'il est nécessaire, dans lesquelles l'effectif ne dépasse pas la barre fatidique. Depuis longtemps, les tribunaux s'efforcent de déjouer ces combinaisons naïves en faisant masse de la totalité des effectifs de l'entreprise. Ils en décident ainsi lorsqu'ils relèvent une unité économique et sociale.

Que faut-il entendre par là ? Il y a unité économique et sociale lorsque le personnel des sociétés est soumis à des conditions de travail analogues, lorsque les objets économiques des sociétés sont identiques et, plus généralement, lorsque l'imbrication économique, sociale, financière et juridique des sociétés est telle que le découpage juridique disparaît devant l'unité économique et sociale qu'elles forment (5). Une semblable analyse aboutit à nier la personnalité juridique séparée des sociétés filiales. Cela peut s'assimiler à l'application de la théorie de l'abus de la personnalité morale (V. *supra*, n. 246).

---

(4) B. Teyssié, *Droit du travail*, Litec, 1980, n. 336.

(5) Cass. soc. 4 mars 1976 : *Bull. civ.* V, n. 142. — *Adde*, B. Teyssié, *op. cit.*, n. 990.

B. — La loi

1° Le comité de groupe

1958. — L'existence d'un groupe de sociétés oblige à constituer un comité de groupe (6). Pour le droit du travail, il y a groupe dès l'instant où une société en contrôle une autre (C. travail, art. L. 439-1). Il y a encore groupe de sociétés lorsque, du fait de l'existence d'administrateurs communs, de l'établissement de comptes consolidés, du niveau de la participation financière, les relations entre deux sociétés présentent un caractère de permanence et d'importance établissant l'existence d'un contrôle effectif (C. travail, art. L. 439-1).

Le comité de groupe est composé de représentants du personnel, il est présidé par le chef de l'entreprise dominante. Il se réunit au moins une fois par an sur convocation de son président (C. travail, art. L. 439-4).

Les pouvoirs du comité de groupe sont des pouvoirs d'information. En effet, aux termes de l'article L. 439-2 du Code du travail, "le comité de groupe reçoit des informations sur l'activité, la situation financière et l'évolution de l'emploi dans le groupe et dans chacune des entreprises qui le compose. Il reçoit communication, lorsqu'ils existent, des comptes et du bilan consolidés ainsi que du rapport du commissaire aux comptes correspondant. Il est informé dans les domaines indiqués ci-dessus des perspectives économiques du groupe pour l'année à venir".

Toutefois, certaines décisions ont accru les pouvoirs du comité de groupe. Significatif de ce courant est un arrêt de la Cour de Paris du 10 juin 1986 qui donne droit au comité de groupe d'agir en justice pour la nomination d'un contrôleur de gestion dans une société (7).

2° Le détachement à l'étranger

1959. — L'article L. 122-14-8 du Code du travail comporte une règle originale en matière de détachement à l'étranger d'un salarié. Il est dit : "lorsqu'un salarié, mis par la société au service de laquelle il était engagé à la disposition d'une filiale étrangère à laquelle il est lié par un contrat de travail, est licencié par cette filiale, la société mère doit assurer son rapatriement et lui procurer un nouvel emploi compatible avec l'importance de ses présentes fonctions au sein de la société mère" (8). La mesure est intéressante puisqu'elle aboutit à faire

(6) D. Plantamp, *L'originalité du groupe de sociétés au sens de l'article L. 439-1 du Code du travail : D* 1991, chron., p. 69.

(7) Paris, 10 juin 1986 : *JCP* 86, éd. E, II, 14781, note B. Teyssié et A. Viandier. (Cette affaire est présentée *supra*, n. 1888).

(8) A. Lyon-Caen, *La mise à disposition internationale de salarié* : *Droit social* 1981, p. 747.

supporter par la société mère les conséquences du licenciement ; c'est d'une certaine manière reconnaître le pouvoir exercé par celle-ci au sein des sociétés filiales. Cela rejoint la jurisprudence sur l'identification de l'employeur (V. *supra*, n. 1956).

On notera que les tribunaux ont, pour l'interprétation de ces dispositions, une analyse particulière du groupe de sociétés. Ils ne s'attachent pas uniquement à la détention de la majorité du capital, ils prennent en compte également l'existence de contrats conférant à une société un pouvoir de contrôle sur une autre société (9).

§ 3. — Les structures

1960. — Le législateur et la jurisprudence ont tenu compte de différentes manières des structures particulières du groupe de sociétés. Les tribunaux lavent les sociétés de portefeuille du péché de convention de vote (A) ; le législateur a tenu compte de l'existence de situations d'auto-contrôle (B) et il a offert la possibilité de constituer des sociétés unipersonnelles (C).

A. — La validité des sociétés de portefeuille

1961. — On désigne par sociétés de portefeuille les sociétés placées en haut de la pyramide des groupes ou à des échelons intermédiaires et dont l'actif (le portefeuille) se compose uniquement de titres d'une ou plusieurs sociétés du groupe. L'appellation de société holding est également usitée, mais en bonne terminologie elle doit être réservée aux cas dans lesquels la société intervient dans la gestion des sociétés dont elle détient des actions, ne se contentant pas d'effectuer un simple placement.

Pendant longtemps la Cour de cassation a été hostile à ces sociétés de portefeuille considérant notamment qu'elles avaient le caractère de sociétés de façade, uniquement destinées à obliger un ou plusieurs partenaires à se concerter pour toutes les décisions à prendre au sein d'une tierce société. La Cour de cassation estimait qu'il y avait là une convention de vote prohibée (V. *supra*, n. 848) et en déduisait la nullité des sociétés de portefeuille. Elle a abandonné cette position restrictive en 1985 dans l'importante affaire *Lustucru* (V. *infra*, n. 1962). On considère désormais comme acquise la validité de principe des sociétés de portefeuille (10).

---

(9) Aix-en-Provence, 31 mars 1980 : *D.* 1981, p. 301 (convention d'assistance technique).

(10) Rapp. Paris, 20 oct. 1980 : *Rev. soc.* 1980, p. 774, note A. VIANDIER.

1962. — L'affaire *Lustucru* c. *Rivoire et Carret*

> Les deux sociétés fabricantes de pâtes alimentaires, *Lustucru* et *Rivoire et Carret*, avaient décidé de se rapprocher en constituant une société de portefeuille à laquelle elles apportaient 70 % de leurs titres. Compte tenu de la valeur différente de ceux-ci, l'un des partenaires (*Lustucru*) se retrouva minoritaire dans la société de portefeuille. Un protocole d'accord fut signé afin de compenser les effets de cette minorité en capital. Ce document prévoyait notamment que la société serait administrée par un directoire composé de représentants des deux groupes en nombre égal et que toutes les décisions du directoire seraient prises à l'unanimité. Puis les partenaires se fâchèrent et *Lustucru* tenta d'obtenir l'annulation de la société de portefeuille en plaidant le caractère de convention de vote de celle-ci ; elle obtint gain de cause en première instance et devant la cour d'appel ; mais la Cour de cassation a considéré que l'arrangement ne constituait pas une atteinte au droit de vote et que le simple fait que la société soit uniquement une société de portefeuille ne suffisait pas à affirmer sa fictivité (Cass. com. 2 juill. 1985 : *Bull. Joly* 1986, p. 229 et 374, obs. W. Le Bras. — V. également dans la même affaire Cass. com. 24 fév. 1987 : *Bull. Joly* 1987, p. 213, note P. Le Cannu).
>
> On sait que les hostilités prirent ensuite un autre tour quand *Lustucru*, passant au large de la clause d'agrément, céda sa participation au concurrent italien *Barilla* (sur ce contentieux, V. *supra*, n. 1051).

B. — La réglementation de l'auto-contrôle

1963. — Il y a auto-contrôle lorsqu'une société détient directement ou indirectement ses propres actions. Exemple : une société A contrôle une société B, qui contrôle une société C, laquelle contrôle la société A (pour un schéma, V. *supra*, n. 1833).

Les situations d'auto-contrôle sont critiquables à deux égards. D'une part, cela aboutit à majorer fictivement la valeur des sociétés considérées : la pratique anglo-saxonne utilise parfois le terme de *watering* (mouillage) des actifs. En effet la valeur de A est déterminée sans que l'on tienne compte de la part possédée par A dans elle-même. D'autre part, l'auto-contrôle conduit à un verrouillage de la direction des sociétés concernées et interdit toute prise de participation extérieure.

1964. — Le législateur est intervenu par la loi du 12 juillet 1985. On a vu qu'il a posé des obligations d'information lors du franchissement de certains seuils dans le capital des sociétés (V. *supra*, n. 1823 et s.). La même loi a en outre limité l'influence de l'auto-contrôle. En effet, l'article 359-1 de la loi du 24 juillet 1966 dispose désormais : “Lorsque des actions d'une société ayant son siège sur le territoire de la République sont possédées par une ou plusieurs sociétés dont elle détient directement ou indirectement le contrôle, il ne peut être tenu compte des droits de vote attachés à ces actions dans les assemblées de la société qu'à concurrence de 10 % des voix dont disposent les actionnaires présents ou représentés". Par là, même si l'auto-contrôle à hauteur de 25, 30 ou 40 % est licite, ses effets sont réduits, puisque les actions ainsi détenues ne pourront voter que dans la limite de 10 % des voix.

Le dispositif a été resserré d'un cran avec la loi du 2 août 1989, qui supprime purement et simplement le droit de vote attaché aux actions d'autocontrôle, mais seulement à compter du 1er juillet 1991.

C. — L'ENTREPRISE UNIPERSONNELLE

1965. — Nous ne reprendrons pas ici l'analyse du régime juridique de la société unipersonnelle, qui est une société à responsabilité limitée à associé unique (V. *supra*, n. 1400 et s.). On notera seulement que les personnes morales, donc les sociétés, peuvent constituer des SARL unipersonnelles. C'est là un avantage considérable pour les groupes de sociétés. Auparavant, les groupes étaient souvent obligés de constituer des SARL ou des sociétés anonymes fictives dont la totalité du capital appartenait aux sociétés mères, celles-ci utilisant des salariés du groupe ou des mandataires sociaux à titre de prête-noms, pour compléter le nombre des associés ou des actionnaires (11). Avec la SARL unipersonnelle, les groupes peuvent désormais être, de manière ostensible, les seuls associés des sociétés concernées. Cependant, ils ne peuvent créer que des SARL, la société par actions étant obligatoirement pluripersonnelle. On signalera enfin que les EURL peuvent bénéficier du nouveau régime d'intégration fiscale des filiales à 95 %, ce qui sera une cause supplémentaire de leur succès (V. *infra*, n. 1984).

§ 4. — La comptabilité

1966. — La loi du 3 janvier 1985 a fait entrer dans le droit français le principe de la consolidation des comptes. La règle est simple : outre l'établissement de comptes sociaux à l'échelon de chacune des sociétés du groupe, celui-ci doit établir des comptes traduisant la réalité économique et financière de l'ensemble. Cela équivaut à reconnaître la personnalité comptable du groupe de sociétés, à consolider les fractures correspondant aux personnalités juridiques distinctes des sociétés membres du groupe (12).

L'obligation existe d'ores et déjà pour les sociétés cotées. Elle existera à compter du premier exercice ouvert après le 31 décembre 1989 pour les autres sociétés.

(11) C'est le lieu de souligner combien les groupes sont des milieux criminogènes : assemblées et conseils tenus sur le papier (d'où des faux en écritures de commerce), assistance financière à la limite de l'abus de biens... Les Parquets, conscients de l'archaïsme du droit des sociétés, ne poursuivent heureusement pas.

(12) A. VIANDIER, *Droit comptable*, Dalloz, 1984, n. 263 et s.

L'obligation dépend de l'existence d'un contrôle exclusif exercé par une société sur une autre. L'article 357-1 de la loi du 24 juillet 1966 considère que le contrôle exclusif résulte ;

— "soit de la détention directe ou indirecte de la majorité des droits de vote dans une autre entreprise ;

— soit de la désignation pendant deux exercices successifs de la majorité des membres des organes d'administration, de direction ou de surveillance d'une autre entreprise ;

— soit du droit d'exercer une influence dominante sur une entreprise en vertu d'un contrat ou de clauses statutaires".

1967. — Les comptes consolidés, qui comprennent un bilan, un compte de résultat et une annexe, appréhendent les comptes de toutes les sociétés placées sous le contrôle direct ou indirect de la société dominante ; on dit que ces sociétés entrent dans le périmètre de consolidation.

Les comptes consolidés doivent être réguliers et sincères et donner une image fidèle du patrimoine, de la situation financière ainsi que du résultat de l'ensemble constitué par les sociétés entrant dans ce périmètre. Les comptes sont accompagnés d'un rapport des organes de direction sur la gestion du groupe. Ils donnent lieu à une certification par les commissaires aux comptes.

Diverses sanctions pénales assurent l'effectivité du dispositif. Ainsi l'absence d'établissement de comptes consolidés peut entraîner la condamnation des dirigeants du groupe (L., art. 481-4°).

§ 5. — Les responsabilités

A. — En dehors du redressement judiciaire

1968. — En principe la société mère ne souffre aucune responsabilité du fait de ses filiales et vice versa ; les différentes composantes d'un groupe ont une personnalité juridique distincte, qui interdit de tenir pour responsable l'une en raison du comportement des autres (13). Cela a notamment été jugé en matière de responsabilité contractuelle par la Cour de cassation, qui a considéré que les conséquences de la rupture prétendument abusive d'un contrat d'exclusivité par la filiale d'un groupe ne pouvaient pas être mises à la charge de la société mère (14).

---

(13) Ainsi, en principe, l'arbitrage mettant en cause une filiale ne concerne pas la société mère (Cons. A. Chapelle, *L'arbitrage et les tiers : le droit des personnes morales* : *Rev. arb.* 1988, p. 475).

(14) Cass. com. 24 mai 1982 : *Rev. soc.* 1983, p. 361, note J. Béguin. — *Adde*, Cass. com. 4 janv. 1982 : *Rev. soc.* 1983, 95 — Paris, 15e ch., B, 4 mai 1990 : *D.* 1990, somm. 156 (le principe d'autonomie de la personne morale a pour conséquence que mère et filiale ne répondent pas des dettes l'une de l'autre).

1969. — La cour de Versailles vient toutefois de poser, dans un cas d'espèce, une solution différente (15). Une société française (*Saint-Gobain*) exportait à destination de l'Arabie Saoudite par l'intermédiaire de deux de ses filiales, l'une de droit belge et l'autre de droit libanais, lesquelles avaient passé un contrat de représentation commerciale avec une société saoudienne. Ce contrat fut rompu et la société saoudienne agit contre la société française, qui s'esquive en invoquant le fait que le contrat de représentation a été passé par ses deux filiales. La tactique échoue, la cour de Versailles jugeant que la société mère était le véritable partenaire de l'entreprise saoudienne : "bien qu'obéissant aux règles de forme des sociétés, ces deux entreprises ont une personnalité si faiblement distincte (de la société française) qu'elles ne sont pas comptées au rang des filiales ni des participations du groupe ; qu'elles en constituent tout au plus des agences". De là, ce que l'on pourrait qualifier de "consolidation" contractuelle.

Parmi les indices relevés figurent :

- la qualification d'agence apparue dans un courrier échangé entre les deux filiales ;

- le repli du gérant de la société libanaise au siège de la société française à la suite de la guerre du Liban ;

- les lettres échangées directement entre la société française et la société saoudienne, l'envoi d'échantillons par la première à la seconde, les instructions de la société française.

Ce n'est donc pas l'imbrication des patrimoines qui justifie la transparence, mais plutôt l'apparence créée par la société mère et de laquelle la société saoudienne a pu induire qu'elle contractait directement avec celle-ci. La théorie de l'apparence apparaît ainsi comme un mode supplémentaire de traitement des groupes de sociétés (16).

Deux ans après, la cour de Versailles élargit la brèche qu'elle avait créée lors d'une affaire *Alsthom*, relative à une décision de rupture d'un contrat de sous-traitance.

1970. — L'affaire *Alsthom* c. *GTM-Entrepose*

La société *Alsthom* avait sous-traité à la société *Julin* l'exécution d'un marché public relatif à l'équipement de deux centrales nucléaires. La société *Julin* rompit ce contrat de sous-traitance, puis fut mise en liquidation des biens. *Alsthom* tenta alors de se retourner contre la société mère (à 97,5 %) de son cocontractant, la société *GTM-Entrepose*, en prétendant que celle-ci était l'instigatrice de la rupture. La cour de Versailles, dans un arrêt du 27 octobre 1988, accueille en son principe la demande de *Alsthom* (*JCP* 89, éd. E, 15423, n. 18, obs. A. VIANDIER et J.-J. CAUSSAIN). Les juges

(15) Versailles, 17 sept. 1986 : *JCP* 87, éd. E, 16644, n. 20, obs. A. VIANDIER et J.-J. CAUSSAIN.
(16) Comp. Cass. com. 18 oct. 1988 : *Bull. Joly* 1988, note P. LE CANNU.

constatent la faute de la société *Julin* dans la rupture du contrat de sous-traitance ; ils notent qu'aucune confusion de patrimoine ne peut être relevée entre cette société et *GTM-Entrepose*; ils soulignent que la décision de rupture n'a pu être prise sans que le conseil d'administration de la société *Julin*, dominé par *GTM-Entrepose*, ne délibère, mais ils considèrent que "ceci ne peut toutefois suffire à engager la responsabilité des sociétés mères" ; ils observent enfin qu'un représentant de *GTM* a participé à une réunion de chantier lors de laquelle il aurait indiqué que *GTM* était décidé à ne plus financer les pertes de sa filiale ; ils en induisent la responsabilité de *GTM* dans la rupture "car la preuve est suffisamment apportée d'une immixtion directe de la société mère dans la décision incriminée, prise dans son intérêt".

Pareil motif est difficilement critiquable, il n'est que l'application en droit des sociétés des solutions suivies lorsqu'un tiers à un contrat se rend complice de la violation par une des parties de ses obligations contractuelles (Rappr. P. HUGUENEY, *De la responsabilité du tiers complice de la violation d'une obligation contractuelle*, thèse Dijon, 1910).

B. - EN CAS DE REDRESSEMENT JUDICIAIRE

1971. — Il est des hypothèses dans lesquelles la responsabilité financière d'une société peut être engagée par la défaillance d'une ou plusieurs autres sociétés du groupe auquel elle appartient. Cela survient exclusivement en cas de “faillite”, soit que l'on fasse application de la théorie de la confusion des patrimoines, soit que l'on mette en œuvre les actions en comblement ou en extension.

1° La confusion de patrimoine

1972. — L'arme de la confusion de patrimoine est très dangereuse : elle permet d'étendre la “faillite” d'une société à d'autres personnes. Exemple : une société est mise en redressement ou en liquidation judiciaires, il est démontré qu'elle n'était qu'une société de façade manipulée par un tiers, lequel utilisait des prête-noms et dirigeait la société par leur intermédiaire ; ce tiers sera mis lui-même en redressement ou en liquidation judiciaires.

Autre exemple : deux sociétés ont le même personnel, le même siège social, les mêmes dirigeants, leur comptabilité et leur compte bancaire sont étroitement imbriqués ; la “faillite” de l'une emporte la “faillite” de l'autre (17).

C'est là un risque majeur dans les groupes de sociétés, puisque cela aboutit à abattre des cloisons juridiques conçues comme des cloisons étanches. Toutefois le seul rapport de société mère à filiale est insuffisant pour que la “faillite” de l'une emporte la “faillite” de l'autre ; il faut une réelle confusion

(17) Comp. Trib. com. Paris, 4 juin 1984 : *JCP* 84, II, 20273 (aff. *AMREP*) — Cass. com. 8 nov. 1989 : *D.* 1989, somm., 372 (société civile formant avec une société mère et treize filiales, distinctes en apparence, une entreprise unique). — Paris, 3e ch. A, 25 sept. 1990 : *Bull. Joly* 1990, p. 963 (confusion de patrimoine de trois sociétés sans activité autonome l'une par rapport à l'autre et dont les droits et obligations sont concentrés et mêlés entre les mains de deux personnes physiques, dirigeants sociaux et détenteurs du capital).

des patrimoines. La détention de la quasi-totalité du capital d'une société ne présume pas semblable confusion. Il est donc des hypothèses dans lesquelles une société mère ne souffre pas des conséquences de la "faillite" de sa filiale et vice versa.

Cependant d'autres instruments permettent d'engager la responsabilité de la société mère.

2° L'action en comblement et l'action en extension

a) L'action en comblement de passif

1973. — On sait que l'article 180 de la loi du 25 janvier 1985 permet, en cas d'insuffisance d'actif, de mettre à la charge d'un ou plusieurs des dirigeants de celle-ci, une partie de cette insuffisance ; c'est l'action en comblement du passif (V. *supra*, n. 439).

L'action peut être intentée à l'encontre des dirigeants de droit ou des dirigeants de fait d'une société. Or une société mère a la qualité de dirigeant de droit de ses filiales dès lors qu'elle est administrateur de celles-ci. De plus, une société mère peut également revêtir la qualité de dirigeant de fait s'il est démontré qu'elle s'est immiscée dans la direction générale de la société filiale, situation courante.

Cette preuve est parfois difficile à apporter. Ainsi, dans l'affaire *Creusot-Loire*, les rapporteurs désignés par le tribunal de commerce de Paris ont considéré (en juillet 1986) que le groupe *Schneider*, auquel appartenait la société *Creusot-Loire*, ne pouvait pas être considéré comme un dirigeant de fait de celle-ci.

Si la qualité de dirigeant de la société mère est retenue, il y a alors lieu de rechercher si cette société mère a commis une faute de gestion ayant contribué à l'insuffisance d'actif (18). C'est l'application ordinaire des règles de l'action en comblement.

On rappellera que l'action en comblement aboutit seulement à mettre à la charge du dirigeant fautif tout ou partie de l'insuffisance d'actif ; s'il est donc en mesure de payer le montant de l'indemnité réclamée, il échappe au redressement et à la liquidation judiciaires ; dans l'hypothèse inverse, il est mis lui-même en redressement ou en liquidation judiciaires ; l'effet est alors identique à celui que permet d'atteindre la théorie de la confusion des patrimoines ou encore l'action en extension.

b) L'action en extension de redressement ou de liquidation judiciaires

1974. — L'article 182 de la loi du 25 janvier 1985 permet, en cas de redressement judiciaire d'une personne morale, d'ouvrir une procédure collective de paiement (redressement ou liquidation judiciaires) à l'égard de tout dirigeant de droit ou de fait contre lequel pourront être relevés l'un des faits suivants : avoir disposé des biens de la personne morale comme de ses biens propres,

(18) Cela a par exemple été reconnu en 1990 à l'encontre de la société Fives-Hille à l'occasion du naufrage de Nasa Electronique.

avoir, sous le couvert de la personne morale en masquant ses agissements, accompli des actes de commerce dans un intérêt personnel, avoir fait des biens ou du crédit de la personne morale un usage contraire à l'intérêt de celle-ci à des fins personnelles... (V. *supra*, n. 440 et s.).

Là encore si la société mère s'est comportée comme un dirigeant de droit ou de fait et s'est rendue coupable de l'un des griefs recensés à l'article 182, elle doit souffrir l'extension de la "faillite". Cette extension est particulièrement grave pour la société mère, puisqu'elle conduit à sa mise en redressement ou en liquidation judiciaires immédiate ; que celle-ci ait ou non les moyens de faire face au passif de sa filiale, elle sera soumise à la procédure collective de paiement.

§ 6. — La fiscalité

1975. — La fiscalité favorise-t-elle ou défavorise-t-elle les groupes ? La réponse ne peut être que nuancée, encore que les éléments positifs l'emportent sur les éléments négatifs, ainsi qu'en témoigne la vitalité des groupes. On le vérifiera en distinguant entre le coût des restructurations, le régime des opérations intra-groupe et la circulation des résultats.

A. — Le coût des restructurations

1976. — Les grands groupes sont une restructuration permanente ; ils pratiquent quotidiennement des acquisitions ou des cessions de blocs de contrôle, des fusions ou des apports partiels d'actif ; un jour ils filialisent un département, le lendemain ils absorbent une filiale qui se trouve ravalée au rang de département ; parallèlement des actions sont menées avec d'autres partenaires sous forme de filiales communes, de sociétés en participation, d'accords contractuels ; dans les grands jours, on "remet à plat" tout l'organigramme du groupe.

Toutes ces opérations, sans être gratuites, sont d'un coût fiscal raisonnable : en cas de cession de contrôle, le cédant est imposé au taux de 19 % sur la plus-value éventuelle qu'il réalise, si du moins il détient cette participation depuis plus de deux ans ; le cessionnaire n'a en principe rien à payer, encore que la prudence impose généralement la rédaction d'un écrit, lequel entraîne l'exigibilité des droits d'enregistrement au taux de 1 %, plafonnés à 20 000 F (V. *supra*, n. 1151) (19).

Les fusions et apports partiels d'actif sont quasiment exonérés ; sans doute les plus-values sur éléments amortissables sont-elles imposées au niveau de la société absorbante, mais celle-ci y trouve une compensation avec l'élargissement correspondant des marges d'amortissement (V. *supra*, n. 1762) ; on rappellera toutefois que ces régimes de faveur ne jouent que si les sociétés en cause relèvent de l'impôt sur les sociétés (V. *supra*, n. 1760).

---

(19) J. Paillusseau, *La fiscalité des cessions de contrôle* : *D.* 1984, chron. p. 207.

B. — Le régime des opérations intra-groupe (20)

1977. — Par vocation, les sociétés d'un même groupe commercent entre elles : gestion centralisée de la trésorerie, approvisionnement des filiales de commercialisation auprès des unités de production, facturation des services communs assumés par la société mère... Le fisc redoute les manipulations de ce que l'on appelle les "prix de transfert" pratiqués au sein des groupes. Il est tentant en effet, dans un souci d'optimisation fiscale, de localiser le maximum de bénéfices là où l'on paie le moins d'impôt ; la tentation est d'autant plus grande que certaines filiales sont hébergées par des Etats à fiscalité bienveillante. Les techniques sont connues : ventes à prix minoré, achats à prix majoré, avances sans intérêt ou à taux réduit, facturation de redevances excessives pour services de toutes sortes tels que frais de siège. Par principe, les transactions doivent se faire au prix normal, celui du marché, autrement dit celui qui aurait été pratiqué vis-à-vis d'un contractant hors groupe. Des accommodements sont tout de même admis, qui diffèrent selon qu'il s'agit ou non d'opérations financières.

1° Les opérations financières

1978. — Les sociétés d'un même groupe se font régulièrement des avances, quand elles ne mettent pas en place un pool de trésorerie (V. *supra*, n. 1952). Le fisc exige que le placement des fonds disponibles soit normalement rémunéré, encore qu'il admette que le groupe pratique en son sein une politique de taux privilégiés, légèrement inférieurs à ceux du marché (21). Les avances sans intérêts ou à taux insuffisants sont qualifiées d'actes anormaux de gestion (V. *supra*, n. 495) ; le manque à payer est en conséquence réintégré dans le résultat imposable de la société gratifiante. Toutefois, s'il s'agit de renflouer une filiale en difficulté, la mère peut venir à son secours, au besoin en lui consentant des avances sans intérêts.

2° Les opérations non financières

1979. — La règle, expression d'une certaine morale des affaires qui doit présider même dans les relations d'une mère avec ses filles, veut que les transactions soient passées au juste prix. Elle est sans exception si l'opération porte sur des immobilisations ou des titres de participation ; la Compagnie financière de Suez l'a appris à ses dépens qui avait acheté à l'une de ses filiales à 100 % (la SEPGIP) 14000 actions de Saint-Gobain pour un prix inférieur à celui qu'indiquaient les cours de bourse ; la filiale fut imposée sur le manque à gagner et la mère sur le montant de la gratification (22) ; comme dans tout acte anormal de gestion, la sanction est double (V. *supra*, n. 495).

(20) M. Cozian, *Les grands principes de la fiscalité des entreprises*, Doc. 33, "Les transactions intra-groupe".

(21) M. Cozian, *Les grands principes de la fiscalité des entreprises*, Doc. 34, "Les avances sans intérêts".

(22) Cons. d'Etat 6 juin 1984 : *JCP* 84, n. 8-9, p. 466, concl. J.-F. Verny.

Pour les transactions courantes portant sur des biens ou des services, la jurisprudence admet, du moins dans les relations avec les filiales françaises, que les transactions soient faites à prix coûtant ; ainsi la société mère qui prend en charge certains frais communs (publicité, comptabilité, recherche...) peut refacturer aux filiales la quote-part qui leur revient sans avoir à majorer le coût supporté d'une quelconque marge bénéficiaire.

C. — La circulation des résultats

1980. — En théorie, un groupe peut choisir entre une structure unitaire et une structure composite ; dans le premier cas, on ne dégage qu'un seul résultat pour tout le groupe, puisque les différentes unités techniques n'ont ni personnalité juridique, ni personnalité fiscale. Même s'il entraîne des simplifications comptables et fiscales, un tel monstre de centralisme n'est pas le modèle que retiennent les groupes. Ceux-ci préfèrent une gestion décentralisée par unités dotées de la personnalité juridique ; cette formule permet de suivre les résultats dégagés par chacune, "responsabilise" davantage les équipes dirigeantes et facilite les cessions ou associations ultérieures. Chaque société du groupe dégage un résultat qui lui est propre et paie l'impôt correspondant. On ne fait donc pas apparaître un résultat imposable consolidé qui serait le pendant du résultat comptable consolidé. Depuis 1988, il existe heureusement un régime d'intégration fiscale, qui ne vaut cependant que pour les filiales dont la mère possède au moins 95 % du capital (V. *infra*, n. 1984).

L'intégration économique et financière du groupe appelle une certaine circulation des résultats, ce qui ne va pas sans difficultés. Malgré l'écran juridique des filiales, les dividendes peuvent circuler en quasi-franchise fiscale ; il n'en va pas de même pour la remontée des pertes éventuelles.

1° La quasi-exonération de la remontée des dividendes

1981. — Il est évident qu'aucun groupe ne pourrait survivre avec un système d'impositions multiples des dividendes. Dans un schéma simpliste comprenant une sous-filiale, une filiale et une holding, les bénéfices réalisés par la première seraient imposés à son niveau, puis au niveau de la filiale sous forme de dividendes, puis à celui de la holding si celle-ci distribuait à son tour des dividendes à ses propres actionnaires.

C'est la raison pour laquelle tous les Etats admettent un mécanisme, plus ou moins généreux, d'exonération des dividendes distribués par les filiales. Le régime français figure parmi les plus favorables (CGI, art. 145). Il s'applique dès lors que la participation dans le capital de la filiale est égale ou supérieure à 10 %. Dans ce cas, les dividendes perçus par la société mère sont exonérés, sous réserve de l'imposition d'une quote-part de frais et charges de 5 %. En cas de cascade de filiales, les bénéfices ne sont imposés au taux normal qu'au niveau de la filiale de base ; les dividendes remontent ensuite en quasi-exonération fiscale à travers les différentes sociétés superposées jusqu'à la société mère, tête de groupe ; la déperdition fiscale est de 0,21 % à chaque distribution (5 % x 42 %). A cet égard, les holdings françaises font figure de vrais "paradis fiscaux", n'ayant rien à envier, sur ce point du moins, aux holdings luxembourgeoises ou néerlandaises.

2° Le problème de la remontée des pertes

a) L'interdiction de principe

1982. — Dans un groupe, certaines filiales peuvent dégager des bénéfices, tandis que d'autres accusent des pertes. Ne serait-il pas logique et équitable de compenser entre eux les bénéfices et les déficits de façon à ne taxer que le bénéfice global réel, correspondant au résultat consolidé (V. *supra*, n. 1967) ? Malheureusement, le groupe n'a pas plus la personnalité fiscale qu'il n'a la personnalité juridique. Les filiales conservent donc leur personnalité fiscale et le résultat imposable est calculé au niveau de chacune d'elles ; dans la mesure où elles relèvent de l'impôt sur les sociétés (sociétés anonymes ou SARL), le régime est celui de l'opacité fiscale (V. *supra*, n. 56) ; il s'oppose à ce que le déficit d'une société remonte jusqu'aux associés (V. *supra*, n. 449) ; le déficit d'une filiale ne peut donc s'imputer sur les résultats de la société mère. Cette absence de consolidation fiscale constitue un handicap pénalisant pour les groupes ; ceux-ci se défendent comme ils peuvent. L'un des moyens consiste à choisir la société de personnes comme vêtement juridique pour les filiales de façon à permettre une consolidation "sauvage" ; la loi enfin a institué récemment un régime d'intégration fiscale, qui ne s'applique toutefois qu'aux filiales dont la mère possède au moins 95 % du capital.

b) La consolidation "sauvage" par recours aux sociétés de personnes

1983. — Lorsque la filiale revêt la forme d'une société de personnes, une société en nom collectif par exemple, elle relève de l'impôt sur le revenu ; le régime de la translucidité autorise dans ce cas la remontée directe du déficit jusqu'aux associés (V. *supra*, n. 405) ; de cette façon, le déficit de la filiale s'impute sur les résultats de la société mère ; ceci explique la fréquence de sociétés en nom collectif au sein des groupes, en raison de la consolidation "sauvage" qu'elle autorise (V. *supra*, n. 1502). Ce palliatif n'est pas sans risques, la mère étant infiniment responsable si la filiale fait de mauvaises affaires. Il perd de son intérêt avec le nouveau régime de l'intégration fiscale, du moins à l'égard des filiales à 95 %.

c) Le nouveau régime de l'intégration fiscale

1984. — A l'image de ce que connaissent les pays étrangers industrialisés, les groupes français peuvent depuis 1988 consolider les résultats de leurs filiales relevant de l'impôt sur les sociétés dont elles possèdent au moins 95 % du capital (CGI, art. 209 *sexies*). Chaque filiale fait une déclaration séparée de ses résultats, mais ne paie pas l'impôt correspondant. La société mère fait de son côté une déclaration de l'ensemble des résultats du groupe en compensant les bénéfices et les déficits ; l'impôt à payer est calculé sur le résultat net ainsi dégagé.

Le régime de l'intégration fiscale s'applique même si le groupe ne compte que deux sociétés, l'une étant la mère de l'autre. Cela explique le recours de plus en plus fréquent à la société holding comme technique de rachat d'une société ; le régime de l'intégration fiscale permet d'imputer les frais financiers supportés par la holding avec les bénéfices dégagés par la société rachetée (V. *supra*, n. 942).

§ 7. — En guise de conclusion : un essai de synthèse

A. — Le constat

1985. — L'analyse des diverses incidences de l'institution d'un groupe de sociétés oblige d'abord à constater que l'effet le plus courant tient dans la levée de la personnalité juridique des sociétés membres d'un groupe. Cela est notamment vrai pour la comptabilité, pour l'abus de biens sociaux, pour le pool de trésorerie et pour la “faillite”. Cependant cette transparence juridique est loin d'être absolue ; elle ne joue — favorablement ou défavorablement — que dans les seules hypothèses recensées par la loi ou les tribunaux. De plus, le groupe en tant que tel n'a pas la personnalité morale (V. *infra*, n. 1989, l'affaire *Prost*).

Pour tous les autres cas, le principe de la personnalité juridique séparée des sociétés membres du groupe demeure. Cela a déjà été noté en matière de responsabilité contractuelle (V. *supra*, n. 1968 et s.). Cela peut encore être observé en matière de compensation ; en effet le débiteur de la société ne saurait exiger que sa dette soit compensée avec une créance contre une société filiale de sa créancière. Cette situation fait mériter au droit français des groupes de sociétés sa qualification d'impressionnisme ou encore le reproche de manquer de cohérence.

Ensuite, une incohérence analogue règne en matière de définition du groupe de sociétés, car les approches des diverses disciplines sont très dissemblables. Ainsi, la détention de la majorité des droits de vote est un élément essentiel, sauf en matière de droit bancaire, lequel se contente de liens conférant un pouvoir de contrôle effectif (V. *supra*, n. 1952). La détermination de fait des décisions d'assemblée est éclairante en matière de réglementation de l'auto-contrôle, mais ne l'est plus pour la consolidation comptable ou l'institution d'un comité de groupe. Mieux, la désignation de la majorité des dirigeants est utile en matière de consolidation comptable, mais ne l'est plus en matière de réglementation de l'auto-contrôle. Ailleurs, l'exercice d'une influence dominante est nécessaire pour l'institution du comité de groupe, mais ne l'est pas pour la légitimation des pools de trésorerie. De même qu'il n'y a pas *un* groupe de sociétés, il n'est pas *une* définition du groupe, voire du contrôle.

Il faut signaler enfin l'absence de protection sérieuse des actionnaires minoritaires. Ces derniers, sauf le cas des sociétés cotées, sont peu protégés contre un changement de majoritaire. De plus, les actionnaires d'une société mère ne peuvent pas agir à l'encontre des dirigeants des filiales, même si ces derniers ont un comportement fautif et font courir un risque de perte ou causent un dommage à la société mère, actionnaire majoritaire de la société qu'elle dirige (23).

B. — Les perspectives

1986. — Périodiquement, des projets sont présentés qui visent à réglementer le groupe de sociétés en tant que tel. Le modèle le plus souvent suivi par leurs promoteurs est le modèle allemand. En droit allemand, il y a groupe de sociétés dès l'instant où une entreprise est subordonnée à une autre. Deux situations sont alors concevables. Dans la première (celle de l'*Organschaft*), un contrat d'affiliation est établi entre la société dominée et la société dominante ; par ce contrat, l'entreprise dominante est autorisée à donner des directives à la société dominée et à faire prévaloir, le cas échéant, l'intérêt du groupe sur celui de la société dominée. Elle peut par exemple ordonner à cette dernière de lui céder des marchandises à un prix inférieur à celui du marché ou encore peser sur sa politique du personnel ou sur la gestion de sa trésorerie. Mais en tout état de cause, l'entreprise dominante doit compenser le déficit de l'entreprise dominée ; le contrat comporte également des mesures propres à garantir le dividende à verser aux actionnaires minoritaires de la filiale.

Dans le second cas, aucun contrat d'affiliation n'est établi ; alors la société mère ne peut pas imposer à la société filiale un acte contraire à ses intérêts. De plus, tous les ans, les dirigeants de la société mère doivent établir un rapport sur les opérations réalisées entre les deux sociétés placées dans un lien de domination.

La proposition de loi *Cousté* déposée en 1970 puis en 1978 a repris cette distinction en évoquant les groupes de droit, ceux pour lesquels un contrat d'affiliation existe et les groupes de fait, ceux pour lesquels aucun contrat de ce type n'a été souscrit. Cependant, cette proposition de loi n'a pas abouti.

Il existe également, à l'échelon européen, un avant-projet de neuvième directive visant à harmoniser la réglementation des groupes de sociétés dans les Etats membres de la communauté. Mais les travaux achoppent sur un point important, celui de la représentation des travailleurs, seul le droit allemand postulant une représentation obligatoire ; d'où son souhait que celle-ci soit maintenue dans la directive... et la réticence des autres pays.

---

(23) Cl. Armand et A. Viandier, *Réflexions sur l'exercice de l'action sociale dans les groupes de sociétés : transparence des personnalités et opacité des responsabilités?* : *Rev. soc.* 1986, p. 557.

LE COIN DES AMATEURS

1) Les lettres d'intention

1987. — Les liens de filiation financière qui les unissent justifient qu'une société mère soutienne ses filiales et, le cas échéant, les renfloue en cas de difficultés. Ne serait-ce pas la traduction d'une sorte d'obligation alimentaire à l'image de celle qu'impose le droit de la famille ? De là les facilités accordées par la loi quant aux prêts consentis entre membres du groupe et quant à la constitution des pools de trésorerie (V. *supra*, n. 1952). La filiale a également besoin que son crédit, c'est-à-dire la confiance qu'elle inspire, soit renforcé par le soutien de la société mère. D'où la fréquence des cautionnements que ne manquent pas d'exiger les créanciers les plus précautionneux, les établissements financiers notamment. Les lettres d'intention sont une autre forme de garantie conçue par la pratique, spécialement dans les relations internationales ; la terminologie est variable et l'on parle indifféremment de lettres d'intention, de lettres de patronage ou de lettres de confort (les *comfort letters* des Anglo-saxons) (J.-P. Bertrel, *Les lettres d'intention* : *Banque* 1986, n. 895).

A la différence du cautionnement, la lettre d'intention n'est ni prévue, ni réglementée par la loi. C'est donc le règne de la liberté contractuelle, avec les inévitables difficultés d'interprétation que cela suscite. En gros, en signant la lettre d'intention, la société mère promet au créancier de veiller à ce que la filiale soit en état de faire face à ses engagements. Les lettres d'intention ne sont pas toutes rédigées selon les mêmes modèles ; on peut, semble-t-il, déceler trois variantes :

- certaines lettres ne contiennent qu'un engagement d'honneur ; leur portée est morale et non juridique ;
- d'autres contiennent un engagement juridique, mais seulement de moyens ;
- d'autres enfin mettent une obligation de résultat à la charge de la société mère, celle-ci s'engageant à payer le créancier en cas de défaillance de la filiale ; on est alors très près du cautionnement.

Devant la résistance de certaines sociétés mères, les tribunaux ont eu à se prononcer sur la nature et la portée des lettres d'intention. Ils n'ont jusqu'à présent jamais admis qu'elles ne contiennent qu'un engagement moral sans incidence juridique. La lettre d'intention est donc une variété de sûreté personnelle. Aussi doit-elle être régulièrement accordée, le président d'une société anonyme devant être préalablement autorisé par le conseil d'administration (V. *supra*, n. 704) ; à défaut d'une telle autorisation, la lettre d'intention est inopposable à la société mère (Paris, 31 mai 1989 : *Gaz. Pal.* 9 -10 août 1989, concl. Tulli).

Si l'autorisation du conseil a été régulièrement accordée, la société mère peut contester la portée de son engagement (obligation de moyens ou obligation de résultat). Tout dépend cette fois des termes employés dans la lettre d'intention.

La Cour de cassation s'est prononcée sur l'interprétation d'une lettre par laquelle une société affirmait son intention de "soutenir sa filiale dans ses besoins financiers et, dans le cas où cela deviendrait nécessaire, de se substituer à elle pour faire face à tous les engagements qu'elle pouvait prendre à l'égard de la *Sodler*". L'attendu de principe de l'arrêt mérite d'être reproduit. "Attendu que, malgré son caractère unilatéral, une lettre d'intention peut, selon ses termes, lorsqu'elle a été acceptée par son destinataire et eu égard à la commune intention des parties, constituer à la charge de celui qui l'a souscrite un engagement contractuel de faire ou de ne pas faire pouvant aller jusqu'à l'obligation d'assurer un résultat, même si elle ne constitue pas un cautionnement ; qu'il appartient au juge de donner ou restituer son exacte qualification à un pareil acte sans s'arrêter à la dénomination que les parties en auraient proposée" (Cass. com. 21 déc. 1987 : *Rev. soc.* 1988, p. 398, note H. SYNVET. — *Adde,* Cass. com. 19 mars 1991 : *Bull. Joly* 1991, p. 523, note P. LE CANNU).

On signalera une autre espèce dans laquelle il a été jugé que la lettre d'intention contenait non une obligation de résultat comme dans l'affaire précédente, mais une simple obligation de moyens. La lettre signée par la société mère était ainsi rédigée : "Nous vous confirmons par la présente que nous ferons tous nos efforts, au cours des douze années à venir, pour que notre filiale dispose d'une trésorerie suffisante pour faire face à ses engagements envers votre société au titre de ces crédits à long terme de 5,2 MF". La filiale connaissant de sérieuses difficultés financières, la mère vint à son secours par différents moyens : avances, abandons de créances et apports en capital. Malgré cette transfusion financière, l'état de la filiale ne cessa d'empirer et elle fut contrainte de déposer le bilan. Le créancier de la filiale se retourna alors contre la société mère ; celle-ci répondit qu'elle avait fourni tous les efforts promis, mais qu'elle ne pouvait s'engager au-delà à peine d'être elle-même conduite à déposer le bilan. La cour d'appel débouta le créancier dans les termes suivants : "Considérant qu'il s'agit en l'espèce d'une obligation de moyens et non d'une obligation de résultat assimilable à un cautionnement, qui ne se présume pas...; qu'il n'est pas contesté que la société mère se soit trouvée dans une situation telle que le paiement de l'échéance réclamée l'aurait conduite elle-même à déposer son bilan ; qu'il est donc établi qu'elle ne pouvait plus poursuivre les efforts précédemment accomplis et avait exécuté l'obligation de diligence qu'elle avait précédemment souscrite" (Paris, 10 mars 1989 : *Gaz. Pal.* 23-25 avril 1989, note J.-P. MARCHI).

2) Le tête-à-queue de la carrière littéraire d'Alain Prost

1988 — Le célèbre coureur automobile ayant envisagé de passer du volant à la plume (avec direction assistée ?) signa un contrat d'édition avec le groupe *Les Presses de la Cité* en vue de la publication d'un livre qui devait être modestement intitulé "Moi, pilote". L'entreprise finit en tête-à-queue et le coureur plaida la nullité du contrat d'édition, en invoquant notamment le fait que le contrat avait été conclu avec le "groupe" *Les Presses de la Cité ;* or n'ayant pas la personnalité morale, un groupe ne saurait s'engager par contrat ; le contrat n'a donc pas plus de valeur que s'il était "signé" avec un animal ou une chose. L'argument était simpliste ; il emporta toutefois la conviction des juges qui annulèrent le contrat d'édition au motif de l'incapacité d'un groupe à contracter valablement (Trib. gr. inst. Paris, 7 mars 1986 : *D.* 1988, I.R., 208).

La solution laisse le juriste sur sa faim; il constate qu'un accord n'en a pas moins existé, que le groupe est constitué de sociétés dotées de la personnalité morale et que sans forcer l'argumentation juridique on pouvait estimer que le contrat avait été passé avec toutes les parties en cause. Et puis n'est-il pas malsain de nier l'existence d'une convention... lorsque les cocontractants ont bel et bien convenu ?

3) L'organigramme du groupe Paribas

1988 — Il est des groupes plus étoffés que d'autres. Voici le panorama du groupe Paribas qui a la simplicité d'un circuit électrique.

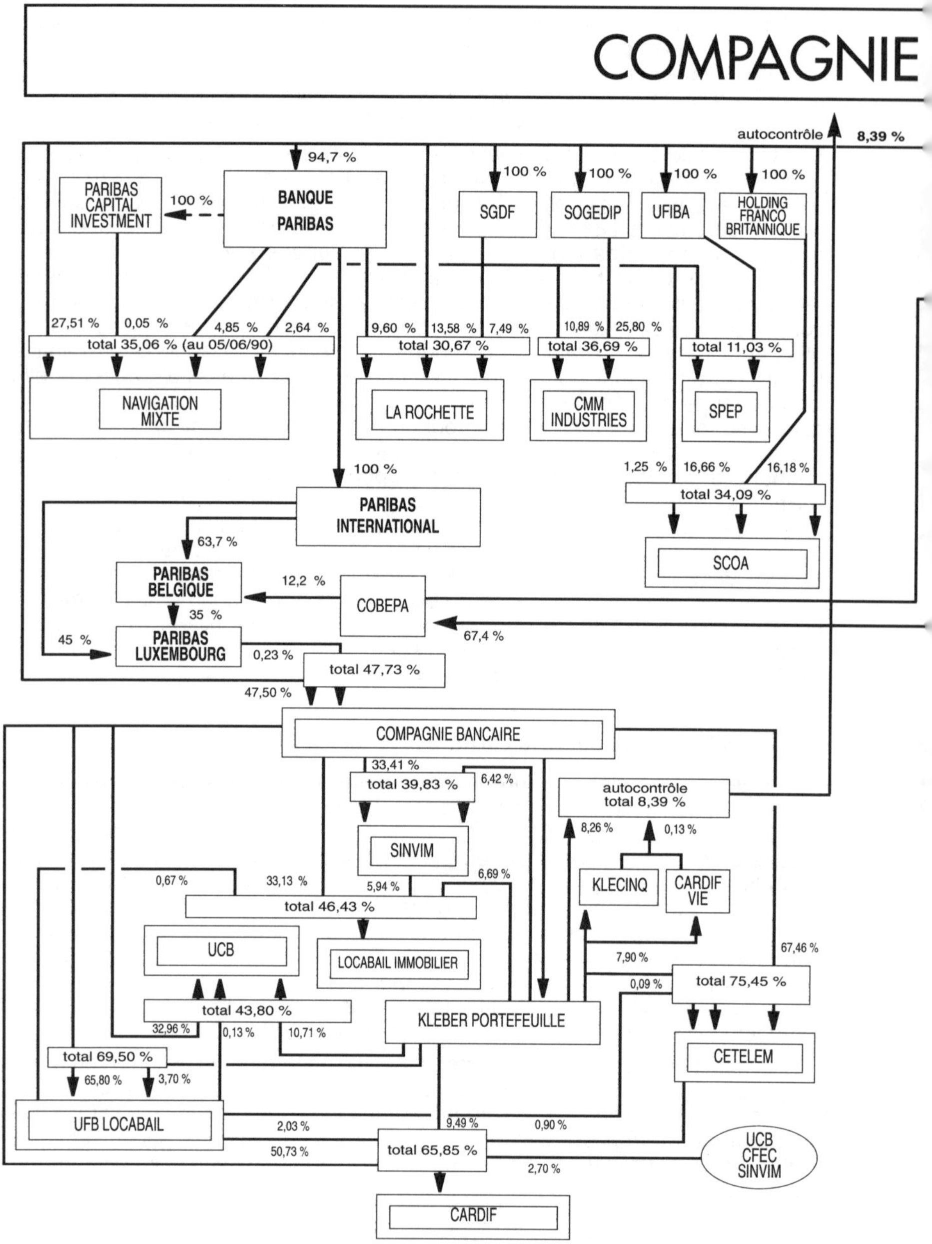
COMPAGNIE
autocontrôle
8,39 %
94,7 %
100 %
100 %
100 %
100 %
PARIBAS CAPITAL INVESTMENT
100 %
BANQUE PARIBAS
SGDF
SOGEDIP
UFIBA
HOLDING FRANCO BRITANNIQUE
27,51 %
0,05 %
4,85 %
2,64 %
9,60 %
13,58 %
7,49 %
10,89 %
25,80 %
total 35,06 % (au 05/06/90)
total 30,67 %
total 36,69 %
total 11,03 %
NAVIGATION MIXTE
LA ROCHETTE
CMM INDUSTRIES
SPEP
100 %
1,25 %
16,66 %
16,18 %
total 34,09 %
PARIBAS INTERNATIONAL
SCOA
63,7 %
PARIBAS BELGIQUE
12,2 %
COBEPA
35 %
45 %
PARIBAS LUXEMBOURG
67,4 %
0,23 %
total 47,73 %
47,50 %
COMPAGNIE BANCAIRE
33,41 %
total 39,83 %
6,42 %
autocontrôle total 8,39 %
SINVIM
8,26 %
0,13 %
0,67 %
33,13 %
5,94 %
6,69 %
KLECINQ
CARDIF VIE
total 46,43 %
UCB
LOCABAIL IMMOBILIER
7,90 %
67,46 %
0,09 %
total 75,45 %
total 43,80 %
KLEBER PORTEFEUILLE
32,96 %
0,13 %
10,71 %
CETELEM
total 69,50 %
65,80 %
3,70 %
UFB LOCABAIL
2,03 %
9,49 %
0,90 %
50,73 %
total 65,85 %
UCB CFEC SINVIM
2,70 %
CARDIF

FINANCIÈRE DE PARIBAS

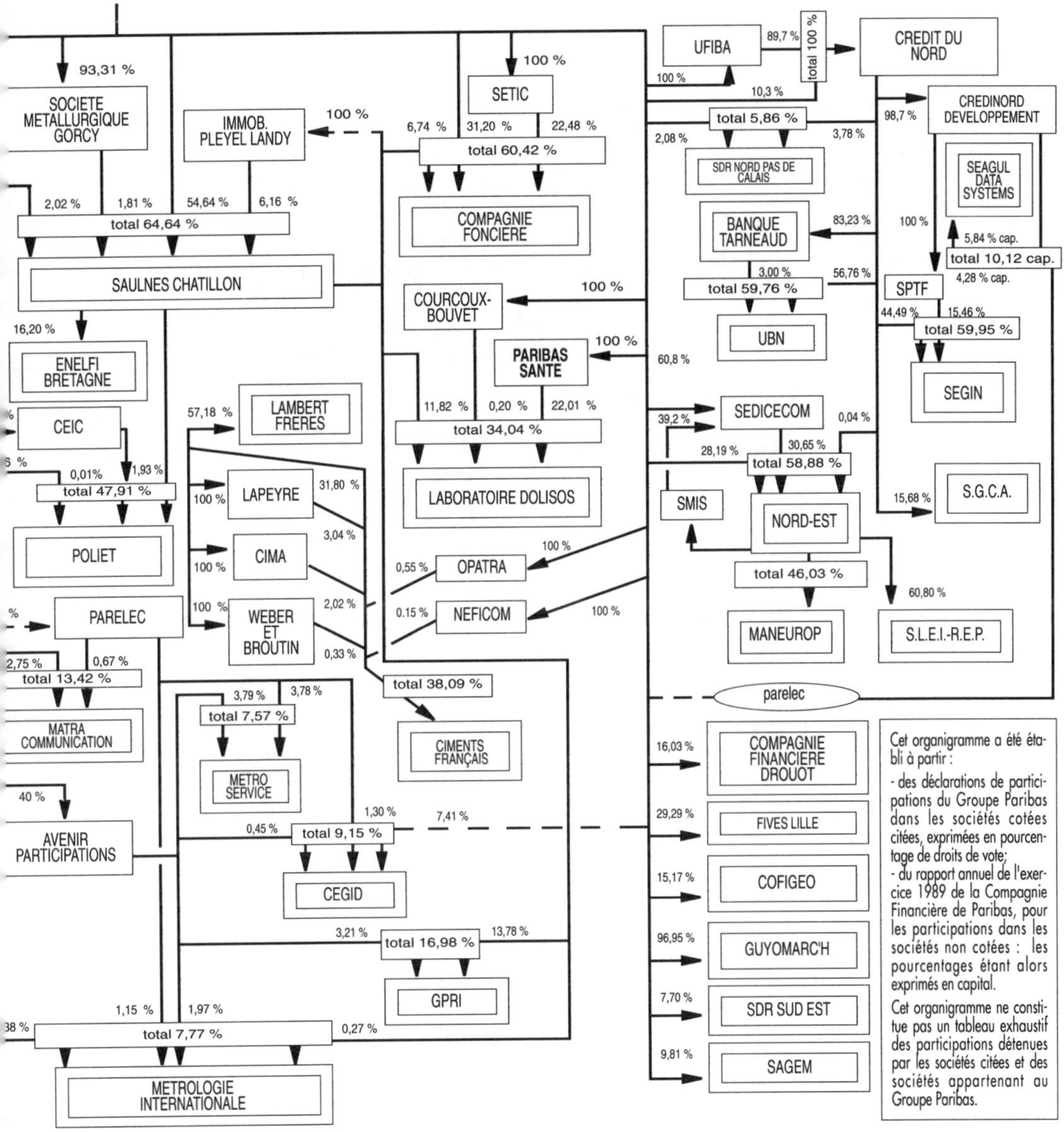

Source : Décisions et avis de la société de bourses françaises, avis n. 90-3476 du 26 octobre 1990.

(n. 1990 à 2039 réservés)

APPENDICE

LEXIQUE DES SOCIÉTÉS A STATUT PARTICULIER

2040. — A côté des sociétés de droit commun, il existe de multiples sociétés à statut particulier. On mentionnera les plus importantes en les rattachant aux six secteurs suivants : secteur libéral, secteur agricole, secteur immobilier, secteur financier, secteur coopératif et secteur public.

§ 1. — Les sociétés du secteur libéral

A. — Les sociétés civiles professionnelles (SCP)

2041. — Ce sont des sociétés taillées sur mesure pour l'exercice en commun de professions libérales réglementées ; peuvent notamment s'associer entre eux dans ce cadre des médecins, des avocats, des notaires, des commissaires aux comptes...

Seuls des professionnels diplômés et exerçant effectivement leur profession ensemble peuvent entrer dans la société ; leur responsabilité est personnelle, illimitée et solidaire ; cette solidarité est remarquable pour une société de caractère civil. Sur le plan fiscal, les associés sont imposés selon le régime des bénéfices non commerciaux comme s'ils exerçaient à titre individuel.

A l'avenir, il est prévu que des sociétés civiles interprofessionnelles pourront réunir des professions voisines (des "cliniques" juridiques réunissant par exemple des avocats, des conseils juridiques, des experts-comptables...) ; mais les négociations sont délicates en raison précisément de l'originalité affichée de chacune des professions et du sentiment que chacune a de sa spécificité (... ou de sa supériorité).

B. — Les sociétés civiles de moyens (SCM)

2042. — Par opposition à la société civile professionnelle, qui est une société d'exercice, la société civile de moyens est au service de ses membres, mais elle n'exerce pas elle-même la profession ; ce n'est qu'une société auxiliaire, à la manière du GIE (V. *supra*, n. 1535).

Elle permet des économies de moyens pour des professionnels qui exercent leur activité soit de façon indépendante, soit dans un cabinet de groupe. La société peut fournir les services suivants : locaux, matériels, secrétariat, services comptables ou informatiques...

C. — Les sociétés commerciales d'exercice libéral

2043. — Les professions libérales réglementées ne pouvaient pas, sauf de rares exceptions — experts-comptables, commissaires aux comptes — se regrouper, pour l'exercice de leur profession, au sein de sociétés commerciales. Le verrou a été desserré par la loi n. 901258 du 31 décembre 1990. Cette loi permet la constitution, pour l'exercice d'une profession libérale, même soumise à un statut législatif ou réglementaire, de sociétés d'exercice libéral à forme anonyme (SELAFA), de sociétés d'exercice libéral à responsabilité limitée (SELARL) ou de sociétés d'exercice libéral en commandite par actions (SELCA). En outre, la loi du 31 décembre 1990 envisage la possibilité d'exercer en commun plusieurs professions libérales — avocat, notaire — dans des conditions à préciser par décret en Conseil d'Etat.

L'accès aux sociétés commerciales s'accompagne de diverses règles, dérogatoires du régime des société concernées et destinées à assurer la maîtrise du fonctionnement de la société par les professionnels exerçant au sein de celle-ci : détention de la moitié du capital et des droits de vote par ces professionnels, choix du président, des directeur généraux, des deux tiers des organes de gestion et de surveillance parmi ces mêmes professionnels, absence de droit de vote double pour les actions détenues par les non-professionnels, agrément des nouveaux associés par une majorité qualifiée des professionnels exerçant au sein de la société, etc.

§ 2. — Les sociétés du secteur agricole

2044. — Comme pour les membres des professions libérales, la société civile de droit commun offre le cadre le plus naturel aux agriculteurs désirant exercer leur profession en commun. Certains domaines importants cependant sont exploités dans le cadre de sociétés anonymes ou de SARL Il faut également prendre en compte les multiples coopératives agricoles (V. *infra*, n. 2059). On mentionnera spécialement ici trois sociétés civiles à statut particulier.

A. — Les groupements agricoles d'exploitation en commun (GAEC)

2045. — Les GAEC ne peuvent réunir qu'un petit nombre d'agriculteurs (dix au maximum) s'engageant à travailler personnellement, sur un pied d'égalité, dans les exploitations de dimension familiale (Loi du 8 août 1962). Le plus souvent le GAEC ne rassemble que les parents et les enfants. Leur responsabilité est limitée à deux fois le montant de leurs apports ; c'est une fuite assez inattendue devant la responsabilité, qui contraste notamment avec la solidarité qui est imposée aux sociétés civiles professionnelles du secteur libéral (V. *supra*, n. 2042). Les membres du GAEC sont imposés selon le régime des bénéfices agricoles comme les agriculteurs individuels.

B. — Les groupements fonciers agricoles (GFA)

2046. — Si le GAEC est une communauté d'exploitants, le GFA est un groupement de propriétaires fonciers appartenant le plus souvent à une même famille (Loi du 31 décembre 1970). Il joue à cet égard la même fonction qu'une société civile immobilière de gestion (V. *supra*, n. 1483). Il n'est pas rare de rencontrer la combinaison familiale suivante : un GFA composé de tous les membres de la famille, donnant les terres à bail à un GAEC, lequel ne regroupe que les exploitants. Le succès des GFA tient pour une large part aux avantages fiscaux dont ils bénéficient dès lors que les terres font l'objet d'un bail à long terme : exonération de l'impôt de solidarité sur la fortune et exonération partielle des droits de mutation à titre gratuit.

C. — LES EXPLOITATIONS AGRICOLES A RESPONSABILITÉ LIMITÉE (EARL)

2047. — L'EARL est au secteur agricole ce que l'EURL est au secteur commercial ; elles ont d'ailleurs la même origine (loi du 11 juillet 1985). L'EARL est une société civile soit unipersonnelle, soit pluripersonnelle (dans ce cas, le nombre d'associés ne peut dépasser 10). Son objet est l'exercice d'une activité agricole dans des conditions comparables à celles existant dans les exploitations de caractère familial. Le capital minimum est de 50 000 F. Sur le plan fiscal, l'associé unique ou les associés, à condition qu'ils appartiennent à la même famille, sont imposés selon le régime des bénéfices agricoles comme des exploitants individuels ; si l'EARL comprend des associés de familles différentes, elle est de plein droit soumise à l'impôt sur les sociétés.

§ 3. — Les sociétés du secteur immobilier

2048. — Si l'on faisait une enquête, on s'apercevrait qu'une part importante du patrimoine immobilier est aux mains de personnes morales de toute nature (variante nouvelle des biens de main-morte, tant honnis par la Révolution française). On signalera quatre sociétés civiles à statut particulier.

A. — LES SOCIÉTÉS CIVILES DE CONSTRUCTION-VENTE

2049. — Les sociétés civiles de construction-vente sont l'instrument favori des promoteurs qui lancent un nouveau programme immobilier ; ils créent généralement une société par programme. Elles sont civiles par la vertu de l'article 632 du Code de commerce qui prévoit de façon expresse que ne constitue pas un acte de commerce l'achat d'un immeuble lorsque l'acquéreur (sous-entendu le promoteur) a agi "en vue d'édifier un ou plusieurs bâtiments et de les vendre en bloc ou par locaux". Lorsque tous les appartements sont vendus, il ne reste qu'à dissoudre la société, puisqu'elle a entièrement réalisé l'objet pour lequel elle avait été constituée (V. *supra*, n. 556). Sur le plan fiscal, ces sociétés sont imposées selon le régime des bénéfices industriels et commerciaux *(Textes* : Art. L. 211-1 à L. 211-4 du Code de la construction et de l'habitation. — CGI, art. 239 *ter*).

B. — LES SOCIÉTÉS CIVILES D'ATTRIBUTION

2050. — Il s'agit de sociétés de copropriété dans lesquelles l'acquisition de droits sociaux donne droit à la jouissance d'un appartement ou d'un lot quelconque. L'associé est donc copropriétaire par société interposée. Sur le plan fiscal, ces sociétés bénéficient de la pleine transparence (V. *supra*, n. 56). *(Textes* : Art. L. 212-1 à 212-13 du Code de la construction et de l'habitation. — CGI, art. 1655 *ter*).

C. — LES SOCIÉTÉS D'ATTRIBUTION D'IMMEUBLES EN JOUISSANCE A TEMPS PARTAGÉ

2051. — On les appelle parfois, en usant d'une marque déposée, les sociétés de multipropriété. Elles confèrent à leurs associés la jouissance d'un lot donné (studio, appartement), pendant une période déterminée (1er au 15 janv.,

15 août au 15 sept...). Les multipropriétaires sont propriétaires de parts sociales et non d'une fraction d'immeuble ; ainsi ils ne peuvent pas recourir à l'hypothèque et ils cèdent — parfois avec difficulté — une part sociale et non un immeuble. Pour éviter ce dernier inconvénient, certains groupes spécialisés organisent des échanges.

D. — Les sociétés civiles de placement immobilier (SCPI)

2052. — Ce sont des monstres juridiques dont l'objet est identique à celui des sociétés immobilières de gestion (V. *supra*, n. 1483) et dont les revenus sont constitués par des loyers, mais qui opèrent à la manière des sociétés par actions faisant appel à l'épargne publique (leurs parts sont émises dans le public). Ces SCPI sont de fausses sociétés civiles et de fausses sociétés de personnes ; elles fonctionnent comme de vraies sociétés anonymes et sont notamment soumises à une surveillance étroite de la part de la COB du fait de l'appel public à l'épargne ; la présence d'un commissaire aux comptes est également obligatoire (V. *supra*, n. 974). Ces mesures de protection ont leur origine dans le scandale de la Garantie Foncière *(Textes* : Loi du 31 déc. 1970. — CGI, art. 239 *septies).*

§ 4. — Les sociétés du secteur financier

A. — Les sociétés d'investissement a capital variable (SICAV)

2053. — Les SICAV sont des modes de gestion collective de l'épargne. Ce sont des sociétés de placement à capital variable, fondées par des établissements financiers ou des compagnies d'assurances, à la disposition des épargnants n'ayant pas le goût de "jouer" directement en bourse ; ils achètent des parts de telles sociétés et avec les fonds ainsi collectés la SICAV intervient sur le marché boursier. L'investisseur peut, à tout moment, demander le rachat de ses parts, liquidant ainsi son investissement ; tel est l'avantage du capital variable. Les fonds communs de placement jouent un rôle analogue à celui des SICAV ; mais ils ne sont pas dotés de la personnalité morale ; ce sont de simples copropriétés de titres et ils sont gérés selon le mode d'une indivision organisée et réglementée. Fiscalement, les SICAV sont exonérées de l'impôt sur les sociétés afin de mettre sur un pied d'égalité celui qui gère lui-même ses capitaux et celui qui les confie à une société d'investissement *(Texte* : Loi du 23 déc. 1988).

B. — Les sociétés immobilières pour le commerce et l'industrie (SICOMI)

2054. — Les SICOMI ont pour objet de procurer aux entreprises les immeubles qui leur sont nécessaires ; elles construisent et louent ces installations (usines, bureaux...). Ce sont des sociétés anonymes ou des SARL *(Texte* : Ordonnance du 28 sept. 1967).

C. — Les sociétés de développement régional (SDR)

2055. — Les SDR sont des sociétés associant les capitaux publics et les capitaux privés, d'où leur qualification de société d'économie mixte. Elles participent, par des prêts et par des placements financiers, au développement économique des régions. Elles sont cotées en bourse et émettent des emprunts obligataires. Elles sont bâties sur le mode des sociétés anonymes. *(Texte* : Décret du 30 juin 1955).

D. — Les sociétés financières d'innovation

Les sociétés financières d'innovation concourent au développement de la recherche technologique. Elles financent le développement par les entreprises de procédés nouveaux. Leur régime est celui des sociétés anonymes. Elles disposent d'un régime fiscal avantageux, conditionné par la signature d'une convention avec le ministre de l'Economie et des Finances *(Texte* : Loi du 11 juill. 1972).

E. — Les sociétés de capital-risque

2057. — Ce sont des marraines et des nourrices à la fois qui ont pour vocation le lancement d'entreprises. Leur forme est celle des sociétés par actions. Elles prennent des participations dans des sociétés constituées pour exploiter un produit nouveau et interviennent parfois dans les opérations de rachat de leur entreprise par les salariés (LMBO ; V. *supra*, n. 937 et s.). *(Texte* : Loi du 11 juill. 1985).

F. — Les sociétés de bourse

2058. — Les sociétés de bourse ont remplacé les agents de change. Elles sont seules chargées de la négociation des valeurs mobilières cotées. Elles sont agréées par le Conseil des bourses de valeurs ; elles doivent présenter des garanties suffisantes en ce qui concerne la composition et le montant de leur capital, leur organisation, leurs moyens techniques et financiers, l'honorabilité et l'expérience de leurs dirigeants *(Texte* : L. n. 88-70 du 22 janv. 1988 sur les bourses de valeurs).

§ 5. — Les sociétés du secteur coopératif

2059. — Les sociétés du secteur coopératif obéissent aux principes suivants :

- le capital est variable ;

- la société ne travaille qu'avec ses adhérents ;

- chaque coopérateur a, et n'a, qu'une voix, quelle que soit la part de capital détenue ;

- le but lucratif — au sens de partage des bénéfices ou du boni de liquidation — fait défaut.

Les bénéfices réalisés par une coopérative ne peuvent être distribués en tant que tels ; les coopérateurs ont seulement droit, outre un intérêt fixe rémunérant le capital qu'ils ont apporté, à des ristournes, qui sont calculées proportionnellement aux opérations qu'ils ont réalisées avec la coopérative ; les excédents qui subsistent sont comptabilisés en réserve et ne sont pas distribuables. En cas de dissolution, le boni de liquidation doit être attribué à d'autres coopératives ou à des œuvres d'intérêt général (c'est également le régime applicable aux associations) ; c'est pour éviter que les coopératives ne tournent cette interdiction de distribuer le boni de liquidation qu'il leur est interdit de se transformer en sociétés de droit commun (V. *supra*, n. 542).

Les coopératives sont généralement organisées en sociétés anonymes, ce qui oblige à concilier le régime propre à la coopération (Loi du 10 sept. 1947), les règles spécifiques de la coopérative considérée et celles des sociétés par actions. Elles bénéficient de certains avantages fiscaux ; ainsi les coopératives agricoles échappent à la fois à l'impôt sur les sociétés et à la taxe professionnelle. Elles peuvent émettre des valeurs mobilières particulières, des certificats coopératifs.

Voici les principales formes de coopératives :
- *coopératives de consommation* : leur secteur est celui de la distribution ; elles peuvent vendre à d'autres que leurs seuls sociétaires (Loi du 7 mai 1917) ;
- *coopératives agricoles* : elles ont pour objet l'utilisation en commun par des agriculteurs de tous moyens propres à faciliter ou à développer leur activité économique : collecte des produits, transformation, vente, exportation... (Code rural, art. L. 521-1 et s.) ;
- *coopératives ouvrières de production* (SCOP) : elles sont formées entre des travailleurs qui s'associent pour exercer en commun leur profession ; elles sont fréquentes dans les secteurs du bâtiment, de la pêche, de l'acconage (lamaneurs du Havre par exemple), de l'imprimerie et des taxis ; chaque associé est salarié : les SCOP peuvent prendre la forme anonyme ou à responsabilité limitée (Loi du 19 juill. 1978).

§ 6. — Les sociétés du secteur public

2060. — Certains services publics font l'objet d'une gestion directe, selon le mode de la régie non dotée de la personnalité morale (voirie, police,...). D'autres sont gérés dans le cadre d'organismes dotés de la personnalité morale, qui peuvent être des établissements publics ou des sociétés. Les premiers se subdivisent en deux groupes ;
- *les établissements publics administratifs*, entièrement soumis aux règles du droit administratif (hôpitaux, universités...) ;
- *les établissements publics à caractère industriel et commercial*, soumis aux règles du droit privé dans leurs relations avec les tiers (EDF, SNCF...).

Les sociétés du secteur public se subdivisent également en deux groupes :
- *les sociétés nationales*, dont l'Etat ou d'autres établissements publics possèdent la totalité du capital social ; tel est le cas notamment des anciennes sociétés privées à la suite de leur nationalisation (V. *supra*, n. 1880) ;
- *les sociétés d'économie mixte*, associant capitaux privés et capitaux publics (Etat, régions, communes...), ces derniers ayant le contrôle de la société ; tel est le cas d'Air France, d'Air Inter, de Sofirad... ; les sociétés d'économie mixte locales sont soumises à un statut particulier conçu par une loi du 7 juillet 1983.

L'appartenance au secteur public oblige à suivre des règles particulières en matière d'organisation, règles dégagées par la loi du 26 juillet 1983, dite de démocratisation du secteur public ; on rappellera notamment la composition tripartite du conseil d'administration regroupant des représentants de l'Etat, des représentants élus par les salariés et des personnalités qualifiées (V. *supra*, n. 1887).

INDEX DES DÉCISIONS COMMENTÉES

I. — DROIT DES SOCIÉTÉS

— Arrêt *Louison Bobet* : révocabilité *ad nutum* et abus de droit (Cass. com. 19 oct. 1981) : n. **690**.
— Arrêt *SA Champagne Charles Heidsieck* : révocabilité *ad nutum* et abus de droit (Cass. com. 11 oct. 1988) : n. **690**.
— Arrêt *Motte* : hiérarchie des organes dans la société anonyme (Cass. civ. 4 juin 1946) : n. **702**.
— Arrêt *SA La Villa des Sources* : compétence du président pour vendre le fonds de commerce exploité par la société (Cass. com. 29 janv. 1979) : n. **710**.
— Arrêt *SARL Le Journal de Doullens* : compétence du gérant pour vendre le journal exploité par la société (Cass. com. 12 janv. 1988) : n. **710**.
— Arrêt *Sequana* c. *Crédit Suisse* : la notion d'intérêt indirect au sens de l'article 101 de la loi de 1966 (Cass. com. 4 oct. 1988) : n. **726**.
— Arrêt *Lustucru* c. *Rivoire et Carret* : exemple d'une fraude à une clause d'agrément (Cass. com. 27 juin 1989) : n. **891**.
— Arrêt *Est-Alu* : augmentation de capital et abus de droit (Paris, 15 oct. 1986) : n. **1015**.
— Jugement *Conforama* c. *Agache-Willot* : transformation de société et abus de droit (Trib. com. Paris, 29 juin 1981) : n. **1041**.
— Jugement *Herrikoa* : la notion d'appel public à l'épargne (Trib. gr. inst. Paris, 22 fév. 1988) : n. **1107**.
— Jugement *Est Républicain* : négociation d'actions inscrites au hors cote (Trib. com., Paris 16 mars 1990) : n. **1129**.
— Jugement *Société générale de fonderie* : délit de fausse information et délit d'initié (Trib. corr. Paris 20 déc. 1990) : n. **1142**.
— Arrêt *AMREP* : délit de publication de faits faux et complicité du commissaire aux comptes (Cass. crim. 2 avril 1990) : n. **1143**.
— Arrêt *Melville* : statut social des gérants de SARL non rémunérés (Cass. soc. 13 janv. 1988) : n. **1320**.
— Arrêt *Bendix* : cession d'une filiale par une société nationalisée (Cass. soc. 23 janv. 1990) : n. **1888**.
— Arrêt *Rozenblum* : abus de biens sociaux et intérêt de groupe (Cass. com. 4 fév. 1985) : n. **1954**.
— Arrêt *Lustucru* c. *Rivoire et Carret* : validité des sociétés de portefeuille (Cass. com. 2 juill. 1985) : n. **1962**.
— Arrêt *Alsthom* c. *GTM-Entrepose* : responsabilité d'une société mère à raison d'une filiale (Versailles, 27 oct. 1988) : n. **1970**.
— Jugement *Alain Prost* : nullité d'un contrat signé au nom d'un groupe (Trib. gr. inst. Paris, 7 mars 1989) : n. **1988**.

II. — DROIT FISCAL

INDEX DES AMATEURS

(Les chiffres renvoient aux numéros des paragraphes)

INDEX ALPHABÉTIQUE

(Les chiffres renvoient aux numéros de paragraphes)

D

E

F

TABLE DES MATIÈRES

Achevé d'imprimer le 17 septembre 1991 sur les presses de l'Imprimerie «La Source d'Or»
63200 Marsat — Dépôt légal 3e trimestre 1991 — Imprimeur N° 4074

Troisième partie
RESTRUCTURATIONS ET GROUPES DE SOCIÉTÉS

Titre I
LES PROCÉDÉS DE RESTRUCTURATION

Titre II

LES SOCIÉTÉS A RISQUE ILLIMITÉ

Sous-titre II
LA SOCIÉTÉ EN COMMANDITE PAR ACTIONS

Sous-titre III
LA SOCIÉTÉ A RESPONSABILITÉ LIMITÉE

Deuxième partie
LE DROIT SPÉCIAL DES SOCIÉTÉS

Titre I
LES SOCIÉTÉS A RISQUE LIMITÉ

Sous-titre I
LA SOCIÉTÉ ANONYME

Titre II
LA VIE DES SOCIÉTÉS

Titre III
LA DISPARITION DES SOCIÉTÉS